한국 야담 연구

이강옥 지음

돌베개

한국 야담 연구

이강옥 지음

2006년 10월 17일 초판 1쇄 발행

펴낸이 한철희 | 펴낸곳 돌베개 | 등록 1979년 8월 25일 제406-2003-018호
주소 (413-756) 경기도 파주시 교하읍 문발리 파주출판도시 532-4
전화 (031) 955-5020 | 팩스 (031) 955-5050
홈페이지 www.dolbegae.com | 전자우편 book@dolbegae.co.kr

책임편집 김희동 | 편집 이경아·윤미향·김희진·서민경
표지디자인 박정은 | 본문디자인 박정영·이은정
인쇄·제본 상지사 P&B

ⓒ 이강옥, 2006
ISBN 89-7199-260-3 94810

책값은 뒤표지에 있습니다.

이 도서의 국립중앙도서관 출판시도서목록(CIP)은 e-CIP 홈페이지
(http://www.nl.go.kr/cip.php)에서 이용하실 수 있습니다.(CIP제어번호: CIP2006002480)

한국 야담 연구

책머리에

이 책은 조선 후기에 형성된 야담의 본질과 가치에 대한 성찰의 결실입니다. 야담 작품에는 우리 선인들이 만났거나 상상해낸 온갖 인간상들이 망라되어 있습니다. 실제로 일어난 사건을 그대로 제시하거나 그것을 꾸며 흥미진진하게 만든 이야기도 많습니다. 야담을 읽다 보면 주어진 현실 여건에 굴복하지 않고 치열하게 자기 삶을 이끌어간 선인들의 의지와 지혜가 선연히 떠올라 감동하게 됩니다. 야담 가운데는 우리 서사 문학사를 풍요롭게 만들어준 걸작들도 많습니다. 이런 야담을 담은 야담집은 우리 민족의 인간상과 생활사의 자랑스럽고 풍성한 박물관이라고 하겠습니다.

그동안 야담의 가치는 부당하게 무시되기도 했습니다. 하지만 다행스럽게도 야담이 여러 면에서 귀중한 요소를 간직하고 있다는 사실을 확인하고 야담의 가치를 알리려는 연구자들의 노력은 끊이지 않았습니다.

이 책에서는 갈래론과 서술 시각 유형론을 정립함으로써 야담의 존재 방식을 이론적으로 해명하고자 했습니다. 야담계 일화를 그 자체로서 소중하게 인정하면서, 그것이 야담계 소설로 나아갈 수 있었던 원리를 밝혔습니다. 또 야담의 역사적 변화를 포착하기 위해 17세기부터 20세기까지의 대표적인 야담집들을 살폈습니다. 개별 작품들도 가능한 한 그것이 실려 있는 야담집 전체의 체계 속에서 그 성격과 의의를 해명하였습니다.

　이 책은 신화와 전설, 민담 등의 개념으로 단형 서사를 설명하던 설화 삼분법의 한계를 극복하기 위해 일화의 개념을 적극 활용했고, 그로써 야담 갈래의 성격을 종합적으로 해명했다는 점에서 의의가 있다고 생각합니다. 서술 시각의 결합 양상을 통해 야담의 역사적 존재 방식을 밝히고 야담 고유의 서술 미학을 정립하고자 했다는 점에 대해서도 의미를 부여할 수 있을 것입니다.

　제가 학문을 시작한 1980년대는 격동의 시대였습니다. 그 격동의 가장자리에 있던 저는 야담 연구야말로 청년 학자로서 시대의 요청에 떳떳하게 호응하는 길이라고 판단했습니다. 야담을 통해 조선 후기 문학의 역동성을 입증하고 근대문학의 형성을 주체적으로 설명할 수 있으리라 여겼습니다. 그러나 시대는 생각을 서둘러 마무리하도록 강요하였습니다. 부실한 글들이 많았습니다. 그것들을 좀 더 온전하게 만들고 더 진척된 이론을 창출해야 한다는 강박감에서 하루도 자유롭지 못했습니다. 반성과 모색은 1982년부터 오늘날까지 25여 년 동안 이어졌습니다. 그리고 2006년 오늘의 자리에서 이전의 글들을 다시 썼습니다. 이 책은 그동안 제가 야담에 대해 일군 생각의 대부분을 담은 셈입니다.

　서사 문학은 사람과 세계의 갈등을 보여주다가 궁극적으로는 사람을 해방시켜주는 것이기 때문에, 서사 문학에 대한 연구도 사람의 해방에 초점을 맞추어야 한다고 생각했습니다. 사람의 해방은 개개인이 가진 은밀한 욕망을 최대한 충족시켜줄 때 가능하다는 것이 저의 전제였습니다.

　그런데 언제부턴가 그 전제가 근대적 사유와 감정을 최고의 기준으로 설정한 인식적 편협성에서 비롯된 것임을 알게 되었습니다. 이런 관점에서 학자로 자처하며 살아온 길을 되돌아보니 부끄러웠습니다. 제가 걸어온 학문의 길은 아집과 분별심, 편견과 욕심으로 점철되어 있었던 것입니다.

야담에 대한 연구가 욕망의 자취를 찾아가는 길이었다면, 이제 욕망의 뿌리를 파내고 아상我相의 그림자를 벗어던지는 쪽으로 나아가려 합니다. 이 세상 어떤 것도 그대로의 모습으로 머물러 있지 않듯이 학문의 세상도 탈바꿈을 계속하겠지요. 앞으로 동학들의 연기緣起적 관계를 통해서만 성립하고 변해가는 학문 공동체와 진정으로 겸허하게 소통하기를 소망합니다.

정병욱 선생님과 서대석 선생님의 연구실은 제가 야담에 대해 온갖 생각을 일으켰다가 지우고 또 일으킨 보금자리였습니다. 선생님들의 품이 그립습니다. 길이 어둡던 그 시절 야담 연구의 길을 밝혀주신 임형택 선생님, 박희병 선생님께 감사의 말씀을 올립니다. 마산 앞바다가 내려다보이던 경남대학교의 연구실과 삼성산이 우러러보이는 영남대학교의 연구실을 기억합니다. 질책과 격려를 보내주신 여러분의 은혜를 잊지 않겠습니다. 그동안 제가 편안하고 즐겁게 공부할 수 있도록 도와준 아내 김문기 교수와 아들 진재의 마음을 소중하게 간직합니다. 이 책에 정성을 담아주신 돌베개 여러분께도 감사의 마음을 전합니다.

2006년 가을
이강옥 씀

차례

책머리에 005
찾아보기 613

1부 야담의 본질과 서술 미학

야담의 갈래	013
야담의 서술 시각 유형	069
야담의 속 이야기와 작중인물의 자기 경험 진술	201
이야기꾼과 이야기 문화	253

2부 야담집의 역사적 전개

초기 야담집 『학산한언』의 현실 지향과 비현실 지향	281
『천예록』의 서술 방식과 서사 의식	329
『동야휘집』의 세계관 연구	373
『동야휘집』의 『해탁』 수용 양상	407
『금계필담』과 『육미당기』의 비교	475
19세기 말 야담집 『차산필담』의 새로움	507
장지연의 의식 변화와 서사 문학의 전개	543

일러두기

1. 이 책에서 주로 인용한 문헌의 출처는 다음과 같다.

『계서야담』	동국대 한국문학연구소 편, 『한국문헌설화전집』 1(태학사, 1981).
『계압만록』	정명기 편, 『한국야담자료집성』 8(계명문화사, 1987).
『금계필담』	김종권 교주, 『금계필담』(명문당, 1985).
『녀ᄌ독본』	『녀ᄌ독본』(아세아문화사, 1977).
『대동야승』	『대동야승』(민족문화추진회, 1985).
『동야휘집』	『원본 동야휘집』(보고사, 1992).
『동패락송』	『동패락송』(아세아문화사, 1990).
『삽교만록』	『삽교집』 하(아세아문화사, 1986).
『삽교집』	『삽교집』 상·하(아세아문화사, 1986).
『어우야담』	『어우집·어우야담』(경문사, 1979).
『이국부인젼』	『이국부인젼』(김상만칙사, 1907).
『육미당기』	『육미당기』 1(고려서림, 1992).
『일사유사』	『일사유사』(회동서관, 1922).
『차산필담』	정명기 편, 『한국야담자료집성』 8(계명문화사, 1987).
『천예록』	정환국 역, 『교감역주 천예록』(성균관대 출판부, 2005).
『청구야담』	『청구야담』 상·하(아세아문화사, 1985).
『학산한언』	동국대 한국문학연구소 편, 『한국문헌설화전집』 8(태학사, 1981).
『해탁』	『해탁』(『筆記小說大觀』 3, 新興書局有限公司, 1978).

2. 책 이름은 『 』, 편명이나 작품명은 「 」, 대화나 직접 인용은 " ", 강조할 내용이나 문학 용어는 ' '로 표시했다.

3. 각주는 *, 미주는 1)로 표시했다.

1부
야담의 본질과 서술 미학

야담의 갈래

야담집에는 여러 형식의 단편 작품들이 실려 있다. 일상생활 중에 일어난 특별한 사건을 다룬 일화, 구전되던 전설이나 민담, 한시의 창작 및 평가와 관련된 시화詩話, 유가 이념이나 유가적 관습을 피력한 교술 산문, 진지한 주제 의식으로 당대의 현실과 사람들의 의식을 반영한 소설 등 다양한 갈래들이 공존하고 있는 것이다.

야담집에 실려 있는 작품들 중에서 신화, 전설, 민담, 시화, 그리고 기타 교술 산문들을 제외하면 야담집의 중심을 이루는 작품들이 남는다. 그것들을 야담집을 대표하는 작품군이라 할 수 있는데, 그동안 '설화', '문헌설화', '일화', '한문 단편', '한문 단편소설', '야담계 한문 단편소설', '야담계 소설', '단형 서사 문학' 등으로 다양하게 불러왔다.[1] 여기서는 이들 작품들을 '야담'으로 포괄하고 그것을 다시 분류하겠다.

조선 후기 야담집에 실린 작품들은 당시의 객관 현실은 물론, 급격히 달라진 당대인의 의식 성향까지도 담고 있다. 야담은 비현실적이고 기이한 세계를 담은 전설이나 민담과 다르고, 개인이나 가문의 세세한 경험을 압축한 사대부 일화나 평민 일화 등과도 다르다.

야담이 객관 현실과 당대인의 의식을 담으며 현실성을 유지할 수 있었던 것은 그것이 경험자의 자기 경험에 대한 진술에서 비롯되었고,* 또 입에서 입으로 거듭 구연되는 과정을 거친 덕이다. 그런 점에서 야담은 생활 경험에서 우러난 것으로서, 현실에 대한 대응 방식이 서사적 언어로 전화轉化된 것이라 할 수 있다.

야담 갈래의 형성과 본질은 '의미 지향'과 '서술 시각'의 개념을 통해 체계적으로 설명할 수 있다. 조선 후기에 들어와 사회가 매우 유동적으로 변하면서 전에는 예상하지 못했던 사건들이 자주 일어났고, 그에 대한 이야기가 널리 알려졌다. 당시 사회의 여러 국면 중 특별히 문제가 있는 부분이 있었는데, 그와 관련된 사건이 거듭 일어나자 사회적 관심도 그쪽으로 수렴되었을 것이다. 이처럼 유사한 사건들이 계속해서 일어나고 또 그에 대한 사람들의 반응이 반복되면서 사건과 반응의 고리가 몇 개의 유형을 형성했다. 유형화는 주로 작품 속 인물들의 '의미 지향'과 서술자의 '서술 시각'에서 이루어졌다. 의미 지향이란 작중인물이 그 행동이나 생각을 통해 어떤 의미를 추구하는 자세와 목표를 지칭한다. 서술 시각은 어떤 의미 지향을 추구하는 인물을 등장시켜 그의 생각과 행동을 서술하는 서술자의 태도를 가리킨다.**

야담집에 실려 있는 작품들의 속성은 매우 다양하기에 우선 그것들을 갈래로 정리하는 작업이 필요하다. 여기서는 서사 문학 전반을 포괄하는 완벽한 갈래 체계를 연역적으로 세우지 않는다. 그보다는 야담집에 실려 있는 작

---

* 「휼삼장우녀등사」恤三葬遇女登仕(『동야휘집』하, 14면), 「제악노처변보수」除惡奴處變報讎(『동야휘집』하, 89면), 「작양매구수만복」作良媒俱受晩福(『동야휘집』하, 227면) 등에서는 작품의 전반부에서 서술자에 의해 이미 서술된 내용을 주인공이 직접 다른 작중인물에게 이야기한다. 경험자의 자기 경험에 대한 진술이 이루어지는 것이다. 상세한 양상에 대해서는 이 책의 「야담의 속 이야기와 등장인물의 자기 경험 진술」을 참조할 것.

** 의미 지향과 서술 시각에 대한 상세한 규정은 이 책의 「야담의 서술 시각 유형」을 참조할 것.

품들의 서술 원리를 설명하는 과정을 통해 그 소속 갈래의 특징을 규정하고, 그렇게 규정된 특징으로써 다시 그 작품의 실상을 좀 더 뚜렷하게 밝혀보고자 한다.

갈래는 불변의 실체가 아니다. 사람들이 일정한 역사 단계에서 생활하면서 세계나 자아에 대해 인식하고 감지한 결과를 특정한 언어적 형식으로 정착시킨 원리가 갈래다. 갈래는 싹의 상태로 시작해 그 잠재력을 키워 나가다 어느 시점에서 전성기에 이른다. 이때 갈래는 현실 경험을 가장 적절하게 담아내는 그릇 역할을 할 수 있다. 그러나 그 형식의 보수성 때문에 변화해가는 현실을 기동력 있게 따라가지 못하는 한계에 부딪힌다. 그래서 어느 시점에 이르면 갈래가 변화하는 현실에 대한 굴레 혹은 딱딱한 구조적 껍질이 되기도 한다. 이렇게 되면 갈래는 현실과 동떨어지게 되어 향유층에게 외면당한다. 이러한 개별 갈래의 존재 양상에 대한 설명은 그 담당층의 사회적 존재 여건이나 방식과 연결될 때 구체성을 얻어 진화론적 도식을 넘어설 수 있을 것이다.

어떤 집단이 세계를 인지하고 그 결과를 표현하려는 욕구가 강하지만 그에 가장 잘 부합하는 새로운 갈래를 창출할 정도로 문학적 역량을 갖추지 못했을 때, 다음과 같은 두 가지 문학 현상이 나타난다.

① 다른 집단이 담당하는 갈래를 양식mode*으로 수용한다.

---

* 파울러Alastair Fowler는 역사적 갈래가 특정한 사회적 형식과 공고히 결속되어 있기에 그 사회적 형식이 변모하면 쉽게 사멸되는 속성을 지니는 데 반해, 양식mode은 보다 영원하고 지속적인 문학적 태도에 대응되는 것이라고 했다. 그리하여 양식은 사회적 형식이 변모한 시기에도 그 다양한 적응력 혹은 응용력에 힘입어 새로운 갈래의 생성에 하나의 계기를 마련해준다고 보았다. 요컨대 기존 갈래는 직접적으로 양식을 창출하며, 이 양식의 매개를 통해 간접적으로 새로운 갈래를 창출한다는 것이다(Alastair Fowler, The Life and Death of Literary Forms, *New Direction in Literary History*, Ralph Cohen ed., London: Routledge & Kegan Paul, 1974, 92~93면 참조). 김준오도 갈래 변화를 설명하면서 장르종의 '양식화'를 중요하게 다루었다. 역사적 산물로서 한정된 장르 종도 양식화됨으로써 장르류와 같이 연속성을 획득한다는 것이다(김준오, 『한국 현대장르 비평론』, 문학과지성사, 1990, 90면).

②자기 집단의 욕구를 담기에 알맞은 새로운 갈래를 형성하기 위해 기본적인 형식 요소들을 축적한다.

이 다음 단계는 사회적으로 뚜렷한 자리를 차지한 집단이 새로운 갈래를 실험하고 완성해가는 것이다. 새롭게 완성한 갈래를 향유하는 집단은 갈래 담당층이 된다. 독자적 갈래를 형성하면서 기존의 갈래나 다른 양식들을 활용하는 것은 당연하다. 그러다 갈래 담당층 사이의 공감대가 약해지고 상호 결속력이 떨어지거나 정신적 활력을 잃게 되면 그들이 담당한 갈래도 창조력이 약해진다. 결국 새롭게 만들어 나가기보다는 이미 만들어진 것을 모방하기만 하게 될 것이다. 담당층의 처지가 변하면서 그들이 맡았던 갈래도 양식 차원으로 전락하는 것이다. 앞으로 이런 입론을 바탕으로 삼아 야담집에 실려 있는 작품들의 갈래를 설정하고, 그것들을 조선 사회의 변화와 조응시켜 살펴보겠다.

지금까지 야담의 갈래에 대한 논의는 다채롭게 전개되었다. 야담 갈래론은 먼저 두 계열로 나눌 수 있다. 야담집에 실린 작품들을 모두 설화로 보는 쪽[2]과, 설화와 구분되기는 하지만 그렇다고 완전히 구분되는 것도 아니라며 야담의 양면성을 부각시키는 쪽[3]이다. 전자를 대변하는 조희웅은 야담이 문자로 정착되는 과정에서 기록자의 주관이 개입된 사실은 인정하지만, 민간전승의 골격을 그대로 유지하기 때문에 야담을 설화라고 보았다. 그래서 『계서야담』, 『청구야담』, 『동야휘집』 등을 19세기를 대표하는 설화집이라 규정하였다. 서대석도 조선 후기 야담집에 실린 작품들을 문헌설화로 보고 그것들을 분류하였다. 후자를 대변하는 이경우는 야담이 초기 양태인 설화와 설화에서 발전된 단편短篇으로 구성된다고 보았다. 또 현길언은 야담이 서민층의 생활 감정과 사회문제를 진솔하게 표현한, 소설로 발전하는 과정에 있는 것이라는 의견에 동의하지만 그것이 갖는 설화적 성격을 도외시해서는 안 된다고 주장했다.

한편 임형택은 야담집이 다양한 갈래들로 구성되어 있다는 사실을 전제했지만, 그중 18·19세기의 구체적 현실을 충실하게 반영하면서 구성상으로도 뛰어나 '소설'에 가까운 작품을 '한문 단편'으로 포괄하였다.[4] 야담집의 전반적인 성격을 살피기보다는 특정 작품의 성격을 살핀 것이다. 이런 경향은 야담을 번역해 널리 알린 『이조한문단편집』[5]의 편집 방침에서 이미 마련된 것으로서, 이 책을 자료로 활용한 이후의 논문들도 이러한 경향에서 크게 벗어나지 않는다.[6] 전관수는 야담이 소설로 규정되기에는 한계가 있다는 사실을 분명히 밝힌 뒤, 조선 후기 사회의 현실을 반영하는 이야기만을 야담이라 규정하였다.[7]

박희병은 야담집이 갈래 혼합적 성격을 갖고 있다는 점을 밝혔다. 먼저 야담계 단편소설을 전대의 열전계列傳系 소설 및 전기계傳奇系 소설과 구분하였다. 열전계 소설과 전기계 소설이 사대부의 필요에 따라 사대부적 세계관에 대응되어 사대부에 의해 성립된 것이라면, 야담계 단편소설은 당대 민중(도시 시정인)의 필요에 따라 민중적 세계관에 대응되어 민중들에 의해 발생, 발달한 소설적 이야기들이 특정 작자의 손을 거쳐 기록으로 옮겨진 것이라고 보았다.[8] 그리고 야담집을 구성하는 작품들의 갈래를 민담, 전설, 소화笑話, 일화, 야담계 단편소설 등으로 구분했다. 이강옥은 이러한 갈래 규정을 보완하여 전설, 민담, 소담, 사대부 일화 및 야사, 평민 일화 및 평민 단편소설, 야담계 일화 및 야담계 소설로 나누었다. 일화를 평민 일화, 사대부 일화, 야담계 일화로 나눈 것을 전제로 하여 야담계 소설을 규정했다.[9] 이러한 규정은 조선 초·중기 일화의 형성과 전개를 살피는 작업과 연결되었다.[10]

김정석은 『청구야담』에 실린 야담들을 분석한 결과를 바탕으로 야담집이 교술적 사실담, 시화담을 약간 포함하고 있지만 주로 구전설화의 기록, 개작, 그리고 구전설화의 범위를 넘어선 창작의 복합물이라고 규정하고, 후자가 소설에 근접되는 요소를 지니는지는 검토할 필요가 있다며 판단을 유보하였다.[11]

설화(신화, 전설, 민담) 및 일화와 소설의 관계를 통해 야담을 정의하려는 이러한 시도와는 달리 필기筆記, 패설稗說 등 전통 한문학 용어를 활용해 야담을 정의하려는 연구도 있었다.

먼저 임형택은 필기와 패설을 구분하여, 필기가 문인 학자의 서재에서 형성되었고 또 '사대부의 생활 의식'을 그 내용으로 삼고 있는 반면 패설은 '민간에 돌아다니는 이야기'라고 규정했다.[12] 그것들이 '한문 단편'과는 어떤 관련을 지닐 것이라는 암시를 했지만 상세하게 설명하지는 않았다.

김상조는 야담이 필기 및 패설과 대등한 갈래라고 설명했다. 그에 따르면, 필기에 대한 사대부의 집착이 다른 두 갈래의 출발이 되므로 패설이나 야담의 발생은 필기와 밀접한 관련이 있다. 야담은 필기와 같은 저술 목적에서 출발했지만 점차 일정한 길이를 가지고 사실처럼 꾸며지면서 허구적 리얼리티를 갖춘 서사 양식으로 발전해 나갔다. 그러나 김상조는 야담이 양식적 완결성은 획득하지 못했다고 보았다.[13]

야담과 패설을 필기와 대등한 것으로 규정하면서도 필기 중심으로 야담의 성격을 설명하는 한계를 넘어서기 위해 이래종과 김정숙은 야담을 필기의 하위 범주로 보았다. 이래종은 필기를 한문학 문체의 일종으로 파악한 뒤 야담을 설명하려 하였고, 김정숙은 필기를 서사적 필기와 교술적(산문적) 필기로 나누고 그중 서사적 필기를 '야담류'로 지칭했다.[14]

이에 반해 김준형은 야담이 필기와 패설을 의식하고 또 그것들에 기대고 있지만 본질상 다르다고 보았다. 즉 야담은 필기의 외투를 입고 패설의 허구성을 띠었다. 그러나 인간의 행동을 모방하지 않고 삶을 모방했다는 점에서 패설과 구분되며, 또 일상에 대해 가치를 부여하지 않고 실생활을 드러낸다는 점에서 소설과도 다르므로 야담은 소설·필기·패설 등과 대등한 위치에 있는 독자적 갈래라는 주장이다.[15]

김화경은 '야담'이란 말이 중국이나 일본에는 존재하지 않는 한국식 한자어란 점에 착안해, 야담이 어떤 의미로 사용되었으며 그것이 '고담'과는 어떻게 변별되었는지를 살펴 야담의 개념을 정리하려 했다. 야담이 『어우야담』의 단계에서는 상당히 넓은 뜻으로 사용되다가 후대로 오면서 서사적인 이야기들만을 지칭하는 말로 의미가 축소되었고, '고담'이 꾸며서 늘어놓은 재미있고 허구적인 이야기인 반면 '야담'은 실제로 있었던 사실을 들려주는 이야기로 인식되었다고 보았다.[16]

이처럼 야담 갈래론은 분분하다. 특히 '야담'이란 용어가 어떤 작품들을 지칭하는지가 관건이다. 야담을 설화로 보는 쪽이나 설화와는 다른 것으로 보는 쪽이나 나름대로 설득력을 얻는 것은 각기 그 주장에 부합하는 작품들을 대상으로 논의를 전개했기 때문이다. 야담을 야담집에 실려 있는 모든 서사 작품들을 지칭하는 것이라 본다면 '갈래 혼합적' 입장에 서지 않을 수 없을 것이다.

또 한문학 전통에서 야담을 설명하려는 태도는 사대부의 문필 문화를 배려했다는 점에서 의의를 가지지만 문제도 있다. 먼저 변동하는 역사 상황을 적극적으로 반영한 야담이라는 갈래를 정태적으로 파악하여[17] 그 역동성을 배제한다는 한계를 가진다. 또 잡록집이나 야담집의 서발문序跋文에서 편찬자나 기록자의 인식 경향을 추출하여 논의의 근거로 삼는데, 그것은 관습적인 것이어서 체계적이지 않고 또 실제 작품의 질서와는 다소 괴리된 것이다. 서발문에서 찾을 수 있는 야담에 대한 사대부들의 갈래 인식은 사대부들이 개별 작품들을 철저하게 분석한 결과를 바탕으로 한 것은 아니기 때문이다. 과거 사대부들이 가졌던 야담에 대한 인식을 참고할 수는 있겠지만, 야담 갈래론은 결국에는 지금의 연구자가 가진 체계에 의해 재구성되어야 할 것이다.

앞으로 이에 대한 논의는 계속되겠지만 현재로서는 야담을 단일 서사 갈래로 보기보다는 복합 갈래로 보는 것이 바람직하다. 박희병은 야담을 특정한 발생 배경과 성격을 지닌 설화·일화·소설을 포괄하는 중위中位의 서사 문학 갈래로 보고 그 야담을 '야담계 한문(단편)소설'로 부르자고 했고, 야담계 한문소설과 대등한 것으로 '전계傳系 한문소설', '전기계傳奇系 한문소설'을 설정했다.[18] 이 세 개의 중위의 서사 문학 갈래가 한문소설이라는 상위의 서사 갈래를 구성하게 된다. 다만 야담계 한문소설이 설화와 일화까지 포괄한다는 것은 어색하다. 따라서 야담계 한문소설 혹은 야담계 소설과 구분되는 야담계 일화를 독립시키고 양자를 야담으로 포괄하는 것이 바람직하다.[19] 또 야담이 조선 후기의 역사성과 긴밀한 관련이 있다는 사실도 적극 고려해야 한다.

야담의 갈래론을 전개하기 위해 다음과 같은 야담집을 주로 검토할 것이다. 초기 야담집인 임방任埅(1640~1724)의 『천예록』天倪錄, 신돈복辛敦復(1692~1779)의 『학산한언』鶴山閑言, 안석경安錫儆(1718~1752)의 『삽교만록』霅橋漫錄, 중기 야담집인 편자 미상의 『청구야담』青邱野談, 이원명李源命(1807~1887)의 『동야휘집』東野彙輯, 편자 미상의 『계서야담』溪西野談, 말기 야담집인 배전裵婰(1843~1899)의 『차산필담』此山筆談, 편자 미상의 『계압만록』鷄鴨漫錄, 장지연張志淵(1864~1921)의 『일사유사』逸士遺事 등이 그 대상이다.

조선 후기 야담집 서사 작품의 갈래

서사 문학 갈래론은 설화의 정의와 분류에서 출발했다. 설화를 신화, 전설, 민담으로 나누어 설명한 것이다. 이런 설화 삼분법은 『구비문학개설』[20]과 『한국소설의 이론』[21] 등에서 정립되었다. 그런데 두 책의 설명은 신화의 경우 비슷하지만, 전설이나 민담의 경우는 일치하지 않는다. 그에 대해서는 필자가 『조선시대 일화 연구』에서 다룬 바 있다.[22]

그 기본 원리는 작품의 세계관 면에서 '현실-비(초)현실'이란 축을 설정하고, 형성 과정 면에서 '실재-허구'란 축을 설정하여 각 갈래들이 두 축이 형성하는 좌표의 어느 영역에 주로 포진하는지를 살핀 것이다.

전설에 대해, 『구비문학개설』은 형성 과정에서는 허구적이고 세계관 면에서는 현실적이라 보았지만, 『한국소설의 이론』은 형성 과정 면에서는 실재적이고 세계관 면에서는 비현실적인 것으로 규정하였다. 즉 『구비문학개설』과 『한국소설의 이론』의 전설 규정은 정반대다.

민담에 대한 설명에도 상충되는 면이 있다. 『구비문학개설』은 민담이 허구적 내용을 비현실적 세계관을 바탕으로 서술한 것이라 보았다. 『한국소설의 이론』은 민담이란 실재 여부를 문제 삼지 않을 만큼 비현실적인 세계관을 바탕으로 한 것이라 규정했다는 점에서 비슷하지만, 작품을 분류하거나 해석하는 데서는 큰 차이를 보인다.

전설과 민담에 대한 설명에서 확인되는 이러한 불일치는 이들 두 책의 설명법에 문제가 있음을 드러내는 것이다. 나아가 두 책이 제시하는 설화 삼분법의 가장 심각한 문제는 형성 과정 면에서 실재적이고 세계관 면에서 현실적인 경우, 즉 현실에서 일어났던 현실적인 이야기를 포함하지 않는다는 점이다.

신화, 전설, 민담은 초현실적 세계관을 바탕으로 한다는 점에서 동일하다. 다만 민담은 허구성이 기초가 되며, 그 내용이 현실적인지 초현실적인지는 결정적 요소가 되지 않는다. 왜냐하면 현실적인 내용도 그것이 꾸며졌다는 인상으로 인해 그 현실성이 드러나지 않기 때문이다. 전설은 실제로 일어났다고 믿어지는 사건이나 현상을 다루며, 인간의 평범한 현실 인식 수준을 능가하는 초현실적 요소를 중심에 놓고 있는 경우로 파악해야 자연스럽다. 신화의 주인공은 평범한 인간의 수준을 훨씬 능가하는 존재이기에 신화는 인물 형상에서 이미 초현실적이며 허구적이다. 아울러 신화를 성립하게 하는 가장 중요한 요소인 '신성성'은 신화의 내용을 초현실적인 쪽으로 유도한다.

소화는 웃음을 유발하기 위해 일상적 상황이나 사건, 실제로 존재한 인물 형상을 대단히 크게 변형시키고 과장한 것이다. 그 때문에 작위성이 강하다. 그 작위성은 등장인물이 진지하게 행동하기보다는 장난으로 말과 행동을 하는 특성과 관련된다. 서술자도 등장인물을 희화화하려는 성향이 강하다.

작위성은 마침내 허구성으로 나아간다. 그것이 극단에 이르면 소화의 모든 이야기는 꾸며진 것이라는 인상을 만들게 된다.[23] 그러므로 소화는 세계관 면에서는 현실적이지만 형성 과정에서는 허구적이라 규정할 수 있다.

일화는 일상생활 과정에서 실제로 일어난 사건이나 실존한 인물에서 포착할 수 있는 특별한 사연을 언어화한 것이다. 따라서 일화에서 가장 중시되는 점은 실재성實在性과 현실성이다. 실제로 일어난 사실이나 사건을 수용한 것이기에 그 내용은 현실적이다. 일화의 한 모티프가 특별하게 된 것은 일상적 삶의 질서로부터 이탈된 행동이나 말, 상황 등이 생겨났기 때문이다. 그 특별한 것은 잠시 일상적 질서에 충격을 가하지만, 그것을 지속적으로 파괴하지는 않는다. 일화는 그 특별한 것을 압축적으로 제시한다. 그래서 반드시 한 정점頂點을 둔다. 순간적으로 발생한 문제가 해결되는 분수령인 것이다. 그러하기에 일화는 문제의 제기보다는 문제의 해결*을 지향한다. 또한 압축된 서술이기에 서두의 암시가 결말에서 반드시 실현된다. 그뿐 아니라 서술자가 사건의 추이를 꿰뚫어보고 있는 까닭에 서술 과정에서 우회나 부연, 반복은 원칙적으로 있을 수 없다. 일화에 의해 서술되는 대상은 그 자체만의 존재 의의를 지녀, 다른 부분이나 전체와의 관련을 중시하지 않는다. 시간 면에서는 순간성을 중시한다. 일화는 사건이 전개되거나 인물의 인성이 변하는 데 소요되는 시간을 최소화하며, 시간의 흐름을 인정하지 않기도 한다. 한순간의 어떤 단편적 면모를 압축 서술함으로써 산뜻한 인상을 독자에게 주어야 하기 때문이다. 그러므로 서술자나 향유자가 보다 전면적이고 총체적인 세계 인식을 추구하게 될 때 일화는 한계에 봉착하게 된다. 이 단계에서 일화들은 일정한 관계망을 만들기 위해 서로 연결되거나 마침내 총체성을 추구하는 갈래인 소설로 전화된다. 일화들은 소설화되면서 소설의 일부로 수용된다.[24]

이상과 같은 단형 서사 갈래 규정을 잣대로 할 때, 야담집에 실려 있는 서

---

* 이것은 서술 시각으로서의 '문제의 해결'과는 다른, 더 포괄적인 개념이다.

사 작품들의 갈래는 다양하다는 사실을 다시 확인할 수 있다. 야담집은 조선 후기까지 전승되던 단형 서사 작품들을 망라하고 있다. 또 이런 단형 서사 작품을 바탕으로 하여 소설 단계로 나아간 경우도 있으니 그것을 야담계 소설이라 부를 수 있다.

지금부터 야담집에 실려 있는 단형 서사 작품들의 갈래적 특성을 살펴본 뒤, 그것들이 야담계 소설로 나아간 양상을 분석하겠다. 그렇다고 해서 야담계 소설을 궁극적인 것이라 보지는 않는다. 오히려 야담집의 중심을 이루고 있는 것은 일화들이기 때문이다.

1 전설

전설은 실재했다고 믿는 내용을 비현실적 세계관을 바탕으로 서술하는 단형 서사 갈래다. 전설에서 주인공은 세계의 본질을 합리적으로 파악하지 못한다. 서술자의 인식도 주인공의 그런 수준에 가깝다. 세계는 '기이奇異 그 자체'*로 존재하며, 그 본질이 주인공이나 서술자에 의해 명확하게 이해되지 않는다. 전설의 세계는 주인공의 주위에 막연하게 존재할 뿐, 그 본모습을 주인공에게 보여주지 않는다. 전설에는 주인공의 소망이 투사되는 경우가 있고 또 주인공이 그 소망을 이루기 위해 애쓰는 경우가 있지만, 소망 성취의 꿈은 좌절되거나 무시되는 경우가 많다. 전설의 주인공은 대부분 자기를 둘러싼 세계에 비해 왜소하고 그 세계의 힘에 압도된다.

세계의 특별한 현상에 대해 설명하고자 하는 '설명 전설'도 세계에 대한 사람의 인식을 완전한 단계로 나아가게 해주지는 못하므로 주인공이 인식 면에서 세계를 장악한 것은 아니다. 설명 전설은 현실의 현상에 대한 사람의 공

---

* '기이 그 자체'는 '기이한 것'과 대비된다. 전자가 기이의 세계에 압도되는 수준이라면 후자는 기이로부터 어느 정도 거리를 유지하면서 일관성을 갖춘 논리로 그것을 해석하는 수준이다.

포심이나 착각을 잠정적으로 해소해줄 따름이다.

전설의 세계는 주인공에게 낯설다. 세계는 항상 주인공과 대립하는 것은 아니지만* 조화로운 관계를 지속하는 것도 아니다. 세계와 사람 사이에는 넘기 어려운 심연이 가로놓여 있고, 그 때문에 사람은 세계에 대해 경악한다.**

그러나 세계가 주인공을 마음대로 조종할 수 있는 것도 아니다. 가령 「척사문명험서계」斥邪問命驗棲鷄(『동야휘집』 하, 761면)에는 주인공 황건중黃建中과 궁예의 궁녀였던 여귀女鬼가 등장하는데, 여귀는 황건중과 사랑을 맺고자 집요하게 접근하지만 끝내 뜻을 이루지 못한다. 황건중은 여귀에 대해 두려움을 가지고 있고, 여귀도 황건중을 자기 마음대로 조종하지는 못한 것이다. 이른바 '사람이 귀신을 두려워하지만 귀신 역시 사람을 두려워한다'[25)]는 관계이다. 비록 황건중의 미래에 대한 여귀의 예언이 적중한다는 점에서 여귀가 상대적 우위에 있다 하더라도, 두 존재는 여전히 서로를 완전하게 꿰뚫어보지 못하고 또 어느 한쪽이 다른 쪽을 장악하지 못한다는 것은 분명하다.

전설에서 주인공은 세계와의 관계를 나름대로 인식하게 되나, 그것이 생산적인 결과를 낳지 못하는 경우가 많다. 더욱이 주인공의 인식 수준은 세계의 총체를 파악하기에는 턱없이 낮다. 전설의 주된 분위기인 공포나 기이함은 주인공과 서술자가 세계를 낯선 것으로 인식하는 데 기인한다고 할 수 있다.

요컨대 전설이란 주인공 및 서술자가 세계를 자신의 인식과 감정 속에 포용하지 못하는 단계에서 형성되는 갈래라 하겠다.

야담집에 실려 있는 전설 작품들은 주인공이 기이한 세계를 합리적으로

---

* 『삼국유사』에서 옮겨진 「신라소지왕」新羅紹智王(『계서야담』, 503면)에서는 까마귀가 생명을 잃을 위기에 처했던 소지왕을 구해주고, 「천안객사」天安客舍(『계서야담』, 457면)에서는 천안 객사를 횡행하던 귀매鬼魅들이 완풍 부원군完豊府院君 이서李曙(1580~1637)가 나타나자 "부원군께서 여기 계시니 들어갈 수 없지" 하며 물러난다. 초현실적 세계가 개입하지만 주인공은 그와 갈등하지 않으며 오히려 세계가 주인공을 감싸주는 형국이다.
** 전설의 공포나 비극성은 세계에 대한 사람의 인식적 패배와 좌절감에서 비롯된다고도 볼 수 있다.

인식하지 못한다는 점에서 일반 전설과 다를 바 없지만, 독특한 면을 보이기도 한다. 세계가 주인공이나 서술자에게 공포감을 안겨주면서도 윤리나 도덕을 환기한다는 점이 그것이다. 물론 이런 점은 구전 전설에도 나타나기는 하지만 야담집 전설에서 더 두드러진다. 세계가 윤리적 심판자의 모습도 보이는 것이다. 그 양상은 둘로 나눠진다.

① 현실적 주인공이 한 윤리적 행위에 대한 비현실적 보상
② 비현실적 인물이 당면한 문제에 대한 비현실적 해결*

이 경우 주인공이 세계의 본질을 완전하게 이해하지 못해도 주인공과 세계는 갈등하지 않는다. 주인공이 우호적인 세계의 품속으로 들어가는 형국이다. ①은 비현실적인 존재를 개입시켜 도덕적인 주인공의 윤리적 행위를 지지하고 보상한다는 점에서 윤리 의식을 강하게 나타내는 경우다. ②는 윤리

---

* 조선 후기 야담집에 실려 있는 전설의 대부분은 이 경우에 해당된다고 볼 수 있는데, 그 대표적 사례는 다음과 같다.
  ① 「남사문윤묵」南斯文允默(『계서야담』, 118면), 「성묘시호남흥덕현」成廟時湖南興德縣(『계서야담』, 417면), 「효자환소설명부」孝子還甦說冥府(『동야휘집』 상, 245면). 「남사문윤묵」에서 남윤묵은 신동申童에게 은혜를 베풀었는데, 죽어서 저승까지 갔다가 신동 조부의 도움으로 환생한다. 보은을 위해 기이소가 개입하였다. 「성묘시호남흥덕현」은 지극한 효성을 다하며 여묘 생활을 하는 오준吳儁을 위해 샘물이 솟아나고 호랑이가 사슴을 갖다 바치는 기적을 보여준다. 「효자환생설명부」는 「성묘시호남흥덕현」의 이야기에 「남사문윤묵」의 내용과 비슷한 저승 환력담이 덧붙여진 작품이다. 그래서 전설의 수준을 벗어났다고도 할 수 있다. 이 세 작품에서 기이한 세상은 현실 주인공의 윤리석 행위에 대한 보싱을 해준다는 점에서 공통된다.
  ② 「권문순공홍」權文順公弘(『계서야담』, 6면), 「김상국」金相國(『계서야담』, 94면), 「검암시필부해원」檢巖屍匹婦解寃(『청구야담』 하, 499면), 「영월암수해원」映月菴收骸解寃(『동야휘집』 하, 727면). 「권문순공홍」에서는 권홍의 꿈에 한 노인이 나타나 홍 재상이 자기를 죽이러 하고 있으니 구해달라고 간청한다. 그 방법은 권홍이 홍 재상의 초대에 응하지 않는 것이라 했다. 과연 조금 뒤 홍 재상이 찾아와 자라탕을 먹으러 가자고 청한다. 권홍은 병이 들었다 하고 나서지 않았다. 그러자 자라탕 모임도 취소되었다. 꿈속의 존재인 노인은 자라로 추정되지만 짐작일 따름이다. 「김상국」에서 김 상국은 처녀 귀신의 원한을 풀어주고 귀신으로부터 앞날에 대한 예언을 듣는다. 「검암시필부해원」도 같은 내용이다. 「영월암수해원」은 노비에게 죽은 주인의 원수를 갚아주고 앞날에 관한 예언을 듣는 이야기이다.

의식을 다소 간접적으로 드러낸다. 여기에는 억울하게 죽은 선량한 원혼이 등장하는데, 그런 그가 세계의 횡포에 희생당했다는 설정은 윤리 의식을 지닌 수용자들로 하여금 연민과 동정을 갖게 한다. 이런 작품에서 형성되는 비장한 분위기는 윤리 의식에서 비롯된 것이다. 결국 선량한 희생자가 그 억울함을 풀고 악행을 저지른 자를 처단하는 쪽으로 귀결되는 것은 윤리적인 쪽이 승리하리라고 믿는 낙관주의의 발현이다.

　이상의 경우들이 현실 삶을 꾸려가는 사람들의 경험과 그 필요에 의해 형성된 전설이라면, 기이한 세계를 호기심의 측면에서만 추구하는 전설도 있다. 호기심이라는 사람의 보편적 성향을 바탕으로 하는 것이다. 이런 전설이 유행한 것은 조선 후기에 이르러 기이한 것에 대한 새로운 의미를 부여할 수 있었기 때문이기도 할 것이다.*

2 민담

민담은 세계에 대한 주인공의 인식이나 감지 수준 면에서는 전설과 유사하지만, 서술 과정에서 주인공의 처지를 향상시키는 데 초점을 맞춘다는 점에서 전설과 다르다. 그것을 '정황의 상승'이라 일컬을 수 있다. 야담집에서 민담의 성격을 가장 잘 보여주고 있는 다음 작품을 예로 들어 살펴본다.

　① 원주의 인삼 장수 최가는 큰 부자였다.

---

* 가령 「교동반승적선도」教童攀繩摘仙桃(『동야휘집』 상, 536면)는 전우치의 이술異術을 나열했고, 「관동접황룡현이」官童接黃龍現異(『동야휘집』 하, 732면)는 주인공 의남義男이 용녀를 만나 겪은 갖가지 기이한 현상을 보여주었다. 이들 작품은 윤리적 주장을 펴려고 하기보다는 기이한 현상이나 장면을 보여주려는 경향이 더 강하다. 물론 『동야휘집』에 실린 이런 작품들은 전설의 수준을 훨씬 뛰어넘어 있다. 『학산한언』이나 『천예록』에도 여기에 해당하는 작품이 적지 않다. 비현실에 대한 지향성이 강한 이런 작품들은 야담이 현실에 대한 강렬한 관심에서 비롯되었다는 전제에서 크게 벗어나는 것이라 할 수 있다. 이 점에 대해서는 『학산한언』과 『천예록』에 관한 이 책의 논의를 참조할 것.

②원주 사람들은 그가 부자가 된 내력을 이렇게 전한다.
③최가의 어머니는 최가를 낳은 뒤 홀로 되어 수절하고 있었는데 정체 모를 남자가 밤마다 찾아와 동침을 하고 나서는 금을 주고 떠났다.
④얼마 뒤 그 남자가 귀물鬼物인 줄 알게 된 최가의 어머니는 귀물이 싫어하는 황색을 온 집안에 칠했다.
⑤그 뒤로 귀물은 오지 않았다.
⑥귀물이 가져다준 금으로 최가의 어머니는 그 고을의 갑부가 되었다.[26]

최가의 어머니는 정체 모를 귀물을 싫어하지만 그에 대해 공포를 느끼지는 않는다. 귀물이 최가의 어머니와 관계를 맺는 것은 결국 귀물이 가져다주는 금으로 귀결된다. 귀물은 민담에서 전형적으로 나타나는 '행운의 도깨비'와 비슷하다.

우리나라 구전 민담에서 주인공은 어떤 심각한 고난에 처하더라도 결국 그 고난을 쉽게 극복하고 행복한 결말에 이르게 된다. 조동일이 말한 '자아의 가능성'[27]은 '정황의 상승'을 가능하게 한 조건이라 할 수 있다. 정황의 상승이라는 민담의 서술 지향은 야담 작품이 집중적으로 창작되고 향유되던 조선 후기에 적극 활용되고 확대되었다고 할 수 있다. 그런 점에서 민담은 전설과는 달리 조선 후기의 시대정신에 부응하는 성격을 가진다. 야담 작품을 주도하는 의미 지향 중의 하나가 '욕망의 성취'*라 하겠는데, 그것과 민담의 정황 상승적 서술 지향이 부합하기 때문이다.

정황의 상승을 추구하는 의미 지향이 강한 야담집은 전설조차 민담에 가깝게 변개시켰다. 가령 「소양정실주이회」昭陽亭失珠貽悔(『동야휘집』 하, 723면)의 전반부는 '야래자 전설'夜來者傳說의 줄거리를 유지하고 있다. 어떤 여자가 밤마다 정체 모를 남자에게 겁탈당했는데, 어느 밤 그 옷에 실 달린 바늘

---

* '욕망의 성취'에 대해서는 이 책의 「야담의 서술 시각 유형」을 참조할 것.

을 꽂아두었다가 다음 날 아침 실을 따라가 보니 절굿공이가 놓여 있었다. 그런데 보통 야래자 전설은 야래자의 정체가 밝혀지는 것과 함께 야래자에게 겁탈당한 여자가 기인이나 영웅이 될 아이를 낳는 것으로 귀착된다. 그러나 이 작품에서는 절굿공이의 윗부분에 붙어 있는 자줏빛 구슬 보배에 초점이 맞춰졌다. 보배를 잃어버린 귀물이 여자의 숙부를 찾아가서 "그 구슬을 돌려준다면 당신을 부자로 만들어주겠다"며 구슬 보배를 돌려달라고 간청한다. 여인의 숙부는 구슬을 잃어버려 그 간청을 들어주지 못했지만, 보배를 귀물에게 돌려주었다면 분명 큰 부자가 되었을 것이다.

이렇듯 이 작품은 야래자 전설을 바탕으로 했지만 결말부는 민담의 귀결 방식을 닮았다. 그것은 정황 상승에 대한 욕망이 고조되었던 조선 후기의 정신적 분위기와 관련된 것이다. 그러나 여인의 숙부가 술에 취해 그 구슬 보배를 잃어버린다는 설정은 전설에 더 가깝다. 전설의 원형을 민담적 욕망 성취가 완전히 극복하지 못한 것이다. 이는 욕망을 성취하려는 열망이 갈래의 원형을 완전하게 무시할 정도는 아니었음을 뜻한다.

민담에서는 윤리를 무시하지 않지만, 주인공이 어떤 윤리를 구현해가는 과정을 중심에 두지도 않는다. 우선 민담의 주인공은 세계의 횡포로부터 심각한 피해를 입지 않는다. 피해를 입는다 하더라도 주인공이 윤리적으로 정당하지 않은 경우여서 청자나 독자는 주인공의 피해를 당연하게 생각할 뿐 동정하지 않는다. 세계는 주인공이 착하든 그렇지 않든 지지하고 도와준다.* 물론 착한 주인공을 더 강하게 지지하기는 하지만 그것이 윤리적 행위에 대한 보상으로까지 부각되지는 않는다. 민담은 윤리성을 강조하기보다는 정황

---

* 조동일은 민담을 '자아의 우위에 입각한 자아와 세계의 대결 구조를 근간으로 하는 갈래'라고 규정했다 (조동일, 『한국소설의 이론』, 지식산업사, 1976, 118~122면). 서사 일반을 자아와 세계의 대결을 기본 구조로 하는 것이라 규정하는 이상, 그 하위 갈래인 민담도 대결 구조를 근간으로 하고 있다고 보는 것은 당연하다. 그러나 한국 민담, 특히 야담집에 실려 있는 민담의 경우 대결 구조는 대부분 잠정적으로만 성립되었다가 곧 해소된다. 민담의 자아는 세계의 품 안으로 들어가서 세계의 힘을 쉽게 이용하거나 그 위력에 의존한다. 즉, 민담은 결국 자아와 세계의 공존이나 화해를 지향한다.

의 상승에 더 큰 관심을 보이기 때문이다.

「합천가야산해인사승지성자」陜川伽倻山海印寺僧至誠者(『삽교집』 하, 368면), 「대강입안성거부」大江立案成鉅富(『동야휘집』 하, 769면) 등이 그 두드러진 예이다. 전자는 가난한 남매와 평소 그들을 돌보아 준 지성이란 중에게 하늘이 황금이 든 궤짝을 내려 그들을 부자로 만들어준다는 내용이다. 후자는 산신령이 사냥꾼에게 쫓기던 사슴을 구해준 나무꾼을 큰 부자로 만들어준다는 내용이다. 기이한 방식으로 정황의 상승이 이루어졌다. 처음에는 욕망을 성취하는 과정을 보여준다는 서술 목표가 분명하게 드러나지 않았지만, 결말부에 이르러 반전의 방식으로 작중인물들을 부자로 만들어주었다. 그것은 향유층의 은폐된 재물욕을 충족시켜주려 한 것과 대응된다고 볼 수 있을 것이다.

이러한 작품들은 선행을 한 인물을 부자로 만들어준다는 점에서 선행을 권장했다고 볼 수 있지만, 향유층의 관심은 선행 자체보다는 환상적 반전과 그 결과에 집중되도록 하였다. 그래서 주인공의 선행은 환상적 반전의 계기로 보이는 것이다.

이렇게 주인공이 은폐된 욕망을 비현실적으로 성취하는 과정을 보여주는 서술 시각은 어떤 집단의 현실 의식을 근거로 한 것일까?

① 현실에서 욕망을 성취할 가능성이 희박해 허구의 세계에서 환상의 방식으로 욕망을 충족하여 대리 만족을 얻으려 한 집단
② 현실에서 욕망을 성취한 경험은 없지만 현재의 변화를 감지하고 장차 욕망을 성취할 가능성을 포착한 집단

민담은 조선 후기의 시대정신인 현실주의를 대변하는 갈래가 아니다. 그렇다면 ①집단과 ②집단은 모두 민담을 갈래로서가 아닌 양식으로서 수용했다고 보아야 할 것이다. 다만 ①집단이 새로운 갈래에 대한 열망을 갖지 않은 상태에서 소극적으로 민담 양식을 수용했다면, ②집단은 새로운 갈래에 대한

열망을 가지며 민담 양식을 능동적으로 수용했다. ②집단의 경우, 민담의 환상적인 요소를 현실적인 요소로 대체함으로써 야담계 일화나 야담계 소설을 이끌어낼 수 있었을 것이다. 이 점은 야담계 일화나 야담계 소설을 논하는 자리에서 다시 살펴보기로 한다.

덧붙여 민담 갈래는 하나의 모티프로서만 야담 작품에 수용된 경우도 허다한데,* 이는 민담의 갈래적 속성이 더욱 약화된 경우이다.

3 소화

소화는 흔히 '우스운 이야기'라는 상식적 의미로 규정되지만, 그 규정에는 문제가 있다. 먼저 우습다는 판단의 기준이 문제로 떠오른다. 작중인물이 웃는다는 것인지, 서술자가 우습게 생각한다는 것인지, 서술자가 청자 혹은 독자들을 웃게 만들려는 동기를 가졌다는 것인지, 아니면 청자 혹은 독자들이 해당 이야기를 듣거나 읽고 웃을 수밖에 없다는 것인지 등이 분명치 않은 것이다. 다음으로 문제가 되는 것은 소화 이외의 다른 서사 갈래에 속하는 작품들 중에서도 그 지배적인 인상이 우스움일 경우가 많다는 점이다. 즉 우스움이란 느낌은 어떤 갈래를 규정하는 지배적 변별 자질이 되기 어렵다.

그럼에도 불구하고 소화라고 판단되는 대부분의 작품들을 꿰뚫고 있는 자질이 웃음이라는 점을 부정하기는 어렵다. 소화는 웃음을 유발하는 것이 궁극적인 목표가 되는 갈래다. 제재나 인물 형상, 수사법이나 서술 방식은 모두 이 '웃음 유발'이라는 목표에 종속된다.

---

* 「채삼전수기기화」採蔘田售其奇貨(『동야휘집』 하, 34면), 「택부서혜비식인」擇夫婿慧婢識人(『청구야담』 상, 609면) 등을 통해 이와 관련된 사정을 살펴볼 수 있다. 이들 작품에 등장하는 처녀는 남편감을 스스로 골라 세상을 자기 뜻대로 이끌어가는 민담적 존재이면서도 이미 세상의 추이를 간파하고 나름대로 그 세상에 알맞은 전략을 세워 욕망을 성취하는 야담적 존재가 되었다. 「택부서혜비식인」에는 민담에서 두드러지게 나타나는 요술 바가지가 등장하는데, 그것이 「채삼전수기기화」에서는 서사 구조 속에 녹아들었다.

그렇다면 소화의 웃음을 중시하되, 접근하는 방식을 달리해야 할 것 같다. 완성된 웃음이 어떠한지만 고려할 것이 아니라, 그 웃음이 어떤 방식으로 창출되는지를 살펴야 한다. 웃음 자체보다는 웃음을 유발하기 위해 활용된 방식이야말로 소화를 다른 갈래와 변별할 수 있는 요소라고 말할 수 있다.

웃음은 서술 과정에서 형성된 상황의 독특함에서 유발될 수 있다. 또 등장인물의 독특한 말이나 행동에 의해 유발될 수도 있다. 등장인물들이 주변 인물과 관계를 맺을 경우, 인물 간의 관계가 일상생활에서 익히 볼 수 있는 것이 아니거나 상식을 벗어난 것일 때 역시 웃음이 유발될 수 있다. 어떤 경우이든, 웃음은 현실에서 실제로 있었던 상황이나 사건을 변형시키거나 과장하는 것을 전제로 한다.

물론 현실의 어떤 상황이나 사건, 인물이 우스운 경우가 있다. 그런데 그 경우는 일반적인 것이 아니다. 현실에서 발생한 우스운 경우는 특별하다. 현실의 우스운 상황은 비록 꾸며지지는 않았지만, 그 특별한 정도만큼 꾸며졌다는 인상을 준다. 현실에서 우연하게, 혹은 특별하게 발생한 우스운 상황이나 사건, 인물을 참조하여 하나의 모형이 만들어지고, 그 모형을 바탕으로 보다 다양하고 정도가 심한 변형과 과장이 이루어질 수 있다. 그것이 소화의 출발이 된다. 결국 소화는 웃음을 창출하기 위해 일상적 상황이나 사건, 실제로 존재한 인물 형상을 대단히 크게 변형시키고 과장한 이야기라고 볼 수 있다. 그러므로 소화에 등장하는 인물이 실존 인물이라 하더라도 그의 행동이나 말을 사실 그대로라고 보아서는 안 된다.

특히 소화의 인물은 현실의 어떤 인간형을 단순화한 뒤 한 속성을 지나치게 확대하거나 축소한 것이다. 그래서 소화의 인물은 독자나 청자가 쉽게 느낄 수 있을 정도로 작위성이 강하다. 그 작위성은 작중인물이 진지하기보다는 장난으로 말과 행동을 하는 것과 관련된다. 그리고 서술자도 작중인물과 분명한 거리를 유지하며 작중인물을 희화화하려는 성향이 강하다. 작위성은 마침내 허구성으로 나아간다. 그것이 극단화되면 소화의 모든 이야기는 꾸며진 것이라는 인상을 만들기에 이른다.*

이 점에서 소화와 민담의 관계가 문제 된다. 민담을 신화, 전설과 함께 '설화'의 한 하위 갈래로 파악한다면[28] 소화는 민담에 포함된다.** 그러나 민담에 대한 포괄적 규정***이 소화를 완전히 감싸지 못한다. 특히 주인공의 능력 면에서 민담 주인공의 능력은 일상적인 것인 데 비해, 소화 주인공의 능력은 평균 이하일 경우가 많다. 그리고 보다 근원적인 차이는 주인공에 대한 서술자의 태도에서 나타난다. 민담의 서술자는 주인공에게 관심을 집중시켜 주인공이 타인과 부딪쳐 난관에 봉착할 때도 결국은 그것을 극복하게 만든다. 이에 반해 소화의 서술자는 주인공에 대해 애착을 갖지 않는 경우가 많으며, 주인공보다는 주인공과 대비되는 상대 인물의 편을 들 때가 더 많다. 그래서 주인공을 조롱하거나 주인공이 봉변을 당하게 만든다. 상대 인물과 투쟁하는 때에도 주인공이 패배하는 경우가 더 잦다. 아울러 민담의 서술자는 단순한 어른이나 어린이의 눈으로 세상을 본다. 그렇기에 민담의 내용은 유치하거나 세상의 실정과는 다소 거리가 있다. 이에 비해 소화의 서술자는 성숙한 어른의 눈을 가지고 있다. 그래서 어른의 세계에서 널리 알려진 소재를 즐겨 활용한다. 소화에 성性과 관련된 내용이 많은 것도 그것이 어른의 세계에 널리 알려져 있으며 어른들이 가장 관심을 갖고 있는 분야이기 때문이다.

---

* 이와는 달리 강성숙은 소화의 현실적 측면을 강조하고 소화가 '일화'와 배타적인 갈래가 아니라고 보았다. 그래서 '일화적 성격'을 15세기 소화의 한 특성으로 이해하였다. 강성숙, 「15세기 문헌 소화 연구」(『구비문학연구』 16, 한국구비문학회, 2003), 308면 ; 강성숙, 「15세기 문헌 소화 연구」(이화여대 박사학위논문, 2004), 8면을 참조할 것.

** 예를 들어 장덕순 외, 『구비문학개설』(일조각, 1971)은 민담을 동물담, 본격담, 소화로 분류한다(55~57면). 그리고 소화를 과장담, 모방담, 치우담痴愚譚, 사기담, 경쟁담 등으로 나누었다.

*** 민담은 전승자의 태도 면에서 볼 때 전승자가 그 이야기를 신성하다고 생각하지 않으며, 진실하다고 생각하지도 않는다. 시간과 장소라는 측면에서는 뚜렷한 시간과 장소가 없다. 증거물 면에서 민담은 그 자체로 완결되기에 증거물에 호소할 필요가 없다. 주인공 및 그 행위 면에서 볼 때 민담의 주인공은 일상적인 인간이다. 비록 초인적인 능력을 가진 인물이라 하더라도 그의 심리 상태는 일상적인 차원에서 멀리 벗어나지 않는다. 민담은 주인공에게 관심이 집중되어 있어서, 주인공이 타인과 부딪쳐도 타인은 중요시하지 않으며, 난관에 부딪혀도 결국은 이를 극복하게 만든다. 전승의 범위 면에서, 민담은 어느 지역이나 민족에 한정되지 않는다(이상 『구비문학개설』의 설명을 요약한 것임).

소화에 자주 등장하는 독특하고 재치 있는 말도 어른의 세계를 연상시키는 것이다. 이렇듯 소화는 하찮고 저속하며 가벼운 것이라 할지라도 어른의 시선을 바탕에 깔고 있다는 점에서 민담과 구분된다. 또 문학사적으로 보아도 민담이 신화시대가 끝날 무렵인 이른 시기에 시작되어 오늘날까지 면면히 그 갈래적 전통을 이어오고 있는 데 비해, 소화는 고려 말 조선 초에 그 위세를 떨치다가 오늘에 이르고 있다. 즉 그 갈래의 형성과 전성 시점이 다른 것이다.

이상 몇 가지 점에서 민담과 소화는 구분된다. 그러므로 소화를 민담의 하위 갈래로 보아서는 안 될 것이다. 소화는 민담과 달리 고려 말 조선 초에 사대부 사회를 배경으로 본격적으로 형성되고 향유된 역사 갈래로 규정하는 것이 보다 문학사적 사실에 부합된다고 할 수 있다.

소화는 일화와도 구분된다. 단지 우스운 내용이라고 해서 일화가 아니라 소화라고 할 수 없듯이, 실제로 일어난 이야기라고 해서 모두 소화가 아니라 일화라고 할 수는 없다. 소화와 일화는 얼핏 보기에 잘 구분되지 않는다. 그래서 짤막하고 우스운 이야기를 모두 소화라고 잘못 이해하기도 한다.[29] 하지만 무엇보다 소화는 과장되고 꾸며진 이야기인 데 비해, 일화는 있었던 일 그대로가 제시된다는 점에서 구분된다.[30]

일화가 제공하는 독특한 인상은 일상생활이 평범하게 영위되거나 개성 없는 인물만이 존재할 때는 쉽게 형성되지 않는다. 그런데 사건이나 인물이 독특한 인상을 주는 것이 일화 형성의 필수 조건이기는 하지만, 그렇다고 그런 인상을 만들어내기 위해 지나치게 과장하거나 꾸미면 일화의 범위를 넘어서 버린다. 일화의 일탈성은 우연하게 이루어져야지 고의적으로 조장되어서는 안 된다는 뜻이다. 일탈이 고의적으로 지나치게 이루어졌을 때, 그것은 소화에 가까이 가게 된다. 따라서 일화는 실재성의 테두리를 벗어나면 안 된다. 일화의 사건은 일회적이며 역사적인 것이다. 만일 그것이 역사적으로 검증되지 못할 일상적이고 개인적인 것이라면 등장인물을 통해서라도 그 실재가 입증되어야만 한다. 물론 많은 평민 일화의 경우는 그러한 역사적 검증이 불가능하다. 그리고 때로 실재성의 범위를 훨씬 벗어날 때도 있다. 그렇지만 그러한 비역사성과 비실재성은 평민 일화의 전형적 속성이 아니다. 평민 일화 역시 역사성과 실재성을 원칙적으로 지향하고 있는바, 그 틈으로 그러한 지향과 어긋나는 요소들이 자연스레 스며든 것이라고 볼 수 있다. 그것은 평민들의 일상적 삶 자체가 워낙 다양하고 불안정하여, 그 삶의 실상이 주체의 합리적 통제권에서 벗어나는 경우가 많기 때문에 초래된 현상인 것이다.

서술자의 태도 면에서도 소화와 일화는 구분된다. 소화의 서술자가 기본적으로 주인공을 희화화하는 서술 태도를 취하는 데 비해, 일화 서술자는 심각한 자세로 그 인물을 묘사하지 않는다 하더라도 일관된 희화화의 태도를 취하지는 않는다. 일화 서술자는 적어도 기존 사회의 성립과 지속을 전제로 하기에 그 사회체제가 유지될 정도의 진지함을 주인공에 대해 가지는 것이다. 그것은 기존 체제에 대한 서술자의 보수적 입장을 나타내는 것이기도 하다.[31]

소화들이 조선 초기에 많이 생산되었으므로 소화집도 이 시기에 집중적으로 편찬되었다. 이 현상은 조선 초기 훈구 계열 지식인들의 이념적 긴장이 해소된 것과 밀접한 관계가 있을 것이다. 이들은 사대부가 우스개에 대해 관심을 가지거나 우스개를 한자로 기록하는 것이 바람직하지 않다는 사실을 알았지만, 그런 일탈을 용인할 정도의 여유는 갖고 있었다.[32]

이런 소화가 야담집에 수용되고, 또 소화들이 조합되어 소화의 단계를 넘어서는 경우도 있다. 「조좌객빙변득관」嘲座客騁辯得官(『동야휘집』 하, 146면)이 그 대표적인 사례이다. 여기서 주인공 향변鄕弁은 자신의 출셋길을 가로막고 있던 이문덕李文德, 어필수魚必遂, 정언형鄭彦衡 등을 인사권을 가진 권 판서의 주위에서 축출하기 위해 소화를 활용한다. 세 사람의 이름과 관련된 소화를 구연하여 그들을 부끄럽게 만들어서 다시는 권 판서 주위에 나타나지 못하게 한 것이다. 애초에 권 판서는 무료함을 달래기 위해 향변에게 이야기를 청했다. 그런데 향변은 권 판서의 그런 요구를 자신의 목적을 달성하기 위한 기회로 이용했다. 소화 이야기하기가 수단화된 것이다. 소화의 수단화는 나아가 서술자의 태도와 연결된다. 서술자는 향변이 자신의 욕망을 달성해가는 과정을 그리고자 한 것이다. '욕망을 성취'를 주 서술 시각으로 선택했다는 뜻이다. 서술자는 직접 관련되지 않은 세 편의 소화들을 연결해 향변의 계획적인 행위를 서술하는 데 적절하게 활용하였다. 이는 소화들이 조합되어 야담계 일화로 전환되었음을 보여주는 예이다.

4 일화

■ **사대부 일화**

사대부 일화는 사대부 사회를 배경으로 일어난 사건이나 실존했던 사대부에 대한 이야기이다. 그러므로 당연히 사대부 의식을 그 바탕으로 한다. 사대부 일화는 정황의 지속을 지향하지, 정황의 향상이나 악화를 지향하지 않는다. 주인공은 세계에 대해 심각한 회의를 하지 않으며 심하게 문제를 제기하지도 않는다. 물론 세계에 대해 공포심을 갖지도 않는다.

사대부 일화는 필기筆記 개념과 관련이 있다. 필기는 사대부 사회에서 사대부들의 관심을 끌 수 있는 경험이나 지식을 담은 것이다. '필기는 문인 학자의 서재에서 형성된 것일 뿐 아니라, 사대부의 생활 의식을 그 내용으로 삼고 있다'[33]는 설명이 이런 성격을 분명하게 드러내준다. 필기가 사대부의 경험과 지식을 교술과 서사의 구분 없이 망라한 것이라면, 사대부 일화는 교술이 아닌 서사를 지향한다는 점에서 구분된다.

사대부 일화에서 주인공과 세계는 가끔 대립하기도 하나 대체로 조화로운 관계를 유지한다. 가령「장여헌현광」張旅軒顯光(『계서야담』, 412면)에서 방백方伯의 아들은 지체와 인격이 높은 장현광을 시골 노인으로 착각하고 모욕적인 발언을 했다가 뒤늦게 큰 실수를 한 것을 알게 된다. 그러나 그 실수와 불편한 상황은 일시적인 것이다. 잘못된 관계는 곧 교정된다. 서술자나 작중인물들이 의식적으로 긴장하지도 않는다. 사대부 사회의 질서와 이념적 틀에 대한 믿음이 전혀 흔들리지 않기 때문이다. 사건의 잠정적 발생과 손쉬운 문제 해결 등이 사대부 일화의 갈래적 성격을 암시하고 있다.*

야담집에 실린 사대부 일화는 다음처럼 구분하여 이해할 수 있다.

먼저 가장 모범적인 사대부를 소개하는 경우이다. 「이문청병태」李文淸秉泰(『계서야담』, 389면)에서는 이병태란 사대부가 '지효청검'至孝淸儉한 성품 때문에 경험하게 되는 독특한 사건과 상황을 보여준다. 그는 일찍 부모를 잃고 삼촌 감사공監司公 슬하에서 자라났다. 그가 부학副學의 벼슬을 하고 있을 때 감사공은 해서海西 관찰사로 있었다. 그는 감사공에게 문안을 드리기 위해 이웃의 변변찮은 말을 빌려 길을 떠났다. 그런데 말이 도중에 죽자 걸어서 감영까지 갔다. 문지기는 그 폐포파립의 행색을 보고는 거지라 여기고 문을 열어주지 않았다. 이병태는 자기가 관찰사의 조카라 말하지 않고 날이 밝기를 기다렸다. 아침에야 비로소 신원이 밝혀져 안으로 들어갔지만 다시 삼촌에게 꾸중을 듣는다. 즉 이병태는 효성과 검소함이라는 두 가지 유가적 덕목을 고지식하게 실천했기 때문에 일탈된 사건을 겪은 것이다. 그것은 '위로의 일탈'**을 보여준다. 뒤이어 실려 있는 「문청공」文淸公(『계서야담』, 391면) 역시 이병태의 청백리로서의 모습을 보여준다.***

이런 작품들이 사대부 일화의 중심을 차지한다고 하겠는데, 유가 이념은 주인공과 세계의 조화로운 관계가 지속되게 해준다. 이것은 전통적인 전傳과

---

* 「강하황빈연」江夏黃彬然(『파한집』, 『고려명현집』 2, 성균관대 대동문화연구원, 1986, 93면)도 이와 거의 같은 구조를 지닌 작품이다. 이 작품에 대한 분석은 이강옥, 「조선시대 일화의 유형과 그 서술원리」(『한국학보』 99, 일지사, 2000), 91~92면을 참조할 것.

** '위로의 일탈'은 사회의 규범을 분명하게 의식하며 규범 실천의 정도가 높은 경우를 지칭한다. 규범에 부합하는 행위를 탁월하게, 철저하게 실행하는 경우이다. 일화의 일탈 양상에 대해서는 이강옥, 「조선시대 일화의 일탈」(『국문학연구 1977』, 서울대 국문학연구회, 1977)을 참조할 것.

*** 그 외에 종으로서의 일을 충실하고 능숙하게 수행하여 임금의 총애를 받는 과정을 보여준 「이해고」李海皐(『계서야담』, 411면), 수찬修撰 김성일金誠一이 함께 임금을 모시고 있던 영상領相 노수신盧守愼의 수뢰 사실을 임금에게 고하자 노수신도 솔직하게 고백하여 임금의 찬사를 얻는 이야기인 「선묘어경연」宣廟御經筵(『계서야담』, 483면) 등이 여기에 해당된다.

그 맥이 이어진다고도 할 수 있다. 그러나 인물의 일생과 성격을 전체로서 묘사하는 것이 아니라 특별한 사건이나 품성에 대한 서술로써 전체를 대신한다는 점에서 전과 다르다.

둘째, 관직 생활 중 경험하게 되는 독특한 사건에 대해 서술하는 경우이다. 사대부 일화가 사대부 사회를 배경으로 한다는 조건을 가장 잘 충족한 사례라 볼 수 있다. 「김판서시양」金判書時讓(『계서야담』, 462면)에서 김시양은 광해조 때 종성으로 귀양을 갔는데, 꿈속에서 어떤 사람이 '관어 바다에 이르지 않으면 어찌 태평세월을 보리오'[34]라는 시를 주었지만 그 뜻을 알 수 없었다. 그 뒤 다시 영해로 귀양 가 관어대觀魚臺 아래에서 귀양살이를 하다가 계해반정癸亥反正으로 풀려나 한양으로 돌아올 수 있었다. 그제야 비로소 꿈속에서 얻은 한시 구절이 자기 앞날을 정확하게 예언한 것이었음을 알았다. 이 작품의 경우 합리적인 판단의 대상이 되기 어려운 기이한 모티프를 중심으로 하고 있지만, 사대부들의 벼슬살이나 귀양살이와 긴밀하게 관련되어 있기에 일화의 범주 속에 들어간다. 사대부의 벼슬살이를 배경으로 하면서도 일탈 정도가 대단히 큰 경우라고 하겠다. 사대부 사회의 상식을 바탕으로 하고 있기에 사건의 배경을 상세하게 묘사할 필요가 없다. 그래서 일화의 전형적 특징 중의 하나인 서술의 응축성을 실현했다.

「범뇌위직언거직」犯雷威直言擧職(『동야휘집』 하, 802면)은 궁중에서 벌어진 임금과 신하 사이의 갈등의 형성과 긴장의 해소 과정을 압축해 보여준다. 상서尙書 조중회趙重晦(1711~1782)는 두 번이나 대궐 안에서의 영조의 행동에 문제가 있다고 직간하여 영조를 격분하게 한다. 특히 두 번째 일화는 소위 '통론사묘임행사'痛論私廟臨幸事로, 영조가 연초에 태묘太廟를 먼저 배알하지 않고 육상궁毓祥宮*을 배알하는 것에 대해 조중회가 직간하자 영조가 격노한 이야기다.[35] 영조는 조중회를 제주도로 귀양 보냈지만, 대신들과 세자의 중재

---

* 영조英祖의 생모인 숙빈 최 씨淑嬪崔氏의 사당. 지금 서울 종로구 궁정동에 있다.

에 따라 노여움을 가라앉히고 그가 제주도에 도착하기도 전에 해배의 명을 내린다. 이에 대해 편찬자는 '임금도 현명했고 신하도 강직했다'(君明臣直)라고 평하면서, 그것이 '성명지세'聖明之世이기에 가능했다고 칭찬했다. 신하 중 가장 긴장하고 있어야 할 대간臺諫의 발언을 통해 잠정적으로 임금과 신하 간의 갈등을 만들고 마침내 그 갈등이 원만하게 해결되는 과정을 압축하여 잘 보여주고 있는 것이다. 그런 점에서 사대부 일화의 진수를 보여준다고 하겠다.*

셋째, 벼슬살이에서는 멀어졌지만 사대부의 생활 영역으로부터 크게 벗어나지 않은 곳에서 일어난 사건에 대해 서술하는 경우이다. 사대부 사회의 여유와 정신적 이완에 뿌리를 둔 놀이나 농담 등이 서술의 주된 대상이다. 서술이 진행됨에 따라 ① 웃음을 유발하거나, ② 말솜씨나 기지로 독자의 감탄을 불러일으키거나, ③ 상황을 조작해 심각하게 만들었다가 그것이 순간적으로 해결되게 하여 안도감과 유쾌한 웃음을 유발한다.

먼저 ①의 경우를 살펴보자. 「윤판서유」尹判書游(『계서야담』, 435면)에서 윤유는 부사副使로서 연경으로 가면서 평양 감사인 아들이 사랑하던 기생을 빼앗아 간다. 귀결은 '듣는 사람이 포복절도했다'[36]는 것이다.** 「세전」世傳(『계서야담』, 129면)은 내시의 처와 동침하면 과거에 급제한다는 사대부 사회의 통설을 확인하려 한 조현명趙顯命에 대한 이야기이다. 조현명은 내시가 궁궐로 들어간 틈에 내시의 아내와 동침하다가 내시가 예상 밖으로 빨리 돌아와 들키게 된다. 내시의 아내는 조현명을 '부평 사는 오라비'로 소개하는데 내시는 그 말을 믿는다. 내시의 우둔함이 과장되었다는 점에서 '소화'에 가깝다. 그러나 내시의 우둔함을 부각시키는 데 서술의 초점이 맞춰진 것은 아니

---

* 「유문익공척기」兪文翼公拓基(『계서야담』, 350면)에서 유척기는 조문명趙文命이 크게 쓸 만한 인물이라는 느낌이 들어 그 됨됨이를 시험해보고는 과연 그러하다는 판단을 굳혔다. 그러나 그 뒤 조문명의 오만한 말을 듣고는 "아깝도다, 수상은 못 되겠구나"(惜乎 未得爲首相矣)라고 말했다. 과연 조문명은 좌상에 그쳤다. 이 작품은 사대부들이 관직 생활을 하면서 겪은 경험과 그 과정에서 얻은 통찰이 압축적으로 제시되었다는 점에서 사대부 일화라고 할 수 있다.

** 작품의 귀결이 웃음이라 하여 모두 '소화'로 규정되지는 않는다. '소화'에 대한 앞의 설명을 참조할 것.

다. 그보다는 젊은 사대부의 유쾌한 탈선과 통설의 우연한 적중이 포착되었다는 점에서 여유 있는 사대부 일화라 볼 수 있다. 특히 조현명이 '부평에서 온 오라비'로 자처하게 되고 내시가 과장科場에서 그를 '부평 김생'富平金生이라 부르며 찾아다니는 장면에서는 폭소를 금하기 어렵다.*

②의 경우에 해당하는「장사문중인」張斯文仲仁(『계서야담』, 469면),「이지사백견」李知事白堅(『계서야담』, 487면) 등은 한자의 동음이의同音異義를 활용한 재치 있는 말을 소개한다.「박참판이창」朴參判以昌(『계서야담』, 514면)은 박이창의 말재치를 보여준다. 박이창이 양가 규수들에게 말 희롱을 하자 그의 동료들이 "양가의 처녀들에게 어찌 그런 말을 하는가?"라고 주의를 준다. 그러자 박이창은 "저들이 양가 처녀라면 나는 양가의 총각이 아닌가?"[37]라고 대꾸한다.

③의 경우에 속하는「차관출궤차나정」差官出櫃差裸程(『동야휘집』 하, 171면)은 소위 '훼절' 모티프를 바탕으로 한 작품이다. 기생과 성 관계를 맺는 것을 사악한 행위라 여기며 엄숙하게 지내던 경주 경차관敬差官 노 모盧某가 경주 부윤 및 기생 등의 모의에 의해 훼절당하는 과정을 보여준다. 사대부가 기생과 관계를 갖는 것이 사대부 사회의 지속을 위해 오히려 필요하다는 것을 간접적으로 역설했다. 노 모의 입장에서 보면 궤짝 속에 들어가 생명의 위협을 받게 된 절박한 상황에서 살아나 마침내 원만한 사대부로 교정되는 과정일 수도 있는 것이다. 과정은 심각했지만 끝은 모두에게 다 좋다. 그런데「장무숙공」張武肅公(『계서야담』, 441면)의 형편은 조금 다르다. 충역忠逆을 철저하게 따졌던 장붕익張鵬翼(1646~1735)은 당시 재상이었던 이광좌李光佐를 과격하게 비난하다 임금의 노여움을 사 삭직을 당한다. 장붕익의 말은 상대방의 감탄이나 웃음을 유발하지 못하고 스스로를 곤경에 빠뜨렸다. 이런 '정황의 악화'가 생겼다는 것이 사대부 일화가 달라지기 시작했음을 암시한다. 또「홍

---

* 그 외에「유희춘」柳希春(『계서야담』, 473면) 등도 여기에 해당하는데, 그 끝은 '聞者絶倒'나 '一座大噱'이다.

우원」洪宇遠(『계서야담』, 441면)은 여자의 유혹을 거절하여 떳떳해지는 사대부 홍우원의 경우를 통해 여자의 음심淫心을 경계한다는 점에서 사대부 일화라 볼 수 있으나, 그 배경이나 인물 간의 관계에서는 사대부 일화의 한계를 벗어 났다. 음탕한 여인과 그 남편, 그리고 그 여인과 동침하다 살해된 이웃 김 총각 등은 모두 평민이면서 사대부 홍우원과 대등한 자기주장을 하고 있다. 사대부와 평민이 대등하게 만나서 사건을 만든다는 것은 사대부의 삶에 대한 반성적 시선이 개입했음을 뜻하며, 사대부 일화의 영역이 확장되었음을 의미한다. 또 이 작품은 후일담까지 덧붙었기에 시간적으로도 확장되었다. 사대부 일화의 자기 혁신이 이루어졌다고 볼 수 있다.

이 점에서 소위 '야사' 野史를 살펴볼 필요가 있다. '교술'과 '서사'의 성격을 공유하는 야사*는 정황의 변화(특히 악화)로 귀결되는데, 그 점에서 정황의 지속을 지향하는 사대부 일화와 다르다. 또 사대부 사회의 불안과 위기의식을 기반으로 한다는 점에서, 사대부 사회의 안정을 기반으로 하는 사대부 일화와 구분된다. 특히 야사는 사화나 당쟁, 국가 간 전쟁과 긴밀한 관계를 가지기에 자기 집단의 역사를 합리화하는 이데올로기를 배면에 깔게 된다. 가령 「이정익공완」李貞翼公浣(『계서야담』, 282면)에는 이완·박탁·효종이 등장하는데, 이들이 추구하는 것은 북벌北伐이다. 하지만 효종이 죽으면서 이들의 북벌 계획은 수포로 돌아간다. 영웅의 성격을 다분히 가지는 박탁은 효종이 죽자 어느 누구보다 더 애통해한다. 그리고 노모老母에게로 돌아가 종적을 감춰버린다. "영웅은 성주聖主가 위에 계실 때 일을 도모할 수 있습니다. 황천이 도와주지 않으시니 모든 일은 끝나버렸습니다"[38]라는 박탁의 마지막 말은 비장한 분위기를 더욱 돋운다. 이런 비장한 분위기는 북벌 이데올로기

---

* '서사적 야사'가 역사 서술과 구분되는 것은 ① 서술자가 서사체를 만들고자 하는 의식을 강하게 갖고 있으며, ② 그 지향을 공언하지 않고 서사적 실현을 통해 암시한다는 점 등이다. 아울러 야사가 포함될 소위 '비정통 역사 서사체'가 서술 과정에서 허구를 이용했다는 언급은 한 발 더 나아간 것이다. 비정통 역사 서사체에 대해서는 홍상훈, 『전통 시기 중국의 서사론』(소명출판, 2004), 131~180면을 참조할 것.

를 지지하는 서술자가 실패로 끝난 북벌 계획에 대해 갖는 감정의 소산일 것이다.*

특정 시기에 대한 야사는 그 자체로서 독자적 존재 의의를 가지기보다는 시기상 전후 사건들에 대한 기록들과 유기적인 관계 속에서 존재한다. 그런 점에서 야사의 기저에는 시간 의식과 역사의식이 있다고 할 수 있다. 사대부 일화가 어느 한 사대부의 단편적 행위나 생각을 그린다면, 야사는 역사의 흐름이라는 맥락을 의식하며 일련의 역사적 사건의 한 부분으로서 단편적 행위나 사고방식을 서술하는 것이다. 그리하여 사대부 일화의 특징인 단편성이나 응축성은 야사에서 극복되어 단편들 간의 관계나 전체의 형상 등이 제시되거나 암시된다. 나아가 사대부 사회의 동요 및 정치 상황의 급변 등을 반영하면서 서술상의 의미 전환을 이루게 된다.

그러나 야사가 역사의 기록물이라는 전제를 벗어날 수 없었기에 자유로운 상상력을 바탕으로 한 허구적 장편 서사의 수준에 도달하지는 못했다. 가령 「상견학산신선생잡록」嘗見鶴山辛先生襍錄(『삽교집』 하, 354면)에서 안석경安錫儆은 일찍이 '신돈복辛敦復의 잡록'** 중에서 배시욱裵是郁이 청의 요청으로 파견되어 차한車漢의 군사들을 화공火攻으로 격파한 역사적 사실을 읽었다가 그 뒤 잊어버렸는데, 횡성 조회보趙晦甫가 다시 그 이야기를 상세히 해주었기에 그 내용을 기록해둔다고 했다.[39] 안석경은 신돈복의 잡록에서 읽은 내용을 망각하자 그것을 소재로 하여 적당하게 복원하거나 허구적 이야기를 꾸미려 하지 않고 가능한 한 그대로 복원하고자 하였다. 복원 방법은 그 책을 다시 찾아 읽거나 관련 내용을 정확하게 전해주는 사람을 만나는 것이다. 이처럼 야사가 서사적 지향을 강하게 갖고 있다 하더라도 '역사 사실 그대로의 기록'이라는 작품 외적 사실에 대한 종속이 극복되지 않았고, 또 역사적 사실

---

* 『계서야담』의 출발이 된 『계서잡록』을 편찬한 이희평은 북벌을 지지한 노론 계열의 인물이다.
** 『학산한언』을 지칭하는 것 같으나 확실하지는 않다.

을 전술傳述한다는 서술 의식이 강했기에 작품 세계의 독자성을 확보할 수 없었다. 그래서 장편 서사로 나아가지는 못했다고 하겠다.

■ 평민 일화

평민 일화는 사대부 일화의 대립항이라 할 수 있다. 사대부 일화가 작품 배경 및 세계관 면에서 다소 고정적이고 폐쇄적이라면, 평민 일화는 유동적이고 개방적이다. 사대부 일화가 사대부 사회의 사회·경제적 여유를 기반으로 했기에 기존 정황의 지속을 전제하고 세계 자체를 근본적으로 회의하지 않은 데 반해, 평민 일화는 평민의 불완전한 삶의 여건을 기반으로 하고 있기에 기존 정황의 변화를 지향한다. 평민 일화는 서술 과정에서 정황의 변화를 이루며, 정황이 변하지 않는다 하더라도 세계는 자아와 긴장 관계에 놓이게 되거나 회의의 대상이 된다.

평민 일화는 패설과 관련이 크다. 그러나 패설의 궁극적인 목표를 웃음이라 본다면,[40] 패설은 평민 일화보다는 오히려 소화에 더 가깝다. 평민 일화는 평민의 일상 경험 중에서 특별한 점을 나타내는 것을 목표로 한다는 점에서 독자적 영역을 확보한다.

「대금」大金(『계서야담』, 38면)에는 대금이라는 종이 남의 제문祭文을 엉터리로 써주고는, 만취해 뒤늦게 온 제관으로부터 찬사를 받는 산골 민가의 사건이 그려져 있다. 제문이란 유가 사회에서 가장 엄숙하고도 진지하게 작성되어야 하는 것인데, 그것이 우스개의 계기가 되었다.* 대금은 양반가의 종이기는 하지만, 사건은 그가 민가에 머물던 중에 일어났다. 그래서 그는 사대부 사회의 분위기를 보여주기보다는 평민 사회의 실상을 보여주는 역할을 하게 된 것이다. 이 작품은 세계를 풍자하고 있다는 점에서 평민 일화의 한 면모를 보여준다.

* 이에 대한 편찬자의 태도도 그리하다. "余於幼時 聞此言 不覺絶倒 今玆錄之"(『계서야담』, 40면).

기존 사회를 회의하지는 않지만 작중 배경이 사대부 일화의 그것과는 구별되는 경우도 평민 일화에 넣을 수 있다. 가령 「유성룡」柳成龍(『계서야담』, 238면)에는 밖으로 보기에는 바보 같으나 실제로는 비범한 유 거사가 등장한다. 그는 유성룡의 삼촌으로서, 매사에 느리고 무식하여 '바보 삼촌'癡叔으로 불렸다. 그러나 그는 앞날의 변화를 정확하게 예견하고 타인의 정체를 꿰뚫어 볼 수 있는 혜안을 가졌다. 그런 능력은 임진왜란을 예언하는 데로 이어지는데, 임진왜란 당시 안동 지방이 피해를 입지 않았던 것은 유 거사 덕이라는 것이다. 유 거사 같은 인물을 등장시켜 심각한 피란의 문제와 관련짓는 발상법은 사대부 일화에서는 나타나기 어렵다. 그것은 전란 체험과 자유분방한 상상력이 결합되어 이뤄진 것이라 볼 수 있다. 이로써 일화가 삶의 심각한 양상과 연결되었다. 비록 유 거사가 당대 최고의 사대부인 유성룡의 삼촌으로 설정되어 있지만, 서사의 발상과 배경은 평민적이다. 그런 점에서 사대부 일화가 평민 일화로 전환되는 양상을 보여준다고 하겠다.

「호중일사인」湖中一士人(『계서야담』, 220면)은 신혼 첫날밤에 호랑이가 신방으로 뛰어들어 신랑을 물어 가려 하자 호랑이의 뒷다리를 움켜잡고 따라가 결국 남편을 살려내는 신부의 역동적인 행동을 그렸다. 신부의 그런 행동은 사대부 여인의 그것과는 사뭇 다른 것이다. 그녀가 선비 집안의 신부라 하더라도 치열하고 활력에 찬 그 행동은 사대부가 여인의 것이라 보기 어렵다. 사대부 사회에서는 찾아보기 어려운 평민 생활의 역동적 단면을 포착했다는 점에서 사대부 세계에 대한 대타 의식을 발견할 수 있다.

평민 일화는 현실 세계를 배경으로 하는 경우뿐만 아니라 초현실 세계나 비현실 세계를 배경으로 하는 경우에도 사대부 일화나 전설 등과 구별된다. 사대부 일화가 초현실적 세계를 원칙적으로는 수용하지 않는다면, 평민 일화나 전설, 민담 등은 초현실 세계를 각기 고유한 방식으로 수용한다. 초현실 세계를 수용하는 방식 면에서 평민 일화, 전설 및 민담은 구분된다.

「효자환소설명부」孝子還甦說冥府(『동야휘집』 상, 245면)는 전반부에 효감천

孝感泉에 얽힌 이야기를, 후반부에 오준吳浚의 명부冥府 여행 이야기를 싣고 있다. 효감천 이야기는 전대 문헌인 『학산한언』, 『계서야담』, 『청구야담』 등에 실려 있는 것이고,⁴¹⁾ 오준의 명부 여행 이야기는 『동야휘집』에서 덧붙여진 것이다. 효감천 이야기는 기이한 세계의 정체를 합리적으로 감지·인식하지 못한 수준에서 만들어진 전설이다. 오준 이야기는 소재가 기이하다는 점에서 효감천 이야기와 비슷하지만 서술 태도는 다르다. 오준은 저승사자의 착오로 명부에 잘못 잡혀가게 된다. 결국 착오가 밝혀져 이승으로 돌아오게 되는데, 그는 이왕 명부에 왔으니 돌아가신 부모님과 죽은 두 아이들을 만나게 해달라고 간청한다. 그러나 명부의 엄격한 규칙은 부모 상봉을 허락하지 않는다. 다만 오준의 한 아이만은 광주 어느 마을의 김씨 집안에 태어나게 해준다. 마지막에 이런 구절이 덧붙여져 있다.

> 사람들이 모두 놀라고 이상하게 생각했다. 그 후 (오준은 염왕의 예언대로) 과연 80세까지 살다가 죽었다. 효성으로 벼슬이 추증되고 정려문도 내려졌다. 일찍이 다른 사람에게 말하기를 "광주의 김씨 집에 태어난 아이를 데려와 보려 해도 그 이름을 알 수 없고 또 일이 허황하고 망령된 것 같아 이룰 수가 없었다"고 했다.⁴²⁾

작중인물 오준은 자기가 겪은 일을 남에게 함부로 말하지 않았다. 일이 '허황하고 망령된' 것 같았기 때문이었다. 오준뿐만 아니라 다른 작중인물과 서술자조차도 이런 판단을 공유했다. 특히 직접 경험한 오준 자신이 스스로 그 경험을 허황하고 망령된 것 같다고 여긴 사실이 중요하다. 오준은 자신의 경험에 대해서도 일정한 거리를 두고 대상화한 것이다.

오준 이야기에서 기이는 서술자나 작중인물을 지속적으로 규제하는 초월적 힘으로서의 성격이 약하다. 그보다는 반추의 대상이 되는 독특한 경험이었다. 사대부적 세계관에 부합하지 않는 기이한 내용은 가능한 한 부정하고 배제하려 했던 것이 사대부 일화다. 그와 달리 여기서는 설사 의식의 차원에서 기이함을 그대로 인정하지는 못한다 하더라도 일단 경험 내용으로서는 인정하고 그에 대해 서술하고 있는 것이다. 그런 점에서 이 작품은 평민 일화에 가깝다.

이와 같이 전설과 평민 일화는 '기이 그 자체'와 '기이한 것'의 차이에 의해 구분될 수 있다고 하겠다. 기이는 합리적인 인식 수준을 넘어서는 사건이나 사실을 지칭한다. '기이 그 자체'가 기이한 내용이 작품 세계 속으로 들어와 작품 세계와 자아를 압도한다는 의미라면, '기이한 것'은 '기이 그 자체'를 '기이하지 않은 것'(현실적인 것)의 관점에서 받아들인 것이다. 전설이 선사와 직결된다면, 평민 일화는 후자와 직결된다.

'기이한 것'에 대한 관심은 평민들뿐만 아니라 사대부들에게도 있었다. 사대부들은 '괴력난신'怪力亂神에 대해 말하지 말라는 유가의 가르침에 따라 기이한 것을 말하거나 기록하지 않으려 하였다. 그러나 기이한 것에 대한 관심을 원천적으로 봉쇄할 수는 없었다. 그래서 적지 않은 사대부들이 기이한 것에 대해 이중적인 태도를 취하게 되었다. 그 흔적은 『학산한언』이나 『천예록』, 『금계필담』 등에 뚜렷이 나타나는바, 주로 작품의 기록·전재轉載 행위와 평결 사이의 괴리 현상으로 나타난다. 가령 「당헌청희피곤욕」堂軒請戱被困辱(『동야휘집』 하, 689면)에서 정효성鄭孝城은 비몽사몽간에 명부에 끌려갔다 돌아오는 기이한 체험을 하게 된다. 그는 그 뒤로 혼을 부르는 무당굿을 즐겨 구경하게 되고 그 자신도 강신降神 상태에 빠지게 된다. 그를 둘러싸고 여러 기이한 일들이 일어난다. 서술자는 기이함을 대상화하고 있으며 서술적 거리를 시종 유지함으로써 기이 자체 속에 함몰되지 않는다. 나아가 평결은 이 내용을 비판하며, 특히 사대부로서 그런 미혹에 빠진 정효성을 비난하고 있다.[43] 이야기를 전재했다는 사실은 어느 정도 그에 대한 호기심과 공감을 가졌음을 뜻한다. 그러나 그 이야기 내용을 평결에서 다시 부정할 수밖에 없었던 것은, 편찬자가 기이한 평민 일화를 일단 수용했다가 다시 의식적으로 그것을 기피함으로써 이념적 비난을 면하고자 했음을 암시해준다. 갈래 면에서 말한다면 사대부 일화에 익숙한 사대부에게 평민 일화가 강력한 충격을 주었다고 하겠다. 이는 그만큼 평민 일화의 힘과 범위가 확장되었음을 뜻한다.

나아가 서유영이 편찬한 『금계필담』의 「유일재」有一宰(『금계필담』, 196면)는 기이의 세계를 완전하게 인정하기도 한다. 이 작품에서 천민의 아들로 태어난 남자 아이는 자신이 평안 감사가 될 수 없다는 말을 듣고 충격을 받아 죽었다가 다시 사대부 집안의 자식으로 환생하여 결국 평안 감사가 된다. 이에 대해 편찬자는 '이로써 논하건대, 불가에서 소위 말하는 윤회와 환생이 거짓은 아니라고 하겠다'[44]라는 평가를 내리고 있다. 이는 이야기의 기이한 내용을 그대로 인정하는 서술 태도이다.

아무튼 평민 일화가 기이를 판단이나 관찰의 대상으로 삼고 있다는 점이 전설과는 다른 서술 태도이다. 기이를 대상화하는 데 머물지 않고 작중인물의 어떤 면을 부각시키기 위해 적극 활용하기도 하는데,* 이 역시 전설에서는 찾기 어려운 경우이다. 또 평민 일화는 기이를 이념적 검열 과정을 거치지 않고 수용했다는 점에서 사대부 일화와 구분된다.

평민 일화는 '기이한 것'은 물론 '현실적인 것'도 포용한다. 그래서 전설을 비롯한 전대의 비현실적 서사 갈래 중 현실과 긴밀하게 관련을 맺으면서 변형된 작품들을 평민 일화로 포괄할 수 있다. 반대로 사실에 국한된 사대부 일화가 보다 다채로운 기이의 세계를 수용하도록 평민 일화가 자극을 주었다고도 하겠다.

평민 일화에서는 주인공에 의해 세계가 회의되고 문제시되기에 정황의 변화가 나타나며, 기존의 부정적 정황을 극복하고 긍정적인 새로운 정황을

---

* 가령 「오성」鰲城(『계서야담』, 325면)에서는 오성 이항복의 탁월함을 드러내기 위해 원귀의 복수라는 기이한 요소를 활용하였다. 이항복은 정인군자正人君子로서 장차 나라의 큰 동량이 될 인물이기에 원귀조차 그를 함부로 해치지 못한다. 이항복은 원귀가 목숨을 위협하며 자리를 비켜달라고 하지만 친구를 보호하기 위해 끝까지 친구의 곁을 떠나지 않는다. 이로써 이항복은 완벽한 정인군자가 되었다. 여기서 기이는 이항복을 정인군자로 형상화하는 데 적극 활용되었다.

창출하려는 소망이 나타난다고 앞서 언급한 바 있다. 그런데 평민 일화에서는 정황이 향상될 뿐 아니라 악화되기도 한다. 그 점에서 잠재된 욕망이 비현실적으로 충족되는 민담이나 드러난 욕망이 합리적으로 성취되는 야담계 일화와 비교될 수 있다. 민담과 비교할 때 평민 일화는 그 욕망을 구체화하기는 했으나 현실적 방식으로 충족하는 경우는 많지 않다. 또 현실적 방식으로 충족한다 하더라도 완전한 수준이 아닌 경우가 많다. 이것은 평민 일화의 담당층이 현실에서 자기 욕망을 완전하게 성취할 수 없었던 형편을 반영한 것이다. 그렇지만 평민 일화에서 사람의 의지가 어느 정도 작용하고 있다는 점은 중시해야 하겠다.

기존 세계에 대해 의심하고 회의한다면 기존 세계를 대체할 새로운 세계를 지향하게 된다. 하지만 평민 일화에서는 그 지향이 지속적이지도 집요하지도 않다. 유幽의 세계가 단순한 호기심의 대상이나 잠정적 일탈을 위한 공간으로 묘사되고, 선仙의 세계가 서술 과정의 한 모티프로서만 원용되었다는 사실이 이를 뒷받침해준다. 이같이 평민 일화는 지향점이 불명확하고 확고하지 못하기에 이념적 지향이 분명한 사대부 일화의 아류로 변질될 취약성도 가졌다.*

또한 평민 일화의 느슨한 형식은 작품 밖 세계의 실상을 다양하게 받아들일 수 있게 하였다. 그렇지만 세계를 특정 관점에서 선택하고, 선택된 것에 뚜렷한 의미를 부여하는 데는 부적절했다. 이 점은 시가 형식으로서의 민요와 비견된다. 민요는 일정한 형식을 갖추지 않고서 평민의 일상을 다양하게 수용하였다. 그러나 민요가 평민 일화와는 달리 평민의 삶에 밀착하여 오랜 수명을 유지할 수 있었던 까닭은 아마도 일정한 가락에 의존할 수 있었고 또 4·4조에 가까운 우리말의 운율을 활용할 수 있었기 때문일 것이다. 그에 반

---

* 『송도기이』松都記異의 「유성」有成(『대동야승』 17, 민족문화추진회, 1979), 345~349면이 여기에 해당된다. 「유성」에 대한 분석은 이강옥, 『조선시대 일화 연구』(태학사, 1998), 78~81면을 참조할 것.

해 평민 일화는 그 갈래적 전제에서는 아주 넓은 계층적 터전을 갖추고 있었음에도 불구하고 문학사의 전개 과정에서 크게 부각되지 못하였고, 또 다른 단형 서사 갈래와의 경쟁에서도 두각을 나타내지 못했다. 그 이유를 우선 평민 일화의 고유한 서술 형식의 결여에서 찾을 수 있겠다. 반면 야담계 일화는 같은 일화이면서도 독특한 서술 시각 유형을 확보함으로써 서술 형식의 한계를 넘어설 수 있었고, 그 결과 조선 후기를 대표하는 단형 서사 갈래가 되었다고 볼 수 있다. 이 점을 다음 항목에서 자세하게 살펴본다.

■ 야담계 일화

'야담'은 야담계 일화와 야담계 소설을 함께 지칭하는 관습상의 용어이다. 야담의 바탕은 야담계 일화이다. 신화, 전설, 민담, 사대부 일화, 평민 일화 등 전대와 당대의 단형 서사 중 일부가 조선 후기에 이르러 야담계 일화로 전환되었다고 할 수 있다. 그리고 야담계 일화가 야담계 소설로 나아갔다. 그러나 야담계 일화 형성의 중심축은 당대 현실의 반영이라 보아야 할 것이다.

조선 후기에 이르러 현실의 모습은 급격하게 달라져갔다. 그런 현실에서 이전에는 예상하지 못했던 독특한 경험이 축적되었다. 따라서 새로운 경험을 담는 새로운 서사 형식이 필요했다. 야담은 그런 필요에 부응하여 만들어졌다.

사대부 일화 및 평민 일화를 자연스럽게 구분하게 했던 신분의 경계는 조선 후기 신분제의 동요로 흐트러졌다. 농업과 상업에서 유동성이 커짐에 따라 사람들이 자기 욕망을 주체적으로 충족시킬 기회가 늘어났고, 아울러 사람의 욕망 자체에 대해 긍정적인 의미가 부여되기도 하였다.

이런 조선 후기의 새로운 상황에서 반복된 경험은 특정한 사고 유형과 행동 방식들을 형성했다. 야담은 그러한 사고 유형과 행동 방식을 서사 구조로 전환시킴으로써 성립하였다. 야담은 사실성에 대한 집착에서 자유로울 수 없었던 사대부 일화나 평민 일화의 한계를 넘어서서, 사실성과 허구성을 종합하여 다채롭게 작품 세계를 개척해갔다. 이 점이야말로 야담이 질적인 면이나 수적인 면에서 비약하는 발판이 되었다.

야담의 또 다른 특징은 경험자가 자신이 경험한 내용을 이야기한 것을 바탕으로 했다는 점이다. 경험의 주체가 전문적인 이야기꾼이든 아니든 간에, 경험 내용이 기록되기 전에 구연되는 현상은 야담에 다양한 서사적 속성이 가미되게 하였다.

야담은 조선 후기라는 특정 시기에 집단적으로 거듭 구연되는 과정을 거쳐 형성되었다. 조선 후기에 집중적으로 구연되었기에 당대 현실의 전형성을 담았다. 또한 집단적으로 구연되었기 때문에 어떤 십난이 특정한 상황 속에서 정립시킨 사고 유형·행동 유형·세계관을 서술 시각으로 전환시켰다.

조선 초·중기에는 사대부, 평민, 천민 등이 그 신분의 테두리 안에서 동질적 사유 구조와 생활 감각을 갖추고 살았다. 그리하여 사대부 일화에 속하는 작품들과 평민 일화에 속하는 작품들은 각각 일정한 동질성을 유지할 수 있었다. 즉 '사대부의 일화', '평민의 일화'라는 말이 성립할 수 있었던 것이다. 그러나 조선 후기에 이르러 신분 질서가 흐트러지자 같은 신분인데도 그 처지가 다른 집단들이 생겨나게 되었다. 가령 같은 양반이면서도 이몽룡과 심학규의 처지는 엄청나게 다르고, 같은 형제이면서도 흥부와 놀부는 다른 계층으로 여겨질 정도로 다르다. 그래서 '사대부의 일화' 혹은 '평민의 일화'란 말이 부적절하게 되었고 '어떤 처지에 놓인 사대부들의 일화', '어떤 처지에 놓인 평민들의 일화'라는 표현이 알맞게 되었다. 그 결과 사대부 일화와 평민 일화의 엄격한 구분이 어렵게 되었다. 사대부 일화가 평민 일화처럼 보이고, 평민 일화가 사대부 일화처럼 보이기도 하였다.

이 시기에 새로 형성된 일화들은 사대부 일화도 아니고 평민 일화도 아닌 야담계 일화이다. 야담계 일화에는 유형화된 서술 시각이 존재하는데, 서술 시각의 유형은 구체적인 처지에 따라 규정되는 집단의 세계관 및 그 경험 내용과 관련되는 것이다. 야담계 일화는 여러 집단의 세계관과 관련되기에 사대부 일화나 평민 일화처럼 어느 한 계층의 존재 양식에만 국한되지 않는다. 여러 집단들의 특별한 존재 양식을 그 서사 세계 속에 포괄한다. 사대부 일화와 평민 일화의 계층적 폐쇄성을 극복하고 관계항을 형성한 것이다. 그리고 전형적 상황에 대한 대응 작용을 참조하여 서술 시각을 유형화하였다.*

야담이 전대의 단형 서사 갈래와 구분되는 또 한 가지 사실은 사람의 의지가 세계를 극복하거나 조종할 수 있다는, 사람의 능력에 대한 신뢰를 바탕으로 했다는 점이다. 이런 바탕에 의해 형성된 서술 시각이 '욕망의 성취', '문제의 해결', '이상향의 추구' 등이다. 또 '이념의 구현'은 사람이 의지로써 익숙한 세계를 지킬 수 있다는 신념을 보여준다. 반면 '운명의 실현'은 사람의 의지나 능력 밖의 힘을 인정하는 것이다.

'욕망의 성취'란 서술 시각은 주인공이 일련의 행동을 통해 자신의 욕망을 성취해가는 과정을 주로 서술하는 것이다. 욕망이란 주로 신분이나 재산과 같은 사회·경제적인 항목을 지칭하며, 거기에다 애욕과 같은 감정적인 것도 부수적으로 포함할 수 있다. 그런데 이러한 욕망을 갖는다는 것은 사람의 보편적 성향 중 하나이므로 서사체들은 그런 욕망을 인정하면서 시작되었다 해도 지나친 말은 아닐 것이다. 조선 후기 야담은 이와 같은 사람의 보편적 욕망을 수용했다는 점에서는 이전의 다른 서사체들과 다를 바 없지만, 그 정도나 태도 면에서는 다르다. 이 점은 다음 장에서 상론하겠다.

'문제의 해결'이란 서술 시각은 작품의 서두에 제시된 '문제'를 서술 과정에서 해결해가는 것이다. '문제'란 기존 상황의 변화나 기존 질서의 파괴 때문에 초래된 고난이나 혼란을 말한다. 주인공이 문제를 해결하고자 하는 것은 기존의 상황과 질서를 되찾으려는 회복 의지의 발현이다. 여기서 이 회복 의지의 지향점이 되는 '바람직했던 기존 상황'이란 주인공이 개인적으로

---

* 서술 시각이 유형화되는 과정을 일목요연하게 보여주는 것이 정기룡鄭起龍에 대한 이야기이다(『매헌실기』梅軒實記, 『동패집』東稗集, 『동야휘집』東野彙輯에 실려 있는 정기룡 이야기 참조). 서술 시각의 유형에 대한 더 자세한 설명은 이 책의 「야담의 서술 시각 유형」을 참조할 것.

체험한 것일 수도 있고 그가 소속된 집단이 사회적으로 누렸던 삶의 조건일 수도 있다. 야담의 '문제의 해결'에서는 어떤 처지에 놓인 양반 계층의 문제를 해결하는 과정이 중심을 이루고, 그것을 닮은 다른 집단의 문제 해결 과정이 주변을 형성한다.

'이상향의 추구'라는 서술 시각은 주인공이 스스로 생각하고 있는 가장 이상적인 공간을 추구하는 과정을 보여준다. 그것은 현실 공간에 대한 철저한 불신과 절망을 출발점으로 삼는다. 이상향의 추구가 유형화되기 위해서는 현실의 모순을 절실하게 인식하고 감지하여 그것을 극복하고자 하는 의지가 강해지고, 그것이 문학 상황과 조응되는 과정이 필요하다. 그런 점에서 이상향 추구는 현실 세계를 분명하게 인식하여 자신이 기대하는 정황을 전혀 새로운 세계를 통해 구현하려는 의지의 소산이라 하겠다.

'이념의 구현'은 사람이 이념의 영역에서 가지는 의지를 중시하여, 그 이념이 현실에서 구현되는 과정을 보여준다. '운명의 실현'은 사람의 의지를 인정하지 않고 초월적인 힘의 위력을 부각시키기 위해 운명이 실현되는 과정과 양상을 보여준다.

이렇게 조선 후기에 들어와 유형화된 서술 시각들은 조선 후기 야담을 전대의 단형 서사 갈래들과 뚜렷이 구별되게 만들었다. 전대의 일화를 사대부 일화와 평민 일화라 한다면, 이런 서술 시각에 의해 서술되어 전대의 일화와 변별된 일화를 야담계 일화라 규정할 수 있다.

야담계 일화는 어느 하나의 서술 시각에 의해 서술된다. 그렇기 때문에 서술의 속도가 빠르며 사건 전개는 고도로 응축되고 첨예한 정점[45]이 나타난다. 그리고 서두의 상식적 기대치를 근본적으로 벗어나지는 않는 정도에서 작품이 끝난다.

가령 「영산업부부이방」營産業夫婦異房(『청구야담』하, 340면)은 욕망의 성취를 서술 시각으로 하는데, 가난한 천민 주인공 부부가 신혼 첫날부터 10년을 기한으로 열심히 일하고 절약해 한 고을의 최고 부자가 되는 과정을 박진감 있게 보여준다. 주인공이 재물을 모으는 과정에서 다른 요소들은 결정적 장애가 될 수 없다. 이들은 노동력을 높이는 데 장애가 되는 아이를 낳지 않기 위해 성생활도 미룬다. 밥도 제대로 먹지 않고 하루 단 한 끼 죽만 먹었다. 그 결과 마침내 갑부가 되었다. 그때 이들은 아이를 낳으려 했지만 이미 아이를 낳을 수 없게 되어 있었다. 그렇지만 불임도 이들을 절망하게 만들지는 못했다. 재물 축적에 대한 몰입과 축적된 재물이 줄 행복에 대한 신뢰가 그들의 삶을 이끌고 지탱해주는 유일한 요소였기 때문이다. 이들은 조금도 흔들리지 않고 소기의 목적을 달성했다. 이 압축적이고 단도직입적인 서술 방식은 사람의 현실적 의지에 대한 확고한 신뢰에서 우러나온 것이다.

「조태억위영남백」趙泰億爲嶺南伯(『삽교집』 하, 91면)은 추노推奴 길에 나선 주인공이 돈을 받기는커녕 생명의 위협을 느끼게 되자 영남 순찰사 조태억이 머물고 있던 관아로 달려가 죽마고우 행세를 하여 결국 도량이 큰 조태억의 도움을 얻어 위기를 벗어나고 추노에도 성공한다는 내용이다. 사회적으로 위기에 봉착하여 그로부터 해방되기를 간절히 바라던 양반 계층의 소망을 담은 이 이야기는 '문제의 해결'을 서술 시각으로 한 전형적인 야담계 일화라 할 수 있다.

「방도원권생심진」訪桃源權生尋眞(『청구야담』 하, 522면)은 삶의 여건이 완벽하게 보장된 '양전미토'良田美土로서의 이상적인 공간을 설정한다. 이것은 사람들에게 온전한 삶의 여건을 보장해주지 못하는 현실 공간에 대한 비판의 시선을 깔고 있는 것이다. 주인공은 이상향으로 초대되었다가 가족을 데려가기 위해, 혹은 가족이 그리워 돌아왔다가 이상향으로 다시 들어가려 하지만 가는 길을 찾지 못한다. 주인공이 이상향으로 재진입하는 데 실패하게 함으로써 이상향 추구 지향이 더 강렬해지게 만든 것이다.

이상 세 경우는 각 서술 시각의 이상형에 가까운 것이다. 야담집에는 이런 이상형을 중심으로 조금씩 변형된 작품들이 대부분 그 주변에 포진해 있다.

야담계 일화는 서술의 전환이 없기 때문에 서두에서 암시된 그대로 결말이 만들어진다. 서술자의 서술 시각은 등장인물의 단 하나의 의미 지향과 합치된다. 그것은 독자가 가진 상식 수준의 기대치를 만족시킨다. 서술자는 세계의 단면을 서술하되 그것을 그 자체로서만 작품 안으로 편입시킬 뿐, 세계의 다른 부분과 연결시키지 않는다. 세계와 인간은 극도로 단순화되며 상식적 기대치를 넘어서는 영역은 무시된다. 어떤 요소도 간단間斷 없는 서술 속도를 줄일 수는 없다. 서술 과정에서 어떤 문제를 제기하는 것이 아니라 단지 그 세계 속에서 일어난 사건을 보여주고 전달하려 하기 때문이다.

5 야담계 소설

하나의 서술 시각에 의해 일관되게 서술되는 야담계 일화는 서술 과정에서 전환점을 만들거나, 여타의 서술 시각과 결합함으로써 의미 지향의 전환을 이룬다. 그럼으로써 야담계 소설로 나아간다. 의미 지향의 전환이 보다 두드러지고, 그 자체가 새로운 의미를 창출할 수 있을 때 야담계 소설이 된다.

먼저 하나의 서술 시각에 의해 작품이 전개되지만 서술 중에 의미의 전환이 이루어지는 경우가 있다. 가령 「양봉래사언지부」楊蓬萊士彦之父(『계서야담』, 191면)에서 영광 군수로 있던 양사언의 아버지는 말미를 얻어 서울로 가고 있었다. 점심을 먹으려고 어느 산촌 민가에 들렀는데, 그 집에 혼자 남아 있던 열한두 살 남짓한 처녀로부터 극진한 대접을 받는다. 이런 상황에서 예상되는 다음 사건은 양사언의 아버지가 처녀의 부모를 만나 사례를 하고 처녀의 행실을 칭찬하는 정도일 것이다. 그러나 양사언의 아버지는 떠나면서 그 처녀에게 청색과 홍색 부채 두 개를 꺼내 주며 "이것은 너의 혼수에 쓸 납채納采이니 조심스레 받도록 하거라"[46]라고 우스개를 하였다. 이렇게 가볍게 던진 말이 사건을 예상치 못한 쪽으로 나아가게 한다. 처녀는 양사언의 아버지가 자신에게 정식으로 납채하였다고 이해했기 때문이다. 몇 년 뒤 혼기를 맞이한 처녀는 한사코 양사언의 아버지에게 시집가겠다고 고집을 부린다. 결국 양사언의 아버지가 그녀를 첩으로 맞이하는데, 이 점이 첫 번째 의미의 전환점이다.

처녀는 신분 상승을 이루었다. 그러나 그녀는 여기에서 만족하지 않고 서자라는 이유로 장차 사회로부터 차별 대우를 받을 아들의 장래를 걱정하고 대비한다. 뒤에 자신이 죽는다면 첩의 초상을 치를 것이니, 그때 아들의 신분이 알려지게 될 것이다. 그녀는 자신의 죽음이 아들의 장래에 누가 되게 할 수 없었다. 그래서 남편의 초상이 치러지고 있을 때 자결하여 아들의 신분이 드러나지 않도록 하려 한다. 그녀는 집안사람들이 모인 자리에서 자신의 소생인 아들을 적자로 만들어달라는 간곡한 유언을 남기고 자결한다. 그녀의 죽음은 두 번째 의미의 전환점이다. 이를 계기로 주인공의 욕망 성취라는 서술 시각은 서얼 차별이라는 사회문제와 자식에 대한 어머니의 헌신적 사랑을 환기하는 쪽으로 나아갔다. 이것은 서두의 기대치를 넘어서는 것이다. 결국 이 이야기는 서두에서 암시된 내용과는 상당히 다른 방향으로 발전하였고, 현실 세계의 단면보다는 뒤엉킨 다양한 면들을 작품 속으로 수용하였다.

이러한 의미 전환이 기계적으로 이루어지는 경우도 있다. 다른 사건을 담은 몇 개의 일화 작품이 하나의 제목으로 묶이는 것이다. 가령 「습교객치동시술」惜驕客痴童施術(『동야휘집』 상, 402면)은 3개의 일화가 엮였다.

① 풍수로 이름을 날렸던 박상의朴尙義가 호서 사인의 극진한 대접을 받고 묏자리를 잡으러 나갔지만 지나치게 거드름을 피우다가 발가벗겨지는 곤욕을 겪는 일화
② 박상의를 구해준 윤창세尹昌世가 박상의로부터 명혈名穴이 있다는 산의 정보를 얻는다. 그렇지만 그 명혈을 찾지 못했는데, 결국 사라졌던 소가 누워 있던 곳이 명혈임을 알게 되고 그곳으로 선조의 무덤을 이장하여 자손들이 번성하게 되었다는 일화

③ 가난한 박상의는 한 선비로부터 많은 도움을 받았다. 선비가 죽으면서 아들에게 말하기를, 박상의에게 부탁하면 좋은 장지를 정해줄 것이라 하였다. 선비의 아들이 여러 번 부탁했지만 박상의는 핑계를 대며 장지를 정해주지 않았다. 그러자 선비의 종이 박상의를 협박하여 묏자리를 잡아 왔다. 알고 보니 선비의 종은 박상의보다 훨씬 더 뛰어난 풍수가였다. 선비의 종이 박상의와 함께 주인집을 나와 종적을 감추었다는 일화

세 일화에는 거드름을 피우는 풍수가 박상의가 공통적으로 등장하지만, 세 일화의 서술 지향과 주인공은 다르다. 한 제목 아래 세 일화가 엮여 있지만, 유기적으로 긴밀하게 통합되지 못해 의미의 발전이나 전환이 이루어지지 않았다는 점에서 소설이라 하기는 어렵다. 그렇지만 일화의 단면성을 넘어섰다는 점은 인정할 만하다.

다른 한편으로 주인공의 인격이 달라지고 발전하면서 의미의 전환이 일어나기도 한다. 「홍상서수달피흉」洪尙書受撻避凶(『동야휘집』 하, 195면), 「소기양광부방약」少妓佯狂赴芳約(『동야휘집』 하, 811면) 등에서 그 예를 찾을 수 있다.

「홍상서수달피흉」은 두 일화가 엮인 것이다. 두 일화는 주인공과 상대 인물 간의 관계가 반대이다. 그러나 주인공 홍 상서에 의해 긴밀하게 연결되기에 단절된 대조는 아니다.

① 소싯적 홍 상서는 어느 촌가에서 하룻밤을 묵게 되었다. 주인 노부부가 집안 제사 때문에 집을 비우게 되어 그 집 젊은 며느리와 홍 상서만 남았다. 홍 상서가 음탕한 마음을 이기지 못하고 그 여인을 유혹하다가 여인으로부터 회초리를 맞고 훈계를 들었다. 돌아온 노부부는 오히려 며느리의 행실이 과했다 하여 며느리의 종아리를 때리고는 홍 상서에게 사과했다. 홍 상서가 더욱 부끄러워했다.

②홍 상서는 다음 날 또 날이 어두워 한 민가에서 자게 되었다. 주인 남자가 홍 상서에게 자기 처를 부탁하며 집을 나섰다. 홍 상서는 전날 밤 일을 생각하며 몸조심을 했다. 한밤이 되니 여인이 홍 상서를 유혹하기 시작했다. 홍 상서 쪽에서 아무 반응이 없자 여인은 욕을 하며 다른 남자를 데리고 와 성 관계를 맺었다. 그때 주인 남자가 나타나 여인과 남자를 죽였다. 그리고는 홍 상서의 반듯한 몸가짐을 칭찬하며 자기가 집을 비운 척한 것은 부인의 음행 현장을 포착하기 위한 것이었다고 고백했다.

①에서 홍 상서는 여자에 대한 욕정을 참지 못하는 존재다. 반면 젊은 며느리는 욕정에 사로잡힌 홍 상서에게 평정심을 갖도록 훈계한다. 욕망에 대한 자세에서 홍 상서와 며느리는 대조된다. 홍 상서가 조선 후기 야담에 더 익숙한 인물이다. '욕망의 충족'이라는 의미 지향이 홍 상서를 통해 추구된다고 볼 수 있다. 그런 홍 상서의 의미 지향이 윤리를 지키려는 며느리에 의해 차단된다. 홍 상서의 의미 지향이 전환되는 계기가 마련된 것이다. 이로써 홍 상서의 인격이 변한다. ②에서 '욕망의 충족'이라는 의미 지향은 홍 상서를 유혹하는 여인을 통해 추구되었다. 여인의 유혹을 받아들이지 않는 홍 상서의 의미 지향은 '반反 욕망의 충족'에 해당한다. '욕망의 충족'이라는 의미 지향이 차단된다는 점에서는 앞의 일화와 다르지 않다. 다만 주체가 달라졌다. 사건의 진행 과정에서 홍 상서의 인격은 크게 달라졌다. 홍 상서라는 주인공의 내면에서 의미 지향의 전환이 이루어진 것이다. 그것도 아주 생생한 경험을 함으로써 그렇게 되었다.

「소기양광부방약」에서 매화梅花라는 기생은 순사巡使의 총애를 받아 순영巡營에서 지낸다. 그 뒤 곡산谷山 원이 매화를 한 번 보고는 사랑에 빠진다. 하관이지만 젊었던 곡산 원은 온갖 수단을 동원해 매화를 빼앗는다. 매화도 자기를 총애해주던 순사를 멀리하고 곡산 원에게로 갔다. 옛 서방을 쉽게 보내고 새 서방을 기꺼이 맞이하는 '송구영신'送舊迎新이라는 기생의 관행을 인정한다 하더라도 매화는 한 남자의 지극한 사랑을 배반한 것임에 틀림없다. 그 후 곡산 원이 정변에 연루되어 사형을 당하게 되자 그와 친분이 있던 사람들도 위기에 놓이게 된다. 곡산 원의 부인은 매화에게 몸을 피하라고 조언한다. 그러나 매화는 "천한 몸이 영감의 은혜와 사랑을 받은 지가 오래되었습니다. 환란이 다가오는 이때 어찌 차마 배반하고 가겠습니까?"[47]라며 끝까지 곡산 원에 대한 절개를 지킨다. 그리고는 곡산 원과 부인의 장례를 치러준 뒤 자결한다. 매화는 처음 총애를 베풀어주었던 순사를 배반했다는 점에서 '변절자'다. 그런 매화가 곡산 원을 위해서는 목숨까지 바친다. 그 과정에서 매화의 의미 지향의 전환을 찾을 수 있다. 순사에 대한 충실의 길을 '이념의 구현'이라 하고 곡산 원에 대한 열정적 사랑의 길을 '욕망의 충족', 곡산 원에 대한 절의의 길을 '이념의 구현'이라 한다면, 매화는 '이념의 구현→욕망의 충족→이념의 구현' 차례로 의미 지향을 전환하였다.

    이와 같이 작중인물의 내면에서 일어난 의미 지향의 전환 현상은 서술자로서도 어쩔 수 없는, 작중인물의 의식의 본질과 관련된 것이다. 서술자가 서두의 의도대로 이야기를 이끌어가려고 해도 작중인물의 존재 양식과 그 존재 양식을 결정하는 사회적 분위기가 서두의 의도대로 작품을 이끌어가지 못하게 만든 것이다. 서술자는 이제 세계와 사람의 단면을 단순하게 포착하지 않게 되었다. 세계와 사람의 단면을 보되, 그 단면이 그 자체로 존재하는 것이 아니라 그것을 포용하고 있는 전체, 그리고 그 단면의 주위를 둘러싸고 있는 다른 단면들과 긴밀하고도 다양한 관계를 맺고 있음을 나타내야 하는 것이다. 세계와 사람의 단면만을 기술하려고 하지만 다른 단면들이나 전체의 상이 떠올라 직선적이고 단도직입적인 서술이 어렵게 되었다. 이에 따라 전환적인 서술이 이루어지는데, 그것은 세계와 사람의 단면을 서술하되 그 단면을 둘러싼 제반 요인들과의 관계를 암시함으로써 단면을 묘사하는 좁은 한계를 넘어서서 전체적인 것에 대한 형상화를 지향한다.

그런데 일화의 '첨예한 정점'은 이 전환점과는 구별되어야 한다. 일화의 첨예한 정점은 서두의 암시가 결정적으로 흥미롭게 실현되는 지점이다. 즉 의미 지향이 절정에 도달하는 순간이다. 가령 「홍우원」洪宇遠(『계서야담』, 209면)은 앞에서 언급한 「홍상서수달피흉」洪尙書受撻避凶(『동야휘집』하, 195면)의 뒤 일화에 해당된다. 여기서 아내의 부정을 응징하는 주인 남자의 돌발적 개입 장면은 홍우원에게는 물론 독자에게도 큰 충격을 주는 첨예한 정점이다. 그러나 이 지점은 인물의 성격이 변화되거나 사건이 반전되는 계기가 아니라 서두에서부터 이미 정해져 있는 각 인물의 성격이 결정적으로 드러나는 지점일 따름이다. 그런 점에서 야담계 소설의 전환점과는 다르다. 『동야휘집』은 이 일화에다 앞의 일화를 덧붙여 홍 상서의 성격이 달라지게 함으로써 의미 지향의 전환을 만든 것이다. 그로써 일화가 소설로 나아갔다고 할 수 있다.

또한 일화에서 강조되는 기지와 재치는 그 이전의 서술 추세를 뒤바꾸는 반전을 보여주지만 그것 역시 형식 차원이다. 소설로 나아가는 기본 요건인 전환점이란 작품 내적 자아의 의미 지향을 바꾸는 근본적인 것이어야 한다. 그런 점에서 전환점이 나타난다는 것은 서술자나 주인공이 추구하는 세계관의 전환을 말한다고 하겠다.

이와 유사한 서술 상황을 「이절도궁도우가인」李節度窮途遇佳人(『청구야담』상, 271면)에서 찾을 수 있다. 이 작품은 하나의 서술 시각에 의해 이야기를 전개하지만, 여러 개의 아이러니 상황을 설정함으로써 사건의 반전과 전환을 거듭 일구었다. 그로써 예상 밖의 결과를 초래했을 뿐만 아니라 현실의 여러 국면들을 작품 세계에 담았다. 아이러니 상황을 통해 또 다른 종류의 전환점을 만든 것이다.*

하나의 서술 시각을 가진 작품에서 전환점이 만들어진 것은 일화에서 소

---

* 이 작품에 대한 상세한 분석은 이 책의 80~83면을 참조할 것.

설로 나아갈 발판을 마련한 것이다. 그러나 전환이 미약한 단계에 머문다면 일화와 소설의 중간 단계에 있는 작품으로 규정해야 할 것이다.* 한 작품 속에 전환점이 나타났다 하더라도 그 작품이 하나의 단순한 서술 시각에 의해 서술되는 한, 세계에 대한 인식이나 감지에서 단순함을 면치 못할 것이기 때문이다. 그것은 주인공 주관에서의 의미 전환이지, 객관 세계의 적극적 개입이나 주관과 객관의 상호 관계에 의한 의미 전환이 아니다.

일화가 소설이 되는 진정한 전환은 제2의 의미 지향이 개입하여 이루어진다. 그것은 주로 강력한 의미 지향을 가진 제2인물이 등장함으로써 가능하다. 이때 두 의미 지향이 한 작품 속에서 공존하기에 작품의 통일성이 흔들릴 수도 있다. 그러므로 서술자가 적극적으로 개입해야 한다. 서술자의 개입에 의해 등장인물들의 의미 지향은 주도적인 것과 종속적인 것으로 구별되고, 양자 관계의 변화에 따라 소설적 의미 전환이 만들어지는 것이다.

* 가령 「죽천」竹泉(『계서야담』, 170면)에 등장하는 선비는 과거에 급제하기 위해 고시를 자주 주관하던 매천을 속인다. 선비는 일부러 죽천 앞으로 말을 타고 가면서 눈에서 책을 떼지 않았다. 숙소에 들어서도 그랬다. 죽천이 가상하게 여겨 신상에 대해 물어보았다. 선비는 노부모를 모시고 과거 공부를 하고 있는데 6, 7차나 떨어졌으니 사정이 절박하다고 대답했다. 그러면서 읽고 있던 책이 자신이 지은 원고라고 거짓말을 하였다. 죽천이 보기에 그것들은 다 잘된 문장이었다. 다만 글자가 비뚤어져 있었다. 선비는 자기 눈이 어두워 그렇다고 설명했다. 그해 죽천은 회시會試를 주관하면서 그 선비의 글을 찾아내어 합격시켜주었다. 그런데 합격 인사를 하러 온 선비를 다시 보니 전처럼 노쇠해 보이지 않았다. 과거 응시도 이번이 처음이고 부모도 없다고 했다. 선비는 이렇게 자신의 사기 행위를 변명했다. "소생이 대감께서 주시主試인 것을 알고 일부러 이렇게 속였습니다. 이렇게 하지 않았다면 대감께서 어찌 뽑아라도 주셨겠습니까? 죽을죄를 지었음을 스스로 알고 있습니다."
여기서 선비에 대해 동정심을 느낀 죽천의 생각 방향과 죽천을 속여 과거에 급제하려 했던 선비의 생각 방향은 반대이다. 죽천의 생각을 좇아가는 독자는 선비의 내면을 알게 된 후 충격을 받고 그때까지 가져온 생각을 바꾸게 될 것이다. 그런데 그 결과는 다만 선비가 거짓말을 했다는 사실을 알게 된 것뿐이다. 죽천도 선비도 달라지지 않았다. 선비의 고백을 들은 죽천이 '물끄러미 바라보며 그냥 웃을 따름이었다'고 소개하는 마지막 진술은 사대부 일화의 낙관적 종결법과 다르지 않다. 선비가 스스로 거짓말을 했다는 사실을 고백하는 부분이 일종의 의미 전환점이라고 할 수 있지만, 그 전환점은 일화의 귀결 노선을 바꾸지 못했다. 즉, 선비의 고백이 새로운 사건을 만들어내어 심각한 문제를 던지는 단계에 이르지 못한 것이다.

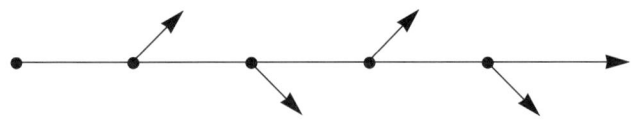

　중간의 ●은 다른 의미 지향이 접맥되는 지점이다. 중간 ●을 무시하고 끝까지 직선을 따라 나아간 경우는 의미 전환이 없는 일화이다. 중간 ●에서 좀 머뭇거린 것은 일화의 단도직입적 서술에서 약간 벗어났지만 온전하게 소설로 나아간 경우는 아니다. 이때 종속적 의미 지향은 주도적 의미 지향을 근본적으로 뒤바꾸지는 못하지만, 서술자의 서술 시각이 하나의 주도적 의미 지향에만 의존하지 않고 세상의 색다른 면도 포착하도록 한다. 주도적 서술 시각의 시야를 넓혀주는 역할을 하는 것이다.

　한편 중간의 ●에서 다른 의미 지향 쪽으로 서술이 나아가기도 한다. 그럴 때 중간 ●은 의미의 전환점이다. 중간의 ●에서 다른 의미 지향으로 나아가서 의미심장한 서술을 한 뒤 다시 주도적 의미 지향의 서술선으로 돌아오기도 한다. 이런 경우들이야말로 의미의 전환이 이루어진 온전한 소설이라 할 수 있다.

　이처럼 완전한 의미의 전환은 둘 이상의 의미 지향들의 결합으로 나타난다. 야담계 소설은 두 개 이상의 의미 지향을 담아 현실의 단면을 그리되, 그 단면만을 포착하는 데 머물지 않고 보다 넓은 세계를 암시하거나 단면을 넓은 세계와 연결시켜주는 것이라고 정의할 수 있다.

　그렇다면 조선 후기 현실에서 비롯된 의미 지향들이 특히 야담 속에 담겨 상호 관계를 맺게 된 까닭은 무엇일까? 야담은 한 사람의 창작 행위에 의해 형성된 것이 아니라 여러 사람의 구연 단계를 먼저 거쳤다. 이 구연 단계도 둘로 나눌 수 있다.

　첫째, 경험자가 자기 경험에 대해 이야기하거나 경험자로부터 직접 이야기를 들은 사람이 처음으로 다른 사람에게 이야기를 전달하는 원초적 구연

단계이다. 이 단계에서는 경험의 핵심 줄거리만을 전달하는 경향이 강하기 때문에 서사 구조가 간결하다. 서술 과정은 직선적이며 서술 속도를 지연시키는 요소는 기피된다. 경험자나 그 경험담을 직접 들은 사람은 그 이야기를 찬찬히 살펴볼 심리적 여유를 갖지 못한다. 급박한 서술 속도는 이야기하는 사람이 이야기 내용에 대해 가지는 긴장된 관계에서 비롯되었다고 할 수 있다.

둘째, 그 이야기가 다른 사람들에 의해 거듭 구연되는 단계이다. 이 과정에서 이야기의 단편성이 극복되고, 이야기꾼의 세계관이 이야기에 적극 반영되어 서술자가 뚜렷해지며, 서술 구조 속에 전환점이 만들어지는 것이다. 그런데 이 전환점은 처음에는 서술 기법상의 일탈에 의한 것일 경우가 많다. 서술 기법상의 전환은 구연이 되풀이될 때 일반적으로 나타나는 현상이다. 나아가 이를 바탕으로 하여 세계관 수준의 의미 전환이 이루어진다.

특히 이야기꾼은 의미 지향의 전환을 이끌어내는 데 큰 역할을 했다. 보통 사람에 비해 이야기를 엮어 구연하는 솜씨가 뛰어난 이야기꾼은 어느 시대에나 있었지만, 조선 후기의 이야기꾼은 전대와는 다른 모습을 보였다. 조선 후기의 이야기꾼은 호기심을 자극하는 이야기들을 많이 구연했을 뿐만 아니라, 이야기가 당대의 현실 문제들과 두루 긴밀하게 연결되도록 만들었다.

조선 초기와 중기의 사대부 이야기판에서는 주로 벼슬살이를 하던 사대부들이 이야기꾼 노릇을 하였다. 반면 조선 후기 이야기판에서는 벼슬로부터 소외된 사대부들이 자신의 심정과 생각을 토로하기 위해 이야기꾼이 되었다. 평민들의 이야기판에도 더 많은 이야기꾼이 등장했을 것이다. 이제 이야기판은 무료한 시간을 보내기 위해 안이하게 만들어지는 것이 아니라 문제의식을 발전시키고 욕망을 구체적으로 드러내기 위해 의도적으로 만들어졌다. 『삽교만록』에 자주 등장하는 단옹丹翁과 변사행邊士行, 『열하일기』「옥갑야화」의 윤영尹映 등은 벼슬로부터 소외된 선비들이다. 이들은 사대부 사회의 변방에서 거리를 두고 사대부 사회를 바라보았고, 상대적으로 평민 사회에 가까이 갈 수 있었다. 이야기꾼의 이런 독특한 위치는 그들로 하여금 적절한 거리에서 현실을 좀 더 객관적으로 바라볼 수 있게 하였다. 이야기꾼들은 그런 시각을 통해 이야기의 함의를 넓혀 나갔던 것이다. 이들은 현실을 구체적으로 꿰뚫어보는 이야기를 많이 만들어 전승시켰다. 야담이 현실성을 견지하는 고유한 작품 세계를 만들 수 있었던 것은 이들의 공력이 있었기에 가능했다.

그런 점에서 조선 후기의 이야기꾼은 스스로 경험의 주체가 되기보다는 다른 사람의 경험 이야기를 발전시키는 존재였다. 조선 후기로 접어들자 전대에서는 경험하기 어려운 새로운 상황들이 거듭 만들어졌다. 새로운 상황은 그 경험자에게 강렬한 충격을 주었고, 충격을 받은 경험자는 그에 대응하는 생각과 행동을 적극적으로 나타냈다. 그 과정에서 생각과 행동의 유형이 만들어진 것이다. 이 생각과 행동의 유형은 당대 사람들의 경험에서 우러난 것이기에 그 유형에 부합하는 이야기는 그렇지 않은 이야기보다 당대인에게 더 잘 수용되고 향유되었다. 이야기꾼은 이런 사정을 누구보다 정확하게 포착하였고, 수용자들에게 가장 큰 호소력을 가지는 몇 개의 유형을 선별해 이야기를 발전시켰다.

야담 작품에서 몇 개의 의미 지향이 유형화되어 거듭 실현된 것은 이야기꾼이 작품 밖 현실에 존재하는 중요한 의미 지향들을 구연 과정에서 적극 활용한 데서 기인한다. 또 조선 후기에 이르러 새롭게 분화된 몇 집단들이 자신의 경험과 처지에 따라 자기주장을 강력하게 드러낸 데서 비롯되었다고도 할 것이다. 이 두 가지 가능성은 실제 작품에서 다음과 같이 드러난다.

① 뚜렷한 서술 시각을 갖춘 서술자가 작중인물들의 생각과 행동을 장악하여 이끈다.
② 독자적인 의미 지향을 갖춘 작중인물들이 각기 그 생각과 행동의 정당성을 주장한다.

①이 이야기꾼의 적극적 개입의 결과라면, ②는 이야기꾼의 소극적 개입

과 현실에 존재하는 각 집단들의 적극적 개입의 결과이다. ①에서는 작중인물들이 추구하는 몇 개의 의미 지향이 서술자가 주도하는 서술 시각의 통제 속에 들어간다. 혹은 서술자의 서술 시각이 강력한 제3의 의미 지향으로 실현된다. 이 제3의 의미 지향은 갈등하던 작중인물들의 의미 지향들이 서술자에 의해 통합된 것이라 할 수 있다. ②에서는 작중인물들의 몇 개의 의미 지향이 공존하거나 갈등한다. 그 결과 공존이나 갈등의 관계가 계속되거나 한쪽으로 기울거나 제3의 의미 지향이 생겨나기도 한다.

의미 지향의 전환은 편찬자에 의해 기록 단계에서 이루어지기도 한다. 편찬자가 야담을 기록하면서 구연 단계의 야담 세계를 그대로 용납하지 않고 다시 쓰기도 하기 때문이다. 그런데 이 다시 쓰기가 완전하게 이루어지지 않으면 이야기꾼의 세계관과 야담집 편찬자의 세계관이 괴리된 채로 방치된다. 이것도 일종의 의미 지향의 전환이라 할 수 있겠지만 그다지 생산적인 결과는 낳지 못할 때가 많다.[48]

또 다른 의미 지향의 전환은 두 개 이상의 서사 작품들을 한 제목으로 조합하는 경우에 나타난다. 편찬자는 조합한 두 작품이 긴밀하게 연결되도록 충분한 조치를 취해야 한다. 그렇지 않으면 두 작품은 단순히 병치될 따름이다. 특히 『동야휘집』에서는 기존 일화들을 하나의 제목으로 조합하는 경향이 빈번하게 나타난다. 『동야휘집』은 일화 등 다양한 서사 작품들을 조합하여 소설적 융합을 이루기도 했지만, 병치시키기만 한 경우도 적지 않다. 단순한 병치는 의미 지향의 소설적 전환이라 보기 어렵다.[49]

이상의 논의를 바탕으로 야담에서 소설적 전환점이 창출되는 계기들을 요약하면 다음과 같다.

① 삶의 단면들 간의 관계를 인지한 2차 구연자들의 의미 지향의 전환
② 계층 분화로 형성된 특정 집단의 세계관적 개입에 의한 의미 지향의 전환

③ 이야기꾼이 다양한 의미 지향을 적극 수용하여 이끌어낸 의미 지향의 전환
④ 적극적인 편찬자가 개입하여 구연 단계의 서술 시각을 변형시킴으로써 이끌어낸 의미 지향의 전환
⑤ 세계관의 기반이 다른 작품들의 조합으로 이끌어낸 의미 지향의 전환

①이 소설 쪽으로 나아가는 시초의 단계라면, ②~⑤는 소설이 될 가능성이 크거나 이미 소설이 된 경우라 하겠다.

소설의 구조적 특질을 자아와 세계의 지속적인 갈등으로 파악할 때,* 그 갈등을 근원적인 세계관 차원의 것으로 심화하기 위해서는 작중인물들이나 서술자의 의미 지향 간 갈등으로 구체화할 필요가 있다. 서술 과정에서 주인공과 세계가 심각하게 갈등할 수밖에 없다는 것은, 주인공과 상대 인물, 세계가 추구하는 의미 지향들이 팽팽하게 부딪쳐 결국 의미 지향의 전환을 초래한다는 뜻이다. 그런 점에서 '의미 지향의 전환이 이루어지는 것이 소설이다'라는 정의는 '자아와 세계의 상호 우위에 입각한 대결이 소설이다'라는 정의의 구체화라 할 수 있다. 특히 야담계 소설에 나타나는 의미 지향 간의 갈등과 의미 전환은 사회와 경제, 사상의 전 영역에서 유동성이 커졌을 때 전형적으로 나타나는 낡은 정황과 새로운 정황 간의 복잡한 갈등과 긴밀하게 대응되는 것이다. 그런 점에서 의미 지향 간의 갈등에 초점을 맞추면 야담계 소설의 구조와 특질을 잘 이해할 수 있을 뿐만 아니라 조선 후기 현실의 사정을 실감할 수 있을 것이다.

---

* 조동일은 그 갈등 구조를 주로 '자아와 세계의 상호 우위에 입각한 대결'로 설명했다(조동일, 『한국소설의 이론』, 지식산업사, 1977, 104~136면).

미주

1) 이에 대해서는 신해진, 「야담 연구의 현황과 그 과제」(『고소설연구』 2, 한국고소설학회, 1996), 482~485면에서 정리하고 있다.
2) 조희웅, 『조선후기 문헌설화의 연구』(형설출판사, 1981) ; 서대석 편, 『조선조 문헌설화집요』 1(집문당, 1991).
3) 이경우, 「어우야담 연구」(서울대 석사학위논문, 1976) ; 현길언, 「야담의 문학적 의의와 성격」 (『한국언어문학』 15, 한국언어문학회, 1977).
4) 임형택, 「18·19세기 이야기꾼과 소설의 발달」(『한국학논집』 2, 계명대, 1975) ; 임형택, 「한문단편 형성과정에서의 강담사」(『한국소설탐구』, 일조각, 1978).
5) 이우성·임형택 역편, 『이조한문단편집』 상·중·하(일조각, 1973~1978).
6) 김재환, 「한문단편의 연구」(『어문학교육』 1, 부산국어교육회, 1978) ; 이신성, 「이조후기 이야기꾼과 한문단편의 구성에 대한 연구」(『어문학교육』 1, 부산국어교육회, 1978) ; 서경희, 「한문단편에 나타난 이조후기의 여성상」(『한국한문학연구』 3·4, 한국한문학회, 1979) ; 임철호, 「이조후기 한문소설에 나타난 인간상」 1·2(『전주대 논문집』 10·11, 전주대, 1981·1982) ; 유기옥, 「조선후기 한문단편에 나타난 평민의식」(『자하어문논집』 1, 상명대, 1981) ; 송번, 「조선후기 한문단편의 민중기질 연구」(동아대 석사학위논문, 1982).
7) 전관수, 「조선후기 야담의 형성과 갈래」(연세대 석사학위논문, 1986).
8) 박희병, 「청구야담 연구」(서울대 석사학위논문, 1981) ; 박희병, 「야담과 한문단편 장르 규정의 몇 가지 문제에 대하여」(『한국한문학연구』 8, 한국한문학회, 1985).
9) 이강옥, 「조선후기 야담집 연구」(서울대 석사학위논문, 1982).
10) 이강옥, 『조선시대 일화 연구』(태학사, 1998).
11) 김정석, 「청구야담과 구전설화의 관련양상」(한국정신문화연구원 한국학대학원 석사학위논문, 1987).
12) 임형택, 「이조전기 사대부문학」(『한국문학사의 시각』, 창작과비평사, 1984).
13) 김상조, 「필기·패설·야담」(『야담문학연구의 현단계』 1, 보고사, 2001).
14) 이래종, 「선초 필기의 전개 양상에 관한 연구」(고려대 박사학위논문, 1997) ; 김정숙, 「몽유야담 연구」(고려대 석사학위논문, 1997).
15) 김준형, 「야담의 문학 전통과 독자적 갈래로 변전」(『고소설연구』 12, 한국고소설학회, 2001).
16) 김화경, 「야담의 장르적 성격에 관한 고찰」(『야담문학연구의 현단계』 1, 보고사, 2001).
17) 김준형, 「야담연구사」(『야담문학연구의 현단계』 3, 보고사, 2001), 509면.
18) 박희병, 「야담과 한문단편 장르 규정의 몇 가지 문제에 대하여」(『한국한문학연구』 8, 한국한문학회, 1985).
19) 이강옥, 『조선시대 일화 연구』(태학사, 1998).
20) 장덕순 외, 『구비문학개설』(일조각, 1971).
21) 조동일, 『한국소설의 이론』(지식산업사, 1976).

22) 이강옥, 『조선시대 일화 연구』(태학사, 1998), 33~42면.
23) 소화 갈래에 대한 자세한 설명은 이강옥, 「태평한화골계전 연구」(『인문연구』 16-1, 영남대 인문과학연구소, 1994), 172~176면 ; 이강옥, 「패설과 소화, 패설 속의 소화」(『대동한문학』 24, 대동한문학회, 2006), 23~31면을 참조할 것.
24) 이상 갈래 논의는 이강옥, 『조선시대 일화 연구』(태학사, 1998), 33~92면을 참조하고 수정한 것임.
25) "古人云 人畏鬼 鬼亦畏人"(『학산한언』, 434면).
26) 「원주삼상유최가」原州蔘商有崔哥(『계서야담』, 9면).
27) 조동일, 『한국소설의 이론』(지식산업사, 1976), 124면.
28) 장덕순 외, 『구비문학개설』(일조각, 1971), 55~57면.
29) 소화의 개념을 지나치게 확장해 규정하는 경향은 소화를 전공하는 학자들 사이에서 두루 나타나고 있는 것 같다. '소화는 …… 사실에서 우러난 일화류 혹은 구성성을 띠는, 웃음을 유발하는 이야기류라고 규정할 수 있다'(황인덕, 『한국기록소화사론』, 태학사, 1999, 20면)라거나, '우리나라 소화사 전개에 있어서 주목에 값하는 최초의 이야기가 등장한다. 동명왕 고주몽의 일화가 곧 그것이다'(김영준, 「우리나라 소화에 대한 원론적 고찰과 그 사적 개관」, 『한국문학의 골계연구』, 태학사, 1993, 168면)라는 등이 그런 입장을 대변한다. 이런 입장은 소화가 일화를 포괄할 뿐만 아니라 전, 우언, 설說 등의 일부까지 포섭한다고 본다. 필자는 이런 입장을 받아들이지 않는다. 그보다는 소화와 일화를 가능한 구분하려고 한다.

또 조선 초의 골계담 혹은 소화의 존재를 중심에 놓아 설화사를 기술해야 한다는 주장은 일면 타당성이 있지만(김근태, 「골계작품류의 성향과 소설사적 관련 양상」, 『고소설사의 제 문제』, 『성오省吾 소재영 교수 환력 기념 논총』, 집문당, 1993, 514~515면), 소화라고 규정하고 있는 것 중에서 적지 않은 경우는 일화에 해당된다. 특히 『태평한화골계전』(박경신 대교·역주, 『대교·역주 태평한화골계전』 1·2, 국학자료원, 1998)에서는 일화임에도 불구하고 소화라 착각하게끔 하는 경우가 많이 발견된다. 예를 들어 「고황제」(『태평한화골계전』 1, 263면)는 '문경文敬이 평생 희언戱言을 하지 않았는데, 이 말을 하고 스스로 웃으니 다른 공들도 역시 따라 웃었다'라고 끝을 맺고 있지만, 이 작품은 소화가 아니다. 즉 이 작품이 의도한 바는 웃음을 유발하는 것이 아니다. 그보다는 명왕明王의 손자인 명의明義의 인품이 용렬했음을 드러내는 것이 목표이다. 문경공文敬公 허조許稠(1369~1439)가 그 사실을 적절하게 드러내는 말을 했기에 듣는 사람들은 사실과 말의 묘한 합치에 감탄하여 웃게 된 것이다. 결국 그 웃음은 조롱하거나 배척하는 웃음이 아니라 말이 사실과 합치되었다는 동의의 웃음인 것이다. 그럴진대 이 작품은 '우스운 이야기'가 아니며 '우스움'을 목표로 하는 이야기도 아니다. 있었던 사실 중 특별한 경우의 독특한 인상을 드러내는 이야기인 것이다. 그런 점에서 이 작품은 소화가 아니라 일화이다. 그럼에도 불구하고 이 작품은 먼저 『태평한화골계전』이라는 '소화집'에 실려 있고, 또 웃음으로 끝난다는 이유에서 소화로 규정된 것이다. 유사한 경우를 「창원각사」創圓覺寺(『태평한화골계전』 1, 395면), 「상사민석」上舍閔釋(『태평한화골계전』 2, 276면)에서 찾을 수 있다. 두 작품 모두 웃음으로 서술이 끝나고 있지만, 그 웃음들이 현실적 함의를 분명하게 가지고 있으며 등장인물들이 실존 인물이라는 점에서 소화가 아니라 일화이다.

30) 이 분기를 우언寓言의 전통과 관련시켜 생각해볼 수도 있다. 우언은 가장 오랜 전통을 가진 정통 한문 갈래이다. 우언은 교술적 성격과 서사적 성격을 동시에 가진다. 그런데 우언은 교훈성이나 사상성을 강하게 가지는데, 후대로 내려오면서 교훈성과 사상성이 옅어지면서 그것을 효

과적으로 나타내기 위해 동원된 소재 쪽이 더 부각되는 경향이 생겨난다. 이때 ① 역사 지향, ② 허구 지향, ③ 현실 지향의 세 노선이 설정되었는바, ①은 야사로, ②는 소화로, ③은 일화로 나아갔다는 추정이 가능하다.
31) 이상 소화의 정의는 필자의 두 논문, 「태평한화골계전 연구」(『인문연구』 16-1, 영남대 인문과학연구소, 1994)와 「패설과 소화, 패설 속의 소화」(『대동한문학』 24, 대동한문학회, 2006)를 참조하여 발전시킨 것이다.
32) 김준형은 패설사를 정립함으로써 이와 관련된 논의를 새롭게 할 바탕을 마련하였다(김준형, 「조선조 패설문학 연구―골계류를 중심으로」, 고려대 박사학위논문, 2003). 그는 패설사의 시기를 15세기~16세기, 17세기~18세기 초, 18세기 중기~19세기에 맞춰 초기, 중기, 후기로 나누고 각 시기 패설집의 특징을 핍진하게 설명했다. 소화와 패설의 관계를 정립하고 그 문학사적 변모를 살피는 일은 앞으로의 과제로 삼는다.
33) 임형택, 『한국문학사의 시각』(창작과비평사, 1984), 415면.
34) "不利觀魚海 何由見太平"(『계서야담』, 462면).
35) 『국조인물지』國朝人物志 영조조(『한국역대인물전집성』 5, 민창문화사, 1990), 4145~4146면.
36) "聞者絶倒"(『계서야담』, 436면).
37) "彼爲良家女 則我不爲良家子乎"(『계서야담』, 515면).
38) "英雄之聖主在上 可以有爲 皇天不弔 庶事皆非"(『계서야담』, 286면).
39) "甞見鶴山辛先生裸錄 記申憪裹是郁舟師赴淸湲之請 而入靈龜塔戰車漢大捷事 而忘之矣 橫城 趙晦甫爲我詳言之曰"(『삼교집』 하, 354면).
40) 김준형, 「조선조 패설문학 연구」(고려대 박사학위논문, 2003), 254면.
41) 「성묘조시」成廟朝時(『학산한언』, 307면), 「성묘시호남홍덕현」成廟時湖南興德縣(『계서야담』, 417면), 「여묘측효감천호」廬墓側孝感泉虎(『청구야담』 상, 543면).
42) "人皆駭異之 其後年果八十而終 以孝贈職旌閭 甞對人語曰 光州金姓人家兒 欲率來見之而不知名字之爲誰 且事近誕妄 故未果云矣"(『동야휘집』 상, 249면).
43) "外史氏曰 巫覡之事 雖達幽冥 有如邪妄 故古者禁其惑人 後世俗習 漸痼 庸夫愚婦 酷信而迷惑 豈不謬哉 鄭公接神招魂 已是怪事 而以守宰而作戱棻軒 何其妄也"(『동야휘집』 하, 694면).
44) "由此論之 佛家所謂輪回與遷生之說 信不誣矣"(『금계필담』, 196면).
45) Helmut Prang, *Formgeschichte der Dichtkunst*, Stuttgart: W. Kohlhammer Verlag, 1971, 55~57면 및 박희병, 「야담과 한문단편 장르 규정의 몇 가지 문제에 대하여」(『한국한문학연구』 8, 한국한문학회, 1985), 60면 참조.
46) "出箱中靑紅扇各一面給之戱言曰 此是吾之採於汝之需 謹受之"(『계서야담』, 192면).
47) "梅花泣曰 賤人承令監之恩愛久矣 今値禍患之時 安忍背去"(『동야휘집』 하, 814면).
48) '야담이 당대의 현실 체험을 반영하여 작품 내적 갈등을 만들려고 했음에도 불구하고, 이러한 관념·추상성을 극복하지 못한 유가 사대부적 지향을 그대로 유지하였으며, 그것이 전자를 압도하게 됨으로써 양자 간의 긴장과 갈등은 유지·심화·발전되지 못하고 약화될 수밖에 없었으며, 결국 그러한 경험적 질량의 감소를 통해 야담 양식은 현실 대응력의 약화와 함께 그 서사적 구조화의 퇴보를 결정적으로 초래하게 되는 계기를 맞이하였다'(진경환, 「야담의 사대부적 지향과 그 변개 양상」, 고려대 석사학위논문, 1983, 58~59면)는 주장을 이와 관련하여 참고할 수 있다. '사대부적 지향'은 야담집 편찬 과정에서 가장 강렬하게 나타났다고 보아야 할 것이다.
49) 「오우노옹하천사」烏牛老翁嚇天師(『동야휘집』 상, 108면)는 임진왜란 때 원군을 이끌고 온 이여

송과 관련된 야담계 일화와 역사 기록들을 나열했다는 인상을 준다. 「택겸서보가길지」擇傔婿保家吉地(『동야휘집』상, 73면)는 널리 알려진 겸서傔婿의 이야기에다 동고東皐 이준경李浚慶의 이야기를 덧붙였다. 물론 이준경의 지인지감知人之鑑에 의해 겸서가 발탁된다는 점에서 서로 관련이 있다. 그러나 앞 이야기의 주인공은 이준경이고 뒤 이야기의 주인공은 겸서이다. 더욱이 앞 이야기는 서사적으로 정돈되지 못했다. 물론 겸서를 발탁한 이준경의 인간됨을 자세하게 소개한다는 의의는 가진다. 그러나 전체적으로 보면 서사가 전개되는 과정에서 적절한 조치도 없이 주인공이 달라진다는 것은 서사의 파탄이다. 더욱이 겸서라는 하층민의 통찰력을 보여주고 마침내 이상향을 실현한다는 야담적 귀추를 드러내던 원래 이야기가, 이준경이라는 상층 사대부의 지인지감과 보신책을 보여주는 쪽으로 변질되었다. 「한귀졸연우수명」捍鬼卒延友壽命(『동야휘집』상, 81면)은 오리梧里 이원익李元翼을 주인공으로 하는 두 일화를 조합한 것이다. 앞의 것은 이원익이 중국 말을 잘하고 또 청빈하게 살며 벼슬아치로서의 모범을 보였음을 말했고, 뒤의 것은 귀신에게 잡혀갈 친구를 의젓하게 구해주는 어린 이원익을 소개했다. 주인공은 동일하지만 앞의 사대부 일화는 뒤 이야기에서 어린 이원익의 행동을 이해하기 위해 적절하게 덧붙여진 것이라 여겨지지 않는다. 그 외에 「육사각녹림수공」戮蛇角綠林修貢(『동야휘집』상, 801면), 「이기축참록운대」李起築叅錄雲台(『동야휘집』상, 624면) 등도 비슷한 형편이다.

야담의 서술 시각 유형

18·19세기에 이르러 야담 작품의 수는 급격히 늘어났다. 이들 작품들은 특별한 개별 경험을 담아 다채로워지면서도 한편으로는 일정한 방향으로 수렴되기도 했다. 개별 경험들을 담은 작품의 수가 늘어나는 현상과 그것들이 몇 개의 유형으로 수렴되어가는 현상은 모순되는 것으로 보인다. 개별 경험은 부분으로의 분산을 지향하는 반면, 유형화는 더 큰 덩어리로의 집중을 지향하기 때문이다. 반대되는 두 지향이 공존한다는 것은 야담의 자기모순이자 야담만의 특징이라 할 수 있다. 달라지고 있는 현실을 섬세하고도 정확하게 반영하는 데는 개별화의 서술 방식이 적절하다면, 유형화의 서술 방식은 현실의 굵은 흐름을 포착하여 담아내는 데 더 적절하다. 개별화는 야담으로 하여금 조선 후기의 현실을 세세하게 반영할 수 있도록 했고, 유형화는 조선 후기 현실의 흐름을 포착할 수 있도록 하였다.

그중 야담의 유형화 현상은 비슷한 이야기가 이야기꾼에 의해 선별되어 거듭 구연되거나 한 야담집의 작품이 다른 야담집으로 계속 옮겨진, 야담의 형성 과정과 긴밀히 연관되어 있다. 이야기로든 기록으로든 거듭 옮겨지는 과정에서 특정 유형들이 형성되고 부각되었다. 이야기꾼이나 야담집의 편찬자가 현실의 추이를 전형적으로 담기에 적절한 유형을 알고 있었기 때문일 것이다.

소위 삼대 야담집으로 일컬어지는 『계서야담』溪西野談,[1] 『청구야담』青邱野談, 『동야휘집』東野彙輯 등이 19세기에 나타난 것도 이러한 야담의 유형화 및 그 유형의 유용성에 대한 이야기꾼과 야담집 편찬자의 정확한 인식과 긴밀한 관련이 있을 것이다.

조선 후기 이전 역사서의 열전이나 개인 문집의 전傳들은 이념 면에서 유형화된 인물을 주로 그렸다. 한편 조선 후기 이전 시기에 사건을 다룬 서사 작품들은 개별적 서술을 지향했다. 그 무렵의 사회는 조선 후기 사회와 비교할 때 덜 유동적이었기 때문에 동일한 사건이 자주 일어나지 않았고, 설사 반복되어 일어난 사건이 있었다 하더라도 그에 대한 이야기를 하고 듣는 기회가 많지 않았다.

하지만 조선 후기에 들어서면서 양상이 달라졌다. 사회의 유동적 성격이 강해지면서 우연하게 일어난 개별 사건이라도 널리 알려지게 되었다. 점차 사회적 관심이 몇몇 국면에 수렴되자 유사한 사건들과 유사한 대응 방식이 유형을 형성했고, 그 유형이 이야기의 형식으로 정착된 것이다. 반면 과거 유가 이념에 의해 상투적으로 유형화되었던 인간상은 유가 이념의 사회적 위력이 약화되어가자 그 구각舊殼을 깨뜨리고 개성화되어갔다고 하겠다. 그런 점에서 조선 후기에 들어와 사건은 유형화되고 사람은 개성화되는 경향이 강했다.

유형화는 주로 작품 속 인물들의 '의미 지향'과 서술자의 '서술 시각' 면에서 이루어졌다. 의미 지향은 다음과 같은 요소들에 의해 결정된다.*

---

* 만하임Mannheim의 'perspective' 개념을 여기서 부분적으로 활용했다(K. Mannheim, 임석진 역, 『이데올로기와 유토피아』, 지학사, 1978 참조).

① 작중인물이 어떤 각도로 세계를 바라보고 무엇을 포착하는가.
② 포착한 것에 대해 어떤 태도를 갖고 어떻게 반응하며 어떤 행동을 시도하는가.
③ 그 일련의 과정을 통해 삶에 대한 어떤 의미를 구성하는가.

서술 시각은 어떤 의미 지향을 추구하는 인물을 등장시켜 그의 생각과 행동을 서술하는 서술자의 서술 태도이다.* 서술 시각은 다음과 같은 요소들에 의해 결정된다.

① 서술자가 작중 어느 인물의 어떤 의미 지향을 선택하는가.
② 서술자가 그 선택된 의미 지향에 대해 어떤 입장을 취하는가.
③ 서술자가 작중인물들이 추구하는 의미 지향들을 연결하여 어떤 주제를 구성하는가.

구연 단계에서는 이야기꾼이 작중인물을 설정하여 그에 대한 이야기를 엮어가기에 이야기꾼의 서술 시각이 작품의 서술 시각이 된다. 인물 간의 관계를 다양하게 전개하고 사건을 재미나거나 진지하게 발진시켜 나가는 데서 이야기꾼의 서술 시각이 가장 분명하게 드러난다. 이야기꾼의 서술 시각은 야담의 기록자나 야담집의 편찬자에 의해 유지되거나 수정된다. 야담의 기록자나 편찬자는 이야기의 내용과 형식을 변개하거나 작품의 끝에 평결을 덧붙이는 방식으로 이야기꾼의 서술 시각을 긍정·부정, 또는 수정하는 것이다.

* 와이먼Weimann은 '서술 시각'narrative perspective이란 용어를 '작가의 기본 태도'와 '서술 기법'을 포괄하는 의미로 사용할 것을 제안하면서 '세계(독자까지 포함된)와 스토리(소설가가 예술을 통해 전하고자 하는 세계의 보편화된 모습) 양자에 대해 작가 혹은 서술자가 취하는 태도의 총체'로 규정했다 (R. Weimann, *Structure and Society in Literary History*, Charlottesville: University Press of Virginia, 1976, 241면 참조). 이에 비해 이 책에서는 서술자와 내포 작가, 작가를 분명하게 구분한다. 이 책에서 말하는 서술 시각은 서술자의 서술 태도와 관련된 것이다.

따라서 이야기꾼, 야담 기록자, 야담집 편찬자는 복수의 서술자로서 한 편의 야담 작품 속에 뒤엉켜 있다. 나아가 그 어느 쪽도 아닌 새로운 서술자가 등장하기도 한다.

의미 지향이나 서술 시각이 유형화되는 현상은 사람들이 일상생활 과정에서 특정 목표를 특정 방식에 의해 지속적으로 추구한 경험과 관련된다. 또 어떤 특별한 경험을 한 사람이 그 특별하다는 데서 충격을 받고서 자기 경험 내용을 변명하고자 한 태도와도 관련될 수 있을 것이다. 후자는 일종의 정신적 외상外傷을 스스로 치유하려는 것이기도 하다.[2]

직접적인 것이든 간접적인 것이든 반복된 특이한 경험은 의식에 특별한 충격을 주었을 것이고 그에 대한 대응도 몇 개의 유형으로 수렴되게 만들었을 것이다. 등장인물이 보여주는 대응 방식은 대체로 집단적 차원에서 형성된 것이 다소 변형된 것이라 할 수 있다.

야담의 유형에 대한 지금까지의 연구는 다음과 같이 이루어졌다.

먼저 권태을은 『동야휘집』 소재 260편의 작품을 크게 결말을 중심으로 충족형과 좌절형으로 나누고, 충족형을 ① 기대→충족형, ② 고난→충족형, ③ 충족→충족형, ④ 좌절→충족형으로, 좌절형을 ① 기대→좌절형, ② 고난→좌절형, ③ 충족→좌절형으로 나눈 뒤 각각의 하위 유형을 다시 50개로 설정하였다.[3] 이로써 방대한 수의 야담 작품들에 질서가 부여되었다. 다만 기대, 충족, 좌절 등의 개념들이 지나치게 함축적이고 유형이 너무 세분화된 점이 문제가 될 수 있을 것이다.

김동호는 유형의 세분화를 경계하면서 ① 고난→극복, ② 고난→좌절로 양분한 뒤 전자의 세계관적 기반을 '황폐화된 현실과 반운명反運命적 세계관'으로, 후자의 세계관적 기반을 '봉건 해체의 소극성과 패배주의'로 지적하였다.[4]

이강옥은 '서술 시각'에 초점을 맞추어 ① 욕망의 성취, ② 문제의 해결, ③ 이상향의 추구, ④ 운명의 실현, ⑤ 이념의 구현 등의 서술 시각 유형을 설정했다. 그리고 그것들이 작품에서 조합·착종되며 각각은 특정 계층의 어떤 처지를 기반으로 하고 있다고 보았다. 즉 '욕망의 성취'가 조선 후기에 이르러 경제적으로든 신분상으로든 상승한 계층의 낙관적 세계관을 바탕으로 한 것이라면 '문제의 해결'은 위기 상황에 처했거나 몰락 단계에 있는 양반의 현실과 꿈을 기반으로 한 것이며, '이상향의 추구'는 현실의 삶에서는 바람직한 처지를 확보할 수 없었던 군상들이 현실의 테두리를 벗어나 새로운 삶의 공간을 모색하려 했던 초월 의지의 소산이라고 규정했다. 반면 '운명의 실현'과 '이념의 구현'은 전대부터 지속되어오던 것으로서 앞의 세 서술 시각과 관세를 맺는다고 보았다.[5]

김정석은 『청구야담』 작품의 유형을 설정하면서 조동일의 '설화 유형 분류법'을 활용하였다. 조동일은 구전설화의 상위 유형을 ① 이기고 지기, ② 알고 모르기, ③ 속이고 속기, ④ 바르고 그르기, ⑤ 움직이고 멈추기, ⑥ 오고 가기, ⑦ 잘되고 못 되기, ⑧ 잇고 자르기 등으로 구분한 뒤 ①~④까지는 주체가 특이한 것이고 ⑤~⑧은 상황이 특이한 것이라고 했다.[6] 이를 기반으로 『청구야담』에는 주체가 특이한 야담이 68.4%이고 상황이 특이한 야담이 31.6%여서, 주체가 특이한 유형이 많다고 주장했다.[7]

서대석은 세새를 중심으로 야담 작품들을 인물의 성품이나 능력 등에 초점을 맞춘 것과 사람들에게 벌어지는 사건에 초점을 맞춘 것으로 나누고, 또 내용이 신이神異한 것인가 일상적인가 등을 고려하여 ① 인물담, ② 사건담, ③ 잡화雜話 등으로 나누었다. 다시 인물담을 행실行實·성정性情·재예才藝·법술法術·이물異物로, 사건담을 승부·선악·화복禍福·이합離合·소사笑事·괴사怪事로, 잡화를 사화史話·일화逸話·잡지雜識·논평論評 등으로 나누었다.[8] 이는 자료를 그 자체로 존중하고 실제 분류 작업에 도움이 될 수 있도록 배려한 것이다.

이상과 같은 유형 설정법이나 분류법은 개별 야담 작품의 성격을 해명하는 데 그것이 얼마나 적절한 기여를 하며, 한 갈래에 속하는 작품들에 대해

야담의 서술 시각 유형 73

어느 정도 정연한 질서를 부여할 수 있는가에 따라 그 가치가 결정될 것이다. 유형화나 분류 방법 자체에 연구자가 야담을 이해하고자 하는 방향이 담겨 있다고 하겠다. 야담을 역사와 현실로부터 독립시켜 그 자체의 고유한 형식과 내용을 드러내고자 하는가, 아니면 가능한 한 야담이 역사적 현실에서 가지는 의의나 위상을 드러내고자 하는가 하는 문제의식은 유형을 설정하고 분류하는 방식과 연결된다. 그런 점에서 야담을 연구하는 자세와 목표에 대한 반성은 야담의 유형을 설정하거나 분류하는 작업과 함께 이루어져야 할 것이다.

서술 시각 유형

야담은 조선 후기의 현실을 어떤 방식으로 담았을까? 그리고 현실에 대해 어떤 주장을 펼쳤을까? 이를 알아보기 위해서는 야담이 복잡한 현실 경험을 새롭게 재구성하고 거기에 서사적 질서를 부여하는 원리를 살펴야 할 것이다. '의미 지향'과 '서술 시각'이란 개념이 그런 작업에 적절하게 활용될 수 있다.*

    조선 후기에는 삶의 양상과 사람들의 의식이 다채로워지면서도 몇 개의 특정 영역으로 수렴되기도 하였다. 의미 지향이나 서술 시각을 생각할 때도 조선 후기의 이런 양면성을 고려해야 한다. 다양성을 이해하기 위해 개별 야

---

* 쥬네트Genette가 말한 초점화focalization는 '관점'이라 일컬을 수 있을 것인데, '관점'은 '누가 사건을 보는가'를 가리킨다. 한편 '서술'은 '누가 이야기하는가'를 가리킨다. 그래서 '관점'과 '서술 시점'은 다르다(G.Genette, 권택영 역, 『서사담론』, 교보문고, 1992, 174~177면 ; S. Rimmon-Kenan, 최상규 역, 『소설의 시학』, 문학과지성사, 1985, 109면을 참조할 것). 서술자의 서술 속에 초점자의 세계 인식 태도인 '관점'(혹은 '초점화')이 포함되는 것이다. 이 책에서 말하는 작중인물의 의미 지향은 초점자인 작중인물이 의미와 가치를 추구하는 방향을 지칭한다. 이 책에서 말하는 서술자의 서술 시각은 그런 등장인물들(초점자들)의 관점들을 선택하고 평가하는 서술자가 추구하는 의미 지향이라고 할 수 있다.

담 작품들에서 특별하게 나타나는 서술 시각을 살펴야 하고, 수렴성을 밝히기 위해서는 유형화된 서술 시각을 살펴야 할 것이다. 유형화된 서술 시각 중 가장 두드러진 것으로 '욕망의 성취', '문제의 해결', '이상향의 추구', '운명의 실현', '이념의 구현' 등을 들 수 있다.*

사람이 현실에서 가지는 의지를 중시하여 사건을 서술해가는 것이 '욕망의 성취', '문제의 해결', '이상향의 추구'라면, 사람이 이념의 영역에서 가지는 의지를 중시하는 것이 '이념의 구현'이고, 사람의 의지와 힘을 인정하지 않고 초월적 존재의 위력을 부각시키려 하는 것이 '운명의 실현'이다. 욕망의 성취·문제의 해결·이상향의 추구가 조선 후기 야담의 특징을 형성하는 것이라면, 운명의 실현·이념의 구현은 전대의 설화나 일화, 전 등 단형 서사 문학에서 두드러지던 것으로서 조선 후기 야담으로 양도되어 일정하게 변개된 것이다.

욕망의 성취·문제의 해결·이상향의 추구는 사람의 현실적 의지를 중시하는 조선 후기 야담의 중심 서술 시각이다. 다른 점은, 욕망의 성취·문제의 해결의 경우 주인공이 기존 공간과 체제 안에서 뜻한 바를 이루고자 하는 반면 이상향의 추구는 주인공이 기존 공간과 체제를 벗어나서 뜻한 바를 이루고자 한다는 것이다.

1 욕망의 성취

욕망의 성취는 주인공이 자신의 욕망을 성취해가는 과정을 서술하는 서술 시각을 말한다. 여기서 욕망이란 주로 벼슬이나 재산 같은 사회·경제적인 항목에 대한 추구를 지칭하며, 거기에다 애욕과 같은 감정적인 것도 덧붙여 포함

---

* 이 다섯 개의 서술 시각 유형은 개별 사례를 먼저 살핀 뒤 두드러진 것을 추출한 결과이다. 그런 점에서 야담의 서술 시각을 꼭 다섯 개로 한정하는 것은 아니다. 야담의 서술 시각은 덧붙여질 수 있다.

한다.*

　이러한 욕망을 추구하고 향유하는 것은 사람의 가장 보편적인 성향 중 하나이므로 서사 문학은 그런 욕망을 수용하면서 본격적으로 시작되었다 해도 과언이 아닐 것이다. 야담계 일화와 야담계 소설의 중심 서술 시각인 '욕망의 성취'는 조선 후기에 나타난 고유한 것이기에 전대의 그것과는 구분되어야 한다. 그럴진대 욕망의 성취란 서술 시각을 전대형과 조선 후기형으로 나누고, 조선 후기형의 특징을 드러내는 작업이 필요하다. 조선 후기형은 다시 주변형, 중심형으로 나누어 특징을 살펴본다.

■ 전대형

욕망을 막연하게 추구하지만 작품에 실현된 욕망은 주인공이 처음부터 성취하려고 꿈꾸던 것은 아니다. 주인공은 욕망을 성취하기 위해 세밀하게 계획을 짜지도, 집요하게 행동하지도 않는다. 그래서 우연이 자주 개입한다. 잠재되어 있던 사람의 욕망이 우연을 통해 비현실적으로 성취된다.**

---

* 조선시대 상층 남성의 욕망은 주로 벼슬과 여색을 향하였다. 그것은 『구운몽』 서두에서 성진이 흠모하는 '사대부의 일생'에 잘 요약되어 있다. "사나이 세상에 태어나 어려서 공맹의 책을 읽고 어른이 되어 요순 같은 임금을 만나 나아가서 삼군의 장수가 되고 들어와서는 뭇 신하의 우두머리가 되어 몸에는 비단 도포를 입고 허리에는 자주 인끈을 차서 임금께 읍양하고 백성을 이롭게 하며 눈으로 어여쁜 여색을 보고 귀로는 오묘한 음악을 들어 빛나는 영광이 당대에 으뜸이요 공명이 후세에 이어지니, 이것이 진정 대장부의 일이다"(정규복, 「구운몽 원전의 연구」, 일지사, 1981, 170면). 하층 남성의 경우 보편적으로 재산과 여색을 추구하는데, 그 두드러진 사례는 『육조단경』六祖壇經에서 찾을 수 있다. 일찍 아버지를 여의고 어린 나이에 가난한 나무꾼으로 생활을 꾸려가던 혜능은 '고난에 찬 필부필부의 생활을 떠난 초연한 세계를 동경하게' 되었다. 『육조단경』에 나타나는 다음과 같은 혜능의 말은 당나라라는 유가적 국가의 테두리에서 벗어나 세속을 돌아보고 그 세속의 욕망을 요약한 것이다. "적은 욕심으로 넉넉한 줄을 알아 재물을 떠나고 색을 떠나는 것을 양족존이라고 하느니라"("少欲知足하여 離財離色이 名兩足尊이요", 청화淸華 역주, 『육조단경』, 광륜출판사, 2003, 129면).

** 이 형은 사회가 단순했던 시기의 소산이겠지만 사회가 좀 더 복잡해지고 상업이 발달하기 시작한 조선 후기의 특정 의식 성향과도 무관하지 않다. 즉, 동전이 유통 보급됨으로써 급격히 성장·발전한 상품 화폐 경제 및 고리대 자본은 자급자족하던 농촌 사회에까지 침투하였다. 그러자 일반 민중들도 불로소득이나 일확천금을 노리기도 했는데(원유한, 「화폐경제의 발달」, 『한국사』 13, 국사편찬위원회, 1978, 411~429면 참조), 이 전대형의 욕망 성취 방식은 갑자기 도래된 새로운 현실에서 그들이 막연하게 가졌던 욕망 성취의 의미 지향과 어느 정도 상통한다.

① 박 포장은 술을 마신 뒤 그것을 다시 토해내는 기이한 행동을 했다.
② 박 포장은 사신이 탄 배의 화포장이 되었다.
③ 항해 중 파도가 거세게 일자 박 포장은 불리지인不利之人으로 지목되어 무인도에 내려지게 되었다.
④ 무인도에서 큰 이무기를 죽이고 그 뱃속의 보물을 얻었다.
⑤ 귀국하는 배를 타고 돌아와 갑부가 되었다.⁹⁾

이 이야기는 조금씩 다르지만 『삼국유사』에서부터 『어우야담』, 『지봉유설』, 『학산한언』, 『청구야담』, 『동야휘집』 등에 이르기까지 광범위하게 수록되어 있다. 대체로 후대로 오면서 이야기의 배경이 현실적으로 변하지만 그 서술 시각은 달라지지 않았다.* 주인공은 자신에게 주어진 여건이 달라지기를 원했으며 서술자도 그 변화에 서술의 초점을 맞추었다. 그러나 주인공을 무인도에 남게 만들어 이무기의 뱃속에서 보물을 얻게 한다는 발상은 그에 대한 묘사가 아무리 사실적이라 하더라도 비현실적으로 느껴지게 한다. 무인도에서 일확천금하는 박 포장과 같은 존재는 어느 특정 시대 인간상의 전형이 될 수 없으며, 또 그 행동 방식이 어떤 현실 계층의 세계관을 반영한 것이라고도 할 수 없다. 박 포장이라는 인간형은 민담류에서 설정될 수 있는 초역사적 존재이다. 그 인간형은 특정 시대 사람의 욕망보다는 시대를 초월한 보편적 욕망에 닿아 있는 것이다.

「진로봉인간이형」津路逢人間異形(『동야휘집』 하, 671면)에는 역사에 좀 더 가까이 다가간 주인공이 등장하며, 서술 과정에서도 사대부들의 역사의식이 나타난다. 하지만 차은식이라는 나무꾼의 잠재된 욕망이 우연하게 성취되는 과정을 서술하고 있으므로 전대형에 속한다. 여기에는 부를 축적하기 위한

---

* 그중 『학산한언』 소재 작품은 결말이 비극적이라는 점에서 여타의 것과 구별된다. 이에 대해서는 이 책의 307~308면을 참조할 것.

계산된 행동이 없다. 차은식에게 재물을 가져다주는 괴상한 모습의 거인은 민담에 등장하는 '행운의 도깨비'와 비슷하다. 다만 이 작품은 한 시대의 위기의식이 개입되어 있다는 점에서만 민담과 구분된다고 하겠다.

■ **주변형**

주변형 욕망의 성취를 서술 시각으로 하는 작품은 조선 후기 당대의 경험을 어느 정도 바탕으로 하고 있지만, 그 경험과 작품의 관계는 간접적이며 암시적이다. 이것은 당대 상승 계층의 의식과 관계가 있다 하더라도 자기 보상의 성격이 더 강하다. 그래서 생활에서 우러난 당당한 활력을 찾아보기는 어려우며, 작중인물이 자기 운명을 개척해가려는 의지도 강하지 않다.

① 병사兵使 김 모는 자기가 제주 목사가 되면 천하제일의 관리가 되는 동시에 천하제일의 탐관이 되겠다고 공언했다.
② 영조가 이 말을 듣고 그를 제주 목사로 임명하면서 그 말을 실천하지 못하면 죽이겠다고 했다.
③ 김 모는 제주도로 가서 1년 동안 잘 다스려 주민들의 존경과 신임을 얻었다.
④ 어느 날 김 모는 병이 들었다며, 그 병을 고치는 데는 제주도에 흔한 우황이 많이 필요하다고 속였다. 주민들이 우황을 바치자 준비해두었던 치자를 대신 끓여 먹고 우황은 숨겨두었다.
⑤ 김 모는 임기를 마치고 돌아와 숨겨두었던 우황을 팔아 거부가 되었다.[10]

여기서 김 모가 재물을 모으는 방식은 계교와 사기술을 활용하는 것으로, 합리적이지도 정당하지도 않다. 김 모는 사대부였지만 자신의 경제적 상황을 그대로 수긍하지 않고 돈에 대한 욕망을 가졌다. 그리고 그 은밀한 욕망을 공언한다. 이 같은 김 모의 태도는 신흥 상승층의 그것과 비슷하지만, 정황 개선을 위해 그가 구사하는 행동 방식은 신흥 상승층의 그것과 다르다. 그는 순간의 기지를 활용하면 만족스럽지 못한 상황을 개선할 수 있다고 여겼고 그것을 실천했다. 이런 태도는 근면함과 치밀함으로써 행복한 결말을 이끌어내는 신흥 상승층의 태도와는 완연히 다르다.

또한 이 작품의 정황 상승 구조는 어떤 집단의 경험에서 우러난 존재 양식이나 세계관을 반영한 것이 아니라 주인공 자신이 갖게 된 특이한 의식과 행동을 반영한 것이다. 집단의 기반을 갖지 못한 것이다.

김 모의 행위가 계층적 기반을 갖지 못했지만 소기의 욕망을 성취하게 된다는 점에서 이 작품은 '잠재적 욕망을 우연하게 성취'하는 민담과 상통한다. 사실 이 작품에 등장하는 인물들은 민담의 인물들과 흡사한 점이 있다. 한 나라의 임금이 신하의 장난기 어린 말에 무턱대고 대응하는 점이나 한 고을의 통치자가 그 백성들을 일방적으로 속인다는 설정 등이 민담의 분위기를 조장한다.*

주변형 욕망의 성취는 객관적 현실을 구조적으로 반영하면서 활력을 얻기도 하지만, 변화된 현실과의 괴리로 활력을 상실하기도 한다. 「심숙맹삼부동실」尋宿盟三婦同室(『동야휘집』 하, 285면), 「환신장쌍점요첩」換身粧雙占饒妾(『동야휘집』 하, 317면) 등이 후자의 예이다. 이들 작품에서 사건의 중요한 전기는 우연이다. 욕망이 우연하게 성취되기 때문에 주인공의 역할은 미미하다. 우연에 의해 욕망이 성취되고 난 뒤에야 비로소 주인공이 욕망을 성취하고자 하는 마음을 숨기고 있었음이 드러난다. 주인공의 의지가 개입하는 정도 역시 미흡하며, 중심형의 활력이나 주변형의 재치 등도 찾아볼 수 없다. 이 우연이 서술 과정에 작용하는 정도가 더 커지면 작품이 신비화된다. 결국 욕망의 성취라는 서술 시각은 운명의 실현이나 이념의 구현 같은 서술 시각의 한

---

* 이러한 사실은 계층의 현실 경험을 기반으로 한 중심형이 민담 모티프를 차용하는 경우가 거의 없다는 사실과 대조된다.

모티프로 위축된다.

정황의 향상을 위한 이야기의 전개에서 윤리는 고려되지 않는 경우가 많다.[11] 오히려 대부분의 해당 작품들이 주인공의 비윤리적인 행동을 사건 해결의 중요한 계기로 삼는다. 작품의 비윤리성은 기존 질서를 부정하는 데까지 나아가는데, 여기서 아이러니가 만들어진다. 주인공들은 양반 사대부이기에 기존 사회를 지탱하는 이념과 규범을 수호해야 할 책무를 갖는다. 그럼에도 불구하고 그들이 자신의 욕망을 충족하기 위해 기존 질서의 혼란을 이용하거나 초래한다는 점에서 아이러니가 성립되는 것이다. 나아가 윤리적이지도 규범적이지도 않은 양반 주인공은 결과적으로 새로운 사회질서를 조장하게 된다.[12] 그것은 '행위의 아이러니'라 하겠다.

현실에서 아이러니에 해당하는 경우는 자주 감지되지 않는다. 결국 작품의 아이러니 상황은 예민한 감각을 가진 사람이 현실에서 드물게 나타난 아이러니 상황을 포착하여 '재구성'한 것이다.[13] 야담의 이야기꾼은 아이러니에 대한 감각을 갖추고서 현실에서 양반이 처한 처지나 상황의 아이러니를 야담 주인공의 그것으로 재구성했다고 할 수 있다.

「이절도궁도우가인」李節度窮途遇佳人(『청구야담』 상, 271면), 「실청동획첩횡재」失靑銅獲妾橫財(『동야휘집』 하, 252면) 등은 이런 아이러니의 전형을 보여준다. 이들 작품에서는 여러 개의 아이러니 상황이 돌출한다. 「이절도궁도우가인」에서 주인공은 벼슬이 선전관에 이르렀지만, 어떤 사건에 연루되어 실직당하고 난 뒤 여러 해가 지나도 다시 벼슬을 얻지 못했다. 생계의 위협을 받는 절박한 지경에 이르자 대대로 이어오던 가산을 모조리 처분하여 300냥의 돈을 마련한 뒤 상경한다. 벼슬을 얻기 위한 최후의 모험을 시도한 것이다. 그러나 병조판서의 하인을 자처하는 사기꾼에게 속아 돈을 모두 빼앗긴다. 사기꾼은 온갖 핑계를 대며 야금야금 300냥을 모두 털어갔다. 심지어 벼슬을 확실하게 얻게 되었다며 나머지 돈을 가져가서 그럴듯한 관복까지 지어 왔다. 그러나 주인공은 그 모든 것이 사기 행각이었음을 뒤늦게야 알게 된다.[14]

죽는 것밖에 다른 길이 없다고 판단한 주인공은 죽기 위한 행동을 시작하는데, 그 행동의 의도와 결과가 모두 아이러니다. 이전까지는 살고자 발버둥 칠수록 죽을 수밖에 없는 상황이 만들어졌다면, 그 후로는 죽고자 발버둥 칠수록 살 수밖에 없는 상황이 만들어지는 것이다. 먼저 한강에 빠져 죽으려고 서서히 물속으로 들어갔으나 물이 너무 차가워 죽지 못한다. 목숨을 포기하려는 사람이 가슴에 느껴지는 물의 차가움을 견딜 수 없어 죽지 못한 것이다. 스스로 죽기가 어렵다는 사실을 절감하고는 남에게 맞아 죽기로 작정한다. 번화한 종로로 가서 가장 흉악하고 힘이 셀 것 같은 사람을 지목하고는 영락없이 그 사람에게 맞아 죽을 것을 확신하고서 그를 향해 돌진하여 발로 걷어찼다. 그런데 그 사람이 그대로 나자빠졌다. 그 사람은 경악했다. 지금까지는 자신에게 감히 시비조차 거는 사람도 없었기 때문이다. 그는 곧 벌떡 일어나서는 도망쳐버렸다. 주인공은 다시 주위에서 자기를 이길 만한 자를 골라 눈을 부릅뜨고 다가갔다. 그러자 그가 미쳤다고 여긴 사람들은 모두 비실비실 흩어져버렸다. 그래도 그는 죽을 길을 찾아야 했다. 마침내 여염집 여자를 희롱하여 그 남편과 집안사람에게 맞아 죽는 것이 가장 손쉽겠다고 판단한다. 다음 날 술을 잔뜩 마시고는 거리를 배회하다 마침 문이 열려 있는 집을 발견했다. 성큼성큼 들어갔으나 아무도 막지 않았다. 내청에는 젊은 여인이 혼자 앉아 있었는데 아주 아름다웠다. 그는 다짜고짜 그 여인의 손을 주무르고 머리를 끌어안고 입을 맞추었다. 하지만 이상하게도 여인은 저항하지 않았고, 집 안에서도 아무도 나오지 않았다. 사실 그 여인은 역관의 첩으로, 역관에게 소박을 맞아 신세를 한탄하며 장차 재가를 하려고 생각하고 있었다. 그러니 이번에도 남의 손에 맞아 죽기는 불가능하였다.

이렇게 죽으려고 간절하게 노력하면 할수록 죽지 못하고 도리어 사는 길만이 보였다. 마침내 주인공은 그 여인과 그 집에서 모든 걸 잊고 향락을 누리며 살아간다. 어느덧 죽고자 하는 생각도 사라지고 살아가는 즐거움이 날로 더해갔다. 그런데 살아가는 즐거움이 극치에 이른 어느 날 역관이 돌아왔다. 사정을 알게 된 역관은 격노하여 달려와 주인공을 찔러 죽이려 했다. 그러자 주인공은 태연하게 그를 맞이했다. 그 장면은 이러하다.

> "어떤 놈이 내 집에 쳐들어와 내 여자를 훔친단 말이냐! 속히 나와 이 칼을 받아라."
> 갑자기 한 사람이 창을 열어젖히고 문 앞에 버텨 섰다. 관복이 번쩍거렸고 얼굴은 신선과 같았다. 그(주인공)는 옷깃을 헤치고 가슴을 내어 보이며 기꺼워하고 웃으면서 말했다.
> "내 오늘 정말로 죽을 곳을 얻었구려. 여기 내 가슴팍을 찌르시오."[15]

자기 첩을 강간했다고 여겨 격노한 역관이 칼을 들고 나타났으니 주인공은 마침내 가장 확실하게 자기를 죽여줄 사람을 만난 셈이다. 주인공은 자신이 죽고자 했다는 사실을 환기하자마자 죽음을 당당하게 맞이할 수 있게 되었다. 그래서 칼을 찌르기에 적절한 가슴을 열어주며 찔러달라고 요청한다. 여기서 마지막 아이러니가 만들어진다. 역관은 죽음 앞에서 그렇게 의젓하고 당당한 주인공을 보고 두려운 마음이 들기 시작했다. 기가 막혀 몸이 떨리고 입에서는 침이 흘러내렸다. 마침내 칼을 던져버리고 "이 집과 여자와 재산, 당신 마음대로 하시오"[16]라고 말하고는 사라졌다.

이와 같이 이 작품에 등장하는 인물들은 자기가 뜻한 바와는 반대로 되어가는 세상을 경험한다. 병조판서의 종을 자처했던 사기꾼만 자신이 뜻한 바를 이루었을 따름이다. 사람의 힘과 의지를 중시하던 조선 후기의 정신적 풍토에서 이런 설정은 다소 뜻밖일 수 있다. 그러나 서술자가 이런 아이러니 상황을 거듭 설정했다는 것은 사람의 힘과 의지가 어떤 결과를 초래하는지에 대해 강렬한 관심을 가졌다는 증거일 수도 있다. 자신의 뜻과는 다르게, 심지어 반대로 나타나는 일의 결과에 대해 사람이 어떤 태도를 가지는지가 중요하다. "사는 것과 죽는 것은 하늘에 맡겨버려요"[17]라든가 "갑자기 이렇게 기이하게 만났으니 분명 하늘의 뜻일 거예요"[18]라는 말에서 체념만을 읽어낸다면 온당하지 못하다. 욕망을 이루려고 안간힘을 다 썼던 사람이 자신의 뜻과는 다르게 실현된 현실에 대해 긍정적인 쪽으로 의미를 부여하려는 간절함을 읽을 수 있어야 한다. 그리고 어느 정도 달관의 자세도 찾을 수 있다. 그 달관은 마침내 욕망을 이루어낸 자의 여유에서 비롯된 것이다. 바로 이런 점에서 아이러니 서술법은 좀 더 복잡해지고 다양해진 조선 후기의 사회 현실과 당대 사람들의 욕망에 대한 자세를 핍진하게 서술한 것이라 평가할 수 있다.

요컨대 이런 작품들에서 설정된 아이러니 국면들은 비록 새로운 서술 시각으로까지 나아가지는 못했지만, 그것들로 인해 서술의 폭과 깊이는 확상되고 심화된다. 한 작품 속에서 아이러니의 사례가 늘어날수록 삶의 단면이 전체와 가지는 관계망이 늘어나는 것이다.

이같이 서술자가 아이러니 상황을 집중적으로 설정하고 구성할 수 있었던 것은 당대 현실의 진면목과 그 추이를 꿰뚫어보는 안목을 갖추고 있었기 때문이다. 그런 점에서 이 작품은 현실의 아이러니 상황을 거듭 수용하여 욕망의 성취라는 서술 시각의 새로운 가능성을 보여주는 것이라 하겠다.

■ **중심형**

조선 후기의 새로운 국면을 맞이하여 재산이나 신분, 벼슬, 이성을 획득함으로써 정황을 향상시킨 집단을 신흥 상승층이라 일컫는다. 소위 서민 부자나 요호부민饒戶富民,* 상인 등이 그들이다. 중심형 욕망의 성취는 먼저 이런 신

---

* 요호부민은 상민층 출신 부자를 말한다. 이들은 농업 경영과 잉여생산물의 판매를 통해 경제적 상승을 이루었고, 그것을 기반으로 신분 상승을 꾀하던 계층이다(「한국 중세사회의 계급과 신분」, 『한국사』 24, 한길사, 1995, 265면). '한유자'閑遊者층을 요호부민의 출발로 볼 수 있다. 이들은 1결結이 채 안 되는 토지를 소유한 자작농부터 그 이상을 가진 부민富民들로서 농업 생산물을 축적할 수 있었다. 또 과중한 양역 부담 때문에 몰락한 양인 농민들을 활용하여 농업 경영을 추구하였고 그들을 대상으로 고리대 놀이를 하기도 했다. 또 상품 화폐 경제의 진전에 따라 잉여 농업 생산물을 시장에 팔아 이윤을 남겨 부자가 되었다(요호부민과 한유자층의 정의와 신분 상승 및 재산 증식 방법에 대해서는 김성우, 「조선 후기 '한유자'층閑遊者層의 형성과 그 의의」, 『사총』 40·41, 역사학연구회, 1992, 1~39면 참조).

홍 상승층의 독특한 경험을 바탕으로 한다.

① 김생은 일찍 부모를 여의고 머슴살이를 하다가 스물여섯에 장가를 들었다.
② 그 아내는 첫날밤을 지낸 뒤 10년을 기한으로 재산을 모으자고 제안하면서 목표를 달성하기 위해 우선 동침하지 말고 죽으로 끼니를 잇자고 했다.
③ 6~7년이 지나자 돈과 곡식이 집안에 가득 차게 되었지만, 약속한 기한이 차지 않았기에 여전히 죽만 먹었다.
④ 10년 뒤 목표를 달성한 그들은 도내에서 제일가는 부자가 되었다.
⑤ 그러나 두 사람 모두 나이가 들어 자녀를 낳을 수 없었다. 같은 성의 아이를 후사로 삼으니 그 후예가 크게 번창했다. 이가 곧 상산商山 김씨이다.[19]

김생과 그 아내는 천민이다. 이들은 일찍이 자기 욕망을 마음껏 실현한 경험이 없었다. 그래서 욕망을 실현할 수 있는 가능성이 엿보였을 때 그 성취욕은 엄청나게 강렬해졌다.

우리 부부는 궁합이 잘 맞아 동침만 하면 자연히 생산할 것입니다. 금년에 아들을 낳으면 내년에는 딸을 낳을 것이니 자손의 즐거움이 좋기는 하겠지만 식구가 이렇게 늘어만 나고 또 병이 들기도 하면 소용되는 재산이 얼마나 많겠습니까? (이제부터) 당신은 윗방에 거처하며 신을 삼으세요. 저는 아랫방에 거처하며 베를 짜겠습니다. 10년을 기한으로 하여 하루 한 그릇 죽만 먹고 가업을 이루는 게 어떻겠습니까?[20]

혼례식 다음 날 부인은 이렇게 자신들의 처지를 냉철하게 살핀 뒤 앞날의 계획을 명쾌하게 구상한다. 문면에 언급되지는 않지만, 부인이 이런 발상을 할 수 있었던 것은 그녀가 조선 후기 현실의 역동적 분위기를 익히 감지했기 때문일 것이다. 부인이 제시하는 치부의 방법은 극히 현실적이며 그에 대한 부부의 태도는 단호하다. 아이가 태어나서는 곤란하다는 이유로 부부가 각방을 쓰며 성생활조차 금하자고 제안하고 또 실천했다. 죽으로 끼니를 이어간다는 설정은 비장하기까지 하다. 그 목표를 성취할 수 있다는 자신감과 믿음이 대단하다. 이들은 자신들이 세운 목표가 당연히 성공할 것이라 여겼던 것이다.

서술자는 이들의 치부 과정을 단도직입적으로 압축하여 서술한다.

드디어 그 문을 막고 부부가 따로 거처했다. 어두워진 뒤에는 부부가 뒷마당에 흙구덩이를 팠는데 매일 저녁 구덩이 6, 7개 파는 것을 원칙으로 삼았다. 또 섣달이 되면 많은 주머니들을 만들어 큰 마을 머슴들에게 나누어 주고 개똥을 모아 오게 해 한 석을 값으로 매겼다. 그리고는 봄이 와 해빙이 되면 그 흙구덩이에 개똥을 모두 채우고 봄보리를 심었다. 그해 큰 풍년이 들어 거의 백여 짐을 수확했다. 이어 남초를 심어서 수십 냥을 벌었다. 이렇게 힘써 일해 6, 7년이 되니 전곡이 넘쳤시만 여선히 죽을 먹었다.[21]

요컨대 김생과 그 아내는 어떠한 장애나 회의도 없이 애초에 계획한 바를 추구해 목표를 달성한다. 그들에게 그 외의 사항들은 욕망 성취에 대한 열망에 비하면 보잘것없는 것들이다. 그래서 나이 때문에 자녀를 낳을 수 없게 되었지만 전혀 실망하지 않고 양자를 얻어 편안한 여생을 보낸 것이다.

한편 「김공생취자수공업」金貢生聚子授工業(『청구야담』 상, 152면)에서는 여자에 대한 성욕과 재물에 대한 소유욕이 기발하게 연결된다. 주인공 김 모는 이역吏役을 그만두고 행상이 된다. 여기서 재물의 축적이 주인공의 목표이며 서술의 지향점이라는 사실이 암시되었다. 그런데 김 모는 재물 모으는 데 집중하지 않고 여자들과 동침하기만 한다. 동침할 때마다 생긴 자식들은 성욕 충족이 소유욕 충족으로 이어지는 역할을 한다. 자식들은 성 관계의 결실이면서 농작물 생산과 재물 축적을 위한 발판이 되었기 때문이다. 높은 '생산성'에 대한 조선 후기의 열망이 이렇게 나타났다고도 볼 수 있을 것이다.

김 모는 하룻밤 동침으로 자식이 생겨날 때마다 관가에 신고하여 자기 소생임을 확실히 한다. 자식을 생산수단으로 활용하기 위한 포석이다. 83명의 자식은 생산성을 추구하고 소유욕을 충족시키기 위한 바탕이자 생산성에 대한 집착과 소유욕의 팽창이 만들어낸 결과이기도 하다.

김 모가 활용한 것은 두 가지다. 첫째, 83명의 자식들이 갖춘 재주이다. 자식들은 방석을 짜는 기술, 신을 만드는 기술, 도자기를 만드는 기술 등 일상생활에 필요한 어떤 물건도 만들어내는 재주를 가졌다. 둘째, 그들의 노동력이다. 김 모는 자식들의 재주와 노동력을 바탕으로 어영청 둔전을 개간하고 거기다 곡물들을 심는다.

> 모든 자식들을 거느리고 부지런히 밭을 일구었다. 먼저 보리를 심어 한여름 때 600~700석을 거두고, 이듬해 밀과 콩을 심어 천여 석을 수확했으며, 그 다음 해에는 논을 만들고 벼를 심으니 가을 수확이 전년의 배나 되었다. 이같이 하며 3년이 지나니 부유해졌다.[22]

버려진 땅을 일궈 곡물을 다양하게 심고 해마다 수확량을 늘려간 결과 부자가 되었다. 이것이 귀결점이다. 아주 짧은 분량이지만 그 서술 과정에 박진감이 넘친다. 흉년이 찾아오고 나이가 든다는 점이 김 모에게 닥쳐온 시련이라고 하겠지만, 김 모는 오히려 그 시련을 욕망 충족의 호기로 삼았다. 흉년의 배고픔과 노쇠의 허무감을 이겨내야 한다고 소극적으로 생각하지 않고, 오히려 그때를 부자가 되고 생기를 회복하는 기회로 삼아 일도매진한 것이다. 이런 적극성 덕에 김 모는 여자에 대한 욕망과 재물에 대한 욕망을 함께 충족시킬 수 있었다.

한편 「환처」宦妻(『잡기고담』, 287면)[23]는 내시의 아내가 된 여인이 정욕을 참지 못하고 가출하여 소망을 이루는 이야기이다.[24] 여기서 여인은 처음 만난 젊은 중을 남편감으로 점찍고는 끝까지 따라가 강제로 육체관계를 맺고 부부가 되었다고 일방적으로 선언한다. 그리고는 중의 본가로 함께 가서 내시의 집에서 나올 때 가져온 돈으로 전장을 크게 경영하여 부자로 잘살게 되었다. 이 작품에 등장하는 여인은 당시 비인간적 사회가 여인에게 강요했던 정절 이데올로기로 자신의 정욕을 억압하지 않았다. 여인은 자기 몸의 요구를 존중했다. 그리고 그 욕망을 성취하기 위해 용감하고 당당하게 모든 수단을 동원했다. 결국 성과 돈에 대한 욕망을 성취하였고, 행복한 가정을 건설했다.

「환처」는 자기 욕망을 성취한 여인이 그 사연을 남에게 들려주는 형식을 취했다. 이야기 속의 여인이 '욕망 성취의 필요성을 절감하고 그 가능성을 확신할 수 있는 집단'에 속한다면, 이야기를 담담하게 진술하는 여인은 '이미 욕망을 성취한 집단'에 속할 것이다. '경험자의 자기 경험 진술'*이라는 서술 형식은 욕망 성취를 간절히 소망했던 사람에게서 나올 수 있는 박진감과, 자기 욕망을 성취한 사람에게서 나올 수 있는 담담함과 성찰의 여유가 교묘하게 조화를 이룰 수 있게 했다고 하겠다.

남편이 벼슬을 얻도록 하기 위해 아내가 정절까지 바친다는 내용의 「우하형」禹夏亨(『계서야담』, 230면)에서는 욕망을 성취하고자 하는 의미 지향이 얼마가 강렬한지를 확인할 수 있다. 여주인공 수급비水汲婢는 남편 우하형이 관직을 얻도록 하기 위해 그동안 모아둔 돈을 모두 바친다. 우하형이 그 돈을 가지고 상경하자 그가 돌아올 때까지 그녀는 장교의 처가 된다. 우하형에 대한 수급비의 지극한 정성이 열烈로 규정될 수도 있겠지만, 그녀가 다른 남자

---

* 이 책의 「야담의 속 이야기와 작중인물의 자기 경험 진술」을 참조할 것.

에게 잠시 개가하였기에 문제가 있다. 남편으로 하여금 벼슬을 얻게 하려는 강렬한 집념이 여자로서 지켜야 할 기본적인 덕목조차도 부차적인 것으로 인식하게 한 것이다. 그런 점에서 욕망 성취라는 서술 시각이 이념 실현이란 서술 시각을 압도했다고 할 수 있다. 이처럼 이 작품의 서술 시각을 욕망의 성취라고 본다면, 이념의 실현은 독자적인 서술 시각은 못 되지만 하나의 전환점을 마련하는 역할을 했다고 볼 수 있다.

이 작품은 욕망의 성취라는 의미 지향이 이념의 실현이란 의미 지향과 연결됨으로써, 대상을 압축하여 제시하는 단계에서 대상을 포괄적으로 서술하는 단계로 나아간다고 하겠다. 그것은 경험의 세계에서 상승 과정에 있던 집단이 자기 경험을 진술하기만 하는 단계를 지나서 그렇게 진술된 경험에 대해 반성하는 단계에까지 이르렀음을 뜻한다. 사랑하는 남자를 둔 수급비가 살아남기 위해 다른 남자와 혼인하게 만든 것은 세계를 단순하게 인식하지 않게 되었음을 암시하기 때문이다. 그리고 이런 구조의 이야기가 나타났다는 것은 야담이 현실 세계의 뒤엉킨 양상들을 보다 구체적으로 담기 시작했음을 뜻하기도 한다.

이와 같은 욕망에 대한 강렬한 집착과 욕망 성취에 대한 확고한 신념은 어디서 비롯된 것일까? 그리고 욕망을 성취한 뒤 그 경험의 과정을 단도직입적으로 서술하는 태도는 어떤 문학적 전통과 관련된 것일까?

조선 후기에 이르러 지배 질서는 근본적으로 흔들렸다. 그 틈에 사회 전 영역의 속성이 유동적이게 되었다. 전에는 일어날 수 없었던 일들이 일어났고, 사람들도 점차 그런 예상 밖의 일들에 대해 호기심을 갖게 되었다. 이런 분위기에서 적지 않은 사람들은 열악한 자신의 처지가 자기 하기에 따라 향상될 수 있다는 믿음을 갖게 되었다. 또 이미 처지의 향상을 경험한 사람들도 많았다.

이야기에 사회·경제적 욕망을 담은 주체는 주로 욕망 성취의 필요성을 절감하고 그 가능성을 확신할 수 있었던 집단과, 이미 욕망의 성취를 경험한 집단*이라 할 수 있을 것이다. 전자가 상상의 차원에서 이야기 내용과 강력한 관계를 가진다면, 후자는 실제로 이야기 내용과 긴밀한 관계를 가진다. 어느 쪽이든 이야기하기의 주체**가 이야기 내용과 절실하고 긴밀한 관계를 가지기 때문에 서술의 속도는 매우 빠르다. 이야기하기의 주체는 거두절미하고 지향하는 바나 경험한 바를 박진감 있게 서술하는 것이다.*** 욕망을 성취했다는 결과를 시급하게 말하려는 충동이 강렬하기에 주변적인 것에 대해 관심을 가지고 서술할 여유가 없다. 욕망이 성취되는 과정은 서두부터 결말까지 긴장을 유지하는데, 서술 과정은 정황의 급속한 상승 과정이며 지향한 욕망이 완선 성취되는 순간은 결말이 된다.

야담계 일화나 야담계 소설의 서술 구조가 작중인물이나 서술자의 세계관과 대응된다고 할 때, 욕망의 성취라는 급박한 상승형의 서술 시각은 조선 후기에 이르러 형성되어가던 '신흥 상승층'****의 낙관적 세계관과 대응된다. 신흥 상승층은 양반 자작농이나 소작농, 평민 부자인 요호부민饒戶富民,

---

* 이 경우가 상승 계층의 자기 경험 진술과 더 밀접한 관계를 갖는다. 가난했던 사람이 안간힘을 다 써서 부자가 되는 경험을 하고, 그 경험을 자랑스럽게 남에게 이야기하는 것이다. 다음 구절에 이런 점이 압축되어 있다. "청컨대 이 늙은이가 처음에는 가난했다가 뒤에는 만사형통한 형편을 상세하게 이야기해드리리다"("老夫請詳告我初貧後亨之狀也",「순흥구유만석군」順興舊有萬石君,『동패락송』, 42면).
** 이야기하기의 주체는 경험자 자신일 수도 있고, 욕망 성취의 가능성을 확신하면서 경험자의 자기 진술 내용을 듣고 그것을 다시 구연하는 이차적 구연자일 수도 있다.
*** 그러나 사회나 경험의 구조가 보다 복잡해졌을 때는 그 속에서의 체험에 대한 진술도 단도직입적 단계를 벗어날 것이다.
**** 조선 후기에 경제구조가 변하고 신분제가 붕괴되는 과정에서 잠정적으로 무리 지을 수 있는 십난이다. 전통적 신분 개념으로는 천민과 평민, 중인 그리고 일부 양반을 포괄한다. 이 집단은 농업이나 상업을 통해 부유해져서 과거 양반이 사회적으로 향유했던 특권들을 경제적 차원에서 누릴 수 있었다(신흥 상승층에 대한 개괄적 이해는 김영호,「실학사상의 발흥」,『한국사』 14, 국사편찬위원회, 1975, 159면 참조). 특히 이 시기에 가장 적극적으로 농업 경영에 종사하여 부를 축적할 수 있었던 집단은 양반 자작농, 양반 소작농, 그리고 소위 요호부민이라 불리던 농민층이었다(「한국 중세사회의 계급과 신분」,『한국사』 24, 한길사, 1995, 264~265면 참조). 이 집단은 이 시기에 아직 명백한 공감이나 의식에 의해 완전하게 동질적 계층의 성격을 확보하지 못했고 또 그 존재 여건도 유동적이었지만, 자기 의지와 노력에 의해 욕망을 실현한 경험을 공유한다는 점에서 한 집단의 성격을 갖는다.

상인 등으로 구성된다. 이들은 부귀영달을 가장 큰 가치가 있는 것으로 생각하고 부귀에 집착하는 풍조를 만들었다. 그리고 재산을 축적하고 높은 신분을 획득하는 이야기를 만든 주역이 되었다. 조선 후기에 새롭게 나타난 독특한 집단인 이들은 야담에 나타난 욕망의 성취라는 서술 시각을 주도했다고 볼 수 있다. 그리고 사회·경제적으로 상승하는 집단이 사라지지 않는 한, 또 상승 집단의 성공 체험에 대한 일반 민중과 사대부들의 호기심과 선망이 사라지지 않는 한, 신흥 상승층이 주도하는 '욕망의 성취' 서술 시각은 지속될 것이다.

신흥 상승층이 현실에서 주도하는 욕망의 성취라는 의미 지향은 특별한 처지에 놓인 일반 민중이나 사대부들이 세상을 바라보고 대면하는 자세를 바꾸어놓기도 했다. 일반 민중이나 사대부들은 신흥 상승층처럼 직접 욕망을 성취하는 경험을 하기도 하고 이야기를 통해 간접경험을 하기도 하면서 욕망의 성취라는 의미 지향을 세상을 바라보는 하나의 시각으로 인정하기에 이른 것이다. 이들의 이런 변화가 역으로 욕망의 성취라는 서술 시각이 만연되는 분위기를 만들어주었다고 할 것이다.

요컨대 욕망의 성취라는 서술 시각은 정황의 상승을 전제한다. 서두의 정황은 평균 수준 이하이며 결말의 정황은 평균 수준 이상이다. 정황의 상승 과정에서는 과거의 정황 수준이 목표가 아니다. 과거보다 훨씬 높은 수준의 정황을 추구한다. 서술의 중심축은 정황의 상승을 추구하고 상승된 정황을 누리는 것이다. 전대형이 주로 민담과 평민 일화에서 실현된다면, 주변형과 중심형은 야담계 일화와 야담계 소설에서 실현된다고 하겠다.

2 문제의 해결 과정

'문제'란 주인공이 당면하게 되는 혼란이나 고난을 말한다. 주인공이 문제를 해결하고자 하는 것은 기존 질서와 상황을 되찾으려는 회복 의지의 발현이다.* 판단의 기준이 과거에 있다는 점에서 과거 지향적이다. 바람직했던 과거는 회복될 뿐 보다 높은 차원으로 고양되지는 않는다. 이 회복 의지의 목표가 되는 '바람직했던 기존 상황'이란 주인공이 개인적으로 체험한 것일 수도 있고 그가 속한 집단이 사회적으로 누린 삶의 조건일 수도 있다.

조선 후기 야담에서 서술 시각이 유형화된 계기가 당대의 전반적인 계층 분화 및 집단의식의 체계화에 있었다고 본다면, 이때의 '문제'는 집단의식을 전형화한 것, 한 개인이 개인 수준에서 일시적으로 당면한 고난, 사람이 일반적으로 겪을 수 있는 고난 등으로 하위 구분된다.

또 문제의 성격은 문제가 야기되는 과정과 문제가 해결되는 방식을 결정한다. 그러니까 위에서 지적한 '문제'의 세 가지 성격은 문제 해결 과정이란 서술 시각의 본질을 형성한다. 그 본질은 자기 집단의 기득권 회복과 지속, 개인의 잠정적 고난의 모면, 사람의 존재론적 고민의 해결 등이다.

■ 전대형

전대형에서는 개인이 당면한 기이하거나 숙명적인 문제가 비현실적인 방식으로 해결된다. 해결 방식이 비현실적이기에 문제에 당면한 주인공은 수동적으로 행동하는 반면, 문제를 해결해주는 문제 해결자가 탁월한 능력을 발휘한다.

---

* 프리츠 로커만Fritz Lockemann은 소설Novelle에 있어서 혼란Chaos 상태의 야기가 제1의 전환점을 이루며, 질서Ordnung를 지향하는 힘의 반발이 제2의 전환점을 이루어 양자의 갈등 관계가 소설적 사건을 이룬다고 보았다. 그는 이 갈등 과정을 통해 궁극적으로 질서가 다시 형성되어 소설적 사건이 결말에 이른다고 했는데, 이때의 질서는 사건이 일어나기 전의 질서보다 더 고양된 질서eine höhere Ordnung이며 바로 그 점에서 소설이 혼란 상황을 단순하게 해결하는 일화Anekdote와는 구분된다고 주장했다 (Fritz Lockemann, *Gestalt und Wandlungen der deutschen Novelle*, München: Hueber, 1957, 16면). 야담의 문제 해결 과정이라는 서술 시각은 로커만의 위 도식과 비슷하다. 그러나 야담의 경우 결말의 해결 상황이 기존 질서를 보다 고양시킨 수준이 아니라 단순히 회복한 것이라는 점에서 로커만의 일화에 해당하는 작품이 대다수이다. 그러나 본고는 로커만의 방식과는 다르게 소설과 일화를 구분했다(이 책의 「야담의 갈래」를 참조할 것).

기이한 문제가 해결되는 대표적인 사례는 소위 '아랑 전설'류에서 찾을 수 있다. 『동야휘집』의 「남루거주기소원」南樓擧朱旗訴寃(『동야휘집』 하, 79면)과 『청구야담』의 「설유원부인식주기」雪幽寃夫人識朱旗(『청구야담』 하, 333면) 등이 대변한다 하겠는데,[25] 세세한 차이는 있지만 서술의 골격은 동일하다. 「남루거주기소원」에서 부사 남 모南某의 외동딸은 주朱 씨 성을 가진 남자에 의해 피살되어 영남루 아래 대숲에 버려진다. 그녀가 당면한 문제는 원한을 풀지 못하는 것과 자기 시신이 방치되어 있는 것이다. 한편 귀신의 출현으로 목숨을 빼앗길 수도 있다는 것이 신임 부사들이 당면한 문제이다.

선임자 몇 명이 죽고 난 뒤 밀양의 신임 부사로 발령받은 김金은 심각한 고민에 빠지는데, 그때 친구인 이李가 문제의 해결자로 등장한다. 이李는 위의 세 가지 문제를 모두 해결해준다. 이李가 문제를 해결하는 과정에는 어떠한 장애도 없다. 그는 뒤엉킨 사건의 의혹을 풀고 무질서한 상황을 조화로운 상황으로 바꾼다.

아랑 전설의 문제는 기이한 것이기에 일반적인 능력을 가진 사람은 해결할 수 없다. 기이한 문제를 해결하기 위해서는 스스로 비범한 능력을 가지고 있거나 비범한 능력을 가진 존재와 연결되어야 한다. '문제 해결자'인 이李는 원귀와 대화를 나눌 수 있는 담력과 지혜를 갖고 있었기에 아랑과 김金의 문제를 해결해줄 수 있었다. 그런데 아랑의 문제는 계층의 전형적 삶과 연결된 것이 아니며, 또 개인의 삶과는 잠정적으로만 관련된다. 일정한 기간 동안 절실하게 느껴지던 문제는 그것이 해결되자마자 잊혀진다.

문제의 잠정적 성격은 「대은요수발주초」貸銀要酬拔柱礎(『동야휘집』 하, 711면)[26]에서도 확인된다. 이 작품에서는 자기 유택幽宅 위에 부엌이 있어 고통을 겪고 있는 고려시대 사인士人의 문제를 최규서崔奎瑞라는 사람이 해결해준다. 사인士人이 최규서를 찾아가 문제 해결을 부탁한 것은 그가 남들에 비해 정신력이 강했기 때문이다. 최규서가 그 부엌을 옮겨줌으로써 사인의 문제는 완전히 해결되며, 그 이상의 의미를 만들지는 않는다. 이와 같은 문제의 잠정적 성격은 문제 해결 과정을 통해 현실적 의미들을 창출하기보다 문제 해결자의 뛰어난 능력을 부각시켜 독자의 호기심을 충족시키는 데로 귀결된다.

이와는 달리 삶의 숙명적인 문제와 관련된 전대형도 있다.

① 박엽朴曄이 관서 관찰사로 있을 때 평소 알고 지내던 어느 재상이 찾아와 큰 화를 당할 운수인 자기 아들을 구해달라고 애원했다.
② 박엽은 그 아이를 버려진 절로 보내 호랑이 가죽 옷을 덮어쓰고 있도록 하되, 그 가죽 옷을 노승에게 절대 빼앗겨서는 안 된다고 했다.
③ 아이는 박엽이 시키는 대로 하여 화를 면했다.
④ 다음 날 새벽, 아이가 입었던 가죽 옷을 전해 받은 노승은 호랑이로 변신하며 천기天機를 누설한 자가 박엽임을 알아차렸다.*

재상의 아들은 곧 죽어야 하는 운명이었다. 그런 운명을 극복하게 할 수 있는 사람은 박엽뿐이었다. 박엽은 천기를 아는 탁월한 능력을 가진 사람이며, 그가 문제를 해결하는 방식은 환상적이다. 이러한 환상성은 문제의 추상성과 직결된다. 즉, 재상의 아들이 당면한 운명은 현실에 뿌리를 내리고 있는 요건이 아니라 사건의 계기를 마련해주는 모티프의 성격이 더 강하다. 그런 까닭에 재상의 아들은 곧 죽을 처지에 있었지만 고통을 느끼지 않는 것처럼 보인다. 절체절명의 위기를 앞두고도 당사자가 그것을 심각하게 생각하지 않거나, 적어도 서술자가 그것을 심각하게 부각시키지 않는다. 그 대신 문제가 해결되는 기이한 방식과 독특한 과정이 독자의 관심을 끈다. 문제를 당면한 당사자는 문제 해결 과정에서 별다른 역할을 하지 못하며, 그만큼 그와는 무

---

*「박엽」(『계서야담』, 314면), 「도대액박엽수신방」度大厄朴曄授神方(『청구야담』 하, 394면), 「귀아몽피도액운」貴兒蒙皮度厄運(『동야휘집』 상, 464면). 이와 유사한 구조의 작품으로는 「이항복」李恒福(『계서야담』, 325면), 「한귀졸연우수명」捍鬼卒延友壽命(『동야휘집』 상, 81면), 「서경덕」徐敬德(『계서야담』, 311면) 등이 있다.

관한 문제 해결자의 비현실적인 탁월함이 강조된 것이다. 그 결과 이야기의 현실 대응력이 현저히 약화되었다.

■ **주변형**

주변형의 '문제'는 잠정적인 것이라는 점에서 전대형과 비슷하지만, 환상적인 방식 대신 기지나 계교를 활용해 문제를 해결한다는 점에서는 다르다. 또 계층 분화 현상을 서술 구조 속에 충실히 반영하지 않는다는 점에서 중심형과도 다르다.

사대부 사회를 배경으로 할 때 '문제'는 우발적이고 잠정적인 것일 경우가 많다. 그래서 문제는 곧 해결되고 잠시 파괴되었던 질서는 쉽게 회복된다. 그 결과 사대부 사회에서의 삶은 더욱 소중한 것으로 느껴진다.

> ① 상서尙書 이동악李東岳이 젊었을 때 술에 취해 남의 신부 방에 잘못 들어가 동침했다.
> ② 이동악과 신부는 주위의 지탄이 심할 것을 예감하고 함께 도망쳤다.
> ③ 이동악은 이모 집에 기거하며 과거 공부에 매진해 마침내 급제하였다.
> ④ 부모를 만나 기이한 인연을 인정받았다.*

문제가 일어난 것은 사대부인 주인공이 우연히 비정상적인 행동을 했기 때문이다. 우발적으로 일어난 문제는 두 사람의 기지와 노력으로 해결된다. 이동악이 봉착한 문제는 그가 양반 계층으로서의 삶을 전형적으로 살았기 때문이 아니라 오히려 그 정상적인 궤도에서 이탈했기 때문에 일어났다. 그러므로 이동악이 양반 계층의 정상적 질서 속으로 재편입되기만 하면 문제는

---

* 「이동악」,(『계서야담』, 77면). 「전오연홍금기신」轉誤緣紅錦寄信(『동야휘집』 하, 274면)은 이 작품의 유화라 할 수 있겠지만 서술 시각상 운명 실현이 뚜렷이 개입되었다는 점에서 이외는 달리 설명되어야 할 것이다.

완전히 해결된다. 그런 점에서 몰락 양반이라는 집단 전체가 전형적으로 안게 된 문제를 다루는 '중심형'과 다르다.

이 '주변형'은 흔들리지 않는 유가 이념을 기반으로 하고 있기 때문에 이념의 구현이라는 서술 시각과 쉽게 결합한다. 그러나 이때의 이념은 비장함이나 심각함을 동반하지 않으며, 다만 기존 질서를 유지하는 길잡이 역할을 한다. 그런 까닭에 여기서의 문제는 기존 질서 속에서의 삶이 더욱 소중하다는 사실을 부각시킨다.[27]

일반 민중이 당면하는 문제는 일상생활에서 쉽게 부딪힐 수 있는 잠정적인 것들이다. 치명적인 병(「청가어유의득명」聽街語柳醫得名,『청구야담』상, 161면), 마땅히 받아야 할 벌(「영남사인」嶺南士人,『계서야담』, 120면), 타인의 오해(「대극서봉표입증」對棘婿捧票立證,『동야휘집』하, 335면 ;「김수」金銖,『계서야담』, 376면) 등이 문제인데, 이 문제들이 기지나 지혜 등에 의해 해결된다.[28]

가령 「청가어유의득명」에서 주인공 유상柳瑺은 우연히 깊은 산골로 들어가 정체불명의 노인을 만나게 되고 그 노인의 집에서 몰래 의술 책을 읽는다. 돌아오는 길에 임금의 부름을 받는데, 임금은 치명적인 두창에 걸려 있었다. 임금이 유상을 부른 것은 꿈에 신인이 나타나 유상을 부르라고 계시를 주었기 때문이다. 여기서 독자는 유상이 노인의 집에서 의술 책들을 읽었기 때문에 명의가 되었을 것이고, 그래서 신인이 유상을 임금에게 추천했을 것이라 짐작하게 된다.

그런데 여기에 다른 일화가 덧붙여진다. 유상이 궁궐로 가는 길에 두창을 겪은 아이를 업은 노파를 만나는 일화다. 노파는 아이의 두창이 심해 손을 쓸 수 없는 지경에 이르러 거의 포기하고 있었는데 어떤 스님이 감나무 꼭지를 삶은 탕柹蔕湯을 마시면 된다기에 그대로 하여 나았다고 말해주었다. 유상은 그 말을 듣고 산중에서 읽은 의술 책에도 시체탕에 관한 처방이 있었던 것을 기억해냈다. 임금의 병세를 살펴보니 아이의 증세와 똑같았다. 그래서 감나무 꼭지로 시체탕을 만들어 임금의 병을 치료했다.

이에 대해 서술자는,

> 이로 보건대 노인과 노파는 모두 이인이다. 노새가 길을 벗어나 달려간 것이나 신인이 꿈에 나타난 것 등도 하늘이 시켜서 그렇게 된 일이 아닐 수 없다.[29)]

고 하여 노파를 노인과 같은 이인으로 신비화했다. 그러나 노파는 유상이 궁궐로 가던 길에 우연히 만난 세속 인물이다. 유상은 그 노파를 만나기 전까지 임금을 치료할 묘법을 알지 못하고 있었다. 유상이 의원으로서 한 일이란, 노파의 아이와 임금의 증세가 같다는 것을 확인하고 노파가 전해준 처방법을 그대로 따라 한 것일 뿐이었다. 그런 점에서 유상이 임금의 병을 고쳐 임금이 당면한 심각한 문제를 해결할 수 있었던 것은 그 우연한 만남을 잘 활용한 순간의 기지 덕분이었다고 보아야 한다.

■ **중심형**

중심형에서 '문제'는 지속적이다. 문제가 특정 집단의 존재 방식과 관련되는 것이기 때문이다. 문제는 사람과 자연 혹은 사람과 초자연 사이의 갈등에서 생기지 않고, 사람과 사람 사이의 이해 갈등에서 생긴다. '과거의 바람직했던 상황'을 전제하기에, 그 문제의 해결을 추구하는 담당층은 과거에 특권을 누렸으며 사회적 변동으로 말미암아 그 특권을 잃게 된다는 위기감을 느끼기 시작했거나 그 특권을 완전히 상실한 존재들이다.

    유가 이념도 문제의 해결에 부합하는 의식구조를 만들었다고 할 수 있다. 삼황三皇이 다스린 삼대를 이상 사회로 보고 성인군자의 언행과 사회 전범의 회복을 궁극의 지향점으로 삼는 사대부들에게 당대 사회는 언제나 '문제성'을 띠고 있는 것이었다. 조선시대 사대부들은 누구나 문제의 해결이라는 의미 지향을 갖고 있었다고 볼 수 있다.

    그러나 그것은 이념적 차원에서였다. 사대부 사회가 특별하게 동요되지 않는 한 그런 의미 지향은 잠복하고 있을 뿐 표면으로 드러나지 않거나 소외된 특별한 인물들에 의해 드물게 현시될 따름이다. 유가 이념이란 현실에 대한 문제의식을 강조하는 한편, 그 현실을 인정하고 점진적으로 개선하려는 현실주의를 나타내기 때문이다.[30]

사대부 사회가 동요되고 사대부들의 존재 기반이 도전을 받으면 잠복해 있던 당대적 문제의식이 일어나 삼대의 이상 사회를 회복하고자 하는 지향이 강화된다. 이때 사대부들은 삼대 사회의 회복을 표방하지만, 실제로는 자신들의 특권을 보장하는 사회로의 회귀를 염두에 둔다고 하겠다.

중심형은 심각한 문제를 안게 된 여러 계층의 경우에 두루 나타나지만 특히 위기에 몰린 양반과 몰락 양반의 경우에 두드러지게 나타난다. 그 두 경우만 살펴본다.

첫째는 위기에 몰린 양반의 문제 해결*이 두드러진 경우이다. 이 경우는 기득권을 완전히 상실하지는 않았지만 잠시 기득권을 상실하였거나 상실할 위기에 몰린 양반이 문제를 해결하려고 발버둥 치는 모습을 보여준다.

① 경상 감사 조태억이 지방을 순시하다가 언양의 객사에서 하룻밤을 묵게 되었다.
② 안면이 전혀 없는 '빈궁자'貧窮者가 객사로 뛰어들어 아는 체하기에 그를 받아주고 함께 잠자리에 들었다.
③ 주위가 조용해지자 조태억은 사연을 물었다. 빈궁자는 추노推奴하러 왔다가 노비들로부터 생명의 위협을 받았다. 조태억의 도량이 넓다는

---

* 작중 인물이 몰락 상태에 있는가, 일시적인 곤경에 빠졌는가에 따라 그 형성 기반이 된 계층을 짐작하는 것은 무리를 범할 수 있다. 그러나 야담은 그 형성 과정에서 구연의 단계를 거듭 거쳤기에 작중인물의 사회적 위치와 갈래 담당층은 다른 갈래보다 더 직접적인 관계가 있다고 볼 수 있다. 또한 대다수 작품들이 경험자의 자기 경험에 대한 진술에서 출발했다는 사실을 고려하면 더욱 그렇다. 따라서 위기를 느끼는 양반의 의식이 반영되고 그들에 의해 형성된 작품군과, 몰락 양반의 의식이 반영되고 그들에 의해 형성된 작품군을 구별하는 것은 설득력을 갖는다.

소문을 들어왔으므로 위기에 빠진 자기를 구해줄 것 같아 달려왔다는 것이었다.
④ 조태억은 그에게 세상 살아가는 태도에 대해 충고해주고 그가 추노를 잘할 수 있도록 조치해주었다.
⑤ 빈궁자는 조태억의 도움으로 추노를 하여 무사히 귀경했다.[31]

여기서 '빈궁자'는 추노를 할 수 있는 양반이기에 기득권을 완전히 상실하지는 않았다. 그러나 추노 길에 나선 빈궁자가 자신의 노비였던 사람들로부터 생명의 위협을 받는다는 것은 사회적 특권을 누리던 계층이 도전을 받게 된 사정을 말해준다. 빈궁자를 느긋하게 받아주고 그가 추노를 할 수 있도록 필요한 조치를 취해준 조태억은 어려움에 처한 사람을 기꺼이 도와주는 인자한 사람의 전형이라고 하겠지만, 당시 현실에 바탕을 두고 보면 빈궁자와 같은 편이 되어 빈궁자의 입장에서만 세상을 바라보는 양반이라고도 할 수 있다. 빈궁자가 조태억의 도움을 얻어 위기에서 벗어나고 추노에도 성공한다는 결말은 위기감을 느끼고 있던 계층이 상호부조에 의해 위기를 극복한 것이다. 그러므로 이 작품의 서술 구조는 사회적 위기에 봉착해 그로부터 해방되기를 간절히 바라던 집단의 의식구조와 연결된다고 하겠다.

문제의 해결은 기존 체제를 회복하는 것이다. 기존 질서 안에서 양반이 누렸던 특권이 두둔되고, 기존 질서를 부정하고 자신들이 바라는 세계를 만들고자 하는 계층들의 행동은 무질서나 혼란의 이름으로 부정된다. 이 작품은 노비들을 빈궁자의 생명을 위협하는 존재로만 묘사할 뿐, 그들이 왜 그런 행동을 할 수밖에 없었는가에 대해서는 관심을 가지거나 동정을 보내지 않는다.

추노와 관련된 야담 작품 모두가 다 양반의 입장만을 두둔하지는 않는다. 가령 「송반궁도우구복」宋班窮途遇舊僕(『청구야담』 상, 321면)에서 도망 노비인 막동은 옛 주인을 부자로 만들어주고, 주인 종제從弟의 나쁜 행실을 응징함으로써 해방된 노비의 위력을 보여준다. 일찍이 막동은 주인집의 몰락을 예견하고 도망을 쳤다. 돈을 많이 모은 뒤에는 문벌 최씨가의 후예인 최승선이라 자처하며 과거에도 급제하고 동부승지同副承旨의 벼슬까지 하였다. 그러나 막동은 욕심을 끝없이 추구하다가는 일이 발각될 것을 알고는 적당한 때에 기꺼이 용퇴하여 강원도 고성 땅으로 들어간다. 모든 것을 갖춰놓고 호사로운 생활을 꾸려가던 막동은 어느 날 그곳을 찾아온 사람이 옛 주인 송 씨라는 사실을 알게 된다. 막동은 밤이 깊어지자 사람들을 물리치고 송 씨를 불러들여 비로소 자신의 내력을 털어놓으며 종으로서의 도리를 다하지 못한 것에 대해 용서를 구한다. 앞으로는 낮에는 인척간으로 행세하지만 아무도 보지 않는 밤에는 주인으로 모시겠다고 제안한다. 경제적으로 궁지에 몰린 송 씨는 그 제안을 받아들이지 않을 수 없었다. 막동은 그 대가로 만 냥을 주어 송 씨를 부자로 만들어준다. 이것은 '경제적 우위가 낡은 신분 관계를 무력화한 것'[32]을 의미한다. 막동의 탁월한 현실 수완은 이어서 찾아온 시련도 거침없이 극복하게 했다. 송 씨의 종제가 막동의 과거를 폭로하여 그 재산을 빼앗으려는 흑심을 품고 찾아오자 그를 미친놈으로 몰아 위기를 넘겼다. 결국 송 씨의 종제도 막동의 기지와 돈에 굴복하여 막동을 아저씨라 부르며 평생 그 일을 발설치 못했다.

양반의 위기는 양반 사회 구성원 사이의 갈등에 의해서도 만들어진다. 양반이 벼슬살이나 정치적 행동을 하는 과정에서 문제를 당면하고 또 문제를 해결하는 것이다. 가령 「합옥환봉처득윤」合玉環逢妻得胤(『동야휘집』 하, 245면)의 주인공은 조위曺偉의 아들과 최부崔溥의 딸이다. 조위와 최부는 연산군의 폭정을 비판하다가 죽임을 당하는데, 이들은 죽음 직전에 아들과 딸을 각각 중과 친척에게 맡겼다. 주인공들의 어릴 적 고난은 연산군의 폭정에서 비롯되었는데, 이것이 문제 상황이다. 그 뒤 조위의 아들은 옥환玉環을 계기로 최부의 딸과 혼인을 하고 곧 태녀太女를 첩으로 맞이한다. 그런데 조위의 아들이 사신이 되어 연경으로 가면서 그 집안에 가정소설의 처첩 갈등을 방불케 하는 문제 상황이 발생한다. 이는 최부의 딸과 조위의 아들이 당면한 2차적 문제이자 혼란이다. 이런 가정의 혼란 상태는 조위의 아들이 연경에서 돌아오면서 극복된다. 그런 점에서 주인공들이 당면하게 되는 문제들은 정치 상황 및 개인 상황과 동시에 관련되는 것이다. 작중인물이 어떤 곤경에 빠지든 마침내 기득권을 회복하고 여생을 안온하게 보낸다는 점에서 위기에 직면한 양반 계층의 위기 극복에 대한 의지와 염원을 반영한 것이라고 할 수 있다.

조선 사회의 기본 단위가 가족이며 유가 이념 역시 가족 규범을 근간으로 하고 있기 때문에 사회의 혼란은 가족 질서의 혼란과 긴밀히 연결되었다. 양반 계층의 사회적 위기의식이 가족 질서의 붕괴에 대한 위기의식으로 옮겨간 것은 당연하다. 「접서모회심방실」接壻貌回心訪室(『동야휘집』 상, 638면), 「채교거랑책귀자」綵轎據廊責貴子(『동야휘집』 하, 234면),[33] 「극염행매」極艶行媒(『차산필담』, 380면) 등은 가족 질서의 붕괴와 회복만을 보여주는 예들이다. 「접서모회심방실」*에서 여인은 첫날밤을 보낸 다음 날 이유도 모른 채 소박을 맞고 혼자 딸을 낳아 키운다. 어느덧 딸자식의 혼기가 되자 그녀는 친정 오빠에게 딸의 혼처를 구해달라고 부탁한다. 지인지감知人之鑑이 있는 오빠 정세구鄭世矩가 구해준 사위가 바로 이상진李尙眞이다. 혼례식에 장인이 참석하지 않은 것을 이상하게 여긴 이상진은 장모로부터 그 사연을 자세히 듣는다. 그리고 곧 장인을 찾아간다. 장인은 사위의 행동거지가 너무나도 마음에 들었다. 사위가 재상감임을 확신한 장인은 사위를 혼자 돌려보내지 못하고 함께 부인과 딸이 있는 집으로 돌아온다. 이렇게 사위의 중재로 부부 관계가 온전하게 회복되는 것이다. 그런데 서술자가 아무 이유도 제시하지 않고 부부 별거라는 심각한 가정 질서의 파괴를 설정한 동기는 무엇일까? 이는 오직 파괴된 가족

---

* 이 작품이 문제 해결 과정을 서술 시각으로 하고 있음은 서두에서 독자들이 기대할 수 있는 상황과 결말의 성취 정황이 거의 비슷한 것을 보아도 알 수 있다. 처음부터 주인공 이상진을 '상국'相國으로 소개("李相國尙眞 …… 性愿可愛妻者爲吾女百年偕樂", 『동야휘집』 상, 638면)했기 때문에, 홀어머니를 모시던 시골 선비인 그가 마침내 현달했다는 결론("自此室家団聚 琴瑟偕好 人皆以爲女之功大矣 後公顯達 位至台閣 壽躋入耋", 『동야휘집』 상, 642면)이 별다른 충격을 주지 못한다.

질서가 회복되는 과정을 보여주려는 의도가 앞섰음을 암시한다. 「채교거랑 책귀자」는 향촌 양반의 딸인 유씨 처녀가 서울 권세가 윤씨 집안의 첩으로 들어가 자신의 가문이 중서층으로 전락하는 것을 막기 위해 노력하는 모습을 보여준다. 그녀는 기발한 방식을 활용하여 정실로 인정받는다. 「극염행매」는 홍경래의 난으로 가족을 잃은 박승선의 딸이 조득철의 도움으로 결혼을 하고 잃었던 가정을 되찾는다는 내용이다.

　이 세 이야기는 모두 가족 질서의 파탄과 그 회복의 과정을 서술 골격으로 삼고 있다. 이렇게 파괴된 가정이 제 질서를 되찾는 서술 구조는 파괴된 사회질서와 윤리가 회복되는 시술 구조와 같은 의미를 갖는다. 가정의 규범과 질서는 사회 규범과 질서의 척도이기 때문이다.

　둘째는 몰락한 양반의 문제 해결이 강조된 경우이다. 몰락 양반은 양반으로서의 기득권을 상실한 존재다. 기득권을 상실한 몰락 양반은 자신의 초라하고 비참한 처지를 엄연한 현실로 인정하면서도, 자신의 선조가 양반이었고 따라서 자기도 양반으로서의 기득권을 누려야 한다는 염원을 간직하고 그런 염원이 실현되기를 꿈꾸었다. 문제의 해결이라는 의미 지향은 이런 몰락 양반의 꿈꾸기의 일종이라 할 수 있다. 이러한 꿈꾸기에는 갖가지 서사 장치들이 활용된다.

　「추옹침장계입방」搥翁寢將計入房(『동야휘집』 상, 643면)에는 지인지감이 있는 판서 신임과 청상과부인 며느리, 기골이 장대한 몰락 양반 유척기가 등장한다. 신임의 지인지감은 몰락 양반의 문제를 비약적으로 해결하는 서사 장치다. 신임의 지인지감에 의해 유척기가 발탁되고, 유척기는 마침내 그 선조가 누렸던 양반으로서의 기득권을 되찾는다.

　지인지감은 문제 해결자의 능력을 과장하면서 사건이 뜻밖의 방향으로 전개되도록 만든다. 그 과정에서 비합리적 요소가 남발된다. 그런 이유로 문제 해결이라는 서술 시각이 '이념의 구현'이나 '운명의 실현'이라는 서술 시각과 결합하게 된다.

이런 우연적이고 비합리적인 속성은 문제적 상황과 문제가 해결된 상황 사이의 크나큰 차이, 몰락 양반들의 현실 인식과 행동 방식의 무기력함, 몰락 양반들의 비현실적 우연에 대한 큰 기대 등에서 비롯되었을 것이다.

몰락 양반의 문제 해결이 가진 현실적 의미를 가장 잘 보여주는 예를 들어본다.

① 최풍헌의 딸 최씨녀는 아름답고 지혜가 있으며 부유했다.
② 훈장 노릇을 하던 조생이 죽자 조생의 아들은 생계를 꾸려가기 어려울 정도로 몰락했다.
③ 조생의 제자들은 조생의 아들을 구제하기 위해 최씨녀와의 혼인을 주선했다.
④ 조생 아들의 외숙은 조카가 부잣집으로 장가드는 것을 시기하여 조카를 토방에 가두고 대신 자기 아들을 신부 집으로 보냈다.
⑤ 신랑이 바뀐 것을 알아차린 최씨녀는 빈사 상태에 있던 조생의 아들을 구해내었다.
⑥ 외숙은 사형에 처해지고 조생의 아들과 최씨녀는 혼인하여 행복하게 살았다.*

이 작품에서 조생의 아들은 최씨녀의 방으로 뛰어 들어가 혼인해주기를 애원한다. 그는 그녀를 사랑하기 때문이 아니라 그녀와 혼인하는 것이 자신이 살아남을 수 있는 유일한 길이기 때문에 혼인해야 한다고 고백했다. 이 장

---

*「환의심랑예숙약」換衣尋郞詣宿約(『동야휘집』 상, 268면), 「반동도당고초중」班童倒撞藁草中(『청구야담』 상, 478면)에서는 부모가 모두 죽어 이방에게 의탁하던 양반 도령이 평민 처녀에게 구혼하여 허락을 받았지만 그녀에게 눈독을 들이고 있던 처녀의 친척이 혼약 사실을 알고는 양반 도령을 유폐시킨다. 그 사실을 안 처녀는 막 숨이 넘어가던 도령을 구출하고 마침내 혼인한다. 몰락한 양반의 절실한 문제가 평민 처녀의 활약으로 해결된 셈이다. 몰락 양반의 궁색함이나 비굴함보다는 평민 처녀의 활약상을 주로 부각시켰다는 점에서 「환의심랑예숙약」과는 다르다.

면은 몰락 양반이 신흥 부자에 대해 가지게 된 비굴하고도 치욕적인 관계를 전형적으로 보여준다. 같은 몰락 양반인 외숙은 이 혼인을 시기하여 비열한 행동을 했다. 최씨녀의 적극적인 노력으로 이 음모는 성사되지 못하지만 이 장면은 몰락 양반의 궁색함과 비굴함을 더욱 부각시킨다. 결국 조생의 아들과 최씨녀가 결혼하여 조생 아들의 문제는 해결되지만, 서술 과정에서의 제반 행위들은 자기 문제 해결 과정에서 떳떳하지 못한 몰락 양반의 모습을 부각시켜 서술적 아이러니를 만들었다. 애초의 서술 의도는 몰락 양반의 현실 문제가 해결되는 과정을 이야기하려는 것이었는데, 서술 과정에서 몰락 양반의 궁색함과 비굴함이 한층 강조되었다. 이러한 시술 의도와 작품의 실상 사이의 괴리는 몰락 양반이 차지하던 사회적 위치와 그 꿈의 괴리에서 기인했다고 볼 수 있다. 문제 해결의 결과가 꿈의 반영이라면, 비굴한 과정은 그 궁색한 현실의 반영이다.

또 시혜施惠와 보은報恩이 반복되는 경우가 있다.[34] 보은은 시혜에 대한 대응의 정도에 머물지 않고, 시혜를 베푼 자가 봉착한 제2의 문제를 해결해 주는 데까지 나아간다. 그리하여 둘 이상의 문제가 야기되었다가 해결된다. 각각의 문제 해결 과정은 계기적이다. 문제 해결자는 탁월하다기보다는 인정이 많고 선량하다. 그래서 시간이 흐른 뒤 도리어 문제 해결자가 다른 문제에 직면하는데, 그는 자기가 베푼 은혜에 대한 보답을 받아 당면한 문제에서 벗어날 수 있게 된다.

① 이의녕李義寧은 소시에 무과에 급제하고 벼슬을 얻기 위해 상경했다가 사기를 당해 가산을 탕진했다.
② 다시 남은 전답을 모두 팔아 벼슬을 구하러 나섰다.
③ 충청도 어느 여관에 묵었다가, 역질로 죽은 가족의 장사를 지내지 못하고 있는 어떤 처녀의 딱한 사연을 전해 듣는다. 그녀를 위해 장사를 지내주고 그녀가 의지할 곳도 주선해주었다.

④ 이의녕은 상경했으나 아무 벼슬도 얻지 못하고 여비만 탕진했다.
⑤ 마지막으로 전관銓官에게 하소연이나 하려고 한밤에 그 담을 넘어갔다가 전관의 늙은 아버지에게 들켰는데 오히려 서로 절친한 사이가 된다.
⑥ 이의녕은 그동안의 경험을 전관의 아버지에게 이야기해주었다.
⑦ 전관의 부인이 이야기 속의 처녀라는 사실이 밝혀져 이의녕은 큰 보은을 받고 벼슬길에 나서게 되었다.[35]

이의녕은 무과에 급제했지만 오랫동안 벼슬자리를 얻지 못했다. 게다가 사기까지 당해 가산을 모두 잃었다. 그런 그가 문제를 해결하는 과정에 선행善行이라는 윤리와 뜻밖의 만남이라는 우연이 개입했다. 그가 처녀를 만나 그 가족의 장례를 치러주지(윤리) 않았다면, 그가 담을 넘어 들어간 전관 댁에 그 처녀가 재취로 들어가 있지(우연) 않았다면 문제는 해결될 수 없었을 것이다.*

여기서 욕망의 성취를 서술 시각으로 하는 「실청동획첩횡재」失靑銅獲妾橫財(『동야휘집』하, 252면)와 문제의 해결을 서술 시각으로 하는 「휼삼장우녀등사」(『동야휘집』하, 14면)를 비교해볼 필요가 있다. 두 작품에서는 아이러니와 우연에 의해 욕망이 성취되거나 문제가 해결된다. 그러나 「실청동획첩횡재」에는 선행善行이 개입되지 않는 데 반해 「휼삼장우녀등사」에는 선행이 개입되어 있다. 전자에서는 우연하게 일어나는 현실적 아이러니에 의해 욕망이 성취되는 데 비해, 후자에서는 우연하게 이루어지는 보은 행위에 의해 문제가 해결된다.

선행이 개입되지 않을 경우, 가장 열악한 정황에서 곧바로 처지가 향상되는 신흥 상승층의 의미 지향을 닮아간다. 이에 반해 선행이 개입되는 경우는 정황이 악화되었다가 다시 향상되므로 위기에 처한 양반이나 몰락 양반의

*이 작품에 대한 또 다른 접근법은 이 책의 「야담의 속 이야기와 등장인물의 자기 경험 진술」을 참조할 것.

의미 지향을 닮아가는 것이다. 그런 점에서 선행이란 정황의 향상을 위해 도입되었음에도 불구하고 작중인물의 욕망을 은폐하고 미화하는 역할을 한다고 볼 수 있다.*

왜 이런 차이가 생겼을까? 우연하게 바라던 바를 이루게 되었을 때 어떤 부류의 사람들은 평소 자기가 가졌던 욕망을 그냥 충족하게 되었다고 여기는 반면, 또 다른 부류의 사람들은 이념이나 윤리의 보답으로 생각하기도 한다. 대체로 우연한 행운을 '하늘의 감응'이니 '천우신조'니 '사필귀정'이니 하는 이념적인 의미항과 연결시키는 것이 전통 사회에 널리 퍼진 사유법이었다. 그러나 그런 이념으로부터 자유로워지려고 했고 또 자유로워진 사람들도 나타났다. 급변하는 현실을 겪어보니 사람의 의지나 하늘의 뜻과는 무관하게, 심지어 그것들과는 반대로 불행해지거나 행복해질 수도 있다는 사실을 깨닫게 된 것이다. 현실적 아이러니는 이런 사유법을 바탕으로 하는 것이라 할 수 있다.

'문제의 해결'이 더 강조되면 양반층의 계층적 문제라는 기본 전제를 넘어 신흥 상승층의 '욕망의 성취'에 근접하게 된다.「엄부취노금낭아」嚴父醉怒錦囊兒(『동야휘집』하, 267면)와「허성유생」許姓儒生(『계서야담』, 242면)이 그 대표적인 예이다.「엄부취노금낭아」는 사회 경제적 상승을 달성한 김령金令과 몰

---

*「겁병재궁변무사」劫病宰窮弁誣仕(『동야휘집』하, 126면)에서도 「실청동획첩횡재」와 흡사한 현실적 아이러니가 나타난다. 주인공 무변은 벼슬자리를 추천받기 위해 한 재상의 집에 들어가 재상을 헌신적으로 받들지만 쉽게 벼슬을 얻지 못한다. 그러다가 재상이 병들어 밀조차 못될 지경에 이른다. 재상을 통해 벼슬을 얻고자 했던 무변의 꿈이 무너졌다. 기구한 자기 팔자를 생각한 무변은 자포자기의 심정으로 재상을 찔러 죽이려 한다. 다음 날 문안을 드리려고 온 자식들 앞에서 재상은 한 손으로 자기 가슴을 가리키고 또 한 손으로는 무변을 가리켰다. '저놈이 내 가슴을 찌르려고 했다'는 뜻을 전하려 한 것이다. 그러나 재상의 아들들은 '무변에게 벼슬을 얻어주지 못한 것이 가슴에 한이 된다'는 뜻으로 이해했다. 재상은 자기 뜻이 정반대로 전달되는 걸 알고 더욱 속이 막혀서 결국 죽게 된다. 반면 재상의 아들들은 결국 무변에게 좋은 벼슬을 주선해준다.「겁병재궁변무사」에 이런 아이러니가 나타나게 된 것은 이 작품이 문제 해결의 기본형을 벗어나 욕망의 성취에 가까이 갔기 때문이라고 하겠다. 이를 통해 볼 때 문제의 해결이란 것은 기존 관념을 완전히 배제한 뒤에라야 비로소 형성될 수 있는 현실적 아이러니와는 거리가 멀다는 사실을 알 수 있다.

락했지만 평소의 소신을 지키려는 채 노인蔡老人을 대조시킨다. 김령은 외동딸이 청상과부로 살아가는 것을 그대로 볼 수 없어 채 노인의 아들 채생을 납치해 동침시킨다. 김령은 완벽한 삶의 조건을 누리고 있었으니 실존적인 면만이 문제가 되었다. 이에 반해 채 노인은 경제적 결핍이라는 문제를 안고 있다. 그는 양반으로서 체면을 유지하느라 궁핍함이 문제라고 말하지는 않았지만 은근히 김령의 호사스런 생활에 대해 선망을 갖게 되었다. 결국 자신만만한 김령의 문제 해결 과정에 채 노인과 채생이 끌려가게 되며, 김령의 문제가 해결되면서 채 노인의 숨겨진 문제도 해결된다. 그런 점에서 신흥 상승층 김령의 인간적이고 생기발랄한 문제 해결 과정이 주도적 서술 시각으로 채택되었다고 볼 수 있다.

「허성유생」에서 몰락 양반의 후예인 허홍許弘은 굶어 죽을 위기를 맞이한다. 여전히 과업科業에 열중하려는 두 형과 달리 허홍은 생활 방식을 과감히 바꾸어 치산治産에 뛰어든다. 이때 그의 생각과 행동은 상승 계층의 그것과 다를 바 없다. 철저한 계산속과 합리성, 끈기와 근면 등이 그 일상의 세세한 행동에 배어 있다. 그래서 애초의 목표가 달성된 결말의 정황은 문제 해결을 서술 시각으로 한 작품들의 일반적 수준을 훨씬 능가한다. 결말의 정황이 기대된 정황*보다 훨씬 높은 수준에 이른것이다. 그런 점에서 이 작품은 이미 욕망의 성취라는 의미 지향에 근접했다고 할 수 있다.

「농우수활서편재」弄愚守猾胥騙財(『동야휘집』하, 119면)는 계층이 다른 두 인물이 봉착한 두 문제가 동시에 해결된다는 점에서 「엄부취노금낭아」와 상통한다. 후자가 현실에서 물러난 사람 사이의 관계를 다루고 있다면, 전자는 여전히 현실 활동을 하고 있는 사람들** 사이의 관계를 다루고 있다는 점이 다르다면 다르다. 「농우수활서편재」에서는 「엄부취노금낭아」에서보다 의미

---

* 문제의 해결을 지향할 때 전제로 삼는 어느 집단의 '바람직했던 과거 상황'을 가리킨다.
** 아전과 벼슬아치.

지향 간의 갈등이 더욱 첨예하며, 결국 한쪽이 패배하여 파멸한다. 「엄부취노금낭아」에서 김령이 채 노인의 여생을 보장해주는 결말과는 매우 다르다. 「농우수활서편재」는 아전을 내세워 아전의 입장에서 무능한 사대부를 풍자·조소하고 있다.

또 상인의 문제 해결 과정도 나타난다. 상업이 위력을 발휘하는 시절이 지속되자 상인들은 기득권자로서의 의식을 갖게 되었을 것이다. 그런 상인은 욕망을 성취하려는 의식보다는 이미 확보한 기득권을 잃지 않으려 하고, 또 잃은 기득권을 회복하려 했다. 가령 「왕남경정상행화」往南京鄭商行貨(『청구야담』 하, 461면)의 주인공 정 씨는 북경 무역으로 재산을 모은 대상인이다. 그런 그가 서관 순영西關巡營의 은 8만 냥을 빌려 무역을 하다 5만 냥을 빚지게 되었다. 그 뒤 이야기는 그가 그 큰돈을 갚는 과정을 보여준다. 그는 지금까지 해오던 무역을 통해 문제를 해결하고자 한다. 그에게서는 시혜와 보은의 고리를 찾을 수 없다. 옥에 갇힌 그가 관찰사에게 올린 말에 이런 태도가 압축되어 있다.

> 제 몸이 옥에 갇혀 있다가 죽으면 공사 간에 아무 이로움이 되지 못합니다. 청컨대 다시 2만 냥을 빌려주시면 3년 내에 4만 냥을 갚아드리겠습니다.[36]

상인은 시혜나 기적을 바라지 않는다. 철저히 이해타산을 추구하는 무역을 통해 돈을 벌려고 한다. 관영의 돈을 축내고 갚지 못하는 자는 마땅히 죽어야 한다. 그것이 이념과 규범을 존중하는 길이다. 그러나 상인 정 씨는 구원자가 나타나기를 기다리지도, 모든 걸 체념하고 죽기를 기다리지도 않는다. 그는 자신이 빌린 돈을 갚지 못하는 사태를 '이로움' 여부의 차원에서 접근했다. 그러기에 죄인이었지만 당당했다. 정 씨는 관영에서 돈을 빌리고 인근 부자들로부터 돈을 얻어 6, 7만 냥이라는 큰돈을 만들었다. 자신의 진실함을 보여주어 다른 사람의 신망을 얻는 게 아니라 전략을 꾸며 신망을 얻는다.

철저히 상인이 살아가는 방식을 따르는 것이다. 그 돈으로 그는 인삼을 구입하여 북경으로 가 평소 신망이 두터운 북경 상인을 만난다. 거기서도 그는 감정에 호소하기보다는 이해타산으로 설득한다.[37] 정 씨의 상행위는 철저하고도 거침이 없다. 이익을 남기기 위한 전략에도 오차가 없다. 완벽하게 성공한 것이다. 그는 남경에서 인삼을 팔아 수천 금을 벌었다. 그리고 그를 도와준 중국인들에게 그만큼의 보상을 해주었다. 은혜를 갚는다는 의식은 전혀 없는, 오직 각자가 기여한 정도에 대한 보상일 따름이다.

정 씨는 불과 몇 달 사이에 순영에서 빌린 은 4만 냥을 갚았고, 또 돈을 빌려준 부자들에게도 이자까지 곁들여 돈을 돌려주었다. 관찰사에게는 남경에서 가져온 귀한 선물을 주었다. 관찰사는 그런 정 씨가 '진정 위대한 영웅'이라며 감탄했고, 마침내 그를 위해 벼슬을 추천하기까지 했다. 욕망의 성취 수준으로 정황이 상승된 것이다. 그러나 정 씨는 오직 순영의 빚을 갚는다는 의식만을 가지고 출발했다. 이처럼 상인이 자기 문제를 해결하는 과정은 떳떳하고 당당하다. 그 점이 양반이 문제를 해결하는 과정과 분명하게 구분된다. 이런 부류의 상인 이야기는 '욕망의 성취' 단계로 넘어가는 것이 일반적이라 할 수 있다.

요컨대 문제의 해결 과정을 따질 때, 먼저 작품에서 야기되는 문제가 작중 정황의 필연적 귀결인지 아니면 우발적으로 조작된 것*인지를 구분해야 한다. 그리고 문제가 작중인물의 삶과 지속적인 관계를 갖는지 아니면 사건의 정점을 형성하기 위해 잠정적으로 마련된 것인지, 기존 사회질서의 파괴에 의해 야기되었는지 아니면 막연한 존재론적 불안이나 비합리적 상상에서

---

* 가령 「이원」李源(『계서야담』, 136면)과 「투검술이비장참승」鬪劍術李裨將斬僧(『청구야담』 하, 6면)을 비교해보자. 「이원」에서는 이원과 중이 싸우는 이유를 설명하지 않았다. 이원이 중과 싸워야만 한다는 '문제'는 작품 안에서 필연적 귀결로 설명되지 않았다. 작품 전개 과정의 한 흥미 요소일 따름이다. 반면 「투검술이비장참승」에서는 두 사람의 대립 관계가 만들어지는 과정이 설득력 있게 그려진다. 이 변천 과정은 '문제의 해결 과정'이 서술 시각으로서의 꼴을 갖춰가는 한 국면이며, 작중의 사건이 단순한 흥밋거리가 아니라 삶의 심각한 단계와 연결되어가는 과정이다.

비롯되었는지를 구분해야 할 것이다. 전자들은 후자들이 구체화되고 현실화된 것이며, 집단의 사회적 존재와 보다 긴밀하게 연결된 것이다. 전자들이 주로 사람과 사람 사이의 갈등에서 비롯되었다면 후자들은 주로 사람과 초자연, 사람과 자연 사이의 갈등에서 비롯되었다. 전자들이 주로 야담계 일화나 야담계 소설에 나타난다면 후자들은 전설에서 나타난다고 할 것이다.

문제를 해결하는 주체를 '문제 해결자'라고 부른다. 문제에 당면한 사람이 직접 문제 해결자의 역할을 하는 경우는 많지 않다. 문제 해결의 기본 속성이 유지되는 한 제3의 인물이 문제 해결자로 등장하거나, 아니면 선행과 같은 관념이 개입한다. 당면한 문제가 보통 사람의 의지와 노력에 의해서는 도저히 해결될 수 없는 경우 문제 해결자의 역할이 과장되어 설정될 것이다. 문제 해결자의 역할이 과장되면 그 인물의 활약상에만 초점이 맞춰지기에 사회적 맥락을 획득하기 어렵다. 사건 전개가 문제 해결자의 특별함을 드러내는 쪽으로 귀결되기 때문이다.

청자나 독자들도 그러한 속성의 이야기들을 특정 인물에만 국한시켜 받아들일 뿐, 보다 광범위한 현실 체험으로 확산시켜 수용하지 못한다. 전설의 대다수가 여기에 해당된다. 이때의 문제 해결자는 현실 생활을 꾸려가는 문제 당면자와 지속적으로 관계를 가지지 않는다. 문제 해결자는 문제를 해결하자마자 사라지거나 잊혀진다.

이와 달리 문제를 해결해준 행위가 시혜로 간주되고, 그에 대한 보답에 의해 탁월한 문제 해결자 자신의 문제를 해결하는 경우가 있다. 문제 해결자가 가졌던 '탁월한 능력자'라는 이미지가 세속화된 경우이다. 평민 일화와 사대부 일화의 많은 작품들이 여기에 해당된다.

보통의 능력을 가진 사람이 어떤 보상도 받지 않으면서 문제 해결자의 역할을 하는 경우도 있다. 잠정적 일탈과 일탈의 극복이라는 성격을 다분히 보여주는 사대부 일화는 대부분 이 경우에 속한다. 애초부터 삶의 처지가 심각하게 개입되지 않았기 때문이다.

보통 능력의 문제 해결자가 남의 문제를 해결해준 뒤 도리어 자신이 새로운 문제에 당면했을 때 이전에 베푼 시혜에 대한 보답을 받아 문제를 해결하는 이야기는 대부분 야담계 일화나 야담계 소설이다. 이때 문제 해결자라는 독립적 인물의 성격은 약화되고 시혜와 보은이라는 고리 속의 인물이라는 성격이 더 강해진다.

3 이상향의 추구

이상향理想鄕 모티프는 기존 사회가 사람들에게 흡족한 조건을 만들어주지 못할 때* 서사 세계 속에 거듭 나타난다. 이상향 추구는 주인공이 기존의 현실 공간을 벗어나 스스로 생각하고 있는 가장 이상적인 공간을 건설하거나 찾아 나서는 과정을 보여준다. 그것은 자기 삶의 공간에 대한 불신과 절망을 출발점으로 삼는다.

사람들이 그 사회체제에 만족하지 않는다고 해서 언제나 이상향 추구라는 서술 시각이 유형화되어 나타나는 것은 아니다. 사회의 모순이 심화되고 민중의 반란이 끊임없이 일어날 경우에도 이야기를 생산하고 향유하는 계층에게 그 사회적 모순을 극복할 의지나 추동력이 없을 때는 이상향 추구라는 서술 시각이 이야기 속에 유형화되어 나타나기 어렵다. 절망에서 출발한 모순 극복의 의지가 중요한 것이다.

이상향 추구는 이상향을 건설하는 부분과 건설된 이상향을 발견하는 부분으로 구성된다. 따라서 첫째, 어떤 이유로 어떻게 이상향을 건설하는지, 둘째, 그 이상향을 어떻게 발견하는지, 셋째, 이상향에서의 경험으로 발견자는

---

* 조선 후기 농민층의 분해 양상은 ① 소수의 지주 부농, ② 경영형 부농, ③ 다수의 빈농으로 구분된다(김영호,「실학사상의 발흥」,『한국사』 14, 국사편찬위원회, 1975, 135~139면). 경영형 부농이 욕망 성취라는 의미 지향의 주체가 된다면, 다수의 빈농들은 이상향 추구의 주체가 될 것이다. 이에 반해 지주 부농이 의미 지향의 주체가 되지 못했던 것은 그 계층이 현실 대응 방식을 유형화할 수 있을 만큼 다수의 존재가 되지 못했기 때문일 것이다.

어떻게 달라지는지 등을 고려해야 한다.

이상향 추구는 도연명의 「도화원기」桃花源記부터 시작되는 사대부들의 의미 지향과도 관련이 있다. 정치 상황에 대한 불안과 불만은 사대부들로 하여금 냉혹한 정치 현실에서 벗어난 상황을 꿈꾸게 하고, 유가 이념에 대한 회의는 그들로 하여금 도가나 불교 쪽으로 다가가게 하였다. 이상향 추구는 이와 같은 사대부들의 의미 지향과 긴밀하게 연결되어 있다. 조선 후기에 이르자 이상향 추구에 반영되어 있던 사대부적 성향은 공동체의 삶을 추구하는 민중적 성향으로 대체되어갔다.

또 다른 이상향 추구를 도둑 집단에서 찾을 수 있다. 도둑들이 건설한 공동체는 그들의 입장에서 보면 가장 이상적인 생활 형태이다. 도둑들이 이룬 공동체와 그 속에서의 생활은 위태롭고 불만스런 현실 생활을 대신하는 것이다.

> 사람이 이 세상에 태어나서 어찌 공명과 출세에 뜻을 두지 않겠는가? 그러나 그 생명이 다른 사람의 손에 매달려 있어, 머리도 꼬리도 두려워하며 평생 파리나 개처럼 굽실거리며 살다가 조금이라도 실수를 하면 죽임을 당해 시체가 시장 바닥에 버려지고 처자는 노비가 되니 어찌 그걸 바라겠는가? 그래서 나는 티끌 세상을 벗어나 이곳 깊은 산속으로 들어와 살고 있지. 무리가 수만 명이 되고 재물은 산더미처럼 쌓여 있지만 나는 쥐나 개처럼 남의 주머니나 광주리를 뒤지는 좀도둑이 아니라네. 나의 졸개들은 팔도에 두루 흩어져 있고 청나라나 왜의 물건도 없는 게 없어. 또 탐관오리의 재물은 반드시 빼앗아 오지. 그러니 권세와 부귀가 왕공에 못지않지. 일생이 얼마나 긴가? 내 마음대로 유유자적하며 살 뿐이네.[38]

이렇게 도둑 두목은 자신들의 공동체가 위태롭고 불만스런 현실 생활을 대신하는 것임을 분명하게 인식하고, 또 그런 인식을 바탕으로 행동했다.

요컨대 이상향 추구가 뚜렷한 서술 시각 유형으로 부각되기 위해서는 현실의 모순을 절실하게 인식하고 감지한 계층이 그것을 극복하고자 하는 의지를 이야기 속에서 실현시켜야 한다. 그런 점에서 이상향 추구는 기대하는 바를 전혀 다른 새로운 세상에서 실현해보려는 의지의 소산이다.* 조선 후기 사회는 많은 사람들에게 자신의 처지를 개선할 수 있는 기회를 주기도 했지만, 더 많은 사람들에게 암담한 박탈감과 절망을 안겨주기도 했다. 후자와 같은 절망적인 상황에서 '이상향의 추구'가 비롯되었다고 할 수 있다.

이상향의 추구는 크게 둘로 나눌 수 있다.

① 현실 초월 : 현실과 단절된 이상 공간에서 공동체를 건설하여 완전한 생활 터전을 확보한다. 봉건적 지배 질서를 벗어난다는 점에서 현실의 초월이다.

② 현실 저항 : 유랑민이나 몰락 농민의 경험이 반영된 도둑 세계를 추구한다. 봉건 지배 질서를 반대하고 극복하려 한다는 점에서 현실에 대한 저항이다.**

---

* 「택겸서보가길지」擇傔婿保家吉地(『동야휘집』 상, 73면)에서 이상향을 건설하는 피서皮婿는 욕망 성취 중심형의 주인공처럼 전대 문학 전통과 단절되고 당대의 현실 체험에만 관련된 인물이 아니다. 그는 전대의 사대부 일화나 평민 일화의 모티프를 근간으로 형상화된 인물이면서 이상향 추구라는 새로운 의미 지향을 실천하는 인물로 형상화되었다.
** 현실의 한계를 넘어서는 이상향을 이렇게 양분하는 근거는 먼저 야담집 소재 작품들이 그렇게 양분되기 때문이고, 또 사대부 스스로 이렇게 양분되는 이상향을 설정하고 있기 때문이기도 하다. 후자의 근거로 「북사우신승논상」北寺遇神僧論相(『동야휘집』 하, 579면)과 「책실신경벌포의」責失信警罰布衣(『동야휘집』 상, 812면)를 들 수 있다. 「북사우신승논상」에서 떠돌이 중인 네 사람의 친구의 장래를 ① 백자천손百子千孫을 가짐, ② 신선이 됨, ③ 적장賊將이 됨, ④ 등과하고 현달하여 세 친구를 만남 등으로 점쳤다. 그중 ④가 현실 공간에서의 생활에 만족하는 것이라면 ①과 ②는 현실 공간으로부터 격리된 곳에서 만족스런 삶을 꾸리는 것이며 ③은 현실 공간과 계속 관계를 맺으면서도 현실을 부정하는 삶을 추구하는 것이다. 여기서 ①+②:③이 바로 이상향의 양분을 보여준다. 「책실신경벌포의」에서 세 사람의 친구는 각자 장래의 희망을 이야기한다. ㉠ 벼슬이 장상에 이르고 부귀를 누리는 것, ㉡ 산명수려山明水麗한 곳에 은둔하여 천림泉林 사이를 소요하며 성명을 보존하는 것, ㉢ 도둑의 두목이 되어 호방하게 사는 것 등이 그들의 소망이다. ㉡:㉢이 이상향의 양분과 대응된다.

①은 완전한 생활 여건에 대한 소망을 형상화하고 추구한 것이다. ②는 현실의 생활공간에 대한 불만을 실천적인 형태로 나타낸 것이다. ①이 현실 세계와 단절된 공간을 추구한다는 점에서 이원적 세계 인식을 깔고 있다면, ②는 현실 세계와 대립하지만 끊임없이 관계를 이어간다는 점에서 일원적 세계 인식을 바탕으로 한다.

■ 전대형

동양 서사의 전통에서 면면히 이어져온 신선계神仙界의 추구가 대표적인 사례이다. 전대형은 일상생활의 결핍감에서 비롯된 소망의 실현이라기보다는 생활의 여유에서 비롯된 호기심의 충족에 가깝다.

① 이원익李元翼은 소싯적에 한계산寒溪山에서 노닐다가 한 노승을 만났다.
② 노승이 종이에 글을 써서 마당에 던지니 선학仙鶴들이 춤을 추었는데, 이원익만이 그 모습을 볼 수 있었다.
③ 노승은 원익을 자기가 사는 곳으로 데려갔다.
④ 땅에 옥과 여러 보석들이 널려 있어 주위가 휘황찬란했다.
⑤ 노승은 이원익에게 상선上仙들이 회유하는 오봉五峰 가까이로 가는 것은 허락하지 않았다.
⑥ 이원익은 승지 벼슬을 한 뒤 물러나 그 노승을 찾아갔지만 다시 만날 수 없었다.[39]

이원익이 노승의 거소居所를 구경한 것은 그가 다른 사람이 보지 못하는 선학의 춤을 볼 수 있었기 때문이다. 노승의 거소와 오봉五峰은 환상의 세계에 가깝다. 그런데 이원익과 노승에게는 현실 생활의 궁핍에서 비롯된 심각한 고뇌가 없다. 따라서 이상 세계는 현실의 부족함을 메워주는, 현실과 대립하는 공간이 아니라 현실과는 절실한 관계를 맺지 않는 초월적인 공간이다.* ⑥의 이상향 재진입 시도와 실패는 두 세계의 단절성을 강화한다.

「진학구지굴피화」陳學究指窟避禍(『동야휘집』 상, 515면)는 이상향의 환상성은 여전하나, 진학구가 고옥성高玉成에게 천상계를 구경시켜주는 이유가 의義의 구현에 있다는 점에서 다르다. 유가적 명분을 갖추고자 한 것이다. 다만 이상향 여행을 즐기는 고옥성과 다른 사람들에게 조건 없이 의로움을 베푸는 고옥성이 자연스럽게 연결되지 않으며, 전자가 후자를 압도하는 느낌을 준다.

도적 집단을 다루는 전대형은 도둑의 출몰만 흥미의 대상으로 삼을 뿐, 도둑들이 집단을 이루기까지의 사연과 그 의미는 간과한다. 가령 「임장군산중우녹림」林將軍山中遇綠林(『청구야담』, 상 228면)에서 임경업은 산길을 헤매다 도둑의 집으로 들어가게 된다. 임경업은 거기서 도둑을 만나는데, 그 도둑은 자신의 부인과 놀아난 정부를 죽인다. 그는 사연을 묻는 임경업에게 이렇게 대답한다.

> 나는 상인常人이 아닌 녹림호객綠林豪客이라오. 여러 해 동안 재산을 빼앗아 많이 모았지요. 이 같은 집이 골짜기마다 빼곡한 게 도마다 있고 집마다 미녀들을 두었어요. 팔도를 돌아다니며 행락을 즐겼지요. 뜻밖에 저 계집이 틈을 타서 아까 죽인 남자와 놀아나 도리어 나를 해치고자 한 적이 한두 번이 아니었습니다.[40]

도둑은 그가 왜 도둑이 되었는지, 어떤 성격의 재물을 빼앗았는지,** 도둑질을 통해 궁극적으로 추구하는 바는 무엇인지 등을 언급하지 않는다.

---

* 『어우야담』, 55면에 실려 있는 어느 공자公子의 이야기도, 공자가 꿈속에서 이상 공간을 여행하는데 그 꿈속의 모습이 현실에서 그대로 재현된다는 환상적인 내용을 담고 있다. 이상 공간을 발견하기 전 공자가 보여주는 풍류가 그 이상 공간의 성격을 암시한다("所居園亭佳麗 每置酒邀賓 詩人尹潔 必在客席 盡歡而罷 一日家有美酒 請潔終日酣暢 仍與之同宿 公子夢經 閶闔入山峽中", 「유일공자」有一公子).
** 한글본 『청구야담』에서는 "누년 겁략하여 재산을 얻되 탐묵한 관장官長과 불의한 부한富漢의 재물을 탈취하여 고대광실을 전학숲壑에 배치하여 도처에 두고"(김동욱·정명기 편, 『청구야담』 상, 교문사, 1996, 293면)라고 하여 불의에 저항하는 도둑질이란 의미를 포함시켰다.

오직 재물을 도둑질하여 팔도에 근거지를 마련해놓고 여자들과 향락을 즐긴다고만 이야기했다. 도둑 세계는 향락의 공간으로 이미 마련되어 있을 따름이다.

이로 볼 때 이상향 추구의 전대형은 이미 존재하는 이상향을 발견하는 데 중심을 두었고, 새롭게 이상향을 만들어가는 것에 대해서는 큰 관심을 두지 않았다고 할 수 있다.

■ 주변형

주변형은 이상향 건설의 계기와 과정을 언급하기는 하지만 그것이 뚜렷하지 않거나 우발적이다. 가령 「백두옹지수일서생」白頭翁指數一書生(『청구야담』 하, 565면)에는 부자였지만 재물에 대한 욕심이 없어 호탕하게 살다 빈털터리가 되는 서생과, 신선의 경지에 이르러 함께 승천할 동반자를 찾는 백두옹이 등장한다. 서생의 몰락은 재물을 어떻게 생각하고 써야 하며 재물이 없으면 얼마나 비참하게 되는지 등에 대한 성찰과 관련된 것이다. 그러나 서생의 몰락은 결국 서생이 선가仙家와 인연이 있는지를 살피려는 백두옹의 시험의 일환이다. 백두옹은 서생이 재물에 전혀 욕심이 없기 때문에 선가와 인연이 있다고 판단한다. 이처럼 사건 전개가 백두옹의 손아귀에서 벗어날 수 없기에 현실성은 갈수록 약해진다.

노생의 딸로 환생한 서생은 모성애를 억제하지 못해 묵언의 금기를 어긴다. 백두옹의 기대를 완전하게 충족시키지 못한 것이다. 그래서 백두옹은 서생과 결별하고 떠나간다. 두 사람의 이별이 작품의 결말이다.[41] 서생은 완전한 신선이 되지 못했고 이상향으로도 가지 못해 마침내는 세상에서 종적을 감춘다. 이것은 현실 세계를 부정하지만 그렇다고 이상향으로 들어가 살 수도 없었던 사정을 암시한다. 서생에게 이상향은 그림자처럼 희미하고 모호한 것이다.

이상향이 구체적으로 묘사되는 경우에도 전체 이야기와 유기적으로 연결되지 않거나 대안적 생활공간으로서의 성격이 미미하다.[42] 가령 「유위이상국완」有謂李相國浣(『삽교집』 하, 38면)에서 이완은 사냥하며 놀다가 우연히 이상향을 발견하게 된다. 사냥은 사대부에게 생계 수단이 아니라 유흥 행위이다. 유흥 중에 발견한 이상향에서는 의관을 정제한 자가 높은 자리에 앉아 있고, 그를 위해 노비들이 분주히 노동을 하고 있었다. 또 애초에 그곳으로 옮겨갈 때 함께 간 사람들은 그 처와 아홉 첩, 열 명의 노비였다고 했다. 이러한 이상향의 모습에는 특권 사대부의 안이한 생활 의식이 투영되어 있다. 『삽교집』의 편찬자 안석경과 대화를 나누던 정백옥鄭伯玉은 이에 대해, "이와 같이 깊고 넓은 땅이 있어 숨어 들어가 세상일에 관여하지 않고 자손이 자라나고 노복들이 많아서 한일閑逸의 즐거움을 누리며 백 년을 지내도 세상 사람들이 모른다면 참 좋지 않겠소?"[43]라며 부러움을 표시했다. 이에 반해 안석경은 이런 이상향의 성립 자체를 부정할[44] 뿐만 아니라 이상향에서의 삶의 방식도 비판한다.

> 사람으로서 세상과 단절하여 스스로 멀어지는 것은 불가하오. 비록 세상과 사람을 피하고자 해도 큰 도시의 권간權奸과 귀척貴戚을 피하는 정도여야 할 것이오. 만약 산곡 간에 동떨어져 살며 자손을 키우고 인간 세상과 왕래하지 않는다면 비록 부귀와 열락을 얻어도 보존하지 못할 것이요 인류를 저버리게 될 것이오. 고로 사람은 마땅히 국법의 감독 아래 거처해야 하며 선비들이 다니는 곳에서 노닐어야 하겠지요. 가만히 생각건대 도화원의 사람들은 끝내 무릉의 야만에 물들었지요. 설령 우리나라에 도화원과 같은 것이 있다 하더라도 나는 들어가기를 원치 않소이다.[45]

정백옥이 이상향의 향락성을 흠모했다면 안석경은 이상향의 단절성을 비판했다. 유가 사대부의 입장을 포기하지 않는 한 이상향에 대해서는 이 두 입장이 일반적인 것일 터이다. 그러나 정백옥처럼 향락성을 인정하는 것이나 안석경처럼 단절성을 비판하는 것이나 다 중심형 '이상향의 추구'로 보기 어렵다. 이상향에 대한 이런 관점은 이상향을 대안적 생활공간으로 인정하는 것이 아니기 때문이다.

「오안사영호봉설생」吳按使永湖逢薛生(『청구야담』 상, 540면)에는 친구 사이인 설생薛生과 오윤겸吳允謙이 등장한다. 설생은 계축년에 폐모론廢母論이 일어나자 "윤기가 사라졌으니 어찌 벼슬을 할까?"[46]라고 말하고는 자취를 감춘다. 그 뒤 관동 관찰사가 된 오윤겸이 영랑호 부근에서 설생을 만난다. 설생은 자신이 건설해놓은 이상향을 오윤겸에게 구경시켜준다.

이 작품에서는 광해군 시대의 정치 상황에 대한 설생의 강한 비판 의식과 그가 건설한 이상향의 성격 사이에 비약이 크다. 특히 그 이상향에는 현실의 흔적이 거의 없다. 거기서 설생은 마음먹은 대로 최고의 향락을 누린다. 그곳에는 관현악기를 잘 다루는 아주 준수한 사내들이 있는데, 모두 첩의 자식이다. 가무에 뛰어나고 어여쁜 미희들도 십수 명이나 된다. 이 모든 것이 설생의 향락 생활로 귀결된다. 그래서 앞의 정치적 비판 의식은 향락적 이상향 추구의 한 계기로서만 덧붙여졌다는 인상을 준다.

「이동고위겸택가랑」李東皐爲儉擇佳郞(『청구야담』 상, 240면)이나 「택겸서보가길지」擇儉婿保家吉地(『동야휘집』 상, 73면) 등에서도 이상향[47]이 만들어진다. 그 이상향은 외동딸만을 둔 한 청지기가 만년의 의지처를 얻으려 한 소망,[48] 임진왜란을 앞둔 재상이 자손을 안전하게 지켜 가업을 현창하게 하려는 소망[49]과 긴밀하게 관련되어 있다. 이상향은 재상 이동고의 지인지감知人之鑑과 피겸皮儉의 예견력이 발현되는 과정에서 부수되어 나타난다. 그래서 결국 그 이상향은 피겸이 자신이 가진 재주를 시험해보고,[50] 또 이동고가 자기를 알아준 것에 대해 보답하는[51] 공간으로 존재하게 된다.

한편 「방도원권생심진」訪桃源權生尋眞(『청구야담』 하, 522면)은 유람객 권진사가 방문한 산속 이상향을 소개한다. 발견자가 사대부이고 이상향을 건설한 집단 역시 사대부 가문으로 암시되어 있다. 이 작품에는 이상향을 건설하게 된 절실한 이유가 제시되어 있지는 않지만, 그 이상향은 하층 민중들이 고통스런 현실 공간을 대신할 대안적 생활공간으로 건설한 이상향의 모습과 크게 다르지 않다. 그래서 중심형에 훨씬 근접한 사례라 할 수 있다.

도둑 집단에 대한 서술은 발견자에 의해 왜곡되는 경우가 많다. 가령「선감화논도귀량」善感化論盜歸良(『동야휘집』하, 834면)을 살펴보자.[52]

① 신생申生은 호방하고 지략이 있었다.
② 하루는 섬의 도둑 집단에게 두목으로 초빙되었다.
③ 신생은 도둑을 지휘하여 호남 거부의 재산을 모조리 탈취해 돌아왔다.
④ 신생은 도둑들에게 일장 훈시를 한다. 오륜五倫과 사단四端을 환기하고 부모를 봉양하고 제사를 받드는 것이 중요하다는 것을 강조한다. 도둑의 이름을 벗고 평민으로 돌아가 처자식과 화락하게 지내라고 훈시했다.
⑤ 대부분의 도둑은 감복하여 신생의 가르침을 따를 것을 다짐한다. 따르지 않은 몇 명은 군법에 따라 참수했다.
⑥ 평결에서 한마디 말이 십만 군사보다 낫다며 신생을 찬양했다.

신생은 강압적인 분위기에서 도둑 두목으로 초대되어 어쩔 수 없이 도둑의 두목이 되었다. 그는 일단 도둑의 소굴로 들어간 뒤 도둑들을 양민으로 귀순하게 만들 계획을 세운다.[53] 서술자는 도둑들이 섬으로 들어가 소굴을 만들고 도둑질을 할 수밖에 없었던 사정에 대해서는 이야기하지 않는다. 신생과 마찬가지로 서술자는 체제를 위협하는 도둑들을 어떻게 하면 양민으로 되돌아가게 할 것인지에 대해서만 관심을 가졌다. 결말부에서 신생이 도둑들에게 행한 일장 훈시는 도둑에 대한 이런 태도를 분명한 논리로 피력한 것이다.[54] 따라서 이 작품은 체제를 수호하는 유가 사대부의 관점을 바탕으로 한 것임을 알 수 있다. 민중의 이상향 추구가 체제를 수호하려는 사대부의 이념에 의

해 부정된 셈이다.[55]

　요컨대 주변형의 '이상향 추구'는 이상 공간을 모호하게 암시적으로 설정하거나, 구체화하여 보여준다 하더라도 사대부의 향락 의식이나 정치의식을 바탕에 깔고 있는 특징을 보인다고 하겠다. 도둑 집단을 서술하는 경우는 체제를 수호하려는 사대부의 이념에 의해 민중의 이상향 추구를 부정한다.

■ 중심형

중심형은 전대형과 주변형의 모티프들을 활용하고, 고단하게 살아가던 민중과 가난한 사대부의 절망과 희망을 반영하여 형성되었다.

　① 유동지劉同知는 강원도 고성 사람이다.
　② 동네 사람들과 함께 미역을 채취하러 나갔다가 표류했다.
　③ 어떤 섬에 표착했는데 세 명만이 살아남았다.
　④ 흰옷 입은 동자가 그 선생의 처소로 안내했다.
　⑤ 동자의 선생은 머리에 아무것도 쓰지 않았고 떨어진 베옷을 입었으며, 얼굴은 검었다. 노인은 자기도 고성 사람이고 표류하여 그곳까지 왔다고 말했다.
　⑥ 그 섬에는 맑은 모래와 푸른 소나무가 펼쳐진 사이로 금사초金莎草가 자라고 있었다. 간간이 인가가 있었는데, 농사를 짓지도 누에를 치지도 않으며 다만 경액瓊液을 마시고 풀옷을 입을 뿐이었다.
　⑦ 노인은 그 섬이 동해의 단구丹邱라고 했다.
　⑧ 노인에게 간청하여 해 뜨는 곳을 구경했다.
　⑨ 세 사람이 고향의 부모처자가 그리워 돌아가려 했다. 노인은 그곳의 하루가 인간 세상의 일 년이어서 이미 50년이 흘렀다며 귀가를 만류했다.
　⑩ 결국 고집을 부려 배를 타고 돌아오는데, 배 안에 있던 경액 3병을 훔쳤다.

⑪ 돌아와 보니 동네 모습이 완전히 달라졌고, 자기 집을 찾아가도 아는 사람이 없었다. 부모, 처자, 자식까지 모두 죽고 없었다. 집주인은 유동지의 손자였는데, 유동지가 승선한 날을 기일로 하여 제사를 지내고 있었다.
⑫ 두 명은 돌아와 화식火食를 하여 몇 년 만에 죽었지만, 유동지는 훔쳐 온 경액을 조금씩 마셔 건강하게 200년 넘게 살았다.
⑬ 고성에 원이 부임할 때마다 반드시 불러 그 이야기를 들었다.[56]

위 작품은 어로 현장에서 생명의 위협을 받으며 일해야 하는 어부들의 경험을 바탕으로 하고 있다. 유동지는 생업에 충실했고, 그러다가 표류해 이상향을 발견하였다. 그 이상향을 이끄는 '선생'은 그곳 사람들의 추앙을 받고 있는 신선이지만, 머리에 아무것도 쓰지 않고 떨어진 베옷을 입었으며 얼굴은 흑탄같이 검었다. 이것은 문헌에 등장하는 신선의 관습적 형상과는 다르다. 그도 고기를 잡다 표류해 왔기 때문일 것이다.

유동지는 결국 돌아오지만 아는 사람들이 모두 죽고 없어 떠나기 전과 같은 일상생활을 꾸려갈 수 없었다. 그는 오래 살았지만, 그 뒤로는 정상적인 생활을 하지 못하고 다만 이상향의 목격자로서 살아갈 뿐이었다. 고성에 원으로 부임하는 벼슬아치들도 유동지의 이야기를 듣고 감탄을 금치 못했다. '선계의 하루는 인간 세상의 일 년'이라는 '이원적 시간 설정'을 하고 있는 것으로 보아 이 작품의 지향점은 이상향이라 할 수 있다.

현실의 지극한 고난과 절실한 필요에 의해 형성된 이상향은 발견자의 노동 생활과 관련되어 있는 공간이면서 발견자와 비슷한 체험을 가진 사람들의 공동체라는 점이 중요하다. 그런 점에서 사대부들의 향락 의식이나 정치의식이 개입된 이상향과 구분된다.

「강생유산방도원」姜生遊山訪桃源(『동야휘집』하, 560면)에는 조세 수탈과 전란으로부터 자유로워지고자 하는 집단의 공동사회가 실현되어 있다. 발견자강 진사姜進士는 유람 도중에 그곳을 우연히 발견하였다. 강 진사의 의미 지향과 이상 공간을 건설한 집단의 의미 지향은 다르다. 강 진사가 그곳에서 살고자 했을 때 그곳 주인이 받아주지 않은 것도 강 진사가 자신들과는 다른 의미 지향을 가지고 있었기 때문이었다. 서술자는 이상향 건설자의 의미 지향을 서술 시각으로 선택하였다. 이상향은 강 진사가 생각한 것처럼 사대부들의 여한餘閑의 소산이 아니다. 이상향은 환상적으로 설정되지 않고, 현실의 고난과 모순을 넘어서려는 민중의 생활 체험과 직결된다.*

이에 비해 「안빈궁십년독서」安貧窮十年讀書(『청구야담』 상, 559면)는 이상향 건설의 계기와 건설 과정에 초점을 맞추었다. 수인공이 현실에서 궁핍하게 살다가 마침내 이상향을 건설하는 과정을 연결하여 보여주므로 이상향의 발견자가 필요 없다. 선비 이 모는 남산 아래에 살며 책 읽기를 일삼았다. 10년을 기한으로 『주역』을 읽었는데 7년째 되던 어느 날, 머리가 몽땅 빠진 아내가 쓰러져 있는 것을 보았다. 먹지 못해서였다. 이 모는 곧바로 부자 홍동지를 찾아가 3만 금을 빌려서는 부인에게 주었다. 부인이 그 돈으로 3년 사이에 수만금을 만들었다. 이 모가 『주역』 읽기를 끝내고는 홍동지의 집으로 가서 돈을 돌려주려 했다. 그러나 홍동지는 3만 금 이상은 받지 않으려 했다. 이 모는 부득이 나머지 돈을 갖고 돌아왔다. 그 뒤 솔가하여 관동의 깊은 계곡으로 들어갔다.

널리 터전을 마련하고 집을 새로 지었다. 객사도 여러 채 지어 함께 들어가 살

---

* 「점천성심산봉이인」齔天星深山逢異人(『청구야담』 하, 290면), 「예장옹인인성친」曳杖翁引人成親(『동야휘집』 상, 496면) 등도 이 부류에 속하겠으나, 이상향에서의 삶이 개인적 일탈에 가깝다는 점과 사대부의 생활 의식(정치적 이유→편력→독거)이 개입되어 있다는 점 등에서 다소 다르다. 이 작품들은 사대부들이 현실 생활 과정에서 가지게 된 자의식의 소산이다. 『택리지』의 다음 구절이 그 자의식의 편린을 대변한다. "嗚乎 士大夫不得於朝 則山林而已 …… 欲進而仕於朝 則刀鋸鼎鑊之爭 紛然未已也 欲退而處于野 則非無靑山萬疊 綠水千重 卒未易往 士大夫於是乎將安歸乎"(이중환, 『택리지』, 삼중당, 1975, 324면).

민중들을 모집하였으니 어느덧 큰 촌락이 이루어졌다. 잡초를 뽑아내고 황무지를 개간하니 모두 기름진 땅이 되었다. 한 해 수확이 수천여 석이나 되어 의식이 풍족해 일생을 편안하게 보냈다. 임진란이 일어나자 백성들이 어육魚肉이 되었으나 이생의 마을은 유독 병화를 입지 않았으니 이야말로 산도원山桃園이라 하겠다.[57]

이 모가 중심이 되어 건설한 공동체의 모습이다. '산도원'이란 말에서 서술자 역시 「도화원기」의 공동체를 의식했음을 알 수 있다. 이 모가 이런 공동체를 건설하게 된 것은 현실의 가난 때문이었다. 그의 모집에 응한 민중들도 비슷한 처지였다. 이 모와 민중들은 이 새로운 생활공간을 만들어 살면서 의식주의 걱정을 떨쳐버리고 전란의 고난에서도 벗어났다. 현실에서 겪어야 하는 가장 심각한 고통이 없는 이상향이 건설된 것이다.

이상을 통해 볼 때 이상향 추구의 중심형은 민중과 민중의 처지와 다를 바 없는 사람들의 고난 체험에서 비롯된 현실 극복 의지의 구현장으로서 이상향을 설정하고 있음을 알 수 있다. 그 이상향은 궁핍이나 억압, 노역으로부터 해방된 공동체 생활을 영위하는 곳이다. 이상향을 발견하는 사람의 의식이나 성격은 다양하지만, 그 발견자의 의미 지향이 이상향 건설자의 의미 지향을 압도하지는 못한다.

도둑 집단에 대한 이야기에서는 그 집단의 형성 과정을 보여주기도 하고 그들의 목소리를 들려주기도 한다. 먼저 「명화적」明火賊[58]은 도둑들이 그들만의 이상향을 추구하게 된 과정을 잘 보여준다. 김단金檀은 남의 집 하인이었지만, 어릴 적부터 영리하여 나무하고 풀 베는 일은 하지 않고 양반집 자제들을 따라가 서당에서 놀았다. 그러다가 15, 16세 무렵 종적을 감춰버렸다. 십 년 뒤 그 마을 양반 노인이 팔랑치를 넘어가다가 도둑들에게 잡혀 끌려갔다. 깊은 산속으로 40~50리를 들어가니 즐비한 인가가 나타났다. 도둑의 소굴이 이상적인 생활공간으로 묘사된 것이다.

그 가운데 관청과 같은 큰 집이 있었는데, 대문이 여러 겹이고 등불이 밝아 대낮 같았다. 대장이 노인을 보더니 뛰어 내려와 무릎을 꿇고는 자신이 김단이라고 말했다. 거기서 살게 된 연유를 물으니 이렇게 대답한다.

살아서 한 번도 제 빼어난 기를 펼 수가 없을 것 같아 답답한 마음에 이곳으로 잘못 들어왔지요. 만약 대장부가 자기 시대에 쓰임을 얻는다면 어찌 이 지경에 이르렀겠습니까?[59]

김단이 도둑이 되기까지 세간에서 받은 압박과 그로 인한 갈등이 얼마나 심각했는지 짐작할 수 있다. 도둑 소굴을 만들거나 거기로 들어가는 것은 사람의 불량한 심성이 아니라 모순적 현실 상황의 차원에서 이해해야 한다는 점을 분명하게 밝힌 것이다.

그리고 노인이 도둑으로서 사람을 죽이게 되는 것을 염려하자 김단은 이렇게 대답한다.

무고한 사람을 죽였다가는 반드시 천벌을 받을 것입니다. 소인은 부하들에게 엄명을 내렸지요. 부잣집에 가서는 그 재산의 반을 빼앗아 오고 탐관오리들의 재물은 완전히 몰수해 오라고요. 사람을 즐겨 죽일 리가 있겠습니까?[60]

이렇게 도둑 세계를 건설한 명분이 김단의 목소리를 통해 그대로 전달되었다. 도둑의 세계를 이해하려는 작가의 의지가 분명했기 때문일 것이다.

무릇 도둑도 사람이다. 개중에 영웅호걸이며 지략을 갖춘 인재가 어찌 없겠는가. 세상에 쓰임을 못 얻고 또 관리에게 들볶여서 결국 부모가 주신 몸으로 도둑의 소굴에 들어간 것이다. 차라리 도둑이 될지언정 용렬한 자의 억눌림을 받고 싶지는 않았을 것이다. 아, 세상에 책임을 맡은 자 왜 이러한 문제를 염두에 두지 않는가?[61]

　이 평을 통해 작자는 도둑 세계를 현실 세계의 연장선에서 이해했다. 도둑들을 도덕적으로 질타하지 않고 그들을 내몬 현실의 위정자들에게 책임을 물었다. 그러나 분명한 것은 도둑들의 집단과 그들의 생활공간을 궁극적으로 정당하다고는 인정하지 않았다는 점이다.
　이에 반해 「오결교납적실재」誤結交納賊失財(『동야휘집』 하, 839면)[62]는 엄격한 기강을 유지한* 도둑 집단이 부자의 재물을 털고 사라지는 행동 자체를 긍정적으로 보여준다.**

① 손孫 씨는 밀양에 사는 큰 부자였다.
② 향반으로 사는 것이 불만이어서 언제나 한양 명사와 관계를 맺을 기회를 기다렸다.
③ 양산수梁山守가 죽어 그 생질인 박 교리朴校理가 운구를 위해 한양에서 내려왔다는 소문을 듣고는 좋은 기회라 여겨 박 교리를 집으로 초대하여 잘 대접했다.
④ 그 뒤 편지가 왔는데, 운구 행차가 아무 날 그 마을에 도착할 터이니 노비의 집 몇 채를 비워달라고 부탁했다.

---

* 박 교리를 자처한 도둑 두목은 부자의 집을 털기 전에 무리들에게 일장 훈시를 하는데, 거기에 "名分至嚴 若有違令者 必用軍律"(『동야휘집』 하, 843면)이라는 말이 나온다. 또 주인이 아끼는 청노새에는 손을 대지 말라고 명령했는데, 그 명령을 어기고 청노새를 잡아온 졸개의 목을 베고 그 목을 청노새에 매달아 돌려보내기도 한다.
** 『동야휘집』은 평결에서 손 씨가 재물을 탈취당한 책임을 손 씨 자신의 과욕에서 찾았다. 즉 그가 향촌에서 많은 재산을 향유하며 사는 데 만족하지 않고 서울의 권세가와 관계를 맺으려는 과욕을 가졌기 때문에 결국 도둑을 자기 집으로 들어오게 하였고 재물을 모두 탈취당하는 빌미를 제공했다고 보았다("人若不知自足 士人之穩享富饒亦足快樂而乃復馳心名途要結貴人 竟止於開門納賊蟹網俱失 誠愚迷之甚者也", 『동야휘집』 하, 846면). 이것은 이전까지 이야기의 서술 과정에서 보였던 서술 태도와는 다소 거리가 있는 것이다. 이에 반해 『청구야담』은 아무 평결도 붙이지 않았다.

⑤ 과연 그날 운구 행렬이 도착하니, 손 씨는 그들을 반갑게 맞이하고 극진히 대접했다.
⑥ 그러나 운구 수레에는 무기가 가득 실려 있었고, 양산수의 초상을 치른다던 사람들은 모두 양산박梁山泊의 무리였다.
⑦ 손 씨는 아무 저항도 못하고 집안의 재물을 모두 탈취당했다.
⑧ 박 교리는 주인이 아낀다는 청노새를 돌려주면서 청노새를 잡아온 졸개의 머리와 편지 한 통을 함께 보냈다. 그 편지에서 그는 그날 탈취해 간 재물로 섬의 일 년 양식을 삼을 수 있다고 했다.

도둑들이 시골 부자의 재물을 탈취해 가는 전략이 절묘하여 감탄을 자아낸다. 또 도둑 박 교리는 당당한 목소리로 재물의 용도와 재물 탈취에 대한 명분을 이렇게 제시한다.

> 재물은 천하가 함께 사용하는 그릇이다. 재물을 쌓는 자가 있으면 반드시 사용하는 자가 있고, 재물을 지키는 자가 있으면 반드시 가져가는 자도 있다. 그대가 재물을 쌓아 지키는 사람이라면 나와 같은 존재는 가져가서 사용하는 사람이다. 줄고 느는 이치나 비고 차는 호응은 천지조화의 영원한 원리이다. 주인옹 역시 조화 가운데의 한 기생물이니, 어찌 늘리려고만 하고 줄이지는 않으려 하며 채우기만 하고 비우지는 않으려 하는가?[63]

도둑질을 체제의 질서를 위협하는 부정적인 행위로 보는 시선은 어디에도 없다. 오히려 부자의 재물을 탈취해 감으로써 천지조화가 순조롭게 실현되도록 했다고 주장하는 것이다. 도둑들은 그 단 한 번의 작전을 통해 일 년 양식을 조달했다. 그리고는 바다 한가운데에 있는 그들의 이상향으로 돌아간다. 그런 점에서 완전한 생활공간으로서의 이상향을 건설했고, 또 그것을 유지했다고 볼 수 있다.

이 작품에서 기존 사회를 부정하는 도적의 세계는 그 자체로 인정되며, 유가적 문제의식이 개입될 여지는 남아 있지 않다. 결말에서는 재물을 빼앗긴 부자조차 '금세에 한 기걸 남자를 만났구만'[64]이라며 감탄한다.

요컨대 이상향 추구의 전대형은 전설과 평민 일화에 적합하다. 전대형의 발견자는 이상향의 정체를 정확하게 파악하지 못하는 경우가 많기에 전대형은 전설에서 더 자주 실현된다. 주변형의 경우, 이상향을 찾거나 이상향으로 들어가기까지 발견자의 동선이 서술 중심이 되면 사대부 일화에 가깝게 되고, 발견자가 목격한 이상향의 형상화나 이상향 건설자들의 발언이 서술의 중심에 놓이면 평민 일화나 야담계 일화에 가깝게 된다. 중심형은 전대형과 주변형의 모티프들을 활용하고 민중의 고난과 절망을 반영하여 형성되었다고 할 수 있다. 이상향을 집단의 생활공동체로 형상화하고 또 그곳을 '가장 바람직한 또 다른 현실 세계'로 제시한다는 점에서 야담계 일화와 야담계 소설에 주로 나타난다.

4 운명의 실현

예언된 운명이 그대로 실현되는 과정을 보여준다. 인간의 의지는 사람의 처지나 세계의 상황을 변화시키는 데 별 역할을 하지 못하고, 다만 알 수 없는 힘이 그 방향을 결정한다. 따라서 사람의 능력과 의지를 능가하는 초월자나 신비로운 힘이 전제된다.* 주인공의 운명이 서두에서 이미 언급되기 때문에 그 뒤에 욕망의 성취나 문제의 해결 등의 의미 지향이 나타난다 하더라도 뚜렷한 서술 시각으로 채택되지는 못한다. 암시된 운명이 그대로 실현되는지에

---

* 이런 서술 시각은 조선 중기의 잡록집인 『죽창한화』의 다음 구절에 잘 요약되어 있다. "사람이 운명을 타고난 것은 처음에 재주나 모양으로 구별할 수가 없다. 재주 있는 자라고 해서 반드시 잘되기를 기약할 수는 없고 모양이 못난 자로서도 역시 수와 지위를 누리는 것이니, 하늘의 도는 아득하고 멀어서 보통 사람의 마음으로서는 미리 알 수가 없는 것이다"(『죽창한화』, 『대동야승』 17, 309~311면). 『죽창한화』에는 이처럼 운명의 실현을 서술 시각으로 하는 작품들이 많다.

서술이 집중되기 때문이다.

　사람의 생각과 행동, 세계의 운행은 예정된 운명이 실현되는 과정에 지나지 않는다. 독자나 서술자는 운명이 실현되는 것을 목도하며 기이하다거나 신비롭다고 느낀다. 동시에 운명을 주관하는 초월자의 입장에 자신을 투영시킴으로써 자기 환상에 빠질 수도 있을 것이다.

　운명의 실현에 해당되는 작품은 다음과 같이 나눌 수 있다.

① 초월적 존재가 사람의 운명을 지배한다.
② 민중이 소망을 성취하는 데 초월적 존재와 원리가 개입한다.
③ 사대부 관료들이 정치적 불안을 해소하는 데 예견력을 갖춘 인물이 개입한다.

　①은 현실의 일들이 미리 정해진 대로 진행되어가는 모습을 보여줌으로써 스스로 많은 일들을 결정하고 노력하며 살아가야 했던 사람들이 가졌던 일상적 부담감을 덜어준다. 그런 까닭에 운명의 실현은 조선 후기에 들어와서도 여전히 많은 사람들의 관심을 끌었을 것이다. 이것은 운명의 실현이라는 서술 시각이 형성되고 지속된 바탕이라 할 수 있다.

　②에서 운명은 욕망과 관련된다. 운명이 실현되어가는 과정에서 부수적으로 욕망이 성취되기도 하고, 욕망을 실현하는 데 운명을 이용하기도 한다. 후자는 욕망의 성취에 더 가까울 것이다.

　③에서는 사대부들의 일생이 예견되고 결국 그대로 실현되는 것을 보여준다. 그것은 대체로 벼슬의 부침浮沈과 관련된다. 사대부 자신의 도덕성이나 의지는 예언의 실현 과정에 큰 영향을 주지 않는다. 오히려 도덕성이나 의지가 암시하는 방향과 반대로 귀결되는 경우가 더 많다. 가령 착한 자가 영문도 모른 채 잘못되고 그른 자가 잘되는 경우다.[65] 이것은 정치 현실에 대한 회의를 가져올 수도 있을 것인데, 운명의 실현은 이런 경우조차 초월적 존재나

운명의 소관으로 돌려버린다.

　이로 보건대 세 부류는 변별되기도 하지만, 운명이라는 추상적 힘의 위력을 돋보이게 한다는 점에서 공통된다. 이 부류의 작품들은 운명이 실현되었다는 사실을 확인하면서 이야기가 끝난다. 사람의 의지나 욕망이 극소화되었다는 점에서 '운명의 실현'은 조선 후기 고유의 정신을 담은 서술 시각이라고 보기 어렵다. 그리하여 야담집 속에서 '운명의 실현'이 다른 서술 시각과 결합해 의미 지향의 전환을 이뤄내는 경우는 많지만, 그 자체가 유일한 서술 시각인 경우는 많지 않다.

　'운명의 실현'은 야담에서 중요한 역할을 한다. 그만큼 세인의 관심과 흥미를 끌었다는 증거이다. 사람의 의지와 욕망에 대한 집착이 강한 시기인 조선 후기에 이같이 비현실적이고 신비주의적인 서술 시각이 부각되었다는 사실을 어떻게 설명할 수 있을까? 어느 시기에 어떤 서술 시각 혹은 의미 지향이 주류를 이루고 있을 때, 그 주류에 대한 대립항 역할을 하는 서술 시각 혹은 의미 지향이 있게 마련이다. 후자는 전자가 창조력을 간직하며 위력을 발휘하고 있을 때는 위축되지만 그 위력이 약화되면 주류의 자리에 올라설 수도 있다. '운명의 실현'은 주류 서술 시각에 대한 일종의 대립항으로서 그 기능을 했다고 보는 것이 타당하다.

■ 전대형

운명의 실현이 그 자체로서 관심의 대상이 된다. 잘 납득되지 않는 사건이나 현상이 나타났을 때 그것은 전대형의 소재가 되기에 적절하다. 하지만 기이하거나 신비한 분위기를 형성하는 것으로 끝날 뿐, 그 이상 다른 의미를 담고 있지는 않다.

　①안찰사 이성원李性源이 구룡연에 도착하여 자기 이름을 새기기 위해 손재주 있는 촌민을 불렀다.

② 이성원은 촌민의 안경을 만지작거리다가 떨어뜨려 깼다.
③ 미안해 안경알 값을 물어주려 하자 촌민은 그럴 필요 없다며 받지 않았다. 그게 안경의 운수라는 것이었다.
④ 과연 안경집 속에 '모년 모월 모일에 순사를 만나 구룡연에서 부수어지리라'라는 글이 새겨져 있었다.
⑤ 이성원이 놀라 누가 그 글을 썼는지 물어도 대답하지 않았다. 참 이상한 일이었다.[66]

안경집에 쓰여 있던 안경 운명에 대한 글은 현실과 무관하다. 이 작품은 그 글의 예언이 실현된 순간의 기이한 느낌을 강조한다. '물건의 성패에도 운수가 있다'[67]는 촌민의 말도 그런 분위기를 돋운다. 기이한 분위기를 만드는 데는 긴 말이 필요하지 않다. 예언된 운명이 그대로 실현되었다는 점을 밝혀주기만 하면 된다. 그래서 일화 갈래의 서술법이 적합하다. 운명이란, 생활에서 나타나는 사람이나 사물의 처지 변화가 아니라 생활의 흔적을 담지 않는 상태의 변화이다.

「정상태화」鄭相太和(『계서야담』, 408면)는 요약 진술의 극치를 보여준다. 정태화는 부인의 배를 가리키며 "이 배는 수壽와 복福과 귀貴의 자식을 낳을 것이다"라고 말했다. 그 뒤 아들 재악載岳은 80세에 죽었고, 재륜載崙은 부마가 되어 수만금 재산을 가진 거부가 되었으며, 재숭載嵩은 벼슬이 의정議政에 이르렀다. 이에 대한 서술자의 평은, "그 선지先知가 어찌 그리 신묘한가?"[68]라는 것이다. 정태화의 예언이 실현되었다는 사실이 단 세 문장으로 압축되었다. 예언이 있으면 그 실현 여부에 대한 관심이 고조되고, 곧 실현 결과가 그대로 제시된다. 그래서 서사적 전개가 충분히 이루어지지 않는 것이다.[69]

■ 주변형

주변형에서는 「김감사치」金監司緻(『계서야담』, 222면)처럼 운명 실현 과정이 과장되거나 부연되어 독자의 호기심을 부추기는 경향이 나타나거나, 「구노추검설분의」舊奴抽劍說分義(『동야휘집』 상, 459면), 「과동교백납인부」過東郊白納認父(『청구야담』 상, 154면)처럼 운명 실현이 현실 삶의 요소들과 어느 정도 관계를 맺는 경향이 나타난다.

「김감사치」에서는 미래에 대한 예언과 그 예언의 적중이 반복되어 나타난다. 김치는 스스로의 운명을 예견하여 정변의 피해를 입지 않는다. 김치의 예언 능력을 부각시키고, 그 예언이 그대로 실현되는 사례들을 거듭 제시함으로써 신비감을 조장했다. 「구노추검설분의」도 순명順命이라는 점쟁이가 사주를 보고 미래를 정확하게 맞히는 이야기들을 계속 이어간다. 그중 마지막 이야기에서 영남 인동仁同에 사는 조 모趙某의 운세를 점쳐, "그대가 과거 길을 떠나면 반드시 호랑이에게 물릴 것이지만 과거에는 꼭 급제할 것이다"[70]라고 했는데, 과연 그대로 이뤄진다. 이 부분은 독립된 작품으로도 전사轉寫되던 것이다.

한편 주인과 노비 사이의 원한과 복수, 그리고 규범의 확인이라는 문제가 부각되는 경우도 있는데, 이는 운명 실현이 현실의 삶과 연결되었다는 증거이다. 「과동교백납인부」에서 한양 서생은 술가에게 가서 자식과 관련된 점을 치는데, '날 저문 동문에서 산승이 뒤를 따르리'[71]라는 점괘를 얻는다. 그런데 그 점괘가 무슨 뜻인지 몰랐다. 그러니 청자나 독자의 호기심은 고조된다. 이 점괘가 무얼 뜻하는지, 이 점괘대로 일이 진척되는지 알고 싶어 하는 것이 당연하다. 그 뒤 서생은 홍인문을 지나다가 소나기를 만나 어느 집 문 옆으로 피한다. 그 집 주인 여인이 서생을 안으로 불렀다. 그날 두 사람은 동침한다. 세월이 지난 뒤 서생은 그곳을 지나면서 친구들에게 옛날 자기가 여인과 동침한 사연을 이야기해준다. 그때 뒤에 있던 어떤 중이 그 이야기를 듣는데, 그는 하룻밤 동침으로 잉태된 서생의 아들이었다. 아들은 서생을 자기 집으로 안내하고, 기다리고 있던 여인은 그간의 사연을 다시 자세히 이야기해준다. 이로써 서두의 점괘가 무슨 뜻인지 밝혀졌고, 또 그것이 정확하게 맞아떨어졌다.

> 이로 보건대 술가의 설을 믿지 않을 수가 없다. 자식이 없던 서생이 자식이 있게 되고, 아버지가 없던 중이 아버지를 얻게 되는 데에 하늘이 정해준 이치가 있다.[72]

이처럼 서술자도 정해진 운명을 인정하고 있다. 반면 여인은 "천륜天倫은 결코 어길 수 없으며 또 (하늘이 자식의) 성의에 감응한 것이 아닐까?"[73]라고 하여 오히려 이비와 자식 사이의 윤리와 아들의 지극한 정성을 강조하였다. 이념의 구현이라는 등장인물의 의미 지향을 서술자가 운명 실현이라는 서술 시각의 테두리 속에 넣어 서술한 형국이다.

「경이몽경성기혼」驚異夢竟成奇婚(『동야휘집』 하, 220면)에서도 세 가지 예언이 실현된다. 첫째는 예언이라기보다는 강요에 가깝다. 이진경李進慶 부부의 꿈에 나타난 임금은 부부의 열여섯 살 난 딸을 마흔이 넘은 홀아비 정효준鄭孝俊과 결혼시키도록 강요했다. 부모로서는 용납할 수 없는 일을 꿈속 임금이 강요하여 결국 성사시켰다. 둘째는 어느 술사術士가 정효준의 부귀와 장수를 점치는 내용이다. 이미 정효준이 부귀와 장수를 누린 사실이 진술되어있기 때문에, 그 점은 진술된 내용이 예언과 부합된다는 사실을 드러내기 위해 덧붙인 것이다. 셋째는 정효준 자신의 꿈에 대한 내용이다. 정효준은 이진경의 딸과 결혼하기 전에 이미 세 번 결혼을 했지만 매번 부인을 잃었는데, 각 결혼식 전날 꿈속에서 조금씩 자라난 미래의 신부를 보았다. 정효준의 이 꿈은 그가 네 번째로 이진경의 딸과 결혼할 것을 예시한 것이었다. 세 개의 예시는 모두 정효준의 결혼과 부귀영달로 귀결되었다. 그 과정에서 정효준의 의지가 개입되지는 않았지만, 왕과 왕후 삼위의 제사를 지내야 하는 정효준에게 아들이 없고 또 가난하다는 심각한 현실 문제가 연관되어 있다.

「호정하륜」浩亭河崙(『계서야담』, 459면)은 하륜이 자신의 관상 능력을 활용하여 태종의 신임을 사고 마침내 좌명공신佐命功臣이 된다는 내용이다. 사대부 사회의 가장 큰 관심거리인 벼슬과 운명이 관련되었다는 점에서 단순한 예언의 실현만을 보여주는 전대형과는 구분된다.[74]

요컨대 주변형은 운명이 사람의 의지나 욕망을 압도하기는 하지만 어느 정도 현실의 처지와 관련된다는 점이 특징이다.

■ 중심형

중심형은 예언자를 지나치게 신비화하기보다는, 예언 능력의 획득 과정을 보여주고 예언자를 현실 인물에 가깝게 형상화함으로써 예언 내용을 현실과 구체적으로 연결시키거나 한 집단의 삶의 토대와 관련시킨다. 이런 중심형이 명확한 형태로 나타나는 경우는 많지 않다. '운명의 실현'이란 서술 시각이 조선 후기의 특수성을 반영한 것이 아니기 때문일 것이다.

① 박진원朴震援은 책을 읽고 예언 능력을 갖게 되었다.
② 남한산성을 보고 장차 치욕의 장소가 될 것을 예언했다.
③ 김자점金自點이 교유를 청했으나 그가 역적이 될 것을 알았기에 받아들이지 않았다.
④ 7촌 조카 이지무李枝茂와 윤 모의 시를 읽고 그 앞날을 예언해주었다.
⑤ 어떤 소년과 상인이 별자리를 보고 갖가지 예언을 하는데, 이지무가 그것을 엿들었다. 그 뒤 모든 일들이 그대로 실현되었다.
⑥ 소년과 상인의 예언대로 다음 날 큰비가 내려 이지무는 길을 잃고 헤매다 겨우 외딴집을 찾았는데 거기에 한 노인이 있었다. 그 노인은 전날 만났던 소년의 아버지였다.
⑦ 소년이 무곡성武曲星이 떨어지는 것을 보고 박진원의 죽음을 알렸다. 소년은 박진원의 제자였다.
⑧ 노인이 이지무에게 병자호란을 예언해주고 그때가 오면 강릉 삼척 사

이로 피란하라고 충고했다. 이지무는 가르침대로 그곳으로 피란하여 살아남았다.[75]

박진원은 처음부터 예언 능력을 지닌 신비로운 인물이 아니라 상수지서 象數之書를 얻어 공부를 하고 난 뒤에 예언 능력을 획득한 인물이다. 그런 모습은 신화의 주인공보다는 영웅소설의 주인공을 연상케 한다. 신화의 주인공이 탁월한 능력을 타고 태어난다면, 영웅소설의 주인공은 학습과 수련의 과정을 거쳐 탁월한 능력을 얻는다. 영웅소설의 주인공이 탁월한 능력을 가지게 된 보통 사람이듯이 박진원도 예언 능력을 가진 현실적 인물로 형상화된 것이다.*

그리고 그 예언 능력은 주로 정치와 전쟁 등에 관한 예언을 통해 드러났다. 그는 김자점의 전횡과 병자호란의 참화를 예언했는데, 그 예언이 현실에서 그대로 실현되었다. 예언 능력을 단순히 과장해 보여주는 것이 아니라 당시 많은 사람들이 절실하게 당면해야 했던 현실 문제와 연결시켰다. 그래서 '운명의 실현'이란 서술 시각은 '문제의 해결'이란 서술 시각과 결부되며, 많은 경우 '운명의 실현'이 '문제의 해결'에 종속된다. 이렇듯 '운명의 실현'은 현실과 관계를 맺으면서 다른 서술 시각에 종속되거나 한 모티프의 수준으로 변하기도 한다. 가령 「현부지납채교녀」賢婦智納彩較女(『동야휘집』 하, 259면)에서 처녀는 꿈속에서 신인神人이 장래의 배필감을 보여주자 다른 남자와의 결혼을 거부하고 꿈속의 남자가 찾아오기만을 기다린다. 상주尙州의 이 모는 추노推奴하러 갔다가 그 처녀의 집에서 하룻밤을 묵게 되는데, 처녀는 그가 바로 꿈속에서 예시된 그 남자임을 확인한다. 그리고 마침내 꿈에서 예시된 것

---

* 「마의대좌설천운」麻衣對坐說天運(『동야휘집』 상, 380면)도 술사 남사고南師古가 우연히 노옹을 만나 책을 얻고 그것을 공부하여 예견 능력을 갖추게 되는 과정을 상세하게 서술했다. 그 뒤 남사고는 주로 당쟁과 전쟁에 관해 예언한다. 그러나 이 작품의 진술 방식이 '남사고의 예언→예언과 똑같은 사건 발생→남사고의 예언이 맞았다는 지적'인 것으로 보아, 남사고가 탁월한 예언 능력을 갖춘 인물이라는 사실을 부각시키는 데 초점이 맞춰졌음을 알 수 있다. 따라서 이 작품은 중심형보다는 주변형에 더 가깝다.

처럼 이 모는 처녀의 배필이 됨으로써 거부가 되고 절도사에까지 오른다. 여기서 처녀의 꿈의 예시 실현을 '운명의 실현'이라 한다면, 이 모의 부귀영달은 '욕망의 실현'이라 할 수 있다. 후자가 중심 자리에 있으면서 전자를 활용한 형국이다. 「전오연홍금기신」轉誤緣紅錦寄信(『동야휘집』 하, 274면)에서도 술에 취해 거리에 쓰러져 있던 이안눌李安訥이 혼례를 올린 지 3일밖에 되지 않은 신부의 방으로 옮겨져 동침하게 되는 사건이 벌어진다. 역관의 딸인 신부는 신랑이 바뀌게 된 것을 간밤 꿈의 예언과 연결시켜 하늘의 뜻으로 받아들인다. 뜻밖에 신부를 첩으로 받아들인 이안눌은 결국 과거에 급제한 뒤 그 기이한 사연을 양가 부모에게 알리고, 신부 집의 많은 재산을 물려받아 거부가 된다. 여기서도 꿈의 예언은 이안눌과 신부가 봉착하게 된 현실의 문제를 해결하고 마침내 최고의 행복을 성취할 수 있는 명분으로 활용되었다.

삶의 방식에 대한 사대부들의 성찰이나 자의식을 바탕으로 한 경우도 있다. 「북사우신승논상」北寺遇神僧論相(『동야휘집』 하, 579면)에서 네 명의 친구는 산방의 떠돌이 중으로부터 각자 앞날에 대한 예언을 듣는다. 백자천손百子千孫을 두게 되고, 신선이 되며, 도둑 두목이 되고, 현달하여 세 친구를 만나게 되는 것 등이다. 과연 떠돌이 중의 예언은 그대로 실현된다. 과업을 닦아 과거에 급제하고 사대부로서의 일생을 보내야 할 네 명의 친구 중에서 한 사람만이 사대부의 길을 걸어갔을 뿐, 나머지 세 사람은 다른 길을 가야 했다. 이는 삶의 방식에 대한 사대부의 성찰이 새롭게 시작되었음을 뜻한다. 사대부의 삶이란 과거에 급제하여 벼슬살이를 하다 물러나 일생을 마치는 것이 상식이었을 터인데, 그 상식에 대한 성찰이 시작되었다는 것은 사대부로서의 삶이 뜻대로 꾸려지지 않아 위기감을 갖게 된 현실과도 관련이 있다. 그런 점에서 떠돌이 중의 등장과 예언은, 네 명의 친구가 원래 뜻과는 다르게 다양하게 살아갈 수밖에 없는 냉혹한 현실을 전면에 드러내지 않기 위한 장치일 수도 있다. 이 작품과 유사한 내용인 「책실신경벌포의」責失信警罰布衣(『동야휘집』 상, 812면)와 비교해보면 그 성격이 더 분명해진다. 「책실신경벌포의」에서는 떠돌이 중의 예언 대신, 세 명의 친구가 스스로의 미래 삶을 계획하는 것으로 되어 있다.[76] 그중 도둑의 두목이 되고자 한 친구의 의리를 긍정적으로 부각하고, 포의자布衣者의 배신과 불의를 부정적으로 그렸다. 두 작품은 상반되기까지 한 삶을 살아가게 되는 친구들의 모습을 그렸다는 점에서는 같지만, 「북사우신승논상」이 예언된 운명에서 그 근본을 찾았고 「책실신경벌포의」는 사람의 주체적 결단에서 그 근본을 찾았다는 점에서 다르다. 이 대비를 통해, '운명의 실현'이 사대부들의 현실적 위기감을 담기는 했지만 솔직한 자기 성찰의 결과를 은폐시키는 역할을 하기도 했다는 사실을 짐작할 수 있다.

5 이념의 구현

유가 이념은 사대부 사회는 물론 평민 사회에서도 일상생활 중에 실천해야 할 덕목으로 구체화되었다. 그것을 잘 실천하는 사람을 표창하고 그렇지 못하는 사람을 응징하는 조치는 명백하고 단호했다. 그 단호함과 명백함이 '이념의 구현'이라는 서술 시각을 더 두드러지게 했을 것이다. 생활 덕목으로 구체화된 것은 주로 충·효·열이며, 인·의·예·지·신도 포함되었다.

작중인물은 처음부터 어떤 이념을 완벽하게 실천하는 존재이다. 그는 그렇게 타고났기 때문에 그러한 탁월함이 형성되는 과정이 필요 없다. 그래서 이념이 구현되는 데에는 사람의 의지나 욕망에 의한 정황의 변화가 나타나지 않는다.

이념의 구현은 사대부 사회가 유가 이념을 비교적 튼튼하게 유지할 수 있었을 때부터 서사에 나타났는데, 주로 열전列傳 형식을 통해서였다. 열전은 유가 사대부들이 받드는 이념을 도식적으로 구현하는 갈래이기 때문에 사대부 사회의 이른 시기부터 안정된 형식과 유형화된 서술 시각을 갖추었다고 볼 수 있다. 물론 이동윤李東允(1727~1809)이 편찬한 『박소촌화』樸素村話 같은 야담집은 18세기 후반에서 19세기 초 조선 현실에서 존화양이尊華攘夷나존명배청尊明排淸, 내수외양內修外攘이라는 대의명분이 현실적 설득력을 잃어 가고 있었음에도 불구하고 여전히 절의와 정절, 충절을 극단적으로 강조하는 작품들을 싣고 있다. 이런 경향은 편찬자 이동윤이 송시열→권상하→한원진으로 이어지는 노론의 학통을 계승한 점에서 기인했다고 분석되었다.[77]

이처럼 야담집 편찬자 개인의 성향에 따라 이념의 실현이 극단적으로 강조될 수는 있다. 그러나 조선 후기 정신사의 굵은 흐름이 그와는 반대쪽으로 흘러간 것은 분명하다. '이념의 구현'이라는 서술 시각은 조선 후기에 이르러 힘을 얻어 유형화되었다기보다는 오히려 이전 시기에 유형화되었던 것이 극복되어갔다고 보아야 할 것이다. 그런 이유로 조선 후기 야담의 '이념의 구현'을 논의할 때는 다음 두 가지에 초점을 맞춰야 한다.

① '이념의 구현'이 다른 서술 시각과 어떻게 결합하여 변해갔고, 또 이념의 굴레로부터 벗어나려 했던 새로운 서술 시각인 '욕망의 성취'나 '이상향의 추구' 등에 어떤 영향을 끼쳤는가.
② 사대부에 의해 도식화된 이념항들이 다른 계층들의 삶과 어떤 관계를 맺어갔는가.

그러므로 '이념의 구현'이라는 서술 시각에 대해서는 전대형·주변형·중심형이라는 구분을 적용하기가 어렵다. 그보다는 다른 서술 시각과 관계를 맺는 양상에 따라 그 변모를 살피는 편이 낫다. 사대부 사회가 안정되었을 때는 작중인물에게 이념을 그대로 덮어씌워 도식적으로 이념을 구현하는 것이 가능했다. 반면 사대부 사회가 동요되고 이념의 공고한 위치가 의심되면서 이념의 구현은 문제의 해결이나 욕망의 성취를 위한 보조적인 서술 시각이 되었다. 그런데 이념의 자리가 흔들리자 이념을 지키려는 의도에서 이념의 자리를 더 공고하게 만들려는 반응도 있었는데, 이념을 절대화하거나 신비화하는 것이 그 한 방법이었다. 이럴 때 이념의 구현은 다른 서술 시각을 오히려 압도하게 된다.

　야담집에 실려 있는 열전계 작품은 이념이 구현되는 과정을 압축해 보여준다. 다른 서술 시각과 연결되지도, 현실 생활을 담지도 않는다. 반면 야담계 일화나 야담계 소설 등 야담집을 대변하는 작품에서 드러나는 이념의 구현은 현실 생활과 연결되어 나타난다.

　이념이 사대부의 생활과 결부된 경우는 충忠·의義·인仁 등을 중심으로 한다. 「강방성문변순국」降房星文弁殉國(『청구야담』 하, 109면)에서 무인 문기방文紀房은 왜적이 침입해 나라가 위태로워지자 나라를 지키려는 일념으로 싸우다 전사한다. 그 주위의 인물들도 모두 그를 닮았다. 사대부의 충忠을 그리되, 그것에 완벽하게 부합하는 행동만을 보여주었다.* 문기방의 모든 행동을 충으로 요약했으며, 그 외에 그가 일생 동안 했던 다른 행동은 전혀 보여주지 않았다. 이처럼 이념을 나타내는 행동을 압축해 보여주는 작품은 주로 사대부 일화나 야사에 해당된다. 이는 사대부의 자긍심과 자신감을 바탕으로 하는데, 자긍심과 자신감은 이념을 과장하거나 신비화하지 않고서도 주인공의 행동을 그릴 수 있게 했다.

① 원주 아전인 신천희申天希는 관금 5만 냥의 결손을 갚지 못해 자살하려 했다.
② 그의 통곡 소리를 들은 생면부지의 객이 그 돈을 대납해 신천희를 구했다.
③ 객은 신천희의 과분한 보답을 받아들이지 않았다.[78]

---

* 「정희량」鄭希亮(『계서야담』, 132면), 「이인좌」李麟佐(『계서야담』, 134면), 「박남해강개수공」朴南海慷慨樹功(『청구야담』 상, 201면) 등이 여기에 해당된다고 볼 수 있다. 「이극배」李克培(『계서야담』, 493면), 「방우견거계결교」訪友見拒戒結交(『동야휘집』 하, 815면) 등도 확고한 이념을 포용하고 있다는 점에서 상통한다.

이 작품에서 곤경으로부터 벗어나는 신천희와 거금을 쾌척해 신천희를 구해주는 객 중 신천희에 초점을 맞추면 '문제의 해결'이지만, 객에 초점을 맞추면 인仁이라는 '이념의 구현'이 주요 서술 시각이 된다. 그런데 신천희로 하여금 목숨을 스스로 끊어야 할 정도로 심각한 문제에 봉착하게 한 것은 결국 거금을 쾌척하는 객의 존재와 그 행위를 부각시키기 위해서였다. 즉 이념을 구현하기 위해 새로운 현실적 문제를 담은 것이다. "내가 처음 그대를 위해 돈을 준 것은 조금이라도 보답을 생각한 것이 아니었소. 5만 전으로 한 사람의 생명을 살렸으니 나의 일은 다했소. 다시 어찌 그 보답을 받겠소?"[79]라는 객의 말을 부각시킨 것은 이 작품이 '이념의 구현'을 주 서술 시각으로 삼고 있다는 사실을 입증한다. 이처럼 새로운 현실 문제와 관련되면서도 확고한 이념이 구현되는 양상을 보여주는 것이 야담계 일화나 야담계 소설이다.

이때 인仁이라는 이념은 다른 의미 지향을 끌어들이지 않았으며, 인을 구현하는 객은 어떤 보답도 바라지 않고 당당하게 자신이 정당하다고 판단한 일을 했을 따름이다.* 그것은 정신적으로 안정되었던 사대부가 추구한 '이념의 구현'의 특징이라 할 수 있을 것이다. 그 '이념의 구현'은 다른 서술 시각을 압도할 만큼 강한 힘을 지니고 있다.

이런 사대부 이념의 위력은 우언에 가깝게 교훈을 거듭 서술하는 단계까지 나아가게 한다. 「방우견거계결교」訪友見拒戒結交(『동야휘집』하, 815면)는 친구 간의 믿음과 우정이 소중하다는 사실을 보여주기 위해 형과 아우의 경우를 대비시킨다. 형과 아우는 돼지를 죽여 털을 다 뽑은 다음 멍석에 싸서 사

---

* 이 작품 바로 앞에는 「원주지법천」原州之法泉(『삽교집』하, 249면)이 실려 있다. 한 양반이 굶어 죽기 직전에 이르렀는데, 어떤 길손의 도움으로 살아나 그 뒤로 장사를 잘해 갑부가 된다는 이야기이다. 이 작품은 먼저 그 양반의 간절한 구호 요청을 받아주지 않는 자의 냉혹함을 자세히 서술했지만, 정작 양반을 구호해주는 길손에 대해서는 "갑자기 한 말 쌀을 주어 구제해주는 사람이 나타나 능히 죽지 않을 수 있었다"("忽有以斗米救之者 得無死", 『삽교집』하, 250면)라고만 소개했다. 이 구호자는 자신의 정체를 밝히지 않았고 또 다시는 나타나지 않았기 때문에 어떤 보답도 받지 않는다. 서술자는 오직 위기에 처한 사람을 아무 조건 없이 구제해주는 행위만을 부각시키기 위해 이런 인물을 개입시켰다 할 것이다.

람 시체로 위장하고, 각각 가장 친한 친구들을 찾아가 사람을 죽였다고 말했을 때 과연 친구들이 자신들을 숨겨주는지 시험해본다. 수많은 친구들을 가졌다고 자랑하던 아우는 친구들의 집 문전에서 쫓겨나는데, 형은 반대였다. 형의 경우를 통해 친구 간의 진정한 사귐을 보여준 것이다. 그리고 타자의 삶의 방식을 변화시키기에 이른다. 「환탁은강도감의」還槖銀強盜感義(『동야휘집』 하, 180면)는 은 300냥이 든 보자기를 주워 주인에게 돌려주지만 한 푼의 사례금도 받지 않는 허 찰방이 그 돈을 훔친 강도를 감화시켜 함께 살게 되는 과정을 보여준다. 허 찰방은 스스로 사부지행士夫志行을 지킨다는 점을 분명히 했다. 강도가 달라진 것은 허 찰방이 올곧게 실천한 이념 때문이었다.

그러나 사대부 사회가 동요되고 유가 이념이 급변하는 사회를 따라잡지 못하면서 이념의 위력은 약해졌다. 그에 따라 유가 이념을 바탕으로 하여 사대부들의 전통 서사 양식 역할을 해오던 열전도 달라졌다.* 새로운 마음의 구조는 더 이상 일화에 의해 압축적으로 도식화되기 어려울 만큼 복잡해졌다. 이와 관련해 「상산이루세충절」商山吏屢世忠節(『청구야담』 하, 81면)을 읽을 수 있다. 이 작품은 상주의 아전인 이경남李景南 일가의 충절을 보여준다. 이경남은 임진왜란 때 감사대敢死隊라는 의병을 일으켜 분전했고, 광해조 때는 폐모론廢母論이 일어나자 상경해 그 부당함을 알렸다. 병자호란이 일어났을 때는 그 아들 이지원李枝元이 임금을 호위하기 위해 집을 나섰으나 남한산성에서 굴복했다는 소문을 듣고 통곡하며 돌아왔다. 이렇게 이경남으로부터 시작된 이 가문의 충분忠憤은 지원·근생根生·시발時發·삼억三億·경번慶蕃 등 6대에 걸쳐 이어진다. 지방 아전 신분인 이들은 대를 이어 나라와 임금을 위해 고투한다는 강렬한 인상을 준다. 그리고 6대를 이어서 거의 비슷한 행동을 반복했다. 충忠이라는 이념이 전형적으로 실현되지 못하는 시대에 그 충을

---

* 조선 후기 열전 형식의 변모에 대해서는 박희병, 「조선후기 전의 소설적 성향 연구」(서울대 박사학위논문, 1991), 51~81면을 참조할 것.

강조하기 위해 과장과 반복을 시도한 것이다. 충이 강조되는 것만큼 충이 흔들리고 있다는 사실을 암시한다. 역으로 충이 흔들리기 때문에 서사 세계에서 충이 강조되었다고도 할 수 있다.

「문소인삼대효행」聞韶人三代孝行(『청구야담』, 하, 89면)은 그런 면을 효에서 나타내었다. 효행은 오간송吳干松·손자 철조哲祖·철조의 아들로 이어진다. 오간송의 아들 즉 철조의 아버지는 철조가 돌도 되기 전에 죽었기에 직접 등장하지는 않는다. 그것은 철조의 효심을 더욱 강조하기 위한 일종의 포석이기도 하다. 오간송은 친상을 당하자 몸소 흙을 날라 분묘를 만들고 시묘살이를 철저히 하였다. 그래서 사람들은 그 장소를 '시묘 터'라고 불렀다. 철조는 아버지의 얼굴을 알지 못하는 자신을 죄인이라 생각하고는 평생 우스개를 하지 않았다. 돌아가신 아버지의 회갑을 맞이해서도 초상 때와 똑같이 예를 다하였다. 조정에서 그 효행을 칭찬하는 정려를 내렸지만, 철조는 거두어주기를 울며 간청했다. 세상에 이름이 드러나는 것을 원치 않았기 때문이었다. 그런 철조의 아들도 철조가 폐결핵에 걸리자 그에 효험이 있다는 인삼을 구하기 위해 지리산을 헤맨다. 홀연 백발 노승이 나타나 동자삼 여섯 뿌리를 주고 사라진다. 그것을 가지고 돌아오는데 무뢰배들이 빼앗으려고 달려든다. 그 때 큰 범이 나타나 포효하며 무뢰배들을 쫓아버렸다. 이것은 이변이나 기적에 가깝다. 이처럼 4대에 걸친 효행의 반복과 과장은 『삼강행실도』나 전설 속에 등장하는 효자의 이야기보다 훨씬 더 두드러진 것이다. 현실에서 효행이 실현되지 못하거나 효가 현실의 생활 윤리로 위력을 발휘하지 못하는 상황을 역설적으로 서사화한 예라고 할 수 있다.

이념의 위치가 안정되지 못하고 위력이 약화되었다는 점에서 양반 사회가 위기 상황에 이르렀다고 하겠는데, 「퇴완죽우맹천선」退椀粥愚氓遷善(『동야휘집』, 하, 176면)은 그런 위기 상황에서 더 빛이 나는 작품이다. 선비 윤 모는 먹을 것이 없어 굶주리면서도 독서를 게을리 하지 않는다. 그 집에는 더 이상 팔아먹을 것도 없이 솥 하나만 덩그러니 부엌에 남아 있을 뿐이다. 그런데 그 이웃의 손버릇 나쁜 농군이 가난한 선비의 집에 마지막 남은 그 솥을 훔치려고 부엌을 엿보고 있었다. 그때 윤 모의 부인이 죽을 쑤어서는 그릇에 담아 방으로 들어갔다. 책을 읽고 있던 남편이 쌀을 어디서 구했느냐고 물었다. 남편의 성격을 잘 아는 부인은 굶어 죽을 수 없어 이웃의 벼를 몰래 베어 왔다고 솔직히 고백했다. 이웃이란 바로 솥을 훔치려 하고 있는 바로 그 사람이었다. 뒷날 바느질을 해주면 오늘의 죄를 조금이라도 갚을 수 있을 것이니 제발 한술 드시라고 간곡히 말했다. 하지만 남편은 화를 내면서 "하늘이 만민을 나게 하신 것은 반드시 자기 힘으로 먹고 살라고 하신 것이니 사농공상은 각기 그 직분이 있소. 벼 알알에 배어 있는 그 사람의 수고로움이 어찌 독서하는 선비를 배부르게 하고자 함이겠소?"[80]라며 훈계했다. 그리고는 회초리로 아내의 종아리를 때린 뒤 죽을 버리게 했다. 그 장면을 보고 대오각성한 농군은 집으로 돌아가 자신의 부인과 함께 죽을 쑤어 윤 모의 집으로 다시 갔다. 그리고 자초지종을 말했다. 윤 모는 한참 생각했다. 농군이 불량한 자이기는 하지만 개과천선했으니 만일 그 죽을 거절하면 개과천선의 길을 막게 되리라 판단하고 마침내 죽을 받아먹었다. 그 뒤 윤 모의 사랑으로 이사한 그 농군은 문권 없는 종이 되어 정성을 다했다. 윤 모의 사정도 서서히 나아졌다.

 이 이야기는 앞에서 언급한 「환탁은강도감의」와 유사하다. 이념을 당당하게 실천하는 주인공이 도벽이 있는 상대 인물을 감화시켜 결국 함께 살게 된다는 점에서 그러하다. 다른 점은, 「환탁은강도감의」의 허 찰방이 아무 부족함 없이 사대부로서의 뜻을 당당하게 실천해가는 인물인 반면, 「퇴완죽우맹천선」의 윤 모는 독서를 하고도 벼슬을 얻지 못해 끼니조차 이어가기 어렵게 된 인물이라는 점이다. 「퇴완죽우맹천선」에서는 이념적으로 떳떳하게 살아가는 주인공이 상대 인물을 감화시킴으로써 스스로도 가난에서 벗어나게 된다. 주인공이 이념적으로 열등한 상대 인물에 의지해 가난을 해결하는 과정이 주인공과 그 부인이 연출하는 눈물겨운 정경에 가려져 있는 것이다. 그래서 사건 전개가 감동적이기는 하지만, 이념이 생활에 당당하게 적용되었다

는 느낌은 약하다.*

「재자낙향부저경」才子落鄕富抵京(『동야휘집』 상, 783면)은 이념을 더 적극적으로 구현하며 그 결과도 더 과장한다. 최생은 벌열가의 후예로서 가난한 집안 사정에도 불구하고 계속 책을 읽다가, "사지를 게을리 하여 부모 봉양을 돌보지 않는 것이 하나의 불효다"[81]라는 『맹자』의 한 구절**에 충격을 받아 책 읽기를 포기하고 재산을 모으는 대열에 뛰어든다. 그는 지역에 따라, 또 시기에 따라 곡물 가격이 다르다는 점에 착안해 돈을 모은다. 그리고 곧 큰 기근이 드는데, 그때야말로 큰 재산을 모을 수 있는 아주 좋은 기회였다. 종들도 곡식을 내다 팔자고 재촉한다. 그러나 최생은 기근에 허덕이고 있는 향리의 노인들을 불러와 도움이 필요한 집들의 명단을 작성하게 한 뒤 그동안 모은 곡식을 나누어 준다. '향리 사람들이 모두 죽는 걸 차마 볼 수 없다'는 것이 그 명분이어서 공감이 가기는 한다. 그러나 재산을 모으기 위해 책 읽기를 포기하고 비장한 마음으로 집을 나선 최생이 엄청난 돈을 벌 절호의 기회를 맞았음에도 불구하고 그동안 모은 재산까지 모두 향리 사람들을 구휼하는데 써버린다는 것은 분명 자기모순이다. 최생은 그 구휼 행위로 인해 '생불'生佛, '천하인인의사'天下仁人義士 등으로 추앙된다. 그뿐 아니다. 최생은 결국 자신이 구휼해준 농민들의 보은으로 최고 부자가 된다. 이로써 이념은 과장적으로 구현하게 하고 감춰진 욕망은 은밀하게 실현시켜주었다. 이념을 당당하게 과시하면서도 욕망을 충분히 충족시킨 것이다.

그러나 일반화시켜 말한다면, 현실에서 위기 상황에 몰렸거나 그 존재

---

* 물론 이 경우를 맹자의 "士 窮不失義 達不離道 窮不失義 故士得己焉 達不離道 故民不失望"(『맹자』, 「진심장」盡心章 상)이란 가르침에 충실한 행위라고 볼 수도 있다. 궁窮해도 의義를 잃지 않는다는 점에서 맹자의 이념을 실현하고 있다. 그러나 맹자의 이념은 '자신을 상실하지 않음'("得己 言不失己也"(『맹자집주』, 명문당, 1976, 346면)라는 주자의 주를 참조할 것)으로 귀결되었다. 그러나 「퇴완죽우맹천선」에서는 그 이념의 실현에 대한 보상이 뒤따르고, 또 그 보상이 작중 문제의 해결에 결정적인 역할을 한다는 점에서 맹자의 이념이 수단화되었다고도 볼 수 있다.
** 이 구절은 『맹자』 「이루장」離婁章 하下에 있다. 『맹자집주』(명문당, 1976), 227면을 참조할 것.

기반을 상실한 몰락 양반들은 이념을 당당하게 구현하기 어려웠다. 이념은 위력을 잃고 여타의 의미 지향에 종속되었다. 이념을 지탱하는 계층 스스로가 현실적 자신감을 상실했기 때문일 것이다. 이 단계에서 이념은 허위화되는 경향이 있다. 가령 「구사명점산발복」救四命占山發福(『동야휘집』 하, 20면)에서는 공금을 포탈해 곧 죽게 된 아전의 가족에 대한 주인공의 측은지심이 강조되지만, 추노하러 온 양반과 옛 노비들 사이에 응당 있게 마련인 갈등은 간과되었다. 측은지심의 구현이 현실의 진상을 밝히는 데 방해가 된다는 점에서 이념이 허위화되었다고 볼 수 있다. 주인공 김생은 추노하여 받아오던 돈을 아전 가족의 구명을 위해 다 쓰지만, 그들에게 자신의 신상을 밝히지 않는다. 그 뒤 아전의 가족은 김생의 은혜를 갚기 위해 한편으로 돈을 모으며 한편으로는 치성을 드린다. 김생은 그 어머니의 묏자리를 얻으러 갔다가 아전 가족을 다시 만나게 된다. 아전 가족은 이미 거부가 되어 있었고 김생을 위해 전답과 집을 마련해두었다. 그 덕분에 김생은 명당을 얻었을 뿐 아니라 큰 재산까지 얻게 되었다.

절박한 형편에 놓인 아전 가족을 위해 거금을 쾌척하는 김생의 행위는 감동적이지만, 그가 추노를 하러 가게 된 동기와 또 그가 옛 노비들에게 보인 비정한 행동과 비교해 보면 일관성이 부족하다.

이 작품은 '가난한 양반 김생이 추노를 하여 부자가 되었다'가 아니라, '가난한 양반 김생이 절박한 형편에 처한 아전 가족을 살려주고 마침내 보은을 받아 스스로도 부자가 되었다'라고 말하려 한 것이다. 이로써 양반은 가난해도 하층민의 도움을 받아 구차하게 부자가 되는 것이 아니라, 하층민의 자발적인 보은에 의해 뜻하지 않게 부자가 된다. 현실의 난관을 개척할 능력을 잃은 양반들이 여전히 품위와 권위를 지키면서도 문제를 잘 해결할 수 있는 하나의 방안을 보여준 셈이다.

그 점을 확인하기 위해 조선 중기의 잡록집 『죽창한화』에 실려 있는 「김남창」金南窓(『대동야승』 17, 66면)과 비교해 본다. 김남창의 아버지 김언겸金彦

謙은 대대로 향촌에서 살며 유학을 공부했다. 그는 가난했지만 효성이 지극했다. 그가 벼슬을 얻기 전 어느 날 어머니가 한양에서 세상을 떠났다. 관을 상여 수레에 싣고 고향 선산으로 돌아오던 그는 수레바퀴가 부러지자 하는 수 없이 어머니의 시신을 길가에 가매장했다. 그리고 다시 묘를 옮겨갈 비용이 없어 결국 그곳을 무덤으로 삼았다. 그때 어떤 지관이 지나가다, 그곳이 2대에 걸쳐 후손이 금방金榜에 붙을 명당이며 그런 명당에서 수레바퀴가 부러진 것은 효성에 감동한 하늘의 뜻이라고 말해주었다. 과연 김언겸과 그 아들 김남창이 대과에 급제했다.

「구사명점산발복」은 「김남창」류의 이야기를 변형한 것이다. 「김남창」은 효를 강조하면서도 가난한 주인공의 절실한 처지를 그대로 보여주고 있다. 그리고 명당에 모친의 산소를 마련하게 된 것이 '하늘의 뜻'이었다 할지라도 그것이 김언겸 부자가 과거에 급제하는 데 실질적인 도움을 주지는 않았다. 다만 지관의 예언이 격려가 되었을 수는 있겠다. 이와 비교해 볼 때 「구사명점산발복」의 주인공 김생은 명당을 얻고 마침내 부자가 되는 과정에서 특히 상대 인물의 도움에 의존한다. 김생이 나서서 하는 일은 거의 없다. 그럼에도 불구하고 김생이 애초에 베풀어준 은혜와 그에 대한 보답은 아주 상세히 과장되게 그려진 것이다.

조선 말기의 야담집인 『차산필담』에 실려 있는 「영가김씨부부적음설」永嘉金氏夫婦積陰說(『차산필담』, 323면)은 남을 배려해야 한다는 인仁의 이념을 실천하기 위해서라면 자신의 희생도 감내해야 한다며 이념을 절대시한다. 조선 말기에 이르러서는 개인의 욕망을 억누르는 유가 이념이 일상의 규범으로서는 더욱 부적당한 것으로 인식되어갔음에도 불구하고 서사 세계에서는 오히려 이렇게 절대시되었다. 그것은 새로운 시대에 필요한 이념을 강조하면서도, 이념이 현실을 당당하게 이끌어가던 시대에 대한 그리움을 드러낸 것일 수 있다.*

---

*이에 대한 자세한 분석은 이 책의 167~169면 및 509~510면을 참조할 것.

사대부들에게 주로 충忠·인仁·의義 등의 이념이 강조되었다면, 사대부 가문의 여성들에게는 열烈이 강요되었다. 가령 「방호점혈상수혜」放虎占穴相酬惠(『동야휘집』 하, 746면)*에서 안 효부安孝婦는 채 스무 살도 안 된 나이에 과부가 되었지만 개가를 단호하게 거부한다. 그녀는 개가 금지라는 주입된 이념을 맹목적으로 추종했기 때문이 아니라, 눈멀고 병든 시아버지를 혼자 내버려 둘 수 없었기 때문에 친정 부모의 개가 권유를 받아들이지 않았다. 시아버지에 대한 그녀의 정성은 호랑이까지 감동시킬 정도여서 거기서 허위성을 찾기는 어렵다. 그녀의 효성은 인지상정과 현실 경험에서 우러난 절실한 행동으로 느껴진다.

이에 반해 「걸부명충비완삼절」乞父命忠婢完三節(『청구야담』 하, 49면)에서 노비의 딸은 추노하러 갔다가 생명을 잃을 위기에 빠진 양반을 살리려고 자기 목숨을 바친다. 그런 그녀의 죽음을 이 작품에서는 "주인을 위해 충을 이루었고, 지아비를 위해서 열을 완수했으며, 그 아버지를 위해 효를 다했다"[82]라며 추앙했다. 양반이 위기에서 탈출하기 위해 천민 여성을 희생시킨 것을 열과 충으로 미화한다는 점에서 열과 충이 허위화되었다고 할 수 있다.

「권사문피우봉기연」權斯文避雨逢奇緣(『청구야담』 상, 236면)에서 여인은 결혼을 했지만 합궁도 하지 못한 채 홀로 되어 지내고 있었다. 어느 날 여인은 자기 집 문밖에서 소나기를 피하고 있던 권사문을 불러들여 동침한다. 소나기를 피하고 있던 남자를 집으로 불러들여 동침한다는 대목까지는 「청취우약상득자」聽驟雨藥商得子(『청구야담』 상, 157면), 「과동교백납인부」過東郊白納認父(『청구야담』 상, 154면) 등과 비슷하다. 그런데 「청취우약상득자」나 「과동교백납인부」 등은 그 동침의 결과 아들을 낳고, 아들이 다시 아버지를 찾는 것으로 귀결된다. 이에 반해 「권사문피우봉기연」은 귀결점이 전혀 다르다. 여인이 권사문을 불러들인 것은 남자에 대한 관심이나 배려 때문이 아니다. 여

* 「이절부」李節婦(『계서야담』, 80면)도 이와 유사하다.

인에게는 늙은 시아버지가 있었는데, 시아버지는 며느리가 음양의 이치조차 모르고 살아가는 것을 심히 안타까워하면서 개가하기를 권했다. 그러나 여인은 시아버지를 모시기 위해 개가하지 않는다. 그 대신 며느리에게 음양의 이치를 알게 해주려는 시아버지의 간절한 소원을 들어드리기 위해 외간 남자를 불러들인 것이다. 그로부터 몇 년 뒤 시아버지가 죽자 여인은 극진히 장사를 치르고, 권사문에게 다음과 같이 말한다.

> 제가 이 세상에 태어나서 음양의 이치를 모른다 하여 시부께서 항상 권하셨기 때문에 서방님을 모신 것이었습니다. 음양의 이치를 안 다음에야 그날로 죽어도 아무 한이 없었겠지만, 가만히 생각해보니 시부께서는 다른 자식도 없이 오직 제 한 몸에 의지하고 계신데 제가 죽으면 시부의 신세가 이를 데 없이 고단하시겠기에 꾹 참고 오늘에 이르렀지요. 이제 시부께서 천수를 다하시고 장례도 마쳤으니, 제가 더 무슨 소망이 있어 이 세상에 오래 머무르겠습니까. 이제 서방님과 영영 작별입니다.[83]

여인은 남자에 대해 어떤 미련이나 욕망도 갖지 않는다. 첫 경험 때도 기쁜 내색 없이 한숨짓고 처량한 표정을 지었을 뿐이었다.[84] 남편이 없는 이 세상에서 그녀가 바랄 것은 없다. 오직 며느리로서 시아버지를 모시는 의무를 다할 뿐이다. 이런 생각을 하고 있던 여인이 시아버지가 죽자 곧 따라 죽기로 결심하는 것은 당연한 일이다. 그런 점에서 그녀는 효와 절이라는 이념의 화신과 다를 바 없다. 서술자도 이런 그녀의 의미 지향을 선택했기에, 이 작품이 「청취우약상득자」나 「과동교백납인부」와 아주 비슷한 구도임에도 불구하고 그 귀결점을 달라지게 만들었다. 이념의 구현이 욕망의 성취나 문제의 해결과 결합하는 것을 철저히 봉쇄한 셈이다.

반면 「유일재상지녀」有一宰相之女(『계서야담』, 146면)에는 자기 딸을 개가시키는 재상이 등장한다. 재상은 청상과부가 된 딸을 자기 문하의 무변에게 몰래 시집보내고는 딸이 자결했다며 장례까지 치른다. 재상은 수절을 열烈이라고 치켜세우던 관습을 벗어버리고 여성의 솔직한 욕망을 인정해주었던 것이다. 「축명석한」祝螟釋恨(『차산필담』, 426면)에는 이런 맥락에서 더욱 특별한 여성 주인공이 등장한다. 기녀인 주인공은 위원渭源 원의 눈에 띄어 그 첩이 된다. 그런데 위원 원은 얼마 안 있어 자식도 없이 세상을 떠난다. 여성 주인공은 자기를 알아준 남자의 대가 끊기는 것을 좌시할 수 없었다. 그녀는 원의 친척 중 아들 세 명이 있는 집을 찾아가 양자를 달라고 요청한다. 경제적으로 넉넉하게 살아가고 있던 그 집 사람들은 어이없어하며 청을 받아주지 않는다. 하지만 그녀는 단념하지 않고 차가운 마당에서 무려 16일 동안 단식을 하며 양자를 주지 않으면 원귀가 되어 내내 집안에 우환을 가져다줄 것이라고 위협한다. 그 집 사람들은 결국 그녀에게 굴복해 둘째 아들을 양자로 내어준다. 그리고 이에 감동한 위원 원의 친척들은 그 사실을 관가에 알려 그녀에게 정려문을 내려주도록 한다. 하지만 그녀는 있을 수 없는 일이라며 반대한다. 그녀는 기녀의 신분이기에 정절을 말할 수 있는 처지가 아니고, 또 양자를 얻은 것은 4년 동안 자신을 사랑해준 원의 은덕에 보답하기 위한 것이었을 뿐 그 이상 어떤 의미도 없다며 자기를 열녀로 칭송하지 말라고 한다. 그러고는 원의 삼년상이 끝나자 화장을 하고 화사한 옷을 입고는 집안사람들에게 말한다.

> 만일 저에게 자식이 있다면 그 아이를 키우며 여기서 살아야 하겠지요. 그러나 낳은 자식이 없고 또 저는 첩입니다. 위에서 열녀의 상을 내린들 무슨 도움이 있겠습니까? 저는 아직도 젊었으니 다른 데 시집가면 아들 한둘은 낳을 수 있겠지요. 살아서 주인 있는 여자가 되고 죽어서도 주인 있는 귀신이 되는 것이 정문旌門의 주인공이 되는 것보다 낫지 않겠습니까? 저에게는 생각해둔 사람이 있습니다. 지금 그에게로 갑니다.[85]

그녀는 더 이상 위원 원의 집안에 구속되지 않는 자유인임을 분명히 하였다. 그리고 자신의 젊음을 강조한다. 젊기에 새로운 남자와 결혼해 아이를 낳는 것이 가능하다. 그녀에게는 한 남자와 결혼해 아이를 낳고 가정을 꾸리는 것이 기존 이념에 의해 열녀로 추앙받는 것보다 훨씬 더 소중한 것으로 인식된다. 그런 까닭에 자신은 생각해둔 남자가 있고, 지금 당장 그 남자에게로 떠난다고 솔직하게 말한 것이다. 자기 삶에 대한 그녀의 주체적 결단과 실행은 거침이 없다. 어떤 이념도 그녀의 주체적 삶을 가로막지 못하는 것이다. 그런 점에서 그녀는 이념을 완전히 벗어났다고 할 수 있을 것이다.

일반 민중의 이념 구현은 주로 효와 관련된 것이다. 효는 인간의 본성에 부합하는 보편적인 이념이지만, 그것이 실천 차원에서 강조되면 계급 관계를 옹호하는 수단이 될 수 있다. 현실은 엄연히 상하·존비·귀천이 구분되는 계급사회인데 현실 속에서 개인의 직분을 다하는 것만이 효도하는 일이라고 강조하기 때문이다.[86] 야담에서 효가 특히 민중들에게 강조되는 현상은 신분 질서의 동요와 관련이 있다. 기존의 신분 질서 속에서 보상받지 못한 민중들이야말로 신분 질서를 깨뜨릴 수 있는 가능성이 컸기 때문일 것이다. 효를 모범적으로 구현하는 민중의 이야기가 강조되는 것은 민중의 경험 세계가 떳떳하게 부각된다는 의미도 가지지만, 기존의 신분 질서를 고수하기 위해 지배 이념이 개입한다는 성격도 가진다고 하겠다.

「연부명성근동천신」延父命誠勤動天神(『청구야담』 상, 545면)에서 이종희는 어린 나이였지만, 부친의 생명을 연장하고 병을 고치기 위해 자신의 손가락을 잘라 피를 마시게 한다. 그의 효성은 명부冥府에까지 알려져 죽어가던 부친이 살아나게 되며, 조정에서는 그에게 정려를 내린다. 전자는 민중의 윤리적 행위에 대한 민중적 보답이라 할 수 있다. 사람이 윤리적으로 그릇되지 않을 때 세계는 사람의 소망과 조화를 이룬다는 사고방식이다. 이에 반해 조정에서 정려를 내린다는 것은 지배 이념이 개입한다는 뜻이다. 한 사람의 가정 내 효행이 지배 체제의 계통을 거쳐 공적 행위로 칭찬된 것이다. 이것이 효행담의 귀결점이라는 사실은 민간의 생득적 윤리 행위가 유가 이념에 의해 재해석되거나 변질되었음을 뜻한다.

이러한 일반 평민의 이야기에 개입된 이념이 현실의 변화를 참작한 자생적 사회 윤리로 나아가기도 했지만,[87] 그렇지 못한 경우가 더 많았다. 주인공의 신분만이 평민일 뿐 그 생각과 행동 방식은 양반 사대부의 그것과 별 차이가 없는 사례가 많은 것이다. 그러나 평민들이 유가 이념을 그대로 받아들인 것만은 아니다. 평민 스스로 뜻한 바를 이루기 위해 유가 이념을 수단으로 활용하기도 했다. 그런 점에서 이념이 수단화되는 경우를 크게 둘로 나눌 수 있다.

① 지배 계층이 기존 정황이나 질서를 유지·회복하기 위한 수단[88]
② 평민들이 잠재된 욕망을 성취하기 위한 수단

②는 이념의 구현이 그 계층적 기반이었던 사대부 사회를 벗어난 경우이다. 어떤 서술 시각이 계층적 기반을 잃으면 서술 시각으로서의 활력을 상실하고 모티프 수준으로 떨어진다. 그렇게 되면 이념의 구현은 욕망의 성취나 이상향 추구의 영역 속으로 들어가게 된다.

서술 시각의 결합 양상과 그 의의

앞에서 유형화된 서술 시각의 본질과 실현 양상을 검토했다. 다섯 개의 서술 시각들은 고정되거나 고립되어 있지 않고 변화하면서 관계를 맺는다. 그럼으로써 세계를 단편적으로 보거나 사건을 단선적으로 요약하는 수준을 넘어선다. 야담계 소설은 이런 서술 시각들의 결합에 의해 이루어진다.

한 작품에 둘 이상의 서술 시각이 나타나는 것은 작중인물들이 각각 추구하는 상이한 의미 지향들이 분명하게 제 역할을 하기 때문이다. 그것은 작중인물의 사고와 행동 차원에서 이루어지면서, 작중인물들을 관계 맺게 하는 서술자의 서술 의식 차원에서도 일어난다. 두 인물 이상이 추구하는 의미 지향들은 서로 갈등하거나, 지배·종속되거나, 대등하게 공존한다. 또 주인공의 내면에서 생각의 전환이 이루어질 때도 둘 이상의 의미 지향이 이어져서 소설적 전환을 이룰 수 있다.

여기서는 친연성과 소원성을 가진 몇몇 서술 시각들의 결합 양상을 검토하여 야담의 추이를 살펴본다. 결합의 경우들은 무수히 많고, 또 한 작품에서 두 개 이상의 서술 시각이 결합하기도 한다.* 다만 여기에서는 한 작품 안에서 결합하는 서술 시각들 중 가장 두드러지는 두 개의 결합 사례만을 검토한다.

1 욕망의 성취+문제의 해결

■ 결합 양상

욕망의 성취와 문제의 해결은 그 본질이 다르다. 욕망의 성취가 안분자족安分自足의 허구성을 절감한 집단이 기존의 상황보다 더 나은 여건을 만들려는 열정을 바탕으로 한 것인 데 반해, 문제의 해결은 바람직했던 기존 상황을 되찾으려는 회복 의지를 바탕으로 한 것이다. 그럼에도 불구하고 이 두 서술 시각이 자주 결합했다는 사실은 조선 후기에 이르러 많은 사람들이 전 시대에서는 예상하기조차 힘들었던 상황을 다양하게 경험하게 되고, 그 경험 과정에서 기존의 생각이나 감각을 과감하게 혁신해갔음을 뜻할 것이다.

먼저 두 인물의 의미 지향들이 동전의 안과 밖처럼 동시에 구현되는 경우가 있다. 「연산조사화」燕山朝士禍(『계서야담』, 213면)에서, 유배된 이장곤李長坤이 연산군의 억압을 견뎌내고 마침내 복권되는 '문제의 해결'과 이장곤의

---

*이와 관련해 신해진은 '3개 이상의 서술 시각과 의미 지향이 개입하여 서로 섞여 혼재할 경우'를 지적했다(신해진, 「야담 연구의 현황과 그 과제」, 『고소설연구』 2, 고소설학회, 1996, 503면). 거의 대부분의 야담계 소설은 3개 이상의 서술 시각을 담고 있다. 여기서는 다만 두드러진 두 서술 시각의 결합 양상을 통해 해당 작품의 주제나 의미 지향의 특징을 살피려 하는 것이다.

정실이 됨으로써 신분의 상승을 이루는 고리 백정 딸의 '욕망의 성취'는 같은 사건이 전개되는 과정에서 동시에 실현된 두 의미 지향이다. 이장곤이 사화의 피해자가 되었다가 복권되는 의미 지향은 문란한 정치 현실에서 사대부 계층이 봉착해야 했던 현실과 소망을 담은 것이다. 백정 딸의 신분 상승이라는 의미 지향은 이루어지기 힘든 천민 계층의 욕망을 담은 것이지만, 계급적 전형성을 띤 것은 아니다. 그렇지만 후자는 작품의 독특한 분위기를 만드는 데 중요한 역할을 하고 있다. 사대부 사회라는 닫힌 공간을 하층민 사회와 연결해 작중 공간을 확장시켰으며, 그로써 의미 지향의 전환을 가져온 것이다.*

이 작품에서는 하나의 사건이 전개되는 과정에서 두 인물이 각자의 의미 지향을 추구하는데, 두 의미 지향은 대립하거나 갈등하지 않고 오히려 상호 상승 작용을 한다. 두 의미 지향이 다만 병존하는 데서도 의미의 전환이 이루어졌다.

작품 자체는 두 의미 지향을 나란히 제시하지만, 그것을 읽거나 듣는 수용자는 처지나 계층에 따라 어느 한쪽으로 관심을 기울이게 마련이다. 그런 점에서 작품의 의미 지향들이 대등하게 병존한다 하더라도 그대로 해석되거나 경험되는 것은 아니다. 수용자의 해석과 경험 과정에서 이런 작품은 논쟁적이게 되는 것이다.

이와 달리 두 의미 지향이 계기적으로 나타나는 경우가 있다.**「여주지고유허성유생」驪州地古有許姓儒生(『계서야담』, 242면)에서 허홍許弘은 부친이 죽은 뒤 끼니조차 잇기 어렵게 되자 두 형들에게는 과거 공부를 계속하게 하고 자신은 과업을 중단한 채 치산에 나선다.[89)] 허홍은 10년 만에 치산의 목표를

---

* 이 사례를 통해 계층 분화에 바탕을 둔 의미 지향의 전환에 힘입어서도 야담계 소설이 발전했음을 짐작할 수 있다. 이 점이 야담계 소설로 하여금 다양한 처지에 놓인 계층들의 흥미를 유발하고 그들의 관심을 끌게 했다고 하겠다.
** 「여주지고유허성유생」驪州地古有許姓儒生(『계서야담』, 242면), 「기은박문수」耆隱朴文秀(『계서야담』, 396면)가 여기에 속한다.

야담의 서술 시각 유형   151

이루기 위해 죽으로만 연명하며 혼신의 힘을 다한다. 그의 목표는 '형제가 의지해 생계를 꾸려갈 정도의 재산'을 모으는 것이다. 이는 문제의 해결을 지향한 셈이다. 그렇지만 허홍과 그 부인의 근면함과 철저함은 그들을 최고의 부자로 만들어준다. 출발점에서 허홍이 가졌던 의미 지향은 가난에 직면한 양반의 문제 해결이었으나, 결과는 엄청난 부의 획득으로 나타났다. 이는 단순한 기존 정황으로의 회복이 아니라 기존 정황의 초월이므로 욕망의 성취에 가깝다. 허홍은 '중심형 문제 해결'에 대응되는 의식을 가졌다가 곧 그것을 극복했다. 위기의식을 가진 양반이나 몰락 양반이 의타적으로 현실 문제를 해결하는 방식을 수용하지 않은 것이다. 부를 획득하기 위해 스스로 철저하게 노력하는 데서 신흥 상승층의 행위 방식을 발견할 수 있다. 그래서 급박한 정황의 상승이 이루어진 것이다.

그러나 일단 목표를 이룬 시점에서 허홍은 양반으로서 학업을 포기한 것을 한탄한다. '문제의 해결'이란 의미 지향으로 되돌아간 것이다. 그래서 무과 공부를 해 결국 급제한다.*

이상에서 살펴본 것처럼 허홍의 내면에서 비롯된 문제의 해결과 욕망의 성취라는 두 개의 의미 지향은 계기적으로 나타났다고 할 수 있다. 두 의미 지향의 갈등이야말로 한 작품에서 둘 이상의 의미 지향이 개입해 초래하는 의미 전환의 참모습을 보여준다. 양반인 허홍은 과업을 닦아 사대부 관료로서 살아가야 했다. 그러나 경제 여건은 그가 정상적인 사대부로 살아가는 것을 어렵게 만들었다. 경제 여건이 허홍으로 하여금 정황의 변화를 간절하게 추구하도록 했기 때문에 그는 사대부 일화의 주인공이 아니라 야담계 일화의 주인공으로 살아가게 되었다. 나아가 허홍이 겪게 되는 내면의 갈등은 의미 지향의 전환을 초래했다. 결국 야담계 소설이 만들어진 것이다. 이 작품을 야

---

* 그 뒤 허홍이 안악 군수로 부임하려 하는데, 고생했던 아내가 죽자 아내 없는 세상에서 영달을 누리는 것은 아무 의미가 없다며 부임하지 않고 낙향해버린다. 이런 결단 역시 허홍의 의미 지향이 욕망의 성취가 아니라는 사실을 방증한다.

담게 소설이 되도록 한 것은 양반의 삶에 개입한 복잡한 현실 여건과 그에서 비롯된 양반의 자의식이라고 하겠다.

한편 「기은박문수」耆隱朴文秀(『계서야담』, 396면)는 암행어사 박문수와 박 도령의 긴밀한 관계를 통해 문제가 해결되고 욕망이 충족되는 과정을 보여준다. 박문수의 잠정적인 문제는 배가 고프다는 것이었고, 박 도령의 지속적인 문제는 가난하다는 것이었다. 또 박 도령은 부자인 좌수의 딸과 혼인하고자 하는 욕망을 갖고 있었다. 결국 박문수가 좌수를 윽박질러 딸을 박 도령과 혼인하게 하고 그 재산의 반을 박 도령에게 주게 하였다. 이로써 박 도령의 욕망도 완전하게 충족되었다. 즉, 문제의 해결과 욕망의 성취가 계기적으로 조화롭게 추구되었기에 갈등이 생기지 않았다. 이런 조화는 스스로는 굶고 있으면서도 과객의 배고픔을 해결해주고자 한 박 도령의 지극한 인정을 소중하게 여기는 데서 형성되었다고 할 수 있을 것이다.

이에 반해 「인차태오로삼가」因借胎娛老三家(『동야휘집』 하, 823면)에서는 욕망의 성취가 서술의 원동력이다. 서울의 정생丁生은 가난하여 추노推奴에 나섰다가 도중에 신흥 부자 노옹을 만난다. 노옹은 부자이긴 하지만 아들이 없다. 노옹은 정생에게 자신의 세 첩과 동침해 아들을 낳아줄 것을 간곡히 부탁한다. 그리고 첩들은 정생과 동침해 각각 아들을 낳게 된다. 이 상황은 노옹이 가졌던 문제가 해결된 것이다. 한편 정생은 그 뒤 더욱 가난해져 끼니조차 이어가기 어렵게 된다. 그때 노옹의 첩들이 낳은 아들들을 만난다. 이로부터 그는 만년의 행복을 누린다. 그런데 정생은 양반 신분이지만 끼니를 이어가기 어려울 정도이니 실제로는 하층민과 다를 바 없다. 그러므로 정생이 추구하는 바는 과욕을 견제하면서 과거에 자신이 누렸던 것만큼만 회복하는 것일 수 없다. 오직 한없이 욕망을 추구할 따름이다. 그러나 정생은 그럴 능력이나 수단을 갖지 못했다. 절망의 상황에서는 기댈 수 있는 그 어떤 것이라도 떠올리게 마련이다. 정생이 유일하게 기댈 수 있었던 것은 타고난 생산력이었다. 그 덕분에 여인들과 동침하게 되었고 동침한 여인들이 낳은 아들들이 정생을 부자로 만들어준다. 노옹이 문제를 해결하고 정생이 욕망을 성취하는 것은 서로 조화를 이루지만, 서술자의 궁극적인 관심은 정생의 욕망이 성취되는 데 있다.

이런 경향이 더 나아가면 문제 해결은 단순한 삽화로 처리되고 욕망의 성취 과정만 부각된다.* 그 반대의 경우도 나타날 수 있다. 이렇듯 두 의미 지향이 동시적으로 개입하되 어느 하나가 다른 하나를 압도하는 경우가 생겨난다.

먼저 문제의 해결이라는 의미 지향이 욕망의 성취를 압도하는 경우는 「수의태방다모가」繡衣紿訪茶母家(『동야휘집』 상, 616면), 「남루거주기소원」南樓擧朱旗訴寃(『동야휘집』 하, 79면), 「촌맹우현웅치요」村氓遇玄熊致饒(『동야휘집』 하, 738면) 등에 나타난다.

「수의태방다모가」는 "감사 이만웅은 참판 모의 아들이다. 아직 급제하지 않았을 시절에"[90]로 시작하는데, 이 구절은 이만웅이 나중에는 과거에 급제해 행복한 삶을 누렸음을 암시한다. 작품의 결말은 "다시 제2의 봉서를 열어보니 본부 부사로 제수한다는 교지였다"[91]는 것으로, 문제가 해결된 정황을 간접적으로 보여준다. 이것은 과거 급제를 암시한 서두의 정황과 비슷한 수준이다. 그리하여 이만웅의 입장에서 보면 서두에서 추구한 바람직한 정황이 중간의 우여곡절을 거쳐 그대로 확보되는 전형적인 '문제의 해결'에 해당한다. 한편 여인의 입장에서 보면 신분의 상승 과정이 된다. 그녀는 이만웅에게 자상한 은혜를 베풀어주어 마침내 임금의 제3봉서[92] 교시에 따라 그의 정실이 된다. 결국 이 작품은 문제의 해결과 욕망의 성취라는 두 의미 지향을

---

* 이 작품이 그런 단계까지 나아가지 않았던 이유는 계층 설정의 묘에 있을 것이다. 문제 해결을 추구하는 노옹의 신분은 평민이고 욕망을 추구하는 정생의 신분은 양반이어서, 두 서술 시각의 일반적인 계층 설정과는 반대가 되었다. 평민인 노옹이 봉착한 문제는 양반이 봉착하는 문제와 본질이 다르다. 문제 해결에서 양반은 기득권 회복을 추구하는 데 반해, 노옹은 사람으로서 누구나 원하는 자식을 추구했다. 욕망 추구에서 평민은 온갖 수단을 다 활용할 수 있지만 양반인 정생은 욕망에 대한 집착이 강하다 하더라도 그 욕망을 성취하기 위해 모든 수단을 다 활용하지는 못한다. 지체를 생각해야 하기 때문이다.

내포하지만, 여인의 신분 상승[93]은 이만웅이 문제를 해결하는 과정에서 유발된 한 부산물이란 인상을 준다는 점에서 문제의 해결 과정이 '주도적 서술 시각'으로 선택되었다고 할 수 있다.*

「촌맹우현웅치요」는 암곰에게 잡혀가 3년 동안이나 성 관계를 맺으며 부부처럼 지내다가 탈출하는 진 모秦某라는 나무꾼의 경험담이다. 암곰은 진모가 원하는 온갖 맛있는 음식과 보물들을 가져다준다. 그것은 독자나 청자의 관심을 끌기에 충분하다. 하지만 수간獸姦 행위가 조장하는 엽기적인 분위기는 진 모가 곰에게서 벗어나 자신의 집으로 돌아가는 것에 서술의 초점과 흥미가 맞춰지게 하였다. 그런 까닭에 진 모를 잃고 원통해하던 곰이 죽자 진 모가 굴에 있던 재물을 싣고 나와 부자가 된다는 부분이 지배적인 인상을 만들지 못하는 것이다.

「남루거주기소원」도 지인知印에 의해 살해되어 밀양 영남루 아래 대밭에 버려진 처녀의 문제와 부임하자마자 죽게 되는 밀양의 원으로 가게 된 김 무변武弁의 문제가 해결되는 것을 중심으로 서술했고, 친구 김 무변의 문제를 대신 해결해주고 현달하게 되는 이 무변의 욕망 성취는 후일담으로 처리했다.

이와 같이 문제의 해결과 욕망의 성취라는 두 서술 시각이 한 작품 속에 공존하되, 전자가 후자를 압도하며 이끌어간다는 것은 전자의 바탕이 된 의미 지향이 후자의 바탕이 된 의미 지향보다 더 강렬했음을 뜻한다.

이에 반해 욕망의 성취가 문제의 해결을 압도하는 경우도 있다. 「에요무전구피화」爇妖巫訹仇避禍(『동야휘집』 하, 95면), 「영호기인상략전」逞豪氣因商掠錢(『동야휘집』 하, 45면), 「암수혜모수귀노」暗酬惠謀帥歸老(『동야휘집』 하, 131면), 「궁유행사역득재」窮儒行使役得財(『동야휘집』 하, 142면) 등에 나타난다.

---

* 이 작품에는 운명의 실현이라는 서술 시각이 시종 개입하고 있기도 하다. 편찬자도 운명의 실현이라는 관점에서 이 작품을 평하고 있다.

「에요무전구피화」에서 김생은 추노 길에 올랐다가 도중에 한 여인을 만난다. 여인의 집은 첩으로 들어온 악독한 무당 탓에 몰락해가고 있었다. 무당은 여인의 어머니와 언니를 죽이고는 여인마저 노리고 있었다. 김생은 기구한 처지에 놓인 여인을 위해 그 무당을 죽여 문제를 해결해준다. 여인을 첩으로 들이고 여인이 가진 재산까지 얻게 된 김생은 그 여인의 옛 노비들의 주선으로 과거에도 급제하게 된다. 양반이 과거에 급제하기 위해 기꺼이 노비의 힘을 빌린다는 것은 그 무엇보다 욕망 충족을 우선시했음을 뜻한다. '온향부귀'穩享富貴라는 마지막 구절이 지칭하는 욕망을 성취하도록 명분이나 윤리상의 결함을 눈감아주는 것이다. 「암수혜모수귀노」에서 관영의 재물을 포탈한 무인은 종적을 감추었다가, 자신을 발탁하고 도와주었던 통영 원이 몰락하자 다시 나타나 이상향[94]에 가까운 곳으로 모시고 가서 함께 산다. 무인의 힘에 의지할 수밖에 없었던 원은 무인의 범행을 따질 겨를도 없었다. 따지기는커녕 모든 게 갖춰진 곳에서 안온하게 살게 된 데 대해 탄복한다. 그리고 상하 신분 간 예절조차 따지지 말자고 제안한다.[95] 「궁유행사역득재」에서는 과거 준비를 하던 임생이 친구가 원으로 있던 안동 고을의 아전 역을 자처하여 재물을 갈취하고는 사라져버린다. 임생은 자신이 사대부라는 의식을 기꺼이 버렸다. 그러고도 마침내 등과한다. 이는 실로 자기모순이 아닐 수 없다.
　「영호기인상략전」은 명분보다 실리를 챙기는 시장의 분위기를 실감 나게 그린다. 상인 손량식孫亮軾은 남초 흉년이 들자 시세 차이를 이용해 큰돈을 벌고자 가산을 모두 처분하고 그 돈으로 남초를 구입해 상경한다. 그런데 한양에 도착하자마자 사기꾼을 만난다. 사기꾼이 자기 집에 남초를 부려놓고 며칠간 묵으면서 남초 상인과 흥정하자고 해 그대로 따랐다. 사기꾼은 손량식에게 용산 강가에 가서 땔감을 실어와 달라는 부탁을 한다. 손량식은 사기꾼의 종과 함께 집을 나섰는데, 어느 순간 종은 사라져버렸고 손량식은 오도 가도 못하는 신세가 되었다. 그런 손량식 앞에 한 사나이가 나타났다. 그 사나이는 궁지에 몰린 사람에게 조건 없이 은혜를 베푸는 자가 아니다. 잃은 남초를 찾아주면 남초 가격의 반을 달라는 조건을 내세운다. 사나이는 사기꾼의 집을 찾아내고 남초를 도로 찾는다. 거기다 남초 더미 안에 돈 300냥이 들어 있었다고 우겨서 300냥까지 덤으로 벌게 된다. 그는 사기꾼에게 도리어 사기를 친 것이다.

이런 줄거리를 따라갈 때 중간에서 손량식의 문제가 해결되는 양상이 흥미를 끌기는 하지만, 그보다는 손량식이 재물을 많이 얻게 되는 결말이 더 부각된다. 중간의 문제 해결조차도 사나이가 300냥이라는 거금을 얻게 되는 기회로 활용되었다.

이렇듯 욕망의 성취가 문제의 해결을 압도한 것은 조선 후기 시장 공간에서 일상을 꾸려가던 인간 군상들의 욕망 충족에 대한 관심이 강렬하게 개입했기 때문이라고 해석할 수 있다. 문제를 해결하기 위해 일을 시작했다가 마침내는 수단과 방법을 가리지 않고 정황의 향상을 추구하게 된 경우라고 하겠다.

■ **결합 양상의 의미**

욕망의 성취 과정과 문제의 해결 과정은 그 본질이 매우 다르다. 주체의 계층적 처지가 다르고 목표의 수준이 다르다. 그럼에도 불구하고 양자가 결합한 사례가 적지 않은데, 그것은 서술자나 작중인물들이 처음에 추구하던 서술 시각이나 의미 지향에 고착되지 않고 시시각각 달라지는 여건을 받아들였기 때문으로 볼 수 있다. 여건을 개선하려는 뜻을 이루기 위해서라면 전혀 다른 계층의 상반된 의미 지향조차도 수용하거나 그것과 관계를 맺으려 했던 것이다.

이와 같은 작품 내적 특징에서 작품 밖 현실의 사정을 연상할 수 있다. 조선 후기에 이르러 많은 사람들이 전 시대에는 예상하기 힘들었던 다양한 상황을 경험하는 과정에서 기존의 생각이나 감각을 과감하게 변화시켜갔다는 것이다.

문제의 해결과 욕망의 성취가 두 인물에 의해 각각 실현되는 경우 두 의미 지향이 서로 도움을 주며 조화를 이루는 때가 많다. 반면 한 인물에 의해 계기적으로 추구되는 경우는 그 인물의 내면에서 갈등이 일어난다. 두 의미 지향의 본질이 많이 다르기 때문이다. 이런 갈등을 겪으면서 애초의 의미 지향을 수정했다는 것은 작중인물이 삶의 여건으로부터 민감한 영향을 받고 또 그에 대해 적극 대응했다는 증거이다.

이상은 두 의미 지향이 동시적 혹은 계기적으로 공존하는 경우이다. 다른 한편, 한쪽이 다른 쪽을 압도하는 경우도 있다. 문제의 해결이 욕망의 성취를 압도하는 경우는 욕망 충족에 대한 지향이 충분하게 형성되지 못했거나, 해결해야 할 문제가 매우 심각하고 절실했던 현상과 대응될 것이다. 반대로 욕망의 성취가 문제의 해결을 압도하는 경우는 욕망 충족에 대한 관심이 더 강렬하게 개입했거나 해결해야 할 문제가 그리 심각한 수준이 아니었던 현상과 대응될 것이다. 문제를 해결하기보다는 수단과 방법을 가리지 않고 욕망을 충족시키고자 한 것이다. 혹은 문제의 해결을 목표로 삼았지만 나선 김에 여건을 좀 더 향상시키고자 한 결과라고도 할 수 있다.

2 이상향의 추구+문제의 해결

■ 결합 양상

이상향 추구와 주로 결합하는 것은 문제의 해결이다. 문제의 해결은 이상향 추구의 근본정신을 고양시키기도 하고 왜곡시키기도 한다.

「유랑표해도단구」劉郞漂海到丹邱(『동야휘집』 하, 552면)에서는 바다에서 표류하는 어부의 문제가 부각되었다. 어부의 문제는 몰락 양반이나 위기의 양반이 겪는 것과는 달리 일상생활 과정에서 당면한 심각한 문제이다. 그 문제를 해결하기 위해 이념이나 운명 같은 추상적 요인이나 문제 해결자가 개입하지 않는다. 그 대신 이상향을 확보함으로써 문제를 해결하려 하였다. 역으로 보면, 서두에서 풍랑에 휩싸인 어부가 생사의 갈림길에서 고투하는 모습은 고난으로부터 해방된 이상향을 건설하거나 이미 건설된 이상향을 발견하는 것이 절실하도록 만든다. 그런 점에서 두 의미 지향은 상호 상승 작용을 한다.

이처럼 이상향 추구가 그 본질을 유지하며 문제의 해결과 결부되는 경우는 문제의 해결이 중심형이 아닐 때다. 한편 문제의 해결이 중심형일 때는 이상향을 추구하는 정신이 왜곡되기도 한다. 「재략재감화군정」再掠財感化羣情(『동야휘집』 상, 689면)에서는 위기의식을 느낀 양반이 도둑 집단의 두목이 되었다가 마침내 도둑들을 양민이 되게 해 귀향시킨다. 서술자는 두목이 없어 흔들리는 도둑 집단의 처지를 문제적 상황으로 인식하지 않고 도둑 집단으로 들어가게 된 양반의 처지를 문제적 상황으로 보았다. 그런 점에서 문제 해결의 중심형이 이상향 추구의 중심형과 갈등하다가 결국 이상향 추구가 부정되었다고 하겠다.

이상향의 추구가 문제의 해결과 결합해도 그 본질을 유지할 수 있는 경우는 두 의미 지향이 같은 뿌리에서 자라난 경우이다. 「유랑표해도단구」에서 유동지는 어부로서 부딪힌 절박한 문제를 해결하고자 하나 그 실마리를 잡지 못한다. 이때 이상향 추구를 개입시킨 것은 유동지로 하여금 다른 실마리를 잡도록 해주기 위해서였다. 유동지는 이상향을 발견함으로써 당면한 문제를 잠정적이나마 해결하였다. 문제의 해결이라는 의미 지향이 선행하고 이상향 추구라는 의미 지향이 그에 대응해 나타난 것이다. 그런데 유동지가 발견한 이상향은 유동지와 다를 바 없는 어부들이 건설한 생활공동체였다. 그런 점에서 여기서의 이상향 추구와 문제의 해결은 뿌리와 지향은 같지만 귀결이 다른 형태라고 보아야 한다.

이에 반해 「재략재감화군정」과 「원섭해방재주석」遠涉海邦載酒石(『동야휘집』 상, 452면)에서는 이상향 추구가 선행하고 문제의 해결이 그에 대응하여 나타난다. 「재략재감화군정」은 문제의 해결을 통해 이상향의 추구를 극복하고자 했다. 서술자가 이상향 건설 자체를 문제 유발 요인으로 인식해 이상향 추구를 견제하고 극복하려 했기 때문일 것이다. 「원섭해방재주석」에는 왕이 다스리는 섬나라 백화국白華國이 이상향으로 설정되어 있다. 백화국 왕은 송순과 송엽, 송근 등을 즐겨 먹었는데, 어느 때부턴가 등에서 소나무가 자라나 엄청난 고통을 겪게 된다. 이것은 이상향을 추구하던 주체가 문제적 상황에 봉착한 것이다. 이상향을 추구하던 주체의 문제가 정 상사鄭上舍라는 선비에 의해 해결된다. 정 상사는 책 읽기로 세월을 보내고 있던 사대부 교양인인데, 백화국 왕의 등에 자라난 소나무를 뽑아주고 고향인 과천으로 돌아온다.

두 작품은 이상향의 추구에 대한 관심을 문제의 해결 쪽으로 나아가게 했다는 인상을 준다. 그 결과 이상향을 추구하던 작중인물의 간절함이 약화되었고, 이상향 추구의 본질이 망각되기에 이르기도 했다.

이들 작품과 비교할 때 「건비서유시대의」建碑書喩示大義(『동야휘집』상, 522면)는 아주 독특한 모습을 보여준다.

① 성삼문은 가난해 누이를 시집보낼 돈조차 없었다.
② 해서海西 땅에 자기 집안의 노비들이 부유하게 산다는 소문을 듣고 추노推奴 길에 올랐다.
③ 산길이 저물었는데, 한 건장한 사나이가 나타나 성삼문을 인도했다. 산중에 큰 마을이 나타났다.
④ 한 집으로 인도되었는데 그 주인은 수염과 눈썹이 흰 노옹으로, 대접이 융숭했으나 거만했다.
⑤ 노옹은 성삼문이 추노하러 간다는 말을 듣고는 아름다운 일이 아니라며 그냥 돌아가라고 권유했다.
⑥ 성삼문은 노옹이 금전을 많이 갖고 있으면서도 의기가 있는 녹림호객綠林豪客일 것이라 생각했다.
⑦ 탁월한 학덕을 가졌는데 왜 출사하지 않느냐고 묻자, 노옹은 출신이 한미해 등용될 수 없다고 대답했다. 그리고 한가하게 추구하는 사업이 좋은 벼슬 못지않다며 자기만족을 표시했다.[96] 그런 다음 세속 생

활의 허무함을 노래했다.[97]

⑧ 성삼문이 노옹의 충고를 받아들여 추노를 그만두고 집으로 돌아와 보니 노옹이 이미 재물을 보내주었고, 그로써 누이의 혼례를 치를 수 있었다. 짐 속에 들어 있던 편지의 필체가 성삼문 자신의 것과 똑같아 노옹이 신인인 줄 알았다.

⑨ 단종 복위를 꾀하기 직전 노옹에게 가부를 물어보고자 하인을 보냈다. 그러나 노옹의 자취는 사라지고 비석 하나가 세워져 있었는데, 거기에 '만고에 이름을 남기고 천추에 제사를 받을 것이니 이 일의 가부를 나에게 물을 것 없지'(萬古留名 千秋血食 此事可否 不必問我)라고 적혀 있었다. 그 뜻을 받들어 거사를 도모했다.

성삼문이 목격한 노옹의 마을 풍경은 이상향의 전형이다.[98] 또 성삼문이 누이를 결혼조차 시키기 어려울 정도로 가난했다는 것은 '전형적인' 문제의 발생이다. 성삼문이 추노 길에 오른 것은 문제를 해결하기 위한 진지한 시도이다. 그런데 그 길에서 노옹의 마을로 들어가게 된다. 이는 이상향의 발견에 해당한다. 결국 성삼문은 노옹의 충고를 받아들여 추노를 포기하지만 노옹이 보내준 재물로써 누이를 시집보냈으니 문제가 완전하게 해결된 셈이다. 노옹은 성삼문에게 덧없는 부귀영달에 연연하는 것이 부질없다고 설파했다. 또 성삼문은 단종 복위 거사를 도모하기 직전 노옹의 자문을 구하기도 했다. 노옹은 이상적 삶의 공간인 이상향을 건설했을 뿐만 아니라 바람직한 삶의 자세를 현실에 제시하는 존재이기도 하다. 그런 점에서 이 작품에서는 이상향의 추구와 문제의 해결이 갈등을 일으키지 않고 공존한다.

■ **결합 양상의 의미**

이상향의 추구는 주로 문제의 해결과 결합한다. 이상향을 건설하는 과정에서 발생한 문제를 해결하는 경우, 문제를 해결하기 위해 이상향을 추구하는 경우, 이미 건설된 이상향이 그 뒤에 발생한 문제를 해결해주는 경우 등이 있다. 문제의 해결과 이상향의 추구가 서로 상승 작용을 하는 경우도 있지만, 문제를 해결하는 과정에서 이상향 추구의 본질을 왜곡하는 경우도 있다.

이상향의 추구가 문제의 해결과 가장 빈번하게 결합된 까닭은 무엇일까? 먼저 이상향 추구의 본질이 왜곡되지 않으면서 문제의 해결과 결합될 수 있었던 것은 두 의미 지향이 같은 뿌리에서 자라났기 때문이다. 두 의미 지향은 현실 여건에 만족하지 않고 그 불만을 보상하기 위해 노력한다는 점에서 뿌리가 같다. 특히 문제의 해결이 양반의 기득권 회복이라는 성격을 분명하게 갖지 않는 경우라면 이상향 추구의 본질과 큰 차이가 없다. 이때 이상향 추구와 문제의 해결은 동일 지향의 다른 형태라 할 수 있기에 자연스럽게 결합된다.

다른 한편, 서술자가 이상향 추구에 대해 반대하고 그것을 극복하기 위한 수단으로서 문제의 해결을 개입시키기도 했다. 그래서 이상향을 추구하던 주체의 절박함과 간절함은 무시되고 이상향 추구의 본질이 망각되기도 한다. 이것은 이상향을 추구하는 작중인물의 의미 지향과 그것을 인정하지 않으려는 서술자의 서술 시각 사이의 갈등을 나타낸 것으로 해석할 수 있다.

이상향 자체와 이상향의 건설자가 현실을 완전히 초월하면서도 현실을 계도하는 역할을 할 때, 이상향 추구는 문제 해결을 압도한다. 이럴 때 두 의미 지향의 관계는 일방적이지만 공존할 수 있는 것이다.

3 이념의 구현+문제의 해결

■ 결합 양상

이념의 구현과 문제의 해결이 결합하는 양상은 양쪽이 조화를 이루는 경우와 한쪽이 다른 쪽을 압도하는 경우로 나눌 수 있다. 그중 이념의 구현이 문제의 해결을 압도하는 경우가 많다. 이 경우는 이념이 일상 속에서 여전히 힘을 발휘하고, 또 문제의 해결이 야담의 중심 서술 시각으로 분명하게 형성되기 이

전에 나타난 것으로 추정된다. 그리고 문제의 해결이 서사적 활력을 상실한 단계에서도 나타났을 것이다. 반대로 문제의 해결이 이념의 구현을 압도하는 경우도 있는데, 이것은 대체로 이념이 문제 해결의 수단이 된 경우라 할 수 있다.

먼저 이념의 구현이 문제의 해결을 압도하는 경우를 보자. 「충주지가흥유황희숙」忠州之可興有黃希淑(『삽교집』 하, 245면)에서 황희숙은 정체불명의 사람으로부터 콩을 맡아달라는 부탁을 받는다. 그 사람은 특별히 황희숙을 선택해 '내년에 다시 올 테니 내 허락 없이는 결코 콩을 팔지 말라'는 부탁을 하고 사라졌다. 다음 해 극심한 흉년이 들어 콩 값이 치솟았다. 그 뒤로 계속 흉년과 가뭄이 드니 이웃 사람들은 물론 황희숙의 가족조차도 굶어 죽을 지경이었다. 그러나 황희숙은 절대 콩에 손대지 않는다. 사람들이 죽어가고 있고 또 당장 콩을 팔면 엄청난 이득을 본다며 콩을 팔라고 이웃 사람들이 애걸했지만 황희숙은 끝까지 주인의 허락 없이는 콩을 팔 수 없다고 버틴다. 결국 마을 사람들은 어음을 써놓고 콩을 탈취해갔다. 주인이 나타나기까지 콩을 지키려 했던 황희숙은 보물을 지키는 영웅으로 보일 만큼 철저하고 단호했다. 콩을 빼앗긴 황희숙은 자신이 신의를 저버렸다고 자책하며 '범사는 모름지기 명백해야지 구차스러워서는 안 된다'고 다짐한다. 그래서 콩을 맡긴 사람이 40년이 지나도록 나타나지 않아 갑부가 되었지만 별 기쁜 내색이 없다.

편찬자 안석경은 '사람이 신의가 없으면 행실을 논할 필요도 없다. 재산을 모아도 지키지 못한다'라는 선친의 말을 소개하면서, 황희숙이 가난한 상태에서 향리의 갑부가 된 것은 신의가 있었기 때문이라고 평가했다.[99] 한편 흉년이 들어 기근에 허덕이게 된 이웃 사람들의 문제는 전면으로 부각되지 못했다. 아무리 신의가 중요하다고 하지만 창고의 콩을 꺼내 죽어가는 사람들을 일단 살리는 것이 상식일 텐데, 황희숙은 그렇게 하지 않았다. 그런 점에서 이념의 구현이 문제의 해결을 압도했다고 하겠다.

한편 주인공이 은혜를 베푼다는 생각 없이 한 행동이 상대 인물에게는 크나큰 은혜로 받아들여지는 경우가 있다. 상대 인물이 심각한 문제를 안게 되어 절망하고 있을 때다. 반면 주인공은 문제를 갖고 있지 않으며, 설사 나중에 심각한 문제에 봉착한다 하더라도 그것을 심각하게 여기지 않는다. 주인공의 '이념의 구현'이 상대 인물의 '문제의 해결'을 압도한 것이며, 주인공의 처지에만 초점을 맞추어도 역시 그렇다.

「청축어재상기왕사」聽祝語宰相記往事(『청구야담』 상, 373면), 「권두신이생종덕」勸痘神李生種德(『청구야담』 상, 166면) 등을 살펴보자. 두 작품의 주인공은 양반으로서, 다른 계층의 사람에게 은혜를 베푼다. 「청축어재상기왕사」에서 주인공은 길에서 주운 비싼 금팔찌를 그것을 잃어버린 여인에게 돌려준다. 여인은 여종이었는데, 주인집의 혼수용 금팔찌를 사 오다가 잃어버렸던 것이다. 그 때문에 목숨을 잃을 뻔했던 여인은 감격해 금팔찌를 돌려준 주인공에게 언젠가 은혜를 갚으려고 그 신상에 대해 묻지만 주인공은 알려주지 않는다. 주인공은 그 뒤 이조판서가 되었는데, 어느 날 묘궁으로 가다가 잠시 이서吏胥의 집에서 쉬게 되었다. 그때 내실에서 "신령님, 옛날 이현에서 금팔찌 돌려주신 분, 부디 재상이 되고 자손도 번창하고 장수하고 부자도 되게 해주십시오"100)라는 축원의 소리가 들렸다. 금팔찌를 잃어버렸던 여인이 그 집 부인이 되어 있었던 것이다. 여인은 해마다 그날만 되면 떡과 술을 마련해놓고 그렇게 빌어왔다고 한다. 그 말을 듣고 주인공은 집주인에게, "나의 부귀영달이 모두 당신 처의 정성으로 이뤄진 것이로군요"101)라고 치하한다. 주인공의 이 말은 실제 현실에서 그러했다는 사실을 인정하는 것이라기보다는 일종의 예의의 말이라 하겠다. 주인공은 살아오면서 그 어떤 도움도 받는다는 생각을 한 적이 없기 때문이다.

「권두신이생종덕」에서 주인공은, 죽어서 마마를 옮기는 두신痘神이 되어 다시 찾아온 친구에게 관대한 처분을 하라고 충고한다. 특히 귀중자貴重子·고과자孤寡子·영오자穎悟子·장원지아長遠之兒 등에게 관대하라고 조언한다. 그러나 두신 친구는 호남에 사는 과부의 하나뿐인 아들을 짐꾼으로 삼아 잡아온다. 그걸 본 주인공은 자신의 말[馬]을 주고 대신 그 아이를 돌려보내게 한다. 이때 주인공은 보답을 받겠다는 생각을 하지 않았다. 주인공은 여유 있게 살고 있었기에 보답을 받을 필요도 없었다. 그러나 되살아난 아이는 어머니에게 자신이 살아난 과정을 생생히 전하고, 아이와 그 어머니는 은혜를 갚기 위해 주인공의 집으로 옮겨 와 살았으며 그 뒤 아이의 자손도 번창했다고 한다.

이렇듯 두 작품의 주인공 양반들은 상대 인물에게 일생 동안 잊을 수 없는 크나큰 은혜를 베푼다. 그렇지만 그에 대한 보답을 통해 자신의 문제를 해결하려는 생각을 하지 않을 뿐 아니라, 그럴 필요도 없는 처지에 있었다. 그럼에도 불구하고 은혜를 베푼 주인공과 그 은혜를 받아 문제를 해결한 상대 인물은 나중에 서로 만난다. 그래서 주인공은 원하지는 않았지만 보답을 받는다. 「청축어재상기왕사」에서는 신령을 향한 기도로, 「권두신이생종덕」에서는 재산과 몸을 맡기는 것으로써 보답이 이뤄졌다.

두 작품은 은혜를 베푼 양반이 상대 인물로부터 보답을 받는다는 점에서는 「퇴완죽우맹천선」退椀粥愚氓遷善(『동야휘집』 하, 176면), 「영가김씨부부적음설」永嘉金氏夫婦積陰說(『차산필담』, 324면) 등과 비슷하다. 그러나 「청축어재상기왕사」와 「권두신이생종덕」에서 주인공들은 심각한 문제에 봉착하지 않았기 때문에 상대 인물로부터 보답을 받을 필요가 없었다. 반면 「퇴완죽우맹천선」, 「영가김씨부부적음설」에서는 주인공이 어려운 상황에 빠지게 되어 누군가의 도움이 필요했다. 그때 주인공은 상대 인물로부터 보답을 받아 어려운 상황에서 벗어난다.

이 점을 좀 더 자세히 살펴보자. 「퇴완죽우맹천선」에서 사인士人인 윤 모는 끼니를 잇지 못한다. 양반이 봉착한 심각한 문제가 부각된 것이다. 부인이 굶어 죽을 수 없다며 이웃집 벼를 몰래 베어 와서 죽을 쑤었다. 이런 부인의 행위는, "하늘이 만민을 나게 하신 것은 반드시 자기 힘으로 먹고 살도록 하신 것이니 사농공상은 각기 그 직분이 있소. 벼 알에 배어 있는 그 사람의 수고로움이 어찌 독서하는 선비를 배부르게 하고자 함이겠소?"[102]라는 생각을 가진 윤 모에게 용납될 수 없다. 나아가 윤 모가 아내의 종아리를 치는 행위는 옆집의 도둑마저 감동시켜 회개하게 만들었고, 도둑은 윤 모가 끼니 걱정을 하지 않도록 도와주었다. 윤 모의 가난이란 문제가 해결된 것이다. 윤 모의 행동에서는 어떤 곤궁에도 굽히지 않는 선비의 꼿꼿함이 선연하게 나타난다. 그것은 가식이 아니다. 윤 모는 자신이 아내의 종아리를 치는 모습을 이웃 도둑이 보리라고는 꿈에도 생각하지 못했다. 그러므로 도둑을 개과천선시키는 은혜를 베푼다는 생각을 했을 리도 없다. 오직 도둑 쪽에서 윤 모의 행동을 보고 깨달음을 얻었을 뿐이다. 결국 윤 모의 문제가 해결되는 것은 독자에게는 필연이지만 윤 모 자신에게는 우연이다. 윤 모의 문제가 해결되는 것은 그의 이념을 더욱 당당하게 빛나도록 하는 것일 따름이다.

윤 모는 가난하지만 불의를 용납하지 않고 평소 소신을 굽히지 않았기에 감동을 준다. 그런데 '가난했기 때문에 소신을 더욱 강조했다'는 식으로 해석을 할 여지가 없지 않다. 이렇게 되면 윤 모가 스스로 소신을 강조한 이유는 그 외에는 가난을 극복할 방법이 없다는 사실과 연결된다고도 볼 수 있다.* 이념의 구현이 문제 해결을 위한 수단이 될 조짐을 보이는 것이다.

「강릉김씨」江陵金氏(『계서야담』, 89면), 「영가김씨부부적음설」, 「수은식화」受恩殖貨(『차산필담』, 398면), 「구상수보」救喪受報(『차산필담』, 408면) 등은 그런 면이 좀 더 강화된 작품들이다. 따라서 이 작품들에서는 이념의 구현과 문제의 해결이 더 긴밀한 관계를 갖게 된다. 이념을 구현하는 주인공이 상대 인물에게 분명한 은혜를 베풀고, 그 은혜를 입은 상대 인물이 반대급부로서 보은을 하여 주인공의 문제를 해결해주는 소위 '보은담'이 형성된 것이다.

---

* 초기 야담집인 『학산한언』의 「허찰방정」許察訪旌(『학산한언』, 313면)은 이와 유사하지만 본질이 많이 다른 작품이라 할 수 있다. 허 찰방은 거리에서 은 300냥을 주워 주인을 기다렸다가 돌려준다. 주인은 은의 반을 사례금으로 주려 했지만 허 찰방은 받지 않았다. 그에 감동한 주인은 눈물을 흘리며 사실을 실토했다. 주인은 진짜 주인이 아니라 도둑이었다. 도둑은 그 돈을 주인에게 돌려주고 가족과 함께 허 찰방의 종이 되어 죽을 때까지 함께 지낸다. 여기서 허 찰방은 도둑의 도움이 필요할 만큼 가난하지 않다. 오히려 도둑 쪽이 더 간절하게 허 찰방의 종이 되기를 원하여 마침내 그렇게 되었다. 이 점을 고려할 때 『동야휘집』의 단계에서 '가난하기 때문에 더욱 소신을 강조한다'는 경향이 강화되었다고 추정할 수 있다.

「강릉김씨」에 등장하는 김 씨는 가난한 선비다. 그는 생계를 이어가기 위해 옛 노비들을 찾아가 속량해주고 수천 금을 받아 오던 도중 금강에서 세 사람이 빠져 죽으려 하는 모습을 목격한다. 세 사람은 늙은 부부와 그 며느리였다. 하나뿐인 아들이 이역吏役 노릇을 하다 관금 수천 금을 포탈했는데, 그 돈을 갚을 길이 없어 죽으려 한다는 것이었다. 이에 김 선비는 가지고 있던 돈을 몽땅 주고 그들을 구해준다.

세 사람은 대성통곡하며 "우리 네 명의 생명을 살려주셨군요. 장차 어떻게 하면 이 은혜에 보답을 할 수 있을지요? 제발 우리 집에서 며칠 유숙하고 떠나시지요.[103]

살아난 사람들의 이 말은 김 선비의 지극한 보시가 결국 보은으로 귀결될 것을 은근히 암시한다. 그러나 김 선비는 자신의 신상에 대해 아무것도 알려주지 않고 떠난다. 이 장면이 어색하다. 거금을 쾌척하는 마음이 아무리 순수하다 하더라도 최소한 통성명이라도 있어야 할 터인데 그렇지 않았다. 그것은 다음에 분명히 이루어질 보은의 순간을 강조하기 위한 포석으로 보인다. 과연 그 뒤 김 선비는 더욱 가난해지고, 가난이 극에 이르렀을 때 어머니가 사망한다. 김 선비는 어머니의 장지를 구하러 다니다가 금강에서 자신이 구해준 그 사람들을 만나게 되는데, 그들은 마을 최고의 부자가 되어 있었다. 그들의 보은에 의해 김 선비는 어머니의 장지를 얻을 뿐 아니라 가난도 해결하게 된다. 독자들은 김 선비의 시혜와 그로 인해 겪는 가난의 길을 따라가다 어느새 김 선비가 부자가 되는 상황을 만나게 된다. 김 선비의 시혜가 곧장 가난의 탈출로 이어진 것이다.

「영가김씨부부적음설」은 이런 경향이 더 강하다. 김 씨 부부는 '적선누인'積善累仁이라는 점에서 상식을 훨씬 초월한다. 먼저 김 씨 부인은 바느질로 겨우 연명하면서도 푸줏간에서 파는 고기에 독이 있다는 사실을 알고는 집에 있는 돈을 모두 모아 독이 든 고기를 산 다음 연못에 버린다. 다른 사람이 해를 입지 않게 하기 위해서이다. 고기에 독이 들었다는 사실을 푸줏간 주인에게 알리거나 관가에 고발하는 것이 상식적인 해결책임에도 불구하고 그 방법을 택하지 않았다. 자신의 가난한 처지도 고려하지 않고 고기를 몽땅 사는 것은 아무래도 어색하다. 후반부는 더 어색하다. 김 씨는 끼니를 이어가기가 어렵게 되어도 계속 책만 읽고 있었는데 결국 큰아이가 굶어 죽는다. 그러자 부인은 남편에게 관서백關西伯으로 있는 친구를 찾아가 돈을 좀 얻어오라고 간곡히 청한다. 김 씨는 어쩔 수 없이 친구를 찾아가 사정을 말하고는 50꾸러미의 돈과 7,000관의 어음을 얻어 온다. 이렇게 어렵게 돈을 구해서 돌아오던 차에 임진강에 빠져 죽으려는 사나이와 그 부인을 목격한다. 개성의 상납전上納錢 7,000관을 빌려 쓴 동생이 그 돈을 갚지도 못하고 죽자 그 책임을 사나이가 덮어쓰게 되었는데, 사나이도 돈을 갚을 길이 없어 죽고자 한다는 것이었다. 김 씨는 관서백으로부터 얻은 어음을 주어 그들을 구한다.

그런데 돌아온 김 씨는 임진강 가에서 있었던 일을 그대로 부인에게 이야기해주지 않는다. 사람이 물에 빠져 죽는 것을 보았지만 "우리 집이 구차하기 때문에 재물을 가지고 있어도 언덕에서 바라보기만 하다가 돌아오니 마음에 심히 걸린다오"[104]라고 꾸며서 말했다. 그 말에 실망한 부인은 시렁에 목을 매달아 자살을 기도한다. 숨이 끊어지기 직전에 발견되어 살아난 부인은 왜 자살하려 했느냐는 남편의 물음에 이렇게 대답한다.

당신이 그렇게 부덕한 사람인 줄은 몰랐습니다. 당신은 사람을 구할 수 있을 정도의 돈을 얻었고 사람을 구할 수 있는 때를 맞이했는데도 사람을 구해주지 않고 돌아왔습니다. 집안사람이 죽을 지경에 있는 까닭에 마음이 다른 사람에게 미치지 못한 줄은 알지만, 이같이 마음을 쓰신다면 비록 7,000관이 있더라도 보존하기 어렵게 될 것이니, 환난으로 없어지지 않으면 반드시 도적에게 빼앗길 것입니다. 우리 부부가 늙으면 더욱 가난해지고 자손의 경사를 볼 희망도 없을

것이니, 제가 살아서 무엇 하겠습니까. 차라리 눈을 감아버리는 게 나을 것 같았지요.[105]

부인은 남편이 죽을 지경에 빠진 사람을 도와주지 않음으로 인해 결국 자신들이 더 절망적인 곤란을 겪게 될 것 같았기 때문에 자살을 기도했다고 말했다. 곤경에 처한 사람을 도와주어야 한다는 윤리가 과장된 것만큼 자신의 문제를 해결하고자 하는 의지도 강했다고 하겠다. 이 점이 「퇴완죽우맹천선」과 대비된다. 「퇴완죽우맹천선」의 주인공 윤 모는 자신의 평소 소신을 저버리지 않고 벼를 경작한 농민들의 노고를 공경해야 한다며 이념을 강조했지만, 정작 자신의 가난을 걱정하지는 않았다.

「영가김씨부부적음설」은 이 계열 작품 중에서 마지막 단계에 해당한다. 시혜에 대한 보답을 받아 문제를 해결하는 쪽이 윤리적으로나 이념적으로 우위에 있으며, 보답에 의해 문제를 해결하는 구조가 당당하게 설정되었다. 문제의 해결이 이념의 구현에 종속된 것이다.

이처럼 조선 말기에 가까워질수록 '적선누인' 積善累仁 이란 이념이 실제 현실에서는 위력을 발휘하기 어려워졌는데도 불구하고 이념이 오히려 더 결정적인 힘을 발휘하는 것으로 설정되었다. 양반이 재기할 수 없을 정도로 몰락했을 때 두 가지 길을 선택할 수 있을 것이다. 첫째는 양반의 체면을 의식하지 않고 온갖 수단을 동원해 스스로 그 문제를 해결하는 길이다. 둘째는 체면을 살리면서도 당면한 문제를 해결하는 길이다. 「영가김씨부부적음설」은 두 번째 경우에 해당한다. 일반 민중들이 절망적 상황에서 요행이나 기적을 은근히 기대했던 것처럼, 몰락 양반들이 절망적 상황에서 의지할 수 있었던 것은 그들만의 이념이나 윤리였을 것이다. 이 작품의 김 씨 부인은 몰락 양반의 그런 태도를 대변한다고 하겠다.

이념의 구현이 하위 모티프 수준으로 약화되고 문제의 해결이 부각되는 경우도 있다. 「변사행왈유궁사추반노」 邊士行曰有窮士推叛奴(『삽교집』하, 348면),

「한안동」韓安東(『계서야담』, 96면) 등이 그 예이다. 「변사행왈유궁사추반노」에서는 추노하러 갔다가 생명의 위협을 받게 된 선비가 옛 노비 딸의 도움으로 탈출한다. 선비 쪽에서 보면 문제가 해결되는 과정이고, 노비 딸의 입장에서 보면 열烈과 효孝라는 이념의 구현 과정이다. 이념을 구현하는 주체의 계층이 다른 작품들과는 반대로 설정되어, 양반이 아니라 천민이 이념을 구현한다. 서술자가 선비의 문제를 해결해주기 위해 열烈과 효孝를 구현하는 노비의 딸을 등장시켰다고 볼 수 있다. 문제에 당면한 인물이 스스로 그 문제를 해결할 능력을 갖추지 못하자 상대 인물의 이념 구현에 의지하게 한 것이다. 「한안동」에서도 어머니의 생명을 구해준 주인 마나님의 은혜에 보답하는 중의 풍수 및 예언 능력이 부각된다.

이념을 구현하는 주체가 스스로 '이념을 구현한다'는 의지나 자각을 분명하게 가지지 않는다는 점이 이 작품들의 특징이다. 서술자는 서사 전개를 위해 이들에 의해 구현되는 이념을 수단으로 활용할 뿐, 이들을 이념을 구현하는 의미 지향의 주체로 부각시키지는 않는다. 그런 점에서 이념의 구현이 모티프의 수준으로 변형되었다고 할 수 있다.

「섭남국삼상각리」涉南國蔘商榷利(『동야휘집』하, 532면)는, '문제의 해결' 유형을 설명하면서 앞에서 언급한 「왕남경정상행화」往南京鄭商行貨(『청구야담』하, 461면)가 좀 더 확장된 작품이다. 한 인물에게서 두 개의 의미 지향이 순차적으로 나타나도록 확장되었다. 한 인물의 의식과 행위 안에서 의미 지향의 전환이 이뤄진 것이다.

전반부에서는 역관 변 씨의 '급인지풍'急人之風과 '풍류'의 모습을 함께 보여준다. 변 씨는 중국에 가서 무역을 하려고 관서 영읍營邑의 은 5만 냥을 빌려갔지만 강남 상인 오 씨와 동 수재董秀才의 딱한 사정 이야기를 듣고 거금을 쾌척한다. 또 여자 사기단에 걸려서 남은 돈도 다 털린다. 어려운 이웃에게 기꺼이 돈을 희사한 것은 이념의 구현이고, 그 후 돈을 다 탕진한 것은 심각한 문제의 발생이다. 후반부에서 변 씨는 동료 상인들이 조금씩 모아준 돈과 영읍에서 마지막으로 빌린 돈으로 장사를 다시 시작한다. 목표는 영읍에서 빌린 돈을 갚는 것이다. 조선에서 인삼을 구입해 중국에다 팔려고 갔는데, 거기서 옛날 그의 도움을 받은 오 상인과 동 수재를 만난다.

그런데 오 상인과 동 수재는 인삼을 팔 수 있는 장소를 안내할 따름이지 변 씨의 문제를 대신 해결해주지는 않는다. 또 변 씨가 장사에 성공해 그 대가를 주자 그들은 받지 않으려 했지만 변 씨도 끝내 다시 받지 않는다.[106] 서술자는 변 씨가 그들에게 은혜를 베풀기만 하고 그들로부터 보답을 받지 않게 함으로써 변 씨의 주체적인 문제 해결 자세를 부각시킨 것이다. 변 씨의 문제 해결 과정은 욕망의 성취 과정에 가깝다고 할 정도로 당당하고 적극적이며 생기가 있다.

상인의 이러한 새로운 삶의 자세와 비견될 수 있는 것이 의사의 경우다. 새로운 의사의 모습을 그린 것이다. 「주행여리시낭침」周行閭里試囊針(『동야휘집』 상, 446면)*은 의사 김응립金應立이 권위적인 의사들은 고치지 못하는 병들을 쉽게 고치는 모습을 제시한다. 밤에는 어른의 모습이 되었다가 낮에는 3, 4세 어린아이의 모습으로 왜소해지는 사대부의 병을 고치는 장면이 특히 인상적이다. 현실에 존재하지 않을 법한 환자를 설정하고 그 병을 고치게 한 것은 아무도 권위를 인정해주지 않는 의사들 중에 탁월한 능력을 갖고 있는 경우가 있음을 알리려는 의도가 강했음을 말해준다.

그런데 이 작품은 김응립을 탁월한 문제 해결자로서만 보여주는 것이 아니다. 의사로서 자신의 도움을 필요로 하는 사람이 있다면 언제 누가 부르더라도 기꺼이 달려가 의술을 베푸는 자세를 강조한 것이다. 그리고 "이와 같은 의술을 가진 당신이 왜 존귀하고 현달한 사람들과 교유해 부귀공명을 얻지 않고 다만 여항의 소민들과 노니는가요?"[107]라는 질문에 김응립이 대답하

---

* 「활인병조의행침」活人病趙醫行針(『청구야담』 하, 95면)도 유화이다. 주인공이 다르고 병자를 고치는 방식에도 다소 차이가 있지만, 주인공이 의사로서의 직업윤리를 이야기하는 부분은 거의 동일하다. 이 유화가 담고 있는 새로운 이념의 구현 부분이 관심을 끌었음을 암시한다.

는 형식을 통해 의사로서의 새로운 직업윤리와 철학을 제시한다.

> 대장부로서 재상이 되지 못한다면 차라리 의사가 되지요. 재상은 도로써 백성을 구제하고, 의사는 의술로써 사람을 살립니다. 궁달이 다르지만 공을 베푸는 것은 같습니다. 그러나 재상은 때를 얻어 그 도를 실천하지만 행복하게 되기도 불행하게 되기도 합니다. 남이 주는 식량을 받아 책임을 맡는데, 하나라도 못마땅함이 있으면 처벌이 뒤따르지요. 의사는 그렇지 않습니다. 의술로써 그 뜻을 실천하니 마땅하지 않은 것이 없습니다. 고칠 수 없으면 버리고 떠나도 나를 탓하지 않습니다.
> 그러므로 나는 이 의술을 즐기니, 그것으로 이로움을 추구하지 않습니다. 오직 나의 뜻을 실천할 따름이므로 귀천을 가리지 않지요. 나는 세상의 의사들이 그 의술을 내세워 남에게 교만한 것을 미워합니다. 문밖에는 재상의 걸음이 줄을 잇고 집에서는 주찬을 차려 기다리고 있습니다. 서너 번 요청이 있은 연후에야 겨우 가보는데, 가는 곳은 귀한 가문이 아니면 부잣집입니다. 가난하고 권세가 없는 사람이 부르면 몸이 아프다고 거절하거나 부재중이라 거짓말을 합니다. 백 번 청해도 한 번 일어나지 않으니 이것이 어찌 인자한 사람의 노릇이라 하겠습니까? 내가 오로지 민간에서만 지내고 귀하고 권세 있는 자들과 어울리지 않는 것은 이 같은 무리들을 응징하기 위해서입니다. 저 귀하고 현달한 자들이 어찌 우리들을 업신여길 수가 있을까요? 우리가 가련하게 여겨야 할 사람은 오직 민간 마을의 궁핍한 백성일 따름입니다.[108]

이렇듯 김응립은 의사로서 마땅히 가져야 할 태도와 새로운 직업윤리를 제시한다. 의사는 의술로써 백성들을 살리기 때문에 재상 못지않은 자부심을 가질 수 있다. 의술로써 자기 이익만 찾고, 가난하고 권세 없는 민중들을 외면한다면 인자한 사람이라 하기 어렵다. 지금 진정으로 의사들이 불쌍하게 여기고 도와줘야 할 존재는 민간의 궁핍한 백성이라는 것이다. 이런 주장의 근거는 의사로서의 자기 경험과 다른 의사들의 행태에 대한 관찰이다.

자기 문제를 해결하면서도 그 혜택이 다른 사람에게 돌아가도록 하는 상인과 남의 병을 고쳐주면서 당당한 직업윤리를 제시하는 의사의 존재는, 야담이 문제의 해결과 이념의 구현이라는 두 서술 시각을 결합시킴으로써 새로운 현실에 능동적으로 대응해갔다는 증거가 될 것이다.

■ 결합 양상의 의미

이념의 구현과 문제의 해결이 결합하는 것은 어느 한쪽이 다른 쪽을 압도하는 경우와 양쪽이 조화를 이루는 경우로 나눌 수 있다. 그중 이념의 구현이 문제의 해결을 압도하는 경우가 많다. 이 경우는 이념이 일상 속에서 여전히 힘을 발휘하는 형편을 반영한 것이다. 또 문제의 해결이 야담의 중심 서술 시각으로 분명하게 형성되기 이전이나 서사적 생동력을 상실한 시기에도 이러한 현상이 나타났을 것이다. 반대로 문제의 해결이 이념의 구현을 압도하는 경우도 있는데, 그것은 대체로 문제의 해결을 위해 이념을 수단으로 삼은 경우라 할 수 있다.

야담 속의 양반들은 아주 힘겨운 일상생활을 꾸려가야 함에도 불구하고 삶의 자세는 바꾸지 않으려 한다. 어려운 지경에서도 예부터 받들어오던 이념을 저버리지 않고 철저하게 실천하려는 가난한 양반들의 모습은 큰 감동을 불러일으킨다. 그 감동은 이념을 구현하는 정도에 비례한다. 그리고 결국 가난한 양반은 그 이념에 힘입어 가난이라는 현실 문제를 극복한다.

그런데 이 경우를 자세히 살펴보면, '가난하기 때문에 더욱 자기 소신을 강조했다'는 인상을 받는다. 가난한 양반이 평소 소신을 강조하는 것은 그것 외에는 가난을 극복할 방법이 없기 때문이라는 해석도 가능하다. 겉으로는 악조건에서도 흔들림 없이 평소 소신대로 살아가는 듯하지만, 속으로는 은근히 당면한 문제가 해결되었으면 하는 바람을 갖고 있는 것이다.

나아가 문제에 당면한 주인공의 이념적 행동을 감동적으로 보여주면서,

주인공에게서 혜택이나 감화를 입은 상대 인물의 보은 행위를 부각시키기도 한다. 이념을 구현하는 가난한 양반 주인공이 상대 인물에게 의미심장한 은혜를 베풀고, 은혜를 입은 상대 인물이 보은을 하여 가난한 양반 주인공이 봉착한 문제를 해결해주는 것이다. 이것이 소위 '보은담'의 기본 구조이다. 보은을 받아 문제를 해결하는 쪽이 이념적 우위에 있으면서 시종 당당하도록 만든다.

조선 후기 현실에서 이념은 돈이나 권력에 비해 그 위력이 훨씬 약해졌는데 오히려 이념이 일상을 주도하는 것으로 서술되었다. 그런 까닭에 실상과 다소 동떨어진 느낌을 준다. 이것을 현실의 왜곡이라고 볼 필요는 없다. 최악의 조건에서도 올곧게 소신을 지킬 수 있으며, 또 그런 모습이 더 큰 감동을 줄 수 있기 때문이다. 그리고 여기서 새로운 생활 윤리가 정립되기도 하였다.

이념의 구현이 하위 모티프로만 작용하고 대신 문제의 해결이 부각되는 경우도 있다. 문제에 당면한 주인공이 문제를 스스로 해결할 능력을 갖추지 못하게 되자 상대 인물의 이념 구현에 의지하는 것이다. 이때 상대 인물은 자기가 '이념을 구현한다'는 사실을 분명하게 자각하지 않는다. 서술자는 상대 인물들에 의해 구현되는 이념을 수단으로 활용할 뿐, 상대 인물을 이념을 구현하는 의미 지향의 주체로 부각시키지 않는 것이다.

4 운명의 실현+욕망의 성취

■ **결합 양상**

욕망의 성취와 운명의 실현은 공존하기 어렵다. 전자가 인간의 의지를 가장 중시하는 데 비해, 후자는 운명 앞에서 인간의 의지나 힘이 얼마나 하잘것없는 것인지를 보여주는 것이기 때문이다. 이와 같이 서로 모순적인 두 의미 지향이 빈번하게 결합했다는 것은 어느 한쪽의 성격이 달라졌음을 암시한다.

「가절마전화매영」假竊馬轉禍媒榮(『동야휘집』 상, 475면)에서 남원 유생 김 모는 연이어 과거에 낙방하자 점으로 이름을 날리던 이만갑李萬甲이란 사람에게 가서 점을 친다. 하지만 과거 급제는 고사하고 큰 액을 당할 것이라는 점괘가 나오자 충격을 받는다. 김 모는 액을 피하고 길하게 되는 방법을 알려달라고 간청한다. 이만갑은 청상과부가 있는 곳을 알려주면서, 그녀와 동침하는 것이 액을 피하는 방법이라고 말한다. 김 모가 그곳에 가보니 과연 청상과부가 있었다. 자신의 사정을 이야기하자 과부도 간밤의 꿈에 대해 이야기해준다. 황룡이 계곡을 따라 올라와서는 말을 탄 나그네로 변했는데, 옆에 있던 사람이 그 나그네가 과부의 새 남편이 될 것이리고 말해주었다는 것이다. 과부는 이와 같은 꿈의 계시가 점의 내용과 같다며 모든 게 하늘의 가르침이라고 감탄한다.[109] 과부는 과거에 급제하는 방법 등을 비롯해 김 모에게 많은 것을 가르쳐주는데, 결국 김 모는 과거에 급제하고 두 사람은 부부가 되어 '부귀쌍전'富貴雙全하게 된다.

이 작품에서 사건은 이만갑의 점과 과부의 꿈속 계시에 따라 전개되었다. 결말은 김 모의 소원이 최고 수준으로 이루어진 것이다. 김 모는 과거에 급제할 가능성이 거의 없었다. 그럼에도 불구하고 과거에 대한 미련을 버리지 못하고 있었는데, 설상가상으로 큰 액을 당하게 될 것이라는 말을 들었으니 그 절망감은 대단했을 것이다. 현실에서 자기 욕망을 성취시킬 능력이 부족했고 또 욕망을 성취한 체험조차 갖지 못한 김 모가 소원을 성취하는 길은 비약이나 환상뿐이었다. 그래서 김 모가 주도하는 욕망의 성취라는 의미 지향은 운명의 실현과 쉽게 결합되었다. 이때 욕망의 성취는 주체의 의지를 강조하는 '중심형'은 아니다.

'중심형' 욕망의 성취는 사람의 의지를 강조하기에 거기에 운명이 개입하기는 어렵다. 그런데 「부옹달리신과유」富翁達理贐科儒(『동야휘집』 상, 654면)에서는 중심형 욕망의 성취에 운명의 실현이 또 하나의 서술 시각으로 개입한다. 주인공 황일청黃一淸은 고아로 겨우 입에 풀칠을 하며 살아가다가, 관상 보는 사람으로부터 "느지막이 부자가 되겠고 현명한 부인을 얻어 치산을 하여 곡식이 산더미처럼 쌓일 것"[110]이라는 예언을 듣는다. 그 뒤 안동 땅을 지나다가 유복한 관상의 촌 여인을 만나 결혼하게 된다. 함께 열심히 일하고 검소하게 산 결과 9천 석의 재산을 가진 부자가 되었다. 그러나 아무리 만석을 채우려 해도 뜻대로 되지 않았다. 마침내 재물을 비롯한 세상 만물의 가득차고 비는 진리를 깨닫게 된 황일청은 자신의 재물도 곧 사라질 것을 예견한다. 황일청은 과거 비용을 빌리러 온 최생에게 자신이 살아온 내력을 이야기해주고는, 자기 집안이 곧 망하게 될 것인데 그것은 '천정'天定이라 피할 수 없다고 말한다.

> 최생이 말하기를, "공께서는 두터운 덕을 베푸셨거늘 어찌 무단히 패가할 리가 있겠습니까?" 하자 주인이 말했다. "성공하고 실패하는 것은 순환의 이치로부터 말미암는 것이오. 이미 천정이 있으니 어찌 피할 수 있겠소?"[111]

최생은 황일청이 베푼 덕이 두텁다는 사실을 환기했고, 황일청 스스로도 '인을 베풀고 의리를 실천한다'(行仁施義)[112]는 것을 분명하게 의식했다. 최생은 그런 후덕이 황일청의 부정적인 운명을 극복해줄 것으로 기대했지만, 이야기 전개에서 그러하지 못했고 황일청 스스로도 그러리라 믿지 않았다. 인간의 주체적 노력은 하늘이 정해준 운명이나 만물의 운행 원리를 벗어나기 어렵다는 세계관인 것이다.

그 뒤 과거에 급제해 영남 관찰사가 된 최생은 과연 황일청 일가가 완전히 몰락한 것을 확인했다. 그가 황일청의 손자를 만나 재기할 수 있도록 돈을 빌려준 것을 보은報恩이라고 할 수는 있다. 그렇지만 이 작품 전반에 걸쳐 사건의 흐름을 주도하는 것은 관상·운명·천정 등이다.

이처럼 주인공이 예언된 운명에 힘입어 욕망을 추구하지만, 마침내는 그 운명을 깨닫고 욕망 추구의 한계를 인정하기도 한다. 그것은 부자가 된 뒤에 주인공의 생각이 달라지는 것과 관련된다. 황일청은 9천 석이라는 재물을 모아 거부가 된 뒤에 재물에 대한 생각을 바꾸게 되었다. 만석을 목표로 했지만, 이상하게도 예상치 못한 일들이 자꾸 일어나 그 목표를 이루지 못하게 되자 이런 생각을 하게 되는 것이다.

> 부부가 서로 말하기를, "만이란 만물 중에서 가장 큰 수라오. 달이 차면 이지러지고 그릇도 가득 차면 넘치니, 사물의 이치가 다 그러하오. 조물주께서 만석의 수를 다 채우지 못하게 하신 것은 그 이지러지고 넘칠 것을 걱정했기 때문이 아니겠소?…… 지금부터 대문을 열고 재물을 써서 인을 행하고 의를 베풉시다." [113]

이와 같이 황일청은 부자가 되고 난 뒤 만물의 흥망성쇠의 진리를 깨닫고 재물에 집착하던 생각을 바꾸게 된다. 그는 가지지 못한 자로서 재물을 모으는 일에 몰두해 많은 재물을 모았다. 욕망의 성취를 서술 시각으로 한다면 이야기는 여기서 끝나야 한다. 그러나 서술자는 황일청으로 하여금 만금을 채운다는 목표에 도달하지 못하게 함으로써 서술 시각의 전환을 꾀한다. 가지지 못한 자가 가진 자가 된 뒤 재물의 본질과 사용 방식에 대해 성찰하고, 그 성찰을 바탕으로 새로운 윤리를 모색하도록 한 것이다. 중심형 욕망의 성취는 주인공의 생각 변화에 의해 운명의 실현과 긴밀하게 결합되었고 새로운 이념의 구현을 지향하게 되었다고 하겠다.*

「거강폭규중정렬」拒强暴閨中貞烈(『청구야담』 상, 390면)은 이와 관련해 중요

---

* 「순흥구유만석군」順興舊有萬石君(『동패락송』, 41면)은 같은 계통의 유화라 할 수 있다. 이 작품은 관상 모티프를 개입시키지 않고 철저한 삶의 감각을 근거로 하여 앞날을 예견한다. 운명 요소를 약하게 만든 만큼, '흥하면 망하고, 모이면 흩어진다'는 재물의 존재 원리를 부각시켰다. 거의 동일한 이야기가 이렇게 달라진 것은 서술자의 서술 시각이 달라졌기 때문일 것이다. 상대적으로 본다면, 『동야휘집』이 사람으로 하여금 부자가 되게 하고 거지가 되게 하기도 하는 어떤 초월적 힘에 서술의 초점을 맞추었다면, 『동패락송』은 시시각각 모였다가 흩어지는 재물을 어떻게 쓰고 대해야 할 것인지에 초점을 맞추었다고 하겠다.

한 자리를 차지하는 작품이다. 이 작품은 『학산한언』의 「길정녀」吉貞女(『학산한언』, 318면)를 거의 그대로 옮기고 평결을 생략한 것이다. 여기에는 이념의 구현과 문제의 해결, 욕망의 성취와 운명의 실현 등의 서술 시각이 나타나지만, 그중 운명의 실현과 욕망의 성취가 특별하게 결합하고 있다. 이 작품은 인천에 사는 신명희申命熙라는 남자의 어릴 적 꿈을 소개하는 것으로 시작한다.

> 어떤 노옹이 대여섯 살쯤 되어 보이는 여자 아이를 데리고 왔는데, 그 얼굴에 '口十一'이란 표시가 있어 몹시 이상하게 보였다. 노옹이 신생에게 말했다. "이 아이는 뒷날 그대의 배필이 될 것이네."[114]

그 뒤 신명희는 영변 부사로 있는 친구를 찾아갔다가 꿈에서 다시 노옹을 만난다. 노옹은 이번에는 처녀를 데리고 와서 "이 처녀가 이미 장성해 이제 그대에게 갈 것이네"라고 하였다. 과연 그곳에서 길정녀吉貞女라는 여인을 만나 혼인하게 되니, 비로소 '口十一'이 '吉' 자임을 알게 되었다. 그들은 하늘이 정해주신 인연에 감격해 사랑이 더 돈독해진다.

이 뒤로부터 신명희와 길정녀의 본격적인 사연이 시작된다. 그것은 현실 요소가 운명의 실현을 방해하는 과정이면서, 당사자들의 의지가 현실의 시련을 극복하는 과정이기도 하다. 신명희가 내일을 기약하고 떠난 사이 길정녀의 종숙은 그녀를 운산雲山 원의 별실로 보내려고 흉계를 꾸미고 협박한다. 종숙은 뜻대로 되지 않자 길정녀를 좁은 방에 가둔다. 한동안 식음을 전폐하던 길정녀는 "흉적의 손에 헛되이 죽기보다는 차라리 적을 죽이고 따라 죽어 내 원한을 푸는 게 낫지" 하며 일부러 밥을 먹고 기운을 기른다.[115] 강제로 혼인식을 올리는 날, 칼을 꺼내든 길정녀는 그간 음모를 꾸몄던 사람들을 처단하고 마침내 운산 원을 꿇어앉힌 뒤 그 잘못을 지적하며 일장 훈계를 한다. 성性과 계급의 기존 관계를 완전히 역전시키고 오직 의리만을 주창하는 것이다.

길정녀의 이 같은 활약에 힘입어 꿈의 계시는 결국 실현되었다. 그리고 여기서 한 걸음 더 나아가 두 사람은 치산에 힘써 부요富饒를 누렸다.[116] 그것은 욕망의 실현이다. 『학산한언』의 편찬자 신돈복은 이에 대해 이렇게 평가했다.

> 옛 열녀는 주로 살신성인하였다. 그래서 사람으로 하여금 참담하여 마음 아파하고 비탄하며 감격하게 했지, 복을 누리며 말년을 보내는 경우가 거의 없었다. 이 여인은 이미 그 몸으로써 그 열烈을 온 세상에 당당하게 드날렸으며, 또한 군자를 따라 함께 부와 명을 누려 계명상경鷄鳴相警*의 즐거움으로 백 년을 기약했으니 어찌 정의貞義와 복후福厚 양쪽을 다 얻었다 하지 않을 수 있을까.[117]

신돈복도 길정녀가 보통 열녀와 다른 점을 분명하게 알고 지적했다. 열녀들은 삶을 비장하게 마감했다. 대개는 자신의 목숨을 바침으로써 열을 구현했던 것이다. 길정녀도 그럴 각오가 되어 있었다. 그러나 그녀는 좁은 방에서 굶어 죽기보다는 힘을 길러 복수하는 길을 선택했다. 그래서 승리했고 행복을 쟁취했다. 이 적극적인 행동과 행복한 결과야말로 열녀담이 야담식으로 변형된 점이다.

이 작품은 운명의 계시로 시작했다. 그 뒤의 서술은 그 운명이 어떻게 실현되는지에 초점을 맞추었다. 서두에 계시된 운명이 어떻게 실현되는가 하는 점은 시종일관 독자의 관심을 끈다. 사건이 전개되는 가운데 운명을 부정하는 사람이 있는가 하면 운명의 뜻을 따르는 사람도 있다. 얼핏 전자가 후자보다 사람의 의지를 더 강조하는 듯하지만 실상은 그렇지 않다. 후자는 운명의 길과 사람의 길을 통합한다. 후자에게 예시된 운명은 사람의 길을 당당하게 걸어가는 원동력이 된다. 「길정녀」에서 야담의 네 서술 시각이 통합되기는

---

* 『시경』 제풍齊風 「계명」鷄鳴에서, 애공哀公이 황음荒淫하고 태만怠慢했는데, 그를 구하기 위해 현비賢妃가 자나 깨나 그를 경계하는 시를 지었다는 데서 비롯된 말이다. 현명한 부인이 남편을 잘 내조한다는 뜻이다.

하지만, 그리고 운명이 실현되는 과정이 시종 호기심을 강하게 끌기는 하지만, 길정녀와 신명희의 의지에 의한 사랑의 쟁취가 서술의 원동력이 되었다는 인상을 주는 것은 바로 그 때문일 것이다.

- 결합 양상의 의미

이처럼 욕망의 성취와 운명의 실현은 공존하기 어려운 서술 시각이지만 다양하게 결합하였다. 현실에서 욕망을 성취할 능력이 모자라고 또 욕망을 성취한 경험조차 갖지 못한 사람들이 욕망을 성취할 수 있는 방법은 환상이나 초월적인 힘에 의존하는 것이다. 욕망의 성취와 운명의 실현이 결합한 것은 기본적으로 이런 심성 구조에서 비롯된 것이라 볼 수 있다. 이 경우 욕망의 성취는 중심형이 될 수 없다.

  욕망의 실현이 중심형일 때도 운명의 실현과 결합하는 경우가 있다. 먼저 작중인물이 자신의 의지와 노력에 의해 욕망을 간절하게 추구해 성취해가기는 하지만, 그것을 확실하게 보장해주는 원조자로서 운명의 실현을 끌어들이는 것이다. 이것은 동시적 결합이다. 다음으로 자신의 의지와 노력에 의해 어느 정도 욕망을 성취한 인물이 삶의 자세를 반성하거나 바꾸게 되었을 때 중심형 욕망의 성취가 운명의 실현과 결합된다. 욕망 성취의 길을 포기하고 운명 실현의 길로 나아가는 것이다. 이 경우는 순차적인 결합이다.

5 운명의 실현+문제의 해결

- 결합 양상

인간의 의지를 거의 인정하지 않는 운명의 실현과 인간의 의지를 부분적으로나마 강조하는 문제의 해결이 결합하는 것도 자연스럽다고 보기 어렵다. 다만 문제가 해결되어가는 과정에서 운명의 실현이 하나의 하위 모티프 수준으로 개입하거나, 문제를 해결하기 위해 예언된 운명을 활용하는 경우 두 서술 시각의 결합은 쉬워진다.

「현부지납채교녀」賢婦智納彩較女(『동야휘집』 하, 259면)에서 처녀는 꿈속에서 신인으로부터 장래의 남편감을 암시받고는 다른 남자와의 결혼을 거부하고 꿈속 남자를 기다린다. 한편 상주尙州의 이 모李某는 추노推奴하러 갔다가 그 처녀의 집에서 하룻밤을 자게 된다. 처녀는 이 모가 꿈속에서 암시받은 그 남편감임을 확인하게 된다. 처녀와 처녀의 아버지는 혼인이 어렵다고 생각하는 이 모의 마음을 돌리기 위해 온갖 방법을 다 동원한다. 일단 육체관계를 맺은 뒤에도 처녀는 이 모를 따라가기 위한 묘안을 강구한다. 이처럼 분명히 꿈속에서 이 모와의 혼인을 보장받았음에도 불구하고 처녀가 이런 노력을 한다는 것은 운명의 힘이 현실의 삶을 완전히 장악하지 못하고 있음을 암시한다. 운명이 가지는 위력의 한계를 보완하기 위해, 혹은 운명을 반신반의했기 때문에 작중인물은 또 다른 꾀를 내야 했다.

또 축첩을 결코 허용하지 않는 이 모 부친의 엄격함도 두 사람이 꿈의 예시대로 혼인을 성사시키는 데 심각한 장애가 되었다. 이 모 부친의 반대는 처녀와 이 모가 함께 봉착한 심각한 문제였다. 이때 이 모의 본부인이 문제 해결자 역할을 한다. 남편이 처녀와 만나게 된 것을 '고담'古談의 형식으로 꾸며 시아버지를 감동시킨 뒤, 그것이 고담이 아니라 이 모의 실제 경험담임을 털어놓은 것이다. 이 모의 부인은 혼인 과정에 발생한 문제를 해결하기 위해 운명에 기대기보다는 기지를 활용했다. 결국 처녀는 꿈의 예시대로 이 모와의 혼인에 성공하고, 이 모도 절도사의 벼슬에 이른다.

꿈에서 예시된 처녀의 운명 실현과 이 모의 부귀영달은 작품 서술의 두 축인데, 후자가 중심에 있으면서 전자를 활용한 형국이다. 꿈이 예시한 운명이 작중인물들로 하여금 흔들림 없이 나아가도록 보장해주지 못하자, 작중인물들의 의지와 결단, 기지가 운명의 역할을 보완하게 된 것이다. 운명은 일상의 인간을 압도하지 못하고 문제를 해결하거나 욕망을 충족시켜주는 한 계기로만 작용했다.

욕망의 실현과 문제의 해결이 결합한 사례로서 앞에서 언급한 바 있는 「수의태방다모가」繡衣紿訪茶母家(『동야휘집』 상, 616면)도 무변의 입장에 초점을 맞춰보면 운명의 실현과 문제의 해결을 서술 시각으로 한다고도 볼 수 있다. 관상을 잘 보던 무변은 곧 영흥 부사로 부임할 예정이었는데, 거울을 통해 자기 관상을 보니 임소에서 암행어사의 손에 죽임을 당할 상이었다. 공교롭게 이만웅이 그 옆을 지나갔는데 그 관상을 보니 곧 암행어사가 될 상이었다. 이만웅은 그때 부친의 초상을 치르고 있었다. 무변은 이만웅에게 죽임을 당하지 않기 위해 그를 따라가서 부친의 친구로 자칭하며 조문을 한다. 그리고는 도움을 줄 것이니 초상을 끝내고 자신을 꼭 찾아오라고 신신당부한다. 부친의 초상을 치른 후 경제적으로 곤궁해진 이만웅은 무변에게 도움을 청하기 위해 영흥으로 간다. 그러나 영흥 부사가 된 무변은 전과는 완전히 다른 태도를 보인다. 이만웅의 관상을 다시 보니 암행어사가 될 상이 아니었기 때문이다. 무변은 이만웅을 박절하게 쫓아냈을 뿐만 아니라 영흥의 백성들에게도 절대 이만웅을 받아주지 말라는 명령을 내린다. 이만웅에게 심각한 문제가 발생한 것이다. 이런 절박한 상황에서 그는 한 여인을 만난다.

상황이 이쯤 되면 무변이 결국 이만웅의 손에 죽느냐 죽지 않느냐가 독자의 관심을 끌게 되어 있다. 결과는 암행어사가 된 이만웅에 의해 무변이 죽임을 당한다는 것이다. 그런 점에서 운명이 실현되었다. 그런데 무변이 이만웅에게 죽게 된 것은 무변이 두 번째 관상을 잘못 보았기 때문이다. 무변은 이만웅의 관상에서 암행어사가 될 가능성이 없어 보이자 그를 박대한다. 무변의 잘못은 관상을 엉터리로 본 것이라기보다는 엉터리 관상을 근거로 부당한 행동을 했다는 점이다. 서술자가 무변을 이만웅의 손에 죽게 만든 것은 인간이 운명을 모면하기 어려운 존재라는 사실을 강조하고자 했기 때문이 아니라, 무변이 타인을 아주 위험한 곤경에 빠뜨린 점을 응징하고자 했기 때문이다. 따라서 운명의 힘을 보여주기보다는 인간의 악덕을 응징하려 했다는 점에서 운명의 실현이 서술 시각으로 개입했다고 보기는 어렵다. 그 대신 온갖 어려움 속에서도 최선을 다해 당면한 문제들을 해결해가는 이만 웅과 그를 도와주는 여인의 존재를 부각시켰다. 여기서 운명은 문제를 스스로 해결하고자 최선을 다하는 작중인물들이 나아가는 길을 밝혀주기만 한다.

「전오연홍금기신」轉誤緣紅錦寄信(『동야휘집』 하, 274면)[118)]에서는 예시된 운명이 실현되는 것과 당면한 문제를 해결하는 것이 거의 대등하게 통합된다. 이동악李東岳은 술에 취해 어느 잔칫집 앞길에 쓰러져 잠이 들었다가 신랑으로 오인을 받아 신방으로 옮겨져 신부와 동침하게 된다. 신부는 혼인한 지 3일째 되는 날에야 비로소 신랑이 바뀌었다는 사실을 알고 큰 충격을 받는다. 이동악에게든 신부에게든 심각한 문제가 아닐 수 없다. 이동악은 고의는 아니었지만 남의 집 신부를 겁탈했기에 생명을 잃을 위기에 봉착했다. 신부도 외간 남자와 동침했기에 자결하는 것 이외에 다른 방법을 찾기 어려웠다.

그러나 이때 신부는 다음 두 가지 사실을 분명하게 확인한다. 첫째, 이미 혼인한 몸으로 외간 남자와 뜻하지 않게 동침을 했으니 응당 자결해야 마땅하지만, 자신이 무남독녀라 자기가 죽으면 부모가 의지할 곳이 없어지게 된다는 점이다. 둘째, 꿈의 예시를 받았다는 사실이다. 신부가 꿈을 꾸었는데, 자기 침실로 들어오던 황룡의 이마에 '이동악'李東岳이라는 세 글자가 선명하게 새겨져 있었다. 그리고 한 노인이 나타나서는 그 글자를 가리키면서 "이 사람이 너의 지아비인데 함께 다복을 누릴 수 있을 것이다"라고 말했다.[119)] 이 두 가지 사실을 중요하게 생각하며 두 사람은 죽지 않고 당면한 문제를 해결하기 위해 아주 구체적이면서도 지혜로운 방안을 모색한다. 결국 이동악은 신부를 이모 댁에 부탁하고는 열심히 공부해 과거에 급제한 뒤 부부로서 양가의 추인을 받고 부귀영달을 누리게 된다. 이런 줄거리에 초점을 맞추면, 두 사람은 우연하게 당면한 문제들을 기지를 발휘해 극복함으로써 행복을 쟁취한 것이 된다. 그러나 신부가 가장 심각한 상황에서 꿈의 예언을 강력하게 환기하였고, 또 후반부 기술에서 '기연'奇緣이나 '하늘의 뜻'이란 말이 거듭 나타나는 것으로 보아 운명의 실현이란 서술 시각도 여전히 강하게 작용했음을 알 수 있다. 그런 점에서 운명의 실현과 문제의 해결이란 서술 시각이 서로 보완해주고 서로의 지향을 강화시켜주었다고 할 수 있다.

「해풍군정효준」海豊君鄭孝俊(『계서야담』, 195면)*에서는 운명의 위력이 훨씬 더 강력하다. 이 작품에서는 세 가지 예언이 실현된다. 첫 번째 꿈의 내용은 예언이라기보다는 강요에 가깝다. 이진경李進慶 부부의 꿈에 나타난 임금은 열여섯 살인 그들의 딸을 마흔이 넘은 홀아비 정효준鄭孝俊과 결혼시키도록 강요했다. 부모로서 용납할 수 없는 일이었지만 꿈속의 임금이 계속 강요하니 어쩔 수 없었다. 둘째는 어느 술사術士가 가난하게 살고 있던 정효준의 부귀와 장수를 예언해주는 것이다. 이미 앞에서 정효준이 부귀와 장수를 누린 사실이 진술되었기 때문에, 그 점은 진술된 내용이 예언과 부합한다는 점을 확인한 것이다. 셋째, 정효준의 꿈의 암시다. 정효준은 이진경의 딸과 결혼하기 전에 세 번 결혼을 하는데, 그 결혼 전날 밤마다 꿈속에서 조금씩 자라난 미래의 신부를 본다. 꿈은 정효준이 네 번째로 이진경의 딸과 결혼할 것을 예시한 것이다.

이상 세 가지의 계시 혹은 예시는 늙은 홀아비 정효준의 재혼과 부귀영달로 귀결된다. 그 과정에서 어린 딸을 늙은 홀아비에게 시집보내지 않으려는 이진경 부부의 운명에 대한 반감이 나타나지만, 그것이 오래 지속되지는 않는다. 임금은 이진경 부부의 꿈속에 계속 나타나 그 딸을 정효준과 혼인시키도록 집요하게 강요하며, 심지어 이진경의 부인을 회초리로 때리기까지 하였다.

이 작품에서는 정효준이 왕과 왕후 삼위의 제사를 지내야 하는 데도 가난하며 처자도 없는 심각한 문제 상황이 강조되는데, 정효준의 이런 심각한 문제는 꿈을 통한 운명의 예시가 실현되기만 하면 모두 해결된다. 그래서 '천정'天定을 거듭 강조하고 꿈의 예시나 점치기를 자주 언급한다. 꿈을 통해

---

*「경이몽경성기혼」驚異夢竟成奇婚(『동야휘집』 하, 220면)도 비슷하다.

서든 점을 통해서든 이렇게 운명에 대한 예시가 세 번이나 나타나고 또 그대로 실현된 사례를 찾기는 쉽지 않다.

■ 결합 양상의 의미

이처럼 '운명의 실현'과 '문제의 해결'의 결합은 자연스럽지는 않지만 특별한 이유에서 이루어지기도 했다. 특히 문제가 해결되어가는 과정에서 운명의 실현이 하나의 하위 모티프 수준으로 개입하거나, 문제를 해결하기 위해 예언된 운명을 활용하는 경우 두 서술 시각이 빈번하게 결합했다고 하겠다.

　운명이 사람의 일상에 영향을 끼치는 정도는 다양하다. 운명이 계시하는 바를 그대로 따름으로써 아무 장애나 회의도 없이 살아가는 경우가 있을 것이다. 반면 운명이 일상에 대해 큰 위력을 갖지 못하게 될 때에는 작중인물의 의지와 결단이 큰 비중을 차지하게 된다. 작중인물의 의지와 결단을 중시하는 서술 시각이 문제의 해결이나 욕망의 성취인데, 운명의 힘이 일상을 장악하지 못하게 되면 그 운명은 이들 두 서술 시각의 한 계기로만 작용하게 되는 것이다. 야담에서 두 서술 시각이 결합하는 경우는 대체로 여기에 해당한다.

6 이념의 구현+욕망의 성취

■ 결합 양상

「변사행왈평양성중유전장복」邊士行曰平壤城中有田長福(『삽교집』하, 344면)에서 주인공 전장복은 갑부가 되었지만 자신이 한때 빈털터리였다는 사실을 항상 떠올리며 가난한 사람들을 배려해준다. 심지어 돈을 돌려받기 위한 별다른 조치도 없이 남들에게 돈을 빌려주기도 한다. 그가 이런 선심을 베푸는 것은 재물에 대한 남다른 철학을 가지게 되었기 때문이다.

　하늘이 먼저 나에게 재물을 맡겨주셨으니, 내가 만약 내 재물이라 하여 내 멋대

로 한다면 반드시 하늘의 재앙이 내릴 것이니 나의 일신에도 크게 이롭지 못할 것이다.[120]

전장복은 재물에 대한 욕망을 완전히 충족시킨 상승 계층이지만, 재물에 대한 나름의 윤리를 갖추고 그것을 실천한다. 재물의 혜택을 두루 나누어야 한다는 것은 상승 계층이 욕망을 성취한 뒤 마련한 새로운 생활 윤리이다.

그런데 재물에 대한 윤리 의식에서 비롯된 전장복의 시혜 행동은 손실을 초래하기보다 오히려 이득을 가져다준다.[121] 따라서 재물 축적 과정에서 상승 계층이 가졌던 자신감은 새로운 생활 윤리를 구현할 뿐만 아니라, 그 윤리의 구현이 욕망 추구와 대립되지 않도록 만들 수 있었던 것이다. 그것은 편찬자나 독자의 입장에서 볼 때, 비윤리적인 상행위가 횡횡하는 세상을 은근하게 비판하는 것이면서, 동시에 욕망을 인정하게 된 시대에 떠올릴 수 있는 이상적 인간형을 제시한 것이라고도 할 수 있다.

이념의 구현이 더 적극적으로 나타나고 욕망이 충족된 결과도 부풀려진 작품이 「재자낙향부저경」才子落鄕富抵京(『동야휘집』 상, 783면)이다. 벌열가의 후예인 주인공 최생이 과거 공부를 그만두고 가출해 재산을 모으려 한 것은 계층적 입점을 스스로 포기한 것이다. 문제의 해결이 아니라 욕망의 성취를 지향했다고 할 수 있다. 그는 지역과 시기에 따라 곡물의 가격이 다른 점을 활용해 쉽게 돈을 모은다. 그러다 기근에 허덕이는 동리 사람들에게 곡식을 다 나누어 주는데, 결국에는 자신이 구휼해준 농민들의 보은으로 갑부가 된다. 이념을 당당하게 과시하면서도 욕망을 충분히 충족시킨 것이다.

「채삼전수기기화」採蔘田售其奇貨(『동야휘집』 하, 34면)에서 여종은 오석량吳碩樑을 남편감으로 선택해 자기 주인에게 당당하게 인사시킨 뒤 남편을 개명시킨다. 그녀는 세상일을 꿰뚫어보는 안목을 가졌다. 그래서 세상을 이해하고 세상 사람들과 사귀면서 사람들의 찬사를 받도록 남편을 이끈다. 돈을 마음껏 써보고, 재물을 남에게 다 주고, 헐벗은 사람들에게 옷을 나눠 주게 하였다. 그 결과 남편은 사람들로부터 의인으로 칭찬받는다. 그에 대해 여인도 기뻐한다.[122] 자신의 계획에 따라 일이 잘 진척되는 것 같았기 때문이다. 여인은 남편에게 마지막 주문을 한다. 떨어진 옷들을 많이 구입해 북관으로 가서 그 옷을 인삼이나 가죽으로 바꾸어 오라는 것이다. 그러면서 "이번에는 전처럼 빈손으로 돌아오지는 말"[123]라고 당부했다. 하지만 남편은 결국 마지막 남은 옷 한 벌마저 산골 노파에게 주는데, 그에 감동한 노파가 산삼을 많이 준다. 산삼을 얻어 돌아온 남편에게서 그간의 사연을 전해 들은 여인은 "당신이 의로운 일을 많이 했던 고로 하늘이 큰 보물을 주신 것이니 어찌 그게 우연한 일이겠습니까?"[124]라며 아주 그럴듯한 의미를 부여해준다. 그 산삼을 팔아 부부는 큰 부자가 되고 남편은 벼슬까지 얻어 수사水使에 이른다.

　이 작품에서는 남편을 통해 신분의 상승과 재물의 축적이라는 욕망을 성취하는 여인의 계획과 실천이 돋보인다. 그 계획과 실천 과정에서 인의仁義라는 이념도 구현하였다. 남편의 행동을 통한 이념의 구현은 여인이 욕망을 성취하는 과정에서 걸림돌이 되기는커녕 오히려 크나큰 도움이 되었다. 욕망의 성취가 이념의 구현을 이끌었지만 마침내 조화를 이룬다. 이에 대해 편찬자는 "인은 덕의 기초요, 의는 덕의 마디다. 인을 행하고 의를 베풀면 반드시 그 덕을 쌓은 것에 대한 보답이 있도다"[125]라고 하여 이념의 구현이 더 주도적인 역할을 한 것으로 해석했다. 사대부인 편찬자가 어쩔 수 없는 사유의 한계를 보였다고도 할 수 있다. 편찬자는 두 의미 지향이 여인의 내면에 공존하면서도 다소 상충하고 대립했던 부분을 포착하지 못했다. 남편이 인삼을 가득 싣고 오자 그것이 의로운 일에 대한 하늘의 보답이라고 말하기는 했지만, 남편이 출발할 때 빈손으로 돌아오지 말라고 충고했다는 사실을 간과한 것이다.

　자신의 처지를 개선하고자 하는 여인의 집념은 강렬하면서도 정확한 현실 감각을 바탕으로 한 것이다. 때로는 굶주리고 헐벗은 민중들의 구휼에 대한 소망을 발판으로 삼고, 때로는 하늘의 뜻을 이끌어 왔다. 그리고 그런 요소들과 조화를 이뤄냈다. 자신의 삶을 개척하는 데 적극적이고 주체적이었던 여인의 삶의 자세가 돋보인다.

다른 한편으로, 이런 작품은 개인의 욕망이 강조되던 시기에 모색된 상생相生의 지혜를 보여준다고도 해석할 수 있다. 타자의 구원을 위해 자신의 욕망을 희생시키지 않고, 자신의 욕망을 충족시키면서도 타자를 구원할 수 있는 가능성을 보여준 것이다.

그리하여 시혜라는 이념의 구현과 재물 축적이라는 욕망의 성취는 갈등하지 않고 조화를 이룬다. 그것은 당대 현실의 실상을 담은 것인가, 아니면 그렇게 되었으면 하는 소망을 담은 것인가? 어느 한쪽으로만 해석할 필요는 없을 것이다. 다만 조선 말기에 나온 『차산필담』의 다음 작품들과 비교해 보면 이 경우는 어떤 처지에 있던 계층이 현실에서 이룬 결실의 반영이라고 볼 여지가 있다.

「노노수뢰」老老受賂(『차산필담』, 390면)에서는 이념의 구현과 욕망의 성취를 연결해주는 인물이 등장한다. 경상도 칠곡 사람 김생은 보잘것없는 집안 출신이지만 법도가 있다. 지극한 효성으로 부모를 봉양하고 정성을 다해 어른들을 대접한다.[126] 어느 날 언양 처갓집을 다녀오다 길가 여관에서 하룻밤을 묵게 되었는데, 뒤따라 들어온 어느 노인을 친부모 모시듯 극진히 대접한다. 그런 그를 노인은 기특하게 생각한다. 알고 보니 노인은 영남 순사嶺南巡使 이경재李景在의 장인인 판서 김헌순金憲淳이었다. 김헌순은 대구에 있는 사위를 찾아가는 길이었다.

그 다음부터 김헌순의 엉뚱한 행동이 시작된다. 김헌순은 김생을 데리고 곧바로 부유한 영리營吏의 집 내실로 들어간다. 영리의 모친과 처첩들이 "무슨 괴물 같은 놈이 내외 구분도 못하고 내실로 들어오느냐?"라며 김헌순을 욕하고 상찰上察을 불러와 그를 옥에 가두도록 한다. 그러나 영리와 그 모친 및 처첩들은 그 노인이 판서라는 사실을 알고는 죽을죄를 지었다며 용서를 빈다. 김헌순은 바로 이런 상황을 유도한 것이다. 김헌순은 영리 가족이 그날 밤 안으로 돈 천 냥을 김생의 집에 보내주면 용서하겠다고 말한다. 영리 가족은 고맙게 생각하며 기꺼이 돈을 보내고, 김생은 그 돈으로 치산을 해 천석꾼이 된다.

그런데 김헌순의 행동은 상식적으로 납득이 되지 않는다. 이런 어색함은 서술자가 어떤 의도를 강하게 개입시킨 결과일 것이다. 서술자는 김헌순으로 하여금 특별한 행동을 하게 해 노인을 공경하는 김생을 부자로 만들어주려 한 것이다. 김헌순은 김생의 갸륵한 행동에 보답해주는 존재라는 점에서 「채삼전수기기화」의 '하늘'과 비견될 수 있다. 김생은 재물을 모으려는 욕망을 전혀 갖지 않고 오직 부모와 어른을 잘 받들어 모시려고만 했고, 김헌순은 그런 김생을 부자로 만들어주었다. 결국 김생은 효행을 실천해 부자가 된 것이다.

이 작품의 경우 이념의 구현이 욕망의 성취를 압도해, 욕망의 성취가 이념의 구현 속에 숨겨져 있는 형국이다. 욕망의 성취라는 의미 지향이 위축되고 이념의 구현이라는 의미 지향이 그만큼 강조되었다고 볼 수 있다. 그리고 의미 지향이 그렇게 실현되도록 상층 양반이 주도했다.

「홍선대원군살이재후사」興善大院君殺李在屋事(『차산필담』, 440면)는 이와 반대의 경우를 통해 같은 지향을 보여준다. 장흥長興의 박생은 어느 날 박 씨를 자처하는 어떤 노인이 찾아오자 그 가련한 처지를 동정해 함께 살도록 해준다. 노인에게는 손자가 있었는데 박생은 그를 위해서도 장가를 들게 하는 등 온갖 배려를 다 해준다. 그런데 노인은 죽음을 앞두고, 자신이 죽으면 손자가 박생의 집을 떠나 자기 집안을 망하게 할 것이라는 말을 남긴다. 과연 노인의 손자는 노인이 죽자 처와 두 아들을 남겨두고 종적을 감춘다. 박생은 몇 년 뒤 운현궁으로부터 원납전願納錢 3만 관을 납부하라는 독촉을 받고는 전답을 팔았지만 겨우 1만 관밖에 마련하지 못하자 대원군을 알현하고 딱한 사정을 말한다. 그러나 대원군은 며칠 내로 나머지 돈을 충당하라고 협박한다. 궁지에 몰린 박생은 평소 알고 지내던 김병기金炳冀에게 가서 고민을 털어놓는다.

그때 한 조관이 들어왔는데 자세히 보니 노인의 손자였다. 박생이 반가워하며 아는 척했지만 노인의 손자는 모르는 척하고 도리어 화를 내면서 사라진다. 김병기는 그가 대원군의 삼종질三從侄인 이재후李在垕라고 알려준다. 그는 장악원掌樂院 주부主簿로서, 대원군의 신임을 받고 호남 지역의 원납전 모금을 주관하면서 무소불위의 권력을 행사하고 있었다. 박생은 그 이재후가 사실은 박 노인의 손자라고 정체를 폭로했는데, 그때 포졸들이 들이닥친다. 노인의 손자가 자신의 정체를 알고 있는 박생을 죽이려 한 것이다. 김병기는 박생을 탈출시켜주면서 진실을 대원군에게 고발하라고 말한다. 사실 노인의 손자가 대원군에게 발탁된 것은 가첩을 위조해 행방불명이었던 대원군의 삼종형제三從兄弟의 아들로 자처했기 때문이었다. 박생의 고발로 진실이 밝혀지자 대원군은 노인의 손자와 그 두 아들을 모두 처단하고 그 처는 어느 홀아비에게 보냈다.

이렇듯 노인의 손자는 벼슬을 얻고 권세를 누리기 위해 가첩까지 위조했다.

> 아비와 할아비를 바꿔치고 성명까지 고쳐 공명을 추구하는 것이 있을 법한 일인가? 처자를 버리고 은의恩義를 배신하여 공명을 추구하는 것이 있을 법한 일인가? 군부君父를 기망하는 죄는 막대하도다.[127]

서술자는 대원군의 목소리를 빌려 노인의 손자가 저지른 반윤리적인 행동을 질타한다. 노인의 손자는 욕망의 충족에 혈안이 되어 반윤리적인 짓을 서슴지 않았고, 대원군은 세상에서 윤리의 구현이 그 무엇보다 중요하다는 것을 알리기 위해 노인의 손자를 처단하였다. 노인의 손자 입장에서 보면 욕망의 성취와 이념의 구현이 극단적으로 모순된다고 하겠지만, 서술자나 독자의 입장에서 보면 노인의 손자가 자신의 욕망을 성취하지 못한 것은 그가 이념적으로 떳떳하지 못했기 때문이라고 할 수 있다. 서술자나 독자의 이런 입장을 대변하는 인물이 바로 대원군과 박생이다.*

그렇다면 이런 설정은 과연 이념의 구현과 욕망의 성취가 행복하게 조화를 이루는 앞의 작품과 어떻게 다를까? 조선 말기에 이르러 욕망을 충족하려는 주체와 그 주체가 몸담은 세상이 더 복잡해지고 음흉해졌다는 것은 분명하며, 이 작품은 그런 현실을 배경으로 삼았다. 그러나 서술자는 그런 상황에서 욕망에 집착하는 심성을 인정하지 않고 여전히 이념과 윤리를 고수해야 한다는 것을 강조하려 했다. '이념'의 이름으로 '욕망'을 응징한 것이다. 그것은 '욕망 성취의 과정'이라는 간단없는 상승형 의미 지향에 제동을 건 것이라고 볼 수 있다.** 대원군이 노인의 손자를 '흉종'凶種으로 규정하고, 이 세상에 흉종을 그대로 둘 수 없다며 그뿐만 아니라 그의 두 아들까지도 교살한 것에서 그 제동이 얼마나 단호했는지를 확인할 수 있다.

■ **결합 양상의 의미**

주인공이 자신의 재산을 다른 사람에게 나누어 주는 행동은 재물의 손실을 초래하기는커녕 오히려 큰 이득을 가져온다. 그런 점에서 이념의 구현과 욕망의 성취가 갈등하지 않고 조화를 이룬다고 할 수 있다. 이 구도가 당대 현실의 실상을 담은 것이라면 상승 계층의 경험과 긴밀하게 관련되어 있을 것이다. 재물을 모으는 과정에서 상층 계층이 갖게 된 자신감은 단지 욕망을 충족시키는 데 머물지 않고 다른 사람을 위해 뭔가를 베푸는, 이념을 구현하는 데까지 이르게 한 것이다.

반면 이 구도가 당대의 현실을 담은 것이 아니라면 그것은 비윤리적인

---

* 이런 경향은 "사람이 부유하게 되면 인의가 뒤따를지니 진실로 재산이 있으면 무슨 일인들 못할까" ("人富而仁義附焉 苟有財則何事不濟", 「현부지납채교녀」賢婦智納彩轎女, 『동야휘집』 하, 263면)라는 태도와 정반대이다. 야담집에 실린 작품들에는 이런 모순적인 의미 지향이 공존하는데, 바로 그런 점에서도 야담집이 당대 사회와 문화의 총체를 담았다고 볼 수 있다.

**이상 『차산필담』 소재 작품에 대한 자세한 내용은 이 책의 「19세기 말 야담집 『차산필담』의 새로움」을 참조할 것.

상행위가 횡행하는 세상을 간접적으로 은근히 비판하는 것이면서, 욕망이 극대화된 시대에 요청되는 대안적 삶의 태도를 모색한 결과라고도 해석할 수 있다. 특히 과장된 이념을 구현하는 것이 욕망 성취의 길에서 걸림돌이 되기는커녕 오히려 욕망 성취까지도 보장하게 함으로써 이념의 넉넉한 승리를 믿게 한 것이다.

이때의 이념은 경험에서 추출된 생활 윤리라기보다는 사대부 유가 이념에 더 가깝다. 현실 경험의 방식과 구조는 빠른 속도로 변하지만 추상화된 이념은 거의 변하지 않는다. 그러므로 이념은 경험적 현실과 동떨어지게 된다. 이럴 때 양자의 괴리를 메우는 방식은 두 가지이다. 첫째는 이념을 경험에 맞도록 수정하는 것이고, 둘째는 이념을 더욱 과장하는 것이다.

힘겹게 얻은 재물을 가난한 사람들에게 나누어 준다거나, 가난한 사람들에게 재물을 먼저 나누어 주고 다시 더 큰 재물을 얻는다는 내용은 얼핏 이념을 과장했다는 느낌을 주기는 하지만, 아주 미미하나마 경험에 뿌리를 내리고 있는 새로운 생활 이념의 싹이라고도 할 수 있다. 개인의 욕망이 강조되던 시기에 모색된 상생相生의 지혜를 보여준다고도 해석할 수 있다.

이상을 통해 볼 때, 서술 시각의 결합은 야담이 단도직입적 서술을 지향하는 일화에서 전환적 서술을 지향하는 소설로 나아가게 했음을 확인할 수 있다. 서술 시각들은 서로 친연성을 가진 것도 있고 소원성을 가진 것도 있지만, 실제 결합의 결과를 살펴보면 친연성을 가진 것끼리 더 자주 결합하는 것도 아니고 소원성을 가진 것끼리 결합을 하지 않는 것도 아니다. 친연성을 가진 서술 시각들은 상호 상승 작용을 하면서, 소원성을 가진 서술 시각들은 갈등하면서 현실을 다각도로 담았다고 하겠다.

미주

1) 『계서야담』의 편찬 시기에 대해서는 논란이 있다. 먼저『계서야담』과 다른 야담집인『계서잡록』의 편찬자가 이희평(李羲平, 1772~1839)이라 정정되었다(이현택, 「계서 이희평 문학 연구」, 국민대 석사학위논문, 1983). 김상조는『계서잡록』이 1833년에 편찬되었으며,『기문총화』는 1850년 이전에 편찬되었고,『계서야담』은 편찬 연대를 확인할 수 없다고 하였다(김상조, 「계서야담계 연구」, 고려대 박사학위논문, 1991). 이에 비해 김준형은『계서잡록』이 1828년에,『기문총화』는 1833~1869년 사이에,『계서야담』은 1880년 이후에 편찬된 것으로 추정했다(김준형, 「기문총화계 야담집의 문헌학적 연구」, 고려대 석사학위논문, 1997).
2) 이를 '이야기 치료'와 관련시켜 이해할 수도 있다. 우리는 사기 서사를 하면서, 경험을 선별하여 자신과 세계를 정의해 나가는 과정에서 특정 경험들을 다른 경험들보다 더 비중 있게 다룬다. 그 특정 경험들을 중심으로 자신의 정체성을 정립하려는 것이다. 어떤 사람이 속한 문화는 그 사람으로 하여금 어느 경험을 비중 있게 다뤄야 할지 정하는 데 결정적인 영향을 준다. 이렇게 한 개인이 자기 정체성을 대변하는 이야기로 만들어낸 것을 '지배적 이야기'dominant story라고 한다. 지배적 이야기는 많은 경우 문제적 경험을 중심으로 이루어져 있다. 이런 문제적 이야기는 자기 서사자로 하여금 자기 삶을 부정적인 쪽으로 이끌게 만드는 경우가 빈번하다. 이 문제적인 이야기를 넘어서기 위해 새롭게 만들어진 이야기가 '대안적 이야기'alternative story이다. 대안적 이야기를 통해 우리는 자기의 삶을 다시 바라보고 새로운 삶을 살아갈 수 있게 되는 것이다(Alice Morgan, 고희영 역,『이야기 치료란 무엇인가?』, 청목출판사, 2004, 17~57면 ; 양유성,『이야기 치료』, 학지사, 2005, 192~193면 ; 고미영,『이야기 치료와 이야기의 세계』, 청목출판사, 2004, 122~218면 참조). 야담에서의 자기 서사는 유형화된 서술 시각에 의해 이루어졌다는 점에서 부분적으로 '지배적 이야기'의 성격도 있지만, 그것이 서사자뿐만 아니라 청자에게도 적극적으로 새로운 삶을 추구하게 했다는 점에서 '대안적 이야기'의 성격도 다분히 있다.
3) 권태을, 「동야휘집 소재 야담의 유형적 연구」(영남대 석사학위논문, 1979).
4) 김동호, 「조선후기 한문단편의 서사구조」(『한문학』 1, 전주대 한문교육과, 1982).
5) 이강옥, 「조선후기 야담집 연구」(서울대 석사학위논문, 1982).
6) 조동일, 「『한국구비문학대계』자료 수집과 설화 분류의 기본 원리」(『한국구비문학대계』 별책부록 1, 한국정신문화연구원, 1989).
7) 김정석, 「『청구야담』과 구전설화의 관련양상」(한국정신문화연구원, 한국학대학원 석사학위논문, 1987).
8) 서대석 편,『조선조 문헌설화집요』1(집문당, 1991).
9) 「낙소도포장획화」落小島砲匠獲貨(『동야휘집』하, 544면). 그 외 이 유형에 속하는 작품으로는 「토충매병겸획재」吐虫賣病兼獲財(『동야휘집』하, 741면), 「삼상최가」夢商崔家(『계서야담』, 9면), 「득음분수리천금」得陰粉售利千金(『동야휘집』하, 828면), 「연귀취부」宴鬼取富(『기관』奇觀, 이우성·임형택 역편,『이조한문단편집』중, 일조각, 1978, 309면), 「감신몽독점외과」感辰夢獨點嵬科(『동야휘집』상, 17면) 등이 있다.

10) 「지쉬령계권도화」智倅遹計權島貨(『동야휘집』 하, 115면), 「득거산제주백양병」得巨産濟州伯伴病(『청구야담』 하, 248면).
11) 「궁유행리역득재」窮儒行吏役得才(『동야휘집』 하, 142면), 「입리적궁유성가업」入吏籍窮儒成家業(『청구야담』 하, 431면), 「암수혜모수귀노」暗酬惠謀帥歸老(『동야휘집』 하, 131면), 「향변자수통사후」鄕弁自隨統使後(『청구야담』 상, 480면) 등이 대표적인 사례이다.
12) D.C. Muecke, 문상득 역, 『아이러니』(서울대 출판부, 1979), 81면.
13) 레오 로웬탈Leo Lowenthal이 설명한 세르반테스의 아이러니가 이와 유사하다. 세르반테스 작품의 주인공들은 봉건 체제의 입장에서 중산계층의 새로운 삶의 방식 및 의식을 비난하지만 동시에 새로운 질서를 인정하고 조장했다는 것이다(Leo Lowenthal, The image of man, Boston: Beacon Press, 1957, 22면 참조).
14) 무관 벼슬 제수를 둘러싼 뇌물 수수는 이 시기의 일반적인 현상으로 포착된다. 신흠申欽(1566~1628)의 『상촌잡록』象村雜錄의 다음 구절이 그 사정을 생생하게 증언한다. "4, 5년 이래로 무관과 음관의 크고 작은 벼슬의 임명에서 밖으로는 망望에 올리는 것과 안으로는 점고點考를 받는 것까지 뇌물이 작용하지 않는 데가 없었는데 시중 장사치들이 그것을 주도했다. 가령 무슨 벼슬을 하고자 하는 자가 있으면 장사치들이 먼저 은銀 얼마를 마련하여 벼슬의 높고 낮음과 좋고 나쁨을 고려하여 더하기도 하고 덜기도 하여, 한편으로는 전관銓官에게 바쳐서 망에 올리도록 하고 또 한편으로는 궁인에게 바쳐서 점고 받는 길을 만든다. 뇌물이 다 들어가고 나면 그 사람은 가만히 앉아서 원하는 벼슬을 얻으니, 병사兵使나 수사水使를 하고 싶은 자는 병사나 수사가 되고, 목사牧使나 부사府使가 되고자 하는 자는 목사·부사가 되고, 그 이하로 군·현·진·보에 이르기까지 값을 내지 않고 제수를 받는 자는 없었다. 장사치와 제수 받은 자는 앞서거니 뒤서거니 부임하였는데, 제수 받은 자는 백성들의 재물을 긁어내어 밤낮으로 모아 뇌물로 쓴 값의 두 배를 되갚으니 …… 만일 벼슬을 얻은 자가 그 값을 갚기 전에 파면당하거나 혹 죽게 되면 장사치는 곧바로 그 집으로 찾아가서 되갚기를 강요하기 때문에 집과 전장田庄과 종까지 모두 팔아서 갚는 일도 있었다"("四五年來 武官蔭官 大小差除 外而擬望 內而受點 俱以貨賄 而市中賈竪爲之主 如有人欲圖某者 則市賈先發銀若干 視其官之高下美惡 而爲輕重 一納諸銓官 以爲擬望之階 一入諸宮人 以作受點之路 賂旣畢入 則其人坐而得所欲 欲兵使水使者 爲兵使水使 欲牧使府使者 爲牧使府使 下至郡縣鎭堡 未有無價而得授者 市賈與其人 先後赴任 則其人刮取民物 日夕掊聚 倍其價而償之 …… 脫或得官者 未償而見敗 或身沒則市賈直往其家求償 故至有賣盡家宅田庄莊獲以售之", 『상촌잡록』, 『대동야승』 6, 57면).
15) "何物賊漢 入我室 偸我妻 速出喫劍 忽有一人 推窓當戶 冠服輝煥 貌若神仙 披開衣襟 露示其胸 嬉怡而笑曰 吾今日眞得死所矣 汝刺我胸"(『청구야담』 하, 284면).
16) "家宅妻財 任君自爲"(『청구야담』 하, 284면).
17) "其生其死 一任天公"(『청구야담』 하, 283면).
18) "忽有此奇逢 分明天意"(『청구야담』 하, 282면).
19) 「영산업부부이방」營産業夫婦異房(『청구야담』 하, 340면). 이와 동일한 구조를 갖춘 작품으로는 「김공생취자수공업」金貢生聚子授工業(『청구야담』 상, 152면), 「염」鹽(『동패락송』, 37면), 「정기룡」鄭起龍(『동패집』), 「이기축잠록운대」李起築篸錄雲臺(『동야휘집』 상, 624면) 등이 있다.
20) "吾夫婦兩窮相合 同寢則自然生産 若今生子 明年生女 子孫之樂 好則好矣 這間食口之添 疾病之苦 其所捐財 當如何哉 君處上房而捆履 吾處下房而織紝 以十年爲限 日喫一器粥 以成家業 如何"(『청구야담』 하, 341면).

21) "遂塞其門 夫婦各處 而且於昏後 夫與妻 必鑿土坑於後園 每夕以六七坑爲定 又當窮臘製囊許多 播及於大村雇奴 以狗糞一石定價 春初解氷時 盡墳狗糞於所鑿土坑 以種春车 當年大稔 殆近百餘負 仍繼種南草 又得數十兩錢 如是勤業 至六七年 錢穀充滿 而食粥則如一"(『청구야담』 하, 341~342면).
22) "金率其衆子 勤力開墾 先種蕎麥 當夏收六七百石 翌年或麥或豆太 秋穫近千石 又其翌年 乃作畓種稻 當秋所收 尤倍於前 如是三年 家産漸饒"(『청구야담』 상, 153~154면).
23) 정명기 편,『한국야담자료집성』 12(계명문화사, 1987)에 실려 있다.
24) 이 작품의 서사 방식과 인물 형상에 대해서는 진재교,「『잡기고담』 소재『환처』의 서사와 여성상」(『고소설연구』 13, 한국고소설학회, 2002)을 참조할 것.
25) 이와 유사한 구조를 가진 작품은「설신원완산윤검옥」雪神寃完山尹檢獄(『청구야담』 상, 497면), 「조현명」趙顯命(『계서야담』, 287면),「검암시별부해원」檢岩屍匹婦解寃(『청구야담』 하, 499면) 등이다.
26)「풍최몽고총득전」馮崔夢古塚得全(『청구야담』 하, 74면),「최봉조」崔奉朝(『학산한언』, 448면)도 이와 유사하다.
27)「유이사자동치교환」有二士自童稚交驩(『삽교집』 하, 270면),「접서모회심방실」接壻貌回心訪室(『동야휘집』 상, 638면) 등도 여기에 속한다.
28)「촌맹우현옹치요」村氓遇玄翁致饒(『동야휘집』 하, 738면)는 순간적 기지에 의해 민중의 문제가 해결되는 과정을 다루며, 거기에 소화笑話의 양식까지 곁들어 있다.
29) "由是觀之 一翁一嫗 皆是異人之類 而騾子之超逸 神人之感夢 莫非天使之然也"(『계서야담』, 165면).
30) 박영신,「현대 사회의 구조와 이론」(일지사, 1978), 138면 ; 김준석,「조선전기의 사회사상―소학의 사회적 기능 분석을 중심으로」(『동방학지』 29, 연세대 국학연구원, 1981), 125~126면을 참조할 것.
31)「조태억위영남백」趙泰億爲嶺南伯(『삽교집』, 91면).
32) 정출헌,「야담의 세계」(『민족문학사강좌』 상, 창작과비평사, 1995), 295면.
33)「한선영망약정실」紈扇映筵約正室(『동야휘집』 하, 239면)도 이와 유사하다.
34) 이에 속하는 것으로는「섭남국삼상각리」涉南國蔘商權利(『동야휘집』 하, 532면),「수전혜궁유서사」酬前惠窮儒筮仕(『동야휘집』 하, 67면),「감구은묵쉬등포」感舊恩墨倅登褒(『동야휘집』 하, 59면),「휼삼장우녀등사」恤三葬遇女登仕(『동야휘집』 하, 14면),「구사명점산발복」救四命占山發福(『동야휘집』 하, 20면) 등을 들 수 있다.
35)「휼삼장우녀등사」恤三葬遇女登仕(『동야휘집』 하, 14면),「장삼시호무음더」葬三屍湖武陰德(『청구야담』 상, 76면).
36) "身旣係囚 徒死而已 公私無益 請更貸二萬兩銀 三年內 當償四萬兩"(『청구야담』 하, 461~462면).
37) "賈說之曰 若以此貨 往南京 則當獲百倍之利矣 男兒作事 成則昇天 敗則入地耳 爾我知心 能從我乎"(『청구야담』 하, 462면).
38) "人生此世 豈不有志於功名進取乎 然以其命懸於他人之手 而畏首畏尾 平生作蠅營狗苟之態 一有所失 則身棄東市 妻子爲奴 此豈所可願耶 吾今擺脫塵臼 入深山之谷 有衆數萬 財積阜陵 吾非如鼠竊狗偸之爲而探囊祛筐之爲也 吾之卒徒 遍於八道 燕市倭館之物 無不致來 貪官汚吏之財 必也攘奪 權與富 不讓於王公 人生幾何耶 以自適吾意耳"(『기문총화』, 정명기 편,『한국야담자료집성』 6, 계명문화사, 1987, 106~107면).

39) 「이상국원익」李相國元翼(『어우야담』, 54면).
40) "吾非常人 乃是綠林豪客也 屢年劫掠 多得財産 如此屋子 全墅排置者 道道有之 家必置一箇美女 而周遊八道 到處行樂 不意彼女 乘隙潛妍於俄者所死男子 反欲害我者 非止一再"(『청구야담』 상, 231~232면).
41) "老人乃乘雲而去 生乃恨然歸家 學導氣辟穀之術 周遊五嶽 不知所終"(『청구야담』 하, 574~575면).
42) 「유소년사인독서우북한산사」有少年四人讀書于北漢山寺(『삽교집』 하, 267면)도 여기에 포함시킬 수 있다.
43) "若有如是深曠之地而可以隱去 無干於世 長子孫蕃奴僕 以享閑逸之樂 閱百年而世人不知 豈不善乎"(『삽교집』 하, 38~39면).
44) "此必虛言也"(『삽교집』 하, 38면).
45) "人不可以離絶自遠於世 雖則避世避人要當避通都大邑權姦貴戚而已 若獨處山谷以長子孫而不與人世相往來 雖得富厚逸樂 難保 無人倫之變 故人當居國法之所管攝 游士之所經過 窃意桃源之人 終染武陵之蛮使我東有如桃源者 吾則不願入矣"(『삽교집』 하, 39면).
46) "倫紀滅矣 焉用仕"(『청구야담』 상, 540면).
47) "上踰巓而下則平原廣野一望無際 有瓦家數處 茅屋近百戶 花木交映 鷄犬相聞 可謂武陵桃源也 …… 又有良田沃畓 畦塍錯列 春耕秋穫 男欣女悅 穩享山中之滋味 不聞世間之消息"(『동야휘집』 상, 79면).
48) "小人只有一女 將得贅婿爲晚年依托之計"(『동야휘집』 상, 75면).
49) "東皐 …… 直入室握皮婿手曰 將何以爲之將何以爲之 對曰天運也奈何 …… 皮婿携上高峰 指示一處曰公不見彼如蟻屯者乎 皆倭兵也 今年四月倭兵大至八路盡陷 大駕今駐龍灣 是時宅在京城 則其能保乎"(『동야휘집』 상, 76~80면).
50) "皮婿忽請於其翁曰 吾有少試之事"(『동야휘집』 상, 77면).
51) "吾之所以爲此者 欲報先相公知遇之恩也"(『동야휘집』 상, 80면).
52) 「유의리군도화양민」諭義理群盜化良民(『청구야담』 상, 102면)도 비슷한 이야기다.
53) "自想投身賊藪 非不羞辱 而與其捐生一劍之下 無寧暫忍羞辱 一以免目前之禍 一以化凶徒之習 不亦權而得中者耶"(『동야휘집』 하, 834~835면).
54) "人之異於禽獸 以其有五倫四端 …… 余之來此 非爲助爾爲惡 將欲化爾歸善 …… 各歸故鄕 父母焉養之 墳墓焉守之 浴於聖人之化 歸於樂民之域"(『동야휘집』 하, 838면).
55) 「삼시계확취중보」三施計攫取重寶(『동야휘집』 상, 675면)에서도 이 점이 부각된다.
56) 「식단구유랑표해」識丹邱劉郞漂海(『청구야담』 하, 514면), 「유랑표해도단구」劉郞漂海到丹邱(『동야휘집』 하, 552면).
57) "與其妻撤家入關東深峽中 大拓基址 新傋甲第 廣置閭舍 募民入處 居然成一大村落矣 關草萊開荒蕪 無非膏腴之地 歲收穀幾千石 衣食豊足 一生安過 壬辰之亂 生民魚肉 而生之一村 獨不經兵燹此是山桃源云"(『청구야담』 상, 561면).
58) 이우성·임형택 역편, 『이조한문단편집』 하(일조각, 1978), 333면. 『이재선생유고속』頤齋先生遺稿續 권12에 실려 있다.
59) "生不能一舒英氣 鬱鬱因成誤入耳 大丈夫若幸見用當世 何至乃爾"(이우성·임형택 역편, 『이조한문단편집』 하, 일조각, 1978, 334면).
60) "殺無辜 天必殛之 小人只令卒徒 就大富家半分 就大貪吏全奪而已 至於嗜殺 有不敢也"(이우

성·임형택 역편, 『이조한문단편집』 하, 일조각, 1978, 334면).
61) "大抵 賊亦人爾 豈無雄傑智略可用者 顧不爲世用 又被官吏炒迫 乃以父母遺體 投入賊窟 寧爲賊 不欲爲庸人所制 噫 世之主是責者 盍亦舒究哉"(이우성·임형택 역편, 『이조한문단편집』 하, 일조각, 1978, 334면).
62) 「어소장투아설부객」語消長偸兒說富客(『청구야담』 상, 108면)도 비슷한 이야기다.
63) "財物天下公器 有積之者 則必有用之者 有守之者 則必有取之者 如君可謂積之者守之者 如我便是用之者取之者 消長之理 虛實之應 卽造化之常 主人翁亦造化中一寄生也 豈欲長而不消 實而不虛也"(『청구야담』 상, 112면); "財者天下公器也 有積之者 則必有用之者 有守之者 則必有取之者 如君可謂積之者守之者 如我便是用之者取之者 盈虛消長之理 卽造物之常 主人翁亦造化中一物寄 何可常盈而不虛 常長而不消乎"(『동야휘집』 하, 112면).
64) "主人見此書而失物之憤 永消雪瀜 乃曰 今世見一奇傑男子云"(『청구야담』 상, 846면).
65) 능력과 윤리, 처지의 관계에 대해서는 이강옥, 『조선시대 일화 연구』(태학사, 1998), 226~280면을 참조할 것.
66) 「이상성원」李相性源(『계서야담』, 7면).
67) "物之成敗 亦有數焉"(『계서야담』, 7면).
68) "其先知何其神哉"(『계서야담』, 409면).
69) 「광평대군」廣平大君(『계서야담』, 459면), 「한송재충」韓松齋忠(『계서야담』, 450면) 등도 이러한 경우에 속한다.
70) "順命布卦訖欷日 君行當被虎囓 然又當捷科"(『동야휘집』 상, 461면).
71) "日暮東門 山僧隨後"(『청구야담』 상, 154면).
72) "由是觀之 術家之說 亦不可不信 生之無子而有子 僧之無父而得父 已有天定於其間矣"(『청구야담』 상, 157면).
73) "豈非天倫之莫逃 而誠意之所感哉"(『청구야담』 상, 157면).
74) 「마의대좌설천운」麻衣對坐說天運(『동야휘집』 상, 380면), 「좌초낭삼노양성」坐草堂三老禳星(『청구야담』 하, 307면), 「식사기신주촌지음」識死期申舟村知音(『청구야담』 상, 571면) 등도 여기에 해당된다. 특히 「식사기신주촌지음」에는 사람의 목소리를 듣고 죽을 시기를 정확하게 예언하는 신만申曼이 등장하는데, 신만의 예언은 의학적 지식을 바탕으로 한 것이라는 점에서 신비한 예언과는 다르다.
75) 「여장영입화성상」藜杖迎入話星象(『동야휘집』 상, 387면), 「과남한예산로병」過南漢預算虜兵(『청구야담』 상, 118면).
76) "兪判書絳少時 與會心兩友負笈山房 一日 各言其志"(『동야휘집』 상, 812면).
77) 이싱 『박소촌화』의 성향에 대해서는 이병직, 「이동윤의 사상과 『박소촌화』의 저작 동인」, 『문창어문논집』 39, 문창어문학회, 2002), 67~73면을 참조할 것.
78) 「원주주리신천희」原州主吏申天希(『삽교집』 하, 250면).
79) "吾之始與君錢 少無責報之念矣 以五萬錢活一人之命 吾事了矣 又欲受其償耶"(『삽교집』 하, 251면).
80) "士人作色大咤日 天生萬民必食其力 士農工商 各有其職 彼漢之粒粒辛苦 何關於讀書士子之飢不飢"(『동야휘집』 하, 178면).
81) "惰其四肢 不顧父母之養 一不孝也"(『동야휘집』 상, 783면).
82) "此女 爲其主遂其忠 爲其夫成其烈 爲其父盡其孝"(『청구야담』 하, 51면).

83) "吾旣生於世間 不識陰陽之理 而媤父亦嘗勸之故 向邀書房主者此也 旣知陰陽之理 則卽日滅死 萬萬無恨 而窃念媤父無他子女 只依吾一介女子 若吾一死 則媤父身世 極爲矜憐 隱忍至此 今則 媤父以天年下世 葬埋已畢 吾復何所望 而久住於世乎 從此與書房主永訣矣"(『청구야담』상, 239 ~240면).
84) "厥婦別無喜色 但爲歔欷凄然而已"(『청구야담』상, 237면).
85) "妾若有育 當守而不去 旣無血氣 又其副矣 天降旌烈之典 亦奚益哉 年幾尙强 適他可生一二男子 生而爲有主之人 死而爲有主之鬼 豈不愈於三亭上一旌門哉 妾有所私 今當從往"(『차산필담』, 430면).
86) 김준석, 「조선 전기의 사회사상」(『동방학지』29, 연세대 국학연구원, 1982), 172면. 효의 이러한 성격을 잘 나타내주는 것이 『소학』의 다음 구절이다. "以事事君則忠 以敬事長則順 忠順不失 以事其上然後 能守其祭祀 此士之孝也 用天之道 因地之利 謹身節用 以養父母 此庶人之孝也"(『소학집주』, 명문당, 1987, 50면).
87) 「엄부취노금낭아」嚴父醉怒錦囊兒(『동야휘집』하, 267면), 「결방연이팔낭자」結芳緣二八娘子(『청구야담』상, 642면)의 김령金令이 보여주는 생활 태도에서 여기에 근접하는 경향을 찾을 수 있기는 하다. 또 자신보다 타인을 먼저 배려해야 한다는 계몽 의식을 강하게 나타낸 『차산필담』에서 이런 경우를 확인할 수 있다. 『차산필담』의 성격에 대해서는 이 책의 「19세기 말 야담집 『차산필담』의 새로움」을 참조할 것.
88) 이 사항은 아놀드 하우저Arnold Hauser의 다음과 같은 판단을 연상시킨다. "이러한 위태로운 상황에서 귀족들은—위협을 받는 신분이나 계급들이 그와 비슷한 상황에서 흔히 그렇듯이—자기네의 고유한 특성을 궁리해내기 시작한다. 어쨌든 그들은 그제야 비로소 자기네의 탁월성을 강조하기 시작했고, 한편으로는 그들의 특권에 대한 요구를 정당화하면서, 다른 한편으로는 경제적으로 유능한 집단에 맞선 투쟁에서 당한 패배를 엉뚱한 공적을 사칭하여 보상하기 시작한 것이다"(A. Hauser, 한석종 역, 『예술과 사회』, 홍성사, 1981, 150면). 하우저의 이 지적은 이념 구현의 말기 단계에 적용될 수 있다.
89) "吾以限十年竭力治産以作日後兄弟賴活之資矣"(『계서야담』, 243면).
90) "李監司萬雄 參判某之子也 未弟時"(『동야휘집』상, 616면).
91) "坼見弟二封書 則乃令仍行本府府使之旨也"(『동야휘집』상, 623면).
92) "又柝第三封書 則乃命妾爲次大人事也"(『동야휘집』상, 623~624면).
93) "女以村婦 猝爲邑宰之妻 榮耀俱極 事蹟甚奇"(『동야휘집』상, 624면).
94) "收拾家藏什物 備具轎馬與渾家一齊起程隨此人 行幾日 轉入山谷 主帥心雖疑惻 而亦無奈何 行止一聽於彼 登一峻嶺 見四山周遭平野廣闊瓦屋櫛比禾稼滿野"(『동야휘집』하, 135면).
95) "帥謂武人曰 今共老此中 安用使道小人爲哉 遂擺脫禮節 兩人日夕相從優游終老"(『동야휘집』하, 136면).
96) "吾之閑居事業 與達官無異 觀聖賢書如對君父 觀史如觀公案 觀小說如觀優伶 觀詩如聽歌曲 自足以當富 不役役以當貴 無辱以當榮 無災以當福 無事以當仙 只如此以爲過分"(『동야휘집』상, 526면).
97) "翁又擊節而唱歌曰 南來北往 走西東看 得浮生摠是空 天也空 地也空 人生沓 沓在其中 日也空 月也空 來來往往有何功 田也空 土也空 換了多少主人翁 金也空 銀也空 死後何曾在手中 妻也空 子也空 黃泉路上不相逢 大藏經中空是色 般若經中色是空 朝走西 暮走東 人生恰是採花蜂 採得百花成蜜後 到頭辛苦 一場空 夜深聽得三更鼓 翻身不覺五更鐘 從頭仔細思量看 便是南柯一夢

中"(『동야휘집』상, 526~527면).
98) "踰一嶺而入 乘着月光看時 峽坼野開村容櫛比 中有一大屋 魚緝鱗於碧瓦 鴈列齒於花礎 髣髴朱門甲第 …… 有人導至門前小墅 有園林花竹之趣 數間茅屋極精灑 階下溪水琮琤 眞箇軸之所盤旋 公愛其淸幽 塵念都灰"(『동야휘집』상, 523~527면).
99) "今以希淑之事言之 卒所以赤手致富而甲於鄕里者 全以有其信而然也"(『삽교집』하, 245면).
100) "昔日梨峴 還金釵之爺爺 神其扶佑 使之爲公爲卿 子孫滿堂 壽富兼全"(『청구야담』상, 374면).
101) "吾之富貴榮達 安知非由於汝妻之精誠所感也"(『청구야담』상, 375면).
102) "天生萬民 必食其力 士農工商 各有其職 彼漢之粒粒辛苦 何關於讀書士子之飢不飢"(『동야휘집』하, 178면).
103) "其三人又大聲哭曰 吾輩四人之命因此而得生 將何以報恩 入吾家而留宿而去"(『계서야담』, 90~91면).
104) "以家貧之故 持財岸視而來 心甚慊然"(『차산필담』, 329면).
105) "不意夫子有此不德也 優得救人之財 適當救人之時 不能救人而來 知應家人濱死之故 心不及於他人 如是用心 雖七千兩是難繼之物 若不禍患所費 必爲盜賊所失 吾夫妻老益貧窮 而無望子孫之有緖慶 吾生何爲 只當溘然而已"(『차산필담』, 329~330면).
106) "董欣迎款待 奉千金爲壽 卞却之曰 一時匍匐之義 何可責償乎 …… 吳商以銀万兩欲報瓊 卞又不受"(『동야휘집』하, 543면).
107) "以子之技 何以不交貴顯取功名 乃淀閭里小民遊乎"(『동야휘집』상, 450면).
108) "丈夫不爲宰相寧爲醫 宰相以道濟民 醫以術活人 窮達雖殊 功施則等耳 然宰相得其時行其道 有幸不幸 食人食而任其責 一有不獲 咎罰隨之 醫則不然 以其術行其志 無不獲焉 不可治則捨而去之 不吾尤焉 吾故樂爲是術 非要其利 行吾志而已 故不擇貴賤也 吾疾世之醫挾其術以驕於人 門外騎相屬 家設酒饌以待 率三四請然後乃往 又所往非貴門則富家也 至貧而無勢者 或拒以疾 或諱以不在 百請而一不起 是豈仁人之情哉 吾所以專遊民間不干於貴勢者 懲此輩也 彼貴顯者 寧少吾輩者哉 所可哀憐獨閭里窮民耳"(『동야휘집』상, 450~451면).
109) "有卜說同吾夢兆 此豈非天乎"(『동야휘집』상, 480면).
110) "晩當致富 又得賢妻 若治産業 積穀如山"(『동야휘집』상, 655면).
111) "崔生曰 以公厚德 豈有無端敗家之理乎 主人曰 有成有敗 自是循環之理 已有天定 何可違也"(『동야휘집』상, 657~658면).
112) "行乍施意"(『동야휘집』상, 657면).
113) "夫妻相謂曰 萬者物之大數 月滿則虧器盈則溢 物理猶然 造物之不欲使我充萬石之數也 無乃慮其或虧或溢耶 …… 自今爲始開門爛用行仁施義"(『동야휘집』상, 656~657면).
114) "有老翁 携一女年可五六歲而面上有口十一 可驚怪 翁謂生曰此他日君之配也"(『청구야담』상, 390면).
115) "與其徒死凶賊之手 曷若殺賊與之俱死以償吾寃 且可强食先養吾氣耳"(『청구야담』상, 395면).
116) "勤於治家 遂至富饒"(『청구야담』상, 327~328면).
117) "古之烈女多殺身成仁 使人莫不慘傷悲激而鮮有以福履終之者 此女旣以身表壯烈於一世 又從君子同享富壽 鷄鳴相警之樂百年是期 貞義福厚 豈不兩得之乎"(『학산한언』, 324면).
118) 「이상서원소결방연」李尙書元宵結芳緣(『청구야담』상, 140면), 「동악이공」東岳李公(『계서야담』, 77면) 등도 같이 읽을 수 있다.
119) "吾前宵夢見黃龍入室蜿然續吾寢席 額上有李東岳三字 一老人指而謂吾曰此卽汝夫可共享多

福"(『동야휘집』하, 276면).
120) "天旣以貨財寄積於我 我若認爲吾財而擅有之 必有天殃而大不利於吾身"(『삽교집』하, 344~345면).
121) "借貸不償還者 十不能二三而償還與兼歸利息者十居六七 故長福之貨日以益殖"(『삽교집』하, 345면);"長福兩家之富 皆傳之子孫 子孫亦蕃盛興隆"(『삽교집』하, 346면).
122) "吳之義聲 遍遠近矣 女亦欣然"(『동야휘집』하, 38면).
123) "幸無如前空還也"(『동야휘집』하, 38면).
124) "吳從此賣馬馱歸具述顚末 女喜曰君多行義故天予洪寶豈偶然哉"(『동야휘집』하, 39면).
125) "仁者德之基也 義者德之節也 行仁施義 必有積德之報"(『동야휘집』하, 40면).
126) "金生者 地雖寒微 家有法度 奉親以孝 待人以誠"(『차산필담』, 390면).
127) "換父祖易姓名而致功名可乎 棄妻子背恩義而致功名可乎 欺罔君父罪莫大焉"(『차산필담』, 446면).

야담의 속 이야기와 작중인물의 자기 경험 진술

작중인물의 말은 서사에서 중요한 요소이지만, 그간의 서사 연구에서 정당한 관심을 받지 못했다. 다만 필자는 조선 초·중기 일화를 분석하면서, 조선 초에 들어와 말이 관심의 대상이 되는 현상을 포착하고 말의 성격이 어떻게 변하는지를 살핀 바 있다.[1] 조선 초기 일화에서 말의 재치, 말대꾸의 특이함 등 말 자체에 관심이 집중되었다면, 조선 중기 일화에 이르러서는 말하는 사람의 사상이나 인격, 의지 등이 말에 담기기 시작했다. 그리고 말이 유발하는 결과도 보다 지속적이고 심각해져, 말 한마디 때문에 화자 자신이 생명을 잃는 경우까지 생겼다. 어느 경우든 조선 초기와 중기 일화에서 작중인물의 말은 단어나 구, 그리고 한 개 정도의 문장 길이로 구성되었다.

조선 후기 야담계 일화나 야담계 소설에서는 작중인물의 말이 더 자주 중요한 역할을 할 뿐만 아니라 말이 이야기의 내용과 형식을 담는다는 점에서 특별하다. 작중인물의 말이 몇 개의 문장이나 한 단락, 나아가 한 사건 단위를 포괄하는 정도까지 확장된 것이다. 그리고 많은 경우 그 이야기의 내용은 작중인물 자신의 경험과 관련된 것이다.

　　작중인물의 말에 의해 만들어진 이야기는 서술자의 서술에 의해 만들어진 '겉 이야기' 속에 들어간 '속 이야기'가 된다. 이러한 서사 구조는 동서고금의 서사 문학에서 많이 활용된 것이지만, 그 모든 것을 '액자 구조'라고 동일시할 수는 없을 것 같다. 특히 야담계 일화나 야담계 소설은 독특한 액자 구조를 동반하고 있어 그 특성에 대한 상세한 검토가 필요하다.

　　이 장에서는 우리의 서사 문학 연구에 있어 작중인물의 말이나 작중인물 간의 대화에 대한 관심을 촉구하면서 그 말을 연구하기 위한 방법론을 모색하려 한다. 이 과정에서 조선 후기에 형성된 야담의 고유한 서술 원리가 해명되기를 기대한다.

　　이와 관련된 선행 연구는 먼저 서사 한시 영역에서 찾을 수 있다. 서사 한시의 서술 방법을 해명하면서 시인(혹은 제1발화자)과 작중인물(혹은 제2발화자나 제3발화자)의 진술이나 대화에 관심을 기울인 것이다. 먼저 임형택은 서사 한시의 시점과 서술 방식을 구별하여, '시인과 주인공의 대화적 서술 방식'(제1형), '주인공의 고백적 서술의 방법'(제2형), '객관적 서술의 방식'(제3형) 등으로 나누고 그 특징을 설명했다.[2] 박혜숙은 이를 보다 더 발전시켜, 한 명의 발화자가 등장해 시종 혼자서 진술을 행하는 '단면적 서술의 개별 발화'(제1형), 시인의 목소리뿐만 아니라 다른 인물의 목소리도 등장하여 시인이 그들의 발화를 단면적으로 매개하는 '단면적 서술의 매개 발화'(제2형), 여러 목소리가 나타나며 인물과 사건을 유기적으로 결합시켜 서술하는 '유기적 서술의 매개 발화' 등으로 나누어 설명했다.[3] 두 선행 연구는 본격 서사가 아닌 한시에 작중인물의 말이나 담화가 직접 나타나는 현상을 포착하고 그것을 나름대로 체계화했다는 점에서 연구사적 의의가 크다고 하겠다.

　　서사 한시에 이런 특징이 나타난 것은 사대부 시인이 일반 민중들의 처지에 공감하고 그 목소리에 귀 기울인 결과라고 하겠다. 작중인물이 자기 경험에 대해 진술하게 한 야담 서술자의 태도도 이와 상통한다. 다른 점은, 야담의 자기 경험 진술은 상대 인물과 말을 주고받는 수준이 아니라 독립된 이야기의 수준으로까지 나아갔다는 점이다.

한편 김현주와 신동흔의 선행 연구는 야담의 자기 진술 대상이 진술자의 경험이라는 사실과 관련해 좋은 시사를 준다.[4] 김현주는 주로 일상 경험담의 구술성에 초점을 맞추어 결속 구조적 층위, 어법적 층위, 서사 구조적 층위 등에서 구술성 구성소들을 살폈다. 신동흔은 '사실의 이야기'임과 동시에 '나의 이야기'인 경험담의 특징을 설명했다. 이러한 연구는 '일화'를 새롭게 조명한 필자의 연구[5]와 함께, 경험담이나 일화를 문학적으로 복권시켜 그 문학적 논의의 출발점을 마련했다는 점에서 중요한 의의를 가진다고 본다.

여기서는 작품 전체에서 한 부분을 차지하는 특별한 이야기가 다른 부분과 어떤 관계를 맺으며 어떤 역할을 하는지를 살필 것이다. 전체로서의 성격을 고려하면서도 다른 부분과의 관계를 살펴야 하기에 새로운 접근법이 필요하다. 이 새로운 접근법을 통해 야담의 자기 경험 진술의 본질을 밝힐 수 있기를 기대한다.

조선 후기 야담의 자기 경험 진술자와 수화자

서사에서 서술자는 청자에게 어떤 이야기를 전달한다. 그런데 상당수의 야담에서는 서술자의 이런 고유한 역할을 존중하면서도 그 속에 작중인물이 직접 하는 이야기를 삽입한다. 한 인물이 상대 인물에게 자신의 이야기를 진술하는 것이다.

'서술자-청자'의 짝과 '자기 진술자-그 진술을 듣는 상대 인물'의 짝은 야담에 존재하는 두 짝의 발화자-수화자이다. 먼저 '서술자-청자'는 야담이 이야기꾼의 구연을 모태로 한 것인 만큼 다른 어떤 서사 문학보다 더 분명하게 나타난다. 서술자는 조선 후기 현실에 존재했던 이야기꾼의 목소리를 우선 닮았다고 볼 수 있다. 이야기꾼은 많은 이야기들을 기억하고 그것을 체계적이며 홍미진진하게 재구성해 감동적으로 구연하는 자질을 갖춘 존재이다. 기록된 야담의 서술자는 구연 단계 이야기꾼의 목소리를 계승함으로써 서술자–청자의 관계를 두드러지게 했다. 아울러 서술자는 경험자의 자기 경험에 대한 이야기를 다 듣고 난 뒤, 그것을 서술자 자신의 목소리로 완전히 변성하여 들려준 다음 그에 대한 소감을 덧붙이기도 한다.* 이 경우 작중인물들은 서술자에게 종속되어 그 목소리에 권위를 부여하는 역할을 할 따름이다. 이처럼 야담에서는 서술자의 서술 대상에 대한 지배력이 강하다고 할 수 있다.

　　서술자는 서술 과정에서 최고의 권위를 행사한다. 작중인물이 어떤 발언을 할 때도 그 목소리가 서술자의 목소리를 대신한다는 느낌을 줄 때가 많다. 작중인물의 말에는 '왈'曰이라는 형식적 표지가 붙기는 하지만, 실제로는 작중인물 자신의 생각이나 개성을 나타내기보다는 서술자의 서술 의도를 수행하는 것이다.

　　그러나 작중인물의 목소리가 그대로 인정되는 경우가 있다. 이 경우 작중인물의 진술 내용은 서술자의 서술 내용과 단절된다. 작중인물은 그 직전까지의 서술 내용을 무시하고 자기 경험에 바탕을 둔 이야기를 진술하는 것이다.** 물론 끝에 가서 그것이 서술자에 의해 수용되어 서술자의 서술 내용

---

* 「유패영풍류성사」遊浿營風流盛事(『청구야담』 하, 318면)의 다음과 같은 진술이 이 경우를 암시한다. "各散其家 唯桂蟾守墓不去 白頭絲絲 方瞳黯黯 向人說道如此"(『청구야담』 하, 323면). 여기서 서술자는 계섬의 이야기를 듣고 그것을 자기 식으로 재구성하여 청자에게 재진술한 셈이다.
** 작중인물의 목소리가 그대로 노출되는 경우에도, 말재주를 보여주거나 서술 문맥에 필요한 자신에 대한 간략한 소개를 하는 등 서술자의 서술 의도를 충족시키는 역할을 한다. 그래서 작중인물의 목소리가 서술자로부터 독립되어 있다고 볼 수 없다. 가령 "賊曰吾卽婢之子也 吾自母死後 爲人收養 至於長成志未嘗一日忘汝 汝雖未知有吾 吾之間間久矣"(「문명복중로우구복」聞名卜中路遇舊僕, 『청구야담』 하, 466면)에서 '호랑'이란 사나이는 자기 어머니를 죽인 상전에게 원수를 갚기 위해 상전을 넘어뜨리고 그 위에 올라타서 자기 진술을 한다. 그런데 이것은 그 상전을 올라타 목에 칼을 겨누는 독특한 행동에 대한 직접적 해명이다. 즉 호랑의 자기 진술은 서술자에 의해 제시되는 행동들에 종속된 것으로서, 서술자의 계획에 따른 것이다.

과 연결되기는 하지만, 이 시점에서는 분명 단절되어 있다. 이때 서술자는 작중인물의 발언을 자기 식으로 번역하기보다는 거리를 유지하며 그것을 대상화한다.

자기 목소리를 변성시켜 작중인물의 목소리로 가장했던 서술자가 여기서는 작중인물의 목소리와 자신의 목소리를 구분하고 있는 것이다. 이것이 가능했던 것은 서술자의 작중인물에 대한 대상화 경향, 작중인물의 자기주장 강화라는 두 측면에서 해석할 수 있다. 이 중 두 번째 요인이 더 강하게 작용했다고 하겠다. 이럴 때 작중인물은 서술자의 서술 지향으로부터 벗어나 자기 나름의 서술 지향을 갖게 된다. 진술 내용에서 그러하고, 청자인 상대 인물과의 관계에서 그러하다. 또 청자의 듣기 태도도 달라진다.

1 진술 내용

작중인물은 이미 아주 충격적이거나 소중한 경험을 하였다. 작중인물의 그 경험은 남의 목소리로 번역될 수 없을 정도로 자신에게 큰 의미를 지닌다.

이 경험이 초래하는 강렬한 인상은 어디서 비롯된 것일까? 야담에서 주인공은 대체로 자기 집을 떠나는 데에서 사건의 계기를 마련한다. 상인이 물건을 팔러 집을 나선다. 좋이 살길을 찾아 주인집을 탈출하거나 몰락 양반이 추노를 위해 길을 떠난다. 선비가 과거에 응시하기 위해 길을 떠나거나 중앙 관리가 지방의 부임지로 떠난다. 이처럼 주인공은 익숙한 곳으로부터 멀어져 익숙하지 않은 공간에서 지내면서 낯선 사람을 만나 관계를 맺는다. 이런 상황에서 겪는 경험은 익숙한 공간, 낯익은 사람들 사이에서 가졌던 경험과는 질적으로 다른 아주 새롭고 독특한 것이 될 가능성이 크다.

'낯익은 공간으로부터의 떠남'과 '낯선 사람과의 만남'이란 설정은 다양하고 유동적인 조선 후기의 생활 여건과 관련된다. 조선 후기 사회는 사람들이 그 이전에는 목도하지 못했던 다양한 사태들을 배태시키고 있었던 것이다.

　야담에서 자기 진술을 하는 작중인물은 이런 상황에서 독특한 경험을 하고 자기만의 사연을 간직한 사람이다. 그 사연은 자신이 처하게 되었던 부정적 처지를 폭로하거나 자신만이 자랑스럽게 겪을 수 있었던 경험을 과시하는 내용이다. 자기 경험에 대한 태도가 부정적인 것과 긍정적인 것으로 양분되는 것이다.

　부정적인 태도를 보일 때는 진술 내용이 자신이 처한 부정적 처지를 폭로하는 것일 경우이다. 가령 「설신원완산윤검옥」雪神寃完山尹檢獄(『청구야담』상, 497면), 「설유원부인식주기」雪幽寃夫人識朱旗(『청구야담』하, 333면) 등에서 자기 진술자는 억울하게 죽은 귀신들이다. 이들은 자신들이 억울하게 죽었고, 또 자신들의 사인이 정확하게 밝혀지지 않은 점에 대해 원한을 품고 있다. 그래서 자기 진술 행위를 통해 그 점을 알리고 청자가 원한을 풀어주기를 호소한다. 이들의 자기 진술은 마땅히 풀어야 할 문제를 담고 있으며, 이들은 스스로의 진술 내용으로부터 해방되기를 간절히 바란다. 그런 점에서 자기 진술 내용에 대해 부정적 입장을 취한다.*

　긍정적인 태도를 취할 때는 자신의 경험 내용을 자랑스럽다고 여기거나 혹은 떳떳하다고 생각하는 경우이다. 가령 「청취우약상득자」聽驟雨藥商得子(『청구야담』상, 157면)에서 약 거간꾼은 소나기를 피해 약방에 모여 있던 사람들에게 갑자기, "오늘 내리는 비는 소싯적 내가 조령을 넘을 때 내렸던 그 비와 똑같네그려!"라고 소리쳐 사람들의 호기심을 불러일으킨다. "비에 어찌 고금이 있소?" 하고 옆에서 물으니, "그때 웃기는 일이 있어 지금까지 잊지 못하고 있소"라며 옛 경험을 진술하기 시작한다.[6] '웃기는 일' 可笑事이란 그걸 생각할 때마다 빙그레 웃음 지을 수 있는 일이고, 그래서 다른 사람들에게

---

* 이러한 점은 상기한 두 작품이 전설에서 출발한 데서 비롯되었다고 하겠다. 즉 두 작품은 전설에서 야담계 일화 쪽으로 전화되는 과정에 있는 것이다.

도 웃음을 선사할 수 있는 일이다. 자기 진술의 간결하고도 생생한 어투는 자기 경험의 핵심을 자랑스럽게 드러내는 데 적절하다. 이런 자기 진술은 수화자에게도 감동과 흠모의 대상이 된다.

 이와 같은 부정적 태도와 긍정적 태도는 야담에 공존하고 있었지만, 점차 부정적인 쪽에서 긍정적인 쪽으로 나아갔다. 부정적 태도는 대체로 전래하던 전설의 문제 해결 방식과 관련된 것이다. 자기 진술자는 자신의 경험에 대해 부정적이었을 뿐만 아니라 그 문제를 해결하는 데 있어서도 자신의 능력을 신뢰하지 않는다. 문제를 해결하기 위해 뛰어난 다른 사람의 힘에 의존한다. 그런 까닭에 자기 진술은 당당하기보다는 절박하다. 이에 비해 긍정적 태도는 당대의 경험을 수용한 야담의 문제 해결이나 욕망 충족과 관련된다. 자기 진술자는 풀어야 할 절박한 문제가 없거나 문제가 있어도 그 내용을 진술 속에 나타내지 않는다.

2 자기 진술자와 청자의 관계

그런데 이야기를 들어주는 사람을 만나지 않았다면 작중인물의 독특한 경험은 자기만의 기억으로 존재하다가 곧 망각되었을 것이다. 독특한 경험을 한 작중인물은 그것을 기억하고 있다가 다시 낯선 공간으로 나가 새로운 사람을 만나게 된다. 상대 인물은 자기 진술의 청자라 할 수 있는데, 진술을 들어주는 상대 인물이야말로 작중인물로 하여금 자기 경험을 진술하도록 재촉하는 가장 중요한 요소이다.

 상대 인물은 익숙하지 않은 세계와 사람에 대해 대단히 강한 호기심을 가진 존재이다. 그는 자기 진술자가 어떤 모습으로 나타났다 하더라도 강한 호기심이나 넓은 아량을 가지고 그가 하는 말을 기꺼이 들어준다. 그는 대체로 동떨어지고 폐쇄된 공간에서 생활하고 있기에 무료하거나 고독하다. 그래서 스스로는 다양한 경험을 할 처지에 있지 않지만 남의 새로운 견문이나 경험에 대해 알고자 하는 호기심이 많다. 새로운 사회가 도래하고 있고 새롭고 독특한 인간관계도 만들어질 것이라는 사실을 막연하게나마 느끼는 것이 그러한 호기심의 원천이라 할 것이다.*

자기 진술을 듣는 상대 인물이 이처럼 큰 호기심을 가지게 된 데는 그 외에 몇 가지 요인이 더 작용했다고 볼 수 있다. 먼저 자기 진술자와 상대 인물 간의 계층적 차이를 들 수 있다. 자기 진술자가 다양한 경험에 대해 열려 있는 개방적 계층이라면 상대 인물은 그렇지 못한 계층이다. 그리하여 상대 인물은 다른 계층의 경험에 대해 큰 호기심을 가지게 되었을 뿐 아니라 다소 다른 시각에서 그 경험을 바라볼 수 있게 된 것이다. 아울러 동일 계층이라 할지라도 처지가 다르기에 상대방의 경험에 큰 관심을 가졌을 것이다.

③ 듣기 방식

듣기의 방식이나 태도에 대한 검토도 필요하다. 어떤 공간에서 어떤 자격으로 진술을 듣는가 하는 점이 관건이다. 먼저 자기 진술을 하는 공간이 개방된 곳인지 아니면 폐쇄된 곳인지를 따져보아야 하겠다. 이때 개방·폐쇄의 구분은 공간적인 것이라기보다는 심리적인 것이다. 자기 진술자가 자신의 이야기

---

* 경험의 폭이 넓지 못한 사람이 경험의 폭이 넓은 사람의 이야기를 듣고 싶어 했다는 것은 특히 숙종의 태도에서 확인할 수 있다. 숙종은 밤마다 숙직하는 신하들을 불러 고금의 일들을 논했을 뿐만 아니라 여항의 이야기를 들으며 시간을 보냈다("肅廟春秋睕晚 以眼眚不豫 每夜悉召禁直諸臣 怡然閑話啇確古今且及閭巷諺俚之語 以爲消遣之策",「김승상궁도우의기」金丞相窮途遇義妓,『청구야담』상, 316면).「수의태방다모가」繡衣飴訪茶母家에서는 임금이 경연 중에 신하들에게 고담古談을 이야기해줄 것을 종용하자 주인공은 자신의 경험을 고담으로 바꾸어 술회했다고 한다("上命諸臣 各陳古談 李奏曰臣請以自己經歷替古談以達矣",『동야휘집』상, 617면). 또 「장삼시호무음덕」葬三屍湖武陰德(『청구야담』상, 76면)에서 병조판서의 늙은 아버지인 동지공은 하루 내내 집안에서만 지내고 밤이 깊도록 잠을 이루지 못하던 노인인데, 뜻밖에 나타난 무변에게 "그대는 경향 각지를 돌아다녔으니 필히 경력經歷한 바가 많을 것이고 또 눈으로 보고 들은 바가 많을 것이네. 원컨대 한번 들어봄세"("君奔走京鄕 必多經歷 亦多有目覩耳聞者 願一聞之",『청구야담』상, 84면)라고 하며 우여곡절을 많이 겪은 무변의 이야기를 간절하게 듣고 싶어 한다.

를 개방하고자 하면 개방된 공간이 되고, 그렇지 않으면 폐쇄된 공간이 된다. 진술 내용이 자랑스러운 사연이라면 자기 진술자는 진술의 공간을 개방할 것이고, 비밀 정보와 같은 것이라면 폐쇄적 공간을 확보하려 할 것이다. 그런 진술에 대해 듣는 사람은 진술자의 허락을 받고 '바로 듣기'도 하고 진술자 몰래 '엿듣기'도 한다.

야담의 자기 경험 진술에 대한 듣기 중 대표적인 것이 '개방된 공간에서의 바로 듣기'와 '폐쇄된 공간에서의 바로 듣기'이다. 전자는 경험을 제한 없이 공유하고자 하는 자세가 반영된 것이고, 후자는 제한된 범위에서 경험을 공유하고자 하는 자세의 반영이다. 이에 비해 '개방된 공간에서의 엿듣기'와 '폐쇄된 공간에서의 엿듣기'는 다소 주변적인 것이다. 그중 전자는 '개방된 공간에서의 바로 듣기'와 그 본질에 있어 큰 차이가 없다. 진술자가 듣는 자에 대해 차별적이지 않기 때문이다. 반면 '폐쇄된 공간에서의 엿듣기'는 비밀의 누출과 연결되기에 심각한 문제를 유발한다. 가령 「책형처청사화린민」 責荊妻淸士化隣民(『청구야담』 상, 399면)에서는 도둑질하러 어떤 집에 잠입했던 사나이가 그 집 부인의 이야기를 엿듣는다. 그 부인이 끼니를 잇지 못해 옆집의 이삭을 몰래 베어 와 죽을 쑤었다는 사실을 남편인 선비에게 고백한 것이다. 이에 선비는 죽을 쏟아버리고 부인의 종아리를 때린다. 이 사연과 행동에 감동한 도둑은 개과천선하여 선비를 도와 부유하게 만들어준다. 비밀을 엿들은 것이 뜻밖에 좋은 결과를 가져왔다. 그러나 이런 변화는 소통의 결과가 아니다. 선비 부인의 자기 진술은 도둑을 향한 것이 아니었다. 따라서 이야기를 통한 상호 소통은 없다. 엿들은 자의 일방적 변화만 존재할 뿐이다. 부인의 특이한 경험에 대한 진술이 도둑을 감동시키고 변화시킨 것도 아니다. 오히려 그 경험을 부정하고 경험자를 응징한 당당한 선비의 이념이 도둑을 변화시킨 것이다. 이 경우 이념이 경험을 지배하고 있다는 점에서 경험을 강조하는 야담의 자기 경험 진술과는 다르다.

「정가성지사청치동」定佳成地師聽癡僮(『청구야담』 상, 92면)의 자기 진술 부분은 이렇게 시작된다.

> 하루는 밤이 깊어지자 그 어머니가 하인들을 모두 물리치고 세 아들을 불러, "나는 본디 모처 모 양반가의 여종이었다. 너희들이 비록 귀하게 되었으나 모름지기 옛 주인의 은혜를 잊지 말아라"라고 이야기해주었다. 이날 밤 도둑이 들어와서는 주인이 잠들기를 기다리면서 창가에 귀를 대고 있었는데, 때마침 이 이야기를 듣고 속으로 '사소한 물건을 훔쳐 가기보다는 옛 주인의 집을 찾아가 사실을 고하고 추노하게 하여 그 얻은 것의 반을 먹는 것이 더 낫겠네' 하고는 모처 모 양반의 집을 찾아가 일일이 고해 바쳤다.[7]

어머니는 밤이 깊어지자 종들을 모두 물리치고서 자기 진술을 위한 공간을 철저히 폐쇄적인 것으로 만들었다. 세 아들 외에 누구도 그 진술을 들어서는 안 된다. 그러나 도둑이 엿듣는다. 어머니의 자기 진술 내용은 세세한 사연의 재현이라기보다는 숨겨온 자기 정체를 드러내는 것으로서, 일종의 비밀 정보에 해당한다. 그것을 엿들은 도둑은 값어치 있는 정보를 획득하고 그 정보의 교환가치를 정확하게 포착한다. 그에게 그 정보가 갖고 있는 윤리적 가치나 감동은 무의미하다. 이 점에서 그 이야기는 듣는 자의 감동을 유발하는 자기 진술과 다르다. 이 사례는 '폐쇄된 공간에서의 엿듣기'가 야담의 전형적인 자기 진술을 보여주지 않는다는 사실을 확인하게 한다. 진술 내용이 경험을 구체적으로 제시하는 것이 아니며, 진술의 결과 자기 진술자에게 새로운 처지가 확보되는 것도 아니라는 점에서 그러하다.

여기서 자기 진술자는 자신의 삶을 거의 마무리하는 단계에서 자기 진술을 했다. 그녀에게는 더 이상 바랄 것이 없다. 그리고 자기 진술의 상대자는 세 아들인데도 불구하고 그들은 어머니의 자기 진술에 대해 이렇다 할 반응을 보이지 않는다. 그 대신 도둑이 자기 욕망을 충족하기 위해 적극적 반응을 보이는데, 그것은 자기 진술자와 듣는 자의 상호 소통에서 비롯된 것이 아니라 엿들은 자의 일방적 판단에서 비롯된 것이다.

　　이상 '서술자-청자'의 짝과 '자기 진술자-상대 인물'의 짝이 야담 작품의 이야기 진술에 관여하는 양상을 살펴보았다. 한 작중인물은 자기 진술을 통해 상대 인물과 구체적인 관계를 맺는다. 서술자는 사건 전개를 압축적으로 제시하여 청자와 느슨하고도 암시적인 관계를 맺는다. 그 정도가 다양하기에 두 짝은 '겉 이야기'(액자)와 '속 이야기'를 형성하여 작품 내에서 다양한 관계를 맺는다고 하겠다.

속 이야기(자기 진술)의 실현 양상과 겉 이야기와의 관계

작중인물이 자신의 경험을 어떤 내용으로 구성해 어떤 상황에서 진술하는가 하는 점은 속 이야기와 겉 이야기의 서사적 관계를 해명하는 데 중요하다. 그것을 크게 네 경우로 나눌 수 있다.

1 후일담으로서의 자기 진술

작중인물이 자신의 경험을 후일담의 형식으로 진술하는 경우가 많다. 이것은 서술상 필요하여 서술자가 서술 형식의 하나로 도입한 것이다. 진술자나 청자, 독자는 모두 '지금 다시 진술'되는 서술 형식 자체에 대해 특별한 관심을 갖지 않고 큰 의미도 부여하지 않는다. 자기 진술자는 사건의 와중에서 이미 벗어나 있으며, 청자나 독자는 자기 진술의 내용을 다 알고 있기 때문이다.

　　「청기어패자등제」聽妓語悖子登第(『청구야담』 상, 424면)에서 평양 감사의 아들은 기생과 사랑의 도피 행각을 벌이느라 집과의 연락도 끊는다. 하지만 기생의 간곡한 충고로 과거 공부를 해 마침내 급제한다. 과거장에서 아버지와 아들은 명관命官과 수석 합격자로 만난다.

임금이 괴상하여 물으니 명관이 일어나 대답하기를 "소신에게 아들이 하나 있기는 하지만 죽은 지 10년이 됩니다. 정말 이 청년이 누구인지 모르겠나이다" 했다. 이에 (생을) 호명하여 앞으로 나오게 해 친히 물으니 생이 자초지종을 상세히 아뢰었다. 명관이 옆에 있다가 듣고 비로소 그 아들이 죽지 않았음을 알았다. 임금이 크게 기이하게 여겼다.[8]

여기서 아들의 자기 진술은 그가 우여곡절을 거쳐 과거에 급제한 뒤에 이루어졌다. 그는 자신의 독특한 경험에 집착하지 않는다. 그래서 기회가 주어질 때마다 그에 대해 진술하지도 않는다. 다만 임금의 적극적인 요구가 있었고 그것을 무시할 수 없었기 때문에 자기 진술을 하였다. 그 진술은 자기 정체를 드러내는 역할을 했고, 그 결과 그 자리에 있던 아버지를 만나게 된다. 이처럼 자기 진술은 사건의 새로운 전기를 마련하지 않는다. 다만 사건이 거의 마무리된 단계에서 미진했던 부분(아버지와의 상봉)을 메워주는 역할을 할 뿐이다. 서술의 초점이 맞춰진 곳은 아들과 아버지의 상봉 장면이 아니라 기생의 도움으로 청년이 성공하는 과정이기 때문이다. 아들의 자기 진술이 "생이 자초지종을 상세히 아뢰었다"고 소개될 뿐, 작품 속에서 실제로 재현되지 않은 것도 이와 관련된다.

2 유일한 사건 제시로서의 자기 진술

이 경우 자기 진술은 작품 전체를 서술하기 위한 장치가 된다. 자기 진술을 이끌어내는 짧은 액자를 제외하고 작품의 나머지 대부분은 자기 진술로 이루어지는 것이다.

순창 기생 분영은 나이가 70여 세로, 의녀로 있다가 늙어서 고향에 돌아와 살고 있었다. 늙었지만 아름다운 자태가 여전히 돋보이고 우스갯말이 묘미가 있었다. 고을 원이 노래를 하라 하여 (노래하면) 음운이 맑고 깨끗해 늙은이의 목소리가 아니었다. 고을 원이 묻기를 "내 듣기에 기생들은 정을 준 사람이 있어 평생토록 잊지 못한다 하는데 과연 그러한가?" 하니 "그러하옵니다. 소인 역시 평생 잊지 못하는 지아비가 있습니다"라고 대답했다.[9]

그러고는 분영이 권정읍과의 사연을 진술해 나간다. 고을 원은 분영의 자기 진술을 이끌어내는 역할을 했으나 그 뒤로는 다시 등장하지 않는다. 그는 분영의 이야기를 듣는 청자이긴 하지만 내내 침묵한다. 그래서 분영의 이야기가 그에게 어떤 감동을 주었는지, 그리고 그 감동이 결국 그를 어떻게 변화시켰는지는 전혀 언급되지 않는다. 그 뒤는 분영의 일방적인 자기 진술인 것이다. 분영의 자기 진술이라는 속 이야기는 그 양이나 질 면에서 겉 이야기를 압도한다. 속 이야기는 시작과 끝 부분이 닫혀 있다. 다른 작중인물이나 서술자가 개입할 수 없고 반응하지도 않는다. 자기 진술이 끝나면서 작품이 끝나기 때문이다.

이 이야기는 이미 18세기 야담집인 『학산한언』鶴山閑言에 실려 있던 것인데, 그 편찬자 신돈복辛敦復(1692~1779)이 원저자라 할 수 있다. 분영은 실존 인물로서, 신돈복의 족형族兄이자 순창 원인 신치복辛致復에게 자신의 특이한 경험을 진술하였다. 이런 사정이 『학산한언』에 그대로 기록되어 있다.[10] 『청구야담』은 앞 액자의 일부와 평결을 탈락시키고, 속 이야기의 독립성을 확실하게 하기 위해 작중인물로서의 분영의 성격을 강화시켰다. 그리고 신돈복을 서술자로 만들어 작품 안으로 맞이했다. 그렇지만 신돈복은 분영과 신치복 사이의 이야기를 전해 들은 존재이기에 서사에 적극 개입하기 어려웠다. 그 결과 분영의 자기 진술이 서술을 주도하게 된 것이다.

「추기임로설고사」秋妓臨老說故事(『청구야담』 상, 258면), 「평양기연추양불망」平壤妓姸醜兩不忘(『청구야담』 하, 192면)에서도 추월과 평양 기생 등 두 여인이 등장해, 기생 노릇을 하면서 겪은 남자 중 주로 부정적인 쪽으로 기억에 남는 남자에 대해 진술한다. 추월은 늙어 은퇴한 뒤 '평생 세 가지 웃기는 일'[11])이 있었고, 평양 기생은 '거쳐 간 사람은 많지만 잊혀지지 않는 사람이 둘'[12]) 있다고 회고한다. 이들이 떠올린 다섯 명의 남자들은 화류계에서 상식적이지 못한 행동을 했는데, 그 일탈된 행동에 대한 이야기는 다섯 개의 '직업 일화'라고 하겠다.

이상 세 작품에서 서술자는 전면에 나서지 않는다. 앞에 붙은 형식상의 액자는 서술자나 편찬자가 후술할 이야기 내용과 직접 관련이 없음을 알리는 일종의 면죄부라 할 수 있다. 사대부 편찬자와 비사대부 계층의 진술자 사이에 존재하는 이념적 괴리를 해결하기 위한 것이다. 그럼으로써 서술자는 작중인물로 하여금 자기 경험을 자기 목소리로 마음껏 드러내도록 할 수 있었다.

「대인도상객도잔명」大人島商客逃殘命(『청구야담』, 상, 147면)에서는 겉 이야기가 또 다른 기능을 한다. 위의 세 작품에서는 겉 이야기의 액자가 자기 진술자로 하여금 현실 경험을 자유롭게 진술하도록 보장해준 반면, 「대인도상객도잔명」에서는 가상적인 경험을 실제로 겪은 듯 여겨지게 하였다. 그 시작은 이러하다.

청주의 한 상인이 미역을 사러 제주도에 갔을 적에 어떤 남자가 땅을 짚고 이리저리 왔다 갔다 하다가 배 앞으로 와서는 손을 잡고 뛰어올랐는데 백발이었지만 얼굴은 젊어 보였고 다리가 없었다. "노인장께서는 어떻게 하여 두 발을 잃으셨소?" 하고 상인이 물으니 "소싯적 표류할 때 두 다리를 고기에게 먹혔기 때문이지요"라고 대답했다. "상세한 이야기를 들어볼 수 있겠습니까?" 하니……[13)]

청주 상인의 요청에 따라 노인은 자기가 경험한 사건을 이야기하기 시작하는데, 이 이야기는 작품의 끝까지 이어진다. 사람을 잡아먹는 거인의 섬에 표착했다가 죽을 고비를 넘기고 간신히 돌아왔다는 내용이다. 그런데 그곳에서의 경험은 황당한 내용이다. 키가 수십 장이나 되는 거인이 바다 한가운데 섬에 살고 있다는 것, 사람을 통째로 구워 먹는다는 것, 한 발자국이 5, 6간間이 넘는다는 것 등은 현실에 실재하는 것이라고 인정하기 어렵다. 이 내용은 『천일야화』의 「선원 신드바드의 세 번째 항해」The Third Voyage of Sindbad the Sailor[14]의 내용과 대동소이하다.* 그런 점에서 이 작품의 자기 진술 부분은 진술자인 노인이 직접 경험한 것이 아니며, 진술자도 허구적인 존재라 하겠다. 그렇다면 위 액자는 허구적인 내용을 그럴듯하게 보이게 하기 위해 당시 유행하던 '경험자의 자기 경험 진술'이라는 서술 방식을 차용한 것이라 볼 수 있다.

③ 정보의 제시로서의 자기 진술

「설신원완산윤검옥」雪神寃完山尹檢獄, 「설유원부인식주기」雪幽寃夫人識朱旗의 자기 진술자는 억울하게 죽은 귀신들이다. 이들은 자기 진술을 통해 자신들의 억울함을 알리고 원한을 풀려고 한다. 겉 이야기의 앞부분에서는 이들을 소개하고 이들이 자기 진술을 하게 되는 배경을 간단하게 제시한다. 곧이어 귀신들의 자기 진술이 시작되는데, 여기서 자기 진술은 이미 제시된 사건의 재현이나 보완이 아니라 앞으로 제시될 사건의 출발점이 된다. 자기 진술이 먼저 있고 그것을 바탕으로 본 사건이 시작되는 것이다.

자기 진술이 제공하는 것은 알려지지 않은 사실에 대한 정보이다. 「설신

---

* 『어우야담』, 「이지봉수광위안변부사」李芝峰晬光爲安邊府使에도 바다 가운데에 사는 거인에 대한 이야기가 소개되어 있다. "且見巨人腰下入水 腰上露於水者 長可三十仞 其頭面肢體極雄 無可比 漁子刺船欲避 而已被攀舷欲覆 蒼黃擧斧斫其臂 巨人棄而上山"(정명기 편, 『한국야담자료집성』 13, 계명문화사, 1987, 53~54면). 그러나 위 인용 부분만 『청구야담』의 위 작품과 상통할 뿐 유화라고 볼 여지는 전혀 없다. 또 유만주俞晩柱(1775~1788)의 『흠영』欽英에도 비슷한 내용이 있지만 민담식으로 변개된 것이다(『흠영』, 서울대 규장각본, 1997, 262~264면). 그런 점에서 『청구야담』의 위 작품이 『천일야화』와 연결될 터인데, 중국 쪽을 중개자로 했다고 추정할 수 있지만 아직 정확한 전파 경로를 밝히지는 못하였다.

원완산윤검옥」에서 이방의 딸은 계모와 이복동생의 죄악에 대한 정보를 감사에게 제공한다. 즉 그들은 재산을 독차지하려고 이방이 출타한 틈에 이방의 딸인 자신을 죽이고는 이방이 돌아오자 복통으로 죽었다고 거짓말을 했다는 것이다. 감사는 이 정보에 근거를 두고 사실을 밝혀간다. 이 과정에서 참 진술과 거짓 진술 간에 논쟁이 이루어진다. 마침내 감사가 참 진술과 거짓 진술을 판명해낼 수 있었던 것은 이방의 딸이 제공한 참 정보를 확보하고 있었기 때문이다.

이방 딸의 진술로 이루어지는 전반부와 감사가 진실을 밝혀가는 후반부는 서로 대응된다. 전반부가 진술 중심이라면 후반부는 사건 서술 중심이다. 그렇다고 해서 후반부에 진술이 없는 것은 아니다. 다만 후반부에 나타나는 진술은 거짓이다. 전반부와 후반부를 연결시켜 해석하면, 이 작품의 구조는 현실에서 진실을 찾아내 일관되고도 참된 질서를 마련해가는 과정이라 하겠다.

「설유원부인식주기」는 밀양 원들이 부임해 온 첫날 밤에 다들 죽게 된다는 독특한 상황을 먼저 제시한다. 그것은 처녀 귀신의 자기 진술을 이끌어내기 위한 포석이다. 다른 밀양 원들이 처녀 귀신과의 대화를 거절했던 데 반해 가난한 무변 출신 원은 처녀 귀신과의 대화를 받아들인다. 처녀는 진술 과정에서 모든 정보를 무변에게 제공한다. 그 뒤에 이어지는 무변의 조치는 전적으로 처녀가 제공한 정보에 의존한 것이다. 그래서 후반부 사건의 전개는 전반부 처녀의 자기 진술에서 배태되었다고 볼 수 있는 것이다.

요컨대 이들 작품에서는 자기 진술이 나타나기는 하지만 그것은 작품에서 이미 제시된 사건의 재진술이 아니며, 중심 사건보다 자기 진술이 앞선다는 점에서 특이하다. 자기 진술은 그 뒤에 있을 사건의 한 계기가 되면서 새로운 사건의 방향을 암시하기도 한다. 자기 진술자는 일상적 경험에 바탕을 두고 그 경험을 소중하게 생각하면서 자기 경험을 진술하는 것이 아니다. 경험의 시간인 과거를 소중하게 생각하기보다는 그 과거의 굴레로부터 해방되고자 하는 소원을 더 강하게 가진다. 그런 점을 감안할 때 진정한 의미의 자기 경험에 대한 떳떳한 진술이라 보기 어렵다.

④ 과거 경험에 대한 회상으로서의 자기 진술

경험한 사건을 항상 생각하고 있다가 그것에 대해 이야기할 기회가 주어지거나 혹은 이야기해야 할 절실한 필요가 생겼을 때 이야기하는 '과거 경험에 대한 회상으로서의 자기 진술'은 야담의 자기 진술 중 단연 두드러지며 그 의의가 가장 큰 경우라 할 수 있다.

대체로 사건이 먼저 제시되고, 그것에 대한 작중인물의 자기 진술이 이어진다. 사건은 주인공이 집을 나선 후 낯선 인물을 만나 겪게 되는 특이한 경험과 관련된다. 작중인물은 그 뒤 그 경험을 잊지 않고 자주 그것을 떠올린다. 작중인물의 자기 경험에 대한 이러한 태도는 마침내 일정한 시간이 흐른 뒤 스스로 그것에 대해 진술하는 것으로 귀결된다. 작중인물이 자기 진술자가 되는 것이다.

제시된 사건과 그것에 대한 자기 진술은 대등하게 관계를 맺는 두 항이다. 사건에 대한 서술자의 서술은 액자에 해당하는 겉 이야기인데, 그것만으로는 작품을 완결시키지 못한다. 자기 진술자의 자기 진술에 의해 이루어지는 속 이야기 역시 그 자체로 완결된 닫힌 구조를 취하지 않는다. 주인공의 자기 진술은 결미가 열려 있어 그 부분을 통해 겉 이야기와 연결되어 통합된다. 한편 『천일야화』나 『데카메론』에서는 겉 이야기 속에 완전히 닫힌 속 이야기가 수없이 들어 있다. 겉 이야기와 속 이야기가 연결되고 결합되는 지점이 없는 것이다. 속 이야기의 결미가 열려 있다는 점이야말로 야담의 자기 진술이 『천일야화』나 『데카메론』의 서술법과는 다른 독특한 면이라고 하겠다.

이것은 크게 두 부류로 나누어 살펴볼 수 있다.

■ 제시된 사건의 결락 부분에 대한 보완

사건은 보다 작은 단위의 행위들로 구성되는데, 서술자가 그 행위들 중 일부를 생략하거나 그것들을 적절하게 연결해주지 않을 때 비약이 생겨나 청자나 독자는 행위들의 관계에 대해 의문을 품게 된다. 또 인과관계나 귀결점 등에 대해서도 큰 호기심을 갖게 된다. 야담의 서술자는 서술 과정에서 의도적으로 결락 부분을 만들고 극심한 비약을 불러일으켜 독자의 호기심을 유발하려는 경향이 있었다. 이는 서술자가 자기의 서술 행위를 자각하고 서술의 효과를 극대화하기 위한 조치를 모색했음을 뜻한다. 그런데 이런 결락 부분을 나중에 메우려 할 때 서술자가 직접 나서지 않고 작중인물을 대신 내세우곤 하는데, 그때 이용하는 것이 바로 작중인물의 자기 진술이다.

「유상사선빈후부」柳上舍先貧後富(『청구야담』 하, 120면)에서 주인공 유생은 가난하게 살아가고 있었는데, 어느 날 검무劒舞를 잘하는 여자의 방문을 받는다. 그런데 그 여자의 행동은 처음부터 잘 이해되지 않는 것이었다.

> 그 여자는 들어와 유생의 처를 뚫어져라 쳐다보다가 마루 위로 뛰어 올라가 끌어안고는 방성통곡했는데 그 이유를 알 수 없었다. 그 처에게 물으니 "옛날에 잘 알던 사람입니다"라고만 대답했다.[15]

여자의 정체가 분명치 않다는 사실만으로도 관심을 끌 터인데, 그녀가 예기치 못한 행동까지 했기에 호기심은 더욱 커진다. 유생의 물음에 대한 그 처의 대답도 의문을 잠재우기는커녕 오히려 의혹을 부추긴다. 그때부터 잘 이해되지 않는 일들이 계속 벌어지는데, 그에 대해 유생이 의아해하여 또 물어도[16] 여전히 부인은 분명한 대답을 회피한다.[17] 그 결과 유생의 의혹이 극에 이른다.[18] 그러나 유생으로서는 어쩔 수 없다. 유생은 해명을 위한 어떤 대책도 갖고 있지 못했다. 결국 그는 진실을 밝히기를 포기하고 일이 되어가는 대로 자신을 맡길 따름이다.[19] 이런 의혹과 호기심이 정점에 이른 단계에서 정체가 분명치 않던 여자의 아버지가 나타나 자기 진술을 시작한다.

> 재상이 웃으며 말했다. "자네 아직 번화몽繁華夢에서 깨어나지 못했지. 내 모든 걸 말해줌세. 자네 팔자와 같이 좋은 팔자는 고금에 없네. 연전에 자네 처가댁과 우리 집, 그리고 역관 현 지사의 댁은 담을 사이에 두고 있었는데, 같은 해 같은 달 같은 날에 모두 딸을 낳았으니 심히 희한한 일인 고로 세 집이 항상 아이를 번갈아 보았지. 조금 자라나자 아이들은 아침저녁으로 상종하며 놀았는데, (앞으로) 한 남자만을 같이 섬기기로 맹세했다네.[20]

이 진술을 통해 가난한 살림을 하던 유생이 뜻밖에 찾아온 한 여자로 인해 갖가지 행운을 독차지하게 되는 까닭이 드러나게 된다. 자기 처와 어릴 적에 맹세한 두 여자가 많은 재물을 가져왔을 뿐만 아니라 그들 자신까지 후실로 들어온 것이다.

사건 제시 과정에서 의혹과 호기심을 일으켰던 서사의 결락 부분들은 재상의 진술을 통해 온전하게 메워져 의혹이 풀리고 호기심은 충족되었다. 재상의 자기 진술은 앞서 제시된 사건을 요약했을 뿐만 아니라, 서술자가 고의적으로 혹은 우연하게 빠뜨린 부분도 소상하게 보충했다. 그리고 본 사건이 일어나기 전에 있었던 사건들도 소개했다.

호기심이란 대상에 대해 익숙하지 않을 때 생겨나며, 그 익숙하지 않은 대상에 대해 분명한 지식을 획득하는 과정에서 서서히 충족된다고 본다면, 이 작품의 서술 과정은 '호기심의 형성→호기심의 고조→호기심의 충족'이라는 단계를 밟아가는 것이라고 요약할 수 있다.

「봉기연빈사득이랑」逢奇緣貧士得二娘(『청구야담』 하, 483면)도 이와 비슷한 내용이면서 거의 같은 서술법을 취한다. 동소문 밖에서 가난하게 살던 한 선비가 느닷없이 나타난 미인과 함께 살면서부터 부자가 되고 높은 벼슬까지 얻게 된다는 내용이다. 그런데 이 작품은 그 불가사의한 사연을 해명하는 데 더 긴 시간을 설정한다. 선비는 미인과 수십 년을 동거하고 난 뒤 죽음에 임박해서야 그 사연을 물어보고, 그녀는 못 이기는 척하며 진술을 하는 것이다.

> 생이 그녀에게 "내 임자와 함께 산 지 벌써 수십 년이 흘러 이제 늙어 곧 죽을 것이오. 그런데도 아직 임자의 내력을 알지 못하고 있소. 전에는 숨겼다 해도 이제 마땅히 상세하게 말해줄 수 없겠소?" 하니 그녀가 탄식하며 말했다. "이 동지는 저의 아버지입니다. 저는 청년에 홀로 되어 음양의 이치를 몰랐습니다. 부모님께서 이를 가련히 여겨 하루는 저에게 말씀하셨죠. '오늘 저녁, 집을 나가 처음 만나는 의관 정제한 남자를 따라가 모시고 살아라'라고요. 저는 엉겁결에 집을 나와 낭군님을 만났으니 천생연분이 아니었겠습니까? 집을 매매하고 산업을 일으킨 일은 모두 제 아버지가 지휘한 것이었습니다. 저 여자 역시 지금 모 재상의 딸인데, 합궁 전에 과부가 되었습니다. 저의 아버지와 모 재상은 절친하여 집안의 세세한 일조차 서로 의논하였지요. 양가에 청상이 동시에 있어 마음으로 서로 측은히 여기며 의견을 교환했습니다. 하루는 제 아버지께서 소첩을 쫓아낸 일을 이야기하니 모 재상이 한참 추연히 있다가 '나도 그렇게 하겠소'라고 했죠. 그 딸이 병들어 죽었다며 시가에 부고를 전하고 산 아래에 허장을 했습니다. 그러고는 당신을 따르게 했지요. 전에 당신의 초임 자리를 추천해주신 전관이 모 재상입니다.[21]

이상과 같은 여인의 자기 진술은 작품의 끝 부분에 놓일 뿐 아니라 선비의 말년에 이루어졌기 때문에 그것이 작중인물들의 처지를 달라지게 하지는 않는다. 다만 이미 서술된 사건 중 잘 이해되지 않았던 부분을 해명해주는 역할을 한다. 먼저 선비가 일생 동안 품어왔던 의문을 풀어주며, 다음으로 청자나 독자의 의문을 풀어주기도 한다. 이 작품은 이와 같은 자기 진술로 끝나기 때문에 호기심의 고양과 그 호기심의 충족이라는 서술 원리를 가장 전형적으로 보여준다고 하겠다.

「방도원권생심진」訪桃源權生尋眞(『청구야담』 하, 522면)에서 권 진사는 산천을 유람하다가 한 첨지를 만나 도화원 비슷한 곳으로 초대된다. 그곳에 이르는 과정과 그곳의 모습은 권 진사는 물론, 독자나 청자의 호기심을 불러일으킨다. 권 진사는 그곳의 모습에 감동해 첨지에게 공경을 표하고는 꿇어앉아 '주인장께서는 신선이십니까, 아니면 귀신이십니까? 이곳은 어떤 마을입니까?'라며 질문을 던진다. 그제야 첨지가 입을 연다.

> 첨지가 놀라며 "진사님께서는 왜 갑자기 경대를 하십니까? 저는 유별난 사람이 아닙니다. 선세는 고양 땅에서 세거하셨으며 중조께서 마침 이곳을 얻어 고향집을 철수하고 이곳으로 들어온 것입니다. 그때 동성의 당내堂內 친척과 외가, 처가, 당내의 족속들, 그리고 인척 중에서 따라오기를 원했던 분들을 포함해 도합 30여 가가 함께 왔습니다. 일단 이곳에 들어온 후로는 세상과 왕래하지 않기로 약속하고, 다만 경서 몇 권과 소금, 육장만을 가지고 왔지요. 땅을 개간하고 논을 일구어 먹는 것을 해결했으며, 혼인은 이곳의 여러 족속들이 대대로 인척을 맺었으니 어느덧 주진지촌朱陳之村을 이루었습니다. 이후 자손이 번성해 같은 우물을 쓰는 집이 거의 200여 가나 됩니다.[22]

첨지의 이 답변을 통해 그동안 그의 집단이 이상적인 생활공간을 만들기 위해 겪은 내력이 압축적으로 제시되었다. 첨지가 권 진사의 경대를 마다하고 자신이 유별난 존재가 아님을 밝히며 시작한 자기 진술은, 자신의 경험이 지극히 현실적인 것임을 강소하고 아울러 자기들만의 자긍심을 드러낸 것이다. 그들의 경험은 첨지와 권 진사가 만난 시기보다 훨씬 이전에 이루어졌다. 경험 시각과 진술 시각 간의 큰 격차는 그 경험 내용의 대상화를 가능하게 하고, 동시에 그 경험에 대한 호기심을 더 두드러지게 만드는 요인이 된다.

그 외에 「득이첩권상사복연」得二妾權上舍福緣(『청구야담』 상, 553면)의 권 진사는 자신의 청혼을 번번이 거부했던 이웃의 과부로부터 어느 날 저녁 식사 초대를 받는다. 그런데 그 자리에서 옷을 바꿔 입자는 뜻밖의 제안을 받는다. 이에 대해 당사자 권 진사는 물론이고 독자와 청자들도 당황하게 되고, 그 이유를 알고자 하는 강한 호기심을 갖게 된다. 「득지보고호매기병」得至寶賈胡買奇病(『청구야담』하, 530면)에서도 상인은 뱃속에서 나온 벌레를 큰돈을 주고 사는데, 그는 끝 부분에 가서야 비로소 이유를 진술한다.[23]

이상에서 서술자는 적절한 시점에서 사건에 대해 완전히 해명해주지 않고 미뤄두었다가 작중인물이 직접 해명하도록 만들었다. 그것은 청자나 독자의 호기심을 잔뜩 부추겨놓고 마지막에 이르러서야 비로소 그 비밀을 밝힘으로써 서사적 긴장의 형성과 해소의 묘미를 살리고자 한 서술자의 의도에 의한 것이라고 볼 수도 있다.

그런데 야담의 서술자가 작중인물로 하여금 비밀을 뒤늦게 털어놓게 하는 서술 방법을 즐겨 활용한 이유는 무엇이었을까? 먼저 자기 경험을 내세우는 작중인물의 자기 진술이 야담의 서술 방식에서 확고한 자리를 차지한 현상과 관련이 있다. 서술자는 야담에서 확고하게 자리 잡은 작중인물의 자기 진술 경향을 서사적 긴장을 형성하고 해소하는 데 수용한 것이다. 작중인물은 자신의 독특한 경험을 자랑스럽게 진술할 뿐만 아니라, 그것을 재미나게 표현하는 서술자, 그것도 전지적 서술자의 역할을 하게 되었다. 그것은 자기의 삶은 자기 식으로 꾸려가려 했던 조선 후기 사람들의 삶의 자세를 닮았다. 삶을 주체적으로 꾸려가려 한 조선 후기 사람들의 삶의 자세가 수수께끼같이 전개되어가는 사건의 전모를 이미 파악하고 조종하는 야담 작중인물의 입장으로 수용된 것이다.*

아울러 이 단계에 와서 서술 시간과 순서에 대한 배려가 이루어졌다고

---

* 이와는 정반대의 삶의 자세가 조선 후기에 존재했음은 소위 '운명의 실현'을 보여주는 야담 작품을 통해 알 수 있다.

하겠다. 사건을 자연적인 시간의 순서대로 무미건조하게 제시하기보다는 자연적 시간의 질서를 의도적으로 흩뜨려 독자나 청자로 하여금 현실 경험을 다양하게 추체험하게 한 것이다. 현실 경험을 구성하는 가장 중요한 요소 중 하나인 시간을 재편하면 그 경험은 새롭게 느껴질 수 있기 때문이다.*

■ 이미 일어난 사건의 재진술

어떤 사건이 일어나고 그 여파가 충분히 마무리되지 않은 단계에서 자기 진술이 나타나는 경우도 있다. 심각한 사건이 일어나긴 했으나, 그것이 주인공의 처지를 결정적으로 변화시키지는 못한다. 다만 사건이 일어난 때로부터 일정한 시간이 지난 뒤 주인공은 새로운 상황을 맞이하게 되고, 이때 이전에 겪은 사건을 환기한다. 이것이 주인공의 자기 경험 진술이다. 주인공의 자기 경험 진술은 서술자에 의해 이미 제시된 사건에 대한 재진술이다. 반복이 구비 전승의 기본 서술 원리라 할지라도, 문자로 정착된 야담에 이 같은 재진술이 나타난 것은 무엇 때문일까? 분명한 것은 이 재진술이 계기가 되어 주인공의 처지가 좋아진다는 점이다.

    같은 사건에 대한 서술자의 서술과 작중인물의 재진술이 대등하게 존재하는 셈이다. 서술자에 의한 사건 제시 부분이 겉 이야기가 되고 작중인물의 자기 진술은 속 이야기가 되어 그 속에 포함된다고도 하겠지만, 전체 구조를 따져보면 꼭 그렇지만은 않다.

    여기서 시간 단위의 단절과 시간의 역전 현상이 두드러진다. 사건이 진행된 순서대로 서술이 이루어지지 않는 것이다. 만남과 헤어짐, 다시 만남의 모티프가 이런 시간적 질서의 변동과 긴밀하게 관련된다.

    가장 전형적인 사례라 할 수 있는 「장삼시호무음덕」葬三屍湖武陰德(『청구

---

* 이 사례가 시간성을 중요하게 포착한 것이라면, 공간성을 주된 관심사로 부각시켜 새롭게 경험하게 만든 것이 '이상향의 추구'라고 할 수 있다. 이에 대해서는 이 책의 「야담의 서술 시각 유형」을 참조할 것.

야담』상, 76면)을 통해 논의를 구체화해보자.

① 영남의 한 무변이 상경해 여러 차례 벼슬을 구했지만 돈만 탕진했다.
② 마지막으로 전답을 모두 팔고는, 벼슬을 구하지 못하면 돌아오지 않으리라는 비장한 마음으로 한양으로 향했다.
③ 충청도의 한 마을에 투숙했다가 죽은 가족의 장례를 치르지 못하고 있는 처녀에 관한 이야기를 들었다.[24]
④ 무변이 그 장례를 치러주고 처녀를 친척집에 데려다주었는데, 그러다 돈을 거의 다 썼다.
⑤ 한양의 지인들은 무변의 궁상을 보고 그를 푸대접했다. 5, 6년이 지나도록 벼슬은커녕 병조판서와 면담조차 하지 못했다.
⑥ 병조판서와 줄을 이으려고 어두워진 뒤 담을 넘어 사랑으로 들어가 숨어 있다가 병조판서의 아버지 동지공同知公을 알현하고 사정을 이야기했다.

자기 진술 1 "小人卽全羅道某邑居出身某也 登科幾年 未沾寸祿 棲屑京鄕 家産蕩敗 仰事俯育 不得如意 離親棄鄕 今且幾年 切欲還鄕而路需無辦修之道 乞食旅店 艱楚萬狀 竊伏聞大監 自莅任以來 大恢公道 寃屈沈替者 皆振拔 小人竊欲擧一次陳情 而門禁至嚴 通刺無路 抱刺徊徨 亦旣屢日矣 情勢窮迫 出萬死之計 敢作踰垣之行 有此呈身之擧 死罪死罪 殺之活之 唯命是俟"(『청구야담』상, 82~83면).

이로부터 무변은 동지공의 말벗이 되어 함께 지내게 되었다. 동지공이 무변에게 자기 경험에 대해 이야기해줄 것을 부탁한다.

자기 진술 2 "厥弁遂將自己決科以後 求仕賣田之事 一一細述 且將中路埋三

屍 及救處女之事 從頭至尾說了一通"(『청구야담』 상, 84면).

⑦ 얼마 뒤 병조판서가 돌아오자 동지공이 무변을 소개해주었는데, 그는 옛날 무변이 시신을 묻어준 일에 대해 상세히 물었다.
⑧ 동지공은 자기 며느리를 무변에게 인사시켰는데, 그녀는 무변의 도움으로 세 시신의 장례를 치른 바로 그 처녀였다.

처녀의 자기 진술 흔적 "盖兵判喪配去年後 娶於湖鄕 卽其處女也 于歸之後 常對其家人 說此事 而不知其人 欲報無路 每以爲恨 其同知公及兵判熟聞其言"(『청구야담』 상, 86면).

⑨ 병조판서의 아내는 보답으로 무변의 가족을 데려와 살게 했고, 무변은 병조판서가 벼슬을 추천해준 덕분에 선전관에서 아장에까지 이르렀다.

이상의 개요에서 서술자의 사건 제시와 작중인물의 자기 진술이 거의 대등하게 존재함을 알 수 있다. 이야기는 주인공 무변이 벼슬을 얻기 위해 길을 떠나는 데에서 시작된다. 새로운 공간에서 낯선 사람과 만날 것이 예견된다. 그는 충청도의 한 마을에서 하룻밤을 보내다 한밤에 여인의 곡성을 듣는다. 그 곡성은 무변과 독자의 주의를 강하게 환기한다.

무변의 질문을 받은 집주인이 곡성의 사연을 이야기해주는데, 그것은 '남의 경험에 대한 제3자의 간접 진술'에 해당된다(③). 그 이야기에서 조선 후기 몰락 양반의 처참한 지경을 목도할 수 있다. 한 양반이 있었는데, 그는 경제적으로 몰락해 날품팔이로 생계를 유지한다. 다음으로 부부와 하나뿐인 아들이 돌림병으로 추정되는 병에 걸려 연달아 죽는다. 이처럼 한 가정에 닥친 경제적·운명적 재난 앞에 한 여인이 내팽개쳐졌다. 진술 속에 양반 집안의 몰락상이 압축적으로 제시되었다.

　무변은 궁지에 몰린 여인에게 은혜를 베푼다. 그 결과 그녀 대신 자신이 궁지에 몰린다. 그런데 서로는 은혜를 베풀고 입은 관계임에도 상대방에 대한 어떤 정보도 간직하지 않는다. 보은의 길을 만들지 못한 것이다.*

　①~④가 하나의 사건 단위(사건 1)라고 한다면, ⑤~⑥이 또 하나의 사건 단위(사건 2)라고 할 수 있다. 두 사건 단위 사이에는 시간과 공간의 큰 격차가 있다. 그리고 두 번째 사건 단위에서는 시혜자와 수혜자가 떨어져 있다. 무변의 자기 진술은 이 단계에서 이루어진다. 자기 진술은 두 가지다. '자기 진술 1'은 명실상부한 경험자의 자기 경험 진술이다. 그것은 무변이 집을 떠나 병조판서 집의 담을 넘어간 순간까지 겪은 경험들을 압축해 제시한 것이지만, 유독 세 시신의 장례를 치러주고 여인에게 은혜를 베풀었던 일만은 언급하지 않았다. 그 내용은 병조판서의 아버지에게 구걸하는 내용과는 직접 관련이 없다고 판단했기 때문일 것이다. 남의 집 담을 뛰어넘어 들어가는 몰상식한 행동을 한 무변은 자신의 절박한 처지를 시급히 알려 자기 행동을 해명해야 했기에 그 목표와 직결되지 않은 내용은 생략한 것이다. 그런데 담을 넘어 들어온 사람이 있었다는 사실과 그 사람이 진술할 경험을 갖고 있었다는 것은 긴긴 밤을 고독하게 보내야 했던 동지공에게는 오히려 반가운 일이었다. 자기 진술이 청자에게 긍정적으로 수용되어, 화자와 청자 사이에 소통이 이루질 아주 좋은 조건이 갖추어진 것이다.

---

* 세월이 한참 지난 뒤, 무변을 다시 만난 여인은 "재생의 크나큰 은혜 가슴에 새겨두어 잊어서는 안 될 것이었습니다. 그러나 제 나이가 어리고 마음이 황망하여 생각이 두루 미치지 못했지요. 어르신의 거주성명을 알아두질 못했습니다. 보답을 하겠다는 일념은 자나 깨나 사라지지 않았지만 거주성명을 모르니 보은의 길이 없었지요. 저의 허물이 참으로 크나컸습니다"("恩深再生 銘佩不忘. 而年淺心忙 智慮未周 未及記其居住姓名矣 圖報一念 寤寐如結 而旣不知姓名居住 報恩無階 辜負實多", 『청구야담』 상, 85~86면)라고 털어놓았다. 여인이 그 성명이나 얼굴을 통해 은인을 확인하는 것이 아니라, 그 은인의 자기 진술을 통해 만난다는 설정이야말로 '자기 경험 진술'이 야담 작품 세계 속에서뿐만 아니라 일상생활에서 얼마나 중요한 역할을 했는지를 짐작하게 한다.

그대는 경향 각지를 돌아다녔으니 필히 경력經歷한 바가 많을 것이고 또 눈으로 보고 들은 바가 많을 것이네. 원컨대 한번 들어봄세.[25]

이와 같은 동지공의 요구는 아주 중요한 사실을 알려준다. 동지공이 무변에게 경험담을 들려주기를 요구하는 이 구절 바로 앞에 "혹 고담을 이야기하기도 했다"[26]는 구절이 있다. 이는 서술자가 '고담'과 무변의 '자기 경험 진술'을 구별하고 있다는 증거로서, 전자가 전승되던 꾸며진 이야기라면 후자는 실제로 경험된 이야기라고 해석할 수 있는 것이다. 동지공의 요구에 응해 무변은 다시 자기 경험 이야기를 해주는데, 여인을 도외준 내용이 비로소 그 속에 포함된다. 무변은 담을 넘어온 것에 대해 동지공에게 이미 용서를 받았기에 자신의 용건과 직접 관계되지 않은 내용도 이야기할 수 있는 여유를 가지게 되었을 것이다. 아울러 자신만의 독특한 경험을 이야기해달라는 동지공의 요구에 더 잘 부합하는 것이라 판단했을 것이다.

그것이 '자기 진술 2'라 하겠는데, 다소 특이한 모습을 보인다. 먼저 무변이 동지공에게 자신의 경험을 이야기해준다고 되어 있지만, 텍스트에서는 그것이 실현되지 않는다. 서술자가 개입해 무변의 이야기를 요약, 제시하고 있는 것이다. 무변의 자기 경험 진술은 동지공에게는 직접 전달되었지만, 청자나 독자들에게는 서술자의 목소리를 통해 간접적으로 전달된다. 서술자의 목소리를 통해 중계된 이 특이한 자기 진술은 일반적인 간접화법과는 그 성격이 다르다. 대체로 간접화법은 발화자의 발화 행위보다는 발화 내용의 전달을 더 중시한다. 그러므로 전달자 혹은 서술자의 의도가 중시된다. 그에 비해 이 경우에는 작중인물 간의 발화와 수화라는 행위와 관계가 더 중시된다. 주인공이 상대 인물에게 자기 경험을 진술했다고 이미 언급했기 때문이다. 그리하여 서술자에 의해 간접화법으로 전환되기는 했지만 직접화법의 분위기와 관계가 살아 있는 것이다.

이 두 개의 자기 진술이 시혜자와 수혜자를 다시 만날 수 있게 만든다.

거주성명이나 얼굴을 통해 서로를 알아보는 것이 아니라 진술된 사연이 동일함을 확인함으로써 서로 알아보게 되는 것이다. 그러니 두 사람이 다시 만날 수 있었던 것은 무변만이 자기 진술을 한 것이 아니라, 여인도 평소 자신이 은혜를 입었던 경험에 대해 자기 진술을 했기 때문이다.

요컨대 무변과 여인은 겉 이야기의 현실에서 같은 경험을 공유한다. 이 단계에서 두 사람은 겉 이야기에서만 존재했다. 서로 만나 은혜를 베풀고 혜택을 받는다. 그러나 거주지나 이름도 모른 채 헤어진다. 그렇지만 각자 그 경험을 소중하게 생각하고 거듭 그것에 대해 이야기했다. 속 이야기를 형성하고 속 이야기의 인물을 만들어낸 것이다. 이 단계에 이르면 현실의 경험과 이야기의 경험이 공존하게 된다. 겉 이야기의 현실과 속 이야기에서의 인물 관계를 요약하면 다음과 같다.

무변의 자기 진술 : 무변(겉 이야기와 속 이야기에 공존)
　　　　　　　　　여인(속 이야기에만 존재)
여인의 자기 진술 : 여인(겉 이야기와 속 이야기에 공존)
　　　　　　　　　무변(속 이야기에만 존재)

즉 무변의 자기 진술에서는 여인이 확인되지 못하고, 여인의 자기 진술에서는 무변이 확인되지 못한다. 그러다가 두 사람의 자기 진술을 다 들은 동지공과 병조판서를 통해 두 사람은 속 이야기의 인물에서 현실의 인물로 나와 서로 만나게 되는 것이다. 그것은 곧바로 여인의 보은과 무변의 문제 해결로 귀결된다.

「피실적로진재절간」被室適露眞齋折簡(『청구야담』상, 430면)에서는 자기 진술과 청취, 그리고 그에 대한 소감 피력이라는 직접적인 관계가 편지 쓰기와 읽기, 그리고 답장 쓰기라는 보다 사적이면서 간접화된 형식으로 전화되었다.

① 광주의 한 조대措大는 30여 년간 한양을 출입하며 권세가와 줄을 이으려 했으나 결실이 없었다.
② 아내가 다그치자 조대는, 한양의 모 씨와 친하게 되었는데 그가 평안 감사가 되면 도와준다고 약속했다는 거짓말을 했다.
③ 아내가 그 말을 믿고 보름 때마다 목욕재계하고 모 씨가 평안 감사가 되게 해달라고 축원했다.
④ 모 씨가 평안 감사가 되었다는 소문이 들리자 아내는 그를 찾아가라고 졸랐다.
⑤ 조대가 병이 나서 못 가겠다고 하니 아내가 편지라도 쓰라고 하므로 그간의 일을 사실대로 써서 평안 감사에게 보냈다.
⑥ 평안 감사가 그 편지를 받아서 보고는 몇 년째 보름마다 꿈속에서 자신이 평안 감사가 되게 해달라고 축원하던 여인이 바로 조대의 아내였음을 깨달았다.
⑦ 평안 감사가 편지와 함께 약과 한 상자를 보냈다.
⑧ 조대가 약과 상자를 열어보니 은 만 냥이 들어 있어 마침내 광주의 갑부가 되었다.

생면부지의 평안 감사에게 보낸 조대의 편지에는 그가 궁벽한 현실에서 겪은 온갖 일들이 상세하게 진술되어 있다.[27] 30년 동안 한양 출입을 했는데도 아무 소득도 얻지 못한 일, 아내의 질책을 모면하기 위해 짐짓 모 씨와 교유가 있다고 거짓말을 한 일, 그 뒤 아내가 그 말을 곧이듣고 모 씨가 평안 감사가 되게 해달라고 축원한 일 등이 편지의 중심을 이루고 있다. 이것은 ②와 ③의 내용을 다시 진술한 것이다.

이에 대한 평안 감사의 반응은 두 가지이다. 한편으로는 조대의 처지가 가련하다는 것이고,[28] 다른 한편으로는 그 아내의 정성이 지극해 감동했다는 것이다.[29] 편지의 형식을 통한 자기 진술이 수신자를 감동시켜 그 수신자로부터 도움을 받을 여건을 마련했다.

사건의 제시와 그 사건의 재진술 사이의 시간적 격차도 최소화되었다. 모 씨가 평안 감사가 되는 순간 두 부분은 연결되었다. 그럼에도 불구하고 두 부분의 서술법은 완전하게 구분된다. 편지 쓰기라는 더 분명한 차별화 요소를 확보했기 때문이다. 말에 의한 자기 진술의 전통이 더 사적인 소통 형식인 편지의 진술로 변형되어 그 본래의 기능을 대신하게 된 것이다.

그런데 조대 아내의 축원이 평안 감사의 꿈에 나타나고, 그 축원이 마침내 현실에서 이루어진다는 것은 전설에 어울리는 것이다. 그 전설적 소재가 이 작품을 전설 갈래에 귀속하게 하지 않고 야담계 소설로 나아가게 한 원동력은 결국 조대의 현실적인 경험과 그 경험을 그대로 적실하게 수용한 편지, 그리고 그 편지의 보내기와 읽기이다.

'이미 일어난 사건의 재진술'로서의 자기 진술은 서술자의 서술에 의한 사건 제시와 작중인물의 목소리를 통한 사건의 재진술이란 두 부분으로 구성되며, 그 사이에 시간적 간격을 설정하거나 기타 차별화 요소를 개입시켜 양자를 구분한다. 이 구분은 자기 경험에 대한 기억과 성찰을 가능케 하는 것이며, 다음 행동으로 나아가기 전 일종의 머뭇거림을 유도한다. 그 뒤 주인공은 계속 부수적인 행동을 하고 다른 종류의 경험을 하지만, 처음 제시된 사건을 잊지 않는다. 자기 진술의 여건이 마련되면 어디서든 그 사건에 대해 진지하게 재진술하는 것이다.

그런데 그 자기 진술은 자체로 완결된 것이 아니거나 설사 완결된 것이라 할지라도 그 진술로 인해 유발되는 결과가 중시된다. 자기 진술이 끝나면서 새로운 상황이 도출되는데, 그 새로운 상황이 나타나는 곳이 겉 이야기의 뒷부분이다. 겉 이야기의 뒷부분은 겉 이야기의 앞부분과 속 이야기를 통합한다.

'제시된 사건의 결락 부분에 대한 보완'으로서의 자기 진술은 진실에 대한 정확하고 소상한 인식을 궁극적인 목표로 삼는다. 반면 '이미 일어난 사건의 재진술'로서의 자기 진술은 욕망의 충족이나 문제의 해결이 궁극의 목표이자 귀결점이다.* 두 진술 방식은 한 작품에서 상호 보완적 관계를 유지하며 공존한다고 할 수 있다. 즉 '제시된 사건의 결락 부분에 대한 보완으로서의 자기 진술'이 오직 결락 부분만을 메워주는 것이 아니라 이미 서술된 부분의 일부를 재진술하기도 하며, '이미 일어난 사건의 재진술로서의 자기 진술'도 이미 서술된 사건만을 반복하는 것이 아니라 서술되지 않은 부분까지 보충하기도 해 고조된 의혹이나 호기심을 해소시켜주기 때문이다.

속 이야기의 성격과 기능

앞에서 네 가지 유형의 자기 진술을 살펴보았다. 그중 조선 후기 야담에서 새롭게 나타나 중심적 위치를 차지한 것은 네 번째 유형인 '과거의 회상으로서의 자기 진술' 중 '이미 일어난 사건의 재진술로서의 자기 진술'이라 할 수 있다. 그것을 중심에 놓고 기타 유형들의 일부를 고려하며 그 성격과 기능을 살펴본다. 다음과 같이 네 부류로 나누어 검토할 수 있다.

① 자기 경험의 진술→규범의 중시→수화자의 변화

「굴은옹노과성가」掘銀翁老寡成家(『청구야담』 상, 463면)에서 한 과부는 젊어서 남편을 잃고 두 아들과 가난하게 살고 있었다. 하루는 나물을 캐러 갔다가 바위 밑에서 은이 가득한 항아리를 발견하고는 항아리 뚜껑을 닫고 다시 바위

---

* 피터 브룩스Peter Brooks는 서사 문학에 있어 귀결점이 되는 결말은 ① 진실에 대한 지식knowledge of truth, ② 욕망의 충족fulfillment of desire이라 규정했다. 그의 주장은 야담의 자기 진술의 귀결점에 국한해 살펴볼 때 좋은 참조가 된다(Peter Brooks, *Psychoanalysis and Storytelling*, oxford: Blackwell, 1994, 31~32면 참조).

로 그것을 덮어둔다. 그녀는 두 아들이 장성해 어느 정도 기반을 잡았을 무렵, 30년 전 묻어두었던 은을 파 오게 한 다음 그 사연을 들려준다. 갑자기 생긴 은 때문에 자식들이 방자해질까 걱정해 다시 묻어두었다는 것이다. 그런데 은 항아리를 발견하고 다시 땅에 묻기까지에 대한 서사적 진술은 지극히 소략하고, 은으로 대변된 재물이 사람에게 어떤 영향을 줄 것이며 사람은 재물에 대해 어떤 태도를 가져야 할 것인가에 대한 교훈적 진술은 대단히 길게 늘어나 있다. 그녀는 나물을 캐다가 은 항아리를 발견한 특이한 사건에 대해 최소한의 의의만을 부여하고 소극적으로 소개할 뿐이다. 오히려 그녀에게는 그 사건을 숨겨 자식들에게 심각한 영향을 끼치지 않도록 하는 것이 일차적 목표였다. 그래서 그녀의 자기 경험 진술도 자식들이 재물에 연연하지 않고 살아가게 하는 데 목적이 있다.

경험을 중시하기보다는 경험을 통해 추출할 수 있는 교훈을 더 중시했기에 우언寓言에 가깝다. 그런 점에서 이 경우는 경험 자체를 중시하는 야담의 자기 진술과는 그 성격이 많이 다르다. 아울러 수화자가 낯선 사람이 아니라 익숙한 사람이라는 점도 차이점으로 지적할 수 있다.

② 남의 경험 진술→경험의 문제성 인식시킴→수화자의 변화→남의 문제 해결

작중인물의 진술에 의해 만들어지는 속 이야기가 남의 경험을 바탕으로 하는 경우가 있다. 남의 경험을 대신 진술해 수화자를 변화시키고 그로써 남의 문제를 해결해주는 것이다. 「복주수충비탁금호」復主讎忠婢托錦湖(『청구야담』 상, 67면)에서 여종은 주인의 원수를 갚기 위해 과거를 보러 가던 임형수를 유혹하고 자신이 목격한 주인집의 경험을 진술한다. 그 진술은 임형수의 의협심을 불러일으켜 주인의 원수를 대신 갚게 만든다. 여종은 주인을 위해 충성을 다해야 한다는 당대의 규범 테두리 안에 있지만, 자신이 생각하는 도리를 다

하기 위해 그 규범을 거론하기보다는 자신이 목격한 주인의 경험을 진술함으로써 소기의 목표를 성취한 것이다. 자기 경험은 아니지만 추상적 규범보다는 구체적 경험을 부각시켰다.

「외엄구한부출시언」畏嚴舅悍婦出矢言(『청구야담』 하, 421면)에서 안동 권 진사의 아들은 처가에 다녀오던 중 한 청상과 인연을 맺게 된다. 그러나 엄한 아버지가 그것을 용납하지 않을 것이 분명해 고민하던 중 지략이 있는 친구의 힘을 빌린다. 친구는 권 진사의 아들과 청상 간의 사랑을 고담인 것처럼 이야기해 권 진사의 감탄을 불러일으킨다. 엄하기만 했던 권 진사가 그 이야기에 감동해 이야기 속 인물들의 행동을 전적으로 인정하자, 친구는 그 이야기가 바로 권 진사의 아들 이야기임을 실토한다. 그래서 권 진사가 그 아들의 축첩을 인정하지 않을 수 없게 만들었다. 이로써 아들의 문제는 해결되었다.

③ 자기 경험의 진술→만남의 계기 마련→수화자의 욕망 충족·문제 해결

자기 경험의 진술이 만남의 계기를 마련하고, 그 결과 수화자의 욕망을 충족시켜주거나 문제를 해결해준다. 자기 진술의 혜택이 진술자 자신에게 가지 않고 수화자에게 돌아가는 것이다. 진술자는 더 순수하게 자기 경험 자체에만 충실한 셈이다.

「과동교백납인부」過東郊白納認父(『청구야담』 상, 154면), 「과금강급난고의」過錦江急難高義(『청구야담』 하, 323면) 등은 작중인물이 자기 경험을 진술함으로써 상대 인물을 만나게 되고 마침내 상대 인물을 잘되게 해주는 예들이다. 「과동교백납인부」에서 서생은 갑자기 내리는 비를 피해 여인의 집 문 옆에 서 있다가 여인의 초대를 받고 들어가 하룻밤을 보낸다. 세월이 지난 뒤 그곳을 지나가던 서생은 동행하던 친구들에게 과거에 여인과 하룻밤을 보내면서 동침한 사실을 이야기한다. 그 이야기를 지나가던 중이 듣는데, 그 중은 하룻밤 동침으로 잉태된 아들이었다. 중은 어머니로부터 자기 아버지에 대한 사

연을 듣고 아버지를 찾기 위해 방방곡곡을 떠돌아다니고 있었다. 결미에서 여인은 그간의 사정을 상세하게 진술함으로써 서생과 아들의 갑작스런 상봉에 대한 의혹을 모두 풀어준다.

그런데 서생이 아들을 만난 것은 우연이면서도 운명이었다. 떠돌던 서생이 옛 경험에 대해 이야기하던 그 순간, 아들이 그 옆에서 이야기를 들을 수 있었던 것은 우연 중 우연이다. 또 작품 서두에서 "날 저문 동문에서 산승이 뒤를 따르리"[30]라는 점괘가 제시되는데, 결국 운명대로 되었다. 그런 점에서 이 작품에는 조선 후기 사회에서 빈발했던 삶의 우연성에 대한 자각과, 여전히 당시 사람들의 의식을 관통하고 있던 운명에 대한 의존성 등이 엉켜 있다고 하겠다. 이런 다양한 영역들을 연결시킨 것이 작중인물의 자기 경험 진술인 것이다. 여인이 아들과 서생에게 들려준 자기 진술에 초점을 맞추면 '자기 경험의 진술→만남의 계기 마련→수화자의 욕망 충족·문제 해결'에 해당하지만, 서생이 그 친구들에게 진술한 것에 초점을 맞추면 '자기 경험의 진술→만남의 계기 마련→자기 진술자의 욕망 충족·문제 해결'에 해당한다고 할 수 있다.

이에 비해 「과금강급난고의」는 자기 진술자인 며느리에 대한 수화자 선비의 일방적 시혜를 먼저 보여준다. 그래서 자기 진술자는 보은의 일념을 망각하지 않는다. 모친의 장지를 마련하기 위해 길을 떠난 선비는 돈이 없어 명당은커녕 장지조차 마련하지 못하자 산 아래 대갓집에서 하룻밤을 보내며 절망한다. 그런데 돌연 주인 내외가 들어와 금강에서 생명을 구해준 일에 대해 상세히 이야기한다.[31] 주인 내외의 이야기는 전반부에서 서술자가 세세하게 서술한 내용이다. 주인 내외의 자기 진술에 의해 쌍방은 서로를 정확하게 동일시할 수 있었고, 결국 진정한 상봉을 하게 된다. 그리고 선비는 그들의 보은으로 부자가 된다. 이 자기 진술에는 경험을 소중하게 여기는 태도와 '시혜-보은'을 소중하게 여기는 윤리적 자세가 공존한다. 생의 우연성이나 아이러니 대신 윤리가 그 자리에 들어선 셈이다.

4 자기 경험의 진술→만남의 계기 마련→자기 진술자의 욕망 충족·문제 해결

자기 진술자가 경험을 진술한 것이 계기가 되어 결국 자신이 잘되는 경우이다. 「청취우약상득자」聽驟雨藥商得子(『청구야담』 상, 157면), 「장삼시호무음덕」葬三屍湖武陰德(『청구야담』 상, 76면) 등이 여기에 해당한다.

「청취우약상득자」에서 약 거간꾼인 주인공은 소나기를 피해 약방에 모여 있던 사람들에게 갑자기 "오늘 내리는 비는 소싯적 내가 새재를 넘을 때 내렸던 그 비와 똑같네그려!"[32]라고 소리쳐 사람들의 호기심을 불러일으킨다. 옆에 있던 사람들이 관심을 표시하자 자신의 옛 경험을 진술하기 시작한다. 자식도 없이 홀아비로 약방을 전전하며 숙식을 해결해오던 주인공은 이런 초라한 현실 속에서도 아련히 빛나는 한 순간을 떠올렸을 것이다.

> 어느 해 여름이었지. 왜황련倭黃連*이 다 떨어져 동래로 가서 사 오려고 급한 발걸음을 했지. 정오쯤에 새재를 넘는데, 진점鎭店을 지나자마자 무인지경이 되었다네. 그때 갑자기 소나기가 내렸지. 지척도 분간할 수 없어 허둥지둥 비 피할 곳을 찾다가 마침 산기슭에 있는 초막 하나를 발견했지. 곧바로 뛰어 들어가니 웬 과년한 처녀가 있지 않겠나. 우선 옷을 벗어 짜는데 그 처녀는 피하지도 않고 곁에 있더군. 홀연 마음이 동해 상관을 하였는데 처녀도 별로 어려워하는 기색을 보이지 않더군. 이윽고 비가 멎기에 (바쁜 마음에) 나는 그 처녀가 사는 곳도 물어보지 못하고 그만 훌쩍 나와 버렸다네. 오늘 비가 영락없이 그날의 비 같아서 그 생각이 났다네.[33]

주인공이 자신의 과거를 술회하는 문체는 담박하면서도 간결하다. 어찌

---

* 깽깽이풀 뿌리를 황련이라 하는데, 한약재로 쓰인다. 왜황련은 일본산 황련을 말한다.

보면 사건의 핵심을 가능한 한 빨리 알리려고 조바심을 내는 듯하고, 또 어찌 보면 그 순간의 순수함과 박진감을 담은 듯도 하다. 약 거간꾼 주인공의 이 같은 자기 경험 진술은 작품의 중심을 차지하면서 사건 전개에 결정적인 역할을 한다.* 자기 진술의 간결하고도 생생한 어투는 자기 경험의 핵심을 자랑스럽게 드러내는 데 적절하다. 이런 자기 진술은 수화자에게도 감동과 흠모의 대상이 된다.

「청취우약상득자」의 자기 진술자는 윤리 의식으로부터 해방되어 경험 자체에만 관심을 가지고 진술하여 긍정적인 결말에 이른다. 이에 비해 「장삼시호무음덕」의 진술자는 독특한 경험에 대한 집착과 '시혜-보은'이라는 윤리적 자세가 공존하는 단계에서 자기 진술을 하고 마침내 행복한 결말에 도달하게 된다. 그런 점에서 「청취우약상득자」 대 「장삼시호무음덕」은 「과동교백납인부」 대 「과금강급난고의」의 짝에 대응된다고 하겠다.

이상을 통합해 생각해보면, 야담의 자기 진술과 그에 의해 형성된 속 이야기는 수화자를 감동시켜 변화를 불러일으키거나, 헤어진 사람들을 다시 만나게 만들거나, 다른 사람들을 새롭게 만나게 해줌으로써 자기 진술자나 수화자의 처지를 향상시키는 기능을 한다고 할 수 있다. 그런 점에서 속 이야기는 그 자체가 현실적 경험을 충실하게 보여준다는 고유한 가치를 가지고 있지만 그 자체로 자족적이지는 않다. 겉 이야기 속에서 겉 이야기의 일부를 반복하고 그것을 완성시키는 역할을 하기 때문이다. 속 이야기는 끝이 열려 있는 구조로 되어 있어 그 열린 부분에서 겉 이야기와 연결되는 것이다.

아울러 독자나 청자의 입장에서 속 이야기의 기능을 생각해보면 구비 서사 문학 서술의 특징인 '반복'을 떠올릴 수 있다. 독자나 청자는 이미 제

---

* 「청취우약상득자」와 「과동교백납인부」는 아주 유사한 구도를 갖고 있다. 길 가던 남자가 여자의 집에 들어가 우발적으로 동침을 하고는 떠난다. 소생 자식이 생부를 찾아 방방곡곡을 방랑하다가 결국 아버지를 만난다. 부자 상봉의 결정적 계기는 옛 경험에 대한 자기 진술이다. 다만 「과동교백납인부」가 여인의 진술을 중심으로 한다면, 「청취우약상득자」는 남자의 진술을 중심으로 한다는 점이 다르다.

시된 사건을 다시 읽거나 듣고서 그 경험의 독특함을 재삼 음미하고 그 의미를 생각하게 되는 것이다. 그것은 야담의 형성 과정과 긴밀한 관계가 있다. 야담은 먼저 경험자의 자기 진술 단계와 이야기꾼의 구연 단계를 거쳤기에 구비 문학적 흔적을 간직하고 있는데, 이 반복에서 그것을 확인할 수 있다.

다음으로 의도적으로 서사의 결락 부분을 만들어 독자나 청자의 호기심을 유발하는 구비 서사 문학의 서술법과도 관련이 있다. 서술자는 그 결락 부분을 메워주지 않으며, 상세하게 해명해주지도 않는다. 그 역할을 장차 자기 진술을 할 주인공에게 맡긴 셈이다. 주인공의 자기 진술은 그렇게 고조된 호기심을 충족시켜주는 역할을 하는데, 이 역시 구연의 두드러진 특징 중의 하나라고 할 수 있다. 야담의 자기 경험 진술은 구연 단계에서의 이러한 서술법을 수용해 서사적으로 더욱 정교하게 발전시킨 것이다.

조선 후기 야담에 나타난 자기 경험 진술의 의의

야담의 '자기 경험 진술'이라는 서술법은 사람 사이의 관계에 대한 중요한 통찰을 가능하게 한다. 조선 후기라는 격변의 시대에 사람들은 어떤 관계를 맺으며 살아갔고, 또 바람직한 관계는 어떠한 것이라고 생각했는지를 살펴볼 수 있게 하는 것이다.

이러한 면을 자기 경험 진술의 여건, 진술의 내용, 발화자와 수화자의 계층 등으로 나누어 생각해볼 수 있다.

1 자기 경험 진술의 여건과 태도

'이야기하기'는 일상적 감각의 이완과 지루함을 전제하기 때문에[34] 일상의 번잡함에 매몰되기보다는 오히려 낯선 공간에서의 머뭇거림을 필요로 한다.

조선 후기 사회는 그 유동적인 성격으로 말미암아 일상을 번잡하게 만들었을 뿐 아니라, 그 사이사이에 지루하고 따분한 상황을 만들었다. 가령 야담의 주인공처럼 집을 떠나 낯선 곳으로 여행하는 사례가 늘어났는데, 그 여행은 긴 시간을 필요로 했다. 도보 여행 자체가 그러했고, 여러 날을 낯선 곳에서 숙박해야 하는 상황이 또한 그러했다. 그리고 목적지에 도착해서도 의도한 일이 뜻대로 되지 않을 경우 낯선 곳에서 지체하지 않을 수 없었다. 이런 여건에서 사람들은 자기 경험을 떠올리며 그것을 남에게 이야기하게 된 것이다.* 이것은 야담 작품에서도 마찬가지이다. 자기 진술자는 자신의 경험을 소중하게 생각해 잊지 않고 이런 기회가 올 때마다 혼자 떠올리거나 남에게 이야기했다.

　자신의 과거 경험에 대한 회상과 성찰의 반복은 미미하나마 내면에 대한 자기의식의 형성으로 이어지기도 했다. 이것은 근대 이전의 문학 현상으로서는 획기적인 것이다. 「선기편활리농치쉬」善欺騙猾吏弄癡倅(『청구야담』 하, 53면)에서 아전의 혼잣말은 사람 사이의 관계가 상황 변화에 따라 다양하게 전개된다는 정확한 현실 인식에 바탕을 두면서도, 어디까지나 자기의 생존에 초점을 맞추었다. 자기 인식이 세계 인식의 출발이요 목표인 것이다. 세계는 자기 내면에서 재해석되고, 자신은 내면의 요구에 입각해 세계와 대결한다.[35] 「감재상궁변거흉」憾宰相窮弁據胸(『청구야담』 상, 491면)에서는 오직 벼슬자리 하나 얻기 위해 10년을 하루같이 재상을 받들며 온갖 궂은일을 도맡아 해왔던

---

* 비슷한 여건에서 자기 이야기가 아닌 남의 이야기를 하는 사례는 더욱 많다. 지루함을 달래기 위해 지금까지 듣거나 본 이야기들을 돌아가며 이야기하는 식이다. 「상어손곡지심심당」嘗於蓀谷之深深堂(『삽교집』 하, 9면), 「옥갑야화」玉匣夜話(『열하일기』 熱河日記)가 그 대표적인 사례이다. 「상어손곡지심심당」은 "손곡蓀谷의 심심당에서 주인 신사겸申士謙, 청주 황성약黃聖若과 더불어 한담을 나누었다. 문문산文文山, 조정암趙靜菴, 김하서金河西, 권석주權石洲, 민노봉閔老峯, 김문곡金文谷, 이자의李諮議의 일로 이야기가 번져 나갔는데, 모두 역색과 관련된 것이었다"(이우성·임형택 역편, 『이조한문단편집』 상, 일조각, 1973, 212면)라고 시작되고, 「옥갑야화」는 "돌아오는 길에 옥갑에 이르러 여러 비장裨將들과 침상을 나란히 하고 밤새 이야기를 나누었다"(『이조한문단편집』 하, 293면)라고 시작된다.

무변이 말도 못하고 죽어가고 있는 재상 옆에서 자기 노동의 허망함을 생각하며 어이없어한다. 이 대목에서도 무변의 절실한 내면 풍경을 엿볼 수 있다.*

「조풍원시문방구우」趙豊原柴門訪舊友(『청구야담』 상, 318면)에서 조현명은 50년 년 전 가끔 친구 김시진과 함께 찾아와서 놀았던 사람을 어느 날 문득 기억해 내고 수소문하여 마침내 그와 다시 만나 과거의 일들을 회억回憶하며 감회에 빠진다. 50년 전의 일은 거의 망각의 지경에 이른 것으로, 자기 내면에 대한 깊은 성찰 없이는 떠올리기 힘든 것이란 점에서 조현명의 회억은 특기할 만하다. 이는 내면 성찰의 정도를 암시하는 것으로 이해할 수 있다.

이러한 자기 성찰은 자기 진술자가 자기 경험에 내해 갖는 태도에 국한되지 않는다. 겉 이야기를 서술하는 서술자와 그것을 듣는 수화자, 작품을 쓴 작자나 작품을 듣거나 읽는 청자·독자의 '이야기하기'에 대한 태도로 연결되는 것이다. 즉 속 이야기의 발화-수화 관계는 겉 이야기의 발화-수화 관계의 반복이며, 작자(이야기꾼)-독자(청자) 관계의 반복이다.

하위 발화자·수화자의 발화-수화 관계는 상위 발화자·수화자가 자신들의 발화·수화 행위를 되돌아보고 성찰할 수 있는 대상이 된다. 상위의 발화자와 수화자가 자신들의 행위를 명확하게 거듭 의식하고 성찰한 결과 하위의 발화-수화 관계를 만들었다고도 볼 수 있다. 발화-수화 관계가 들어 있는 속 이야기가 그 귀결점이다. 그것은 조선 후기 진경산수도에서 경치를 사실적으로 형상화한 화가가 화폭의 한구석에 그 그림을 그리고 있는 자신의

---

* "방중에 다만 무변 혼자만 있어 지키더니 가만히 자기 신세를 생각하니 가련하기 이를 데 없었다. '내 이 재상의 친 자질이 아니요 노복도 아닌데, 문하에 출입한 지 십여 년에 한 번도 은혜를 입지 못하였고 병든 지 십여 삭에 또한 수고와 괴로움만 더하다. 비록 효자·효손이라도 이보다 더하지 못하리니, 세간에 어찌 이렇듯 가련하고 가소로운 일이 있을까? 또 병세를 생각건대 만분 위중하여 경각이 걱정이니 뒷날 희망을 기약할 수도 없지'라 생각하니 분하고 원통하여 길게 탄식했다"("房中只有武弁一人 相守而坐 嘿念自家身世 不勝悲涼 棐於此宰相 親非子侄 賤非僕隸 且出入門下 幾近十年 一未蒙恩而一病十朔 徒效勞苦 孝子慈孫 不能過此 世間寧有如許哀憐可笑之事乎 又念病勢萬分危重 實有頃刻之慮 更無餘望於他日 仍生忿恨之心 長嘆數聲", 『청구야담』 상, 492면).

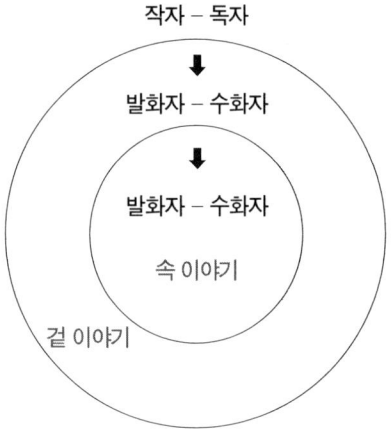

모습을 삽입한 것과 비슷한 현상이다.
　자기 진술의 대상은 진실한 자기 경험이지만, 가끔은 거짓이나 허구도 진술의 대상이 된다. 욕망을 현실에서 실현할 가능성이 희박한 데도 여전히 자기 욕망에 강하게 집착할 때 종종 거짓말을 구사하기도 하는 것이다. 거짓말은 사실과 동떨어졌다는 점에서 허구적인 말과 상통하지만, 진술자의 이해관계와 직결된 것이란 점에서 허구적인 말과 구분된다. 허구적인 말은 진술자의 이해관계를 넘어선, 이야기 자체를 위한 이야기이거나 수화자를 변화시키는 것을 목표로 하는 말이다. 거짓말이나 허구적인 말과 비교할 때 자기 경험에 대한 진술은 진술자가 직접 겪은 것에 대한 이야기이다. 꾸미기보다는 경험 순간의 정황을 있는 그대로 담은 것이다. 물론 효과를 높이기 위한 다소의 변형이나 과장은 있었다. 하지만 자기 진술자는 자기 경험의 본질을 수화자에게 가능한 한 정확하게 전하고자 한다. 남이 하지 못한 경험을 스스로 체득한 자기 진술자는 그 경험이 내포하고 있는 지혜, 자긍심, 생산성, 흥미, 희망, 환상, 절박함 등을 남과 공유하고자 하기 때문이다.
　조선 후기의 유동적인 사회는 이같이 사람이 다양한 경험을 할 수 있는 여건을 만들었고, 그 경험을 매개로 사람과 사람이 만나게 하였다. 야담의 자기 경험 진술은 이러한 사회적 구도를 적극 수용해 형성된 것으로서, 거짓말이나 허구적인 말이 서사 문학 속에서 차지했던 위치를 대신할 정도로 강력하게 부각되었다고 할 수 있다.

2 수화자의 태도와 의사소통

앞에서 살펴보았듯이 야담의 자기 경험 진술은 발화자와 수화자가 공존해야만 가능한데, 특히 수화자의 청취 태도가 중요하다. 가령 「설유원부인식주기」에서 전임 밀양 원들과 주인공의 차이는, 전자가 귀신의 자기 진술을 들으려 하지 않은 데 비해 후자는 참을성 있게 그것을 들어주었다는 점이다. 처녀 귀신은 전자와는 의사소통을 하지 못했지만 후자와는 의사소통을 할 수 있었다. 그 결과 전자는 죽고 후자만 살아남았다. 의사소통 여부는 관련자의 생사를 결정할 정도로 중요한 것이라는 주장이 깃들어 있다고 볼 수 있다. 이야기를 이어가면 생명을 지속하고 그렇지 못하면 생명을 잃게 되는 『천일야화』의 설정과 비교할 때, 드러난 결과는 비슷하지만 이야기의 내용은 다르다. 『천일야화』에서는 어떠한 허황한 이야기라도 거침없이 이어감으로써 호기심을 유발하고 충족시키는 것이 중요하지만, 야담에서는 자기의 현실 경험에 대해 진술해 수화자와 교감하고 의사소통하는 것이 중요하다. 또 『천일야화』에서는 발화자의 끊임없는 발화만이 중요하지만, 야담에서는 수화자의 수화 자세가 그에 못지않게 중요하다.

이와 관련해 「송부원금성녀격고」訟夫寃錦城女擊鼓(『청구야담』 상, 438면)를 살펴보자. 이 작품에서 선비는 자기 딸을 희롱해 죽게 만든 상인을 관가에 고소했다가 오히려 무고죄로 옥에 갇히고, 그 때문에 너무 울어 눈이 멀게 된다. 억울한 사연의 진술이 정당하게 받아들여지지 않을 때 그 결과가 얼마나 비극적인지를 보여주는 것이다. 그만큼 소통이 일상적인 삶에서 중요하다는 점을 역으로 강조한 것이다. 이 점은 거듭 확인된다. 선비의 부인이 마침내 상경해 신문고를 치고 임금께 그 억울한 사연을 진술한다. 민중들에게 직소 直訴의 길을 열어주던 신문고 제도가 사건의 결정적 전기가 된 것이다. '신문고를 통한 직소'라는 사회제도가 주인공의 자기 진술이 수화자에 의해 옳게 받아들여지는 계기를 제공했다. 그런 점에서 야담의 자기 경험 진술이란 서술 원리가 현실에서의 의사소통에 대한 풍속적·제도적 소망과 관련되어 있음을 확인할 수 있는 것이다.

「감재상궁변거흉」은 말에 의한 의사소통이 중요하며, 그것이 불가능하게 되었을 때 얼마나 억울한 상황이 벌어지는지를 풍자적으로 탁월하게 형상화한 작품이다. 주인공 무변은 벼슬을 얻기 위해 재상의 집에 기거하면서 온갖 궂은일을 다 해주었다. 그러나 어떤 벼슬도 얻지 못했는데 재상은 병이 들어 곧 죽을 지경이 되었다. 이에 그 억울하고 답답한 마음을 재상에게 표현한다.

> 드디어 재상의 가슴 위에 올라타 칼을 뽑아 목을 겨누며 욕하기를 "내가 너의 집과 전생에 무슨 악연이 있기에 여러 해 고생해도 털끝만큼의 혜택도 받지 못하고 지금까지 누삭 병환에 지극 정성으로 간호하고 있으니 네 아들 승지, 한림 따위 중에도 나같이 지성껏 구호하는 이가 있느냐? 그럼에도 조금도 감사하는 뜻이 없고 미안해하는 빛도 없으니 너 같은 놈은 어찌 빨리 죽지도 않느냐?" 하고는 칼을 거두어 집어넣고 구석으로 물러나 주저앉았다. 그 재상이 비록 말은 못하나 정신은 멀쩡하여 (무변의) 소행을 보고, 또 그 말을 듣고는 분통을 이기지 못하되 어찌할 길이 없었다. 이윽고 아들들이 올라와 문안을 드리거늘, 그 재상이 봉변을 당한 지 얼마 되지 않고 또 병중이라 분함이 더하여 숨소리가 매우 거칠어졌다. 아들 승지가 무변에게 "숨소리가 전보다 더 거칠어진 것 같은데 혹 조섭을 잘못한 것이 있느냐?"라고 물으니 무변은 "별로 실섭한 것이 없습니다. 아까 소변을 한 번 보신 후에 잠깐 조시다 홀연 기침을 하시고 깨어나시더

니 그 뒤로 숨소리가 저렇게 되었습니다"라고 말했다. 재상이 이 말을 들으니 새빨간 거짓말이라, 더욱 분을 이기지 못해 말을 하고자 하나 소리가 나오지 않으니 정말 어쩔 수 없었다. 그래서 한 손으로 자기 가슴을 가리키고 또 한 손으로 무변을 가리켜 분명히 말하고자 하는 뜻을 드러냈으니, 아까 무변이 한 짓을 설명하고자 한 것이었다. 그러나 그것을 본 사람들이 어찌 재상의 마음속을 알 수 있겠는가. 다만 저 무변의 크나큰 공덕을 잠시도 잊지 말며 뒷날 선처해주라는 뜻을 미리 전하기 위해 그러는 줄 알고 모두들 대답하기를, "아버지가 친히 가르치시지 않으셔도 이 무변의 은덕에 대해서는 몸을 베어 주고 살을 덜어내 주어도 아깝지 않습니다. 마땅히 온 힘을 다해 무변에게 벼슬을 얻어 주도록 하겠습니다"라고 했다. 재상이 그 말을 듣고 연이어 손을 휘저으며 또 자기 가슴과 무변을 가리켰다. 그러나 비록 만 번을 그렇게 해도 아들들이 어찌 그 본뜻을 알 수 있겠는가. 다만 병중의 헛손질로만 알았다. 이튿날 재상은 일어나지 못했다.[36]

여기서는 무변이 먼저 재상에게 자기 진술을 했다. 그런데 그 내용은 넋두리이면서 협박이요, 푸념이다. 그것이 수화자인 재상을 감동시켜 서로의 생각이 소통되게 하기는커녕 오히려 재상의 분노를 초래한다. 자기 진술의 여건이 전혀 조성되지 않았기 때문이다. 자기 진술자의 진술 동기와 진술 자세가 그러하고, 수화자의 자세 역시 그러하다. 재상에 의해 두 번째 자기 진술이 시도된다. 그러나 재상은 끝내 말을 이루지 못한다. 재상의 자기 진술은 원천적으로 봉쇄된 것이다. 그럼에도 불구하고 재상은 의사소통을 간절히 원한다. 이에 말에 의한 자기 진술을 포기하고 몸짓으로 진술을 시도한다. 그러나 몸짓은 너무나 불완전한 의사소통 방식이어서 재상의 몸짓은 오히려 자신의 뜻을 정반대로 전달한다. 오해를 유발한 것이다. 말이 불가능해 간절히 원했던 의사소통이 이루어지지 않자 마침내 잠재적 자기 진술자인 재상은 죽는다.

이렇듯 이 작품은 먼저 무변의 경우를 통해 자기 진술을 해도 소통이 되지 않는 현실을 보여주었다. 수화자의 문제를 지적한 것이다. 재상의 경우를 통해서는 자기 진술을 하려 해도 불가능한 경우를 보여주었다. 발화자의 문제를 지적한 것이다. 수화자와 발화자 양쪽 모두가 온전한 여건을 갖추지 못하면 자기 진술이 어떠한 문제도 해결하지 못한다는 사실을 강조했다. 말에 의한 의사소통이 얼마나 중요한 역할을 하는지를 이 작품은 역설적으로 드러내고 있는 것이다. 그리고 말에 의한 의사소통이 이루어지지 않을 때, 궁극적으로 그러한 필요를 느낀 당사자의 죽음까지 초래한다는 사실을 강조하였다.*

　요컨대 무슨 이야기건 계속 이어가는 것만이 중시된 『천일야화』와 비교할 때, 야담에서는 이야기의 내용과 형식, 자기 진술의 여건까지 중시되었다고 할 수 있다. 발화자가 진실한 자기 경험을 절실하게 진술하고 그 진술을 통해 자기의 뜻이나 처지를 수화자에게 전달해, 마침내 발화자와 수화자 사이에 의사소통이 이루어지게 한다. 수화자는 발화자의 이야기에 감동하게 되고 그런 감동을 바탕으로 발화자가 안고 있는 문제를 해결하거나 그가 욕망을 성취하는 데 필요한 조치를 취해준다. 혹은 수화자가 자기 문제를 해결하게 되거나 자신의 욕망을 성취한다. 자기 진술의 결과, 해결해야 할 문제를 안고 있거나 성취해야 할 욕망을 가진 발화자나 수화자가 바람직한 귀결점에 이르게 되는 것이다. 이를 통해 야담의 향유자들은 사람 사이의 의사소통과 그에 의한 경험이나 지혜의 공감·공유가 일상의 삶에서 매우 중요하다고 생

---

* 이와 같은 맥락에서, 「권두신이생종덕」勸痘神李生種德(『청구야담』 상, 166면)은 자기 진술에 의한 소통이 죽을 사람까지도 살릴 수 있음을 보여주는 작품으로 해석할 수 있다. 동암銅嵒 이 씨는 죽었다가 저승 차사로 잠시 돌아온 친구를 타작마당에서 만나 그의 이야기를 듣는다. 이 자기 진술을 계기로 이 씨는 저승으로 끌려가던 한 소년을 구원해주게 된다. 남의 이야기에 대한 이 씨의 적극적인 관심과 거기에 부응한 친구의 진실한 자기 진술이 없었더라면 그 소년은 죽어 저승으로 끌려갔을 것이다. 이야기에 대한 수화자의 적극적 관심과 발화자의 소상한 자기 진술이 소년의 목숨을 구했다.

각했음을 짐작할 수 있다.* 그리고 그 의사소통이 원만하게 이루어지지 않을 때 심각한 사태가 벌어진다고 생각했는데, 그 극단적 단계가 발화자의 죽음이다.

이러한 의사소통에 대한 강렬한 소망은 동물의 행태까지 변형시켰다. 「폐관정의구보주」吠官政義狗報主(『청구야담』 상, 575면)는 두 마리 의로운 개에 대한 이야기이다. 여주인과 딸, 그리고 여종까지 죽인 자를 잡는 데 결정적인 역할을 하고 죽는 하동의 개에 대한 이야기가 먼저 실려 있고, 다음으로 술에 취해 들불이 가까이 오는 것도 모르고 잠들어 있는 주인을 위해 자기 몸에 물을 묻혀 불을 끄고는 죽는 선산의 개에 대한 이야기가 실려 있다. 후자는 널리 알려진 평민 일화로 전자를 보완하는 것이고, 전자는 야담식으로 변형된 이야기이다. 그런데 두 이야기는 개의 행동 방식에서 현저한 차이를 보인다. 하동의 개는 원수를 직접 처단하기보다는 관가에 가 울부짖음으로써 관리들에게 뭔가를 하소연한다는 인상을 주었다. 그 행동은 발화와 수화, 그리고 의사소통을 지향하는 것이 아닐 수 없다. 그것은 주인을 구하기 위해 자기 몸을 직접 활용하고는 탈진해 죽는 선산 개의 행동과는 매우 다르다. 이와 같이 단단한 서사적 전통으로 전승되던 모티프까지도 변형된 점에서 발화자의 자기 진술과 수화자의 수용, 또 그 결과로서의 의사소통을 강조하는 흐름이 조선 후기 야담 문학에서, 그리고 그것과 대응되는 현실에서 강력한 경향으로 작용했음을 알 수 있다.

---

* 의사소통은 사람과 사람 사이에서만 이루어지는 것이 아니라 사람과 동물 사이에서도 이루어져 죽음을 삶으로 바꾼다. 「수정절최효부감호」守貞節崔孝婦感虎(『청구야담』 하, 3면)에서 최 효부는 자기를 해치려고 앞을 가로막는 호랑이에게 자신의 처지를 진술해 호랑이를 감동시킨다. 감동한 호랑이는 최 효부를 잡아먹기는커녕 그녀를 집까지 태워다 준다. 사람과 짐승 간의 의사소통이 사람의 목숨을 살린 것이다. 그 호랑이는 그 뒤 동네 우물에 빠져 사람들에 의해 죽을 위기에 빠졌는데, 그를 알아본 최 효부가 다시 그 사연을 진술해 동네 사람을 감동시켜 호랑이를 구해준다. 이것은 사람과 사람 사이의 의사소통이 짐승을 살린 경우이다.

3 발화자와 수화자의 계층

자기 진술을 통한 의사소통은 동일 계층 내에서 이루어지기도 하지만, 다른 계층 사이에서 이루어지는 경우가 더 많다. 동일 계층 사이에서 이루어지는 자기 진술은 독특한 경험을 한 사람과 그렇지 않은 사람 간의 문제일 따름이다. 반면 다른 계층 사이에서 이루어지는 자기 진술은 계층 간 단절의 극복이라는 의미를 내포한다. 가령 아전과 양반, 몰락 양반과 양반, 천민과 양반, 상민과 몰락 양반 사이에서 전자들이 떳떳하게 자기 경험을 진술하는데, 후자들은 그 진술 내용에 공감하고 그것을 수용하는 경우가 많다. 엄격한 계층 질서가 유지되던 시대의 계층 관계가 뒤바뀐 셈이다.

그와는 달리 몰락 양반과 하층민이 짝을 이루는 독특한 경우도 있다. 양쪽이 자기 진술자가 되기도 하고 수화자가 되기도 한다. 대체로 하층민이 먼저 독특한 경험을 한 뒤 몰락 양반을 만난다. 이때 하층민이 자기 진술을 하게 되고 몰락 양반은 그것을 듣고 감동한다. 그래서 몰락 양반은 자신도 곤궁하지만 하층민에게 은혜를 베풀고 그 결과 더 곤궁해진다. 자기 진술이 시혜담을 성립시킨 것이다. 일정한 시간이 지난 뒤 이번에는 몰락 양반이 자기 진술을 하게 되는데, 그것이 계기가 되어 보은담으로 전환된다. 자기 진술자가 된 시혜자는 그 진술을 매개로 수혜자인 하층민을 만나고, 결국 보답을 받게 되어 자기 문제를 해결하는 것이다. 그런 점에서 이 경우의 자기 진술은 경험을 공유하게 할 뿐만 아니라 윤리를 실천하게 하였다. 특별한 경험과 갸륵한 윤리가 통합된 것이다.

이 같은 다른 계층 사이의 자기 진술과 소통의 구조는 야담이 평민 일화나 사대부 일화의 한계를 넘어서게 했다고 하겠다. 즉 야담이 어떤 계층의 전형적 사고나 행동에 국한되지 않고 독특한 처지에 놓인 계층의 새로운 사고와 행동을 담게 되었다. 나아가 한 계층의 사고나 행동을 보여주는 데 그치지 않고 여러 계층의 교섭과 관계를 보여줄 수 있게 된 것이다.

이로써 계층 간 통합의 가능성을 보여주었다. 이런 소통과 통합의 구조는 조선 후기 계층 관계의 한 양상을 반영한 것이다. 아울러 소통과 통합에 대한 소망이 구조화된 면도 없지 않다.

조선 후기에 들어와 계층 간 갈등이 심화되는 국면도 있었다면 그 국면은 야담에서 자기 진술의 서술법이 아닌 다른 서술법으로 포착되었을 것인데, 이 점에 대해서는 다른 각도에서 살필 수 있을 것이다.

맺는 말

이상에서 야담에 나타나는 작중인물의 자기 경험 진술의 양상을 살펴보았다. 야담의 자기 경험 진술은 이전의 서사 문학에서 나타난 자기 진술의 전통*을 계승하면서도 혁신한 면이 있다. 야담의 자기 진술에는 몇 가지 유형이 있는데, 그중에서도 작중인물이 어떤 경험을 하고 일정한 시간이 경과한 뒤 그 경험에 대해 직접 진술하고, 그로써 수화자를 감동시켜 마침내 사건의 결정적 전기를 마련하는 경우가 두드러진다. 이 경우야말로 야담적 자기 진술을 대표하는 것이자, 다른 서사 작품의 자기 진술과 구분되는 야담만의 독특한 모습이라 하겠다.

야담에 이러한 서술법이 나타난 것은 조선 후기에 들어와 경험 자체가 독특해졌기 때문이다. 또 그 경험을 회상하는 경험자의 태도가 달라졌기 때

---

* 이와 관련해 『삼국유사』의 「선률환생」善律還生(『삼국유사』 권5), 「남백월이성 노힐부득 달달박박」南白月二聖 努肹夫得 怛怛朴朴(『삼국유사』 권3), 『용재총화』의 「청파유심류양생」青坡有沈柳兩生(『용재총화』 권5), 「운영전」, 「주생전」, 「최척전」 등에 나타난 자기 진술의 전통을 살펴볼 필요가 있다. 특히 「최척전」은 그 형성 과정이 야담과 비슷해서인지 그에 나타나는 자기 진술의 양상도 야담의 그것과 유사한 점이 적지 않다. 우리 서사 문학에 나타난 이러한 자기 진술의 전통을 찾아내고, 그 전통을 가장 뚜렷하게 계승하면서도 분명하게 혁신한 야담의 그것과 비교하는 작업은 중요한 과제라 판단한다. 앞으로 다른 지면을 통해 이 점을 밝히고자 한다.

문이기도 하다. 자기 경험을 남에게 떳떳하게 이야기하고자 할 정도로 자신의 경험을 소중하고 자랑스럽게 생각한 것이다. 아울러 내면세계에 대한 인식이 이루어진 것도 과거 경험에 대한 회상을 자주 하게 된 계기가 되었다.

자기 진술자가 자기 경험을 진술하려 한 것은 그 경험이 수화자에게 수용되기를 바랐기 때문이다. 경험에 대한 공감을 바탕으로, 마침내 그 경험이 동반한 가치·지혜·자극·윤리 등을 공유하고자 하였다. 자기 진술자의 그러한 소망을 수화자는 성취시켜주는데, 그 자체가 바로 의사소통을 지향한다. 자기 경험 진술에 의한 의사소통이야말로 야담의 자기 진술의 핵심이며 궁극적인 목표라 할 수 있다. 계층 관계 면을 따질 때, 그 의사소통은 상이한 계층 간의 심정적, 실질적 교감을 의미하거나 암시하는 것이다. 조선 후기 야담이 전대의 사대부 일화나 평민 일화의 엄밀한 계층적 분리를 극복하면서 형성, 발전되었다는 가설은 이런 맥락에서도 검증될 수 있다.

이 같은 야담의 자기 진술 양상은 조선 후기 사람들의 삶의 여건이나 자세, 지향과 관련된다. 개방적이고 유동적인 조선 후기 사회는 많은 사람들로 하여금 낯선 공간으로 여행을 하게 했고, 그 결과 낯선 사람과 만날 수 있는 기회를 제공했다. 그 결과 사람들은 새롭고 독특한 경험을 하게 되었고, 그때 형성된 쌍방에 대한 강렬한 호기심을 바탕으로 자기 경험에 대한 진술과 수화가 이루어졌다. 자기 경험 진술은 궁극적으로 자기 진술자와 수화자가 의사소통을 하게 만들었고, 그 덕분에 경험에 대한 공감·공유가 가능해졌다. 그것은 마침내 바람직한 결과를 초래하는데, 바로 이 점에서 조선 후기 사회가 사람 간의 의사소통을 얼마나 중요하게 생각했는지를 알 수 있다. 아울러 그 의사소통이 자기 진술자의 자기 경험에 대한 진술로 이루어졌다는 점에서 조선 후기 사회가 사람들의 현실 경험 자체를 소중하게 생각했음을 알 수 있다.

야담의 자기 진술은 조선 후기 현실에서의 자기 경험 진술과 의사소통을 작품 내적 서술 원리로 수용하고 그것을 더욱 선명하게 만들었다는 점에서,

당대 현실을 반영했을 뿐 아니라 당대 현실의 바람직한 지향점을 제시했다고도 하겠다.

미주

1) 이강옥,『조선시대 일화 연구』(태학사, 1998), 126~145면.
2) 임형택,『이조시대 서사시』상(창작과 비평사, 1992), 25~27면.
3) 박혜숙,「서사한시의 장르적 성격」(『한국한문학연구』17, 한국한문학회, 1994), 304~323면.
4) 김현주,「'일상경험담'과 '민담'의 구술성 연구」(『구비문학연구』4, 한국구비문학회, 1997) ; 신동흔,「경험담의 문학적 성격에 대한 고찰」(『구비문학연구』4, 한국구비문학회, 1997).
5) 이강옥,「조선 초·중기 일화의 형성과 변모과정 연구」(서울대 박사학위논문, 1993).
6) "英廟方幸毓祥宮 時當四月 驟雨注下 溝渠漲流 觀光諸人 避雨於藥肆 房室簷廡 彌滿簇立 藥儈時在房中 忽言今日之雨 若吾少時 踰鳥嶺時雨也 傍人曰雨豈有古今哉 曰其時有可笑事 故尙今不忘 傍人曰可得聞乎 曰……"(『청구야담』상, 158면).
7) "一日夜沈後 其母悉屛婢屬 招其三子 詳言家世之顚末曰我本是某處某班之婢也 汝輩雖貴 須勿忘舊主之恩 是夜盜入家中 方待主人之睡 屬耳窓外 適聞此言 自思曰與其偸去些少之物件 毋寧往告其舊主之家 使之推奴而分食其半 遂尋往某處某班之家 一一詳細言之"(『청구야담』상, 100~101면).
8) "上怪問之 命官起伏對曰臣果有子而死已十年矣 誠不知此何人也 遂呼名召上進伏榻前而親問之 生自初至終 詳細一一直奏 命官亦在傍聽 始知其子之不死矣 上大奇異之"(『청구야담』상, 429면).
9) "淳昌妓粉英 年七十餘 本以醫女 老退還鄕 雖老而姿貌豊潤言笑閑媚 本倅命之歌 音韻淸亮悠揚 非老者喉聲 本倅問曰吾聞妓輩必有情人 終身未忘者然否 對曰然 小人亦有平生未忘之夫"(「설풍정권정읍강무」說風情權井邑降巫,『청구야담』상, 380면).
10) 『학산한언』, 440면.
11) "自言平生有三可笑事"(『청구야담』상, 258면).
12) "自言閱人多矣 有未忘二人"(『청구야담』하, 192면).
13) "淸州商人以貿蔘事 入於濟州 有一人着地盤旋而來 當船則以手躍把船闌而跳入 白髮韶顔無脚男子也 商人問曰翁胡然而無兩股乎 曰吾少日飄風時 兩脚爲魚所食故也 曰請問其詳……"(『청구야담』상, 147면).
14) Tales from the Thousand and one Ninghts, Penguin Books, 128면.
15) "其女子入來 熟視柳妻 直上廳 相抱放聲大哭 莫知其故 問于其妻 則答以爲曾所面熟之人故也云"(『청구야담』하, 120면).
16) "生疑訝 問其內"(『청구야담』하, 121면).
17) "以爲從當知之 不必强問"(『청구야담』하, 121면) ; "其妻笑曰不必强問 從當知之矣"(『청구야담』하, 121면).
18) "心尤訝惑"(『청구야담』하, 121면).
19) "柳生莫知其故 任之而已"(『청구야담』하, 123면).
20) "其宰相笑曰君尙未覺繁華夢耶 吾第言之 如君之好八字 今古罕倫者也 年前君之聘家與吾家及譯官玄知者 家隔墻而同年同月日 三家俱産女 事甚稀異 故三家常常互送兒而見之 及稍長三女

朝夕相從而遊嬉 渠輩私自矢心同事一人相約"(『청구야담』하, 124면).
21) "生謂女曰 吾與娘同居 已過數十年而今將老且死矣 尙不知娘之來歷 前雖私諱 今日宜詳言之 女獻欷曰李同知卽妾父也 妾靑年早寡 不識陰陽之理 父母憐之 一日謂妾曰 今夕汝須出門 隨往衣冠男子之初逢者而事之 妾願倒而出 與郞君先逢 莫非天緣 家舍之賣買産業之經紀 皆妾父之指揮也 彼女卽今某宰相之女而亦合宮前寡婦也 妾父與某宰相親切 雖家間細務 皆議之 兩家俱有靑孀 心常矜惻討論情懷 一日妾父告以妾處之由 某宰欣然良久曰 吾亦有此意 遂以其女病沒傳訃舅家 虛葬山下 送適郞君 向者初仕首擬之銓官亦某也"(『청구야담』하, 487~488면).
22) "僉知驚怪曰進士主何爲忽地敬待乎 吾非別人也 先世本居高陽 吾之曾祖 適得此處 撤家入來時 同姓堂內至親外家妻家堂內之族 或姻婭之願從者 合三十餘家 與之偕入 相議以一人之後 勿爲往來於世 只持如干經書鹽醬而來 一邊起墾作沓而食 至於婚嫁則此中諸族代代爲瓜葛 便成朱陳之村 伊後子孫繁盛 同井之室 殆近二百餘家矣"(『청구야담』하, 525~526면).
23) "沈孝子怪問其故 賈胡曰彼虫乃龍子也 學行雲施雨之術 誤落於君家 失其術 爲人所吞 化爲虫 變化無路 此所以病中但喫淸泡者也"(『청구야담』하, 532면).
24) "仍與主人此談彼說 不覺夜深 忽聞遠遠地 有婦人哭 聲甚悽絶 驚問主人曰此何哭聲耶 主人曰此去一馬場地 數年前 有一班夫來寓 只有老夫妻及未婚子女在焉 家計甚貧 爲人傭賃以延性命 忽於數日前 其夫妻皆死 其子亦爲化去 只餘一女 旣無族戚 且無資産 三尸未殯 此必是此女之哭聲也"(『청구야담』상, 78면).
25) "君奔走京鄕 必多有目覩耳聞者 願一聞之"(『청구야담』상, 84면).
26) "或說古談"(『청구야담』상, 84면).
27) "小生以迂怪儒生 騎窮所迫 …… 惟執事哀憐之諒恕之"(『청구야담』상, 432~435면).
28) "一是情地可憐"(『청구야담』상, 435면).
29) "一是精誠可感"(『청구야담』상, 435면).
30) "洛下有一書生 推命于術家 至於子宮 題之曰 日暮東門 山僧隨後"(『청구야담』상, 154면).
31) "主人內外 細言錦江活命之事"(『청구야담』하, 327면).
32) "其時有可笑事 故尙今不忘"(『청구야담』상, 158면).
33) "某年夏 倭黃連乏絶 吾以急步 將貿於萊府矣 日午 越烏嶺 纔過鎭店 無人之境 驟雨急注 咫尺難分 彷徨圖避之際 山崖有一草幕 直向入去 有老處女在焉 先脫衣而辭之 而處女在傍不避 忽焉心動 仍與狎焉 處女亦無難意 少焉雨止故 不問其女之居住而來矣 今日之雨 政如其時之雨 故偶爾思之矣"(『청구야담』상, 158~159면).
34) 이 점과 관련해 월터 벤저민Walter Benjamin의 다음과 같은 견해를 경청할 만하다. "And the more natural the process by which the storyteller forgoes psychological shading, the greater becomes the story's claim to a place in the memory of the listener, the more completely is it integrated into his own experience, the greater will be his inclination to repeat it to someone else someday, sooner or later. This process of assimilation, which takes place in depth, requires a state of relaxation which is becoming rarer and rarer. If sleep is the apogee of physical relaxation, boredom is the apogee of mental relaxation. Boredom in the dream bird that hatches the egg of experience. …… His nesting places–the activities that are intimately associated with boredom–are already extinct in the cities and are declining in the country as well. With this the gift for listening is lost and the community of listeners disappears. For storytelling is always the art of

repeating stories, and this art is lost when the stories are no longer retained. …… The more self-forgetful the listener is, the more deeply is what he listens to impressed upon his memory"(Walter Benjamin, The storyteller, *Illuminations*, Schocken Books, 91면).

35) "吏暗揣吾無得罪於新官者 此必是舊官恐事之發 欲殺我而滅口者也"(『청구야담』하, 60면).
36) "遂據坐宰相之胸膛 拔佩刀擬其頸而數之曰 吾於汝家有何前生業緣 而屢年勤苦 未見分效 今者 屢朔病患 專誠侍疾 所謂汝子承旨翰林輩 豈有如我之至誠扶護者乎 然而一無感德之意 不安之色 如此之漢胡不遄死 仍匣刀而退坐於一隅 其宰相口雖未言 精神則自如 觀其所爲 聽其言語 不勝 憤痛 亦無奈何 少焉諸子輩上來問候 其宰纔經俄者光景 病中添以忿怒 氣息喘喘 承旨問於武弁 曰 病患比俄者有氣喘之意 未知有何失攝而然歟 武弁曰 別無失攝 俄者放小便一次後 似有入睡 之意 忽咳嗽數聲而覺覺後 氣息如是矣 宰相聞此 無非白地做謊 尤不堪忿忿 雖欲有言而不能成 聲 誠無奈何 仍以手指自家胸膛 又以手指武弁 顯有欲言之意 宰相心中則形容俄者武弁之所爲 而傍人之觀之者 豈能知心中之事乎 只認以彼弁積勞 不能暫忘 日後善處之道 預爲付托而然 齊 聲對曰 雖非親敎 此弁恩德 雖割身剜肉 有何可惜 當極力拯濟 俾有所成就矣 其宰聽之 連以手揮 之 又指胸膛及武弁 雖萬番如是 諸子輩何以知其本意乎 只得誘以病中虛擲之手矣 其翌 其宰仍 不起"(『청구야담』상, 492~494면).

이야기꾼과 이야기 문화

이야기 문화는 민중의 삶과 관련이 깊다. 이야기 문화가 민중 문화를 형성하는 가장 중요한 요소 중의 하나라는 사실은 분명하다.[1] 그런데 이야기를 하고 듣는 행위는 사람의 보편적인 문화 행위 중의 하나이기에 민중이 아닌 사대부 계층도 이야기를 즐겼다는 사실을 간과해서는 안 될 것이다.

조선시대에 편찬된 잡록집들은 사대부 가문과 사대부 사회에서 형성된 이야기들을 많이 담고 있다. 그것들은 사대부의 생활에서 이야기하기와 이야기 듣기가 중요한 문화 활동이었다는 사실을 알려준다. 가문의 선조에 대한 이야기나 사대부 관료 생활에 대한 이야기 등이 그 두드러진 사례이다. 이들 이야기는 사대부 가문과 관료 사회에서 구연된 것이니, 그것이 구연된 자리를 사대부 가문 이야기판과 사대부 관료 이야기판이라 부를 수 있을 것이다.[2]

사대부의 교양과 지식은 책 읽기를 통해서만 형성되었다고 보기 쉽지만, 이야기판에서 이루어진 다양한 이야기하기와 이야기 듣기를 통해서도 형성되었다는 사실을 인정하는 것은 사대부의 문화를 이해하는 데 대단히 중요한 사항이다. 또한 사대부 가문의 여성들이나 그 가속들의 삶에서 이야기가 소중한 자리를 차지했다는 점도 잊어서는 안 된다.

　이 장에서는 사대부 사회에서 이야기가 어떻게 이루어지고 향유되었으며 그들의 일상에서 이야기판은 어떤 역할을 했는지 알아본다. 그리고 그것들이 조선 후기에 들어오면서 어떻게 바뀌어 야담의 융성을 가능하게 했는지 살펴보겠다.

가문 이야기판과 사대부 가문의 지속

사대부 가문은 이야기를 통해 그 가문의 역사와 선조의 정신을 전승했다. 가문의 이야기 속에는 선조들과 관련된 사건, 선조들의 언행이 담겨 있기 때문이다. 이야기는 가문의 역사와 정신을 가르치는 무형의 교과서였던 셈이다.

1 사대부 가문의 여성

가문의 역사에는 위대한 업적을 쌓아 이름을 널리 떨친 선조나, 탁월한 능력이 있었지만 그것을 발휘하지 못해 상처를 간직한 채 사라진 선조가 있게 마련이다. 또 그 가문의 흥망성쇠와 관련된 중요한 사건도 있었을 것이다. 이런 인물과 사건에 대한 이야기는 그 가문에서 특별하게 전승되었고, 그 과정에서 주된 역할을 한 이야기꾼은 여성인 경우가 많았다. 『기재잡기』를 편찬한 박동량朴東亮(1569~1635)의 가문인 반남潘南 박씨의 이야기판을 통해 그 점을 살펴볼 수 있다.

　조모 정경부인은 85세가 되었는데도 건강하셨다. …… 어느 날 옆에서 모시고 있던 자손들이 모두 일들이 생겨 떠나가고 나(박동량) 혼자 잠자리 시중을 들게 되었다. 한밤이 되자 천둥 번개가 치고 비바람이 몰아쳤다. 조모께서 "너는 무얼 하려고 일어나 앉았느냐?" 하고 물으시기에, "천둥 번개와 비바람이 심해지면 반드시 얼굴빛을 달리하라고 일찍이 들었습니다"라고 응대했다. ……다음 날 아침 여러 숙부들이 돌아와 문안을 드리니 조모께서는 나의 그 말을 들어 말씀하시기를 "아홉 살 아이가 어찌 그것을 알까?" 하시니 서로들 감탄하셨다.[3]

조모 정경부인 홍 씨는 팔순이셨을 때도 마루에 서저하시니 수위에서 모시는 내외 손자들이 수십 명이나 되었다. 여러 손자들을 불러 모아놓고 물으시기를 "너희 할아버지께서 장원급제를 하셨는데 누가 그 웅장함을 계승할 수 있겠니?" 하자 나의 중씨께서 일어서서 대답하기를 "제가 능히 하겠나이다" 했다. 중부仲父 국구國舅 반성공께서 듣고 기특하게 여기고서 데리고 가 길러주셨다.[4]

박동량의 조모는 남양 홍씨인데, 예문들은 조모 홍 씨가 중심 이야기꾼이 된 가문 이야기판의 모습을 보여준다. 위 인용문에서 조모는 문안 인사를 드리기 위해 찾아온 숙부들에게 전날 밤 천둥 번개가 쳤을 때 박동량이 보여준 의젓한 행동과 말에 대해 이야기를 들려주며 칭찬한다. 그 일화에서는 아홉 살 아이의 독특한 행동과 말이 중심 흥미소가 된다. 조모는 일상생활에서 포착한 특별한 일을 이야기로 만들어 구연한 것이다. 박동량이 주인공이 된 그 일화는 숙부들에 의해 각자 자기 가정으로 전파되었을 것이고 다음 세대로 전승되었을 것이다. 이렇게 일상의 일화들이 구연되면서 이야기판의 분위기가 조성되고, 시간이 지나면서 자연스레 가문 선조들의 특별한 사연에 대한 이야기로 나아갔음을 두 번째 인용문을 통해 알 수 있다.

이 인용문은 먼저 대가족 생활에서 조모를 중심으로 여러 사촌들이 모여 이야기판을 이룬 모습을 더욱 분명하게 보여준다. 그 이야기판에서 조모는 조부의 장원급제 사실을 환기시키고는 손자들이 학업에 분발하도록 부추겼다. 조부 박소朴紹(1493~1534)의 장원급제를 손자들에게 환기시킨 것은 조부의 탁월한 능력을 후손들에게 알리고자 했기 때문이었다. 또 그런 탁월한 능력을 가졌음에도 불구하고 시련 속에서 일생을 보낸 사실에 대해 애석함을 나타내기 위한 것이기도 했다. 그리고 "누가 그 웅장함을 계승할 수 있겠니?"라는 조모의 물음에 대해 박동량의 형인 박동열朴東說이 결의와 확신에 찬 대꾸를 한다. 이 장면을 통해 조모가 이야기판에서 일으킨 성취동기가 후손들에게 얼마나 절실하게 받아들여졌는지를 짐작할 수 있다.

> 공(박응복)은 (아버지) 의정공(야천冶川 박소)이 남쪽으로 귀양 가셨을 때 태어났으니 그때가 가정 경인년이었다. 다섯 살 때 아버지를 잃고 일곱 살 때 대부인을 따라 다시 서울로 돌아왔다. 대부인은 여러 자식들을 위해 선생을 초빙하여 가르쳤으니 세상에서 맹모孟母에 견주었다. …… 하루 내내 대부인 곁에서 책을 읽으니 대부인이 기뻐하셨는데, 대부인은 만년에 매번 그 일을 예로 들어 손자들을 훈계하셨다.[5]

박동량의 조모 홍 씨는 이런 사람이었다. 그녀는 어려운 여건에서도 자식 교육을 위해 정성을 다했고, 손자들을 훈계할 때는 아들 박응복이 학업에 몰두한 실화를 이야기해주었다. 홍 씨가 구연한 이야기는 대체로 자기 가문 인물들에 대한 이야기이면서 교훈성을 강렬하게 지향하는 내용이다. 그녀는 가문의 과거 이야기를 꾸준히 구연하면서 현재 이야기도 구연하였다. 그래서 그녀의 이야기는 후손 교육용으로 그 역할을 충분히 다할 수 있었다고 볼 수 있는 것이다.

『기재잡기』의 홍 씨는 『용재총화』에 거듭 등장하는 성현의 조모 김 씨와 비슷하다. 성현의 조모 김 씨는 광산군光山君 김약항金若恒의 딸로, 그 아버지 김약항과 남자 형제들에 대한 비장한 이야기들을 손자인 성현에게 들려주었다. 광산군 김약항은 표문 문제를 해결하기 위해 북경에 갔다가 귀양을 가게 되어 그곳에서 죽었다. 김약항의 아들 김처는 아버지가 중국 땅에서 죽은 것에 충격을 받아 광질에 걸렸다. 「김부정허」金副正虛(『대동야승』 1, 590면)는 아버지의 죽음에 상심한 아들 김허가 그 슬픔을 이기지 못해 광질에 걸리고 마침내 실성해 죽게 되는 과정을 실감 있게 그린 작품이다. 성현의 조모는 친정아버지의 기구한 운명에 대해 한탄하면서도 남자 형제들의 지극한 효성을 전해준 것이다.

이처럼 두 가문의 조모는 가문 이야기판의 중심인물이었다. 다만 가문의 이야기를 교훈적으로 활용하는 자질에서는 차이가 있었는데, 성현의 조모인 김 씨보다는 박동량의 조모인 홍 씨가 더 뛰어났다고 판단된다.

이야기판에서 중요한 역할을 한 가문의 여성으로는 그 외 외조모, 모친 등을 들 수 있다. 가령 『용재총화』에서 성현의 외조모 정 씨는 자신의 친정에서 겪었던 기이한 사건들을 외손자인 성현에게 이야기해주었다. 성현의 모친 안 씨도 마찬가지였다. 『용재총화』에는 성현 외조모의 친정인 동래 정 씨 가문의 이야기와 더불어 외가 순흥 안씨 집안사람들에 대한 이야기도 여럿 있다.

나의 외조모 정 씨는 양주에서 자랐다. 어린 여종에게 귀신이 들어 몇 년 동안 떠나지 않았는데, 여종은 길흉화복을 모두 잘 알아맞혔다. 말을 걸면 서슴지 않고 대답하니 나쁜 짓을 한 사람들이 모두 두려워하여 집안에 아무 탈이 없었다. 귀신의 목소리는 굉장히 맑아 늙은 꾀꼬리 소리 같았는데, 낮이면 공중에 떠 있고 밤이면 대들보 위에 깃들었다.

이웃에 명문인 집이 있었는데, 그 주부가 보물 비녀를 잃고 자기 여종을 의심해 때렸다. 여종이 괴로움을 이기지 못해 귀신에게 와서 물으니 귀신은, "있는 곳을 알고는 있지만 네게 말하기는 거북하니 너의 주인이 오면 말해주겠다"고 하였다. 여종이 주부에게 말을 전하니 주부가 쌀을 가지고 와서 물었다. 귀신이,

"내가 비녀 있는 곳을 알고는 있으나 차마 말하지 못하겠다. 내가 입을 열면 너는 얼굴을 들 수 없을 것이다"라고 말했다. 여러 번 물었으나 끝내 대답해주지 않자 주부는 성을 내며 꾸짖었다. 귀신은, "그렇다면 하는 수 없지. 아무 날 저녁, 네가 이웃 사내 아무개와 닥나무 밭으로 들어가지 않았느냐? 그 나뭇가지에 비녀가 걸려 있지"라고 했다. 여종이 가서 찾아오니 주부가 심히 부끄러워하였다. …… 이 이야기는 내가 어머니에게서 들은 것이다.[6]

이 기이한 이야기는 성현의 외조모가 어릴 때 들었던 것으로 외조모는 이것을 성현의 어머니에게 들려주었고, 성현의 어머니가 마침내 성현에게 이야기해준 것이다. 여종에게 깃든 귀신이 잃어버린 비녀가 있는 곳을 정확하게 알아맞힌다는 소재는 이야기를 흥미진진하게 만들 뿐만 아니라, 명가 주부의 탈선까지 은근하게 풍자한다. 이러한 점을 고려하면 뛰어난 이야기 능력을 갖춘 이야기꾼이 이 이야기를 만드는 데 관여했음을 짐작할 수 있다.

『용재총화』에 실려 있는 동래 정씨와 순흥 안씨 집안 관련 이야기들의 서술 방식과 서술 시각이 각각 비슷하다는 점을 고려하면, 성현의 외조모 정 씨와 성현의 어머니 안 씨는 동래 정씨 가문과 순흥 안씨 가문의 이야기들을 구연한 이야기꾼이라 볼 수 있다. 특히 외조모 정 씨는 이야기꾼으로서 독특한 개성을 지녔다. 그녀에 의해 구연된 이야기들은 다른 이야기들에 비해 흥미소가 다양하게 갖추어져 있으며 묘사도 구체적이다. 그러나 사대부 사회에 대한 제반 사실들을 전달하거나 한 인물의 일생이 내포한 교훈을 드러내는 데는 그리 큰 관심을 보이지 않았다. 그런 점에서 성현의 외조모 정 씨는 세속적인 관심을 끌어내는 데 능숙한 전형적인 이야기꾼이라 할 수 있다. 이러한 점은 성현의 조모 김 씨와 대조된다. 외조모 정 씨가 서사적 흥미가 두드러지는 이야기를 주된 레퍼토리로 가진 이야기꾼이라면, 조모 김 씨는 교훈을 내세우는 이야기를 주된 레퍼토리로 가진 이야기꾼이다.

가문 이야기판에서 모친의 역할도 적지 않았다. 박동량의 모친 임 씨는 임구령의 딸인데, 임구령은 을사사화를 꾸민 임백령의 동생이다. 임 씨는 자기 집에서 임백령 등이 일을 꾸미는 과정을 직접 지켜보았는데, 『기재잡기』에 실려 있는 많은 을사사화 관련 일화들은 주로 모친의 입을 통해 박동량에게 전해졌다고 할 수 있을 것이다. 임 씨는 홍 씨의 며느리로서 홍 씨가 주재하는 이야기판에 끼어들 수도 있었겠지만, 아울러 아들들과 자신만으로 구성된 좁은 이야기판에서 아들들에게 자기 친정의 집안 이야기를 들려주었던 것이다.

이렇듯 가문 이야기판에서 조모나 외조모, 모친 등 여성들이 주요 이야기꾼의 역할을 했음을 알 수 있다. 가문 여성들은 시가와 친가에서 전승되는 다양한 이야기들을 각자 취향에 맞게 선택하고 변개하여 후손들에게 이야기해준 것이다. 그 이야기꾼의 취향은 교훈적 성향이 강한 쪽과 오락적 경향이 강한 쪽으로 나눌 수 있겠지만, 전자의 입장이 강조된 것은 분명하다. 사대부 가문 이야기판의 특성이 거기서 형성되었다고 볼 수 있다.

2 사대부 가문의 남성

남성들도 가문 이야기판에서 이야기꾼 노릇을 하였다. 『기재잡기』에는 「강적임꺽정」強賊林巨正(『대동야승』 13, 29면)이라는 이야기가 실려 있는데, 임꺽정 관련 일화 중 가장 이른 시기의 것이면서도 박진감 넘치는 서사 구조를 갖추고 있다. 임꺽정의 활약과 그 토벌 과정에 대해 상세하게 기록하고 있으면서 조선 후기 야담집인 『동야휘집』에 「취학경단산탈화」吹鶴脛丹山脫禍(『동야휘집』 상, 798면)로 수용될 정도로 서사적 요건을 온전하게 갖춘 것이다. 그런데 여기에 박응천朴應川이 직접 등장한다. 이 일화가 임꺽정에 관한 이야기의 근원이 되었으며, 또 그 이후의 다른 어떤 이야기 못지않게 서사적 짜임새를 갖춘 것은 무엇보다 경험 당사자인 박응천에 의해 이야기된 뒤 가족 사이에서 거듭 구연되었기 때문인 것 같다. 박응천은 박동량의 삼촌으로서 일찍부터 동생들을 모아놓고 학문을 지도했다.* 그가 주도하는 공부방은 자기 경험을 진술하고 그것을 후손들에게 전하는 공간으로도 활용되었음을 짐작할 수 있으며, 이런 분위기에서 임꺽정 체포와 관련된 자신의 경험담을 구연했다고 볼 수 있는 것이다.

> 일찍이 우리 형제들에게 이렇게 가르치셨다.
> "너희들이 장차 벼슬하여 녹봉을 받는다 할지라도 넉넉하게 살 생각은 하지 말아라. 우리 집안은 대대로 청빈했으니, 청빈이 곧 본분이니라."
> 그리고는 집안에 전해오는 옛일들을 다음과 같이 낱낱이 들어 말씀해주셨다.
> ……
> 야천冶川 선생(박소)은 소인의 무리에게 미움을 받아 세상을 피해 우거하시다가 영남에서 돌아가셨다. 그러나 집안이 가난해 반장返葬하지 못했다. 당시 장남인 찬성공贊成公(박응천)이 열아홉 살, 차남인 반성공潘城公(박응순)이 아홉 살, 3남인 문정공文貞公(박응남)이 여덟 살, 4남인 나의 7세조 도헌공都憲公(박응복)이 다섯 살, 막내이신 도정공都正公(박응인)이 세 살이셨는데, 그 울부짖는 소리가 온 집안에 가득하였다. 홍 부인洪夫人께서는 이들의 손을 잡고 온갖 고초를 겪으며 서울로 돌아오셨다. …… 나의 선조인 도헌공은 당시 바야흐로 벼슬에 진출해 명망이 있으셨으나, 자신이 임금의 외척과 가까운 처지라 더욱 겸손하고 검소하게 생활하셨다. …… 도헌공의 아드님이신 충익공忠翼公(박동량)은 일찍부터 임금님께서 알아주시어 조정의 요직을 두루 맡으셨다. 그러나 국운이 험난할 때여서 자기 한 몸도 돌볼 수 없었으니 하물며 집안일이야 말할 나위가 있겠는가?
> ……

---

* "백형 목사 박응천朴應川은 여러 동생들을 엄하게 이끌어갔으니 여러 동생들도 그를 아버지같이 섬겼다"("伯兄牧使應川 帥諸弟嚴 諸弟父事之"), 이상은 편, 『한국역대인물전집성』, 민창문화사, 1990, 1280면. 박응천이 동생들을 모아놓고 공부를 시켰는데, 그 공부방은 경전의 난해구를 해명해주는 곳이자 집안의 일들을 의논하고 선조에 얽힌 이야기와 자신의 경험을 조카들에게 들려주는 곳이기도 했다.

무릇 이런 사실들은 모두 자손들이 몰라서는 안 될 일이다. 우리 집안은 수십 대에 걸쳐 청빈함과 검소함이 이와 같았으니 이는 원래 타고난 것이었다. 내 비록 너희들이 따뜻한 옷을 입고 배부르기를 바라지만, 부귀와 안일을 추구해서는 안 된다. 다만 바라는 건 사대부 집안으로서 글 읽는 사람이 끊어지지 않았으면 하는 것뿐이다.[7]

위 인용문은 연암 박지원朴趾源(1737~1805)이 아들 박종채朴宗采(1780~1835)에게 평소 이야기해준 것을 박종채가 기록한 것이다. 박지원은 박동량의 6세손이다. 그렇다면 그것은 박동량이 그 조모 홍 씨를 중심으로 한 반남 박씨 가문 이야기판에서 들은 내용을 『기재잡기』에 기록한 것이면서, 그 뒤 연암 박지원에 이르기까지 반남 박씨의 가문 이야기판에서 계속 이야기된 것이기도 할 것이다. 박동량의 『기재잡기』와 박종채의 『과정록』은 반남 박씨의 가문 이야기판이 면면히 이어져왔음을 증명해준다고 볼 수 있다.

내가 큰형을 모시고 개성으로 길을 떠났는데 파산坡山 별장에서 하룻밤을 자면서 밤이 깊도록 이야기를 나누었다. 이야기가 우연히 옛 도읍지에 대한 것에 미쳐 내가 탄식하며 말하기를 "송경松京은 우리 조상이 거처하시던 땅이라 응당 분묘들이 있을 것입니다"라고 했다. 큰형이 말하기를 "현조 총랑공은 창령에다 모셨고, 고조 문정공 양위는 포천에다 모셨고 …… 오직 총랑 부인 오 씨의 분묘만 개성에 있다고 아버지께서 일찍이 말씀하셨다. 그때는 연소하여 자세히 여쭤보지 못했는데 그것이 평생의 큰 한이다"라고 하였다.[8]

위의 구절은 『용재총화』를 편찬한 성현成俔(1439~1504)이 맏형 성임成任(1421~1484)과 여행 중에 나눈 이야기를 회상한 부분이다. 여기서 몇 가지 사실을 짐작할 수 있다. 먼저 성현은 자기 집에서 같이 생활할 때 형들로부터 이야기를 들었을 뿐만 아니라 여행과 같은 특별한 상황에서도 이야기를 들었음을 알 수 있다. 위의 '파산 별장'은 이야기판이 성립되는 전형적 공간인 격리된 여관이나 피난처, 은둔지를 연상시킨다. 다음으로 성임은 집안의 일이나 선조의 일화들을 성현에게 많이 이야기해주었음을 암시하고 있다. 그때 성임의 이야기는 그의 직접적인 견문의 소산이기도 하겠지만, 그 아버지나 선조들로부터 들은 것을 2차적으로 구연한 것이기도 하다.

조선 후기 본격 야담을 이끈 야담집인 이희평李羲平(1772~1839)의 『계서잡록』에도 가문 이야기판의 흔적이 강하게 남아 있다. 『계서잡록』 4권 중 제1권 76편은 대부분 '가간 사적'家間事蹟이다. 특히 그중 22편은 이희평의 부친인 이태영에 관한 것이고, 22편 중 14편이 『과정록』의 것을 그대로 수록한 것이다.[9] 한산 이씨인 목은 이색李穡(1328~1396)에 대한 이야기로부터 시작된 『계서잡록』은 9대조의 동생인 토정 이지함李之菡, 7대조인 이경류李慶流, 종중 대부從曾大父인 문청공文淸公 이병태李秉泰에 대한 이야기를 거쳐 백씨伯氏의 이야기에 이르기까지 가문 선조들의 이야기가 대부분이다. 그것은 분명 이희평에게까지 전승된 가문 이야기판의 이야기라 할 수 있다.

특히 『계서잡록』의 이경류에 대한 이야기는 『동패락송』과 『경세재언록』에도 실려 있는 기이한 내용인데, 『동패락송』으로부터 전재한 것일 수도 있고 가문 이야기판에서 전승되던 것을 이희평이 기록한 것일 수도 있다. 이들을 비교해 보면 『계서잡록』에 실린 것이 가장 다채롭다. 그리고 『계서잡록』에는 제보자까지 밝혀져 있다. 『계서잡록』은 다음과 같은 내용을 담았다.

① 7대조 이경류가 그 형님 대신 전장에 나가게 된 사연
② 이경류가 집으로 돌아가자고 간청하는 노비를 따돌리고 출전했다가 전사하게 된 사연
③ 이경류·노비·말의 무덤 및 그 제향에 얽힌 사연
④ 이경류가 자기의 대상일大喪日 전까지 매일 밤 찾아와 부인과 수작하

는 사연

⑤ 이경류가 아들 이제李穧가 급제했을 때 다시 나타난 사연

⑥ 이경류의 모친이 병들어 귤이 먹고 싶다고 하자 이경류의 혼이 동정호의 귤을 가져다주는 사연

⑦ 제사 음식을 먹는 표시가 나타난 것과 음식을 불결하게 마련한 하인을 혼내주는 사연[10]

이 외에도 간략한 서사 단락이 몇 개 더 있지만, 이것만으로도 이경류 이야기 중에서는 가장 많은 서사 단락을 확보했다고 할 수 있다. 그리고 그 각각이 온전한 일화로서의 요건을 갖추었다. 이는 거듭된 구연 과정에서 이야기가 다듬어졌음을 암시한다.

⑦에서 기일 제사 때 방의 문을 닫으면 젓가락 소리가 들린다고 했는데, 그와 관련하여 이런 증언을 덧붙였다.

> 서증 대부庶曾大父 병현秉鉉이 나에게 말해주시기를, 소시에 제사에 참예할 때면 매번 소리를 들었는데 근일 이후로는 듣지 못했다 한다.[11]

직계가 아닌 이병현이 제사 때의 특별한 징조와 관련된 이런 이야기를 해주었다는 것은, 이와 유사한 다른 이야기가 수없이 많았다는 사실을 암시한다. 그런 점에서 가문 이야기판은 같은 선조를 모시는 한 가문의 여러 집안이 공유하는 것임을 알 수 있다.

특히 정언각鄭彦慤 벽서 사건으로 누명을 쓰고 죽은 송인수宋麟壽(1499~1547)와 관련된 이야기는 윤기헌尹耆獻(1548~?)이 찬한 『장빈거사호찬』의 「규암송선생」圭庵宋先生(『대동야승』 13, 13면)과 이제신李濟臣(1536~1584)이 찬한 『청강쇄어』의 「송첨지응개」宋僉知應漑(『대동야승』 14, 74면)에 가장 자세하고도 흥미롭게 기술되어 있는데, 두 작품 모두가 그 제보자를 송인수의 종제

從弟와 당질堂姪이라 밝히고 있다. 『장빈거사호찬』에서 윤기헌은 그 이야기를 자신의 장인으로부터 들었다고 하였고 장인의 종형從兄이 송인수라고 했다. 송인수 이야기에 대한 장인의 가문 구성원들의 몰입 정도는 장인이 이 이야기를 할 때마다 눈물을 흘렸다는 언급을 통해 짐작할 수 있을 것이다.[12] 또 『청강쇄어』에서 이제신은 그 이야기를 송인수의 당질堂姪인 송응개로부터 들었다고 하였다.[13]

이상을 통해 이야기하기와 이야기 듣기는 사대부 가문에서도 대단히 중요한 문화생활이었음을 알 수 있다. 교훈성과 오락성이라는 두 지향이 가문 이야기판과 이야기꾼의 개성에 따라 공존하면서 대립했지만, 이야기가 가문의 역사와 전통을 이어주는 가장 중요한 역할을 했다는 점은 분명하다고 하겠다.

사대부 사회의 이야기판과 사대부의 언어 감각

사대부들의 공부는 문답법으로 이루어진다. 『논어』나 『맹자』 등 유가 경전은 공자·맹자와 제자 혹은 다른 인물 간의 문답으로 구성되어 있다. 이 책을 근간으로 한 사대부들의 공부는 이야기하기와 이야기 듣기로 이루어졌다 해도 과언이 아니다. 그러기에 조선시대 사대부들의 언어 감각이 뛰어났고, 사대부들이 독특한 말들을 주고받으며 그것을 기억한 것은 당연하다.

잡록집에 실려 있는 단편들 가운데에는 편찬자가 동료 사대부들과 이야기를 나누는 과정에서 들은 이야기가 많다. 다만 그 내용은 교술적인 것과 서사적인 것 등 다양하다. 가령 『필원잡기』에는 과거 시험과 관련된 이야기를 비롯한 교술적인 내용이 많이 실려 있고 그 사이사이에 편찬자 서거정이 다른 사대부들과 담소한 내용이 들어 있다.[14] 그것은 그런 교술적인 내용들이 책을 통해서만 획득한 것이 아니라 편찬자가 다른 사대부들과 이야기를 나누

는 과정에서 획득한 것임을 암시하는 것이다.[15]

『용재총화』를 통해 그런 이야기판을 좀 더 구체적으로 살필 수 있다.

> 청파에 심생과 유생이 있었는데 둘 다 부유한 사족이었다. 날마다 기생들을 불러놓고 만취했다. …… 좌중에서 "지난 일들에 대해 이야기하며 웃어보세" 하고 제안하니 모두들 그러자고 했다. 그래서 좌중 손님들이 온갖 이야기들을 다 하며 웃고 즐겼다.[16]

사대부들끼리 만들어가는 이야기판의 모습이다. 그 이야기판은 술편이 발전된 것이다. 여기서 '지난 일들'往事은 꾸며낸 이야기가 아니라 스스로 겪은 경험담이다. 경험담 중 특히 기이하고 남을 웃길 수 있는 것이 주로 선택되었을 것이다. 그것은 일화나 소화이고, 그 귀결점은 웃음이다.

성현 자신이 직접 참여한 이야기판도 있다. 사실 성현의 주위에는 방옹放翁 이륙李陸, 최세원崔勢遠, 이숙도李叔度, 기지耆之 채수蔡壽 등* '담론'談論이 뛰어나고 장난기가 많은 친구들이 있었다. 이들은 실제로 일어난 재미있는 사건들을 성현에게 이야기해주었고, 또 스스로 세인의 주목을 끄는 사건의 주동자가 되기도 했다. 이들은 이야기판의 이야기꾼이면서 일화의 등징인물이었던 셈이다.** 이렇듯 성현의 주위에는 장난을 좋아해 스스로 일화 형

---

* 이륙李陸, 이숙도李叔度, 유우후柳于後, 이자범李子犯, 유관지柳貫之 등은 김구지金懼知가 훈장이었던 서당의 동문들이다(『대동야승』 1, 646면 참조).
** 성현은 「촌중비어서」村中鄙語序에서 친구 채기지가 일화나 소화를 기록한 행위를 "以平昔所嘗聞者與夫朋僚談諸者 雖鄙俚之詞 皆錄而無遺 其著述之勤 用力之深 非老於文學者 其何能爲 可爲後人之勸戒也"(『허백당집』虛白堂集, 『한국문집총간』 14, 1988, 474면)라 하여 높이 평가했다. 성현도 그와 같은 입장에서 친구들의 행동과 구연된 이야기들을 기록한 것이다. 또 「여소시현진일선생」余少時見眞逸先生(『대동야승』 1, 575면)은 과거 시험이 임박해오자 성현이 최세원, 노선성盧宣城 등과 함께 산방으로 가서 독서하게 된 사실을 언급한 뒤, 최세원이 등장하는 세 일화를 소개한다. 그 일화들은 최세원의 경험에 대한 자기 진술을 그대로 기록한 것이다. 「여소시여방옹」余少時與放翁(『대동야승』 1, 580면)은 방옹과 성현이 친구의 소를 훔친 일화를 기록한 것이기에 성현의 자기 경험 진술이라고 하겠다.

성자가 되거나 일화 구연자 노릇을 하는 사대부들이 많았으며, 성현 자신이 장난기가 많은 인물이기도 했다.*

『기재사초』의 「임진잡사」壬辰雜事는 사대부 관료들이 참여한 이야기판의 모습과 거기서 구연된 이야기의 내용을 온전하게 보여준다. 박동량은 임진왜란이 일어나자 병조좌랑兵曹佐郞으로서 의주까지 왕을 호종扈從하였다. 평양에 이르러서는 강 건너로 왜적의 불빛이 보이는 절박한 상황에 처하기도 했다. 박동량은 그때의 견문을 『기재사초』에 기록했다. 그중 한 편인 「임진잡사」는 박동량이 그 주위의 고관들과 주고받았던 독특한 대화, 주위에서 화제가 되었던 독특한 인물에 대한 이야기들을 주로 싣고 있다. 「임진잡사」에서 박동량은 주관적 서술자로서 자신과 가까운 인물들의 언행을 세밀하게 서술했다. 그는 특히 사대부의 특별한 행실이나 품성을 포착하였다.

독특한 말, 재치 있는 말, 우스운 말, 정곡을 찌른 말 등이 주된 관심의 대상이 된 경우는 더 많다. 가령 「권감사징재임진군중」權監司徵在臨津軍中(『대동야승』 13, 55면)을 보자. 경기 감사로 있던 권징權徵(1538~1598)은 위급한 상황에서 신경을 써야 할 중요한 일들이 많음에도 불구하고 박치홍朴致弘이란 사람을 구원하는 일에 급급하다. 해원海原 윤두수(1533~1601)가 이를 보고 "공이 허둥지둥하니 필시 실성한 게야"[17] 하며 빈정대니, 박동량이 "아니 권 감사는 차분하고 침착하다 할 것입니다"[18]라고 대꾸한다. 윤두수가 "자네 지금 권 감사를 두둔하나?"라고 하니 박동량은 "만일 차분하고 침착하지 않았다면 그 치계馳啓의 상세함이 어찌 이 지경에 이르렀겠습니까?"[19] 하였다. 그러자 그 자리에 있던 모든 사람들이 웃으면서 "그래 좋아, 그래 좋아"[20] 했다는 것이다. 여기서 '나'인 박동량과 윤두수가 말을 주고받아 웃음을 유발하는데, 그중 윤두수의 말은 사실에 대한 진지한 판단의 소산이지만, 박동량의 말

---

* 성현은 친구 김간金澗에게 이끼를 매산苺山이라며 먹게 해 구토와 설사에 시달리게 하고, 청충靑虫을 매산苺山이라며 인편에 보내어 친구가 그것에 물려 피부병이 들게 만들 정도로 장난기가 많았다(「태출어남해자」苔出於南海者, 『대동야승』 1, 640면).

은 우스개의 성격이 강하다. 물론 그 우스개는 다시 경기 감사로서 해야 할 일을 제대로 하지 않는 권징에 대한 조롱과 연결된다. 하지만 그보다는 말 자체의 묘미를 드러나게 하려는 의도가 더 강하다.

그런데 여기에 등장하는 인물들의 관계를 살펴보면, 권징은 당시 정2품인 경기 관찰사였고, 윤두수는 정1품인 좌의정, 박동량은 정6품인 병조좌랑이었다. 문제는 윤두수와 박동량의 관계이다. 우스개를 한 주체인 박동량은 윤두수보다 서른여섯 살이나 아래였고, 품계도 아홉 단계나 낮은 하관이었다. 그런 박동량이 윤두수와 더불어 우스갯말을 스스럼없이 하였고, 또 그것이 다른 사람들에게 거북하게 받아들여지지도 않은 것이다. 그것도 왜적으로부터 압박을 받고 있는 절박한 상황이었다. 그런데도 두 사람 사이의 농담이 가능했다는 사실에서 조선시대 사대부들이 농담이나 우스개에 대해 관대했고 그것을 일상적으로 즐겼음을 짐작할 수 있다.

백성들에 대한 위정자의 책임을 생각하며 비장한 자세를 가져야 할 심각한 전쟁 상황에서 말장난을 도모했다는 것은 위정자의 마땅한 자세가 아니며, 일종의 직무유기라고도 할 수 있을 것이다. 그러나 여기서는 그것이 큰 문제가 되지 않았다. 오히려 이런 가벼운 농담으로 자신들이 처한 심각한 상황에 활기를 불어넣었다. 우스갯말은 절박한 상황에 몰린 사대부들이 지치시 않고 위기를 잘 대처하게 한 그들 나름의 지혜라고도 할 수 있다.

사회가 안정되어 있을 때 행동의 일탈은 삶의 무료감을 떨쳐내고 다시 생동적으로 삶을 꾸려갈 수 있게 하는 중요한 요소였다.* 하지만 전쟁이 한창 진행 중인 위기의 시기에는 '행동의 일탈'이 불가능했다. 일탈의 출발이 될 수 있는 안정된 공동체가 없었기 때문이다. 그래서 사대부들은 행동의 일탈 대신 '말의 일탈'을 추구했다. 사대부들은 이야기판에서 말의 일탈을 통

---

* 『용재총화』를 비롯한 조선 초기 잡록집에 실린 '밖으로의 일탈' 일화가 여기에 해당된다. '밖으로의 일탈'에 대해서는 이강옥, 「조선시대 일화의 일탈」(『국문학연구 1997』, 서울대 국문학연구회, 1997)을 참조할 것.

해 위기 상황을 여유 있게 극복하는 분위기를 만들 수 있었다. 조선시대 사대부들은 절박한 상황에서도 말하기로써 불안과 긴장을 해소하고 비관을 낙관으로 전환시켜 삶의 활력을 되찾는 그들만의 이야기 문화를 향유했던 것이다.

이야기를 통한 사대부의 경험 확장

가문 이야기판이나 사대부 관료 이야기판에서 가문 구성원이나 사대부 동료들만이 이야기꾼으로 나선 것은 아니다. 또 사대부들은 가문과 사대부 사회의 테두리 밖에 형성된 이야기판에 참여하기도 했다. 소위 '패관문학'의 전통이 계승되었다고 하겠는데, 그것은 사대부가 풍속을 살피고 세상 물정을 익히는 데 대단히 중요한 정보를 제공한 것이다. 열린 이야기판이라고 할 수 있다.

가령 『용재총화』 권5에는 장님들이 조롱당하거나 바보들이 사기당하는 이야기들이 실려 있는데, 그 서술 방법이 상투적이고 발상이나 귀결이 비현실적이며 작위적이라는 점에서 소화에 가깝다. 거기에 함북간咸北間이란 사람에 대한 언급이 있다.

> 우리 집 이웃에 함북간이란 사람이 살았다. 그는 동계東界 땅으로부터 이주해 왔는데 피리를 조금 불 줄 알고 우스개 이야기를 잘했으며 광대놀이도 잘했다.[21]

함북간은 동북쪽 변방 출신으로, 다른 사람의 시늉을 잘하고 악기 소리 흉내를 잘 내어 내정內庭으로 불려가 상도 받았다는 것으로 보아 기예인인 듯하다. 그런 그가 성현의 이웃에 살았고 또 성현에 의해 "우스개 이야기를 잘했다"고 평가받았다. 『용재총화』에 장님과 바보들에 대한 소화들이 이 구절

바로 앞에 수록되어 있다는 점, 그리고 그 소화들이 사대부 이야기꾼에 의해 제보된 이야기와는 다르다는 점* 등을 고려할 때, 그것들은 함북간에 의해 구연되었을 가능성이 크다. 그리고 함북간과 같은 비사대부층의 이야기는 사대부에 의해 구연되는 이야기와는 형식과 내용에서 달랐음을 짐작할 수 있다. 그런 이야기들을 사대부인 성현은 즐겨 들었고, 나아가 그것을 기록하기에 이르렀다.

사대부들에게 이야기를 전해준 하층민들은 함북간처럼 사대부의 이웃에 살면서 지속적으로 이야기를 주고받았거나** 사대부와 잠시 인연이 닿아 담화를 나눌 수 있었을 것이다.***

『죽창한화』의 「여피란유우어진안」余避亂流寓於鎭安(『대동야승』 17, 60면)은 이와 관련해 특별한 사실을 알려준다. 이덕형이 산골에서 만난 노인은 평민 출신으로, 신선의 풍모를 보이며 연산군 대의 일을 역력히 기억하고 있는 존재이다. 이덕형은 그의 풍모와 삶의 방식에서 충격과 감명을 받아 여러 가지 질문을 하는데, 노인이 대답을 해주자 그것을 소상히 기록하였다. 노인의 대답은 이덕형을 또다시 감동시켰다. 평민의 자기 진술을 듣고 사대부가 큰 충격을 받고 감동한다는 것은 경험과 통찰력에서 평민이 사대부를 압도한 셈이라 할 수 있다.

나아가 『송도기이』에서는 이야기판이 더욱 넓게 개방되었다. 편찬자 이덕형은 향노鄕老들로부터 들은 이야기들을 기록했다. 그리고 안경창安慶昌과 진주옹陳主翁이라는 사람으로부터 들은 신이한 이야기도 옮겼다. 두 사람은

---

* 채기지, 최세원, 이류 등 사대부들이 구연해준 사대부 일화들과 이 소화를 비교해 보면 그 차이는 분명해진다. 크게 보면 『용재총화』 권5와 나머지 권들의 분위기를 비교해도 차이가 느껴진다.
** 성현은 기재추奇齋樞의 흉가에 대한 이야기도 이웃 사람으로부터 들은 것이라고 『용재총화』에서 밝혔다("吾從其隣 聽其說", 『대동야승』 1, 601면).
*** 「파산촌장여노수화」坡山村庄與老叟話에는 성현이 파산 별장에서 농부와 술상을 차려놓고 밤이 깊도록 이야기를 나누는 장면이 선연하게 형상화되어 있다("養鷄烹具饌 獲稻釀成醪 山果紅將墮 畦蔬翠可挑 農談不知倦 晴月近窓高", 『허백당집』, 『한국문집총간』 14, 민족문화추진회, 1988, 245면).

초보적인 이야기꾼으로서, 스스로 경험하고 견문한 내용을 이덕형에게 이야기해준다. 안경창은 젊어서부터 집을 버리고 산수를 유람하며 중으로 행세한 방외인이다.[22] 진주옹은 서리 진복陳福의 아버지로서 아전이었다. 이덕형은 개성의 농민들과 방외인, 아전으로부터 들은 이야기들에 큰 의미를 부여하면서 그것을 기록으로 남겼다. 상층 사대부가 의식적인 긴장을 해소하거나 경험의 영역을 개방했을 때, 평민 일화가 사대부의 생활 감각과 의식에 신선한 충격을 줄 수 있었기 때문일 것이다.

> 돌아오는 길에 옥갑에 이르러 여러 비장裨將들과 침상을 나란히 하고 밤새 이야기를 나누었다.[23]

연암 박지원은 북경으로 가는 사신을 따라갔는데, 이렇게 여관에서 함께 잘 때면 돌아가며 이야기를 하는 이야기판에 동참한 것이다. 이런 열린 이야기판을 통해 사대부들은 하층민들로부터 더 다양한 이야기들을 들을 수 있었다. 이로써 사대부들에게 익숙한 사대부 일화는 평민 일화와 긴밀한 관계를 맺을 수 있었다. 마침내 사대부 일화와 평민 일화가 통합되고 발전됨으로써 야담계 일화나 야담계 소설로 나아가는 자질들을 많이 창출했다고 볼 수 있다. 가령 「허생전」은 이렇게 해서 형성된 야담계 소설이라 하겠다.

조선 후기 사대부의 이야기 향유와 서사 의식의 형성

조선 후기에 들어와 사대부의 이야기판은 야담 형성의 한 터전이 되었다. 야담집 편찬자는 더 적극적이고 지속적으로 새로운 이야기판을 만드는 주역이 되거나 이야기판의 능동적인 참여자가 되었다. 이야기판은 삶의 과정에서 우연하게 잠깐 만들어지기도 했지만, 의도적으로 만들어져 더 오래 유지되기도 하였다. 그리고 더 개방적이어서 다채로워졌다.

조선 초기와 중기의 사대부 관료 이야기판이 주로 벼슬살이를 하고 있는 사대부들을 중심으로 이루어진 데 반해, 조선 후기의 이야기판은 벼슬에서 소외된 사대부들이 자신의 의지와 심정을 토로하는 장이 되는 경우가 많았다. 이제 이야기판은 무료한 시간을 보내기 위해 안이하게 만들어지는 것이 아니라, 어떤 문제의식을 발전시키고 욕망을 구체적으로 드러내기 위해 의도적으로 만들어졌다. 가령 『삽교집』에 자주 등장하는 단옹丹翁과 변사행邊士行, 『열하일기』「옥갑야화」의 윤영尹映 등은 벼슬에서 소외된 사대부이다. 이들은 사대부 사회의 변방에서 거리를 두고 사대부 사회를 바라보았고, 상대적으로 평민 사회에 가까이 갈 수 있었다. 이야기꾼의 이런 독특한 위치는 그들로 하여금 세상을 좀 더 객관적으로 바라볼 수 있는 시각을 갖게 하였고, 그들은 그러한 시각을 통해 이야기의 함의를 넓혀 나갔다.

『삽교집』을 통해 이러한 면을 좀 더 자세히 살펴보자. 『삽교집』에는 이야기꾼 변사행과 편찬자 안석경安錫儆 사이의 논쟁이 소개되어 있다.[24] 두 사람은 현실 삶에서 인색함과 교만함 중 어느 것이 더 나쁜 것인지를 두고 논쟁하는데, 변사행은 인색함이, 안석경은 교만함이 더 나쁘다고 주장한다.

1718년 충주 가흥에서 태어난 안석경은 그 아버지 안중관安重觀이 죽은 1752년까지 주로 도시 주변에서 생활하며 관직에 나아가고자 하는 뜻을 포기하지 않았지만 현실과 심한 갈등을 겪었다. 결국 아버지가 죽자 원주 손곡리와 두메산골인 횡성 삽교에 은거하였다. 손곡과 삽교에서 영위된 그의 후반기 생애는 도시 생활을 포기하고 벼슬도 단념한 채 산중에 은거하는 처사적인 삶이었다.[25] 그런 안석경이 현실 생활에서 인색함보다는 교만함을 더 나쁜 것이라 주장하자, 변사행은 인색함이 더 나쁘다며 안석경을 비판한다. 안석경이 산야에 숨어 살면서 남에게 구걸해본 적이 없기 때문에 대부분의 민중들이 인색한 부자를 얼마나 미워하는지 모른다는 것이 변사행의 논리였다. 안석경은 민중의 일상과는 다소 유리되어, 다만 성인의 말씀만을 근거로 추상적인 논지를 전개한 셈이었다.* 이야기꾼 변사행에게 그러한 안석경은 사대부 사회와 더 분명한 거리를 유지하지도, 민중의 삶을 직시하지도 못한 것으로 보인 것이다. 안석경을 이렇게 비판하는 변사행의 모습을 통해 이 시기 이야기꾼의 현실 감각을 짐작할 수 있다.

『삽교집』에서 변사행이 구연한 것이라고 분명하게 밝혀진 이야기는 4편이다.[26)] 하지만 그 외의 다른 문구에서도 변사행이 거듭 등장하는 것을 보면 변사행이 구연한 이야기는 훨씬 더 많았을 것으로 추정된다. 밝혀진 4편만 해도 뚜렷한 서술 시각을 갖추었고, 독특한 인상을 주는 주제와 인물들을 담고 있다. 첩들을 해방시켜주는 노인, 큰 부자로 가난한 이웃들에게 아무 조건 없이 재물을 희사하지만 오히려 그 때문에 더 큰 부자가 되는 전장복田長福, 이웃 과부와 그 어린 딸의 효행을 보고 지극한 효부가 되는 불효부, 추노하러 갔다가 노비 딸의 희생으로 겨우 살아나는 가난한 선비 등을 통해 여성의 해방, 재물의 사회적 공유, 진심에서 우러난 효행, 생존을 위한 계급투쟁과 부친을 위한 헌신 등의 주제를 압축적으로 제시한 것이다. 이야기꾼 변사행은 자기 시대에 이르러 새롭게 부각된 삶의 문제들을 정확히 포착해 이야기로 꾸미는 현실 감각과 서사 능력을 두루 갖추었던 인물이라 짐작된다.

『삽교집』에는 이런 이야기꾼들이 모인 이야기판이 생생하게 묘사되어 있다. 「상어손곡지심심당」嘗於蓀谷之深深堂(『삽교집』 하, 9면)은 신사겸申士謙의 집인 심심당에서 안석경, 황성약黃聖若, 신사겸 등이 모여 나눈 이야기 7편을 나란히 담고 있다. 안석경이 황성약을 '황 조대' 黃措大라 지칭하는 것으로 보아 이들은 시골 선비인 듯하다. 이들이 주고받은 이야기 중 마지막 이야기인 김하서金河西 관련 내용을 제외한 나머지 이야기들은 그 구조와 주제, 서술 의식이 동일하다. 어떤 선비를 사모하는 처녀가 선비에게 애정을 고백하거나

---

* 안석경은 식화食貨가 인간 세상에 존재하는 방식이 혈기가 인체에 도는 형태와 같다며, 재물의 모임과 흩어짐을 추상화하여 설명하였다(『삽교집』 하, 329면 참조).

첩이 되기를 간절하게 소망하지만, 선비의 완고한 거부로 마침내 여자가 죽게 되고 선비도 그 때문에 불행하게 된다. 각 이야기의 끝에 붙은 평은 주로 선비의 잘못을 지적한다. 여기서 '심심당'은 이야기판이 지속되는 공간이다. 여기에 모인 사람들은, 그들이 주고받는 이야기가 모두 일정한 수준을 갖춘 것이라는 점에서 이야기꾼으로서의 자질과 경험을 갖추었다고 볼 수 있다. 그리고 무엇보다 중요한 사실은 이들이 하나의 이야기를 듣고 그 이야기의 구조나 주제, 서술 의식에 부합하는 또 다른 이야기를 대응하여 구연했다는 사실이다. 이야기판에 참석한 사람 모두가 이야기를 듣고 이해하고 만들고 구연하는 서사 능력의 비약을 보여주고 있는 것이다.

시골 선비들이 이런 이야기판을 만들었던 것 못지않게 도시 사대부들이나 여항인들도 독특한 이야기판을 만들었다. 『동패락송』의 경우를 통해 그 점을 짐작할 수 있다. 『동패락송』의 편찬자 노명흠盧命欽(1713~1775)과 그 아들 노긍盧兢(1738~1790)은 당시 벌열인 홍봉한洪鳳漢 집안의 숙사塾師로 있었다.[27] 노명흠은 홍봉한의 집안에서 자제들의 과시科詩를 가르치며 서적을 베끼고 읽는 데 몰두하였는데, 때때로 이야기로 좌중을 압도하기도 했다. 그가 이야기꾼으로 이야기하던 모습은 홍봉한의 손자인 홍취영洪就榮의 글에서 확인할 수 있다.

> 그 옛날 안북安北·청괴青槐 옛집에서, 피음정披吟亭·영초헌穎草軒 등에서 공을 따라서 술 오르고 등불의 심지가 타 들어가도록 손뼉을 치며 이야기꽃을 피우던 것이 끊이지 않았더니 나는 그때 어린아이로 자리 한 귀퉁이에 앉아 이야기에 빠져들었으니 어느덧 달은 기울고 닭이 우니, 북두성은 희미해졌다.[28]

홍취영은 50대 중반의 노명흠이 이야기판을 이끌던 시절의 모습을 50여 년이 지난 시기에 이렇게 회고하였다. 또 홍봉한의 아들인 홍낙인은 노명흠의 구변口辯이 뛰어났음을 특기하였다. 홍봉한의 집안에서는 이렇게 노명흠이 중심이 되어 이야기판이 만들어졌으며, 가문 구성원들은 그 이야기판에 기꺼이 동참한 기억을 간직했다. 홍봉한 가문의 이야기판에는 강독사가 초빙되었음이 홍봉한의 손자 홍직영洪稷榮에 의해 증언되기도 하였다.[29]

『계서잡록』의 편찬자 이희평도 이야기꾼으로서의 자질을 다분히 갖고 있었음은 심능숙의 서문을 통해 확인된다.* 부유한 사대부 가문이나 벌열가의 이야기판에 초빙되어 돈을 받고 이야기를 해준 좀 더 통속화된 이야기꾼의 존재를 오물음을 통해 확인할 수도 있다.

> 서울에 오가 성을 가진 사람이 있었다. 그는 고담을 잘하기로 유명하여 두루 재상의 집에 드나들었다.[30]

오물음은 재상가에 드나들며 고담을 해주고 일정한 보수를 받았던 것으로 추정된다. 그러므로 오물음을 직업화된 이야기꾼이라 해석할 수 있다.** 그리고 그런 분위기는 전기수傳奇叟나 이업복李業福 등 부잣집에 불려 다니며 소설을 읽어주는 것을 직업으로 삼아 살아가는 강독사가 생겨난 현상과 상통한다.

요컨대 조선 후기에 들어오면서 기존 사대부 가문의 이야기판은 지속되면서도[31] 변화되었다고 하겠다. 가문 이야기판은 여전히 가문의 전통과 문화, 정신을 이어갔다. 박종채의 『과정록』은 그 아버지 연암 박지원이 들려준 이

---

* "즐겨 옛날 일을 이야기하면 밤이 다하여도 말은 끝나지 않았다. 그래서 내가 항상 희롱하여 '노형의 뱃가죽은 모두 노래라'라고 하였다. 또한 몇십 권의 『계서록』이 아직도 마음속에 탈고되지 않은 채로 남아 있는지 모르겠다고 했다"("且喜道古事 夜盡而語不盡 余嘗戲曰 老兄一肚皮都是歌 又不知幾十卷 溪西錄尙餘於胸中未脫藁之草也歟", 심능숙,「계서잡록서」).

** "오물음의 경우 이야기를 하는 것은 생활의 한 수단으로서 어느 정도 직업화된 일이었음을 보여주고 있다"(임형택,「18·19세기 이야기꾼과 소설의 발달」,『고전문학을 찾아서』, 문학과지성사, 1985, 313면). "오물음과 연암燕岩, 민옹閔翁의 경우에 비추어 생활의 여유를 누리는 부유층에서는 잘하는 이야기꾼에 대한 요구가 높았을 것임을 알 수 있다. 이러한 요구에 응하여 직업적인 강담사가 발달한 것이다"(314면).

야기들을 많이 싣고 있는데, 그것들은 이 시기에 이야기가 가문 선조의 정신을 후손에게 전승하는 양상을 가장 분명하게 보여주는 예라 할 수 있다. 나아가 가문 이야기판은 개방되어 더욱 능숙한 이야기꾼들을 바깥으로부터 초빙함으로써 더 큰 활기를 얻었다. 그로 인해 가문 자제들의 교육과 오락의 장으로서뿐만 아니라 야담이나 소설 등 본격 서사체의 산실로서 그 역할을 다하게 되었다고 하겠다.

또 벼슬살이를 하지 않아 사대부 사회에서 다소 동떨어진 부류들도 이야기판을 만들었는데, 이들은 현실을 구체적으로 꿰뚫어보는 이야기를 많이 만들어 전승시켰다. 이런 여건에서 조선 후기 야담이 현실성을 견지하는 고유한 작품 세계를 만들 수 있었다고 본다.

이야기판의 복구를 위하여

사대부의 가문과 사회에서도 이야기는 다양하게 구연되고 향유되었다. 사대부 가문의 이야기판에서는 여성들이 중심 이야기꾼 역할을 하였고 남성들도 적극 동참했다. 또한 교훈성과 오락성이라는 두 지향이 공존했지만, 이야기는 가문의 역사와 정신, 전통을 만들고 이어주는 가장 중요한 역할을 하였다. 사대부 관료 사회의 이야기판은 특히 말의 일탈을 다양하게 경험하도록 하여 사대부 사회에 여유와 활력을 불어넣었다.

조선 후기에 접어들어 가문 이야기판은 가문의 전통과 문화, 정신을 이어가기도 했지만, 더욱 능숙한 이야기꾼들이 동참함으로써 활기를 얻었다. 그로써 가문 이야기판은 야담이나 소설 등 본격 서사체의 산실로서도 그 역할을 다하게 되었다.

사대부 사회에서 동떨어진 부류들도 이야기판을 만들었는데, 이들은 현실을 꿰뚫어보고 그 결과를 구체적으로 담는 이야기를 많이 만들어 전승시켰다. 이런 여건에서 조선 후기 야담이 현실성을 견지하는 고유한 작품 세계를 만들 수 있었다고 하겠다.

사대부 가문과 사대부 관료 사회에 존재했던 이야기판을 인정하고 그것이 지속되고 변화된 양상을 살피는 것은 사대부 사회를 이해하는 데 큰 도움이 될 것이다. 그리고 그 일은 우리 문화의 다채로움을 이해하는 데도 중요하다고 본다. 특히 사대부 가문 이야기판의 한 결실인 『과정록』은 부모의 언행을 아들이 기록한 것으로서, 오늘날 우리 일상에서 이야기판을 복구하는 데 소중한 암시를 준다고 하겠다.

미주

1) 이에 대해서는 이수자, 『설화 화자 연구』(박이정, 1998) ; 강진옥, 「이야기판과 이야기, 그리고 민중」(『한국인의 삶과 구비문학』, 집문당, 2002)을 참조할 것.
2) 이에 대해서는 이강옥, 「사대부가의 이야기하기와 일화의 형성」(『고전문학연구』 별집 8, 한국고전문학회, 2000)에서 상세하게 다루었다.
3) "祖妣貞敬大夫人 八十五歲康寧無恙 …… 一日子孫之在傍者 皆有故散居 召翁使侍寢 夜半大雷電以風 大夫人問曰爾起欲何爲 對曰嘗聞迅雷風烈必變 …… 明朝諸叔父皆來問侯 大夫人首擧其語以告之曰 九歲兒亦知此耶 相與歎賞"(「부녕만서」扶寧漫書, 『봉촌집』鳳村集 권5).
4) "祖妣貞敬夫人洪氏八旬在堂 內外諸孫環侍者數十人 呼諸孫問之曰 汝祖爲壯元及第 誰能繼其武者 仲氏起而對曰 我能之 仲父國舅潘城公 聞而奇之 率歸而育"(「중씨수황해도관찰사박공행장」仲氏守黃海道觀察使朴公行狀, 『오창집』梧窓集 권18).
5) "公 生于議政公 南歸之年 喜靖庚寅也 五歲而孤 七歲而隨大夫人 復至都下 大夫人爲諸子必求朋師而教焉 世儗以孟母 …… 終日伊吾大夫人側 大夫人悅 晚年每擧以誡諸孫"(『국조인물고』國朝人物考, 최립崔岦 찬撰 비명碑銘, 이상은 편, 『한국역대인물전집성』, 민창문화사, 1990, 1280면).
6) "我外姑鄭氏 生長楊州 有神降其家 憑一小婢 數年不去 禍福吉凶 無不的知 言輒有應 人無有隱匿之志 皆畏信之 家亦無恙 其聲宏亮如老鶯舌 晝則浮在空中 夜棲于梁上 隣有一家 世爲名宦 主婦失寶釵 每敺女僕 僕不勝其苦 來問於鬼 鬼曰 我已知所在 難以語汝 汝主來則當之 僕往告主婦 主婦親握粟來卜 鬼曰 我知所在 口不忍言 吾喙一擧 汝面大赧 主婦再三問之 遂不應 婦怒叱之 鬼曰 若然太易耳 某日夕汝與鄰某 同入楮圃 釵掛在樹枝矣 僕覓得之 婦大慙 …… 吾聞諸大夫人"(『대동야승』 1, 589~590면).
7) 박종채, 『과정록』 ; 박희병 역, 『나의 아버지 박지원』(돌베개, 1998), 210~218면.
8) "余陪伯氏 將向開城 宿坡山別墅 月夜論話 偶及故都之事 余慨然嘆曰 松京吾祖宗所居之地 應有墳墓 伯氏曰 玄祖摠郎公葬昌寧 高祖文靖公兩位葬抱川 …… 惟摠郎夫人吳氏墓在開城 嚴君嘗言之 其時年少未及詳稟 平生大恨莫甚焉"(『대동야승』 1, 641면).
9) 김준형, 「19세기 야담 작가의 존재 양상」(『민족문학사연구』 15, 민족문학사연구회, 1999), 89~90면.
10) 「칠대조고」七代祖考(『계서잡록』, 성균관대본, 제3화).
11) "庶曾大父秉鉉 向我言 自家少時參祀 每聞此聲矣 近日以來 未嘗聞云矣"(「칠대조고」, 『계서잡록』, 성균관대본, 제3화)
12) "先生乃我外舅之從兄也 外舅常流涕言之"(『대동야승』 13, 13면).
13) "宋僉知應溉 嘗謂余言 其堂叔圭庵公 將死日"(『대동야승』 14, 74면).
14) 「신고령숙주」申高靈叔舟(『대동야승』 1, 685면), 「세종말년」世宗末年(『대동야승』 1, 685면), 「소일여동학이삼인」少日與同學二三人(『대동야승』 1, 692면), 「유제학효통」兪提學孝通(『대동야승』 1, 697면), 「김직제학문」金直提學汶(『대동야승』 1, 697면).
15) 『대동야승』 1, 683~685면 참조.

16) "靑坡有沈柳兩生 皆豪富士族 日沈醉於粉黛間 …… 座有言者曰 宜談往事以鮮頤耳 皆曰 諾 座客縱談笑噱"(『대동야승』 1, 608면).
17) "此公顚倒 必失性也"(『대동야승』 13, 55면).
18) "權監司 可謂從容不迫"(『대동야승』 13, 55면).
19) "若非從容不迫 啓本詳悉 何能至此乎"(『대동야승』 13, 55면).
20) "大好大好"(『대동야승』 13, 55면).
21) "吾隣有咸北間者 自東界出來 稍知吹笛 善談諸倡優之戱"(『대동야승』 1, 608면).
22) 안경창은 개성 사람으로 추위와 더위, 주림과 배부름을 견디낸다는 뜻으로 호를 사내四耐라고 했다. 임제林悌, 노수신盧守愼, 이정李楨, 유몽인柳夢寅 등 당대의 명유들과도 교유했다. 이종묵, 「白湖 林悌 한시의 문예 미학」(『진단학보』 96, 진단학회, 2003), 101~122면 및 허균, 『국역 성소부부고』 3(민족문화추진회, 1989), 173면 참조.
23) 이우성·임형택 역편, 『이조한문단편집』 하(일조각, 1978), 293면.
24) 『삽교집』 하, 327~329면.
25) 안석경의 생애에 대해서는 이명학, 「안석경과 그의 한문단편들」(『야담문학연구의 현단계』 1, 보고사, 2001), 280~284면을 참조했다.
26) 「변사행왈영남유김숙천」邊士行曰嶺南有金肅川(『삽교집』 하, 343면), 「변사행왈평양성중유전장복」邊士行曰平壤城中有田長福(『삽교집』 하, 344면), 「변사행왈간성유과부」邊士行曰杆城有寡婦(『삽교집』 하, 346면), 「변사행왈유궁사」邊士行曰有窮士(『삽교집』 하, 348면).
27) 김영진, 「조선후기 사대부의 야담 창작과 향유의 일양상」(『야담문학의 현단계』 1, 보고사, 2001), 294면.
28) "記昔從公安北靑槐舊巷 披吟之亭 潁草之軒 酒闌燈灺 抵掌縱談 纚不少休 余時以童子隅坐耽聽 輒不覺月落鷄唱 而北斗闌干"(「동패락송서」, 『녹은집』鹿隱集 ; 김영진, 「조선후기 사대부의 야담 창작과 향유의 일양상」, 『야담문학의 현단계』 1, 보고사, 2001, 307면에서 재인용).
29) "余兒時喜聽世俗所傳誦稗說 客來 必使之誦之 屢見更端 罄其所有 客倦而思睡 猶不欲其止"(「동패락송발」, 『소주집』小洲集 권49 ; 김영진, 「조선후기 사대부의 야담 창작과 향유의 일양상」, 『야담문학연구의 현단계』 1, 보고사, 2001, 306면에서 재인용).
30) 이우성·임형택 역편, 『이조한문단편집』 상(일조각, 1973), 189면.
31) 『삽교집』의 「박성원공무자어지처형야」朴盛源公茂者余之妻兄也(『삽교집』 하, 49면), 「여상문지어계화왈」余嘗問之於季華曰(『삽교집』 하, 54면), 「선군상왈」先君嘗曰(『삽교집』 하, 39면), 「충주지가홍유황희숙」(『삽교집』 하, 245면) 및 『동패락송』의 "김의 증손은 지금 문관 재록인데 이 일에 대해 즐겨 이야기하였다"("金之曾孫卽現在文官載祿也 喜談此事", 『동패락송』, 5면) 참조.

2부 야담집의 역사적 전개

초기 야담집 『학산한언』의
현실 지향과 비현실 지향

『학산한언』鶴山閑言은 신돈복辛敦復(1692~1779)이 편찬한 초기 야담집이다. 『학산한언』은 잡다한 산문 단편들을 싣고 있는데, 그중 상당수는 교술에 해당한다. 그리고 서사로 포괄될 전설, 민담, 일화, 야담계 소설 들도 두루 싣고 있다. 여기에 실려 있던 상당수의 야담계 소설들은 후대의 본격 야담집인 『기문총화』, 『청구야담』 등에 큰 변개 없이 전재되었다. 특히 『청구야담』은 『학산한언』에서 33편의 작품을 전재했는데, 평결의 일부를 탈락시키거나 수정한 것 이외에는 거의 그대로 옮겼다.* 그런 점에서 『학산한언』은 조선 후기 본격 야담의 바탕을 마련해준 초기 야담집이라 할 수 있다.

일반적으로 야담의 특징은 조선 후기에 들어와 변화된 현실을 사실적으

---

* 정명기는 32편이라 계산했는데, 거기에다 「기미동아선세문집」己未冬我先世文集(『학산한언』, 440면) →「설풍정권정읍강무」說風情權井邑降巫(『청구야담』 상, 380면)를 덧붙이면 33편이 된다(정명기, 「『청구야담』에 나타난 전대문헌 수용양상 연구」, 『야담문학연구의 현단계』 1, 보고사, 2001, 468~508면 참조).

로 담은 것이라고 설명된다. 『학산한언』도 그런 현실 지향의 야담 작품들을 적지 않게 싣고 있다. 그러나 다른 한편으로 『학산한언』은 귀신담이나 혼령담 등 아주 비현실적인 내용의 이야기들을 더 많이 싣고 있기도 하다.

그런 점에서 초기 야담집 『학산한언』은 현실 지향과 비현실 지향이라는 상반된 지향을 함께 갖고 있다고 할 수 있다. 현실 지향이란 조선 후기 사회에서 새롭게 이루어진 현실 경험을 사실적 서사 원리에 따라 담으려는 성향을 지칭한다. 비현실 지향이란 현실의 변화를 포착하기보다는 이전 시기부터 두루 향유되어왔던 귀신담이나 혼령담 등을 약간 변개하여 서술하려는 성향을 가리킨다.

조선 후기의 야담을 생각할 때 치부담이나 결연담을 먼저 떠올리는 것은 지금까지의 연구가 야담의 현실 지향을 지나치게 강조했기 때문일 것이다. 야담에 대한 선행 연구들은 그런 현실 지향이 조선 후기 야담의 전형성이라 이해했다. 야담은 당대의 새로운 현실을 그 어떤 갈래보다 더 적극적으로 담은 것이라 판단해 판소리계 소설이나 서민 가사, 서사 한시와 함께 조선 후기를 대표하는 갈래로 보아왔던 것이다.

이런 접근법은 일면 타당하다. 그러나 야담의 바탕을 마련해준 야담집인 『학산한언』과 『천예록』 등에서 비현실적 지향이 강하게 나타나는 현상을 무시할 수 없다.* 소위 삼대 야담집이라 일컬어지는 『계서야담』이나 『청구야담』, 『동야휘집』 등에서도 비현실 지향이 다소 약화되어 있기는 하지만 여전히 중요한 자리를 차지한다.

현실 지향과 비현실 지향이라는 모순적 성향이 야담집에서 공존하고 있다는 사실을 인정하고, 그 관계를 설득력 있게 설명하는 것은 야담의 형성과 지속을 온전하게 이해하는 중요한 바탕이 될 것이다.

---

* 『천예록』의 비현실 지향에 대해 필자는 '기이의 현실화를 통한 전설의 일화화'라는 제목으로 논의한 바 있다. 이 책의 「『천예록』의 서술 방식과 서사 의식」을 참조할 것.

현실 지향을 가진 야담에 주된 관심을 보인 지금까지의 야담 연구는 비현실 지향을 가진 경우를 야담으로서 함량 미달이라고 평가절하 하거나 그 속에 현실적 함의를 담은 것만을 선별해 그 가치를 인정했다. 어느 쪽이든 야담에 나타나는 비현실 지향을 그 자체로는 인정하지 않은 것이다. 그러나 야담의 비현실 지향을 과장하여 해석하는 것이 부당하듯이, 현실 지향만을 내세우는 것도 온당하지 않다. 야담에는 현실 지향과 비현실 지향이 서로 관계를 맺으며 공존하고 있다. 이런 문제의식에 따라 먼저 비현실 지향의 본질을 파악하기 위해 참고할 만한 진술들을 분석한 뒤, 비현실 지향과 현실 지향의 공존 양상과 그 논리를 살펴봄으로써 야담사에서 『학산한언』이 차지하는 자리를 매겨보고자 한다.

　　『학산한언』에 대한 연구는 조희웅에 의해 시작되었다. 『학산한언』에 실린 야담 중 30여 편이 『청구야담』에 실린 것을 중시하여, 『어우야담』→『학산한언』→『기문총화』→『계서야담』→『청구야담』→『해동야서』→『동야휘집』으로 이어지는 계보를 추정하였다.[1] 필자는 『학산한언』을 다양한 서술 시각을 적극 수용해 시험하는 단계의 야담집으로 보고, 그런 전제에서 비현실적인 이야기까지 수용했다고 파악하였다.[2] 정명기는 『학산한언』이 『청구야담』으로 수용되는 양상으로서 '탈락'과 '부연'을 살폈다.[3] 이후 『학산한언』에 대한 연구는 김상조에 의해 비약이 이루어졌다. 김상조는 편찬자 신돈복의 생애에 대해 고찰하였고, 기이로 가득 차 있는 『학산한언』 작품 세계의 성격을 구명하기도 했다.[4] 특히 본질적으로 같은 기(氣)로 이루어졌다는 점에서 기이의 세계가 인간 세상과 별개의 것이 아니라는 논리를 추출하여 『학산한언』의 비현실 지향을 이해하는 발판을 마련하였다.

　　이와 같은 선행 연구들은 『학산한언』에 대한 실증적 지식을 제공했고, 또 『학산한언』의 대체적 성격을 파악하게 만들었다고 할 수 있다. 그러나 『학산한언』에 비현실 지향과 현실 지향이 공존하는 독특한 현상을 포착해 문제 삼지는 않았다고 하겠다.

이 장에서는 이 같은 선행 연구의 미진한 면을 보완하고자 한다. 『학산한언』의 현실 지향과 비현실 지향에 대한 해명은 초기 야담의 이해의 폭을 넓히고 야담의 형성 과정에 대한 구체적인 설명을 가능하게 할 것이다. 그것을 통해 지금까지의 야담 연구에 대한 반성도 이루어질 것을 기대한다.

기이한 것에 대한 신돈복의 인식

『학산한언』에 현실 지향과 비현실 지향이 공존하는 현상은 먼저 편찬자 신돈복의 의식과 관련된다고 볼 수 있다. 신돈복은 사대부로서 기이한 사건을 기록하여 전하는 데 부담을 느끼기는 했겠지만,* 기이한 야담 작품들에 대해 남다른 관심을 가졌던 것은 분명하다.** 『학산한언』의 다음 구절을 통해 그 동기를 추정할 수 있다.

> 공자께서 괴력난신에 대해 말하지 말라고 하신 것은 그것이 이치에 맞지 않기 때문이 아니라 공부하는 사람에게 가르치기에 부적절했기 때문이었을 것이다. 천지 사이에는 없는 것이 없다. 그중 특히 익숙하게 보아온 것은 일상적이라 여기고, 드물게 접한 것은 괴이하다 여기는 것이다. 오직 견문이 많고 지식이 넓어 그윽하고 오묘한 것까지 통찰하는 사람만은 사물이 현혹할 수 없다. …… 고로 사물의 정을 궁구하고 사물의 이치를 다하여 『태평광기』를 지었다. 재상 이방李昉 등은 모두 명현이다. 천하의 옛일과 요즘 일들을 널리 수집하여 기록하고 편집해 바쳤으니, 그것이 어찌 방만하고 잡스런 일로써 임금을 인도하려 한

---

* 신돈복은 그런 부담감을 떨치기 위한 장치로서 액자 구조를 활용하기도 하였다(이강옥, 「조선후기 야담집 연구」, 서울대 석사학위논문, 1982, 135~137면).
** 비슷한 시기에 편찬된 야담집인 『천예록』도 그러하다. 『천예록』은 일타홍 이야기 등 야담계 소설 중 가장 수준 높은 현실 지향의 작품들을 싣고 있으면서도 기이한 비현실 지향의 작품들을 더 많이 싣고 있다.

것이겠는가. 대개 인군人君으로 하여금 천지 사이의 인정人情과 물리物理와 유명幽明과 변화變化를 갖추어 알게 하고자 함이라. 문밖을 나가지 않고서도 모두 알게 함이니 그 뜻이 깊도다.[5]

여기서 신돈복은 『태평광기』 등의 잡기 편찬 동기와 그 의의를 논하면서 '괴력난신을 말하지 말라'는 공자의 말씀을 새롭게 해석하였다. 공자가 '괴력난신'의 존재를 부정한 것이 아니라 다만 그것의 교육적 효용성을 의심했다는 것이다. 자로가 공자에게 귀신 섬기는 법을 물었을 때 '산 사람 섬기는 것도 능치 못한데 어찌 능히 귀신을 섬기겠는가'라고 대답했고, 또 죽음에 대해 물었을 때 '삶에 대해서도 모르는데 어찌 죽음에 대해 능히 알겠느냐'고 대답한 것을 환기할 때 신돈복의 이런 해석은 설득력을 얻는다고 하겠다. 이 문답에 대해 주자는, 학문에는 순서가 있는데 그 단계를 뛰어넘을 수 없어서 공자가 자로에게 귀신과 죽음의 문제를 묻지 말라고 한 것으로 해석했다고 신돈복은 설명하였다.[6] 공자의 판단으로는 자로가 아직 귀신과 죽음에 대해 말할 만한 학문적 단계에 이르지 못했기 때문이라는 것이다.

또 신돈복은 "천지 사이에는 없는 것이 없다"는 명제를 부각시킴으로써 '기이한 것'이 실제로 존재한다는 생각을 나타냈다. 다만 그 기이한 것이 기이하게 여겨진다는 사실은 부정할 수 없는데, 그렇게 여겨지는 이유를 익숙하지 못하다는 데서 찾았다. 즉 낯선 것은 대체로 기이하게 보이는데 그것이 낯익게 되면 더 이상 기이하게 여겨지지 않는다는 것이다. 그래서 기이한 것을 존재하지 않는다고 부정하기보다 기이한 것의 본질이 무엇인지를 통찰하는 것이야말로 사물의 이치를 꿰뚫어보는 데 꼭 필요한 것이라고 주장했다.*

* 신돈복의 이러한 태도는 『천예록』의 편찬자 임방의 태도와 비교된다. 임방은 기이에 윤리적 의미를 부여함으로써 기이를 인정하려 했다. 여기에 비해 신돈복은 기이한 것은 만물의 이치를 터득하기 위해 잘 검토되어야 할 것이라고 보았다. 아무튼 『천예록』과 『학산한언』 등의 초기 야담집은 기이한 이야기에 긍정적인 의미 부여를 했다는 점에서 비슷한 경향을 보인다고 하겠다. 이러한 경향의 정신사적 배경에 대해서는 이강옥, 「야담의 기이 인식」(『우리말글』 37, 우리말글학회, 2006)을 참조할 것.

낯설면 기이하게 보인다는 논리는 현실 영역까지 확장될 수 있다. 그래서 아무리 현실적인 사건이라 하더라도 그것이 낯선 것이면 기이한 것으로 보일 수 있다고 하겠다.[7]

'낯익어지면 일상적인 것이 된다'는 뜻으로 신돈복은 '습'習과 '상'常의 개념을 적극 활용한다. 「진사이광호」進士李光浩(『학산한언』, 340면)에서 이광호는 자신의 몸에서 혼魂을 분리시켜 혼 여행을 떠나면서 친구에게 자기 몸을 맡긴다. 이런 기이한 행동에 대해 신돈복은 '처자식들이 …… (이런 일에) 익숙하여 일상적인 것으로 생각하고는(習以爲常) 심히 이상하게 여기지는 않았다'[8]고 설명한다.*

기이한 것에 대한 신돈복의 이런 태도는 당시 사대부들의 인식과도 무관하지 않다. 그의 설명법은 예학의 거두인 송시열宋時烈(1607~1689)의 학설과 연결되어 있기 때문이다. 기이에 대한 송시열의 생각은 그 문인인 최신崔愼(1642~1708)이 지은 『최신록』崔愼錄을 통해 확인할 수 있다. 최신은 기이한 현상들을 어떻게 이해하고 받아들여야 할지에 대해 스승 송시열에게 여러 번 질문했는데, 그에 대해 송시열은 자상하게 답변을 주었다. 신돈복은 『최신록』의 기록 중 특히 기이한 것과 관련된 것[9]을 두루 참고하고 또 그중 일부를 『학산한언』에 그대로 전재하였다. 「최신화양견문록왈」崔愼華陽見聞錄曰(『학산한언』, 429면),[10] 「최신화양견문록유왈」崔愼華陽見聞錄有曰(『학산한언』, 433)[11] 등이 그 예이다.

이들을 살펴보면 신돈복의 귀신관이 송시열의 그것과 긴밀하게 연관되어 있음을 알 수 있다. 그것을 요약하자면, 귀신 현상이나 윤회는 일반적인 경우와 특별한 경우로 나눌 수 있다. 일반적인 경우 귀신은 형체가 없고 윤회는 이루어지지 않는다.[12] 그러나 특별한 경우 귀신은 형체를 갖고 나타날 수

---

* 「궤반탁견곤귀매」饋飯卓見困鬼魅(『청구야담』 하, 32면)에서도 심생의 집에 귀매鬼魅가 자꾸 나타나지만 집안 식구들은 "점차 익숙해져서 두려워하지 않게 되었다"("習熟已久 亦不悖怖也", 『청구야담』 하, 34면)고 하였다.

있으며, 윤회도 가끔 분명하게 이루어진다. 특별한 경우를 인정한다면 귀신은 형체를 가지고 대낮에조차 나타나 사람과 관계를 맺을 수 있으며, 또 전생의 어떤 기운을 타는가에 따라 윤회의 모양이 이루어지는 것이다.

그리고 신돈복은 그런 귀신관을 『중용』에서 언급한 '천지 만물의 존재 원리로서의 귀신'과 연결시켰다. "천지 사이에서는 없는 것이 없다. …… 오직 견문이 많고 지식이 넓어 그윽하고 오묘한 것까지 통찰하는 사람만은 사물이 현혹할 수 없다. …… 천지 사이의 인정과 물리物理와 유명幽明과 변화變化를 갖추어 알게 하고자 함이라"라는 신돈복의 발언은 '사람이 죽어서 되는 귀신'을 '천지 만물의 존재 원리로서의 귀신'과 긴밀하게 연결시켰기 때문에 나온 것이라 할 수 있다.

그렇다면 귀신에 대한 탐구는 세상 만물의 존재 원리를 터득하는 데 도움이 된다고 하겠다. 이런 관점은 기이한 것 전체로 확장될 수 있다. 특별한 경우 귀신이 현실에서 형체를 나타내고 산 사람과 관계를 맺을 수 있듯이 다른 '기이한 것'도 현실에서 엄연히 존재할 수 있는 것이다. 그 특별한 '기이한 것'은 보통 사람들이 자주 경험하지 못한 낯선 것이기 때문에 그 실재성을 쉽게 인정받기 어렵다. 그러나 그 실재를 쉽게 인정하기 어렵다고 해서 그 실재성을 완전히 부정할 수는 없다. 그것에 익숙하게 되면 그 실재성을 자연스레 인정하게 된다.

나아가 현실에서 실제로 일어난 아주 특별한 사건에 대한 이야기도 기이함과 낯익음이란 맥락에서 재해석할 수 있게 되었다. 비현실적인 기이한 이야기조차 세상 만물의 존재 원리를 터득하는 데 필요한 것으로 인식되었다. 그렇다면 현실에서 특별하게 일어난 '현실적인 이야기'도 단지 특별하다는 이유로 외면되어서는 안 되며, 오히려 그런 것들이야말로 변화된 현실의 핵심을 터득하는 데 도움이 된다고 보아야 한다. 이런 점에서 현실 지향이 강한 야담 작품과 비현실 지향이 강한 작품이 『학산한언』에서 공존할 인식적 여건이 마련되었다.

비현실 지향과 현실 지향의 공존 양상

① 비현실 지향

■ 이념의 구현*

『학산한언』에 수용된 기이한 작품들은 거기에 특별한 의미가 쉽게 부여된다는 공통점을 보인다. 그 의미는 아주 소박한 것에서부터 '이념의 구현'이라고 부를 수 있을 정도까지 다양하다.

「성묘조시」成廟朝時(『학산한언』, 307면), 「선조조」宣祖朝(『학산한언』, 307면), 「이발소자종희」李撥小字宗禧(『학산한언』, 310면) 등은 지극한 효성을 지닌 효자에게 일어난 기이한 일을 소개한다. 샘이 옮겨지고, 호랑이가 감동해 사슴을 바치며, 한겨울에 밤나무가 돋아나고, 돌아가신 외조부의 목소리가 들리는 등의 기이한 일들이 주인공이 지극한 효자라는 이유로 당연하게 인정된다. 하늘이 그 효성에 감응한 표징이기 때문이다.

「안승지규」安承旨圭(『학산한언』, 452면)는 좀 더 인간적인 체취를 풍긴다. 연위사延慰使로 갔다가 봉산에서 객사한 안규의 혼령은 세월이 흐른 뒤 자기 아들이 연위사로 온다는 사실을 알고는 봉산의 여관을 기웃거린다. 그러나 안규의 아들은 아버지가 객사한 봉산 땅을 차마 밟을 수 없다 하여 소疏를 올리고는 연위사를 사퇴한다. 그래서 안규의 혼령은 아들을 만나지 못한다.

---

* 앞으로 활용할 '욕망의 성취', '문제의 해결', '이상향의 추구', '운명의 실현', '이념의 구현' 등은 서술 시각 개념이다. 사람이 구체적 현실에서 가지는 의지를 중시하는 것이 욕망의 성취, 문제의 해결, 그리고 이상향의 추구라면, 이념의 영역에서 가지는 의지를 중시하는 것이 이념의 구현이며, 사람의 의지를 인정하지 않고 사람을 초월한 힘의 위력을 부각시키려 하는 것이 운명의 실현이다. 욕망의 성취나 문제의 해결, 이상향의 추구가 조선 후기 야담의 고유한 특징을 형성하는 것이라면, 운명의 실현과 이념의 구현은 전대의 설화나 일화 등 서사 문학으로부터 조선 후기 야담으로 양도된 것이다. 욕망의 성취, 문제의 해결, 이상향의 추구는 사람의 의지를 중시하는 조선 후기 야담의 중심 서술 시각이라는 점에서 공통성을 가지고 있다. 다른 점은, 욕망의 성취와 문제의 해결이 기존의 시·공간과 체제 안에서 뜻한 바를 이루고자 하는 반면, 이상향의 추구는 기존 의시·공간과 체제를 벗어나서 뜻한 바를 이루고자 하는 것이다. 이와 관련해서는 이 책의 「야담의 서술 시각 유형」을 참조할 것.

이곳은 어두운 밤이 되거나 혹 구질구질 비가 내릴 때면 승지 영감의 정령이 털 관에다 다 해진 옷을 입으시고는 출몰하는 것이 보통이지요.[13]

봉산 아전들과 통인들의 설명이다. 안규는 객사한 한을 풀지 못했고 또 언젠가 그곳으로 올 아들을 만나보려는 간절한 소망을 갖고 있었기에 그곳을 떠나지 못했다. 편찬자도 "안규는 그 아들이 오리라는 소문을 듣고 만나보고자 했지만 뜻밖에 이공을 발견하고는 놀라 가버렸다. 이는 혼이 객관에 머물러 아직 돌아가지 못했기 때문이다"[14]라고 설명한다. 이 기이한 이야기는 자식에 대한 아버지의 사랑이 얼마나 지극한지를 보여준다.* 효자를 둘러싸고 일어나는 기적을 보여주는 앞의 이야기와 함께 이 이야기는 '아버지는 자애롭고 아들은 효성을 다해야 한다'(父慈子孝)는 유가의 규범을 바탕으로 한다. 그러므로 내용이 기이하다는 것이 크게 문제되지 않는다.

「우암동시」尤菴童時(『학산한언』, 453면)와 「인묘조유일사족」仁廟朝有一士族(『학산한언』, 461면)은 귀신 현상을 윤리적인 면과 더 긴밀하게 연결시킨다. 「우암동시」에서 영험이 있다고 소문난 무녀는 어린 송시열이 나타나자 "이 도령이 오기만 하면 신이 내리질 않네" 하며 굿을 그쳤다가 송시열이 떠나자 굿을 계속한다. 편찬자도 "사邪가 정正을 두려워하기기 이와 같으니 선생이 정기正氣를 타고난 것이 더욱더 분명하다"[15]며 부연 설명하였다. 「인묘조유일사족」에서도 한 사족 집안에 깃든 귀신이 온갖 해코지를 다 하다가도 선인 善人 한준겸韓浚謙에게만은 "더불어 이야기를 나눌 만하다"고 공경을 표시하며 그에게 사족 집안을 괴롭히는 이유를 털어놓는다. 그 집안이 대대로 악한 일을 하고도 구습을 버리지 못하니, 그것을 응징하기 위한 것이라고 한다. 귀

* 「우암집」尤菴集(『학산한언』, 433면)도 여기에 해당한다. 이것은 송시열의 『송자대전』 권215의 내용(『송자대전』 8, 『한국문집총간』 115, 민족문화추진회, 1993, 178~179면)을 옮긴 것으로, 아들 규암圭菴 송인수宋麟壽가 을사사화 때 죽자 그 아버지 참봉參奉 송세량宋世良의 신주가 벽을 쳤다는 내용이다. 이에 대한 평은 "아버지와 자식의 정이 서로 감응하는 이치가 이승과 저승 사이에서도 다르지 않음이 이와 같다"("父子之情 相感之理 雖幽明無間如此", 『학산한언』, 433면)는 것이다.

신과 한준겸 사이의 대화는 귀신의 본질에까지 이른다. 한준겸이 "귀신은 언제 물러가는가"라고 묻자 귀신이 친절하게 대답을 해주는데, 그 대답에 귀신 현상이나 귀신 이야기에 대한 윤리적 태도의 요점이 나타난다.

> 사악한 마음을 떨쳐버리고 올바름으로써 자기를 지탱하면 귀신은 마땅히 경복敬服하여 감히 (사람을) 침범할 겨를조차 얻지 못하게 됩니다. (사람이) 그렇게 되지 않으면 (귀신은) 반드시 화패禍敗를 보고 난 연후에야 그만두지요. 공은 길인吉人이시기에 마땅히 귀인貴人이 되실 것입니다. 또 능히 귀신의 이치를 아시는 고로 오시기를 기다려서 이야기를 드린 것입니다.[16]

여기서 귀신은 선량하고 올바른 사람을 대접하고 사악하고 올바르지 못한 사람을 응징하거나 회심시키는 역할을 한다. 귀신이 윤리적 응징과 계몽의 주체가 된 것이다.

환생 역시 사대부 입장에서는 쉽게 받아들이기 어려운 기이한 일이다. 송시열은 특별한 경우에만 환생을 인정한 바 있다.[17] 신돈복도 주자를 인용하며 그런 입장을 재확인했다. 사람이 죽으면 기氣는 사라져 흔적도 없어지지만, 간혹 기가 흩어지지 않고 다른 생명에 탁생한다는 것이다.[18] 『학산한언』은 김귀봉金貴奉의 경우를 탁생의 사례로 제시하였다. 김귀봉은 죽은 지 1년만에 송 도사宋都事 댁 아들로 환생했다.[19] 그리고 그가 탁생한 원동력이 '평생 악행을 하지 않은 것'이라고 하였다.[20]

그 외에 「서약봉성」徐藥峰渻(『학산한언』, 444면), 「여여변용인」余與邊龍仁(『학산한언』, 445면), 「고령부원군」高靈府院君(『학산한언』, 446면), 「도산이상국」陶山李相國(『학산한언』, 450면) 등은 자식이 부모를 위해 지내는 제사와 관련된 기이한 이야기이다. 특히 「서약봉성」은 『천예록』의 「기신회수섭폐의」忌辰會羞攝弊衣(『천예록』, 216면)와 같은 내용인데, 『천예록』에는 다음과 같은 평이 달려있다.

제사의 뜻은 지극한 것이다. 성인께서 예를 만드신 것이 어찌 부질없는 짓이었겠는가. 혹자는 사람이 죽어도 신이 없기에, 제사 지내는 것이 (귀신이) 와서 흠향하기 때문이 아니라 다만 그 부모의 뜻을 잊지 않으려 하기 때문이라고 한다. 귀신의 이치에 어찌 이렇게도 어둡단 말인가? …… 제삿날 찾아와서 흠향하는 것은 당연하다. …… 장례에서는 살아남은 사람이 유감이 없어야 죽은 사람도 편안하게 된다는 것을 알 수 있다. 가히 삼가고 삼가지 않을 수 있겠는가.[21]

여기서 편찬자 임방은 귀신이 존재하고, 또 귀신이 자기 기일에 와서 흠향하는 것도 당연하다고 보았다. 그러므로 살아 있는 사람은 제사를 엄숙하고도 정성스럽게 지내야 한다는 것이다. 이런 류의 이야기는 결국 제사와 관련된 예의를 강조한다는 점에서 수용되었다고 하겠다.

이렇듯 『학산한언』에 수록된 기이한 이야기의 대부분은 어떤 의미를 부여할 수 있는 것들이다. 기이를 통해 '이념을 확인'하거나 '이념을 구현'하려 했다고 할 수 있다.*

■ **문제의 해결**

귀신은 대체로 풀지 못한 문제가 있거나 '맺힌' 부분이 있기 때문에 나타난다. 또 귀신으로부터 고통을 겪는 사람도 있다. 전자는 귀신이 문제를 가지는 것이고, 후자는 귀신 때문에 산 사람이 문제에 봉착하는 것이다. 그런 점에서 귀신이 나타나고 사라지는 과정은 '문제의 발생'과 '문제의 해결' 과정일 수 있다.

「성주문관정석유」星州文官鄭錫儒(『학산한언』, 435면)에서 제말諸沫은 상민으로서 임진왜란 때 혁혁한 전공을 세웠지만, 그 이름이 역사에 기록되지 못

---

* 이에 비해 「일사인」一士人(『학산한언』, 459면), 「권섭」權燮(『학산한언』, 460면), 「서화담경덕」徐花潭敬德(『학산한언』, 354면) 등은 기이 자체에 대한 호기심이나 공포만을 나타낸 것으로 다소 예외적인 사례라고 하겠다.

하고 또 묘소조차 버려지게 된 데 대해 원한을 갖게 되었다. 대장부가 원한을 갖게 되면 천만 대를 내려가도 정령은 없어지지 않는다고 하였다. 「최봉조」崔奉朝(『학산한언』, 448면)에서 고려조 조사朝士는 자기 유택幽宅이 부엌 밑으로 들어가 불을 땔 때마다 고통을 받게 되는 문제에 봉착했다. 이렇게 문제를 안게 된 귀신들은 밤이 이슥해진 틈에 자기 이야기를 들어줄 특별한 사람을 만난다. 특별한 사람은 놀라지 않고 귀신의 사연을 진지하게 들어줄 만큼 정신력이 강한 존재다. 귀신은 그 특별한 사람의 힘에 의해 문제를 해결한다. 그 문제 해결의 과정을 신돈복은 다음과 같이 요약한다.

> 그 이름이 마멸되어 전해지지 않았으니 그 어그러진 정백이 오랫동안 맺혀 사라지지 않은 것은 당연하다. 어찌 슬프지 않겠는가. 그러나 끝내 기사奇士를 만나 한바탕 (사연을) 풀어 도신道臣에게 알려지게 하여 그 무덤을 다듬고 초목을 기르게 하고 세상 사람들이 제목사諸牧使란 사람이 있었다는 사실을 점차 알게 했다. 이로써 원한도 풀렸도다.[22]

신돈복의 이 평은, '귀신이 문제를 안게 됨→특별한 사람을 만나 자신의 문제를 알림→특별한 사람이 귀신의 문제에 대해 공감함→특별한 사람이 귀신의 문제를 해결할 계기를 마련해줌→귀신의 원한이 풀림'이란 '문제 해결 과정'의 서사적 단계를 일목요연하게 설명한 것이다. 이는 비현실 지향의 이야기를 기술할 때도 '문제의 해결'이라는 야담의 일반적인 서술 시각을 갖추었음을 입증한다.

「신평사경연」辛評事慶衍(『학산한언』, 439면)에서는 저승사자가 옛 친구에게 부탁해 가난하게 살아가는 자기 후손을 도와준다. 후손이 가난하게 살아가는 것이 저승사자에게 문제로 받아들여진 것이다. 귀신의 원한이 부각되지 않았다는 점에서 「성주문관정석유」나 「최봉조」에는 미치지 못하지만, 여전히 귀신이 봉착한 문제가 해결되는 과정을 주 서술 축으로 하고 있다는 점은 공통된다.

　귀신에 의해 발생한 사람의 문제가 해결되는 과정을 보여주는 이야기가 「이상국유」李相國濡(『학산한언』, 453면), 「여역유일이사」余亦有一異事(『학산한언』, 454면) 등이다. 「이상국유」에서는 산의 요귀가 여인을 병들게 하는데, 주인공이 그 요귀를 물리쳐 병을 낫게 해준다. 요귀를 물리치는 방법은 아무 말 없이 요귀를 직시直視하는 것[23]이다. 신돈복은 그와 관련해 성현의 『용재총화』를 언급했다. 『용재총화』에도 성현이 요물을 숙시熟視해 물리치는 내용이 나온다. 그런데 요귀를 바라봄으로써 물리친다는 점은 같지만, 그 동기와 결과는 다르다. 『용재총화』의 성현은 그냥 요물을 물리칠 따름이지만 「이상국유」에서는 여인의 병을 고친다는 목표가 분명하다. 그리고 요귀를 물리친 결과 여인의 병이 나았다. 야담에 이르러 행위의 목표가 분명하게 설정되어 실현된 것이다. 「여역유일이사」에서도 귀신이 깃들어 위독한 지경에 이른 신돈복의 친구가 신돈복의 이름을 외워 귀신을 물리친다. '사귀邪鬼도 두려워하는 게 있다'는 속설을 입증한 것이다. 문제를 일으킨 귀신을 그가 두려워하는 사람을 내세워 물리친다는 점에서 「이상국유」와 다를 바 없다.

■ 문제의 해결+예언의 실현

문제 해결담에 일종의 보은담이 덧붙여지기도 한다. 문제를 해결해준 사람에 대한 보답으로서 귀신이 그 사람의 앞날을 예언해주는 구도이다.

　「최봉조」에서 귀신은 자신의 문제를 해결해준 최규서의 앞날을 예언해준다. 최규서가 귀하게 되어 오복을 누릴 것이지만, 정경正卿에 이르면 물러나야 오복을 완성시킬 수 있지 그렇지 않으면 화가 닥친다는 것이다. 결국 최규서는 그 귀신의 예언에 따라 살았기에 세인의 칭찬을 받으며 여생을 편안히 보낼 수 있었다. 보은의 고리는 이 이야기의 비현실 지향을 현실 지향과 연결시켜주었다.

　「윤공변」尹公忭(『학산한언』, 396면)에서는 윤변이 권세가 김안로의 횡포에 의해 천민으로 전락할 위기에 놓인 어느 양인 집안을 구해준다. 양인의 선조는 정체불명의 노인의 모습으로 홀연히 나타나, 아들이 없어 걱정하고 있던 윤변에게 아들이 태어날 것을 예언해주고 부귀공명을 누릴 수 있는 구체적인 방법까지 상세하게 가르쳐준다.[24] 예언된 운명은 당사자에게 굴레로 작용하거나 자유의지를 억압하지 않는다. 예언은 예언해주는 자의 성의를 전하는 수단이자, 예언을 받는 자에게 소망을 실현하는 길을 가르쳐주는 역할을 한 것이다.

■ 욕망의 성취

기이한 이야기가 재물이나 색色에 대한 욕망을 충족시키는 쪽으로 귀결되기도 한다. 「기미동아선세문집방간」己未冬我先世文集方刊(『학산한언』, 440면)에서 산 사람 분영과 죽은 사람 권정읍은 서로 사랑하는 마음이 지극했다. 권정읍은 죽은 뒤에도 분영에 대한 사랑을 접을 수 없어 귀신의 몸으로 분영과 육체적인 사랑까지 나눈다. "무릇 사람 마음에 맺힌 부분이 있으면 비록 죽은 뒤에라도 흩어지지 않으며, 생각하는 것이 지극하면 감응하는 바가 반드시 있다"[25]는 평결 내용은 특히 남녀 간 사랑의 경우에 가장 잘 부합한다 하겠다.

그러나 이 기이한 경험이 두 존재를 완전히 바꾸어놓지는 않는다. 권정읍은 분영이 다른 권세가에게 갔다는 사실을 알고는 더 이상 나타나지 않으며, 분영도 권정읍이 찾아오지 않자 권정읍과의 기이한 관계를 한때의 애틋한 기억으로만 간직하는 것이다. 그런 점에서 애정 전기 소설에서 명혼 경험이 주인공들을 달라지게 하는 경우*와는 다르다. 야담은 주인공의 특별한 경

---

* 죽은 원혼이 현실의 틈새에 들어와 몽유 체험자의 삶의 방식을 변화시키는 것은 비현실계의 여성과 현실계의 남성이 사랑을 나눈 후 현실계의 남성이 삶의 인식을 전환하거나 인간 존재가 지닌 한계 상황을 문제 삼는 것과 비견할 만하다(김문희, 「애정 전기 소설의 정체성과 역동성」, 『한국문학논총』 32, 한국문학회, 2002, 154면 참조).

험이 삶의 방식이나 인식을 근본적으로 전환시키는 것을 원치 않았다. 특별한 경험이 경험 그 자체로만 의의를 지니도록 한 것이다. 그래야만 이야기하기와 이야기 듣기라는 문학 행위가 부담스럽지 않게 되기 때문이다.

2 동물 세계의 기이

『학산한언』에는 호랑이, 용, 말 등이 등장하는 동물 이야기도 적지 않다. 그것들은 주로 『학산한언』의 후반부에 모여 있다. 바로 앞까지 이어진 귀신 이야기 다음 자리이다. 그것을 순서대로 적어보면 다음과 같다.

> 「증재광해시」曾在光海時(『학산한언』, 462면)—「고성인」固城人(463면)—「유명강철」有名江鐵(464면)—「경신」庚申(465면)—「석신주인」昔信州人(467면)—「인묘조경사무변」仁廟朝京師武弁(467면)—(4개의 다른 작품)—「인묘말」仁廟末(485면)—(2개의 다른 작품)—「잠곡김상국」潛谷金相國(488면)

이상 8편의 작품에 등장하는 동물들을 차례로 나열하면 말, 사슴, 용, 호랑이, 호랑이, 호랑이, 말, 용 등이다. 이들 동물들은 사람과 특별한 관계를 만들거나, 사람의 어떤 특별한 속성을 암시한다. 그런 점에서 귀신 이야기가 실린 동기와 다르지 않다.

■ **이념의 구현**

「증재광해시」曾在光海時(『학산한언』, 462면)에서 신마神馬 표동豹童은 폭군 광해군을 낙상시키고 곤경에 빠진 주인 유정량柳廷亮를 구출한 뒤, 유정량으로 하여금 원수를 색출해 응징하게 해준다. 표동은 그 뒤 유정량이 죽자 주인을 따라 굶어 죽는다. 표동은 짐승이지만 사람보다 더 용기 있게 포악한 왕을 응징했고 정당한 주인을 따르며 도왔다. 사람보다 더 완벽하게 바람직한 이념을 구현한 것이다. "무릇 깊은 기氣를 사람이 얻으면 성聖이 되고, 사물이 얻으면 신神이 된다. 하늘이 사람에게 주지 않고 사물에 준 것이 우연한 일이었다 하더라도 어찌 애석하지 않겠는가?"[26]라는 평결은 말을 사람과 대비시킴으로써 사람에 대한 이념적 문제 제기를 더 강렬하게 한다. 「인묘말」仁廟末(『학산한언』, 485면)도 의마義馬를 주인공으로 내세웠다. 의마는 조선을 배신하고 청에 빌붙은 역관 정명수鄭命壽를 내동댕이치고 해주 수양산首陽山으로 들어가 수십 년 뒤에 그 산속에서 죽었다. 편찬자는, 오랑캐를 태우는 것이 부끄러운 일이며 수양산이 마침내 의탁할 만한 땅이란 사실을 짐승이 알 리가 없다고 하면서 열사의 굳센 혼이 의마에 깃든 것이라고 추단하였다. 편찬자의 이런 추단은 동물에 대한 이념적 의미 부여가 더 강해진 결과일 것이다.

「고성인」固城人(『학산한언』, 463면)은 사슴을 통해 사람이 갖춰야 할 도덕을 선명하게 압축하여 제시했다. 짐승 사냥을 자주 하던 김정신金鼎臣이 목도한 사슴의 세계는 호기심을 끌 뿐만 아니라 보는 사람에게 감동을 주기도 한다. 이념적 의미 부여를 뚜렷하게 할 수 있기 때문이다.

> 친구를 불러 서로 즐기는 것은 인仁이다. 질서 있게 걸어감에 차례가 있는 것은 예禮이다. 상처 입은 것을 보고 빨아주고 부축해주는 것은 의義이다. 즉시 버리고 도망치지 않은 것은 신信이다. 화를 알아차리고 피한 것은 지智이다. 아아, 사람으로서 짐승만 못해서야 될까?[27]

이렇게 인·의·예·지·신이란 핵심 도덕항을 사슴의 행동에서 확인한 것이다. "사람으로서 짐승만 못해서야 될까?"라는 평결의 마지막 구절은 짐승인 사슴이 보여주는 이념적 행동을 찬양하면서, 그에 미치지 못하는 사람이 많은 현실을 비꼬았다. 동물의 세계를 그 자체로 보여주는 데 머물고 있지 않음을 분명히 한 것이다.

■ 문제의 해결+욕망의 성취

동물은 바람직한 이념을 간직하고 실천하는 존재이면서, 동시에 사람에게 심각한 문제를 유발하는 위협적인 존재이기도 하다. 「유명강철」有名江鐵(『학산한언』, 464면), 「경신」庚申(『학산한언』, 465면), 「석신주인」昔信州人(『학산한언』, 467면), 「인묘조경사무변」仁廟朝京師武弁(『학산한언』, 467면) 등이 그런 예를 보여준다. 이들 작품이 나란히 놓여 있는 걸로 보아 편찬자도 그런 점을 동질적인 것으로 인식했다고 하겠다.

여기에 등장하는 동물들은 사람을 죽이려 하거나 사람에게 피해를 입히려 한다. 그런 동물을 상대하는 사람은 강렬한 힘이나 기발한 기지로써 그 동물을 물리친다. 「석신주인」은 함정을 만들고 매실을 뿌려서 호랑이와 창귀를 물리치는 방법을 제시했는데, 편찬자는 그 방법을 알아두는 것이 요긴하다고 했다. 「인묘조경사무변」은 조선 후기에 강조된 육체적 힘을 인상적으로 부각시킨다. 주인의 가족을 죽인 호랑이는 영악하여 사람이 칼이나 총을 갖고 가면 나타나지를 않으니 맨주먹으로 결투를 할 수밖에 없다. 주인과 이수기李修己는 호랑이와 결투하기 위해 10일 동안 술과 고기로써 기氣를 기른다. 호랑이와 두 사내의 결투 모습은 육체가 만드는 역동성과 박진감의 극치라 할 수 있다. 호랑이라는 동물이 유발한 문제를 해결하는 과정을 보여주되, 그 과정에서 사람의 의지와 육체적 노력이 결정적 역할을 하도록 만든 것이다.

「인묘조경사무변」의 귀결은 이수기가 뜻밖으로 재산과 여자를 얻는다는 것이다. 「잠곡김상국」潛谷金相國(『학산한언』, 488면)에서도 김 상국은 못의 물고기에게 밥을 준 은혜에 대한 보답으로 해일의 피해를 모면하고 과거에 급제해 영달을 누리게 된다. 「잠곡김상국」에서 주인공이 동물에게 은혜를 베풀고 문제를 해결해줌으로써 동물로부터 욕망의 성취를 보장받는다면, 「인묘조경사무변」에서는 사람에게 은혜를 베풀고 문제를 해결해줌으로써 사람으로부터 욕망의 성취를 보장받는다. 두 작품은 동물 관련 이야기의 귀결이 욕망의 성취라는 점에서 공통된다.

3 비현실과 현실을 매개하는 지상선地上仙과 이상향理想鄕

신선이나 이인에 대한 관심이 통념에서 벗어나 있는 사람에 대한 것이라면, 이상향 추구는 현실적 공간을 대신할 수 있는 공간에 대한 관심이라 할 수 있다.*

■ 지상선의 형상화

신돈복은 『단학지남』丹學指南, 『도가직지독조경』道家直指獨照鏡 등 한국 도교사에서 중요한 저서를 편찬할 정도로 도교와 수련, 그리고 도인들에 대해 관심이 많았다.[28] 27세 때인 1718년에는 삼연三淵 김창흡金昌翕(1653~1722)을 뵙고 그 제자가 되었다. 신돈복은 그전부터 김창흡을 흠모해왔다고 하는데,[29] 김창흡은 설악산 지역에서 은둔 생활을 한 인물이다. 김창흡은 설악산 지역을 속세를 벗어난 자연 생성의 근원이 되는 초월적인 세계로 인식하고 이를 형상화하기도 하였다.[30]

그래서인지 『학산한언』에는 다양한 모습의 지상선地上仙이 등장한다. 다만 지상선이 된 동기나 과정은 다르다. 「운봉진사」雲峰進士(『학산한언』, 351면), 「김처사성침」金處士聖沈(『학산한언』, 371면), 「맹감사주서」孟監司冑瑞(『학산한언』, 383면) 등은 현실 세계와 계속해서 관계를 맺는 지상선을 그리고 있다. 「운봉진사」에는 105세 된 지상선이 등장한다. 그는 신비화된 신선이 아니라 우리 이웃에 있음 직한 '이인'異人이다. 그는 특별한 수행도 하지 않았다는데 자연스레 그렇게 되어 자신도 괴이하게 여긴다. 특별한 수행법을 추구하지도 않았는데 신선에 가까운 경지에 이르게 되었다는 사실은 지상선이 현실과 보다 가까운 자리에서 현실과 비현실을 매개하는 존재가 될 수 있음을 말해준다. 「김처사성침」에서 김 처사 부부는 맹인이지만 탁월한 기억력을 갖고 있어 박

---

* 김상조는 이인이나 신선이 '기이로 가득 찬 세계'에 어울리는 존재라고 보았다(김상조, 「『학산한언』 연구」, 『야담문학연구의 현단계』 2, 보고사, 2001, 115면). 본고는 이상향의 공간을 설정하고, 이인이나 신선이 기이한 세계보다는 이상향에 대응된다고 본다.

학하고, 청절淸絶한 시도 지었으며 효행도 빼어났다. 이야기의 마지막 부분에서 이병연李秉淵이 「이인전」異人傳을 지었다고 했으니, '이'異가 비현실적 기이뿐만 아니라 현실적 특별함을 지칭하기도 했음을 알 수 있다. 「맹감사주서」의 중은 왜의 첩자로 조선에 들어와 조선 스승을 만나 총애를 받으며 검술을 배웠으나, 동료들이 그 스승을 죽이자 그들을 다시 죽이고는 중으로서 평생을 보내는 이인이다. 이들 작품에 등장하는 주인공들은 벽곡법 등 신선술을 의도적으로 수행해 지상선이 된 존재가 아니라 현실의 여건에 충실하게 살다가 어느덧 특별한 경지에 이르렀음을 보여준다.

이에 비해 「정북창렴」鄭北窓磏(『학산한언』, 339면), 「문유채」文有采(『학산한언』, 346면), 「남주」南趎(『학산한언』, 352면), 「김세휴」金世庥(『학산한언』, 350면) 등에는 현실에서 좀 더 멀어진 지상선이 등장한다. 「정북창렴」은 정렴이 시해尸解하는 장면을 선연하게 묘사한다. 시해는 그가 지상선이었음을 입증해준다. 「정북창렴」이 시해하여 백일승천 하는 장면만을 보여준다면, 「문유채」는 문유채가 세상을 피한 이유와 수련하는 과정을 상세하게 제시한다. 문유채는 자신이 시묘살이를 하는 동안 다른 남자와 간통해 아이까지 낳은 아내를 내쫓는다. 아내가 종적을 감추자 아내의 집안사람들이 문유채를 살인 혐의로 고소하였다. 문유채는 그 때문에 누명을 쓰고 7년간 옥살이를 했는데, 겨우 누명이 풀려 나와서는 산사에 머물며 벽곡법辟穀法을 행했다. 그 결과 그는 날듯이 걸었고 하루에 4, 5백 리를 갔다. 겨울이든 여름이든 얇은 옷 한 벌로 지냈지만 추위나 더위를 알지 못했다. 해주 신광사神光寺에 가서는 먹지도 자지도 않으니 중들이 그가 이인異人인 줄 알았다. 이런 문유채의 경우를 통해 이인의 존재가 현실과 무관하지 않음을 알렸다. 이인 혹은 지상선으로서의 삶은 현실에서의 삶이 여의치 못해 불가피하게 선택한 대안적 삶의 방식이었던 것이다.* 문유채의 행적에 대한 상세한 묘사는 편찬자 신돈복이 이 이인

* 「광해시」(『학산한언』, 333면)에서 이인이라 일컬어지는 설생薛生은 광해군의 폐모론 정국을 통탄하여 은둔처를 찾아 나선다는 점에서 현실과 더 강하게 관련된 이인이라 할 수 있다.

에 대해 얼마나 집요한 관심을 가지고 있었는지를 보여준다.「인묘조유일승」仁廟朝有一僧(『학산한언』, 355면)은 그런 관심을 바탕으로 하여 신선의 계보를 체계화한 것으로, 『해동전도록』海東傳道錄[31]이라고 부르기도 한다.[32]「남주」의 남주도 어릴 적부터 이인에게서 수련법을 배웠다. 그가 기묘사화의 피해자라는 사실은 수련이 현실을 극복하는 한 방법이었음을 암시한다. 그는 기묘사화 때 귀양을 가게 되어 속세로부터 멀어졌고 마침내 시해했다.

「김세휴」의 김세휴는 일찍부터 이인에게 수련법을 배워 도를 터득한다. 사람들도 그를 '김 신선'이라 지칭했다. 그는 추명推命에 정확했다.「충주진사」忠州進士(『학산한언』, 343면)의 건봉사 부목승負木僧은 연금단술煉金丹術을 수련했는데, 입에서 큰 불덩이를 내었다 들였다 한다. 그것을 발견한 사미승이 다그치니 그 사실을 실토하고서 자신의 죽음을 예언한다.

> 나는 비록 죽어도 진짜 죽은 게 아니다. 진신眞身은 길이 우주 사이에 머무니 다시는 생사를 근심하지 않는다.[33]

이 발언과 함께 그가 죽을 때 나타난 이적, 즉 밤이었는데도 대낮처럼 밝아졌고 무수한 사리가 나왔다는 사실은 그가 깨달은 존재임을 암시하고 있다.

요컨대 이인은 현실 존재에 가깝고, 지상선은 비현실 존재에 더 가깝다. 이들은 현실과 비현실 사이에 있으면서 양자가 좀 더 자연스럽게 연결될 수 있도록 매개 역할을 했다고 하겠다.

■ 이상향의 추구

「광해시」光海時(『학산한언』, 333면),「홍초」洪儁(『학산한언』, 337면),「정겸재선」鄭謙齋敾(『학산한언』, 457면),「여지승람」輿地勝覽(『학산한언』, 473면),「아국비경복지」我國秘境福地(『학산한언』, 474면) 등은 이상향을 형상화하거나 이상향에 대한 지식을 제공한다.

현실 공간이 바람직한 생활공간의 역할을 하지 못하는 경우는 특히 전쟁이 일어났을 때이다. 그런 까닭에 전쟁의 피해를 입지 않은 지역에 사람들의 관심이 쏠린다. 「아국비경복지」에서 10승지를 소개하며, "이곳들은 모두 난리를 맞이하여 몸을 보전할 수 있는 곳이다"[34)]라고 평하는 데서 이상향 추구가 전쟁의 피해에서 해방되는 것을 우선 목표로 하고 있음을 알 수 있다.

정치 이념 때문에 대안 공간을 찾는 경우도 있다. 「광해시」의 설생薛生은 광해군의 폐모廢母 사건으로 윤기倫紀가 멸망한 것으로 간주하고 은둔한다. 그 뒤 친구가 벼슬을 천거하자 부끄럽게 여겨 말도 없이 사라져버린다. 그만큼 타락한 정치 현실에 대한 거부의 정서가 강하다. 설생이 건설한 이상향에서는 공동 생산 활동이 이루어진다.[35)] 「홍초」는 스님들의 공동 생활공간을 형상화했지만 종교적 수행의 흔적은 보이지 않는다.

> 한 곳에 이르니 곧 별세계라. 경치가 기려하고 땅도 비옥했다. 수십 가구 집이 있었는데 모두 중들의 무리였다. 풍요로운 집들이 서로 이웃해 있는데 산과 물이 둘러쌌다. 마을 전체에 배나무가 우거졌고 집집마다 곡식이 가득하니 사람들도 윤택했다.[36)]

별세계를 묘사한 구절이다. 의식주 문제가 해결되었을 뿐 아니라 환경도 완벽하니, 그곳은 이상향으로 삼을 만한 바람직한 생활공간이라 할 수 있다. 현실에 대한 불만이 고조될수록 이상향 추구가 강화되는 것도 그런 까닭에서일 것이다. 그런 점에서 이상향은 현실과 비현실 중 현실에 더 가까이 있다. 건설된 이상향은 현실과 철저히 단절되고자 한다는 점에서 현실과 멀어져 있기도 하다. 또 이상향은 현실 경험을 토대로 건설되었지만 현실과의 관계는 부정한다는 점에서 현실 비판적이다.

비현실 쪽으로 기운 이상향도 있다. 「정겸재선」에 등장하는 이상향이 그러하다. 좁은 동굴을 거쳐 이상향에 도달한다거나, 그곳 촌락이 풍요롭고 산수가 아름답다는 등은 다른 이상향과 다를 바 없다. 그런데 방문객에 대한 이상향 주민들의 반응은 전혀 다르다. 보통 이상향의 주민들은 방문객을 극진히 대접한다. 이것은 도연명의 「도화원기」에서 비롯된 소위 '이향異鄕 방문담'의 공통된 특징이다. 그러나 「정겸재선」에 묘사된 이상향의 거주민은 특별하다. 방문자들이 배가 고파 먹을 것을 부탁해도 마치 듣지도 보지도 못한 것처럼 대했다. 고함을 쳐도 마찬가지였다. 몸을 세게 흔들고 더 크게 고함을 지르자 그제야 깜짝 놀라서 "이건 귀신 내린 물건임에 틀림없어!" 하고는 부엌으로 가서 물밥을 만들어 와서는 무당이 악귀를 쫓는 것처럼 몰아냈다. 다른 집들도 똑같이 대하니 방문자들은 비로소 그 세계가 인간 세상과 반대되는 곳인 줄 알았다.

이에 대해 편찬자는 "괴이하여 상리常理로써 판단하기 어려운 점이 있긴 하다. 그러나 그런 일이 반드시 없다고 어찌 말할 수 있으랴"[37]라고 하여 그 세계를 완전히 부정하지는 않았다. 그것은 귀신 세계에 대한 태도와 다를 바 없다. 「정겸재선」은 비현실에 더 가까운 자리에서 현실과 비현실을 매개한다고 할 수 있겠다.

이렇듯 이상향 추구는 완전한 삶의 조건에 대한 보통 사람들의 동경을 충족시키기 위해 아름다운 풍경과 여유 있는 생활 여건 등을 묘사하여 그곳에 사는 사람들의 행복한 처지를 부각시킨다. 그런 점에서 이상향은 현실 공간의 대안이자 현실 공간과 비현실 공간의 중간에서 양자를 매개하는 공간이라 할 수 있다.

4 현실 지향

■ 이념의 구현

충, 효, 열, 의리, 청렴 등은 유가가 중시하는 생활 덕목이다. 『학산한언』은 현실에서 어떤 인물이 그런 덕목을 가장 잘 실현했다는 것을 강조하기 위해 '기이한' 행적을 부각시킨다. 이것은 일종의 '일탈'이다. 일탈 중에서도 '위로의 일탈'에 해당된다.[38] 일탈은 상식을 벗어나는 정도가 크기에 기이하게 여겨지는 것이다.

먼저 「경중사인심성자」京中士人沈姓者(『학산한언』, 425면), 「연양군이시백」延陽君李時白(『학산한언』, 406면) 등은 주인과 노비 사이에서 지켜져야 할 덕목을 다뤘다. 「경중사인심성자」에서 처녀는 추노하러 왔다가 살인 함정에 빠진 옛 주인을 구하고 자기 아버지도 살리기 위해 생명을 바친다. "그 주인을 위하여 충을 이루었고, 그 지아비를 위해 열을 이루었으며, 그 아버지를 위하여 효를 세웠다. 한 행동에 삼강三綱이 구비되었도다"[39]라는 평결은 처녀의 희생을 미화하고 있다. 「연양군이시백」은 시련에 처한 주인집을 이끌어가는 노비 박언립의 '충지명식'忠智明識을 보여준다. 박언립의 행동과 사고에는 자신을 위하는 부분이 전혀 없다. 난관에 봉착한 주인집을 구하는 것이 그의 유일한 목표다. 박언립은 독특한 농법으로 농사를 지어 수익을 올리는 능력이 있었고 정치적 감각도 갖추고 있었다. 게다가 사람을 꿰뚫어보는 지인지감까지 갖고 있었다. 하지만 주인집의 '문제 해결'이나 주인집의 재물에 대한 은근한 '욕망의 실현' 등은 모두 노비 박언립이 주인을 위해 바치는 충이라는 '이념의 구현'의 위광에 가려져 있다.

『학산한언』은 특히 재물과 관련된 덕목을 강조해 재물욕을 극복한 인물을 부각시켰다. 조선 후기에는 재물에 대한 욕망이 고조되었고, 또 상업적 분위기를 틈타 재물 축적에 성공한 사람들이 많았다. 『학산한언』은 그런 분위기에서도 재물욕을 인정하거나 부추기지 않고 오히려 그 반대를 지향했다.

그와 관련된 작품들은 뜻밖의 돈을 얻은 주인공으로 하여금 돈을 주인에게 되돌려주게 하여 주인공이 가진 청렴이나 의리, 정직을 보여준다. 「김재해」金載海(『학산한언』, 398면)가 이 계통의 골격 역할을 했다. 새로 산 집 담장에서 많은 돈이 든 항아리를 발견한 김재해는 돈을 전 주인인 과부에게 주려고 한다. 그러나 과부도 자기 돈이 아니기에 받을 수 없다고 하여 승강이가 시작된다. 김재해는 그 돈을 전 주인인 과부가 꼭 가져야 하는 까닭을 말한다. 자기는 그 돈이 없어도 가업을 보전해갈 수 있지만, 과부는 그 돈 없이는 가문을 부지할 수 없다는 것이다. 과부의 처지에 대한 지극한 배려와 사대부의 적절한 사려가 돋보인다. 그런 사려에서 이야기는 끝난다.

『학산한언』은 이 이야기를 골격으로 삼아 다른 것을 덧붙여 나간다. 주인공이 갖춘 품성이 상대 인물을 감동시켜 인격의 변화를 불러일으키거나 달라진 상대 인물로 하여금 다시 주인공에게 보답하도록 만든다. 그로써 주인공이 갖춘 이념이 더 강조된다. 「허찰방정」許察訪炡(『학산한언』, 313면)과 「염시도」廉時道(『학산한언』, 324면)가 여기에 해당된다.

「허찰방정」에서 허정은 길에서 주운 은 300냥을 주인에게 돌려준다. 기적적으로 은을 되찾게 된 사람은 "어르신께서는 세간인이 아니십니다"[40]라고 감탄하며 허정에게 은의 반을 사례금으로 주지만 허정은 끝내 받지 않는다. 그 사람은 가난한 허정이 돈에 대해 그렇게도 정직하고 청렴한 것을 보고 감동한다. 그리고 통곡한다. "생원은 어떤 사람이고 저는 또 어떤 사람일까요! 이목구비가 같고 언동기거도 같은데 마음만은 어찌 같지 않을까요? 공께서는 그와 같이 착하고 저는 왜 이와 같이 악한 걸까요?"[41] 하며 자신이 도둑임을 고백했다. 허정의 인품에 감명을 받은 도둑은 허정의 노비가 될 것을 맹세하였고, 결국 두 사람은 죽을 때까지 서로 도와가며 살게 되었다는 것이다. 여기서 허정은 의롭지 못한 재물에 대해서는 초연해야 한다는 유가적 덕목을 가장 인상적으로 보여주었다.

이런 '위로의 일탈'이 「염시도」에서는 더 강하게 나타난다. 허적許積의 하인인 염시도는 엄청난 양의 은이 든 주머니를 주워서는 그 주인을 찾기 위해 수소문했다. 알고 보니 그 돈은 청성공淸城公이 광성光城 부원군에게 말을 팔고 받은 돈이었다. 청성공의 하인이 그 돈을 받아 돌아오다 술에 취해 잃어버렸던 것이다. 청성공이 돈을 잃어버린 하인을 죽이려 할 때 염시도가 돈을 돌려줌으로써 그 하인의 생명을 구해준다. 청성공은 보답으로 은의 반을 염시도에게 주려 했지만 그는 받지 않는다. 염시도의 말은 허정의 말을 연상시킨다. 그런 염시도에 대해 청성공은 "너는 세인이 아니다"[42]라며 감탄하는데, 이 부분 역시 「허찰방정」과 비슷하다.

■ **이념의 구현+운명의 실현**

그 다음부터 염시도의 파란만장한 운명이 전개된다. 염시도는 주인 허적이 경신대출척庚申大黜陟*으로 죽자 쫓기는 몸이 되는데, 그때 한 여인을 만난다. 염시도와 여인이 만나고 헤어지고 또다시 만나는 것은 묘길상 암자의 스님이 예언한 그대로이다. 예언된 '운명이 실현'되는 서사의 축이 형성된 것이다. 아울러 염시도가 갖춘 정직과 청렴이라는 미덕을 두드러지게 하는 '이념의 실현'이란 축도 다시 만들어진다. 염시도는 주인 허적의 일과 관련하여 곧 체포되는데, 그 판결 책임자가 청성공이어서 그를 통해 염시도의 옛날 행적이 환기된다. 은을 잃어버렸던 하인의 여동생도 청성공의 여종 노릇을 하고 있었는데, 그녀가 염시도의 얼굴을 정확하게 기억하고 있었기에 잡혀온 사람이 염시도임을 청성공에게 알려준 것이다.

> 이 사람의 근본은 의사義士이니 내 그 심사를 깊이 다 알고 있도다. (그런) 그가 어찌 역모에 가담했겠는가.[43]

청성공은 이렇게 말하며 염시도를 풀어준다. 이 대목의 전후가 '이념의 실현'이라는 서사의 축을 구성한다.

청성공이 염시도의 정직함을 인정해 이를 다른 사람에게 알렸다면, 은을 잃어버렸던 하인은 염시도에게 밑천을 주어 행상을 하도록 도와줌으로써 염

---

* 허적의 서자인 허견許堅이 복창군福昌君·복선군福善君·복평군福平君 3형제와 같이 역모를 꾀한다는 고발이 들어왔는데, 이로 인해 복창군 3형제와 허견, 허적, 윤휴 등이 처형되었다. 이로써 남인이 실각하고 서인이 집권하였다.

시도의 의로운 행동에 보답한다.

염시도는 스님이 예언한 대로 결국 여인을 만난다. 여인의 어머니는 스님이 예언한 내용을 다시 알려준다.

> 일찍이 (스님이) 우리 딸을 가리키며 나에게 말했지요. "이 아이는 우리 집안 아우인 염시도와 인연이 있습니다. 아우에게는 수년간의 액이 끼어 있지요. 나에게 의탁하면 액을 피할 수 있고 또 인연을 이룰 수 있을 겝니다. 그러나 (염시도와) 방을 함께 쓸 수는 없습니다. 방을 함께 쓰는 것은 모년 모월 모일 영남 상주 땅에서입니다." 그래서 내가 딸을 데리고 스님한테로 가서 액을 피하려 했는데 그때 과연 그대가 찾아왔지요. 나는 때마침 출타 중이어 그대를 만나볼 수 없었고 그 후 스님도 암자를 버리고 어디론가 떠나갔습니다. 우리 딸이 이곳 절에 의탁하고 있어 나도 이곳으로 왔는데 오늘 그대가 반드시 올 줄 알았지요.[44]

여인의 어머니가 한 이 말은 스님의 예언을 바탕으로 한 것이다. 스님이 예언한 대로 염시도가 여인과 혼인을 하게 된 것은 염시도의 의리 덕이라 할 수 있다. 은을 잃어버린 하인이 염시도에게 선물한 말이 그를 여인이 있는 상주로 이끌어가 주었기 때문이다.[45] 결국 두 사람의 인연은 완전한 만남으로 귀결되었다.

요컨대 염시도의 의리와 정직을 부각시키기 위해 '이념의 구현'이라는 서술 시각에 '운명의 실현'이라는 서술 시각을 결합시켰다고 할 수 있다. '운명의 실현' 과정을 통해 '이념의 구현'에 포함된 염시도의 의리와 정직이 좀 더 신비하게 착색되었다.

■ 이념의 구현+문제의 해결+욕망의 성취

이에 반해 「유민김성인」有民金姓人(『학산한언』, 399면)과 「수로조천시」水路朝天時(『학산한언』, 401면)는 재물에 연연한 자의 비극적 최후를 보여준다는 점에서 같은 이념을 역으로 실현했다고 할 수 있다. 「유민김성인」에서 친구들의 배반으로 절벽 아래에 버려졌던 김 씨는 이무기의 도움으로 올라와서 죽어 있는 두 친구를 발견한다. 두 친구는 인삼을 둘이서만 차지하기 위해 김 씨를 절벽에서 올려주지 않았다. 김 씨는 인삼을 죽은 두 친구의 집에 다 나눠 주고 빈손으로 돌아갔다. 그러나 절벽 아래에 있으면서 먹은 인삼 덕분에 힘이 강성해져 백 년 가깝게 병 없이 건강하게 잘 살았다. 김 씨는 죽음을 앞두고 자식들에게 "사람의 생사빈부는 모두 천신이 감독하느니라. 너희들은 결코 그릇된 생각을 내어 두 사람처럼 천신의 노여움을 사지 말아라"[46]라고 말한다. 이 말은 재물욕에 대한 경고이다. '이무기의 도움'과 '두 친구의 원인 모를 죽음'이라는 기이소는 이런 경고를 더 신비롭게 만든다.

「수로조천시」에는 기이소가 개입하지 않지만 사건의 전개와 결과는 더 엽기적이다. 전반부는 거타지 설화나 작제건 설화와 비슷하지만, 후반부는 전혀 다른 양상을 보인다. 충하개尢下价라는 이국적인 이름의 주인공이 사신으로 배를 탔다. 배가 바다 가운데서 회오리바람을 만나자 각자의 명패를 바닷물에 던져 그 명패가 가라앉은 사람이 무인도에 내리기로 하였다. 충하개의 명패가 가라앉았다. 무인도에 내린 충하개는 18년 동안 생식을 한 까닭에 온몸에 털이 자라나 짐승처럼 보였지만 보석 구슬을 많이 모았다. 마침내 그는 구조되었다. 그러나 뱃사람들이 그 보물을 차지하려고 그의 혀를 자르고 철사로 허리를 묶어서 잡희를 시켰다. 충하개는 시장을 전전하며 원숭이처럼 재주를 넘었다. 그러다 어느 절에서 아들을 만나게 되고, 그를 팔아넘긴 뱃사람들은 모두 체포되어 사형을 당한다. 집으로 돌아온 충하개는 행복한 말년을 보낼 수 없었다. 정상적인 부부생활을 할 수 없게 된 것이다. "고독한 몸으로 재물을 가지는 것은 진실로 화를 부르는 길"[47]이었다. 사신이라는 높은 신분에서 말조차 하지 못하는 짐승 같은 존재로 전락하게 된 결정적인 원인은 보석이었다. 재물이 사람에게 초래하는 화가 얼마나 치명적일 수 있는지를 보여준다.

이처럼 『학산한언』은 '이념의 실현'을 서술 시각으로 하는 이야기 중 특히 재물과 관련된 것을 비중 있게 다뤘다. 그것은 재물의 취득 방식과 재물의 기능, 재물에 대한 사람의 자세 등에 대해 깊은 성찰을 했다는 증거가 된다. 편찬자 신돈복은 조선 후기에 이르러 재물에 대한 관심이 고조된 현상을 사대부로서 외면하지는 않았지만, 재물에 대한 관심이나 욕망을 그 자체로 인정하거나 그에 대해 동조하기보다는 그것이 초래할 해독에 대해 더 크게 우려한 것이다. 재물은 위험하고 잔인한 것이니 재물욕에 초연한 사람이야말로 칭찬할 만하다고 보았다. 이 점에서 신돈복은 조선 후기 사회의 주된 흐름에 대해 비판적인 거리를 유지했다고 하겠다.

「김재해」金載海(『학산한언』, 398면)—「유민김성인」有民金姓人(399면)—「수로조천시」水路朝天時(401면)—「전동흘」田東屹(403면)—「연양군이시백」延陽君李時白(406면)—「광해시」光海時(411면)—「인조조해서봉산」仁祖朝海西鳳山(414면)—「경중사인심성자」京中士人沈姓者(425면)

이 작품들은 앞뒤 비현실적인 기이담 사이에 들어 있는 이야기들로서, 『학산한언』에서 현실주의적 경향이 가장 두드러진 예들이라 할 수 있다. 신돈복이 이들을 묶었다는 것은 이 이야기들을 동질적인 작품으로 인식했다는 증거이다. 그런데 앞에서 분석했듯 「김재해」, 「유민김성인」, 「수로조천시」 등은 사람의 삶이 재물과 긴밀하게 관련되어 있음을 전제로 하여 재물욕을 경계하였다. 「전동흘」, 「연양군이시백」, 「경중사인심성자」는 종 혹은 하층민이 곤경에 처한 주인이나 양반을 어떻게 구해주는지를 보여주어 충忠이나 신信을 강조하였다.

이들과 비교할 때 「광해시」, 「인조조해서봉산」은 성격이 많이 다르다. 두 작품의 주인공 상인과 무변은 어렵게 마련한 돈을 탕진하여 곤경에 빠진다. 이 상황에서 「광해시」의 상인은 돈을 다시 빌려 양자강 유역까지 가서 무역에 성공함으로써 거부가 되지만, 「인조조해서봉산」의 무변은 조상 대대로 내려오던 전답을 판 돈까지 사기를 당해 절망하게 된다. 이 두 작품은 돈을 탕진하는 과정과 벌게 되는 과정을 핍진하게 서술했다는 점에서 조선 후기 세속 현실을 가장 사실적으로 반영한 경우라고 하겠다. 다만 「광해시」가 비교적 건실한 중국 무역의 실상을 포착했다면, 「인조조해서봉산」은 매관매직과 사기가 판치는 조선 후기 한양의 타락상을 포착하였다. 전자에서 사람의 의지와 기지가 부각되었다면, 후자에서는 타락한 현실과 삶의 아이러니가 부각되었다. 이 둘은 큰 차이가 있는 것이다. 궁지에 몰리더라도 사람의 의지와 노력에 의해 상황이 호전될 수 있다는 믿음을 바탕으로 한 것이 전자라면, 아무리 발버둥 쳐보아도 뜻대로 되지 않는 게 우리네 삶이어서 차라리 자기를 세상에 내던지는 게 더 낫다는 자포자기 상태를 부각시킨 것으로 해석될 수 있는 것이 후자이다.

  그럼에도 불구하고 두 작품은 재물욕을 경계하거나 종과 하층민의 충忠을 강조하는 다른 이야기들과 나란히 실려 있다. 그것은 두 작품이 이들과 상통하는 부분이 있다고 편찬자가 판단했기 때문일 것이다. 편찬자는 「광해시」의 평결에서 상인이 위대하다고 치켜세우며 그 지용智勇이 장군감이라고 하였다. 그리고 "진실로 사지死地를 밟지 않았더라면 어찌 능히 이 결과를 초래했을까?"[48]라고 마무리하였다. 사람의 능력을 강조했을 뿐 아니라 심각한 문제에 봉착했던 상황도 강조했다. 사람은 상황이 어려울수록 타고난 기지를 더 잘 발휘할 수 있다는 것이다. 「인조조해서봉산」의 마지막 부분에서는 무변이 남에게 베푸는 것을 좋아하는 신실한 사람임을 강조했다. 그리고는 무변과 여인의 행동이 원통함의 극치에서 우러난 것임을 지적하고는 "심덕이 있는 사람은 악하지 않아 결국 보답을 얻는다"[49]라고 마무리하였다.

  이 두 작품은 앞에서 열거한 다른 작품들과 얼핏 판이한 것으로 보이지만 이러한 점에서 편찬자에게는 동질적으로 인식되었다. 사람이 가진 바람직한 품성은 문제적 상황에서 가장 분명하게 드러난다는 것이다. 그런 점에서 이 작품들은 '문제의 해결'이면서 '이념의 실현'이고, 재물의 획득을 동반한 다는 점에서 '욕망의 성취'이기도 하다. 이같이 여러 개의 서술 시각을 공유하고 있기 때문에 이 작품들이 세상을 포착하는 통로는 다양하다고 하겠다. 세상의 여러 국면들이 한 작품 속으로 들어올 수 있게 된 것이다.

■ 이념의 구현+문제의 해결+욕망의 성취+운명의 실현

「길정녀」(『학산한언』, 318면)는 '이념의 구현'과 '문제의 해결', '욕망의 성취'와 '운명의 실현'이 가장 완벽하게 통합되는 양상을 보여준다. 그것은 이 작품이 『학산한언』에 실려 있는 야담계 소설 중에서 최고의 수준을 보여준다고 평가받는 원동력이 된다. 이야기는 향관鄕官의 서녀庶女인 길정녀吉貞女가 고아가 되어 종부從父에게 의탁하고 살았다는 내용을 간략히 언급한 뒤, 인천에 사는 신명희申命熙라는 남자의 어릴 적 꿈을 소개하는 것으로 시작한다. 어떤 노옹이 얼굴에 '口十一'이란 표시가 있는 여자 아이를 데리고 와서 뒷날 신명희의 배필이 될 것이라 예언하는 것이다. 신명희는 몇 번의 상처喪妻 후 길정녀와 혼인을 하게 되는데 그때서야 '口十一'이 '길'吉을 예언한 것임을 알게 된다.

그 뒤로부터 본격적인 사건이 시작된다. 신명희가 벼슬을 얻기 위해 떠난 사이 길정녀의 종숙은 그녀를 운산雲山 원의 별실로 보내려고 흉계를 꾸미는데, 뜻대로 되지 않자 좁은 방에 가둔다. 한동안 식음을 전폐하던 길정녀는 "흉적의 손에 죽기보다는 차라리 적을 죽이고 따라 죽어 내 원한을 푸는 게 낫지" 하며 일부러 밥을 먹고 기운을 기른다.[50] 이 대목은 영악한 호랑이를 맨주먹으로 죽이기 위해 10일 동안 술과 고기로써 기운을 기른 「인묘조경사무변」仁廟朝京師武弁(『학산한언』, 467면)을 연상시킨다. 사태를 스스로 해결하기 위해 자신의 힘을 기르는 이런 모습은 조선 후기 사회의 역동적인 한 단면을 보여준다고 하겠다.

운산 원과의 혼인날, 길정녀는 칼을 꺼내들고 그간 음모를 꾸몄던 사람들을 처단하고 운산 원을 꿇어앉히고는 그 잘못에 대해 일장 훈시를 한다. 성性과 계급의 기존 관계를 완전히 역전시키고 오직 의리만을 주창하는 것이다. 이상은 현실 요소가 운명 실현을 방해하는 과정이면서, 당사자들의 의지가 현실의 시련을 극복하는 과정이기도 하다.

길정녀의 이 같은 활약에 힘입어 꿈을 통해 예언된 하늘의 계시는 실현되었다. 그리고 거기에서 멈추지 않고 두 사람은 치산에 힘써 부요富饒를 누렸다. 길정녀와 신명희가 우여곡절 끝에 온전한 부부로 함께 살게 되는 과정은 '이념의 구현'·'문제의 해결'·'운명의 실현'이라는 세 서술 시각이 관철된 것이다. 길정녀가 생명을 걸고 신명희와의 혼약을 지킨 것은 '열'의 구현이고, 온갖 문제적 상황을 이겨낸 것이며, 또 그 자체가 예언된 운명의 실현이기 때문이다. 그런데 거기다 재산을 모아 말년의 행복을 누리려는 계획을 세워 실천하였고 결국 그 뜻을 이룬다. 그것은 '욕망의 실현'이다. 편찬자 신돈복은 이렇게 말한다.

> 옛 열녀는 주로 살신성인하였다. 그래서 사람으로 하여금 참담하여 마음 아파하고 비탄하며 감격하게 하였지, 복을 누리는 말년을 보내는 경우가 거의 없었다. 이 여인은 이미 그 몸으로써 열을 온 세상에 당당하게 드날렸으며 또한 군자를 따라 함께 부와 명을 누려 계명상경鷄鳴相警의 즐거움으로 백 년을 기약했으니 어찌 정의貞義와 복후福厚 양쪽을 다 얻었다 하지 않을 수 있을까.[51]

열녀들은 삶을 비장하게 마무리하였다. 대개는 스스로의 목숨을 바침으로써 열烈을 구현했다. 길정녀도 그럴 각오가 되어 있었다. 그러나 길정녀는 좁은 방에서 굶어 죽기보다는 힘을 길러 복수하는 길을 선택했다. 그래서 승리했고 행복을 쟁취했다. 이 적극적인 행동과 행복한 결과야말로 열녀 이야기가 야담식으로 달라진 점이다.

비현실 지향과 현실 지향의 공존 논리

1 경험 세계의 확장

먼저 다양한 경험을 수용해야 한다는 생각이 비현실 지향과 현실 지향이 공존할 수 있는 바탕을 제공했다고 할 수 있다. 조선 후기는 체제 모순이 심화되고 상업주의가 급속도로 유포됨에 따라 전 시대에는 예상하지 못했던 새로운 상황을 겪는 사람이 늘어났다. 『학산한언』은 그것을 중시해 수용하였다. 이렇게 경험을 중시하는 태도는 경험의 공간을 확장시켰다. 이때 '경험'이란 경험 주체가 어떤 공간에서 직접 어떤 사건을 체험하는 것을 말한다.

신돈복은 '사대부가 뜻을 펴기 위해 견문을 넓힌다'는 유가적 견해를 바탕으로 경험을 강조했다. 그것은 "공자는 동산東山을 올라가보고 노魯나라가 좁다 하고, 태산泰山을 올라보고 천하가 작다고 했다"[52]는 『맹자』의 정신에 이어진다. 「부자」夫子(『학산한언』, 305면)에서는 "자기 땅에 구애되면 선비가 되기 어려우니 고로 군자는 세상 곳곳을 유람하여 흉금을 넓히는 일을 주로 하느니라"[53]라는 공자의 말을 인용하고서 두보와 이백 등의 행적을 소개했다. 그들은 부득이한 일이 있지도 않았고 또 특별히 바라는 것도 없었지만, 만 리 밖으로 나가 색다른 풍광을 경험하고 낯선 사람들을 만났다. 그것이 대국의 풍모라는 것이다.

> 우리나라 사람들은 비록 '뜻이 있다'고 말하지만 벼슬살이나 사업상의 일이 아니면 수백 리 밖으로 나가는 자가 드무니, 그 가슴속에 든 것을 가히 알 수 있다. 고인이 말한 '불후의 사업'을 이런 사람들에게 책임 지울 수 있을까?[54]

사람이 익숙한 생활공간에만 얽매여 있으면 속이 좁아져 불후의 큰 사업을 하는 것이 어렵다고 하였다. 익숙하지 않은 것을 경험함으로써 생각의 폭과 깊이를 더할 수 있다는 것이다. 그래서 사람들은 먼 곳과 그 먼 곳에 사는 사람에 대한 호기심을 키운다.

「문동지사」聞冬至使(『학산한언』, 317면)는 눈이 하나뿐인 사람이 사는 '일목국'一目國의 존재를 알려준다. 지도에 '일목국', '천흉국'穿胸國이 있는 것을 보고 그 나라들은 바다 끝 밖에 있어 중원과는 길이 끊어져 있다고 여겼는데, 알고 보니 그곳의 시문詩文이 중화와 다르지 않으니 '수레에서는 바퀴 사이가 같고 책에서는 문자가 같다'(車同軌 書同文)는 말이 맞다고 하였다. 그러나 다시 그 차이점을 지적한다.

> 사람이 모두 두 개의 눈을 갖고 있는데 저들만이 유독 눈이 하나라는 것은 그들이 천지의 편벽된 기를 타고 태어났기 때문이다. 이로 미루어 보아 다른 것도 알 수 있으니, 형체가 이미 편벽된 기운을 얻었다면 마음 역시 어찌 완전한 기를 얻을 수 있었겠는가.[55]

이렇게 기이한 외형을 가진 사람이 실재한다는 사실을 인정하고, 다시 그 외형의 기이함이 어디서 비롯되었는지를 밝히려고 하였다. '편벽된 기'偏氣를 타고 태어났기 때문이라는 것이다. 신돈복의 추정은 여기서 그치지 않고 '형체와 마음은 서로 통한다'고 하였다. 외형이 기형인 것도 문제이지만, 결국 마음이 완전한 기를 담고 있지 못한 것이 더 큰 문제가 된다. 그렇다면 신돈복이 먼 곳으로 유람하는 것을 중시하고 세상의 기이한 모습들을 목도하는 것을 중요하게 여긴 것은 사람의 마음이나 윤리·이념에 대한 관심에서 비롯되었다는 사실을 알 수 있다.

경험을 중시하는 이런 논리는 귀신담을 비롯한 비현실적 기이에 대한 논리와 상통한다. 즉 '기이한 것'에 익숙하지 못한 사람의 입장에서 보면 기이한 것은 기이하게만 여겨지지만, '기이한 것'에 익숙해진 사람의 입장에서 보면 '기이한 것'은 더 이상 기이하게 여겨지지 않는다는 논리이다. 지금 당장 기이하게 여겨지는 것을 허황하다고 부정해야 할지, 아니면 인정해야 할지 판단하기 위해서는 먼저 익숙해질 필요가 있다는 것이다. 이때 '익숙하게 된다'는 것은 경험을 거듭한다는 뜻이다. 그러므로 '익숙해지는 것'을 강조하는 신돈복의 태도는 보다 확장된 공간에서 다양한 경험을 하는 것을 소중하게 생각하는 태도와 연결된다고 할 수 있다.

『학산한언』은 또한 눈으로 정확하게 보는 것의 중요성도 강조했다. 착각에 현혹되지 말고 있는 그대로 잘 보아야 한다는 것이다. 「성허백현」成虛白俔(『학산한언』, 344면)의 성현처럼 눈의 착각에 의해 동삼童蔘을 어린아이의 사지로, 영지버섯 물을 핏물로 보아서는 곤란하다. 허상에 현혹되지 않고 있는 그대로 보기만 하면 지금까지 허황하다고 부정한 것들을 실재하는 것이라고 인정하게 될 것이다. 그러면 경험의 폭이 확장되고 인식의 여유도 확보된다.

허상에 현혹되지 않고 참모습을 보기 위해서는 많은 것을 보고 많은 것을 알아야 한다. 경험을 쌓으며 많은 것을 보고 알게 되면 존재의 깊고 그윽한 곳까지 통찰할 수 있기 때문이다.[56] 또 남의 이야기를 듣는 것도 중요한 경험이 된다. 자신이 경험할 수 있는 영역을 확장하는 방법에는 남의 이야기를 듣는 것만큼 손쉽고 효율적인 것이 없다.

남에게 들은 이야기는 거듭 확인하는 절차를 거쳐 사실로 인정한다. 『학산한언』에 귀신 이야기를 서로 들려주고 그에 대해 의견을 나누는 사대부가 많이 등장하는 것도 그런 까닭에서이다.[57] 『학산한언』은 기이한 내용의 작품을 옮길 때는 거의 예외 없이 권위를 인정받을 수 있는 전언자傳言者를 밝힌다.*

---

* 자신이 직접 겪은 경험이나 남에게서 들은 경험을 다시 다른 사람에게 전해야 한다는 심적 태도가 거의 강박관념에 가깝게 형성되어 있음을 알 수 있다. 내용이 기이해 차마 쉽게 말하지 못하지만 결국 그것을 남에게 전하지 않을 수는 없기에 임종의 자리에서 진술하는 경우도 있다. 「유민김성인」有民金姓人(『학산한언』, 399면)에서 김 씨는 두 친구와 인삼을 캐러 갔다가 결국 두 친구가 죽게 된 이야기를 입 밖에 내지 않았다. 그러나 임종의 자리에서만은 이야기를 하지 않을 수 없었다. 「서화담경덕」徐花潭敬德(『학산한언』, 354면)에서도 서경덕은 병이 위태로운 지경에 이르자 차식車軾을 불러 자신이 지리산에서 목격한 기이한 일에 대해 이야기해준다. '나에게 이상한 일 한 가지가 있었는데 아직 입에 담은 적이 없소. 나는 곧 죽을 것이오. 그 일이 끝내 잊혀져서는 안 될 것 같아 그대에게 전한다오'라는 서경덕의 말에 이런 태도가 집약되어 있다.

이처럼 다른 사람의 말을 통해 거듭 확인된 기이한 이야기는 어느덧 실제로 일어난 것으로 인정되고 또 기록되는 것이다. 그것은 경험 세계를 간접적으로 확장하는 것에 해당한다.

2 기이의 원천 인정

비현실적 기이든 현실적 기이든, 기이는 삶의 특별한 모습이다. 그런 특별함이 만들어진 원천은 무엇일까? 신돈복은 "사람이 죽어도 그 기氣는 갑자기 사라지지 않기 때문에 제사를 지내면 감응하는 이치가 있다"[58]라는 주자朱子의 주장을 출발로 삼으면서 거기서 한 발 더 나아갔다. '총명하고 강대한 기'와 '천박하고 얕은 기'를 구별하여, 특히 전자가 오래 지속된다고 본 것이다. 이런 논리로써 신귀神鬼가 엄연히 존재한다고 주창하였다.[59] 또 살아 있는 사람의 경우, '탁월하게 그 정화가 빼어난 사람'[60]이 있음을 강조했다. 이들은 살아 있을 때 두드러진 행적을 보일 뿐만 아니라 죽어서도 그 정백精魄이 오래 지속된다.[61] 사물의 경우도 마찬가지다. '깊고 깊은 기'를 사람이 얻으면 성聖이 되고 사물이 얻으면 신神이 된다는 것이다.[62] 동물의 세계조차 이런 관점에서 바라보았기 때문에 동물 이야기를 많이 수록할 수 있었다고 하겠다.

이처럼 사람이든 동물이든 혹은 다른 사물이든, 빼어난 기를 타고난 존재들은 자연스레 기이한 현상을 만들 수 있다. 그러므로 그런 기이한 현상을 애써 무시해서는 안 되며 오히려 현실의 본질을 꿰뚫어볼 수 있는 영역으로 활용해야 한다는 것이나.

다른 한편, 타고난 기가 빼어나지 않은 보통 사람을 둘러싸고도 기이한 상황이 만들어진다.

무릇 사람 마음에 맺힌 것이 있으면 비록 죽어도 여전히 흩어지지 않는 것이 있다. 생각이 간절해 지극하게 되면 역시 감응하여 불러들이는 것이 있다. 고래로

이와 같은 경우가 많으니 괴이하게 여길 일이 아니다.⁶³⁾

죽은 사람이 귀신이 되어 나타나 다시 산 사람과 관계를 가지는 경우를 이런 논리로써 해명하였다. 보통 사람이라 하더라도 살아 있을 때 마음에 맺힌 것이 크거나 생각이 간절하게 되면 '빼어난 기'를 타고난 사람의 경우 못지않게 특별하고 기이한 상황을 초래한다는 것이다.

이런 논리는 그대로 현실 세계에서 일어나는 현실적 기이 현상에 대한 설명에도 응용된다. 가령 「인조조해서봉산지」仁祖朝海西鳳山地(『학산한언』, 414면)의 주인공 봉산 무변은 조상 대대로 물려받은 전답을 다 팔아 벼슬을 얻기 위한 자금을 마련했으나 사기꾼을 만나 모두 탕진한다. 더 이상 고향으로 돌아갈 면목이 없게 된 무변은 남의 여자를 희롱하면 그 여자의 남편에게 맞아서 쉽게 죽을 수 있을 것 같아 혼자 있던 역관의 처를 희롱했다. 그러나 결과는 엉뚱했다. 그 여자를 얻고 재산까지 차지하게 된 것이다. 신돈복은 이 뜻밖의 기이한 사연을 추덕醜德과 악행惡行으로 규정했지만,⁶⁴⁾ 원통함이 극에 이르고 애정이 억눌린 데서 출발하였고⁶⁵⁾ 또 우연하게 성사되었기⁶⁶⁾ 때문에 두 사람을 비난하기 어렵다고 해명해주었다. '원통함이 극에 이르고 애정이 억눌린' 상태는 대체로 사람이 죽어서 귀신으로 나타나는 동력이 되는 것으로만 파악되었다. 그러나 여기서는 그런 마음의 집착이 현실 세계에서 '우연'한 '기이'를 초래하였고, 또 바로 그런 이유로 그 기이가 내포한 탈선이나 일탈이 용인되고 찬양되기까지 하였다.

③ 기이의 본질과 의미 발견

눈의 착각에 구애되지 않고, 사물을 관습적으로 그릇되게 보지 않음으로써 궁극적으로 추구하는 바는 사물의 본질을 꿰뚫어보는 것이다. 「성허백현」成虛白俔(『학산한언』, 344면)에서 주인공은 눈의 착각 때문에 동삼과 영지버섯을 있는 그대로 보지 못했을 뿐만 아니라 그것을 먹어보라고 권유한 '동자의 주인'이 어떤 존재인지도 알지 못했다. '동자의 주인'이야말로 어떤 기이한 모습에서도 그것의 본질을 꿰뚫어볼 수 있는 존재이다. 그래서 속안俗眼은 구태를 벗어버려야만 본질을 꿰뚫어 아는 통찰력을 갖게 된다는 결론에 도달한다.*

기이하게 보이는 존재들에게서 우리가 포착해내야 할 진정한 의미는 무엇인가? 신돈복은 그것을 먼저 사람이 지켜야 할 이념으로 보았다. 가령 「고성인」固城人(『학산한언』, 463면)에서는 사슴들의 기이한 행동에서 인·의·예·지·신이라는 이념을 찾아냈다. 사슴들의 기이한 행동은 사람이 지켜야 할 덕목을 고스란히 간직하고 있기 때문에 소중하게 관찰되어야 한다. 귀신의 기이한 세계도 마찬가지이다. 「우암동시」尤菴童時(『학산한언』, 453면)와 「인묘조유일사족」仁廟朝有一士族(『학산한언』, 461면)은 귀신 현상을 윤리적인 면에서 꿰뚫어보고 있다. "사邪가 정正을 두려워하기가 이와 같으니 선생이 정기正氣를 타고난 것이 더욱더 분명하다"[67]거나 "사악한 마음을 떨쳐버리고 올바른 것으로써 자기를 지탱하면 귀신은 마땅히 경복敬服하여 감히 (사람을) 침범할 겨를조차 얻지 못하게 됩니다"[68]라는 말은 귀신 현상을 꿰뚫어본 사람의 인식적 패기를 느끼게 한다.

다양한 현상을 폭넓게 경험한 사람만이 통념에 구애되지 않고 있는 그대로 세상을 보고 숨겨진 본질을 꿰뚫어볼 수 있다고 하였다. 야담과 국문소설에 자주 나타나는 '지인지감'知人之鑑 모티프도 이와 관련하여 이해할 수 있다. 경험의 폭이 넓지 않은 보통 사람들은 타인의 외모나 신분, 처지 등 잘 드러나는 면만 보고 거기에 집착해 진실과 동떨어진 판단을 내린다. 그에 반해 지인지감을 가진 사람은 타인을 겉으로만 보지 않고 그 숨겨진 실체를 본다. 어떤 사람의 어수선한 외모 안에 감춰진 탁월한 능력이나 심성을 정확하게 포착해 그를 발탁한다. 가령 「연양군」延陽君(『학산한언』, 406면)의 박언립은 주

---

* 작품에서는 동자의 주인을 못 알아본 이유를 "속안이 몽매하여 위대한 선인이 강림하신 걸 알지 못했습니다"("俗眼朦昧 不識大仙降臨", 『학산한언』, 344면)라고 변명하였다.

인이 생각하는 모범적인 종이 아니었다. 그래서 보통 사람인 주인에 의해 인정을 받지 못했다. 그러나 박언립은 바깥주인이 없는 주인집을 위해 종으로서 헌신적인 배려를 다한다. 박언립이 주인집을 위해 하는 일들은 하나같이 통념이나 상식을 벗어난 것들이다. 이름난 지관이 정해준 묏자리를 거부하고 다른 곳을 찾았으며, 주인집으로 하여금 시골의 농장으로 내려가기를 권했고, 주인집 따님의 배필감으로는 방일하고 배우지 않아 모든 사람들이 증오하던 평산 댁 도령을 택했다. 이런 박언립의 행위는 현상의 본질을 꿰뚫어보았기 때문에 가능한 것이다.

기이한 현상에 대해서도 『학산한언』은 무엇보다 그 본질을 이해하려 한다. 「유명강철」有名江鐵(『학산한언』, 464면)은 우박과 비바람을 몰고 와 꽃이며 열매를 남기지 않는다는 '강철'이란 용의 실체를 구명하기 위해 갖가지 전언과 자료를 활용한다. 결국 강철의 실체를 분명하게 밝혀내지는 못했지만, 기이한 현상을 덮어두지 않고 해명하고자 한 신돈복의 의지가 얼마나 강렬했는지 느낄 수 있다.

「이상국유」李相國濡(『학산한언』, 464면)에서는 여인을 병들게 한 존재가 산정山精임을 밝혔다. 산정을 물리치는 방법은 아무 말 없이 그것을 직시直視하는 것[69]이다. 결국 산정을 물리치고 여인의 병을 고친 것은 산정의 본질을 꿰뚫어보았기 때문에 가능했다.

본질을 꿰뚫어보기만 한다면 그 현상이 아무리 기이하고 위협적으로 보인다 하더라도 그것을 물리칠 수 있다. 그러므로 기이한 것에 의해 유발된 문제를 해결하기 위해서라도 그것의 본질을 꿰뚫어 알아야 한다. 『학산한언』은 이런 근본 원칙과 의도에 따라 기이한 사건들을 기술하고 있는 것이다.

아울러 기이한 것을 적극적으로 수용한 것은 삶과 죽음에 대한 성찰이 거듭된 것과 관련된다. 죽어서 가는 저승은 이승과 엄연히 구분되지만 저승과 이승, 그리고 저승 인물과 이승 인물 사이에는 긴밀한 소통이 이루어져야 한다고 여긴다. 출발이 어느 쪽이든, 드러나지 않은 생각과 사연이 상대에게 정확하게 전달되고, 또 그에 대한 반응도 가능하게 하여 마침내 소통을 이루어야 한다는 것이다. 유명을 달리하는 존재 사이의 이야기하기와 듣기가 대단히 중요한 모티프로 설정된 것도 이런 맥락에서 이해할 수 있다. 가령 「신평사경연」辛評事慶衍(『학산한언』, 439면)에서 선조의 뜻이 자손에게 전해지는 과정을 포착했다면, 「충주목계사인」忠州木溪士人(『학산한언』, 479면)은 유명을 달리하는 부모와 자식이 만나는 과정을 보여준다. 육체로부터 이탈한 신생申生의 혼은 자신이 누워 있는 곳에서 서서히 멀어지다가 마침내 돌아가신 부모를 만나 이야기를 나눈다. 죽은 부모와 살아 있는 자식 간의 소통이 이뤄졌다.

귀신과 대화를 나누는 사대부의 이야기도 이와 맥락을 같이한다. 가령 「성주문관정석유」星州文官鄭錫儒(『학산한언』, 435면)에서 정석유는 귀신 제말의 억울한 사연을 들어주고, 「최봉조」崔奉朝(『학산한언』, 448면)에서 최규서는 매일 뜨거운 아궁이 불 때문에 고통스러워하던 고려조 조사朝士의 안타까운 사연을 들어준다. 「인묘조유일사족」仁廟朝有一士族(『학산한언』, 461면)에서 한준겸韓浚謙도 악덕 사인士人을 응징하러온 귀신과 대화를 나눈다. 또 「여여변능인」余與邊能仁(『학산한언』, 445면)에서는 사위가 죽은 장모를 만나 맛있는 음식을 함께 먹으며, 「기미동아선세문집방간」己未冬我先世文集方刊(『학산한언』, 440면)에서는 사랑하지만 유명을 달리하는 남자와 여자가 관계를 다시 이어간다.

이 모든 이야기들은 귀신과 사람 사이의 대등한 대화와 상호 소통을 보여주는 것이다. 이렇듯 신돈복은 기이한 이야기들 속에서 '현실 인물-현실 인물', '현실 인물-귀신' 간의 다양한 소통을 발견하고 그 가치를 부각시켰다. 그것은 모든 기이한 현상이 담고 있는 근본 이치와 의미를 탐구하려는 정신에서 비롯되었다고 할 수 있다.*

---

* 그런 태도는 『천예록』을 편찬한 임방과 유사하다. 임방도 『천예록』에 기이한 이야기를 많이 수록하고는 평에서, "세상일에 통달한 군자와 더불어 사람과 사물의 유명의 이치에 대해 토론할 수 없는 것이 한스럽도다"("恨不得與達識君子 講討人物幽明之理也. 噫", 『천예록』, 473면)라고 통탄할 정도로 기이한 이야기에서 존재의 깊은 이치를 찾으려고 애썼다.

4 역설적 회통과 서술 시각의 통합

신돈복은 『태평광기』 등 잡록류를 편찬한 목적이 "인군人君으로 하여금 천지 사이의 인정人情과 물리物理와 유명幽明과 변화變化를 갖추어 알게 하고자" 한 것이라고 지적하였다. 그중 '인정'은 현실에 부대끼며 살아가는 인간 군상들의 이야기에 나타난다. 여기에 해당하는 작품으로는 현실 지향이 강한 「길정녀」吉貞女, 「광해시한사유일대고」光海時漢師有一大賈, 「인조조해서봉산지」仁祖朝海西鳳山地, 「경중사인심성자」京中士人沈姓者 등을 들 수 있다. 이들은 조선 후기에 들어와 새로워진 현실을 담았다. 그런데 『학산한언』에서 이들 작품들은 비현실 지향의 작품들과 뒤섞여 있다. 한편 현실 지향의 작품 자체가 부분적으로는 비현실 지향을 나타내고 있기도 하다. 가령 「인동사인조양래」仁同士人趙陽來, 「이택당소시」李澤堂少時, 「범전세도참비록」凡前世圖讖秘錄, 「염시도」廉時道 등은 현실 지향을 가진 작품이라 할 수 있지만, 사람의 의지보다는 운명의 힘이 더 강하게 작용하고 있다는 점에서는 비현실 지향을 드러낸다고 볼 수 있다.

비현실 지향과 현실 지향은 『학산한언』에서 공존하면서 서로 이끌어주는 형국이다. 비현실 지향에 대한 관용적 자세가 현실적 기이를 포착하게 했다면, 현실 지향에 대해 열린 자세는 비현실적 기이의 가치를 다시 인정하게 하였다. 특히 비현실적 기이는 당시 사대부의 상식으로 쉽게 용납되기 어려운 것이었지만 신돈복은 그것을 적극 수용하였다. 먼저 비현실적 기이에서 윤리나 도덕을 찾을 수 있기 때문이었고, 다음으로 경험을 중시하여, 익숙해지면 기이하게 느껴지지 않는다는 논리를 만들어냈기 때문이었다. 그리고 그것들을 통해 천지 만물의 존재 원리까지도 터득할 수 있기 때문이었다. 이런 이유와 논리로써 '비현실 지향→현실 지향' 및 '현실 지향→비현실 지향'은 무매개적으로 이루어졌다.

다음으로 동물의 세계·지상선·이상향 등이 매개항으로 작용하기도 하였다. 동물이 현실의 사람과는 본질적으로 다른 존재라는 점에서 동물의 세계는 비현실 쪽으로 기울어져 있지만, 현실에서 사람이 지켜야 할 덕목을 오히려 사람보다 더 충실하게 실천한다는 점에서 현실과 긴밀히 관련되어 있다. 이상향과 지상선은 현실 공간 및 현실 인물과는 너무나도 다른 모습이지만, 현실에 대한 대안 공간과 대안 인물로 존재한다는 점에서 여전히 현실과 긴밀히 관련되어 있다. 그런 점에서 '비현실 지향→현실 지향' 및 '현실 지향→비현실 지향'은 동물·지상선·이상향 등의 매개항을 통해 이루어진 것이다.

비현실 지향과 현실 지향의 관계에서 도출될 수 있는 이런 논리가 비현실 지향 혹은 현실 지향을 가진 개별 작품 속에서 실현되기도 했다. 먼저 비현실 지향을 가진 작품에서 가능한 한 현실적 의미를 추출하려 한다. 현실 지향을 가진 작품에서는 사람의 의지를 부각시키면서도 운명의 결정성을 강조한다. 다른 한편, 예정된 운명이 제시되지만 주인공은 꺾이지 않는 의지로써 뜻한 바를 실현하기 위해 운명을 활용하기도 한다.

또 욕망을 경계하면서도 욕망을 추구한다. 가령 재물욕이나 색욕을 추구하는 것은 사대부의 상식으로 용납되기 어려운 면이 있었다. 그러나 신돈복은 그것을 적극 수용하였다. 재물욕이나 색욕을 추구하는 데서 오히려 그것을 경계하는 논리를 확인할 수 있다고 생각했기 때문이다. 그런데 욕망 추구가 비극이나 파국을 초래하게 함으로써 충격적인 방식으로 욕망을 경계했지만, 욕망을 추구하는 과정을 상세하게 보여주기도 하였다. 어떤 항목을 부정하기 위해 그것을 더욱 상세하게 보여주는 것이다. 이것은 모순이면서 역설이다. 형식논리로 보면 모순이지만 그 현실적 활용 면에서 보면 다채로운 메시지를 만드는 역설적 회통인 것이다.

그리고 이념의 구현을 추구하든, 문제 해결이나 예언의 실현, 혹은 이상향을 추구하든, 그 각각은 한 작품에서 이리저리 서로 엮였다. 또 공통적으로 욕망 실현을 추구한 흔적이 나타난다. 조선 후기에 이르러 부풀려진 사람의 욕망을 비판하면서도 은근히 욕망의 귀추에 관심을 가지기 시작했다는 증거이다. 그것은 정신사의 변화를 감지했음을 뜻한다. 『학산한언』이 조선 후기 야담의 기틀을 마련할 수 있었던 것도 이런 정신사의 변화를 감지하고 그 변화를 서술 시각의 통합을 통해 수용했기 때문이라 할 수 있다.

맺는 말

이상 초기 야담집인 신돈복의 『학산한언』의 비현실 지향과 현실 지향의 공존 양상과 논리를 살펴보고 그 야담사적 의의도 생각해보았다. 논의를 요약하면 다음과 같다.

신돈복은 귀신담을 비롯한 기이한 것에 대한 이야기가 세상 만물의 존재 원리를 터득하는 데 도움이 된다고 보았다. 귀신이 특별한 경우 현실에서 형체를 나타내고 산 사람과 관계를 맺을 수 있듯이, 다른 '기이'도 현실에서 엄연히 존재할 수 있다. 그 특별한 '기이'는 보통 사람들이 경험하지 못한 낯선 것이기 때문에 그 실재성을 쉽게 인정하지 못한다. 그러나 그 실재를 쉽게 인정하지 못한다고 해서 그 실재성을 부정할 수는 없다. 그것에 익숙하게 되면 그 실재성을 자연스레 인정하게 된다는 것이다.

현실에서 실제로 일어난 아주 특별한 사건에 대한 이야기도 기이함과 낯익음이란 맥락에서 이해하여 수록하였다. 비현실적인 기이한 이야기조차 세상 만물의 존재 원리를 아는 데 필요한 것으로 인식했으니, 현실에서 특별하게 일어난 '현실적 기이'도 단지 특별하다는 이유로 외면해서는 안 된다는 것이다. 오히려 그런 것들이야말로 변화된 현실의 핵심을 터득하는 데 도움이 된다고 보았기 때문에 수록하였다.

비현실 지향과 현실 지향의 공존 양상은 '비현실 지향', '동물 세계의 기이', '비현실과 현실을 매개하는 지상선地上仙과 이상향理想鄕', '현실 지향' 등으로 나누어 살폈다. 어느 쪽이든 이념적인 의미를 부여하는 '이념의 구현'을 주 서술 시각으로 삼았다. 그리고 거기에 '문제의 해결', '운명의 실현', '욕망의 충족' 등의 서술 시각들이 부분적으로든 전체적으로든 결합하여 더 다채로운 세계를 만들어냈다.

'비현실 지향→현실 지향' 혹은 '현실 지향→비현실 지향'은 무매개적으로 이루어지기도 했지만, 동물·지상선·이상향 등의 매개항을 거쳐서 이루어지기도 하였다.

비현실 지향과 현실 지향의 공존 논리는 '경험 세계의 확장', '기이의 원천에 대한 성찰', '기이의 본질과 의미 발견', '역설적 회통과 서술 시각의 통합' 등으로 나눠 살폈다. '경험 세계의 확장'에서는 경험 공간의 확장과 경험 방식의 다양화 등을 통해 비현실 지향과 현실 지향의 공존이 이루어진다는 사실을 밝혔다. '기이의 원천에 대한 성찰'에서는 기이가 형성되는 원동력이 '총명하고 강대한 기'와 '억눌리고 원통한 기'에 있음을 해명했다. '기이의 본질과 의미 발견'에서는 세상 만물의 존재 원리와 갖가지 생활 덕목 등이 기이 속에서 발견된다는 것을 밝혔다. 그리고 모든 존재 사이의 소통이 소중하다는 정신을 바탕으로 하고 있다는 사실도 입증하였다. '역설적 회통과 서술 시각의 통합'에서는 현실 지향과 비현실 지향의 관계에서, 욕망에 대한 경계와 관심 사이에서 역설적 회통이 일어남을 밝혔다. 그리고 '이념의 구현', '문제의 해결', '욕망의 성취', '운명의 실현' 등의 서술 시각이 한 작품에서 통일되는 경우에도 회통이 이루어졌다고 할 수 있다.

이념 구현, 문제 해결, 예언 실현, 이상향 추구 등 어떤 것을 추구하든 그 각각은 한 작품에서 이리저리 서로 엮였다. 또 공통적으로 욕망 실현을 추구한 흔적이 나타난다. 그것은 『학산한언』이 조선 후기에 이르러 부풀려진 사람의 욕망을 비판하면서도 은근히 욕망의 귀추에 관심을 가지기 시작했다는 증거이며, 정신사의 변화를 감지했음을 뜻한다. 『학산한언』이 조선 후기 야담의 기틀을 마련할 수 있었던 것도 이런 정신사의 변화를 감지하고 그 변화를 서술 시각의 통합을 통해 수용했기 때문이라 할 수 있다.

미주

1) 조희웅, 『조선후기 문헌설화의 연구』(형설출판사, 1981), 31~42면.
2) 이강옥, 「조선후기 야담집 연구」(서울대 석사학위논문, 1982), 152면.
3) 정명기, 「『청구야담』에 나타난 전대문헌 수용양상 연구」(『야담문학연구의 현단계』 1, 보고사, 2001), 495면.
4) 김상조, 「『학산한언』 연구」(『야담문학연구의 현단계』 2, 보고사, 2001), 103~124면.
5) "夫子不語怪力亂神 非謂其非理也 蓋以其不足訓學者也 天地之間 無所不有 特其習見者爲常 罕接者爲怪 惟多見博識洞觀幽奧者 物不能眩焉 …… 故窮物之情 而盡物之理 太平廣記之作也 宰相李昉等 皆名賢也 博收天下今古 述錄編輯以進 豈將以厖雜之事導君也 盖欲使人君 備知天地間人情物理幽明變化 不出戶而盡知之 其意深矣"(『학산한언』, 306~307면).
6) "蓋幽明始終 初無二理 但學之有序 不可躐等 故夫子告之如此"(『학산한언』, 10면).
7) 이와 관련하여 전기傳奇의 '기이함'에 대한 학자들의 견해를 참고할 수 있다. "전기의 '기이함'은 지괴의 그것과는 달리 인사人事―현실 속에서의 기인기사奇人奇事―와 긴밀하게 연관되어 있다. '괴'怪가 신선과 귀괴鬼怪의 내용을 가리키는 데 비해 '기'奇 자의 함의는 더욱 넓어, 단지 초현실적인 기이한 일들만을 가리키는 것이 아니라 현실 중의 기이한 일들도 가리킨다"(이검국李劍國, 「당오대지괴전기서록」唐五代志怪傳奇敍錄, 『중국소설연구회보』 26, 1996, 46면 ; 소인호, 『한국전기문학연구』, 국학자료원, 1998, 28면 참조).
8) "妻兒 …… 習以爲常 亦不甚以爲異之也"(『학산한언』, 341면).
9) 『최신록』(『송자대전』宋子大全 8, 『한국문집총간』 115, 민족문화추진회, 1993) 및 『화양문견록』華陽聞見錄(『학암선생문집』鶴庵先生文集, 경인문화사, 1998) 참조.
10) 『최신록』(『송자대전』 8, 『한국문집총간』 115, 민족문화추진회, 1993), 540~541면.
11) 『최신견문록』은 『최신록』과 같은 글인데, 『송자대전』의 부록으로 실려 있는 『최신록』에는 이 글이 보이지 않는다. 전재하는 과정에서 탈락된 것으로 추정된다.
12) 이와 관련해 김시습의 「남염부주지」南炎浮洲志에서 박생朴生과 염라왕이 나누는 다음의 대화를 살필 수도 있다. 귀신과 윤회에 대한 박생의 질문에 대해 염라왕은 "사람이 죽으면 정기精氣가 흩어져버리기 때문에 저승 세계도 없고 윤회도 이루어지지 않는다"("至於死 則精氣已散 升降還源 那有復有於幽冥之內哉")고 전제하면서도 특별한 예외를 인정한다. 즉 원한을 가진 혼魂이나 요절한 귀鬼는 쉽게 사라지지 않고 무당에 의탁하여 탄식하거나 다른 사람에 의지해 원한을 드러낸다("寃懟之魂 橫夭之鬼 不得其死 莫宣其氣 鳖鳖於戰場黃沙之域 啾啾於負命啣寃之家者 間或有之 或托巫以致款 或依人以辨懟"). 그리고 정령精靈이 흩어지지 않으면 윤회가 이루어지는 듯하기도 하다. 그러나 비록 정기精氣가 그때에는 흩어지지 않고 있으나 필경에는 조짐이 없어지고("雖精未散於當時 畢竟當歸於無朕") 또 정령精靈도 오래되면 흩어져 소멸하니("精靈未散 則似輪回 然久則散而消耗矣") 귀신도 없어지고 윤회도 이루어지지 않는다는 것이다(박희병 표점·교석, 『한국한문소설 교합구해』, 소명출판, 2005, 140면).
13) "此處昏暮或陰雨之際 有承旨令監精靈 常以毛冠弊衣 出沒常"(『학산한언』, 452면).

14) "安始聞其子當來 欲見之 而忽見李公 愕然而去 是其魂留在官舘 未能歸"(『학산한언』, 452면).
15) "邪之畏正如此 而先生之爲正氣益驗矣"(『학산한언』, 453면).
16) "能袪邪心以正持己 則鬼當敬服 不暇而敢侵犯 不然必見禍敗而止耳 公是吉人 當作貴人 且能知鬼神之理故待君而告耳"(『학산한언』, 461면).
17) 『최신록』『송자대전』8,「한국문집총간」115, 민족문화추진회, 1993), 557면.
18) "朱書曰 或問 佛有前後身說 是如何 朱曰 死而氣散泯然無迹者常也 托生者 是偶然聚得不散 着生氣再生 然非其常 蓋有或然者"(『학산한언』, 428~429면).
19) 죽어서 1년 뒤 다시 태어났다는 것은, 혼이 다른 몸에 붙는 시점이 아이가 태어나는 순간이 아니라 태가 형성되는 순간이라는 설을 뒷받침하는 것이다. 이와 관련해 안석경의『삽교만록』에 나오는 안석경과 찬연璨淵이라는 스님의 문답을 참고할 수 있다. 여기서 안석경이 탁생托生하는 것이 어느 때인가 묻자 찬연은 '바야흐로 태가 형성되는 순간' 方胎之際이라고 답했다("其托生也 投入於將胎之時耶 托入於方生之身耶 答曰書云 父之精母之血我之緣 三者合而得人身 蓋投於方胎之際也",『삽교집』하, 45면).
20) "如貴奉者 平生无惡 而爲神明之所錄"(『학산한언』, 429면).
21) "祭祀之義 至矣 聖人制禮 夫豈徒然 而或者以爲人死無神 所謂祭者 非爲來享之也 特不忍忘其親之意也 何其昧於神理 至此哉 …… 忌日臨享 必也 …… 可見送終之禮 生者無憾後 而死者得安 可不愼哉 可不愼哉"(『천예록』, 451면).
22) "其名磨滅无聞 乃如此 宜其精爽杳結久而不化矣 豈不悲哉 然終得奇士 一泄之 令道臣聞之 修其墳墓 養其草木 使世人漸知有諸牧使 自此冤亦可解矣"(『학산한언』, 438면).
23) "公不語直視之"(『학산한언』, 454면).
24) "翁曰 兒生後 公以此紙 卽往江原道金剛山楡岾寺 備黃燭五百雙 供佛祝願 則必有慶祥隆厚"(『학산한언』, 397면).
25) "夫人心有所結 則雖死而猶不散 思想切至 則亦有所感召 古來如此者多 无足怪矣"(『학산한언』, 444면).
26) "夫湛一之氣 人得之而爲聖 物得之而爲神 天之不畀人而畀物 此雖適然之理 而豈非可惜者耶"(『학산한언』, 463면).
27) "呼朋相樂仁也 序行有次禮也 見傷吭扶義也 不卽棄去信也 知禍而避智也 於乎 可而人而不如獸乎"(『학산한언』, 464면).
28) 자세한 사항은 김윤수,「신돈복의 단학삼서丹學三書와 도교윤리」,『도교의 한국적 변용』, 아세아문화사, 1996), 281~300면을 참조할 것.
29) "余曰 平生景仰 而雪岳遠矣 無以進謁 今幸承顔 翁曰所處旣深勢固然矣 時余頗懶質問之事……"(『학산한언』, 289면).
30) 김창흡의 행적에 대해서는 이경수,「삼연 김창흡의 설악산 지역 은둔생활과 한시표현」(『2006년 우리말글학회 전국학술발표대회 발표논문집』, 우리말글학회, 2006), 159~174면을 참조할 것.
31) 이에 대해서는 김상조,「학산한언」연구」(『야담문학연구의 현단계』2, 보고사, 2001), 118~119면을 참조할 것. 김윤수는『해동전도록』과 그것을 보완한「신선전」등을 포괄하여『해동전도록증전』海東傳道錄證傳이라 불렀다. 김윤수,「신돈복의 단학삼서와 도교윤리」(『도교의 한국적 변용』, 아세아문화사, 1996), 291면을 참조할 것.
32) 신돈복은 민간에 유전되던『해동전도록』을 입수해 그것을 고증, 기록하였다. 또 그것을 보충하는「신선전」神仙傳을 지었다. 즉『해동전도록』에서 미비되었던 정렴의 선화仙化 사적을 보충하

고, 『해동전도록』에 누락된 남주南趎, 지리산 선인仙人, 『해동전도록』 이후의 신선 사적인 용문산승龍門山僧, 이광호, 문유채, 김세휴, 이계강 등을 입전하여 「신선전」 9편을 지은 것이다. 자세한 사항은 김윤수, 「신돈복의 단학삼서와 도교윤리」(『도교의 한국적 변용』, 아세아문화사, 1996), 290∼293면을 참조할 것. 신선전의 문학적 성격에 대해서는 김명호, 「신선전에 대하여」(『한국 판소리·고전문학 연구』, 아세아문화사, 1983)를 참조할 것.

33) "吾雖死非眞死也 眞身長留宇宙之間 更無生死之憂"(『학산한언』, 344면).
34) "此皆當亂 保身之地"(『학산한언』, 474면).
35) "地甚寬平 田土膏沃 人居亦多 桑麻翳荒梨棗 成林"(『학산한언』, 334면).
36) "到一處 卽一別界也 景物奇麗 田疇肥沃 有人居數十家 皆僧徒也 豊屋相接 泉石回匝 而滿洞皆梨樹 家家積粟 人人殷實"(『학산한언』, 338면).
37) "詭異有非常理所可測者 又何可謂之必无也"(『학산한언』, 459면).
38) 이강옥, 「조선시대 일화의 일탈」(『국문학연구 1997』, 국문학연구회, 1997)을 참조할 것.
39) "爲其主 逢其忠 爲其夫 成其烈 爲其父 立其孝 一擧而三綱具矣"(『학산한언』, 427면).
40) "行次非世間人也"(『학산한언』, 314면).
41) "生員是何人 我是何人 耳目口鼻同也 言動起居同也 此心胡爲不同 公獨爲善如彼 我乃爲惡如此"(『학산한언』, 315면).
42) "汝非世人也"(『학산한언』, 327면).
43) "此本義士 其心事吾所深悉 豈與於逆謀者耶"(『학산한언』, 330면).
44) "嘗指女謂我曰 此女與吾族弟某某有因緣 而弟從今以後有數年大厄 若來依於我 可以度厄 而自致成姻 然亦未同室 其同室在於嶺南尙州地 某年某月某日也 吾故將女就僧 欲度厄 而君果來過 吾適出未及見 厥後僧棄菴移去 不知所向 吾之子亦來寓此地寺宇 吾故隨來在此 及至此日 固知君之必來也"(『학산한언』, 331∼332면).
45) "馬忽疾馳而去 從僻路入一村家 時道落後隨入 則馬已熟在廐中 而見一女理織絲於中庭 …… 時道欲解馬繼 則有老嫗自內而出曰 何必解繼 馬則知所歸矣"(『학산한언』, 331면).
46) "凡人死生貧富 天神莫不鑑臨 汝輩切勿生非念以干神怒如兩人者也"(『학산한언』, 401면).
47) "孤身 挾貨 固取禍之道也"(『학산한언』, 402면).
48) "然苟非踏死地 烏能致此"(『학산한언』, 414면).
49) "然有心德者不惡 終受報"(『학산한언』, 425면).
50) "與其死凶賊之手 曷若殺賊與之俱死以償冤寃 且可强食先養吾氣耳"(『학산한언』, 322면).
51) "古之烈女 多殺身成仁 使人莫不慘傷悲激 而鮮有以福履終之者 此女旣以身 表壯烈於一世 又從君子同享富壽 鷄鳴相警之樂百年是期 貞義福厚 豈不兩得之乎"(『학산한언』, 324면).
52) "孟子曰 孔子登東山而小魯 登泰山而小天下"(『맹자』「진심장」盡心章 상).
53) "士而依土 不足以爲士 故君子以遊覽區宇 恢廣胸襟爲務"(『학산한언』, 305면).
54) "我國之人 雖云有志 若非仕官及有事 其能出於數百里外者寡矣 其胸中所存可知 古人所謂不朽事業 其可責之於此等人耶"(『학산한언』, 306면).
55) "人皆兩目 而彼獨一目 是乃天地偏氣之所生也 推此可知其它 而形旣得偏氣 心亦焉得其全氣"(『학산한언』, 318면).
56) "惟多見博識 洞觀幽奧者 物不能眩焉"(『학산한언』, 306면).
57) 「여여변능인」余興邊能仁(『학산한언』, 445면), 「성주문관」星州文官(『학산한언』, 435면), 「성주문관정석유」星州文官鄭錫儒(『학산한언』, 435면) 등이 여기에 해당한다. 「최첨사교사봉마」崔僉使僑

舍逢魔(『천예록』, 469면)도 참조할 것.
58) "朱子曰 人死 其氣未便散盡 故祭祀有感格之理"(『학산한언』, 457면).
59) "其聰明剛大之氣 所稟者厚矣 豈同凡流浮淺之氣哉 宜其久存不亡也 俗人托以正論 謂无神鬼 是豈有明知哉"(『학산한언』, 457면).
60) "卓然拔華之人"(『학산한언』, 456면).
61) "雖死 而其精魄能久存"(『학산한언』, 456면).
62) "夫湛一之氣 人得之而爲聖 物得之而爲神"(『학산한언』, 463면).
63) "夫人心有所結 則雖死而猶不散 思想切至 則亦有所感召 古來如此者多 无足怪矣"(『학산한언』, 444면).
64) "改從他女 夫之醜德 竊取人妾 士之惡行 固君子之所不道"(『학산한언』, 425면).
65) "皆出於寃極情戁"(『학산한언』, 425면).
66) "事成於偶然"(『학산한언』, 425면).
67) "邪之畏正 如此 而先生之爲正氣 益驗矣"(『학산한언』, 453면).
68) "能袪邪心以正持己 則鬼當敬服 不暇而敢侵犯"(『학산한언』, 461면).
69) "公不語 直視之"(『학산한언』, 454면).

『천예록』의 서술 방식과 서사 의식

『천예록』의 편저자는 이상우李商雨(1621~1685)로 추정되었다가[1] 임방任埅 (1640~1724)으로 확정되었다.[2] 그런데 게일Gale은 1913년에 간행한 『한국의 민담』Korean Folk Tales이란 책에서 이미 『천예록』의 편찬자를 임방Im Bang으로 규정했음이 최근 알려졌다.* 편찬 시기는 1716년에서 1724년 사이로 짐작되는데,[3] 한꺼번에 편술했다기보다는 틈틈이 기록해둔 것을 뒤에 묶었을 가능성이 크다.** 이렇듯 『천예록』은 야담의 본격적인 전재와 유형화가 이루어진 19세기 이전에 나온 초기 야담집으로서, 그 편저자와 편찬 시기가 비교적 소상하게 밝혀졌을 뿐만 아니라, 거기에 실린 작품들이 야담사의 전개

---

* 정용수는 게일이 어떤 방식으로 편찬자를 알게 되었는지 정확히 알 수는 없으나 풍천 임씨의 관향과 게일이 한학 공부를 한 곳이 황해도란 점이 관련이 있을 것으로 추정했다(정용수, 「『천예록』 이본자료들의 성격과 화수 문제」, 『한문학보』 7, 우리한문학회, 2002, 142면).

** 김동욱은 임방이 1689년(숙종 15) 기사환국으로 사직하고 6년간 두문불출하던 때, 1706년(숙종 32) 가을부터 여주에서 우거하던 때, 그리고 1709년(숙종 35) 밀양 부사직을 면하고 3년가량 전원생활을 하던 때로 추정했다(김동욱, 「천예록 연구」, 『반교어문학』 5, 반교어문학회, 1994, 166면).

양상을 살피는 데 중요한 요소들을 많이 갖추고 있다는 점에서 관심을 끈다.

지금까지 야담사는 대체로 야담이 『어우야담』에서 시작하는 것으로 보았다. 제목에 '야담'이란 말이 들어 있는 책 중에서 『어우야담』이 가장 이른 시기의 책이기 때문일 것이다. 그러나 『어우야담』에 실려 있는 작품 중에는 야담으로서의 성격보다는 평민 일화나 사대부 일화 혹은 전설의 성격을 더 강하게 지니는 것들이 많다. 그러므로 『어우야담』을 전형적인 야담집으로 보는 것은 무리이다. 야담사에서 『어우야담』을 일단 제외한다면, 『천예록』은 명실상부 야담 작품을 싣고 있는 야담집으로서는 가장 이른 시기의 것이라 할 수 있다.

야담에 대한 연구 성과가 축적되면서 연구 초창기에는 알려지지 않았던 야담집들의 편저자와 편찬 연대가 밝혀지고, 야담집 간 전승 경로나 야담집들의 계통이 분명하게 해명되는 바가 적지 않다. 아직도 밝혀야 할 사안이 더 많지만, 그간의 실증적 연구 성과를 토대로 야담과 야담집의 형성과 발전에 대한 야담사적 정리 작업을 시도할 만하다. 이 장에서는 이런 작업의 출발로서, 『천예록』의 분석을 통해 그 야담사적 위치를 설정해보고자 한다.

야담집은 구전되던 이야기를 채록하는 방법과 다른 문헌의 기록을 전재하는 방법을 병행하며 성립되었다. 초기 야담집에서는 전자가, 후기 야담집에서는 후자가 더 큰 비중을 차지한다. 초기 야담집에서도 후자가 나타나지만 많은 변개가 이루어졌다. 『천예록』은 이와 관련해서도 초기 야담집의 성격을 갖추고 있다. 그런 점에서 편찬자 임방은 다분히 적극적인 작가로서의 면모를 가졌다고 할 수 있다.*

다른 한편, 개별 이야기는 야담집이 편찬되는 과정에서 일정한 방향으로

---

* 진재교는 『천예록』의 작품들이 7언 형태의 제목을 달고 있는 점을 중시하여 임방을 '작가'로 인정할 수 있고, '작가 의식'을 확인할 여지가 있다(진재교, 「잡기고담의 저작연대와 작자에 대하여」, 『계간 서지학보』 12, 한국서지학회, 1994, 64면)고 했다. 덧붙여 2편마다 말미에 평결을 붙여 감상이나 평가를 드러낸 점도 주목해야 한다.

손질되게 마련이다. 먼저 정도의 차이는 있겠지만 모든 편저자는 자기 시대에 형성되어 있던 '야담집'에 대한 통념과 기대를 무시하지 못한다. 다음으로 자기가 편찬하는 야담집의 개성을 추구한다. 그런 점에서 개별 야담집은 야담집에 대한 그 시대의 통념을 수용하면서, 동시에 그것을 바꾸고 거기에서 벗어나려는 지향을 갖고 있다.

　이를 염두에 두고 『천예록』을 살펴보면, 이야기 구성과 서술 방식에서 독특한 면을 찾을 수 있다. 무엇보다 『천예록』의 편저자는 이야기를 구성하고 서술한다는 자각을 분명하게 가진 듯하다. 그런데 편저자가 남의 이야기를 듣고 기록한 경우, 『천예록』만의 독특한 서술 방식을 밝힐 수는 있지만 그 독특함이 편찬 과정에서 형성되었다고 말하기는 쉽지 않다. 반면 전대 잡록집의 일화나 설화들을 발전시킨 경우, 전대 잡록집에 실려 있는 그것들과 대비되는 『천예록』 소재 야담의 상대적 특징을 밝히기는 쉽다. 이것은 『천예록』이 18세기 야담집으로서 지닌 서술 경향과 긴밀한 관계가 있는 것이라 할 수 있다. 또 여기에 해당하는 작품들은 18세기 이후 야담집에도 실려 있는 경우가 많기에, 이들의 변모 과정에 대한 상세한 분석은 야담사의 전개와 야담사에서 『천예록』이 차지하는 위치를 살피는 데 도움을 줄 것이다. 이 장에서는 주로 여기에 초점을 맞추어 논의를 전개하려 한다.

　야담은 조선 초·중기 일화의 전환 과정에서 그 서사적 원동력을 얻었다고 할 수 있다. 필자는 조선 초·중기 일화가 조선 후기 야담으로 수용된 경우들을 대상으로 그 과정을 몇 범주로 나누어 살펴본 바 있다.[4] 이런 전체 구도 속에서 『천예록』이 어떤 사리를 차지할 것인지는 논의 결과를 두고 따져봐야 할 과제이다.

『천예록』의 서술 방식과 서사 의식

1 기이의 현실화를 통한 전설의 일화화

『천예록』에는 비현실적이고 환상적인 내용의 작품이 전체 62편[5] 중 47편 이상이나 된다.[6] 편저자는 이렇게 기이한 내용의 작품들을 다른 어떤 야담집보다 더 많이 수록했고,[7] 또 그에 대해 진지한 평을 붙이고 있다는 점에서 편저자가 기이에 대해 큰 관심을 가졌다고 추정할 수 있다.[8]

그런데 『천예록』은 몇 가지 장치를 써서 기이에 대해 일정한 거리를 설정했다. 먼저 기이 자체가 서사적으로 그럴듯하게 여겨지도록 포장하는 기술을 구사했다.* 다음으로 기이 자체가 실제로 일어났음을 입증해 기이에 신빙성을 부여하려 했다.** 기이가 꿈속에서 실현되도록 함으로써 기이가 현실로부터 거리를 유지하게 하기도 했다.*** 마지막으로 기이 자체로부터 존재론적·윤리적 의미를 추출해냄으로써 기이의 존재 의의를 인정했다.**** 그리

---

* 「생일임요구기장」生日臨要救飢腸(『천예록』, 449면)에서는 박내현의 죽은 아버지가 동헌에 나타난다. 그런데 귀신이 등장한 때를 대낮으로 설정함으로써 귀신이 엄연히 등장했다는 사실을 쉽게 부정할 수 없게 만들었다. 또 귀신을 본 사람을 아들과 아전으로 국한함으로써 기이한 느낌이 확장되는 것도 막았다. 이것은 「만복사저포기」에서도 활용된 수법이다. 「고성향수병화어」高城鄕瘦病化語(『천예록』, 431면)는 사람이 홍어로 변했다는 매우 기괴한 내용을 담고 있지만, 그 이야기가 홍어로 변한 사람의 아들에 의해 진술되게 함으로써 그 사실성을 부정하기 어렵게 만들었다.

** 가령 「광한루영무혹신」廣寒樓靈巫惑仲(『천예록』, 483면)에서 무속을 극구 배격하던 송상인宋象仁은 무당이 불러준 죽친 친구를 만난 뒤로 무당을 배척하지 않게 되었다. 이에 대해 편저자는 '광한루 무당이 원을 현혹시키다'라고 부정적인 제목을 붙이고서도 평결에서는 무당의 세계를 인정했다(『천예록』, 486면). 즉 무속의 '혼 부르기'라는 기이가 사대부의 일상에서 일어나게 하여 신빙성을 부여했다.

*** 「출찬대끽활소아」出饌對喫活小兒(『천예록』, 451면)에서는 경성 사인이 꿈속에서 두신痘神을 만난다. 사람과 두신이 현실에서 직접 만나는 것을 피하게 만든 뒤 두신의 위력이 현실에서 나타나도록 함으로써 기이를 완전하게 수용하지도, 완전하게 부정하지도 않게 했다.

**** 가령 「용산강신사감자」龍山江神祀感子(『천예록』, 485면)는 무당 굿판의 음식을 먹으러 가는 죽은 어머니를 꿈속에서 만난 주인공이 무당 집으로 종을 보내 확인한다는 내용인데, 꿈속의 기이가 현실에 그대로 나타난다. 그런데 편저자는 이 주인공이 최원崔源이라는 속설을 이끌어와, 마침내 이 이야기에서 효라는 의미를 추출한다. 즉 "효자의 마음이라면 이런 경지를 당하고 굿하는 것을 그만둘 수 없을 것이니, 최원이 겪은 그 기이한 일을 사람들이 그릇되다고 말할 수 없을 것"(『천예록』, 486면)이라 평했다. 기이로부터 효라는 의미를 추출할 수 있었기에 기이가 인정되었다.

하여 대부분의 작품들은 기이와 현실의 경계를 자연스럽게 넘나들거나 기이를 현실화하기에 이른다.[9]

「무인가망요화자」武人家蟒妖化子(『천예록』, 472면)를 예로 살펴보자. 어떤 무인이 수구문水口門으로 들어오던 큰 뱀을 쏘아 죽였다. 그 뒤 무인의 아내가 사내아이를 낳았는데, 그 아이는 아버지만 보면 성난 듯 흘겨보았다. 어느 날 무인이 아이와 단둘이 방 안에 누워 잠든 척하며 아이의 동정을 살펴보니, 아이가 손에 칼을 쥐고 다가와 자기를 찌르려 하였다. 무인이 칼을 빼앗고 몽둥이로 아이를 두들겨 죽이고는 이불로 덮어두었다. 얼마 뒤 이불이 움직여 들춰보니 시체가 뱀으로 변하고 있었는데, 뱀의 머리 위에 화살촉 흔적이 그대로 남아 있었다. 그 아이는 무인이 죽인 뱀의 환생이었던 것이다. 그래서 무인은 뱀을 풀어주며 타일렀다. 무인은 먼저 자신의 잘못을 인정했다. 그리고 뱀이 아들로 태어났다는 것 자체가 자신에게는 견디기 어려운 변괴이기에 뱀으로서는 복수를 한 셈이니 이제 그 원한일랑 잊고 복수의 사슬을 끊자고 했다. 뱀도 수긍한 듯 고개를 숙였다.

이것은 윤회나 환생을 인정하지 않는 사대부의 입장에서는 받아들이기 어려운 기이한 이야기이다. 반면 윤회나 환생을 인정한다면 있을 법한 이야기이다. 사실 이런 부류의 이야기가 전설에는 적지 않다.* 그런데 여기서는 무인의 마지막 제안에 힘입어 '전설적 경이'의 수준을 넘어섰다. 무인 스스로가 이 사건의 본질을 꿰뚫어보고, 또 스스로 문제를 해결했기 때문이다. 그런 점에서 이 작품은 전설이 아니다.** 아울러 평결은 편저자가 이 작품을 통해 어떤 의미를 추출하고자 했는지를 분명하게 알려준다.

---

* 가령 뱀이 사람으로 변신하여 사람을 해치는 이야기는 『용천담적기』의 「진산구유일유자」晉山舊有一儒者(『대동야승』3, 128면)에도 실려 있다.
** 이에 비해 바로 앞에 있는 「고상제사혼작화」故相第蛇魂作禍(『천예록』, 471면)는 뱀 혼의 가공할 복수를 보여주기만 한다는 점에서 전설에 가깝다.

사람은 천지 만물의 영장이다. 뱀은 비록 독충이기는 하지만 미물이다. 그런 뱀이 피살되자 그 혼령이 능히 변괴를 일으켜 원수를 갚고자 했다. 그런데 원통하게 피살된 사람의 혼령이 복수를 하였다는 말은 듣지 못했다. 가장 신령스런 사람이 도리어 미물인 뱀보다 못하다니 어쩐 일인가? 내가 요즘 세상을 보니 죄 없이 남에게 피살되는 사람이 많은 것 같은데, 혼령이 적막하여 아무런 반응이 없다. 옛 재상의 집과 무인의 집에서 일어난 뱀의 일을 보고 가만히 느끼는 바가 있다. 세상일에 통달한 군자와 더불어 사람과 사물의 유명의 이치에 대해 토론할 수 없는 것이 한스럽도다.[10]

위 평결에서 편저자는 뱀이 무인에게 원수를 갚으려 했다는 사실을 인정하고 있다. 그리고 뱀과 사람 사이에 일어났던 그 상황에다 사람과 사람 사이의 상황을 비추어 보고 있다. 죄 없는 사람을 살해하고도 태연하게 살아가는 사람이 많은 자기 시대에 대해 강렬히 문제를 제기하는 것이다. 그래서 이 기이한 이야기는 기이함 자체에 매몰되지 않았다. 기이한 이야기에서 현실적인 의미를 추출했기에 '기이의 현실화'라 할 수 있다. 이로써 전설에서 일화로 전환되었고, 암시적이나마 당대 현실과의 관계를 획득했다고 볼 수 있다. 나아가 편저자는 이런 기이한 이야기를 근간으로 궁극적으로 '사람과 사물의 유명人物幽明'의 이치를 따져보는 데 관심을 가졌다. 기이한 이야기를 세상의 본질에 대해 탐구하는 계기로 삼았다는 점에서 볼 때 기이한 것에 아주 적극적인 의미를 부여했다고 하겠다.

특히 저승 환력담이나 귀신담 등은 주인공이 매개자 없이 기이소와 직접 관계를 맺는 내용이기에 사대부로서 수용하기가 더욱 어려웠을 것임에도 불구하고 『천예록』에는 그런 작품이 적잖이 실려 있다.

저승 환력담으로서는 「염라왕탁구신포」閻羅王托求新袍(『천예록』, 405면)와 「보살불방관유옥」菩薩佛放觀幽獄(『천예록』, 406면)이 돋보인다. 이 두 작품의 주인공들은 저승에 잡혀갔다 돌아오는데, 저승에서의 일들이 현실로 이어진다.

평결에서 편저자는 염라왕이 자주 바뀌는 것이 이상하고, 천당과 지옥의 위치가 불합리하다는 점 등을 근거로 두 이야기가 '황당'하다고 단정 짓는다. 그런데 바로 그 앞에서 「보살불방관유옥」에 대한 소감을 다음과 같이 피력했다.

아, 내범의 일은 불가佛家가 혹세무민하는 말인 듯하다. 군자는 기이한 것을 말하거나 기술하지 않는 것이 마땅하다. 그러나 송나라 이주李舟가 말하기를 '천당이 없으면 그만이지만 있다면 군자가 올라갈 것이요, 지옥이 없으면 그만이지만 있다면 소인이 들어갈 것이다' 했으니, 이로 본다면 내범이 말한 것이 비록 세상을 속이는 것에 가깝지만 또한 세상을 경계하는 부분도 있다. 고로 나는 그 말을 기록하여 한퇴지韓退之가 '그 하나는 취하고 그 둘은 따지지 않은 뜻'에 붙이고자 한다.[11]

저승이나 천당의 실재를 의심하기는 하지만, 그에 대한 이야기가 세상 사람들을 경계할 수 있다는 효용성은 인정한다는 입장이다. 이런 입장은 주인공이 귀신들을 부리는 이야기인 「서평향어점만명」西平鄕於點萬名(『천예록』, 413면)과 「임실사인령이졸」任實士人領二卒(『천예록』, 416면) 등에 대한 태도에서도 나타난다. 이 두 이야기의 주인공들은 인간에게 질병을 일으키는 귀신들을 응징함으로써 인간을 돕는다. 편저자는 이 점을 유념한다. 즉 귀신을 부리는 것이 말세의 현상이기는 하지만 그들이 사람에게 해를 끼치지 않고 혜택만 베푸니 전우치보다는 훨씬 현명하다고 평가한 것이다.[12]

「별해진권축삼귀」別害鎭拳逐三鬼(『천예록』, 493면)는 귀신을 만나는 무인 이만지李萬枝의 당당함을 보여준다. 그는 평생 무언가를 두려워한 적이 없는 사람으로, 벼락이 내리쳐 온 집안이 풍비박산되어도 '내가 죽을죄도 안 지었는데 어찌 벼락을 맞겠는가?' 하며 버텼다. 함경도 별해 첨사別害僉使로 갔을 때는, 전임 첨사들이 귀신을 만나 모두 죽었다는 말을 듣고서도 버려진 관사에 혼자 남아 있다가 세 명의 귀신을 만난다. 그리고 귀신들과 대화를 나누어 그들이 배가 고파 나타나는 속사정을 알게 된다.[13] 전임 첨사들이 귀신의 출현에 충격을 받고 그 자리에서 죽었지만, 이만지는 두려운 상황에서도 정신을 차리고 대화를 성사시켜 그들의 사정을 알아낸 것이다. 이것은 말에 의한 의사소통을 통해 문제를 해결한 경우로, 경험자의 자기 경험 진술이라는 서술 방식의 초기 형태를 보여준다. 이만지의 용력과 지혜를 부각시키기 위해 먼저 귀신의 존재를 인정하였다. 귀신의 출현이라는 기이소가 현실 인간의 행동 속에 포섭됨으로써 현실화된 셈이다.

인접 갈래로서 기이를 가장 적극적으로 수용한 것이 전설이나 전기傳奇소설이라고 한다면, 야담은 서술자가 주인공의 처지나 정서에 자신을 동일시하는 정도가 약하다는 점에서 전기소설과 다르고, 기이에 대해 인식적으로 패배하지 않는다는 점에서 전설과 다르다. 이처럼 『천예록』 소재 야담 중 기이를 담고 있는 작품들은 전기소설이나 전설과 친연성을 갖지만, 야담적 서술법을 유지하고 있기에 그것들과 구분된다. 『천예록』은 기이를 담은 전설을 그대로 수록한 경우도 적지 않지만, 대체로 기이에 현실적이고 윤리적인 의미를 부여함으로써 야담계 일화나 야담계 소설로 전환시켰다고 하겠다. 기이한 이야기에 대한 『천예록』의 이 같은 긍정적 의미 부여는 그보다 뒤에 편찬된 『학산한언』이나 『동야휘집』에 영향을 주었다고 볼 수 있다.*

2 사건의 구체화와 배경의 형성

『천예록』에는 사건의 줄거리만을 제시하는 데 그치지 않고 사건이 전개되는 과정을 보여주는 작품이 많다. 「정북창원견노면」鄭北窓遠見奴面(『천예록』, 399

---

* 기이에 대한 『학산한언』의 태도에 대해서는 이 책의 「초기 야담집 『학산한언』의 현실 지향과 비현실 지향」을 참조할 것.

면),「윤세평요곡매상」尹世平遙哭妹喪(『천예록』, 400면)이 대표적인 사례이다. 두 작품은 정북창과 윤세평이라는 인물의 탁월한 능력을 보여주는데, 이들에 대한 비슷한 이야기가 이전 문헌들에 두루 실려 있다.

「정북창원견노면」은 『을사전문록』乙巳傳聞錄, 『해동잡록』海東雜錄, 『동각잡기』東閣雜記 등 잡록집에 있던 북창 정렴에 관련된 일화들을 수용하였다.[14] 세 잡록집에 전하는 정렴 관련 기록은 거의 동일하다. 뛰어난 자질을 갖고 태어난 정렴은 배우지 않고서도 천문·지리·음악·의약·중국어 등에 빼어난 능력을 보였다. 아버지를 따라 북경에 갔는데 중국인들과 말이 통했다. 아버지 정순붕이 을사사화의 모의에 참여할 때 말렸으나 듣지 않자 청계산과 양주 등지로 들어가 숨어 살다가 죽었다. 세 잡록집은 '그는 산속에 거처하면서 산 아래에 사는 사람들의 일을 훤히 알아 "어느 집에서 지금 무슨 일을 하고 있지" 하여 확인해보면 과연 그러했다'[15]라는 구절로써 정렴이 신통력을 가졌다는 사실을 예증했다. "어느 집에서 지금 무슨 일을 하고 있지"라는 표현은 행위의 주체와 내용을 분명하게 밝히지 않고 있어서 독자들에게 실감을 주지 못한다. 서술자는 정렴이 신통력을 가졌다는 막연한 사실을 다만 알리고자 할 따름이다.

이에 비해 『천예록』의 「정북창원견노면」은 "평생 행적에 기이한 일이 매우 많았지만 우리나라에는 호사자가 없는 까닭에 오늘날까지 전해지는 일은 지극히 적다"[16]며 정렴의 구체적 행동에 대한 관심이 없는 것을 안타까워한 뒤, 정렴의 특이한 행적을 구체적으로 적겠다고 밝혔다.[17]

> 북창이 하루는 따로 살고 있던 고모를 찾아가 뵈었다. 고모가 자리를 내어주어 조용히 이야기를 나누었다. 그러다 이렇게 말했다. "내가 세공을 거두어 오라고 종 하나를 영남으로 보냈는데, 돌아올 때가 되어도 도착하지 않으니 혹시 도적을 만났거나 뜻밖의 재난을 만났을 것 같아 걱정이 된단다." 북창이 말하기를, "제가 고모님을 위하여 그 종이 어디쯤 왔는가 보고 알려드리지요" 하니 고

모가 웃으며 말했다. "네가 농담을 하니? 그게 무슨 말이냐?" 북창이 곧 앉은자리에서 영남 쪽을 향해 바라보고는 한참 만에 고모에게 말하였다. "그 종이 새재를 넘고 있으니 걱정하지 마십시오. 다만 지금 어떤 양반에게 얻어맞고 있는데, 그게 종의 탓이라 가엾게 여길 필요는 없습니다." …… 그 종이 집에 도착한 후 새재를 넘은 일시를 물으니 벽에 적어둔 것과 조금도 다르지 않았다. 새재를 넘을 때 양반에게 봉변당한 일을 물으니 종이 괴이하게 여기고 놀라면서 매를 맞게 된 곡절을 말해주었는데 북창이 한 말과 꼭 같았다.[18]

이와 같이 전대 잡록집들이 '산에 거처하면서 산 아래에 사는 사람들의 일을 훤히 알았다'고 간략하게 진술한 부분을 『천예록』은 새롭게 서술하였다. 서사의 기본 요건인 인물, 시간, 행위 등을 잘 갖추어서 실감 나게 재현한 것이다.

이러한 변화는 『천예록』 소재 단편 중 전대 문헌을 재수록한 다른 작품들에서도 거듭 확인되는데, 「윤세평요곡매상」尹世平遙哭妹喪(『천예록』, 400면)에서 이러한 점이 두드러진다. 이 작품은 『청강쇄어』清江瑣語(편찬자 생몰 연대; 1536~1584), 『지봉유설』芝峯類說(1563~1628), 『해동이적』海東異蹟(1643~1725)에도 실려 있는데, 모두 이적을 보인 윤군평尹君平의 일생을 다루었다.

『청강쇄어』는 먼저 정붕, 정수곤, 윤군평 등이 선거仙去했는데 모두 죽을 때 공중에서 음악 소리가 들려왔다는 속설을 소개하고는, 이어 윤군평의 아들 윤림尹霖의 말을 옮겼다. 윤군평이 모든 질병의 원인이 되는 과식을 경계하였고, 차가운 철편 여러 개를 양쪽 겨드랑이에 번갈아 끼워 겨드랑이를 식혔으며, 추위를 아랑곳하지 않고 냉수욕을 하였고, 아무 병도 없이 죽었다는 이적을 소개했다.[19] 그리고 죽을 때 공중에서 음악이 들려왔다는 것은 허황한 말이지만, 철편과 냉수욕 관련 사실은 진정 괴이한 일이라는 평을 달았다.[20] 편저자는 윤림의 말을 대체로 인정하고 그 말을 근거로 속설의 신빙성을 따졌다고 하겠다. 여기서 편저자의 관심은 윤군평이란 실재 인물이 과연 어떤 이적을 보였는지를 분명하게 따지는 데 있지, 이적을 재미나게 묘사하는 데 있지 않았다.

『지봉유설』은 윤군평이 이인으로부터 『황정경』을 얻어 수련법을 알게 되었다고 한 뒤, 전우치와 더불어 그 당시에 도술이 매우 높았으며 80여 세에 죽었는데 그 시체가 매우 가벼워 사람들이 시해尸解했다고 믿었고 그 아들 윤림 역시 도가 있었다고 소개했다. 『지봉유설』은 윤군평의 이적을 직접 말하지 않고, 주변적인 것을 통해 변죽을 울린 셈이다. 그가 이인을 만났다는 것, 전우치와 비교될 만했다는 것, 그 아들도 도가 높았다는 것 등은 주변적인 내용이다. 『해동이적』은 『청강쇄어』와 『지봉유설』의 문면들을 그대로 옮겼다.

한편 『천예록』의 「윤세평요곡매상」은 먼저 윤군평이 겨드랑이에 차가운 철편을 끼웠다는 『청강쇄어』의 이야기*와 윤군평이 이인을 만나 도술을 전수받는 『지봉유설』의 이야기를 수용했다. 그것을 작품의 서두로 만들고, 두 개의 서사 단락으로 이뤄지는 본 이야기를 덧붙였다.

① 윤세평과 전우치가 경쟁하는 이야기
② 윤세평이 호남 땅에 사는 누이가 죽었다는 것을 알고 초상에 필요한 여러 물건들을 보내는 이야기

①은 위에서 언급한 여러 잡록의 기록 중 『지봉유설』에 나타난 "당시 전우치와 함께 도술이 매우 높았다"는 구절을 발전시킨 것이다. 『지봉유설』에서 압축적으로 진술한 부분을, 『천예록』은 두 인물을 등장시켜 말과 행동을 통해 서로 관계를 맺고 갈등하는 이야기로 발전시킨 것이다. 여기서 편저자는 윤세평에 비해 능력은 열등하지만 살아남기 위해 변신을 거듭하는 전우치

---

* 이 경우도 『청강쇄어』가 사실을 진술하는 방법을 취한 반면, 『천예록』은 윤군평의 그런 행위와 그것을 바라보는 처자의 시선을 함께 지적함으로써 이야기를 더 생생하게 만들었다.

의 행위를 선연히 부각하였다. 전우치는 윤세평과 경쟁하는 과정에서 벌레로 변신해 단지 속에 들어간다. 하지만 윤세평이 여자로 변신하여 전우치의 정부라고 거짓말을 하자 전우치의 부인은 앞뒤를 차분히 따져보지도 않고 전우치가 숨어 있는 단지를 깨버린다. 사건 전개에서 전우치 아내의 질투심을 중요하게 활용한 것이다. 이렇듯 ①에서는 주인공뿐만 아니라 상대 인물들의 역할을 강화해 사건을 구체화하고 확장하였다. ②는 윤세평이 먼 곳에서 일어나는 일을 볼 수 있는 신통력을 지니고 있었음을 실례를 통해 보여준다. 그것은 「정북창원견노면」에서 정렴이 새재에 있던 종의 존재를 알려준 것과 유사하다. 윤세평이 가졌던 신통력의 구체화란 점에서 의의를 가질 뿐만 아니라, 이야기를 서술함에 있어서 앞 서사 단락의 구조와 대응시켰다는 점에서 작품 구조에 대한 인식이 진전되었음을 보여주는 사례라고 하겠다.

편저자는 평결에서 정렴과 윤세평의 이야기를 근거로 우리나라에 '신인'神人이 있다며 감탄한다.[21] 그런데 그 근거는 이야기를 계기로 하여 확인한 역사적 사실이 아니라, 이야기 속에서 재구성된 등장인물의 존재이다. 편저자가 이야기 자체를 신뢰했기 때문에 이러한 판단을 내린 것이다.

또 『천예록』의 「고성향수병화어」高城鄕叟病化魚(『천예록』, 431면)는 문헌에 거듭 나타나던 '물고기가 된 사람' 이야기를 담았다. 비슷한 모티프의 이야기는 『청파극담』(1438~1498),[22] 『소문쇄록』(1503년 이후 편찬),[23] 『어우야담』(1559~1623),[24] 『부계기문』(1581~1643)[25] 등에 실려 있다. 『청파극담』은 병들어 죽어서 바닷가에 버려진 사람의 시신이 작은 물고기로 변해 사라졌다는 내용을 짤막하게 제시했다. 그것은 어떤 노인이 일생 동안 목격한 기괴한 일 중의 하나이다. 주인공의 이름이나 처지, 그의 말 등은 제시하지 않았다. 『소문쇄록』의 「강릉부어부」도 짧지만, 이 이야기에는 주인공이 바닷가로 가게 된 까닭이 덧붙어 있다. 병이 든 어부가 자손들에게 자기를 바닷가로 데려가 달라고 요구하는 장면이 나온다. 그리고 『소문쇄록』의 「용강현」에 이르러서야 비로소 '물고기가 된 사람' 이야기의 전형적 사사 단락이 갖추어졌다.

① 용강현에 어부가 살았다.
② 아흔 살이 넘은 나이에 자기를 물가로 데려가 달라고 자식들에게 부탁했다.
③ 자식들은 그 부탁을 들어주지 않았다.
④ 어부는 팔다리를 씻고 싶다며 물 한 동이를 요구하였다.
⑤ 물 한 동이를 가져다주니 기뻐하며 몸을 씻었다. 몸통이 점점 물고기로 변했다.
⑥ 이웃의 동업자가 소문을 듣고 찾아가니 어부는 쳐다보며 미소를 지을 따름이었는데, 이미 허리 아래는 농어가 되어 있었다.
⑦ 몇 달이 지나니 몸 전체가 농어가 되어서 바다로 데려다주었다.

이렇듯 『소문쇄록』에 와서 주인공에 대한 묘사가 좀 더 구체화되었다. 주인공이 물에 집착하는 이유도 분명해졌다. 무엇보다 크게 달라진 점은 주인공의 자식들이 상대 인물로 등장했다는 것이다. 그리고 목격자로서 '동업자'가 등장한 점도 흥미롭다.

「용강현」은 「강릉부어부」와 함께 『소문쇄록』에 실려 있다. 「용강현」은 「강릉부어부」와 비슷한 소재를 다루지만, 인물 형상화나 사건 구성의 수준에서 월등하다. 이 현상은 이 시기에 「강릉부어부」와 같은 수준의 이야기들 속에서 「용강현」과 같은 높은 수준의 작품이 만들어지고 있었음을 암시한다.

『어우야담』에 실려 있는 「진사유극신지우」는 「용강현」의 서사 단락을 모두 수용하고 거기에 새로운 단락을 첨가하였다. 먼저 '이야기'의 액자가 만들어졌다. 유극신의 친구가 "내가 듣기로 자네는 홍어의 자손이라는데 과연 그런가?"라고 묻자 유극신이 그에 대한 대답으로 홍어가 된 선조 할머니의 이야기를 해주는 것이다. 그런데 이 액자는 단지 이야기를 이끌어내는 기능만을 하기에 뒷이야기와 긴밀한 관계를 맺지 않는다. 따라서 '이야기하기'는 진지하기보다는 안이하다는 인상을 준다.

유극신의 이야기에는 두 가지 뚜렷한 특징이 나타난다. 속 이야기의 주인공인 선조 할머니의 말이 그대로 노출된다는 점과,[26] 선조 할머니가 홍어로 변하는 과정에 대한 묘사가 더 상세하다는 점이다. 서술의 초점이 생긴 것이라 할 수 있겠다. 그런데 등장인물의 말은 그 인물의 개성을 생생하게 독자에게 전달해주는 역할을 하는데, 여기서의 말은 등장인물의 개성을 나타내기보다는 서술자의 진술을 대신하는 것일 따름이다. 홍어로 변신하는 과정에 대한 세세한 묘사는 부분적으로 재현의 효과를 만들면서 또 '지연'의 역할을 하기도 한다.

『부계기문』에서는 액자와 속 이야기가 긴밀하고 긴장된 관계를 갖게 되었다. 고깃국을 먹지 못하는 품관品官을 이상히 여긴 삼화 현령 이시언李時彦이 그 이유를 거듭 묻자 품관은 울면서 대답한다. 그런데 그 이야기 속에서 물고기로 변하는 사람은 바로 품관의 아버지이다. 그렇기에 액자와 속 이야기는 더욱 긴밀한 관계를 맺게 되었다. 품관은 "그래서 감히 물고기를 먹지 못한답니다"[27]라고 이야기를 끝내, 자신의 이야기가 자신이 울었던 이유를 해명하기 위한 것이었음을 분명히 하였다. 그런 점에서 품관의 이야기는 해명의 수단이라는 성격이 강할 뿐, 그 자체로서 독립성을 얻지는 못하였다. 마지막에서 편저자는 진주에도 이와 같은 이야기가 있었다고 첨언한 뒤, 그 이치가 무엇인지 독자에게 질문한다.[28] 편저자는 이야기 자체를 만들기보다는 현실에 존재했던 기이한 현상이나 사건을 일단 기록한 뒤, 그 기이한 현상의 본질이 무엇인지를 성찰하고자 했다.

『천예록』의 「고성향수병화어」는 전대 작품들에서 나타난 요소들을 모두 집성하고 그 각각을 확장시켰다. 서술의 초점을 더 분명하게 하고 대화를 늘렸는데, 품관의 아버지가 물가로 가게 되는 과정과 변신하는 장면에서 특히 그러하다. 품관의 아버지는 아들에게 물가로 데려가 달라고 하며 그 이유를 또렷하게 제시한다.[29] 품관의 아버지가 열병을 앓고 있다는 설정은 그런 요구가 지당한 것으로 받아들여지게 한다. 그러나 아들들이 반대하자 아버지는

화를 내면서 "너희들이 내 말을 듣지 않는 것은 아비를 죽이는 것과 같다"[30] 라며 더 강하게 요구한다. 더 이상 어쩔 수 없게 된 아들들이 아버지를 물가로 모셔 간다. 물가로 가려는 목표를 달성한 아버지는 그 자리에서 바로 변신하지 않고 몇 가지 이유를 내세워 아들들을 물리친다. 아들들은 먼 숲 속으로 갔다가 아버지가 보이지 않자 다시 달려와서는 홍어로 변해가는 아버지를 발견한다. 이 과정을 박진감 있게 충격적으로 묘사하였다. 그리고 물고기가 된 아버지가 떠나가는 모습도 더 그럴듯하게 보이도록 변개하였다. 물고기가 되어 물속에서 살게 되어 행복해졌음에도 불구하고 자식들을 버려두고 차마 떠나지 못하는 모습을 묘사했기 때문이다. 이 부분은 사람의 내면적 갈등을 표현한 것이면서, 다음 절에서 말할 '지연 서술'에 해당하는 것이기도 하다. 주인공이 물고기로 변하는 순간과 물고기로 행세하는 순간을 기대하던 독자들로 하여금 계속 긴장하며 마지막 상황의 등장을 기다리게 한 것이다. 그 지연은 등장인물이 변화된 상황에 대처할 수 있는 새로운 행동 양식을 만들어내게 하였다. 그것은 '체험의 확장'이요, '배경 공간의 구체화'이다.

    요컨대 '물고기가 된 사람' 이야기가 『천예록』에 정착되는 과정을 살펴보면 문헌 전재의 전통에서 형성된 초기 야담의 특징을 도출할 수 있다. 먼저 현실에서 일어난 기이한 사건을 후대에 전한다는 의식이 강했는데, 『천예록』에 가까워질수록 이야기의 독자성을 확보하려는 경향이 더 강화되었다. 사건의 개요만을 짤막하게 제시하고 나머지는 독자들이 스스로 현실 유추를 통해 구체화하게 하던 데서, 현실과는 구분되는 이야기만의 배경을 만드는 쪽으로 나아갔다. 그 결과 핵심 사안이 곧바로 제시되지 않고 지연 서술되었다. 등장인물의 말을 노출시키고 독특한 처지나 품성을 드러내어 등장인물 간의 갈등을 강화시켰다. 서술의 초점을 만들어 세부적인 행동을 장황하게 소개하거나 행동의 배경을 소상하게 묘사하였다.

    그런데 「고성향수병화어」는 유화들 중 서사적으로 가장 발전되었다고 할 수 있지만, 전대적 요소를 떨쳐내지 못한 면도 보인다. 가령 품관의 마지막 말을 통해 품관의 이야기가 자신의 특별한 행위에 대한 해명이었음을 밝힌다거나,[31] 이야기에 제시된 현상을 만물의 변화라는 차원에서 이해한 것[32]을 보면, 작품을 현실로부터 완전하게 독립시키지는 못했음을 알 수 있다.*

③ 지연遲延** 서술 방식과 서사적 시·공간의 확장

사건이 구체화되고 배경이 형성되면서 어느 정도의 지연은 이루어졌다고 할 수 있다. 그때의 지연은 서술자가 분명하게 의도하여 만든 것은 아니었다. 그런데 서술자가 의도적으로 사건의 진행을 지연시키는 경우도 있다. 이것이야말로 서술 방식으로서의 지연이라 할 수 있다.

가령, 「관동도조우둥선」關東道遭雨登仙(『천예록』, 393면)은 한 교생이 신선계로 초빙되어 결혼하고 아이까지 낳은 뒤 이 세상으로 돌아왔다가 전란이 일어날 것이라는 선옹仙翁의 편지를 받고는 솔가해 다시 신선계로 들어갔는데, 그 뒤 과연 병자호란이 일어나 그 마을이 쑥대밭으로 변했다는 내용이다. '선계 여행담'의 범주에 속하는 이야기로, 전대의 다른 작품에 비해 대단히 길어졌다.

'어떤 사람이 선계로 초대되어 어떤 구경을 하다가 돌아와 어떻게 되었

---

* '사건의 구체화와 배경의 형성'이란 차원에서 덧붙여 고려할 작품이 「기신회수섭폐의」忌辰會羞攝弊衣이다. 이 작품은 『학산한언』의 「서약봉」徐藥峰(『학산한언』, 444면)과 줄거리가 거의 동일하다. 『학산한언』의 「서약봉」은 『천예록』의 「기신회수섭폐의」에서 비롯되었을 수 있지만, "약봉의 후손 종익이 말해주었다"("藥峰後孫宗益云", 『학산산언』, 445면)는 구절을 고려할 때 『천예록』과 무관하게 성립되었을 수도 있다. 그런데 『천예록』의 이 작품은 그보다 후대에 작성된 『학산한언』의 「서약봉」에 비해 사건과 배경을 훨씬 더 구체적으로 기술하고 있다.

** 단형 서사 양식에서 서술자는 사건의 결말을 머뭇거림 없이 재빨리 제시한다. 그것을 '단도직입의 서술 방식'이라 할 수 있겠는데, 단도직입의 서술 방식은 단형 서사 양식 중 특히 일화에서 가장 두드러진다. 그에 반해 사건의 결말을 보여주기까지 좀 더 긴 서술 시간을 할애하는 경우가 있다. 그것은 사건이 복잡해졌기 때문이기도 하고, 서술자가 결말을 재빨리 제시하지 않고 다양한 다른 사항들을 서술하고자 했기 때문이기도 하다. 즉, 어떤 일들에 대한 기술을 더디게 끌어가서 결말의 시각이 늦어지게 만드는 것을 지연이라 할 수 있다. 지연이 특히 서술자의 의도에 의해 이루어졌을 때 서술 방식의 일종이라고 볼 수 있으므로 그 경우를 '지연의 서술 방식'이라 일컫는다.

다'는 식으로 간략하게 기술되던 이야기가 이렇게 길어지게 된 계기는 무엇일까? 먼저 사건의 핵심이 드러나거나 문제가 해결되는 시점이 뒤로 미루어지는 경향이 강해졌다. '어떤 사람이 선계에 도착했다'라는 식으로 사건의 시말을 압축해 제시하기보다는 '선계에 어떻게 도착하는가' 하는 과정을 장황하게 기술하였다. 그리고 '선계에서 얼마 동안 있다가 마침내 돌아왔다'는 사건의 개요보다는 '선계에서 어떻게 지내며 무슨 구경을 하고 어떤 일을 겪게 되었는가'를 상세하게 제시하는 것이다. 특히 선계의 묘사 부분은 야담의 공간에 대한 탐색과 배경의 확장이란 의의를 가진다고 할 만하다.*

물론 이 작품은 주인공이 병자호란의 피해를 모면하는 내용으로 귀결되지만, 독자들의 관심은 그것에만 국한되지 않는다. 교생이 고향으로 돌아온 뒤에도 어머니의 성품이 엄격해 신선계에서 견문한 바를 직접 이야기하지 못한다든가, 그가 입고 있는 옷이 어떠했다든가, 그것을 본 친구는 어떤 반응을 보였다든가, 결혼을 하게 되지만 금실은 좋지 않았다든가 하는 이야기들이 계속되는 것이다. '교생이 결국 병자호란의 피해를 모면했다'는 결말을 진술하기 전에 이뤄지는 이 같은 주변 사항들에 대한 서술은 '지연의 극대화'라 할 수 있다.

지연의 서술 미학은 풍경이나 풍속으로서의 배경을 확장해준다. 그리고

---

* 가평 교생은 선군이 노는 곳을 구경하게 되는데 그곳에 대한 묘사가 절묘하다. "見丹崖翠壁 玉泉銀瀑 愈入愈勝 曲曲奇絶 琪花瑤草 處處掩映 珍禽異獸 往往翔集 …… 登苑後一峰 其峰不甚高峻 逶迤而上及其頂 自成數層高壇 騁望平臨大海 見三島出沒於波上 十洲羅列於眼前 …… 金闕銀臺 縹緲於天半 祥雲瑞霞曖曃於空外."(『천예록』, 396면). 임방은 「춘라대기」春羅臺記(『수촌집』, 『한국문집총간』 149, 민족문화추진회, 1997, 189면), 「용연대기」龍淵臺記(같은 면), 「와리헌기」臥理軒記(같은 면) 등 기기를 통해 누정 주위의 탁월한 풍광을 묘사하였다. 특히 「임경촌대화당기」臨鏡村對畵堂記(『수촌집』, 190면)에서는 민생閔生이 사는 집 주위의 임경촌臨鏡村 풍광을 묘사했다. 따라서 민생을 위 작품의 선군에 대응시키고 임방을 가평 교생에 대응시킬 수 있는 가능성도 없지 않다. 그리고 다음과 같은 묘사 방식은 위의 인용 부분과 통한다. "紅欄翠楣 縹緲隱暎 於茂林脩竹之間 修楔亭下 層崖絶壁 削立千丈 幽花異樹 落影倒照於澄波縠紋之上 西望潺灘長橋夕陽之行旅 東望月洞遙村一抹之孤煙"(『수촌집』, 191면). 임방은 명승 유람과 그에 대한 기기 창작 경험을 활용해 『천예록』 소재 야담 작품의 배경 공간을 확장하여 묘사했다고 할 수 있을 것이다.

등장인물의 견문을 넓혀준다. 독자의 입장에서 생각하면, 독자가 얻을 수 있는 정보가 많아짐을 뜻한다. 그렇다면 이런 지연의 서술 미학은 조선 후기 문학 향유층들의 다양한 사항들에 대한 호기심 증대에 대응하는 서사 장치라고도 할 수 있다.

편저자가 이러한 장치를 구사한 것은 편저자의 문체 취향과도 관련이 있을 것으로 추정된다. 편저자는 전기傳奇소설을 많이 읽었는데,³³⁾ 전기소설에 흔한 '이향 방문담' 異鄕訪問譚³⁴⁾의 문체와 서술 방식을 참조했을 가능성이 크다. 또 조선시대에 활발하게 창작되었던 유산기遊山記나 유산록遊山錄 중 특히 '도가 계열의 산수유기山水遊記'³⁵⁾의 영향도 배제하기 어렵다.

소재 선택에서의 절제와 서술 방식에서의 압축이 일화의 서술 미학이라면, 『천예록』에도 일화의 서술 미학을 보여주는 이야기가 많다. 그러나 위와 같이 장광설과 시·공간 확장에 의한 지연을 서술 미학으로 하는 작품들도 적지 않은데, 이들은 일화의 범주를 벗어나서 소설로 나아간 경우이다.

「소설인규옥소선」掃雪因窺玉簫仙은 소위 '옥소선 이야기' 중 가장 이른 시기의 것으로,³⁶⁾ 『천예록』에 실려 있는 작품 중 가장 길다. 평안 감사인 아버지를 따라 평양으로 갔다가 기생 옥소선을 사랑하게 된 감사의 아들은 아버지의 임기가 끝나자 옥소선과 이별하게 된다. 그러나 산사에서 글을 읽던 중 옥소선이 너무나 그리워 아무 말도 없이 혼자 평양으로 돌아간다. 우여곡절 끝에 옥소선을 만난 그는 옥소선의 도움으로 공부에 전념해 마침내 장원급제한다. 그리고 급제자 발표장에서 임금의 주선으로 아버지를 만나고 옥소선을 본부인으로 맞이하게 된다.

그런데 궁지에 빠진 사대부 자제가 기생의 도움으로 과거에 급제하게 되는 이야기는 당시에도 통속화되어 널리 알려져 있었다.* 그리고 이 작품의 줄거리는 『천예록』에 실려 있는 다른 작품에 비해 특별히 복잡하지도 않다.

* 김준형은 이 작품이 임방의 견문에 의한 것이라 이해했다(김준형, 「「옥소선 이야기」의 변이 양상과 의미」, 『한국민속학』 30, 민속학회, 1998, 270면).

그럼에도 불구하고 비슷한 내용의 다른 작품들보다 분량이 훨씬 많다. 그 이유를 생각해보면, 먼저 줄거리를 압축하여 제시하기보다는 이완시켜 제시하였다. 각 장면을 묘사한 뒤 거기다 등장인물들의 대화를 덧붙였다.[37] 가령 감사가 평양을 떠날 때 옥소선을 데리고 갈 것인지 여부를 두고 감사·부인·감사 아들 사이의 대화를 소개하는데, 그중 감사의 말과 아들의 말은 장황하게 느껴질 정도로 길다.

　감사의 아들이 옥소선과 헤어질 것을 결심하면서 두 사람은 이별하는데, 이 작품의 절반은 두 사람이 이별했다가 다시 만나기까지의 과정에 대한 서술이다. 압축 서술이라면 평양으로 떠난 감사의 아들이 옥소선을 만나거나 만나지 못했다는 결과를 바로 제시할 것인데, 이 작품에서는 그 대목에도 다양한 지연 서술 방식을 구사했다. 먼저 옥소선의 어머니가 감사의 아들을 받아주지 않는데 이것이 만남의 1차 지연이다. 다음으로 감사의 아들은 옛날 자신이 은혜를 베푼 적이 있는 아전의 도움으로 감영 안으로 들어가 옥소선을 먼발치에서 보게 되는데, 그때도 옥소선은 못 본 척한다. 이것이 2차 지연이다. 그날 핑계를 대어 잠시 자기 집으로 돌아온 옥소선은 감사의 아들이 박대를 받고 떠나간 사실을 알고는 어머니를 나무란 뒤, 자신이 감사의 아들을 배반할 수 없는 까닭을 장황하게 설명한다. 이것이 3차 지연이다. 이 같은 세 번의 지연에 의해 상봉 시점이 연기되면서 그 사이에 다양한 공간에 대한 묘사가 이루어지고 많은 정보를 담은 등장인물들의 말이 소개된 것이다.

　아울러 이 작품에는 '상이한 공간의 동시적 병존'과 '동일 공간에서의 시간적 역전'이 나타난다. 상이한 공간의 동시적 병존은 같은 시각에 각각 다른 공간에서 일어나는 사건들을 나란히 묘사하는 것을 말하고, 동일 공간에서의 시간적 역전은 현재 같은 공간에 있는 등장인물들에게 일어났던 과거의 사건을 묘사하는 것을 지칭한다. 전자의 대표적인 경우는 감사의 아들이 평양으로 가서 옥소선을 만나기 위해 이리저리 뛰고 있을 때, 한양 산사의 친구들이 허둥지둥 감사의 아들을 찾고 또 그 집안 종들도 찾아 나섰지만 결국 찾지 못해 그가 죽었다고 판단하고는 장례를 치르는 장면에서 확인된다. 후자의 경우는 이조판서가 된 감사가 임금을 모신 자리에서 자기 아들의 실종과 관련된 사연을 진술하는 대목과 감사의 아들이 임금에게 자신의 과거를 털어놓는 대목에서 확인된다. 그것은 일화의 전형적 서술법인 '압축적이고 단도직입적인 서술 방식'[38)]과는 매우 다른 것이다.

통틀어 '지연 서술 방식'이라 일컬을 수 있는 서술 방식이 두루 활용됨으로써 이 작품은 일화의 수준을 넘어서서 소설로 나아갔다고 하겠다. 이 작품은 현재 확인된 동일 유화 중 가장 이른 시기의 작품에 해당된다. 후기 야담인『동야휘집』의「소설정확규고정」掃雪庭獲窺故情이 그 서사 구조를 거의 그대로 계승*한 것도『천예록』이 이 작품을 탁월한 야담계 소설로 비약시켰기 때문이라 할 수 있을 것이다.

지연 서술이 더 강화되면 비슷한 행위가 반복되는 단계에 이르기도 한다. 그 대표적인 사례가「심진사행괴사화」沈進士行怪辭花(『천예록』, 439면)이다. 여기서 심 진사는 스스로 '고결'하다고 생각하지만, 실제로는 지나치게 편벽되어 남의 비웃음을 사는 위인이다. 상대 인물인 주인옹은 호남 제일의 부자로서 신선처럼 살고 있지만, 첩과 소생 딸의 신분 굴레를 벗겨주지 못하는 한을 품고 있었다. 그 첩은 한양 선비 모의 여종인데, 선비 모는 주인옹과 첩 사이에서 난 딸을 자신의 몸종으로 삼고자 한다. 주인옹이 딸을 지키는 유일한 방법은 딸을 사대부의 첩이 되게 하는 것이었다. 그래서 주인옹은 심 진사에게 형식적으로라도 자기 딸을 첩으로 삼아달라고 애걸한다. 물론 이 대목 이전에도 주인옹의 집으로 가는 과정과 그 집의 호사스러움을 장황하게 묘사하고 있지만, 이 대목 이후부터 본격적인 지연 서술이 시작된다.

주인옹의 맨 처음 부탁에 대해 심 진사는 "지금 어르신의 말씀을 들어보

---

*『동야휘집』의 이 작품은『천예록』의「소설인규옥소선」의 서사 구조는 그대로 계승했지만, 고사와 삽입시를 첨가하는 등 부연한 부분도 있다(김준형,「'옥소선 이야기'의 변이 양상과 의미」,『한국민속학』30, 민속학회, 1998, 270면).

니 참 아름답게 여겨집니다. 첩을 원하는 사람이라면 정말 얻기 어려운 기회이겠습니다만, 저로서는 평생 첩은 얻지 않으려 하고 있으니 부탁을 들어드릴 수 없습니다"[39]라며 거절한다. 주인옹은 심 진사가 자기 딸이 못생겼을 것이라 짐작하고서 자기 제안을 받아들이지 않는 것 같아 절세미인인 딸을 만나게 한다. 그리고는 "소생의 여식이 심히 추하지는 않으니 그대 뜻이 어떠하십니까?"[40] 하고 다시 묻는다. 심 진사는 "제가 일찍이 세간에 절색이 있다는 말은 들었지만 보지는 못했습니다. 방금 어르신의 따님을 보고서 비로소 천하에 절색이 있다는 것을 믿겠습니다. 경국경성傾國傾城이라 불러도 정말 허풍은 아니겠습니다. 저도 모르게 정신이 놀라고 혼백이 아찔합니다"[41]라고 대답했다. 주인옹은 그제야 자기 딸을 받아주었다 믿고는 "그렇다면 그대가 나의 뜻을 받아들이는 것이죠?"[42] 하고 확인한다. 그러나 심 진사는 "댁의 따님은 정말 아름답습니다. 다만 저의 뜻을 어르신께서 이미 아셨으니 감히 말을 고칠 수는 없습니다"[43]라며 거부한다. 주인옹은 심 진사가 계속해서 자기 딸을 받아주지 않는 데는 필시 어려운 사정이 있을 것이라 여기고 자신이 그것을 해결해주겠다고 다짐한다. 그래서 처첩 투기가 염려되느냐고 물었다. 가난한 살림에 첩 두기가 어려우면 매일 100금을 들여서라도 의식주를 해결해주겠다고도 하였다. 그리고 첩으로 데려가는 것이 부담스러우면 그대로 살게 하고 오가는 길에 가끔 들러주기만 해도 좋다고 말했다. 마지막으로 자기에게는 딸 하나뿐이니 딸을 첩으로 삼아주기만 하면 수백 석 논밭, 수백 가의 노비, 수천 석의 곡식, 헤아릴 수 없이 많은 금은보화를 유산으로 주겠다고 제안했다. 하지만 심 진사는 여전히 "어르신의 말씀이 듣는 사람으로 하여금 침을 흘리게 하네요. 그렇지만 따를 수 없는 것을 저 역시 한스럽게 생각합니다"[44]라며 거절한다. 마침내 주인옹이 "제 딸로 하여금 단 하룻밤만이라도 시침케 하여 '심 모의 첩'이라 불리게 하고 차후에 그대가 다시는 처다보지 않아도 그것은 딸자식의 박명이라 내가 한스러워하지 않을 게요. 그대는 그래도 못 받아들이겠소?"[45] 하고 말하지만, 심 진사는 역시 "따르지 못하겠습니다" 하고 대답한다. 이렇게 주인옹은 무려 여섯 번 이상 간곡하게 부탁하고 자상한 제안을 하지만, 심 진사는 끝내 그 부탁을 들어주지 않고 제안에 따르지 못하겠다는 대답을 반복할 따름이다. 주인공의 부탁과 제안에는 세속의 보통 남자들이 바라는 재물과 여자라는 욕망이 최고 수준으로 제시되어 있다. 여섯 번 이상 반복된 주인옹의 제안은 사건의 결말을 지연시킴으로써 당대인이 추구했던 욕망의 총체를 포괄하게 된 것이다. 그 덕분에 독자들은 황홀한 대리 만족을 경험할 수 있게 되었다. 이 같은 '거듭된 제안'과 '거듭된 거부'는 지연 서술 방식이 극단적으로 구사된 결과라 하겠다.

이 작품은 이런 지연의 서술 방식을 보여준다는 점에서 전대 잡록집의 서술에서 찾기 어려운 새로운 면을 갖고 있다. 그런데 다른 한편으로는 19세기 이후 야담과 본질적으로 다른 점을 내포하고 있기도 하다. 먼저 심 진사가 끝까지 주인옹의 제안을 거부해 심각한 사태를 초래한다는 점이다. 이는 「차태」借胎(『동패락송』, 86면)나 「노학구차태생남」老學究借胎生男(『청구야담』 상, 453면) 등, 가난하지만 아들을 많이 낳은 유생이 노인의 여러 첩과 동침해 아들을 낳아주고 그 아들의 힘으로 부자가 되는 이야기들과 대조된다. 19세기 이후 야담에서는 여색과 재물에 대한 욕망이 긴밀하게 관련되고 조화를 이루어 양쪽의 욕망이 모두 성취되는 행복한 결말로 귀결되는 경우가 대부분이다.

그렇다면 『천예록』은 왜 심 진사로 하여금 끝까지 주인옹의 제안을 거절하도록 했을까? 욕망의 생생한 성취를 보여주는 쪽보다는 '편벽된 고결高潔'을 문제 삼으려는 주제 의식이 더 강했기 때문일 것이다. 편저자의 주제 의식이 욕망의 거침없는 충족이라는 야담의 전형적 서술 충동을 억제하게 했다고 하겠다. 적당한 타협을 허용치 않는 이 같은 주제 의식*이 지연이라는 서술

---

* 『천예록』이 어떤 주제에 대해서든 안이한 타협을 허용하지 않았다고 볼 수 있는 근거는 그 외에도 있다. 가령 「성진사한처장각」成進士悍妻枕脚(『천예록』, 445면)에서는 성품이 게으르고 못난 성 진사가 성질이 사납고 포악한 부인에 의해 봉변당하는 과정을 보여주는데, 결국 부인의 죽음으로 귀결되었다. 이는 부부간 성격 불화(특히 부인의 포악함)에 대한 문제 제기가 타협을 허용치 않을 만큼 강렬했음을 뜻한다. 「우병사투부할염」禹兵使妬婦割髥(『천예록』, 446면)에서는 부인을 제압하지 못한 우 병사가 결국 파직된다.

방식을 더 강화시켰다고 볼 수 있다.

「김수재모졸절옥」金秀才謀拙折玉(『천예록』, 442면)은 독특한 성격을 부각시키기 위해 지연 서술법을 활용했다. 정읍 원의 아들인 김생은 정읍에서 한양으로 가던 도중에 어떤 교생의 집에 머물게 되었는데, 교생 딸의 미모에 반하여 그녀를 겁탈하려 했다. 완강하게 거부하던 교생의 딸은 외간 남자에게 당한 것은 어쩔 수 없으니 자기 아버지의 허락을 받아달라고 한다. 그렇게 하겠다고 약속하며 밤을 지새운 김생은 다음 날 아침 교생에게 그 딸을 달라는 말을 하려 했지만 얼굴과 목이 먼저 붉어져 끝내 입을 열지 못하고는 한양으로 떠나버렸다.[46] 김생은 이렇게 정읍과 한양을 왕래하면서 다섯 번이나 교생의 집에 들러 그 딸을 만난다. 그리고 그때마다 교생의 딸은 그 아버지에게 말을 해달라고 부탁했고 김생은 그렇게 하겠다고 대답했지만 아침이 되면 말문을 열지 못했다. 세 번째 갔을 때 교생의 딸은 자기가 다른 사람과 정혼하게 되었다며 시급히 자기 아버지에게 두 사람의 관계를 이야기해달라고 했고, 네 번째 갔을 때는 "일이 급하게 되었습니다. 저는 곧 죽게 되었어요. 지금 도모하지 않고 때를 놓치면 돌이킬 수 없게 됩니다"[47]라고 호소했지만 김생은 그 절박한 순간에도 말을 꺼내지 못했다. 결국 다섯 번째 방문했을 때는 교생이 상복을 입고 있는 모습을 보았다. 교생의 딸이 자결한 것이었다. 이렇듯 상식적으로 납득하기 어려울 정도로 거듭 김생을 머뭇거리게 만든 것은 김생의 독특한 성격을 더욱 강하게 형상화하기 위해서였다. 김생의 성격은 쉽게 바꿀 수 없는 것이고, 그 성격 때문에 세계와 쉽게 화해할 수도 없다. 그 성격은 처녀를 죽음으로 몰아갔고, 자신은 큰 망신을 당했다.

이렇듯 지연 서술 방식에 의한 동일 행위의 반복 서술은 심 진사와 김생의 독특한 성격을 부각시켰다. 그런데 그들의 성격을 드러낸 방법이 어떤 행동을 적극적으로 하게 하는 것이 아니라 어떤 행동을 거부하게 만드는 것이라는 점에서 공통된다. 적극적인 행동으로 나타나는 성격은 포착하기가 쉽지만, 그 반대의 경우는 성격 자체에 대한 이해가 깊지 않으면 포착하기가 어려울 것이다. 두 작품 모두 행동이 소극적으로 나타나는 독특한 성격을 형상화했다는 점에서 사람의 성격에 대한 『천예록』의 이해 정도를 짐작할 수 있다.

아울러 두 작품에 대한 평에서도 이러한 점을 확인할 수 있다. 편저자를 포함한 몇 명의 친구들은 심 진사와 김생을 비교하는데, 인지상정으로서의 호색好色을 인정해야 한다는 입장에서 여색을 끝까지 부정한 심 진사를 '사물 중에서도 괴이한 것, 거의 사람이라고 하기 어려운 자'[48]로 규정하였다. 성격 때문에 정상적으로 살아가지 못하는 두 사람을 문제 삼으면서 다시 두 사람을 구분한 이런 관찰은 사람의 삶의 자세나 의식에 대한 세밀한 성찰을 바탕으로 한 것이라 볼 수 있다.*

지연의 서술 미학을 서술 시간의 차원에서 응용한 경우도 있다. 불완전한 서술에 의해 결락 부분을 만들고 그것을 보완하는 과정을 보여주는 서술 방식이다. 「서평향어점만명」西平鄕於點萬名(『천예록』, 413면), 「고성향수병화어」高城鄕叟病化魚(『천예록』, 431면)가 그 예에 해당한다. 「서평향어점만명」에서 서평西平 한준겸韓浚謙의 친척인 주인공은 쉽게 이해되지 않는 행동을 계속한다. 먼저 그는 평소에는 몇 달이고 서평의 집에 머물렀으면서도 설을 며칠 앞둔 날 갑자기 돌아가려 한다. 거리상 돌아가는 길에서 설을 맞이할 것 같아 서평이 간곡하게 말린다. 이때 그는 자신이 귀신들을 부리는 이술을 갖고 있다고 실토한다. 이로써 잘 이해되지 않았던 그의 행동이 해명된다. 그러나 이 해명은 또 다른 이해되지 않는 부분을 만들었다. 도대체 그가 왜 그 많은 귀신을 부리며, 또 그가 어떻게 하여 그런 이술을 획득하게 된 것인지가

---

*이 점은 『삽교만록』의 '심심당한화'深深堂閑話(「상어손곡지심심당」嘗於蓀谷之深深堂, 『삽교집』 하, 9면)에서 안석경이 보여준 편찬 태도나 시각과 비교할 때 더 분명해진다. '심심당한화'에 포함된 7편의 이야기는 '젊은 유생을 사모하는 천한 신분의 여자가 애정을 고백하지만 유생이 그것을 받아들이지 않아 마침내 양쪽이 불행해진다'는 공통된 내용을 담고 있다. 이에 대한 평은 모두 남자의 완고한 자세를 비판하는데, 그 비판은 유가에서 가르치는 인仁의 통념에 바탕을 둔 것이다. 거기에서는 사람의 솔직한 본능이나 욕정을 있는 그대로 세세하게 관찰하거나 인정하려는 태도를 찾기 어렵다.

궁금해지기 때문이다. 그는 산사에서 책을 읽을 때 다른 사람들이 모두 무시하는 어떤 노승을 극진히 대접했는데, 그 보답으로 노승으로부터 귀신 부리는 기술과 권한을 전수받았다는 것이다. 이렇듯 하나의 불완전한 진술은 그것을 보완하는 다른 진술을 이끌어내는데, 그 진술 역시 불완전한 것이기에 그것을 보완하는 또 다른 진술이 필요하게 된다. 「고성향수병화어」에서 어떤 품관品官은 원이 대접한 홍어를 먹지 않고 오히려 그 앞에서 눈물을 흘린다. 이것은 이해하기 힘든 상황의 발생이다. 홍어 앞에서 눈물을 흘리는 품관의 모습은 상대 인물과 독자의 호기심을 고조시키며 관심을 불러일으킨다.* 마침내 품관은 자신의 사연을 진술하게 되는데, 그것은 앞 서사 단락에 나타난 결락 부분의 보완 과정이다. 이와 같이 처음부터 시간순으로 사건의 전개 과정을 이야기하지 않고, '불완전한 진술에 의한 결락의 설정→결락의 부분 보완(또 다른 불완전한 진술)→이차적 결락의 완전한 보완'의 단계를 거치며 서술한다. 이런 서술 방식은 서술 시간의 차원에서는 지연이며, 서술 대상의 차원에서는 확장이라고 하겠다.

　『천예록』에서 두드러진 이 같은 지연의 서술 방식은 서술의 목표를 금방 이루고 이야기를 끝맺는 것보다는 서술 과정을 통해 의미심장한 무엇을 보여주려는 서술 태도에서 비롯되었다. 가령 주인공이 욕망을 쉽게 성취하도록 이야기를 이끌어가기보다는 욕망과 관련된 사람의 문제를 점진적으로 부각시키려는 주제 의식이 더 강했던 것과 관련이 있을 것이다. 강렬한 주제 의식은 주인공으로 하여금 세계와 쉽게 타협하지 못하도록 하였고, 그 결과 이야기는 문제 해결이나 욕망 충족이 지연되는 쪽으로 진행되어갔다. 이런 지연의 서술 방식을 통해 일화나 전설은 소설적인 단계로 나아가게 되었다. 지연의 과정에서 갈등은 더 심화되고 세계의 단면들이 관계를 형성하게 되

---

* 그런 호기심과 관심의 표현이면서 결락 부분을 메우기 위한 첫 시도가 원이 품관에게 눈물을 흘린 까닭을 묻는 부분이다("停怪而叩問再三", 『천예록』, 431면).

었다.

주제 의식과 무관한 측면도 있다. 흥미를 유발하기 위해 이야기를 재미있게 구성하려는 동기에서 지연 서술 방식을 개입시킨 경우다. 이야기꾼이든 그 이야기를 기록한 일차 기록자든 기록된 이야기를 전재한 이차 기록자든, 자신이 이야기를 하거나 이야기를 기록하고 있다는 의식을 더 분명하게 갖게 되었을 때 청자 혹은 독자들의 흥미를 유발하기 위한 장치를 고안하게 되는 것이다.

4 경험자의 자기 경험 진술의 원형 마련

「잠계봉중일타홍」簪桂逢重一朶紅(『천예록』, 425면)은 소위 '일타홍 이야기' 계열에 속하는 작품으로,『천예록』의 야담사적 위치를 살피는 데 특히 중요한 작품이다. '일타홍 이야기'는 무려 서른일곱 개의 야담집에 실려 있을 정도로 널리 알려졌다.[49] 그런데 그중 초기 야담집인 『어우야담』에 실려 있는 「심부원군」沈府院君(『어우야담』, 45면)은 심희수와 일타홍 간의 관계를 소재로 했다는 점 이외에는 '일타홍 이야기'의 요건을 갖추지 못했다. 사대부의 '밖으로의 일탈'을 보여주는 단순한 사대부 일화로서,『천예록』의 이 작품과 비교할 때 서술 수준의 격차가 매우 크다. 『어우야담』 소재 다른 작품들 역시 이처럼 조선 초·중기 일화 수준에 머물고 있는 경우들이 많은 것을 고려하면, 초기 야담집으로서『천예록』의 자리를 더 중시하게 된다.「잠계봉중일타홍」을 비롯한『천예록』의 작품들은 서술 방식의 차원에서 비약이 이루어졌음을 보여주고 있는데,『어우야담』에서는 그와 유사한 사례를 찾기가 어렵다.

「잠계봉중일타홍」은 '일타홍 이야기'의 세 계열인 '『천예록』 계열', '『동패락송』 계열', '기타 계열' 중 '『천예록』 계열'의 출발점에 해당하는 작품으로, 형식적으로 액자 형식을 갖추었고 내용적으로는 심희수가 사대부로서의 품위를 유지하게 하고 옥소선의 신통력과 이인적 면모를 부각시킴으로써 사대부 중심의 보수적 시각을 드러냈다고 평가되었다.[50]

그런데 이 작품의 가장 두드러진 부분은 독특한 액자 형식과 그 액자 속에 중첩되어 있는 '경험자의 자기 경험 진술'이다. 『천예록』 계열의 출발인 이 작품과 '동패락송' 계열의 대표격인 「일타홍」(『동패락송』, 23면)을 비교하면 그런 점이 분명해진다.

「잠계봉중일타홍」은 주인공 심희수의 작별 인사에서부터 시작된다. 나이 70에 재상의 자리에 오른 심희수는 어느 날 비변사 관아로 나가 그날 당장 은퇴하겠다고 선언한다. 건강한 심희수가 갑자기 그런 말을 하자 다른 재상들은 이상하게 여기면서도 더 이상 사정을 묻지 않았다. 다만 평소 그를 아끼던 한 동료만은 섭섭하여 심희수의 집으로 찾아가 은퇴의 이유를 묻는다. 심희수는 "내가 다른 사람에게는 한 번도 말해주지 않았지만 지금 굳이 물으니 꼭 숨길 필요가 있겠는가? 내가 상세하게 말해주지"[51] 하며 일타홍과 자기 사이에 있었던 옛이야기를 진술하기 시작한다. 그런데 이 부분이 『동패락송』의 「일타홍」에서는 탈락되었다. 「일타홍」은 심희수와 일타홍이 만나는 과정을 곧바로 이야기한다. 「잠계봉중일타홍」에서 심희수가 경험자이자 액자 속 이야기의 서술자로서 자기 경험에 대해 진술한다면, 「일타홍」에서는 제3의 존재인 서술자가 심희수의 경험을 진술해주는 것이다.

그런데 이런 차이는 본 사건을 진술하는 과정에서도 나타난다. 일타홍이 심희수의 집에서 나와 노재상의 집으로 들어가는 장면에서 특히 두드러진다. 「잠계봉중일타홍」에서 일타홍은 심희수와 10여 일을 함께 보낸 후 그것이 '장구지도'長久之道가 아니라며 심희수의 곁을 떠나려 한다. 일타홍은 심희수가 과거에 급제하는 날 다시 만나게 될 것이라며 '표연히' 떠나버린다. 심희수는 일타홍을 만나기 위해 과거 공부에 몰두해 헤어진 지 5년이 되던 해에 급제한다. 삼일유가三日遊街 마지막 날 일타홍을 보호하고 있던 노재상의 집에서 두 사람은 극적인 상봉을 하게 되는데, 바로 그 시점에서 노재상의 진술이 시작된다. 노재상의 자기 경험에 대한 진술[52]을 통해 일타홍의 행적 묘사에서 결락된 부분*이 보완되는 것이다. 아울러 노재상의 진술 속에 일타홍의 자기 경험 진술[53]이 포함되니, 이중 삼중의 자기 경험 진술이 이루어졌다고 할 수 있다. 그것은 이 작품이 상대 인물에게 자기 경험을 진술하는 서술 방식을 즐겨 활용했음을 말해준다.

자기 경험의 진술은 바로 앞 진술자의 진술에서 미흡하거나 결락된 부분을 보완하는 역할을 한다. 자기 진술을 하는 등장인물은 자기만의 독특한 경험을 소중하게 간직한 인물이다. 그렇다면 자기 경험의 진술이 거듭 나타나는 서사체는 독특한 경험의 세계를 소중하게 생각할 뿐만 아니라, 자기만의 경험 세계를 갖춘 인물을 소중하게 생각하는 단계에 대응된다고 볼 수 있다.**

이에 비해 『동패락송』의 「일타홍」에서 일타홍은 심희수의 모친에게 심희수가 공부에 전념할 수 있도록 떠난다고 말한 뒤 떠나는데, 서술자는 그녀가 가는 길을 따라가며 사연을 빠짐없이 서술한다. 일타홍은 심희수의 집을 나와 바로 노재상의 집으로 간다. 자신의 집이 변을 당해 혼자 살아남았다고 자기를 소개하고는 노재상의 집안일을 거들어주는데, 그 능숙한 손재주와 극진한 마음 씀씀이로 인해 노재상 부부의 총애를 받는다.[54] 이렇게 서술자가 일타홍의 거취를 순차적으로 모두 서술해주기 때문에, 시간이 흘러 노재상이 심희수를 만났을 때 노재상의 목소리를 빌려 독자들에게 그간의 사정을 다시 이야기해줄 필요가 없다. 노재상의 '자기 경험 진술'이 없다는 뜻이다. 그 대신 심희수가 자신이 흘린 눈물에 대한 해명으로 옛날 일타홍과 있었던 이야기를 노재상에게 해준다. 그런데 이때 자기 진술은 암시되었을 뿐 실현되지

---

* 일타홍은 다만 "몸을 숨길 길이 있다"("妾自有藏身之道矣", 『천예록』, 427면)는 말만 남기고서 심희수 곁을 떠났다.
** 경험자의 자기 진술에 대한 더 자세한 사항은 이 책의 「야담의 속 이야기와 작중인물의 자기 경험 진술」을 참조할 것.

않는다. "심이 일타홍 일의 시말을 상세히 이야기하였다"[55]는 식으로 서술되었지, 실제 텍스트상에 그 이야기가 재현되지는 않은 것이다. 그리고 노재상이 "나에게 소종래를 알 수 없는 양녀가 있는데 혹 그 사람이 아닐까요?"라고 말하는 것을 보면, 일타홍은 노재상에게 자신의 정체를 분명하게 이야기해주지 않았다는 사실을 알 수 있다. 이 점 역시 「잠계봉중일타홍」에서 일타홍이 노재상에게 자기 경험을 두루 진술하며 자신의 정체를 분명하게 밝힌 점과는 다르다. 『동패락송』의 「일타홍」은 등장인물이 자기 경험을 진술하는 것을 회피하는 경향이 강한 반면, 『천예록』의 「잠계봉중일타홍」은 등장인물의 자기 경험 진술을 적극 활용하려 했다고 하겠다.

임방이 경험자의 자기 경험 진술을 중요한 서술 방식으로 생각했다는 것은 임방의 다른 산문인 「서고자강익주이사」書瞽者姜翊周異事[56]에서도 확인할 수 있다. 이 글은 임방이 견문한 바를 그대로 기록한다는 의도로 기술한 것이다. 그런데 맹인 강익주姜翊周의 기이한 일을 소개하기 위한 서두의 상황 설정이 특이하다. 임방의 친구 심한주沈漢柱는 강익주와도 친했는데, 강익주의 얼굴색이 이상하여 그 까닭을 물었다. 강익주는 처음에는 숨기다가 심한주의 성화를 이기지 못해 비밀을 털어놓는다.[57] 심한주는 임방에게 강익주의 일을 이야기해준 제보자이다. 그런데 '심한주가 나에게 이야기해주었다'로 기술하지 않고 '심한주가 강익주에게 물으니 강익주가 이렇게 이야기해주었다'는 식으로 기술해, 심한주를 강익주의 자기 경험 진술을 들어주는 등장인물로 만들었다. 현실에서의 이야기하기 행위를 작품 속 사건으로 전환하여 주인공 강익주의 자기 경험 신술을 부각시키는 서술 방식을 구사한 것이다. '현실에서의 이야기하기'라는 행위가 '작품 속에서의 이야기하기와 이야기 듣기'라는 서술 방식으로 전환되었다. 특히 후반부에 붙어 있는 교생의 '명당 얻기 실패 이야기'는 야담집에서 자주 나타나는 명당담의 모습을 갖추었는데, 이 이야기 역시 강익주→심한주→임방으로 전해졌을 것인데도 전체 작품 속에 녹아 들어가 있다.

『동패락송』의 편저자 노명흠盧命欽은 『천예록』의 「잠계봉중일타홍」을 직접 읽고 개변하여 「일타홍」을 편술했을 가능성이 큰데,* 노명흠은 '경험자의 자기 경험 진술'이라는 서술 방식을 포착한 임방의 개성을 수용하지 않았다. 여기에 비해 『천예록』은 『청구야담』이나 『동야휘집』 등 19세기 야담집에서 중요한 서술 방식으로 자리 잡은 경험자의 자기 경험 진술의 초기 형태를 보여준다는 점에서 야담사적 의의를 부여받는다고 할 수 있다.[58]

5 현실로부터 이야기의 독립

현실과 이야기에 대한 저자나 편저자의 태도는 다음과 같이 나눌 수 있을 것이다.

> ① 이미 만들어져 있는 이야기를 소극적으로 기록하여 이야기의 존재를 알린 뒤, 그 이야기가 실제 사실이나 실존 인물을 어떻게 담았는지를 살핀다. 이야기 자체를 중요하게 여기기보다는 이야기를 통해 환기되고 확인되는 사실과 실존 인물을 더 중요하게 인식한다.
> ② 이미 만들어져 있는 이야기를 적절하게 재구성하고 체계화하여 기록하면서, 이야기를 더 완전하게 기술하려는 의욕을 보인다. 이야기의 독자적 존재 의의를 인정하기 시작한다.
> ③ 이미 만들어져 있는 이야기를 적절하게 재구성하고 체계화하여 기록한 뒤, 그 이야기 자체의 고유한 의미를 부여하려 한다.

---

* 『동패락송』은 『천예록』에서 7화를 개변, 전재하였다. 『동패락송』의 편저자인 노명흠이 임방의 『천예록』을 직접 읽었을 가능성에 대해서는 김영진이 밝힌 바 있다. 즉, 노명흠은 35세 무렵부터 63세로 죽을 때까지 홍봉한洪鳳漢 집안에서 숙사塾師로 기숙하였는데, 홍봉한은 임방의 외손자였다. 그래서 노명흠은 홍봉한 집안에 있던 『천예록』을 직접 읽었다고 볼 수 있는 것이다(김영진, 「조선후기 사대부의 야담 창작과 향유의 일양상」, 『어문논집』 37, 안암어문학회, 1998, 34면 및 39~42면).

④ 이미 만들어져 있는 이야기에 어떤 주제나 의미항을 투영시키면서 주제와 의의를 적절하게 실현할 수 있도록 그 이야기를 재구성하고 체계화한다.

①이 이야기를 통해 현실을 확인하는 작업이라면, ②는 이야기가 현실로부터 독립되었다는 점을 인정하여 그것을 중시하는 것이며, ③과 ④는 주제와 의미항의 실현을 위해 이야기를 만들어가는 것이다. 『천예록』에는 ②에 해당되는 작품이 많다. 가능한 한 어떤 이야기의 다양한 변종들을 듣거나 읽어보고 보다 완전한 이야기를 만들려 한* 흔적이 엿보인다. 가령 『천예록』에는 전설이나 지괴에 가까운 기이한 이야기가 많이 실려 있다. 그것은 편저자가 현실의 윤리나 상식을 무시할 수는 없었지만, 가능한 한 이야기를 현실로부터 독립시키려 했다는 증거가 된다. 이야기를 통해 현실을 찾아간다 하더라도 그때의 현실은 현실의 현상이 아니라 현실의 본질이다. 이야기를 통해 현실에서 어떤 일이 일어났다는 사실을 알 수 있지만, 거기서 그치지 않고 '그런 일이 일어난 까닭이나 그 일이 담고 있는 진정한 의미는 무엇인가?'라는 질문으로 나아간다. 특히 현실에서 일어났다고 믿어졌던 기이한 일들에 대한 서술 태도는 대체로 이런 것이었다.

또 다른 경우, 이야기를 통해 환기한 현실은 일상적이거나 역사적인 현실이 아니라 특별하고 기이한 현실이다. 그 특별하고 기이한 현실은 일상적이거나 역사적인 현실과 대체로 단절되어 있기 때문에, 이야기를 통해 현실을 찾았나고도 하기 어렵다. 이런 경우는 이야기를 통해 현실을 찾으려고 하

---

* 이런 경향은 임방의 손자 임매任邁가 편찬한 『잡기고담』에서도 나타난다. 임매는 여러 명의 제보자로부터 엇비슷한 이야기를 듣고 단순히 기록하는 차원에 그치지 않고, 그 이야기들을 대비해보고 비슷한 이야기의 계통을 끝까지 추적해 착종된 원인과 그 과정을 상세히 밝혀낸다(진재교, 「잡기고담 연구」, 『죽부 이지형 교수 정년 퇴직 기념 논문집』, 1996, 820~821면). 이는 이야기에 대한 연구자의 분석적 태도를 연상케 하는데, 이야기를 명백하게 대상화할 수 있었기에 그러한 태도를 가질 수 있었을 것이다. 이런 태도는 박지원이 「옥갑야화」의 「허생전」을 형성해가는 과정에서도 찾을 수 있다.

면 할수록 일상적이고 역사적인 현실과는 더욱 멀어지게 된다.*

다양한 이야기의 변종을 두루 섭렵한 뒤 완전한 이야기를 만들려 한 흔적이 보인다는 것은 이 시기에 어떤 이야기의 다양한 유화들이 형성되었을 뿐만 아니라, 그것들이 개성 있는 이야기꾼들에 의해 다양하게 구연되었음을 암시하기도 한다. 특히 「신학사요부강서」愼學士邀赴講書(『천예록』, 455면)에서는 유화들을 나란히 싣고 그 이유를 밝히기도 하였다. 두 작품 중 더 그럴듯한 것을 취하라는 배려이므로, 이야기 자체에 대한 독자들의 감상 권리를 존중하는 태도가 드러난 것이라 하겠다.[59]

『천예록』에는 ③과 ④에 해당되는 경우도 적지 않다. 『천예록』이 기이한 이야기들을 많이 싣고 있는 것도 그것들에 대해 어떤 주제나 의의를 적극적으로 부여할 수 있었기에 가능했다. 이 점에서도 임방을 작가로 인정할 수 있다.

야담의 전사라 할 조선 초·중기 일화에서는 이야기 자체의 가치나 이야기의 그럴듯함을 중시하기보다는 이야기의 내용이 사실에 부합하는지를 살피는 데 골몰하는 경향이 강했다. 물론 소화적 속성이 강한 일화나 말의 재치를 서술 원리로 삼는 일화는 이야기 자체에 더 큰 비중을 두기도 했지만, 일반 일화는 그렇지 않았다. 대체로 이야기의 사실성 여부를 살피고 그 내용의 윤리성을 따졌다. 가령 『용재총화』의 일화들 중 상당수는 편저자 성현과 그 친구들의 경험담으로서, 사건이 실제로 일어났고 그것을 실제로 경험했다는 사실을 전제한다.**

이에 반해 『천예록』에 실린 작품 중에서 편저자 자신이 작품 속의 등장

---

* 가령 「서고자강익주이사」書誓者姜翊周異事(『수촌집』 권9, 『한국문집총간』 149, 민족문화추진회, 1997, 208면)에서 서술의 목표는 묘정妙正·해영海瀛 등 선승들의 행적을 찾는 것이지만, 이들의 일생은 현실의 상식을 벗어나는 초월적인 면이 강하다. 독자들은 이 작품에서 재현된 이들 선승들의 행적을 따라 갈수록 자기 현실로부터는 멀어지게 마련이다.

**이러한 『용재총화』나 『필원잡기』를 비판하는 『부계기문』("筆苑叢話之所稱譽者 皆沒沒而無聞者也 …… 其得於觀聽者 亦不過言語文字之間 而欲斷其平生 斯亦末矣 夫已多乎道", 『대동야승』 17, 106면) 역시 사실의 차원을 문제 삼는다는 점에서 앞의 두 잡록집의 편찬 태도와 다르지 않다.

인물이 되는 경우는 없다.* 이야기에 대해 거리를 유지하게 된 편저자는 자신이 기록하는 이야기를 독자의 한 사람으로서 감상하고 거기에 의미를 부여했다. 이때 '편저자(독자)→작품'의 감상 방향은 '현실→편저자(독자)→작품'의 한 부분이지, '편저자(독자)→작품→현실'의 한 부분이 아닌 것이다. 현실 경험을 가진 편저자는 작품을 기록하고 이해하는 데 그 경험을 참조하지만, 작품을 기록하고 이해한 것을 발판 삼아 현실을 재구성하려 하지는 않았다. 그런 점에서 『천예록』의 작품은 현실과 무관하지는 않지만 현실로부터 독립된 자기 세계를 갖추게 되었다고 볼 수 있는 것이다.

『천예록』의 서술 방식과 서사 의식에 나타난 특징의 의미와 그 야담사적 위치

『천예록』에서 사건이 구체적으로 제시되고 풍경과 배경이 형성되었다는 것은 서사 세계가 자족성을 확보했다는 신호이다. 설화나 일화 작품이 사건의 배경을 자세하게 묘사하지 않은 것은 설화나 일화 향유자들이 작품 수용 과정에서 작품 밖 현실에 의존할 수 있었기 때문이다. 향유자들은 설화나 일화가 알려주는 사건의 줄기를 따라가면서도 계속 자기 현실을 떠올려 이야기의 배경으로 삼았다. 설화나 일화가 부분적으로는 고유한 작품 세계를 만들었지만, 여전히 작품 밖 현실의 지원을 받아야만 독자나 청자에게 전달되고 이해될 수 있었음을 늦한다. 이와는 달리 『천예록』에서 풍경과 배경이 형성된 것은 전대의 설화나 일화에서 결여된 작품의 자족성을 확보해간 조짐이라 볼 수 있는 것이다.

『천예록』이 기이를 담은 작품들을 많이 수록할 수 있었던 것도 작품 세

---

* 물론 이야기의 제보 과정을 밝히는 데는 편저자가 자주 등장한다. 편저자가 해당 이야기를 듣는 과정에 대한 상세한 설명 역시 이런 관점에서 이해할 수 있다. 즉 편저자와 이야기 사이에 제보자를 개입시킴으로서 편저자가 이야기를 대상화할 수 있게 된 것이다.

계가 자족성을 확보한 점과 관련된다. 사대부의 현실에서는 기이가 용납되기 어렵다 하더라도, 현실과 일정한 거리를 유지하며 독립되어 있는 작품 세계 속에서는 기이가 어느 정도 인정될 수 있는 것이다. 그런 점에서 『천예록』은 야담집이 기이를 수용할 수 있는 바탕을 마련했다고 할 수 있다.

지연의 서술 방식은 사건이 마무리되기 전에 독자나 청자로 하여금 확장된 시·공간을 충분히 경험하게 하였다. 서술자는 독자나 청자에게 현실의 시·공간을 환기시키기보다는, 작품 자체의 시·공간을 새롭게 경험하게 하는 것이 사건의 핵심을 이해하는 데 더 필요하다고 판단했을 것이다.

지연과 결락 생성의 서술 방식은 정보의 독점 혹은 공유와 관련된다. 서술자는 보통 사람들이 쉽게 가질 수 없는 경험에 대한 정보를 많이 갖고 있는 존재로서, 정보를 갖고 있지 못한 독자나 청자를 향해 이야기를 한다. 서술자는 독자와 청자의 호기심을 유발하고 이야기하기의 가치를 높이기 위해 사건의 핵심에 대한 언급을 미루거나 핵심을 쉽게 이해하지 못하게 하는 서술 방식을 활용한다. 지연과 결락 생성은 서술자의 이런 태도와 관련된다. 정보를 독점한 서술자가 그 정보를 쉽게 제공하지 않는 것이다. 지연과 결락이 이루어진 뒤, 뒤늦게 제공되는 정보는 서술 내용을 더 인상적이게 만든다. 그러므로 이러한 서술 방식은 독자나 청자로 하여금 작품의 가치를 더 크게 수용하도록 하는 역할을 하기도 한다.

지연과 결락 생성의 서술 방식은 서술자가 의도적으로 구사한 것일 수 있지만, 어쩔 수 없이 형성된 것이기도 하다. 정보가 널리 공유하기 어려운 은밀한 것이기에 주인공이 그에 대한 진술을 기피하고 있다가, 시간이 흐른 뒤 상대 인물에게 폐쇄적인 방식으로 진술하게 되면서 이런 현상이 나타나기도 한 것이다.*

---

* 대표적인 사례는 「서평향어점만명」의 "渠仍行其術 積累十年 世無知者 今始見知於公云"(『천예록』, 415면), 「고성향수병화어」의 "悴怪而叩問再三 品官不敢隱 卽細陳之曰 小民有罔極情事 而世所未有 未嘗向人言矣 今適城主下問 何敢有隱"(『천예록』, 431~432면)이다.

또 「관동도조우등선」關東道遭雨登仙(『천예록』, 393면)은 이중적인 전승 경로를 보여준다. 먼저 가평 사람들에 의해 전승되던 이야기는 이미 전설화되었는데,[60] 편저자가 들은 이야기는 이와 다른 경로를 통해 전해진 것이다. 편저자에게 이 이야기를 제보해준 사람은 작품의 주인공으로부터 경험담을 직접 들은[61] 주인공의 친구이다.[62] 따라서 편저자에게 제보된 이야기는 구연의 과정을 많이 거친 것이 아니다. 가평 사람들이 구연을 거듭하면서 전설을 전승해 나갔다면, 편저자는 구연의 흐름 속으로 들어가기 전의 이야기를 제보받아 일정한 변개와 첨삭을 가해 작품으로 정착시킨 셈이다. 또 「서평향어점만명」西平鄕於點萬名(『천예록』, 413면)은 주인공의 이야기를 들은 서평이 자손들에게 그것을 들려주었고, 그 이야기가 가문 내에서 전승되면서 사람들에게 알려진 내용을 기록한 작품이다. 「고성향수병화어」高城鄕叟病化魚(『천예록』, 431면)도 폐쇄된 통로로 전승된 이야기라는 인상을 준다.* 이 같은 폐쇄적 전승 과정이 지연과 결락 생성의 서술 방식을 유도하기도 했다고 볼 수 있다.

작중인물이 상대 인물에게 자기 경험을 진술하여 상대 인물을 감동시키는 서술 방식은 『천예록』에서 부각되었는데, 이것은 『동패락송』에서는 두드러지지 않다가 『청구야담』이나 『동야휘집』 등 19세기 본격 야담집에서 비로소 중심 서술 방식의 하나가 되었다. 19세기 야담에서는 주인공의 자기 경험 진술이 상대 인물을 감동시키고 상대 인물이 그에 반응하여 소통을 이루어 마침내 상황을 호전시키기에 이른다. 그것은 현실에서의 경험을 소중하게 기억하고 그것을 거듭 반추하는 새로운 생활 의식의 반영이라 할 수 있을 것이다. 『천예록』은 이런 자기 경험 진술의 서술 방식을 독특하게 마련했다는 점에서 야담사에서 중요한 위치에 있다고 하겠다. 그러나 「잠계봉중일타홍」簪桂逢重一朶紅(『천예록』, 425면)에 나타난 심희수의 자기 경험 진술은 그 경험을

---

* '경년'頃年이란 말은 사건 시각과 진술 시각 간의 격차가 크지 않다는 것을 뜻한다. 구연이 반복되지 않았음을 의미한다.

자랑스러워하거나 과시하려 했기 때문이 아니라 병조좌랑의 간곡한 부탁에 의해 수동적으로 이루어진 것이다. 그리고 뒤 액자의 "자네와는 정이 한집안 식구 같고, 이곳까지 와서 물었기 때문에 자네를 위해 모두 이야기해주었네. 행여 번거로이 다른 사람에게 이야기하지는 말아주게"[63]라는 부분에서 나타나듯 정보나 이야기의 개방을 반대하기도 한다. 이러한 점은 19세기 야담에 나타나는 자기 경험 진술의 능동적이고 개방적인 자세와는 다르다.

『천예록』에 나타난 작중인물의 자기 경험 진술이라는 서술 방식은, 현실에서 거듭 일어나고 있었던 자기 경험의 이야기하기가 작품의 구조나 서술 방식으로 전환되었기에 나타난 현상이다. 이는 경험 자체를 소중하게 생각하는 데서 비롯된 서술 방식이었다. 그런데 그렇게 중시된 경험이 '이야기하기'라는 서술 방식에 담겼다는 점이 돋보인다.* 주인공이 현실에서 겪은 경험이 다만 이야기가 만들어지는 출발점이나 소재로서만 존재하는 것이 아니라 '이야기하기'라는 작품의 서술 방식으로 전환된 것은, 현실의 경험 자체와 '이야기하기'에 의해 만들어진 작품이 구분되기 시작했기에 가능했던 문학 현상이다.

조선 후기에는 변화된 현실을 적극적으로 반영해 '욕망의 성취'나 '문제의 해결'을 서술 시각으로 하는 작품들이 크게 유행하였고, 그런 까닭에 이런 작품들은 19세기 야담집에서 큰 비중을 차지한다. 그런데 『천예록』은 여전히 기이한 내용의 이야기를 많이 담고 있다. 『천예록』에서는 현실을 적극 반영한 작품이 두드러지지 않는 것이다. 그런 점에서 『천예록』은 조선 후기에 새롭게 변화된 현실을 반영하는 방식으로 야담을 발전시키기보다는, 지속되

---

*『천예록』이 작중인물의 자기 경험 진술이라는 서술 방식을 중시했음은 심지어 귀신이나 혼령조차 자기 경험을 장황하게 진술하는 경우가 있다는 점에서 다시 확인된다. 가령 「맹도인휴유화시」盟道人携遊和詩(『천예록』, 459면)에서 맹 도인은 신라 경순왕 때의 학사로서 자신이 겪었던 억울한 일들을 진술하였다("余答曰 所欲言者 何事 當爲公傳於世 願聞之顚末 靑袍者 泫然泣下曰 我本新羅敬順王朝學士 家在金鰲山西麓", 『천예록』, 461면).

어온 현실과 전승되던 이야기를 지금까지와는 다른 방식으로 서술하고 또 거기에 새로운 의미를 부여하는 방식으로 야담을 발전시켰다고 하겠다. 형식이 내용을 이끌고 있는 단계란 점에서 내용이 형식을 이끌거나 내용과 형식이 통합된 19세기 야담과 구분된다고도 볼 수 있을 것이다.

『천예록』의 이러한 특징은 그 형성 과정 면에서 볼 때 문헌 전재 과정에서 편저자가 적극적인 변개를 하였다는 점, 전문 이야기꾼이 개입하지 않았고 이야기판 자체가 완전 개방되지 않았다는 점,* 이야기하기가 활성화되지 않았다는 점 등과 관련이 있을 것으로 판단된다.

제보자의 계층은 다양하지만,[64] 개별 작품과 제보자의 관계가 긴밀하다는 점[65]에서 이야기판이 개방되지 않았다고 볼 수 있다. 또 각 작품에서는 '주동인물→상대 인물', '제보자→편저자'라는 두 맥락의 '이야기하기'가 존재하는데, 그중 이야기하기의 주체인 주동인물과 제보자가 적극적으로 나서서 이야기하는 경우보다는 청자인 상대 인물과 편저자의 요구에 의해 이야기하기가 이루어지는 경우가 많은 것을 볼 때, 이야기하기가 완전히 활성화되지는 않았다고 판단할 수 있다.

---

* 『천예록』의 이런 이야기판은 임방이 부친 임의백任義伯의 황해도 관찰사 시절 해주海州에서 경험한 이야기판에서 비롯되었을 것이다. 『천예록』의 「염라왕탁구신포」閻羅王托求新袍는 해주의 진사 최유첨崔有瞻이 임방에게 이야기해준 것이다. 그리고 『수촌집』에 실려 있는 「기임정익생환시말」記任廷益生還始末은 해주의 임정익任廷益이 이야기해준 것이다. 먼저 임방은 이 이야기판에서 이야기꾼 노릇을 하지 않고 수용자 역할만 하였다. 「염라왕탁구신포」는 저승 환력담으로 기이한 내용인데, 주인공이 해주 목사를 역임했다는 사실을 참조하면 이 이야기는 해주 관아와 관련되어 전승된 이야기일 가능성이 크다. 그리고 「기임정익생환시말」은 임의백이 황해도 관찰사였을 때 임정익이 자술한 경험담이다. 그 내용은 청의 요청으로 금주위錦州衛 정벌에 가담하려고 배를 타고 떠났던 조선 병사들이 명으로 표류해 들어갔다 우여곡절 끝에 돌아오는 이야기이다. "정익은 글자를 몰라 견문한 바가 넓지 못했다"(廷益不識字所聞見不廣也, 『수촌집』 권9, 『한국문집총간』 149, 민족문화추진회, 1997, 208면)는 구절에서 알 수 있듯 임정익 역시 전문 이야기꾼은 아니었다. 또한 「기임정익생환시말」은 제목 그대로 임정익이 돌아오기까지 있었던 일 그대로를 재현하는 게 목표였기에 현실 자체에 구속되어 있다. 이러한 점은 『동패락송』이 홍봉한 집안의 사랑방에 드나들던 시인 묵객들 사이에 오가던 이야기를 적은 것이며, 그 사랑방에서 편저자 노명흠이 뛰어난 이야기꾼 역할을 했다는 사실과 비교된다. 『천예록』에 비해 『동패락송』이 조선 후기 개방된 이야기판에 더 가까이 갔다고 하겠다.

그런 점에서 『천예록』은 편저자나 서술자의 이야기 전달 동기보다는 이야기 살피기나 이야기 성찰의 동기가 더 강한 야담집이라 할 수 있겠다.

맺는 말

이상의 논의를 통해 18세기 야담집인 『천예록』이 야담의 형성과 발전의 도정에서 중요한 위치를 차지했음을 확인하였다. 『천예록』은 명실상부한 야담 작품들을 싣고 있는 가장 이른 시기의 야담집이라 할 수 있다.

『천예록』은 야담집이지만 기이한 이야기들을 많이 수록하고 있다. 기이에 현실적이거나 윤리적인 의미를 부여함으로써 전설을 야담계 일화나 야담계 소설로 전환시킨 것이다. 기이에 대한 이런 서술 태도는 『학산한언』이나 『동야휘집』 등 야담집에도 영향을 끼쳤다고 할 수 있다.

『천예록』에서는 사건이 구체화되고 풍경과 배경이 뚜렷하게 형성되었는데, 야담이 작품의 자족성을 확립해간 증거다. 그것은 지연의 서술 방식과도 연결된다. 지연의 서술 방식이 두드러진다는 점이 『천예록』의 가장 큰 특징이라고도 할 수 있다. 지연의 서술 방식을 통해 등장인물의 말을 그대로 제시하고 등장인물 간의 갈등을 부각시켰으며, 서술의 초점을 만들어 세부적인 행동이나 배경을 상세하게 기술했다. 이로써 작품의 시·공간이 확장되었다. 지연의 서술 방식은 압축과 절제를 추구하는 일화의 수준을 넘어서서 소설로 전환하는 원동력이 되기도 했다.

경험자가 자기 경험을 진술하는 서술 방식도 『천예록』에서 부각되었는데, 그것은 『청구야담』이나 『동야휘집』 등 19세기 본격 야담집의 중심 서술 방식 중 하나가 되었다. 19세기 야담에서는 주인공의 자기 경험 진술이 상대 인물을 감동시키고, 상대 인물이 그에 반응하여 소통을 이루고 마침내 상황을 호전시키기에 이른다. 그것은 현실의 경험을 소중하게 기억하고 그것을 거듭 반추하는 새로운 생활 의식의 반영이라 할 수 있을 것이다. 『천예록』은 이런 자기 경험 진술의 서술 방식을 독특하게 시도했다는 점에서 야담사에서 중요한 위치에 있다고 하겠다.

『천예록』이 기이한 내용의 이야기를 많이 싣고 있다는 사실은 다른 관점에서도 이해되어야 할 것이다. 조선 후기의 변화된 현실을 적극적으로 반영하고 '욕망의 성취'나 '문제의 해결'을 서술 시각으로 하는, 19세기 야담집에서 큰 비중을 차지하는 작품들이 『천예록』에는 많이 실리지 않은 것이다. 그런 점에서 『천예록』은 조선 후기에 새롭게 변화된 현실을 반영하는 방식으로 야담을 발전시키기보다는, 지속되어온 현실과 전승되던 이야기를 지금까지와는 다른 방식으로 서술하고 또 거기에 새로운 의미를 부여하는 방식으로 야담을 발전시켰다고 하겠다. 형식이 내용을 이끌고 있는 단계란 점에서, 내용이 형식을 이끌거나 내용과 형식이 통합된 19세기 야담과 구분된다고도 볼 수 있을 것이다.

그런 점에서 『천예록』은 편저자나 서술자의 이야기 전달 동기보다는 이야기 살피기나 이야기 성찰의 동기가 더 강한 야담집이라 할 수 있겠다. 앞으로 19세기 야담집에서 이야기 전달 동기가 더 강해지는 양상을 살피는 작업이 필요하다.

미주

1) 이신성, 「천예록 연구」(동아대 박사학위논문, 1993).
2) 진재교, 「잡기고담의 저작연대와 작자에 대하여」(『계간 서지학보』 12, 한국서지학회, 1994) ; 진재교, 「천예록의 작자와 저작연대」(『계간 서지학보』 17, 한국서지학회, 1996) ; 김동욱, 「천예록 연구」(『반교어문학』 5, 반교어문학회, 1994).
3) 진재교, 「천예록의 작자와 저작연대」(『계간 서지학보』 17, 한국서지학회, 1996), 60면.
4) 조선 초·중기 일화와 비교할 때, 조선 후기 야담계 일화 및 야담계 소설은 서술의 초점을 분명히 하여 주인공의 활약을 부각시킨다. 그 전제로서 풀어야 할 문제와 추구해야 할 목표를 서두에서 확고하게 제시한다. 그리고 그 문제를 풀고 목표를 완수하기 위해 주인공은 구체적인 계획을 세워 활동을 개시한다. 결말 정황의 수준은 서두의 목표를 능가할 정도로 높다. 그리고 주인공의 주체적 행동에 의한 욕망의 성취가 중시되었다. 그런 전제 아래 조선 초·중기 일화가 야담계 일화 및 야담계 소설로 나아가는 경우를 몇 계열로 나눌 수 있다. 먼저 조선 초·중기 사대부 일화나 평민 일화가 ① 조선 중기의 사회 경제적, 정신사적 변화에 부응하여 한 번 자기 변신을 꾀한 뒤, 조선 후기 사회의 전면적 변동에 부응하여 획기적으로 변개된 경우이다. ② 조선 초·중기 일화 자체는 거의 변개를 겪지 않고 다른 일화 속으로 들어가거나, 다른 일화들과 조합함으로써 야담계 일화나 야담계 소설로 발전하는 경우이다. ③ 조선 초·중기 일화의 소재, 인물 등을 바탕으로 하고 조선 후기의 다른 서사 갈래(가정소설이나 영웅소설 등)의 서술 원리를 활용해 야담계 소설로 나아가는 경우이다. 다른 한편, 야담계 일화나 야담계 소설은 조선 후기에 일어난 사건을 바탕으로 형성되기도 하였다. 이는 전대 문헌의 전재에 의한 야담의 형성과는 차원을 달리하는 것으로서 야담 형성의 또 다른 중요한 줄기이다(이상 이강옥, 『조선시대 일화 연구』, 태학사, 1998, 283~344면을 참조할 것).
5) 『천예록』의 화수에 대해서는 논란이 있다. 정용수는 『천예록』 이본군을 통해 계산한 62편에다 일본 동양문고 소장 『고금소총』에 실려 있는 4편 즉, 「음담천자」淫談天子, 「망발장인」妄發匠人, 「음부간교」淫婦奸巧, 「준부치애」蠢夫癡騃 등을 합쳐 총 66편이라 보았다(정용수, 「『천예록』 이본 자료들의 성격과 화수 문제」, 『한문학보』 7, 우리한문학회, 2002 참조).
6) 이에 대해 이신성은 조선 전기(15, 16세기)의 서사 양식인 설화나 민담이 18, 19세기에 오면 현실적인 야담으로 나타나는데 『천예록』은 그 중간 단계의 성격을 지닌다고 보았다(이신성, 「천예록 연구」, 동아대 박사학위논문, 1993, 27면). 18세기 이전의 서사 양식으로서 야담과 가장 가까운 양식이 일화라는 사실을 인정하지 않고 또 단형 서사 문학사를 단선적으로 파악한 것이 문제라 하겠지만, 이신성의 견해는 『천예록』 소재 작품의 기이성이 '기이의 현실화'와 긴밀한 관계가 있다는 논리를 도출할 수 있게 한 것으로 볼 수 있다.
7) 심능숙沈能淑도 『계서잡록』溪西雜錄의 서문에서 잡록집 혹은 야담집 중 『천예록』의 특징을 '황탄함'으로 규정했다("古之博雅好奇之士 必有所著 流傳於後 然所著不一 或近於誕 水村天倪 是已 或近於俚 慵齋叢話 是已", 『계서잡록』, 성균관대본 참조).
8) 『학산한언』에는 자기 몸에서 혼을 나가게 하고 친구의 혼을 불러 잠시 자기 몸을 지키게 하며,

죽어서 흰 피를 흘리는 등 기이한 행적을 보이는 이광호李光浩에 대한 이야기가 있다. 그런데 이광호는 임방의 고모부이며, 이 이야기를『학산한언』의 편찬자인 신돈복에게 해준 사람이 임방의 장남 임정원任鼎元이다. 이런 점으로 보아 임방의 집안에는 기이한 행적을 보이는 인물이 있었고 또 기이한 이야기를 구연하는 분위기가 조성되었음을 짐작할 수 있다.『천예록』에 기이한 이야기가 많이 실린 것은 이런 임방 가문 이야기판의 분위기와도 관련이 있다고 볼 수 있을 것이다 (『학산한언』, 340면 및 342면 참조).

9) '기이의 현실화'와 '현실의 기이화'에 대해서는 이강옥,『조선시대 일화 연구』(태학사, 1998), 209~226면을 참조할 것.

10) "人於天地間 爲物最靈 蛇蟒雖毒蟲 乃物之微者也 蛇蟒被殺 其精魂能作禍變 以報仇怨 未聞人被寃殺 精魂能有報復者 以最靈之物 而反不如微蟲者 何也 余觀此世 無罪而被殺於人者 多矣 其魂靈寂然 無一報應 今因故相第武人家蛇蟒二事 竊有所感 恨不得與達識君子 講討人物幽明之理也 噫"(『천예록』, 473면).

11) "噫 乃範之事 似是釋世誣民之說 君子固不當語怪述異 而宋李舟亦云 天堂無則已 有則君子登 地獄無則已 有則小人入 由此觀之 乃範所云 雖近於誣世 而亦可以警世矣 故余志其語 以附退之 取其一 不責其二之義"(『천예록』, 408면). 이 마지막 구절에 대한 해석은 정환국의 책에 의거하였다. "이 어구(取其一 不責其二之義)는 그 (한퇴지)의 글「원훼」原毁에 들어 있으며, …… 여기서의 뜻도 불교가 세상에 경종이 되는 부분은 취할 만하고, 혹세무민의 부분은 취하지 않는다는 의미로 끌어다 쓴 것이다"(정환국 역,『교감역주 천예록』, 성균관대 출판부, 2005, 91면).

12) "役鬼之說 古無聞焉 至于叔季而始有之 豈不怪哉 西平之族 所領數萬 而能嚴束峻治 俾絶人間之禍 任實之人 只帶二卒 而亦禁止妖邪之祟 此雖燕齊之士 有惠而無害 賢於禹治遠矣"(『천예록』, 417면).

13) "至於後壁 更無退坐之地 萬枝語之曰 汝輩何樣鬼物 而敢於佩符尊官到任之日 如是出現耶 汝若有情願則 吾當爲汝成之 汝須直言也 中坐一鬼有聲曰 腹飢 萬枝曰 吾已聞汝所願 當盛設以饋 須速退去"(『천예록』, 494면).

14)『대동야승』3, 101면;『대동야승』5, 603면;『대동야승』13, 92면 참조. 정렴 관련 설화에 대한 세밀한 분석은 野崎充彥,「朝鮮野談と道敎說話の關わり-北窓說話を中心に」(『世界口承文藝硏究』9, 大阪外大, 1988), 77~96면에서 이루어졌다.

15) "其山居也 能知山下人所爲之事 曰某家方爲某事 後驗之果然"(『대동야승』3, 101면).

16) "平生行蹟 極多異事 而東國無好事者 故卽今傳於世者 絶少"(『천예록』, 399면).

17) "此有一段怪事 而傳信無疑 故聊錄于此"(『천예록』, 399면).

18) "北窓一日 往見其異居姑母 姑母賜坐 從容與言語 大謂北窓曰 我爲藏獲收貢 送一奴於嶺南 過期不至 恐遭盜賊水火 意之外患 不勝憂慮云云 北窓卽曰 吾爲姑母 當望見其遠近 以告矣 姑母笑曰 汝其戲耶 是何言耶 北窓卽於坐上 引嶺南向而望之 良久 謂其姑母曰 奴卽踰鳥嶺 無憂矣 但此奴方被打於一兩班 而此是自取 無足恤者 …… 後其奴到家 姑母問踰嶺日時 考壁上所記 分毫不異 復問踰嶺時 有見惡於兩班事否 奴驚怪 悉陳被打曲折 與北窓所言 若合符契焉"(『천예록』, 399~400면).

19)『대동야승』14, 74면.

20) "其仙去而空中音樂 則誕矣 錢片冷浴之事 誠可怪也"(『대동야승』14, 74면).

21) "至於朝天而通萬國之語 化蜂而螫爲蟲之身 古亦無聞焉 孰謂東國無神人哉 奇乎奇乎"(『천예록』, 401면).

22) 「광주유노인」廣州有老人(『대동야승』 2, 531면).
23) 「용강현」龍岡縣(『소문쇄록 외』, 아세아문화사, 1990), 9면 ; 「강릉부어부」江陵府漁夫(같은 책), 10면.
24) 「진사유극신지우」進士柳克新之友(『어우야담』, 262면).
25) 「이판서시언」李判書時彦(『대동야승』 17, 104면).
26) "一日子孫及侍婢曰 吾病久 甚鬱悶 思欲澡浴吾身 須具浴湯于靜室 戒一家 愼勿窺之 窺之則不吉"(『어우야담』, 262면).
27) "玆不敢食魚者也"(『대동야승』 17, 104면).
28) "洪斯文純愨 亦爲余言 嘗爲晉州敎授時 晋有此異云 是何理歟 博物者 或知之"(『대동야승』 17, 104면).
29) "病父謂子等曰 吾病甚熱 不堪其鬱 吾欲出坐於家前大川之邊 臨觀水流 庶得蘇快 爾等勿阻我意 昇吾速出臨水"(『천예록』, 432면).
30) "病父嗔怒不止曰 汝不從吾言 則是與弒父同"(『천예록』, 432면).
31) "心有所驚疑不安 自不覺垂涕902"(『천예록』, 432면).
32) "今仍高城叟昇平族之事 而窮思之 萬物莫不有變化矣 …… 請歸之於變異焉"(『천예록』, 433면).
33) "評曰 曾見傳奇 有薛主簿化鯉 李生化虎之說"(『천예록』, 433면).
34) 박희병, 『한국전기소설의 미학』(돌베개, 1998), 204면.
35) 이종묵, 「유산遊山의 풍속과 유기류遊記類의 전통」(『고전문학연구』 12, 한국고전문학회, 1997), 403~404면.
36) 이신성, 「천예록 연구」(동아대 박사학위논문, 1993), 136면 ; 김준형, 「「옥소선 이야기」의 변이 양상과 의미」(『한국민속학』 30, 민속학회, 1998), 265~288면.
37) 이와 관련하여 『동패락송』에서 대화가 적극 활용되는 수법을 중시한 임형택의 연구 성과가 주목된다(임형택, 「『동패락송』 연구」, 『한국한문학연구』 23, 한국한문학회, 1999). 그런데 임형택은 이 현상을 '등장인물의 사회적·경제적 관계에 얽힌 복잡한 심리 상태를 몇 마디 주고받는 대화로 간명하게 표출시킨 묘사 기법이다'(346면)라고 설명한 뒤, 그것을 '현실 인간은 발견하였지만 현실 배경은 아직 발견하지 못한 것이다'(347면)라고 요약하여, 대화와 배경을 모순적인 항으로 해명하였다. 본고는 『천예록』에서는 대화의 부각과 배경의 확장이 모순되기보다는 조화를 이룬다는 점을 밝힌다.
38) 이강옥, 「조선후기 야담집 연구」(서울대 석사학위논문, 1982), 36면.
39) "今聞公言 可謂佳矣 若使求妾者當之 實是難得之會 而但在我 則平生不欲卜妾 故不敢從命"(『천예록』, 440면).
40) "賤媳不至甚陋 於君意何如"(『천예록』, 440면).
41) "我曾聞世間有一色 而未嘗見也 今見貴女 始知天下有眞一色也 傾國傾城之稱 信不虛矣 吾不覺神驚而魄動也"(『천예록』, 440면).
42) "然則 君其許我否"(『천예록』, 440면).
43) "貴女誠美矣 但鄙意 主人已知之 今不敢更言"(『천예록』, 440면).
44) "公言使人流涎 而不能從 吾亦自恨"(『천예록』, 441~442면).
45) "將使吾女 侍寢一夜 只名沈某之妾 此後君雖更不一顧 此亦渠之命也 吾無所恨 君亦不從否"(『천예록』, 442면).
46) "朝見其父欲請一言 而面頸先赤 竟不得發口"(『천예록』, 508~509면).

47) "事已急矣 吾將死矣 失今不圖 無可及矣"(『천예록』, 444면).
48) "物之怪者 殆非人也"(『천예록』, 444면).
49) '일타홍 이야기'의 유화와 그 계열 및 변이 양상에 대해서는 이신성, 「천예록 연구」(동아대 박사학위논문, 1993), 136~160면 및 강영순, 「조선후기 여성지인담 연구」(단국대 박사학위논문, 1995), 77~109면을 참조할 것.
50) 강영순, 「조선후기 여성지인담 연구」(단국대 박사학위논문, 1995), 108면.
51) "吾於他人 不曾言之 君今有問 何必隱之 吾當細言之"(『천예록』, 426면).
52) "某公曰 此姬乃是天下名姝也 其志操可嘉 事迹甚奇 吾將爲君畧言之 吾年垂八十 夫妻偕老 素無子女矣 一日 此姬忽然來見曰 願寄身門下 甘役左右 以備婢僕之末 余怪問其由則曰 奴非避主逃亡者 請勿慮焉 余辭而拒之 而渠抵死固請 仍留不去 余試從之 而觀其所爲 卽以侍婢自處 晝進茶飯 夜鋪枕席 洒掃應對 盡其誠勤 余夫妻 俱是老病之人 而不離左右 扶救調護 搔背叩膝 極能得其道 使之安便 又能工於裁縫 自請製衣 必及寒暖之節 …… 君可勿歸 留宿一宵也"(『천예록』, 428~429면).
53) "余從容問其出處行止 則曰 本以良家女子 父母早沒 幼稚無依 爲一里媼所得養 以爲娼 年少未及爲人所汚 幸遇一郎君 已成百年之盟 而新此郎 年幼未娶 期以登第後 重相會合 妾在娼母之家 則此身不得自由 恐無以全節 玆敢來托高門 以爲數年藏蹤之計 待郎君擢第 卽當辭去耳"(『천예록』, 428~429면).
54) "行到老宰相 …… 遂使入處內舍 待以養女"(『동패락송』, 25면).
55) "沈以紅事始末甚詳"(『동패락송』, 25면).
56) 『수촌집』권9(『한국문집총간』149, 민족문화추진회, 1997), 208면.
57) "蓋者姜翊周居在京城西部長生洞 余友沈一卿漢柱與之相親 沈每見姜面色黃腫 怪問之 初甚隱諱 强叩之 曰初無黃病"(『수촌집』권9,『한국문집총간』149, 민족문화추진회, 1997, 208면).
58) 그 외에 여기에 해당될 수 있는 작품들은, 「승평족인노작저」昇平族人老作猪(『천예록』, 433면), 「무쉬건안가망부」武倅見安家亡父(『천예록』, 480면), 「우병사투부할영」禹兵使妬婦割髥(『천예록』, 446면), 「소설인규옥소선」掃雪因窺玉簫仙(『천예록』, 419면), 「맹도인휴유화시」孟道人攜遊和詩(『천예록』, 459면),「최첨사교사봉마」崔僉使僑舍逢魔(『천예록』, 469면) 등이다.
59) "却以李君言記 此得澤堂所記大抵相同 而李言略有所加 今以澤堂爲主 而竝錄余記 以備參省"(『천예록』, 458면).
60) "加平之人 老少 皆言此事"(『천예록』, 398면).
61) "生旣歸之後 其友與生 同宿夜話 …… 言其顚末如此 其友大異之"(『천예록』, 398면).
62) "客有親聞於其友 而傳說於余如此"(『천예록』, 398면).
63) "以君情同一家 而適比相聞 故爲君悉陳 幸勿煩及他人也"(『천예록』, 431면).
64) 진재교,「천예록의 작자와 저작연대」(『계간 서지학보』 17, 한국서지학회, 1996), 66면.
65) 이와 관련하여 김동욱은 '체험자(목격자)→편저자', '체험자(목격자)→중개자→편저자', '문헌→편저자'로 나누어 『천예록』의 채록 과정을 설명하였다(김동욱,「천예록 연구」,『반교어문학』5, 반교어문학회, 1994, 173~178면). 여기서 체험자와 편저자 사이의 간격은 넓지 않다. 가령 "故略見其始終如此"(『천예록』, 402면), "堪輿者金應斗 少時親見之 爲余言如此"(『천예록』, 404면), "李司藝克誠 原州人也 余趨庭於關西堂營 李君時宰中和 屢會詳熟 爲余言崔生文發事 頗詳曰 與崔兄弟及親友數人 寓讀於秬谷書院"(『천예록』, 457면) 등은 체험자와 편저자가 가장 가까운 경우이고, 그 외에 중개자가 개입하는 경우도 체험자와 편저자 사이에 그렇게 많은 단계가 설정되지 않는다.

『동야휘집』의 세계관 연구

조선 후기에 편찬된 야담집들은 문헌에 실려 있던 야담들을 전재했을 뿐만 아니라 사대부 사회와 평민 사회에서 전승되던 이야기들도 기록하였다. 야담을 한문으로 기록한 동기가 교훈을 주기 위해서든 즐거움을 주기 위해서든, 일단 야담집 속으로 수용된 작품들은 편찬 당대와 그 이전 시대에 존재했던 사람들의 행동과 사고방식을 집대성했다는 의의를 가진다. 그런 점에서 야담집에 실려 있는 작품들을 통해 전대와 당대에 존재했던 세계관의 양상을 살필 수가 있다.

야담집의 편찬자는 기존 야담 작품들을 선별해 기록하는 과정에서 자신의 관점을 개입시켰다. 편찬자는 자신의 세계관에서 크게 벗어나지 않은 작품들을 선택하고, 선택한 작품을 윤색하거나 변개하며, 다른 유화類話들을 하나의 제목으로 묶거나 한 작품을 다른 제목으로 나누기도 한다. 야담집 편찬 과정에 편찬자의 세계관이나 정서가 중요하게 작용하는 것이다.

이처럼 야담집 편찬 과정에서 편찬자의 세계관이 개입하기는 하지만, 다른 한편 야담집에는 이미 형성되어 있던 다양한 세계관들을 반영한 작품들도 두루 실려 있다는 사실을 부정하기 어렵다. 그러므로 『동야휘집』東野彙輯에 실려 있는 작품들의 세계관을 편찬자 이원명李源命(1807~1887) 개인의 세계관과 완전히 동일시해서는 안 될 것이다.

그러나 편찬 과정에서 편찬자에 의해 일정한 선택이 이루어졌고 작품 형식을 정비하는 과정에서 다양한 변개가 이루어졌다는 점에 초점을 맞춘다면, 『동야휘집』에 실려 있는 작품들에서 발견되는 세계관의 특징들을 편찬자의 세계관과 관련시켜 해석할 여지가 생겨난다.

『동야휘집』의 편찬자 이원명은 익헌공翼獻公 이재학李在學(1745~1801)의 손자이자 숙헌공肅獻公 이규현李奎鉉(1777~1844)의 아들이다. 조부와 부친이 모두 형조판서를 역임한 노론 벌열 집안 출신이다. 1832년 정시 문과庭試文科에 급제해 익종翼宗의 전강殿講이 되었고, 성균관 대사성, 경기도 관찰사 등을 역임하고 이조참판을 거쳐 형조판서에 올랐다. 삼대에 걸쳐 형조판서가 된 것이다. 1863년에는 이조판서가 되었다. 『동야휘집』은 그가 벼슬에서 물러난 1869년경 편찬한 것으로 추정된다.[1]

최고의 벼슬까지 역임한 사대부가 야담집을 편찬한 것은 흔히 있는 일이 아니었다. 이원명 스스로도 야담 저술이 "현인들의 비웃음을 살 것"[2]이라 짐작했지만, "책 속의 인정人情과 물태物態가 손바닥처럼 선명하고 옛날로 거슬러 올라가 사실을 주워 모으며 풍속을 경험케 하여 세상 교화에 도움이 되기"[3] 때문에 가치가 있다고 보았다. 야담집을 편찬한 자신의 행위를 변명하기 위해 끌어온 주장이라고 볼 수도 있지만, 『동야휘집』을 편찬하는 과정에서 세상 교화를 염두에 두었다는 것을 완전히 부정하기는 어렵다. 『동야휘집』의 세계관에 대한 검토는 이렇게 편찬자가 가졌다고 추정되는 교훈적 자세에서 출발한다.

인물담과 사건담의 존재 양상

서사 작품은 인물의 성품이나 능력을 알 수 있는 말이나 행동을 제시함으로써 그 인물의 형상을 만들어 전하는 데 초점을 맞추기도 하고, 사건의 전개와 해결 과정에 초점을 맞추기도 한다. 전자를 인물담이라 한다면 후자는 사건담이라 할 수 있다.

먼저 『동야휘집』에는 다양한 인물 형상들이 제시되어 있다. 그것들 중 일부는 구전설화에도 나타나는 전통적인 인물이다. 또 조선 후기에 이르러 사회·경제적 여건이 크게 바뀌고 기존 질서가 흔들리자 그런 변화에 잘 적응하여 득의한 인물이나 잘못 적응하여 소외된 인물들도 있다.

『조선조 문헌설화집요』朝鮮朝文獻說話輯要의 분류에 의하면, '행실'行實, '성정'性情, '재예'才藝, '법술'法術 면에서 두드러지는 인물 형상들이 야담집에서 두루 발견된다.[4] 각 분야에서 긍정적으로 평가되는 인물뿐만 아니라 이도 저도 아니거나 부정적으로 평가되는 인물도 포착된다. 그리하여 '충신'과 '간신', '열녀'와 '음부'淫婦, '충복'忠僕과 '반노'叛奴, '지인'智人과 '우인'愚人이 공존한다. 심지어 '귀신', '괴물', '동물' 등 이물異物들도 주체로 존재한다. 이들에 대한 이야기가 야담집에 들어 있다는 사실이 야담집의 개방성을 입증한다. 『동야휘집』에서 특히 큰 비중을 차지하는 인물담은 다음과 같은 것이다.

충신담忠臣譚(6) 현부담賢婦譚(16) 열녀담烈女譚(7) 충복담忠僕譚(5)
신의담信義譚(5) 호협담豪俠譚(5) 지략담智略譚(10) 용력담勇力譚(9)
풍류담風流譚(4) 명관담名官譚(7) 문인담文人譚(9) 명장담名將譚(13)
명의담名醫譚(4) 명기담名妓譚(8) 기도담奇盜譚(11) 선인담仙人譚(5)
방사담方士譚(5) 명풍담名風譚(5) 지인담知人譚(8) 예지담豫知譚(9)
이인담異人譚(22) 혼령담魂靈譚(13)[5]

충신·현부·열녀·충복·명관·명장 등에 대한 관심은 문집이나 잡록집 등에 실려 있는 전대의 서사 작품과 다르지 않지만, 호협·지략 있는 자·용력 있는 자·기이한 도둑·명기名妓·예지豫智 있는 자 등에 대한 관심은 야담집에 이르러 고조되었다. 『동야휘집』은 당대 이전까지의 역사에서 형성된 인간 군상들 중 공인되고 찬양된 인물뿐만 아니라 무시되거나 경시된 인물에 대해서도 관심을 가졌다고 할 수 있다. 아울러 당대에 새롭게 형성된 인물들도 그에 못지않은 애정으로 수용하였다.

그런데 사람의 성향 중 긍정적인 부문과 부정적인 부문이 대조될 경우, 부정적인 부문을 무시하지는 않았지만 그렇다고 긍정적인 부문과 대등하게 다루지도 않았다. 충신과 간신의 비를 6대 2, 열녀와 음부淫婦의 비를 7대 3, 충복忠僕과 반노叛奴의 비를 5대 2, 지략 있는 자와 어리석은 자의 비를 10대 3, 용감한 자와 겁약怯弱한 자의 비를 9대 3 등으로 배치한 바와 같이 긍정적인 쪽을 부각시키고자 하는 성향이 강하다. 또 이러한 대조가 이루어질 수 없는 경우에는 대부분 긍정적인 쪽만을 나타내지, 부정적인 쪽을 단독으로 나타내는 경우는 거의 없다. 『동야휘집』이 이미 있었거나 있을 수 있는 다양한 인간상에 관심을 기울이긴 했지만, 가능한 한 그 다양성을 긍정적인 쪽으로 이끌려 했다고 하겠다.

빈도가 높은 것부터 나열해보면 이인담異人譚, 현부담賢婦譚, 명장담名將譚, 혼령담魂靈譚, 기도담奇盜譚, 지략담, 용력담, 예지담 순이 된다. 현부담과 명장담은 전대 서사에서도 큰 비중을 차지하던 것이지만, 다른 것들은 대부분 경시되거나 무시되던 것들이다. 현부담에 속하는 작품들도 조선 후기의 세태를 반영한 것이 대부분이다. 이인, 기도奇盜, 지략 있는 자, 예지 있는 자들은 한 작품 속에서 단순히 그 능력을 드러내 보여주는 단계에서 멈추지 않고 그와 관계되는 등장인물의 처지를 향상시켜주거나 그것을 예언하는 역할을 하기에 이른다. 이 점 역시 『동야휘집』을 비롯한 야담집의 일반적 성향 중 하나이다. 혼령담을 그대로 수용하는 데 대해 이원명은 유가 사대부로서 부담을 느낄 수밖에 없었다. 이원명은 범례凡例에서 "비속하고 허황된 것은 수록하지 않았다"[6]고 분명히 말했지만, 실제『동야휘집』에는 그에 해당하는 작품이 적지 않다. 이원명은 자신의 세계관에 부합되지 않는 인물의 이야기를 기록했다는 자기모순을 해명하는 데에 평결을 이용하였다.『청구야담』이나『계서야담』과 달리 거의 대부분의 작품에 평결을 덧붙여 유가 사대부로서 수용하기 어려운 내용을 기록한 자신의 행위를 변명한 것이다.

요컨대『동야휘집』은 인물담을 수용할 때 대체로 개방적인 태도를 보였지만, 그 한계도 분명하게 드러냈다. 편찬자 자신의 세계관과 등장인물의 세계관이 모순될 때, 편찬자는 평결을 통해 등장인물의 세계관과 자신의 세계관을 분리시켜 자신을 변명하려 했던 것이다.

사건담에 해당하는 작품을 그 내용별로 나눌 때 역시 다양한 소재들이 망라되어 있음을 알 수 있다. 빈도에 따라 나누어보면 보은담報恩譚(24), 성혼담成婚譚(19), 치부담致富譚(15), 피화담避禍譚(13), 구인담救人譚(11), 취첩담娶妾譚(10), 연애담戀愛譚(7), 남녀 이합담男女離合譚(7), 결연담結緣譚(6), 이향담異鄕譚(6) 등의 순이다.[7] 이 중 보은담과 구인담은 엄격하게 구분되지 않는다. 구인담에서 구출된 인물이 대체로 그를 구해준 인물에게 보답을 하기 때문이다. 성혼담, 취첩담, 연애담, 남녀 이합담, 결연담도 비슷한 성격을 가진 것이어서 그 차이가 명확하지 않다.

사건담은 남녀가 우여곡절 끝에 사랑을 이루는 이야기, 어려움에 처한 인물을 다른 인물이 구해주고 마침내 보답을 받는 이야기, 재물을 모아 부자가 되는 이야기, 현실적으로 닥쳤거나 운명적으로 예견된 화禍를 스스로 혹은 남의 도움을 받아 극복하는 이야기, 이상적인 삶의 공간을 구경하거나 찾아가는 이야기 등의 큰 줄기로 나눌 수 있다. 이것을 다시 압축하면 세속적 욕망을 성취하는 이야기, 당면한 심각한 삶의 문제를 해결하는 이야기, 이상향을 추구하는 이야기가 된다. 그리고 이것들을 통괄하는 서사적 축은 정황의 상승 혹은 처지의 향상이라 할 수 있다. 사건이 일어나고 해결되는 과정에서 주인공의 처지가 개선된다는 공통점을 갖고 있다.

조선 후기에 이르러 사회적 유동성이 커지면서 사람의 처지가 열악하게 되는 경우도 많았다는 점을 고려한다면, 『동야휘집』의 이러한 낙관적 성향은 전대나 당대의 실상과는 다소 동떨어진 것이라고 볼 수도 있을 것이다.

그러나 이 점에 대해서는 다시 두 가지의 해석이 가능하다. 먼저 이야기의 소재를 제공하거나 이야기를 창조해 전승해간 향유자들의 소망이나 자신감이 이야기에 투영되었다고 해석할 수 있다. 다음으로 편찬자의 낙관주의가 반영되었다고도 볼 수 있다. 그리고 양쪽을 함께 고려할 수도 있을 것이다. 또 작품에 따라 양쪽이 개입한 정도가 다를 것이며, 어떤 경우는 어느 한쪽만이 일방적으로 개입하여 그러한 결과가 나타났다고 볼 수 있다. 중요한 것은 『동야휘집』에 실린 작품들은 모두 한쪽으로만 해석할 것이 아니라 작품에 따라 다른 경우로 해석할 수 있어야 한다는 점이다. 다음 절에서 이런 문제들을 상세하게 다루겠지만, 우선 유념해야 할 것은 구연 과정과 기록 과정이 도식적으로 구분되지 않는다는 사실이다. 민간의 구연이 이야기의 형성에 결정적인 역할을 했듯, 사대부들의 구연 역시 중요한 역할을 했다는 점을 무시해서는 안 된다.[8] 또 문헌 전재 과정에서도 서사적 발전이 이루어지며 그 과정에 전재자 혹은 편찬자의 세계관도 반영된다는 것이다.

『동야휘집』의 세계관 분석

1 정황의 향상 구조와 낙관주의

『동야휘집』의 작품 대부분은 서두나 중간의 정황보다 결말의 정황이 개선되는 단계에서 마무리가 된다. 좋지 않은 서두와 중간의 정황에 모종의 조치가 취해져 마침내 악화되기 전의 수준으로 회복되거나 이전보다 더 나은 수준까지 향상되는 것이다.

먼저 한 계열을 설정할 수 있는데, 「이기축참록운대」李起築參錄雲臺(『동야휘집』 상, 624면)에서 전형을 찾을 수 있다. 퇴기의 딸은 스스로 남편감을 고른 뒤 치밀한 계획을 세워 남편을 출세시킨다. 그녀는 별다른 장애 없이 계획한 바를 이루었다. 남편 이기축을 계해반정癸亥反正의 2등 공신으로 만든 것이다. 그녀는 여자이지만 정치 현실의 귀추를 정확하게 꿰뚫고 예견한다. 그런 점에서 그녀는 '옳음'과 '그름'이란 윤리항을 불문에 부치고 오직 '잘함-잘됨'의 연결만을 확고하게 추구한다고 할 수 있다. 서술자가 윤리보다는 능력이 삶에서 더 위력적으로 작용하도록 만든 것이다.[9]

또 다른 계열의 전형은 「대강입안성거부」大江立案成鉅富(『동야휘집』 하, 769면)에서 찾을 수 있다. 이 작품의 전반부 일화에서는 주인공이 사냥꾼에게 쫓기는 노루를 구해준 대가로 부자가 되는데, 그 과정에 현몽이라는 비현실적 요소와 갑작스런 홍수라는 우연적 요소가 개입되었다. 이는 '잘함'과 '못함'이라는 능력을 불문에 부치고 '옳음-잘됨'의 확고한 연결만을 추구한 것이다. 능력보다는 윤리가 더 위력적으로 작용하도록 만든 것이다.

두 계열은 능력과 윤리 중 한쪽만을 선택하여 처지의 변화와 관련시켰다고 하겠는데, 그만큼 처지 변화에 대한 욕구가 급격하고 강력해졌음을 뜻한다. 『동야휘집』에는 두 계열이 공존한다. 전자가 그 향유층들의 현실적 자신감을 바탕으로 하고 있다면, 후자는 현실적 결핍을 환상적으로 보상받고자 하는 소망을 근간으로 한 것이다. 특히 후자는 환상적 보상을 초래하기 위해 '시혜施惠-보은報恩'의 고리를 활용한다. 그런 점에서 서사적 비약은 아니다.

이와 대조적으로 「심숙맹삼부동실」尋宿盟三婦同室(『동야휘집』 하, 285면)과 「환신장쌍점요첩」換身粧雙占饒妾(『동야휘집』 하, 317면)에서 가난한 주인공은 자신의 처지를 개선하기 위한 아무런 조치를 취하지 않았는데도 어느 날 불쑥 찾아온 여자들에 의해 부자가 된다. 이는 우연에 의해 정황이 향상된 것으로, 사람의 의지를 부각시킨 「이기축참록운대」와는 반대다. 주인공은 마치 백일

몽을 꾸듯, 예상치 못한 여자들의 방문을 통해 재물과 여자라는, 세속적인 남자가 꿈꾸는 욕망을 완전히 성취하였다. 그 성취 과정에서 주인공 자신은 어떤 역할도 하지 않는다는 점에서 제3의 계열이라 할 수 있다.

『동야휘집』은 이상과 같이 정황이 향상되는 세 유형을 고루 수용하고 있다. 윤리에 어긋나는 행동 방식이나 현실적이지 않은 사고방식을 배척하기보다는 주인공의 처지를 향상시킨다는 점을 더 소중하게 여긴 것이다. 그것은 일상을 지배하는 규범을 제쳐두고 주인공으로 하여금 욕망을 뜻대로 성취할 수 있다는 믿음을 갖게 한 일종의 낙관주의이다. 이런 작품들에 등장하는 주인공들은 대체로 하층민이거나 혹은 양반으로서의 위신을 포기한 평민화된 양반들이다. 세계는 주인공들에게 잠정적인 고난을 안겨주지만 궁극적으로는 그들을 행복하게 만들어준다.

이에 비해 정황이 향상되기는 하지만 그 정도가 크지 않고, 주인공이 자신의 처지를 향상시킨다는 생각보다는 과거에 누렸던 기득권을 되찾는다는 의식이 더 강한 경우가 있다. 이러한 작품들은 과거에 누렸던 특권을 상실했음을 서두에 암시하거나 실제 그 특권이 상실되어 주인공이 곤경에 몰리는 과정을 보여주기도 한다. 그 결과 주인공은 심각한 문제에 봉착하게 되는데, 그 문제를 해결하는 방식은 주인공의 의지적 행동, 우연의 개입, 보은자報恩者의 개입, 문제 해결자의 개입 등으로 나눠진다.

주인공이 당면한 문제를 극복하고자 할 때 그 목표가 문제 발생 이전의 수준으로 되돌아가는 것이라면, 그 주인공에게는 어느 정도 만족스런 과거가 있었음을 뜻한다. 야담 작품이 형성되던 시기에 만족스런 정황을 지속적으로 경험할 가능성이 컸던 계급은 양반이다.

양반 계급이 당면한 문제는 잠정적인 것과 지속적인 것으로 나눌 수 있다. 문제가 잠정적인 것일 때는 주인공의 의지나 재치 등이 문제를 해결하는 역할을 하지만, 문제가 지속적일 때는 주인공의 의지가 문제를 해결하지 못하는 경우가 많다. 가령 「표만리십인전환」漂萬里十人全還(『동야휘집』하, 510면)

은 장한철張漢哲(1744~?)의 『표해록』漂海錄을 압축하고 변개시킨 작품으로, 유생 장한철이 바다에 표류한 상황에서 보여주는 지혜와 의지, 통찰력 등을 드러낸다. 결국 장한철은 무사히 고향 제주도로 돌아온다.* 장한철은 잠정적으로 당면한 문제 상황에서 배에 탄 다른 어떤 계급의 사람보다도 더 침착하고 꿋꿋하게 문제를 풀어간 양반이다. 양반으로서의 전형성을 온전하게 갖추고 있기 때문이다.

이에 반해 지속적인 문제에 봉착한 양반은 문제의 해결 과정에서 소극적인 자세를 취하는 경우가 많다. 실제 현실에서 심각하고 지속적인 문제에 봉착한 몰락 양반이 자신의 문제에 소극적으로 대응한 사회상이 반영되었다고 볼 수 있다. 가령 「환의심랑예숙약」換衣尋郎詣宿約(『동야휘집』 상, 268면)에서는 서당 훈장의 아들 조생자趙生子의 불우한 처지가 문제 상황으로 설정되었다. 훈장의 제자들이 꾀를 내어 조생자가 당면한 문제를 해결해주려 한다. 그러나 문제는 그들에 의해 해결되지 않고 최풍헌의 딸 최씨녀의 활약에 의해 해결된다. 궁지에 몰린 양반들이 어떤 조치를 취하긴 하지만 오히려 상황을 우스꽝스럽게 만들 뿐 실질적인 효과를 가져오지는 못하는 것이다. 그런 점에서 이 작품에 드러난 양반의 역할은 소극적이다.

「인차태오노삼가」因借胎娛老三家(『동야휘집』 하, 823면)는 우연을 끌어들여 문제를 해결하는 대표적인 사례이다. 주인공 정 선비는 가난을 해결하기 위해 추노推奴 길에 나섰다가 태백산 아래에 있는 어느 부자 노인의 집으로 초대된다. 거기서 세 명의 첩과 동침하여 아들을 낳아주고 사례금을 받는다. 그 뒤 정 선비는 다시 가난해지지만 그를 찾아온 아들들을 만나 노인의 재산을 모두 물려받는다. 정 선비가 처음에 뜻했던 추노를 포기한 것은 스스로 그렇

---

* 『표해록』에서 장한철은 청산도에서 만난 조씨녀趙氏女를 버리고 돌아와 초라하게 사는 것으로 묘사되어 있는 데 비해, 「표만리십인전환」에서는 그 여자를 첩으로 삼고 귀향한 몇 년 뒤에 급제해 고성 군수가 되는 것으로 변개시켰다. 이러한 변개 부분에서도 상술한 『동야휘집』의 낙관주의의 한 단면을 확인할 수 있다.

게 결단을 내렸기 때문이 아니라 우연하게 노인의 초대를 받았기 때문이다. 이렇게 우연이 개입했기에 일반적인 추노담推奴談에 나타나는 주인공과 옛 종들 사이에 긴장 상황이 만들어지지 않았다. 추노의 길을 떠나기까지가 인과에 철저했다면 그 뒤의 사건 전개에는 우연성이 많이 개입하였다.

『동야휘집』에서는 보은자報恩者가 시혜자施惠者의 문제를 해결해주는 작품이 가장 큰 비중을 차지하며, 서사 기법도 잘 다듬어져 큰 감동을 자아낸다. 대체로 은혜를 먼저 베푸는 쪽이 양반이라면 은혜를 받는 쪽은 하층민이다. 세월이 흐른 뒤 반대로 양반이 문제에 봉착하게 되는데, 이때 하층민이 그 문제를 해결해준다. 그러니까 보은담은 두 개 이상의 문제 해결 구조를 포함하는데, 그중 양반의 문제가 해결되는 쪽이 중심이다. 심각한 문제에 봉착한 양반은 문제를 해결하기 위한 적극적인 행동을 하지 않으며 남에게 문제를 해결해달라고 구차하게 부탁하지도 않는다. 적극적인 행동을 하지 않는 것은 급격하게 변해가는 현실에 적응하지 못했을 뿐 아니라 사태의 핵심을 파악하지도 못했기 때문이다. 남에게 문제의 해결을 부탁하지 않은 것은 양반으로서의 위신을 생각하지 않을 수 없기 때문이다.

그럼에도 불구하고 서술자로서는 문제가 해결되도록 만들어야 한다. 양반이 과거에 남에게 베풀었던 시혜施惠를 연상시킴으로써 양반의 윤리적 우월성을 드러내고, 그에 힘입어 양반은 스스로 특별한 조치를 취하지도 구차하게 굴지도 않으면서 당면한 문제를 해결할 수 있게 하는 것이다. 양반이 하층민의 도움을 받아 과거의 특권을 다시 누리게 되는 것은 양반의 윤리적 우월성을 고려할 때 당연한 결과로 간주된다.* 「수전은궁유서사」酬前恩窮儒筮仕 (『동야휘집』 하, 67면), 「구사명점산발복」救四命占山發福(『동야휘집』 하, 20면), 「휼삼장우녀등사」恤三葬遇女登仕(『동야휘집』 하, 14면) 등이 여기에 해당한다. 보은

---

* 양반이 문제를 해결하는 것이 은폐된 목표라면 하층민이 보은하여 문제를 해결해주는 것은 드러난 과정이다. 드러난 과정은 은폐된 목표의 구차함을 숨겨주는 역할을 한다.

은 시혜에 대한 대응에서 머물지 않고 시혜를 베푼 자가 봉착한 제2의 문제를 해결해주는 단계로 나아간다.

「휼삼장우녀등사」에서 주인공 이의녕은 무과에 급제하였지만 오랫동안 벼슬자리를 얻지 못했다. 게다가 사기까지 당해 가산을 모두 잃었다. 그런 그가 벼슬자리를 얻는 과정에 선행善行이라는 윤리와 뜻밖의 만남이라는 우연이 개입했다. 그가 처녀를 만나 그 가족의 장례를 치러주지(윤리) 않았다면, 또 그가 담을 넘어 들어간 전관 댁에 그 처녀가 재취로 들어가 있지(우연) 않았다면 문제는 해결될 수 없었을 것이다. 윤리와 우연 중에서 주도하는 쪽은 윤리이다.

은혜를 베푸는 쪽과 받는 쪽이 모두 양반일 경우도 있는데, 이것은 위기 상황에 처했거나 처할 가능성이 있는 양반 간의 상호보험에 해당한다고 할 수 있다. 상호보험을 위한 연대는 대단히 강렬한 것이기에 규범과 명분보다도 우위에 있다. 가령 「감구은묵쉬등포」感舊恩墨倅登褒(『동야휘집』하, 59면)에서는 보은이 규범과 명분에 어긋나는 경우조차 덮어준다. 주인공 유진항柳鎭恒은 금주령을 어긴 사람을 잡아가야 했지만 가난 때문에 금주령을 어긴 선비를 눈감아 준다. 세월이 흐른 뒤 유진항은 탐관오리가 되어 있었는데, 선비는 그런 탐관오리를 색출하는 암행어사가 되었다. 이때 선비는 옛날 유진항이 베풀어준 음덕을 생각하여 그의 타락을 눈감아 줄 뿐 아니라 그가 선정을 베풀고 있다며 거짓 보고를 올린다. 보은담에서 내세우는 음덕이 양반들의 사적 이익을 도모하는 데 활용된 수단이었을 수도 있음을 암시한다.

이와는 약간 다른 보은담도 있다. 「대강입안성거부」大江立案成鉅富(『동야휘집』하, 769면)에서 박생은 사냥꾼에게 쫓기는 노루를 숨겨주는 음덕을 베푼다. 그런데 바로 그날 밤부터 꿈속에 노인이 나타나 부자가 되는 방법을 알려주며, 박생은 그로 인해 마침내 부자가 된다. 사건이 전개되는 과정에서 서술자는 박생의 처지를 고려하여 특별히 그 음덕 부분을 강조하지는 않았다. 그런 까닭에 음덕을 문제 해결의 수단으로 끌어들인다는 인상을 주지 않는다.

또 음덕의 혜택을 입는 존재를 사람이 아니라 짐승으로 설정함으로써 음덕을 베풀고 받으며, 보답을 하고 받는 것이 계층적 속성과 무관하게 만들었다. 그러한 점에서 양반의 윤리적 우월감을 전제하고, 시혜 시점과 보은 시점의 시간적 간격을 크게 설정하여 문제를 간접적으로 해결하게 한 일반적인 보은담과 이 작품은 다르다. 또 이 작품은 문제가 해결되는 단계에서 끝나지 않고 한 걸음 더 나아간다. 즉 박생이 대단히 넓은 땅을 얻어 마침내 갑부가 되게 한다. 경제적 욕망의 성취까지 보여주는 것이다. 이는 부에 대한 막연한 동경심을 가졌던 모든 계층의 심성을 바탕으로 한 것이라 할 수 있을 것이다.

보은담이 다른 차원에서 달라진 양상은 「애겸축재상덕혜」愛傔畜財償德惠(『동야휘집』하, 72면)에서 찾을 수 있다. 이 작품은 은혜에 대한 보답을 노골적으로 강조한다.[10] 그런데 시혜의 주체인 양반 고유高裕가 그런 주장을 하는 것이 아니라 수혜자인 이속 조 모趙某가 한다는 점이 특이하다. 보답을 받는 쪽도 시혜자인 고유高裕가 아니라 그의 자손들이다. 고유가 이미 죽었기 때문이다. 고유의 자손들은 조 모趙某로부터 보답을 받을 명백한 권리도 없으면서 조 모를 찾아다니며 재물을 요구한다. 조 모의 자식들도 마음속으로는 보은하기를 꺼린다. 자기 아버지가 모은 재물을 빼앗기고 싶지 않았기 때문이다. 조 모의 자식들은 보은 윤리를 거부하고 재물욕을 충족시키고자 한 것이다. 1세대에게는 시혜와 보은이 최고의 가치였지만, 2세대에게는 재물이 가장 중요한 삶의 요소가 되었다. 결국 1세대인 조 모의 생각이 관철되어 고유의 자손에 대한 보은이 이루어지기는 하지만, 이 작품은 보은담이 가장 많이 변형된 단계를 보여준다고 할 수 있다.

양반들이 과거에 자신이 베푼 시혜를 떠올린 뒤 그에 대한 보은을 통해 자신의 문제를 해결하는 구도가 일반적인 보은담이라면, 이 작품은 그런 구도를 거부하는 인물을 등장시켜 보은담을 변형시켰다. 이 변형의 동력은 무엇이었을까? 일반적인 보은담이 몰락 양반층의 상호보험의 성격이 강하다면, 그런 보은담에 일반 민중들의 욕망이 투영되어 형성된 것이 이런 작품이라고 볼 수 있을 것이다. "상주 사람들은 지금까지도 그 일에 대해 이야기한다"[11])라는 구절은 이 이야기가 민간에서 전승되면서 민중들의 세계관을 수용하게 되었음을 암시해준다.*

양반이 자신의 문제를 간접적으로 해결하는 또 다른 방식은 '문제 해결자'를 활용하는 것이다. 탁월한 능력을 갖춘 문제 해결자는 남의 문제를 해결해줌으로써 자신의 능력을 드러낸다. 문제 해결 과정에는 이념이나 윤리가 크게 작용하지 않는다. 예를 들어 「설백장피병획안」設白帳避兵獲安(『동야휘집』 상, 579면)에는 흰 베를 둘러싸서 오랑캐의 침략으로부터 사람들을 보호해주는 중이 등장한다. 상식을 뛰어넘는 능력을 가진 중은 기적을 일으켜 자신의 능력을 드러낸다. 이것은 평범한 사람들이 자신의 문제를 해결하기 위해 하는 노력을 덮어버린다. 「남루거주기소원」南樓擧朱旗訴寃(『동야휘집』 하, 79면)에서는 살인 사건의 진상을 밝히고 범인을 색출해 아랑의 원한을 풀어주는 이 상사李上舍가 문제 해결자이다. 이 상사는 밀양 부사로 부임하게 된 김金의 친구로서, 『동야휘집』에서 새롭게 창조된 인물이다. 소위 '아랑 전설'에서는 담력 있는 신임 밀양 부사가 직접 원귀를 만나 그 문제를 해결해주는 데 반해, 이 작품에서는 신임 부사 김金이 문제에 직면한 존재로 바뀌었다. 그 대신 문제 해결자인 이 상사가 아랑의 원한을 풀어줌으로써 아랑의 문제는 물론 김金의 문제까지도 해결해준다. 나아가 이 상사의 행위는 패륜에 대한 강력한 응징도 의미한다는 점에서 단순히 능력 과시에 머문 문제 해결자의 행동과 구분된다.

---

* 「채삼전수기기화」採蔘田售其奇貨(『동야휘집』 하, 34면)에는 신 삼는 일을 생업으로 하는 오석량吳碩樑과 재상 댁의 영리한 여종이 등장한다. 여종은 스스로 오옥를 남편감으로 지목해 부부 관계를 맺는다. 그리고는 그에게 돈을 주어 마음대로 쓰게 한다. 오옥는 그 돈을 한량들과 어울려 일부 탕진하기는 했지만, 주로 남을 도와주는 데 사용한다. 대가로 얻은 산삼을 재상에게 바쳐 환심을 얻게 되고 마침내 부자가 되어 벼슬도 얻는다. 여기서 오옥가 부자가 되고 벼슬까지 얻게 된 것은 얼핏 그가 다른 사람들에게 베푼 은혜 때문인 것처럼 보이지만, 사실은 그것조차 여종의 집요한 계산에 포함되어 있던 것이다. 즉 이 모든 정황의 변화는 여종의 신분 상승 의지에서 비롯된 것이다. 그런 점에서 '시혜–보은'이라는 윤리적 고리를 여종의 욕망이 압도했다고 하겠다. 이 점이 양반의 의식을 반영한 보은담과 구분된다.

『동야휘집』은 아랑 전설과는 달리 이 상사를 부각시켜, 현실 문제를 해결하는 데는 뛰어난 능력을 가진 문제 해결자가 필요하다는 사실을 강조했고, 거기에다 윤리적 의미까지 곁들였다. 그런 점에서 편찬자 이원명의 의식 지향을 읽어낼 수 있다.*

　'문제의 발생'은 기득권의 상실로 인해 기득권자의 처지가 악화된 것이다. '문제의 해결'은 기득권의 회복으로 기득권자의 악화된 처지가 개선되는 것이다. '문제'는 주로 양반에게 발생하며, 하층민이 보은의 일환으로 적극 개입하여 그 문제를 해결해준다. 다른 계층 간의 관계가 문제 해결의 관건이 된다는 점에서 서사 세계의 계층적 개방성과 낙관주의를 일단 지적할 수 있다.

　그런데 보은의 일환으로 문제를 해결해주는 주체가 양반이 아니라 대체로 하층민이라는 사실을 유념해야 한다. 하층민의 보은 행위는 문제를 해결하는 과정이며, 양반이 보은을 받아들이는 것은 문제가 해결되는 과정이다. 문제가 손쉽게 해결되어 정황이 좋아지는 것을 낙관주의라 일컫는다면, 그 낙관주의는 문제를 해결하는 주체인 하층민의 낙관주의이지 양반의 낙관주의는 아니다. 그 낙관주의는 야담 작품이 기록되기 전인 구연 단계와 더 긴밀한 관계가 있는 것이다. 그리고 문제의 해결은 기존 질서가 회복되고 유지되는 과정이라 할 수 있다. 그것은 양반의 입장에서 추구된 보수주의이다.**

---

* 「신노담이득랑재」薪奴擔李得郎材(『동야휘집』 상, 720면)의 박언립朴彦立은 노비인데, 어려움을 겪게 된 주인을 위해 온갖 조치들을 다 취해주고서는 종적을 감춘다. 그의 행동은 어떤 윤리를 주장하는 것이 아니며 자기 능력을 과시하고자 한 것도 아니다. 그는 다만 노비인 자신을 거두어준 주인에게 진 빚을 갚았을 뿐이라고 해명했다. 그러나 주인이 그에 대해 적극적인 선의를 가진 것이 아니고 또 의도적으로 그를 보호한 것도 아니기 때문에 일반적인 보은담과 다르다. 이 작품은 양반 계층이 자신들의 현실적 문제를 타개하는 데 얼마나 무기력한지를 보여주고, 그에 대비시켜 하층민들이 주도면밀하면서도 자신 있게 현실의 온갖 문제를 해결할 수 있다는 사실을 보여준다. 그런 점에서 문제 해결자가 될 수 있는 사람의 신분을 확장한 경우라고 하겠다. 그러나 이 부류에 해당하는 작품은 많지 않다.

** 이 점은 당대 민중들의 세계관이 반영된 것이라고도 해석할 수 있다. 민중은 완벽하게 자족적인 세계를 만들 처지에 있지 않았기 때문에 사회체제를 유지할 구심점으로 양반을 생각하지 않을 수 없었다. 이런 의식이 야담의 기록 과정에서 양반에 의해 적극 수용되었을 가능성이 있는 것이다. 그렇지만 결국 그것들이 양반의 세계관 속으로 융해되었다는 점에서 양반 계층의 의식으로 해석하는 것이 보다 합리적이다.

양반이 문제 해결자로 등장하는 작품 역시 아무리 극복하기 어려운 역경에 봉착했다 하더라도 그것을 극복할 수 있다는 믿음을 바탕으로 하고 있다는 점에서 낙관주의를 보여준다고 할 수 있다. 하지만 문제에 당면한 사람과 무관한 문제 해결자가 모든 문제를 대신 해결해준다는 점에서 의존적이다. 그래서 하층민이 문제 해결자로 등장하는 작품과 다르다고 하겠다.

요컨대 『동야휘집』의 보은담에는 민중적 세계관과 양반의 세계관, 낙관주의와 의존주의가 긴밀하게 얽혀 있다. 그러면서도 위기에 봉착한 양반의 처지와 의식이 더 중시되고 있다.

2 갈등 상황의 손쉬운 극복과 보수주의

조선 초·중기 잡록집에 실려 있는 야사가 다른 집단의 이질성을 드러내고 자기 집단의 동질성을 강조함으로써 자기 집단의 이념적 정당성을 주장하려 했다면, 조선 후기 야담은 다른 집단들의 이질성까지도 포용함으로써 집단 간의 다채로운 관계를 보여주려 했다. 야사는 서술자의 이념적 원칙에 부합하는 것만을 제시하고 그렇지 않은 것들은 배척하려 했는데, 야담은 서술자의 이념적 원칙에 부합하지 않는 것까지 수용했다. 다만 야담 편찬자는 자신의 이념과 부합하지 않는 이야기를 수록할 때는 그것을 부분적으로 변개하거나 그것에 대한 이념적 해석을 곁들였다.

집단 간 갈등이 가장 날카롭게 전개되는 것이 추노담이다. 「복화가휘추제악」覆畵枷揮椎除惡(『동야휘집』 상, 165면)에서 김덕령은 과부의 딸에게 장가드는데, 그 장인은 추노에 나섰다가 노비들에게 살해되었다. 김덕령은 복수를 하려는 장모의 간절한 염원을 이뤄주기 위해 노비들을 찾아간다. 노비들은 돈을 주겠다고 약속하고 뱃놀이까지 시켜주다가 갑자기 태도를 바꾸어 김덕령에게 스스로 물에 빠져 죽으라고 협박한다. 노비와 주인 사이의 갈등이 극점에 이른 순간이다. 절체절명의 위기 상황에서 김덕령은 배를 뒤집어 노비들을 빠져 죽게 하고 다시 섬으로 돌아와서는 나머지 공모자들을 처치함으로써 장인의 원수를 갚는다. 이처럼 이 작품은 추노 과정에서 생겨난 사건을 서술함으로써 현실에 존재하는 계급 갈등을 첨예하게 반영하였지만, 양반계급의 이해관계를 대변한 김덕령이 일방적으로 승리하게 한다는 점에서 양반의 편을 들었다. 김덕령의 장인을 죽일 수밖에 없었던 노비들의 자기변명은 서술자에 의해 용납되지 않았다. 갈등 상황의 일방적 극복이 양반의 기득권을 보호해주는 역할을 했다. 민중 영웅인 김덕령이 양반의 기득권을 수호하는 영웅이 된 것이다.*

도적들에 대한 이야기도 집단 간 갈등을 분명하게 보여준다.[12] 「삼시계확취중보」三施計攫取重寶(『동야휘집』 상, 675면), 「재략재감화군정」再掠財感化群情(『동야휘집』 상, 689면) 등은 지략은 있지만 벼슬을 하지 못하고 있던 양반이 도둑들에게 납치되어 두목으로 추대되는 이야기이다. 양반은 도둑들의 강요에 못 이겨 세간 재물을 탈취하는 것을 지휘한 뒤 다시 돌아온다. 그러나 양반이 그 때문에 부자가 되는 것은 아니다. 양반은 두목이 없는 도둑들에게 계략을 제공하고는 빈손으로 떠나올 따름이다. 다만 「삼시계확취중보」에서는 주인공 양반이 도둑 집단을 풍족하게 만들어준 뒤 그에 대해 아무런 참견도

---

*이 점은 김덕령을 민중적 영웅으로 형상화한 『임진록』과 비교할 필요가 있다. 『임진록』에서 김덕령은 미천한 처지이지만 탁월한 능력을 타고 태어났다. 따라서 그의 일생은 귀족적 영웅과는 달리 갈등으로 얽혀 있다. 이 갈등을 해소하는 길의 하나는 미천한 처지로 인한 제약을 그대로 받아들여 탁월한 능력을 숨기고 세상에 나서지 않는 것이다. 그의 어머니는 이 길을 간곡히 권했다. 그러나 그는 왜적에 대한 적개심 때문에 세상으로 나갔다. 그는 왜적과의 싸움에서 탁월한 능력을 발휘함으로써 민중적 영웅에서 민족적 영웅으로 나아가고자 했다. 그러나 집권층은 이를 용납하지 않았으며, 그는 결국 나라의 명을 어겼다는 죄목으로 처형되었다. 민족적 영웅으로의 길이 좌절되고 민중적 영웅으로서 비참한 최후를 맞이한 것이다(조동일, 『신소설의 문학사적 성격』, 서울대 출판부, 1973, 28~30면 참조). 김덕령에 대한 『임진록』의 이 같은 형상화는 평민 일화나 전설을 근간으로 한 것으로서, 『동야휘집』의 이 작품과는 큰 차이를 보인다. 『임진록』의 김덕령이 민중적, 민족적 영웅이라면, 『동야휘집』에서의 그는 단지 처가의 이해를 대변하는 충실한 사위에 지나지 않는다. 또 『임진록』의 김덕령이 갈등의 제 요소들을 외면하지 않고 그것들과 대결하다 장렬하게 죽음을 맞이하는 반면, 『동야휘집』의 김덕령은 갈등을 일으킬 만한 요소들과 심각하게 대결하지 않아도 그 요소들이 그 앞에서 쉽게 제압된다. 그는 마침내 갈등의 제 요소들을 제거하여 화해의 질서를 초래한다. 이 점에서 김덕령은 오히려 귀족적 영웅에 가깝게 변형되었다.

하지 않고 귀환하는 데 반해,* 「재략재감화군정」에서는 귀환하기 전에 도둑들을 모아놓고 양민으로 살아갈 것을 당부한다.[13] 양민이었던 이들이 도둑이 될 수밖에 없었던 형편을 어느 정도 언급하기는 했지만, 지략 있는 양반이 도둑의 문제를 해결해주는 과정이 중심 서술 축이다. 양반은 재물 탈취 계획을 아무런 어려움 없이 성공시킨다. 양반은 도둑들의 문제를 손쉽게 해결해주는 문제 해결자인 것이다. 나아가 양반은 국가의 지배 질서를 어지럽히는 도둑들을 설득해 양민으로 돌아가게 만든다는 점에서 체제 수호자이기도 하다.

그 점에서는 「영만금부처치부」贏萬金夫妻致富(『동야휘집』 하, 622면), 「선감화논도귀량」善感化論盜歸良(『동야휘집』 하, 834면)도 마찬가지다. 「영만금부처치부」에서는 주인공 여생呂生이 스스로 도둑을 찾아가 도둑의 환심을 산 뒤 그들을 양민으로 만들고 스스로도 부자가 되며, 「선감화논도귀량」에서는 주인공 신생申生이 양민이 되기를 거부하는 도둑을 죽인다는 점 등에서 체제 수호의 성격이 노골적으로 드러난다.[14] 「취학경단산탈화」吹鶴脛丹山脫禍(『동야휘집』 상, 798면)는 임꺽정 봉기를 배경으로 한 이야기이다. 피리를 잘 부는 종실 단산수丹山守가 도둑의 소굴에서 탈출하는 일화가 서술의 중심 자리에 놓였다. 도둑의 처지를 주목하지 않았다는 점에서 임꺽정 봉기에 깃든 하층민의 절망과 분노를 무시했다고 하겠다.

이상에서 살펴본 것처럼 화해 구조는 양반계급의 입장에서 그들의 이해관계를 우선하는 쪽으로 유도되고 있기 때문에, 결국 양반의 특권을 보장하는 국가 체제를 수호하고 그 체제의 어떠한 변화도 인정하지 않으려는 보수주의와 연결된다고 해석할 수 있다. 다만 이런 보수주의가 반체제를 지향하는 도둑들의 이야기를 통해 나타난다는 점이 얼핏 보기에 자기모순처럼 보인다. 도둑들

---

* 「삼시계확취중보」의 주인공 심 진사는 성격이 호방하여 벼슬을 마다하는 인물이다. 체제 밖을 지향하는 인물이어서 그가 도둑 두목으로 추대되었다는 사실은 비교적 자연스럽다. 또 자기 집으로 돌아올 때 도둑들에게 일장 훈시를 늘어놓지도, 그들을 귀가시키지도 않는다는 점에서 도둑 집단의 존재를 어느 정도 인정하거나 적어도 문제 삼지는 않았다고 하겠다. 그런 점에서 이 작품은 여타 도둑 이야기들과 구분된다. 그렇지만 도둑들의 처지보다는 심 진사의 행적에 초점이 맞추어져 있다는 점은 다를 바 없다.

의 이야기가 보수주의를 지향하는 야담집 속에 많이 수록된 현상은 보수주의 조차 달라지는 현실을 완전히 가로막지는 못했다는 측면에서 이해할 수 있을 것이다.

그런데「통배은투환금전」痛背恩偸換金錢(『동야휘집』하, 804면)은 특이한 양상을 보여준다. 역관 조趙는 연산조 때 사화에 연루되어 살해된 한치형韓致亨의 손자인 한韓을 거두어 길러주고 마침내 급제하여 출세하도록 도움을 준다. 그러나 조는 한의 뒤치다꺼리를 하느라 가산을 탕진하고 말았다. 조는 평양 감사가 된 한을 찾아가 도움을 요청하지만 문전에서 박대를 당한다. 절망하여 대동강에 빠져 죽으려고 서성거리던 조는 녹림객綠林客의 초대를 받고 그들의 세상으로 들어가 세상일을 잊고 꿈같은 시간을 보낸다. 얼마 뒤 돌아온 조는 자신이 이미 부자가 되어 있다는 사실을 알게 된다. 녹림객이 재물을 보낸 것이었다. 한편 임기를 마치고 돌아온 한은 조가 부자가 된 사실을 알고 자기가 그 재물을 보냈다고 거짓말을 한다. 그때 한의 하인이 관가 창고에 있던 돈과 재산이 모두 사라졌음을 보고한다. 녹림객이 그것을 훔쳐 조를 도와준 것이었다. 한은 결국 횡령죄로 귀양 가 죽게 된다.

명문가의 후손이지만 배은망덕한 한은 녹림객에 의해 응징되었고, 고난에 봉착했던 역관 조는 녹림객의 구원을 받았다. 역관 조는 그 뒤 관군에 쫓기는 녹림객을 끝까지 숨겨주는데, 사실은 녹림객이 조의 의리를 시험해보기 위해 꾸민 연극이었다. 이로써 역관 조가 얼마나 의리 있는 사람인지를 극적으로 보여주었다. 또 녹림객은 그 과정에서 약하고 시련에 처한 자에 대해 큰 동정심을 가지고 있으며 의리를 중시하는 인품의 소유자임이 알려진다. 서술자는 이 작품의 평결에서 "한의 배은망의背恩忘義는 하늘도 반드시 더럽게 생각하시니 그가 망한 것은 당연하다. 녹림객이 금전을 훔쳐내어 암암리에 보복한 것은 비단 의기에서 나왔을 뿐만 아니라 거기서 그 재주와 지혜, 수단을 엿볼 수 있으니 녹림객은 진정 쾌활한 기남자로다"15)라고 하여, 녹림객의 도둑질을 문제 삼지 않고 한의 배은망덕을 응징한 점을 높이 평가했다. 이는 녹림객이 이념적인 면에서도 양반보다 우위에 있음을 인정한 것이다. 그런 점에서 이 작품은 양반의 이념적 우위를 내세우고 그것을 바탕으로 양반이 은혜를 베풀며 마침내 그에 대한 보은으로써 자신의 문제를 당당하게 해결하게 하는 보은담 류와 상당한 차이가 있는 것이다.

「책실신경벌포의」責失信警罰布衣(『동야휘집』 상, 812면)에서도 녹림객과 도백道伯, 포의布衣를 친구로 설정하여, 신의信義에서 녹림객을 가장 떳떳한 존재로, 포의를 가장 떳떳하지 못한 존재로 형상화하였다. 녹림객은 자신의 당부를 무시하고 교졸의 앞잡이가 되어 자기를 체포하러 오던 포의를 도리어 붙잡아서는 일장 훈시를 한다. '배의실신'背義失信을 꾸짖은 것이다. 녹림객은 포의를 따라온 교졸들에게는 돈과 베를 주어 위로한다. 그리고 포의의 집에도 돈을 보내놓았다. 봉변을 당하고 돌아온 포의는 녹림객이 보내온 돈으로 자신이 이미 부자가 되어 있음을 발견하고 자못 부끄러워한다.

이처럼 신의에서 녹림객을 가장 떳떳한 인물로 형상화한 「통배은투환금전」과 「책실신경벌포의」는, 양반의 특권을 인정하고 유지하게 할 뿐만 아니라 양반의 윤리적 우위까지도 당연한 것으로 설정했던 다른 보은담과는 정반대의 자리에 놓여 있다. 이원명은 두 작품의 평결에서, 녹림객의 신의를 높이 평가하고 신의 없는 한韓과 포의布衣가 봉변을 당하는 것이 당연하다고 말했다. 다만 그렇게 의기義氣가 높은 녹림객이 국가를 위한 간성이 되지 못하고 도둑의 두목이 된 것이 개탄스럽다는 단서를 달았다. 녹림객의 품성의 탁월함은 인정하지만, 도둑으로서의 행위는 인정하지 못한다는 것이다. 후자의 단서는 이 작품의 주된 서사적 맥락에서는 벗어나는 것으로, 이원명의 보수적 경향과 관련된다고 볼 수 있다. 즉 녹림객의 품성을 긍정적으로 인정하는 데서 하층 사회의 지향을 수용했다고 하겠지만, 녹림객의 도둑 행위를 부정적으로 평가함으로써 하층 사회의 역동적 가치관을 견제했던 것이다. 그런 점에서 보수적 성향을 찾을 수 있다.

이처럼 『동야휘집』에는 개인 간, 계층 간 갈등을 다룬 작품이 적지 않으나, 그 갈등이 양반의 입장과 행동을 정당화하는 쪽으로 귀결되는 경우가 많다고 하겠다.

『동야휘집』의 변개와 그 의미

1 정교한 구조 인식에 의한 일화의 조합과 변개

『동야휘집』은 다양한 내용의 이야기들을 수용하고 그것을 대상화하여 작품으로서의 독자성을 인정하려는 경향이 가장 강한 야담집이다. 『어우야담』이나 『계서야담』 등이 편찬자 자신이나 자신의 인척들을 작중인물로 노출시키거나 후일담에 등장시킨 것과 비교해보면 그 점이 더욱 분명해진다. 가령 『어우야담』의 「생원유몽웅여모형야」生員柳夢熊余母兄也(『어우야담』, 3면)에는 편찬자의 형이, 「여어왕년숙송천정사」余於往年宿松泉精舍(『어우야담』, 122면), 「선왕조여위춘방보덕」先王朝余爲春坊輔德(『어우야담』, 168면), 「박광우위급제제이」朴光祐爲及第二(『어우야담』, 183면) 등에는 편찬자가 직접 등장한다. 또 『계서야담』의 「대금자오가고로야」大金者吾家故老也(『계서야담』, 38면)에는 대금大金이라는 편찬자 집안의 종이, 「정묘을유」正廟乙卯(『계서야담』, 433면)에는 편찬자와 편찬자의 동생 이휘준李義準이 등장한다. 이에 비해 『동야휘집』 소재 작품의 본문에 편찬자가 개입하는 경우는 없다. 다만 평결 부분에서 편찬자 자신의 생각을 피력하거나 개인적인 체험을 진술할 따름이다. 자신의 견문이나 생각을 평결 형식을 통해 덧붙였다는 사실은 이야기 자체를 편찬자로부터 독립된 존재로 대상화했다는 뚜렷한 증거가 될 것이다.

『동야휘집』의 편찬자는 작품의 독자성을 확보하기 위해서는 편찬자 자신이나 혹은 자신과 가까운 사람들의 실화를 배제해야 한다고 판단했을 것이다. 이야기는 구전을 통해서든 문헌을 통해서든 전승의 과정을 거듭 거쳐야 완성되기 때문이다. 거듭된 전승은 이야기 내용에 대한 대상화를 가능하게 한다.

다음으로 서술 형식의 독자성을 인정하려 했다. 서술 형식에 대한 『동야휘집』 특유의 조치는 이런 동기에서 이루어졌을 것이다. 가령 「추옹침장계입방」擬翁寢將計入房(『동야휘집』 상, 643면)은 대범하고 호방한 유척기兪拓基와 꼼꼼하고 소극적인 그 사위를 대비시키고 있는데, 그 대비의 방식은 동일 구조를 갖춘 두 개의 일화를 나란히 놓는 것이다. 그 덕분에 유척기의 대범함과 호방함이 더욱 두드러지게 드러난다. 서술 형식에 대한 편찬자의 통찰 능력이 이러한 효과를 초래했다고 할 수 있다.

이와 같은 서술 형식에 대한 깊은 통찰은 기존의 일화들을 추출해 서로 연결하는 쪽으로 나아갔다. 일화의 조합인 셈이다. 가령 「건성감신획타린」虔誠感神獲墮鱗(『동야휘집』 하, 757면)은 『어우야담』의 「고려신파지후」高麗新破之後와 「차식송도인야」車軾松都人也를 조합한 것이다. 「고려신파지후」는 윤리적 요소가 없는 단순한 횡재 이야기이다. 그에 비해 「차식송도인야」는 충忠이란 이념이 바탕을 이루고 있다. 『동야휘집』이 이 두 작품을 조합했다는 것은 전자에 윤리적 이념을 불어넣은 셈이 된다. 주인공 차식이 정체불명의 여인에게 은혜를 베풀자 여인은 그 대가로 차식을 보물이 숨겨진 집으로 인도해 부자로 만들어주었다. 또 차식이 후릉 전사관厚陵典祀官이 되어 정성스레 제사를 지내주자 후릉 왕의 영혼은 대하증을 치료할 수 있는 고기를 내려준다. 이에 대해 이원명은, '하늘이 주신 것이다' 혹은 '정성을 다하면 신이 감동한다' 등의 평결을 통해 그 윤리성을 강조한다. 그것은 윤리적 행위에 대한 칭찬이자 사람들에게 그러한 행동을 권장하는 것이기도 하다. 『동야휘집』은 『어우야담』에서 두 이야기를 추출하여 주제가 분명한 새로운 작품을 만들어 냈다고 하겠다. 이것은 『동야휘집』의 편찬자가 이야기의 구조적 상관성을 정확하게 꿰뚫어보는 안목을 갖추었음을 뜻한다.

이러한 점은 『동야휘집』을 『계서야담』이나 『청구야담』 등 다른 야담집들과 비교했을 때 가장 두드러지는 차이점이기도 하다. 『동야휘집』은 독립적으로 존재하던 작품들을 하나의 제목 아래 묶은 경우가 많다. 『동야휘집』이상이한 상황들을 연결하여 그것들을 동질적인 것으로 만들고자 한 성향이 강했다고 볼 수 있다. 그런데 그 결과는 다양하게 나타났다.

「수전은궁유서사」酬前恩窮儒筮仕(『동야휘집』하, 67면)는 『청구야담』의 「김생호시수후보」金生好施受後報(『청구야담』상, 332면)와 「의유읍재상상구은」擬腴邑宰相償舊恩(『청구야담』상, 348면)을 아우른 것이다. 남공南公이 곤궁하게 되고 남공의 아버지로부터 은혜를 입은 서생徐生이 그에 대한 보은으로 남공을 도와주는, 같은 구조의 두 일화가 연결되었다. 이것은 주인공이 당면한 현실 문제가 단번에 손쉽게 해결되지 않는 심각한 지경에 이르렀음을 보여준다.* 다만 '시혜-보은'의 고리를 통해 양반의 현실이 포착되었다는 점에서 하층민의 처지를 있는 그대로 형상화한 경우와 구분된다. 또 「홍상서수달피흉」洪尙書受撻避凶(『동야휘집』하, 195면)은 「홍우원소시」洪宇遠少時(『계서야담』, 209면)를 변개한 것이다. 『계서야담』이 처음부터 여색에 초연한 홍洪을 그렸다면, 『동야휘집』은 여색을 밝히는 홍洪으로 하여금 충격적 경험을 체험하도록 만들어 스스로 여색을 경계하는 인물로 변화시킨다. 그 변화는 성격이 다른 두 일화를 연결시킴으로써 가능했다. 『동야휘집』은 일화를 조합함으로써 인물의 성격을 입체적으로 형상화했으며, 그만큼 현실에 가까운 인간상을 창조해냈다고 평가할 수 있다.

---

*동일한 구조의 두 일화를 병렬하는 것은 '모방담'이라 일컬어지는 민담의 전통과 관련된다. 『어우야담』과 『동야휘집』에는 모방담의 속성을 그대로 유지하고 있는 작품들이 실려 있다. 가령 「가정중강원도인제현민」嘉靖中江原道麟蹄縣民(『어우야담』, 251면)과 「촌맹우현웅치요」村氓遇玄熊致饒(『동야휘집』하, 738면) 등은 곰과 성 관계를 맺어 부자가 된 사람의 말을 듣고 그대로 따라 하다가 죽게 된 김윤金允이란 사람에 대한 이야기이다. 그중 「가정중강원도인제현민」은 '동일 행동이 상반된 결과를 낳는' 민담의 모방담을 대체로 답습했다. 이 작품은 웃음을 유발하기 위해, 또 남의 행운을 무턱대고 자기도 얻고자 한다면 재앙을 받는다는 간단한 교훈을 제시하기 위해 사건을 이끌어 나갔다. 이에 비해 「촌맹우현웅치요」는 민간의 생활 모습을 묘사한 뒤, '만물은 정에서 살아가고 정에서 죽는다'萬物生于情 死于情는 철학적 진술에까지 나아갔다. 그런 점에서 『동야휘집』은 민담의 구조에 바탕을 두면서도 그것을 한 단계 발전시켰다고 할 수 있다. 이 사실은 『동야휘집』의 형식주의가 발전적 방향으로 나아간 중요한 사례라 하겠다. 이러한 경향은 그 외에 「영월암수해해원」映月菴收骸解寃(『동야휘집』하, 727면), 「의구구인차복수」義狗救人且復讐(『동야휘집』하, 753면) 등에서도 나타난다.

그러나 『동야휘집』의 일화 병치가 발전적인 결과만을 초래한 것은 아니다. 가령 「현위게감음췌서」賢尉揭鑑飮贅婿(『동야휘집』 상, 649면)는 일화를 병치함으로써 사건 전개의 모순을 초래했다. 일화들을 조합해 그럴듯하게 보이려는 의도가 앞선 나머지 작품 전체에 대한 조망이 부족했기 때문일 것이다.

또 『동야휘집』은 무명 인물에 대한 단순한 일화를 전傳의 형식*으로 바꾸기도 하였다. 전傳의 형식을 만들기 위해서는 무명의 등장인물을 유명 인물로 바꾸어야만 했다. 가령 「선방훈서경미동」禪房訓書警迷童(『동야휘집』 상, 560면)은 「합천수」陜川守(『계서야담』, 364면), 「교아동해인승위사」敎兒童海印僧爲師(『청구야담』 하, 252면)를 변개한 것이다. 『계서야담』, 『청구야담』에서 합천원의 문제를 해결해주는 인물이 '해인사의 한 스님'으로 제시된 데 비해, 『동야휘집』은 그 인물을 휴정休靜으로 명시했다.[16]

어떤 사건을 특정 인물이 아닌 익명의 인물과 결부시킨다면 그런 사건이 누구에게나 일어날 수 있는 가능성을 인정하는 것이 될 수도 있다. 그래서 공감의 영역을 넓힐 수 있다. 독자로 하여금 작중 주인공에 자신이나 주위의 구체적 인물을 마음껏 대입시킬 상상적 자유를 부여하는 셈이기 때문이다. 그러나 작중 사건을 특정 인물에만 관계되는 것으로 국한시킬 경우, 이러한 상상의 자유는 물론 그 사건이 다양한 인간들과 관계를 맺을 수 있는 개연성을 약화시킨다.** 특히 『동야휘집』에서는 역사적으로 널리 이름난 인물로 개칭되는 경우가 많은데, 역사적 인물에 대한 독자들의 인상이나 선입견은 대단히 강하게 고정되어 있게 마련이므로 공감의 영역은 더욱 좁아질 가능성이 크다. 아울러 전의 형식 자체도 내용의 다양성을 위축시켰다고 할 수 있겠다.

---

* 『동야휘집』의 편찬자는 서문에서 "各段之下 輒附論斷 略倣史傳之例"라 하여 전傳을 모방하고자 했음을 스스로 분명히 밝히고 있다.
** 이강옥, 「조선후기 야담집 연구」(서울대 석사학위논문, 1982), 163~164면. 반면 등장인물에게 이름을 부여하는 것을 긍정적으로 볼 여지가 없는 것도 아니다. 어떤 유명 인물을 작중에서 확고한 주인공으로 설정함으로써 분명한 구심점을 마련하고, 분산되어 전해지던 전대 단편 일화들을 종합해 보다 다양하고 개성 있는 서사 작품으로 발전시킬 수도 있는 것이다.

② 양반 의식의 발현과 윤리 이념의 강조

『동야휘집』은 다른 어떤 야담집보다 양반 의식이나 양반의 취향을 중시하여 그것을 고수하려는 성향을 강하게 드러낸다. 「양랑혼유어사모」兩郎婚由御史媒(『동야휘집』하, 9면)는 「기은박문수」耆隱朴文秀(『계서야담』, 396면)와 「긍박동영성주혼」矜朴童靈城主婚(『청구야담』하, 381면) 등을 변개한 것이다. 『계서야담』과 『청구야담』에서 가난한 박동朴童은 좌수의 딸에게 청혼했다는 이유만으로 좌수로부터 박해를 받는다. 몰락한 양반이 더 이상 양반으로서의 위신을 유지할 수 없고, 경제적 능력에 따라 사람을 평가하는 사회 분위기를 실감 나게 반영했다고 하겠다. 반면 『동야휘집』에서는 박동이 가난하다는 이유로 결국 파혼당하기는 하지만 약혼까지는 하는 것으로 변개되었다. 또 분을 참지 못한 박동의 어머니가 사람을 보내 좌수의 불의를 꾸짖자 치욕을 느낀 좌수가 박동을 잡아오게 하지만 박동이 직접 곤욕을 겪지는 않는다. 박동이 비록 몰락했지만 양반으로서의 품위와 위신을 지킬 수 있도록 배려한 것이다. 그것은 이원명이 몰락 양반의 처지에 대해서는 그런대로 이해했지만,[17] 계급 관계의 맥락에서는 몰락 양반의 열악한 처지를 실감하지 못했거나 무시했기 때문일 것이다. 몰락한 양반이 향촌 권력자들에게 어느 정도의 인간적 모멸을 경험했는지를 고려하지 않았다. 그래서 양반이 경제적으로 아무리 열악한 처지에 놓이게 되어도 차마 겪어서는 안 되는 보호선을 분명히 그어주었다. 그러나 그것은 현실이 아니라 희망일 따름이었다.

「휼삼장우녀등사」恤三葬遇女登仕(『동야휘집』하, 14면)는 「장삼시호무음덕」葬三屍湖武陰德(『청구야담』상, 76면)을 변개한 것이다. 『청구야담』에서는 주인공 이 씨가 돈이 없어 부모 형제의 시신을 두고도 장사를 치르지 못하는 절박한 처지에 있는 처녀를 도와주기 위해 찾아가자, 처녀는 집의 누추함을 송구스럽게 생각하면서도 거리낌 없이 이 씨를 맞이한다. 이에 반해 『동야휘집』에서는 처녀가 절박한 처지에 있었음에도 불구하고 집안에 남자가 없다는 이유로 이 씨를 물리치고자 한다. 『청구야담』에 등장하는 처녀의 태도가 자연스럽다면, 『동야휘집』의 처녀의 행동은 어색하다. 『동야휘집』은 남녀가 경원해야 한다는 유가적 생활 윤리를 내세워 처녀를 '양반집 규수'로 분식한 것이다.

이념적인 것을 양반계급의 입장에서 더욱 노골적으로 드러내는 경우도 있다. 그것은 평결에서 가장 두드러진다. 「설루강신서정화」雪樓降神敍情話(『동야휘집』 하, 694면)에서 편찬자는 평결을 통해 기생 분영粉英이 무당의 주선으로 사대부 권정읍權井邑의 혼령과 만난 것을 인정하는 입장을 표명했다. 그 이유는 남녀의 정이 간절하면 삶과 죽음의 경계까지 넘어설 수 있다는 것이다.* 이에 비해 「당헌청희피곤욕」棠軒請戱被困辱(『동야휘집』 하, 689면)에서는 다른 입장을 보였다. 화순 현감 정효성鄭孝成은 저승으로 잘못 잡혀갔다가 돌아온 뒤로 초혼의 능력을 갖게 되었다. 그는 죽어서도 그 혼이 관노官奴에게 깃들어 무언가를 예견하고 투시하였다. 그런데 편찬자는 평결에서 무당의 일에 미혹해 있는 풍습을 비판했다. 특히 고을을 다스리는 원으로서 접신 초혼接神招魂했다는 이유로 정효성을 비판했다. 「설루강신서정화」의 평결이 앞에서 언급한 바 있는 '야담집의 개방성'과 관련된다면, 「당헌청희피곤욕」의 평결은 그와 모순된다. 사대부가 접신 상태에서 초혼을 하는 것은 유가의 생활 윤리에 어긋나는 일이다. 유가 이념에 위배되는 것조차 개방성의 이름으로 허용하기 위해서는 관련 인물이 사대부가 아니어야 한다. 「설루강신서정화」의 분영은 기생이기에 그녀가 유가 이념에 어긋나는 행동을 해도 어느 정도까지는 묵인해줄 수 있었다. 그러나 사대부가 직접 그런 행동을 하는 것은 인정할 수 없었다. 정효성은 사대부이기에 유가 이념에 위배되는 무속적 행동

---

* 이 작품은 이보다 앞서 나온 『학산한언』에도 실려 있다(『학산한언』, 440~444면). 편찬자 신돈복은 "남녀상열이 생사에 걸쳐진 이런 이야기를 기록하는 것은 적절치 않지만 이 이야기에서 유명의 이치를 발견할 수 있기에 사라지게 할 수 없다"("男女相悅結於生死 本不足記 於此 足見幽明之理 斯不可泯之也")고 하여 '유명의 이치'를 발견할 수 있다는 점에서 이 작품의 의의를 인정하였다.

을 하지 말았어야 한다는 것이다.

　이로 보건대 편찬자 이원명은 야담 작품에 담긴 다양한 세계관들을 수긍하고자 하는 개방적 태도를 갖추긴 했지만, 현실의 계급 관계나 각 계급의 전형적 세계관을 부정하는 것까지는 용인하지 않았다고 하겠다.

　현실의 계급 질서가 파괴되면 그것을 뒷받침하는 유가 이념도 손상을 입게 된다.『동야휘집』은 일상의 질서가 동요되거나 파괴될 조짐이 있을 경우 뛰어난 능력을 갖춘 특별한 인물을 등장시켜 문제를 해결하게 하였다. 주로 문제 해결 과정에서 '문제 해결자'의 존재를 강조했는데, 다른 야담집도 그런 성향이 있지만『동야휘집』이 특히 그러하다. 앞에서 언급했듯이「선방훈서경미동」禪房訓書警迷童은「합천수」陝川守,「교아동해인승위사」敎衙童海印僧爲師를 변개한 작품인데,『계서야담』이나『청구야담』이 버릇없는 아들이 공부를 하지 않는다는 합천 원의 고민을 해결하는 과정을 보여준다면,『동야휘집』은 그 문제를 해결해주는 휴정休靜의 일생을 그리는 데 주력하고 있다. 그러기 위해 몇 개의 일화를 연결해 휴정의 활약상을 보여주는데, 이야기는 결국 기존 체제의 수호와 충忠의 실현으로 귀결된다.

　「남루거주기소원」南樓擧朱旗訴寃(『동야휘집』 하, 79면)은 「설유원부인식주기」雪幽寃夫人識朱旗(『청구야담』 하, 333)를 변개한 것이다.「설유원부인식주기」에서 무변武弁은 자신의 영달을 위해 목숨을 걸고 밀양 부사를 자원한다. 그러나 그는 재주가 신통치 않아 그 부인이 문제 해결자 노릇을 한다. 부인은 문제 해결자로서 탁월한 모습을 보이긴 하지만, 그 목표가 남편의 영달이었기에 어떤 윤리를 제시하는 단계에까지 이르지는 못한다. 이에 비해「남루거주기소원」에서는 살인 사건의 진상을 밝혀내 아랑의 원한을 풀어주는 이 상사李上舍가 탁월한 문제 해결자로 개입한다. 이 상사는 아랑의 원한을 풀어줌으로써 아랑은 물론 친구 김金의 문제까지도 해결해준다. 나아가 패륜을 저지른 자를 철저히 응징한다.『청구야담』이 개인의 문제를 해결하고 숨겨진 욕망을 충족시키는 과정에 초점을 맞추었다면,『동야휘집』은 이념적·윤리적 문제를 해결하는 데 초점을 맞추었다고 하겠다.

이러한 점은 「섭남방삼상각리」涉南方蔘商権利(『동야휘집』 하, 532면)에서도 확인된다. 이 작품은 「왕남경정상행화」住南京鄭商行貨(『청구야담』 하, 461면)와 당나라 때의 전기소설인 「이왜전」李娃傳을 변개하여 조합한 것이다. 『청구야담』의 「왕남경정상행화」는 서두에서 주인공이 과거에 누렸던 정황의 수준을 밝히지 않는다는 점, 문제에 당면한 당사자가 구체적인 조치를 취해 마침내 문제를 해결할 뿐만 아니라 목표했던 정도보다 더 높은 수준의 부자가 된다는 점에서 욕망을 성취하는 경우에 가깝다. 반면 「섭남방삼상각리」는 서두에 '쌓아둔 재물이 많아 그 고을의 최고 부자였다'라는 바람직했던 정황을 제시하며, 마침내 그 수준을 회복한다는 점에서 전형적으로 문제가 해결되는 경우라 하겠다. 「섭남방삼상각리」에서 주인공은 자신의 문제를 해결하기 위해 뛰어들기는 하지만 그 해결 방식이 적극적이고 주체적인 것은 아니다. 과거에 자신이 베풀었던 선행이나 은혜에 대한 보답을 받는 것이 문제 해결의 결정적 계기가 되기 때문이다. 윤리적인 면을 강조함으로써 삶의 주체적이고 역동적인 자세를 위축시켰다고 할 수 있다.

이상에서 『동야휘집』에는 양반 의식과 유가 이념을 강조하는 경향이 있으며 양자가 상호 작용하고 있다는 사실을 알 수 있다.

3 민중 생활의 생동감 위축

야담집은 현실의 다채로운 모습을 적극적으로 담는 경향이 강했다. 『동야휘집』도 그런 경향을 외면하지는 않았다. 가령 「영호기인상략전」逞豪氣因商掠錢(『동야휘집』 하, 45면)은 손량식孫亮軾이라는 상인이 담배를 팔기 위해 상경했다가 겪게 된 사연을 담았다. 손량식은 상경하자마자 사기꾼에게 담배를 모두 빼앗긴다. 그때 빼앗긴 담배의 절반을 주면 그 담배를 도로 찾아주겠다는 전립자가 나타난다. 전립자는 교묘한 술책으로 사기당한 담배는 물론 300냥을 더 받아낸다. 전립자는 윤리적 심판자도, 양심적 문제 해결자도 아니다. 남의 문제를 해결해주고 돈을 버는 해결사이다. 재물욕이 고조되었던 조선 후기 시장 주변에 흔히 있었을 법한 인간상이다. 인물 설정과 그 형상화가 보다 핍진해졌다고 하겠다. 윤리적 성격을 전혀 띠지 않으면서 현실을 사실적으로 묘사한 이 작품에서 눈여겨보아야 할 사항은 등장인물들이 모두 양반이 아니라는 점이다. 등장인물이 양반이 아닐 때 『동야휘집』은 이념적 부담감 없이 현실의 모습과 처지를 사실적으로 형상화해낸 것이다.

그러나 『동야휘집』에는 이와 반대되는 경향이 더 강하다. 「소기양광부방약」少妓佯狂赴芳約(『동야휘집』 하, 811면)은 「매화」梅花(『계서야담』, 17면)를 변개한 것이다. 기생 매화는 이 참판의 총애를 받았으나 마음에 꼭 드는 젊은 곡산 원이 나타나자 그와 절친한 사랑을 나누다가 마침내 곡산 원이 죽자 따라서 자결한다. 『계서야담』은 평결에서, 매화가 이 참판을 배반한 것에 대해서는 언급하지 않고 곡산 원에 대한 정절을 지키기 위해 자결한 사실만을 높이 평가한다. 이에 비해 『동야휘집』은 매화가 곡산 원과 사랑을 이루고 또 곡산 원에 대해 정절을 지킨 것은 언급하지 않고, 곡산 원과 짜고 이 참판을 따돌린 사실만을 비판하면서 인간의 애욕이란 것이 믿기 힘든 것이라는 결론에 이른다. 이원명은 매화와 곡산 원 사이에 이루어진 애정의 가치를 상대적으로 폄하한 것이다. 『동야휘집』이 이처럼 남녀의 애정을 부정적으로 바라본 것*은 남녀 간 애정이 이념이나 윤리와 모순되었기 때문이다. 이원명은 정절이란 이념을 선택하고 남녀 간의 진솔한 사랑을 부정했다. 『동야휘집』이 보인 애욕에 대한 개방적 자세는 애욕이 이념과 괴리를 보이지 않는다는 전제를 바탕으로 하고 있음을 짐작할 수 있다. 다른 각도에서 보면 이원명은 남녀의 자유로운 애욕 추구를 이념이나 윤리의 이름으로 구속하고 있

---

* 『동야휘집』은 「촌맹우현웅치요」村氓遇玄熊致饒(『동야휘집』 하, 738면), 「설루강신서정화」雪樓降神敍情話(『동야휘집』 하, 694면) 등의 평결에서 남녀의 지극한 정이 소중하고 불멸하는 것임을 주장하기도 했다.

다고 하겠다.*

　이념과 어긋나지 않는 데도 민중의 자유분방한 삶이 규제되기도 한다. 「유패영풍류승흥」遊浿營風流乘興(『동야휘집』 상, 767면)은 「유패영풍류성사」遊浿營風流盛事(『청구야담』 하, 318면)를 변개한 것이다. 두 작품은 예인 집단을 이끌어가는 심沈이 왜 그런 일을 하게 되었는지를 설명하는 데 차이가 있다. 『청구야담』은 심이 처음부터 당연하게 그런 생활을 하고 있었던 것으로 처리했다. 이에 비해 『동야휘집』은 심이 예인 생활에 뛰어들기 전에 겪은 사건 하나를 소개한다. 심은 감역監役 벼슬을 하고 있었는데, 한 동료가 문책을 당해 실직할 위기에 놓이게 되자 자신이 대신 책임을 지고 물러났다. 심의 풍류 생활은 그의 실직 상태를 전제로 하여 이루어진 것이다. 또 『청구야담』은 심이 이끄는 예인 집단의 독자성을 인정하고, 그들의 풍류 생활을 평안 감사를 중심으로 한 지배 집단의 풍류와 대등하게 묘사했다. 이에 비해 『동야휘집』은 심이 이끄는 예인 집단의 독자성을 인정하지 않을뿐더러 지배 집단의 풍류와 대등한 것으로 그리지도 않는다. 심의 벼슬 생활이 원만치 못했기 때문에 예인 집단이 우연히 성립된 것으로 그리고 있는 것이다. 이런 점에서 두 작품은 당시 항간을 떠돌던 예인들의 분방한 삶을 바라보는 시선이 다르다고 하겠다.

　이러한 점은 『동야휘집』의 「환은포보이만복」還銀包報以晚福(『동야휘집』 하, 24면)이 『청구야담』의 「염의사풍악봉신승」廉義士楓岳逢神僧(『청구야담』 상, 529면)을 변개하면서, 염시도廉時度와 관련된 일화를 탈락시킨 데서도 확인할 수 있다. 『청구야담』에서 주인 허적許積은 어느 날 저녁 염시도에게 다음 날 시

---

* 민중 생활과 직접 관계되지는 않지만 이념이나 윤리를 앞세워 사대부 세계관의 범위를 넘어서는 일까지 인정하는 경우를 「일지방생시음덕」一池放生施陰德(『동야휘집』 하, 765면) 및 「대강입안성거부」大江立案成鉅富(『동야휘집』 하, 769면) 등에서 확인할 수 있다. 「일지방생시음덕」이 「남사구윤묵장자모」南斯久允默長子某(『계서야담』, 118면)와 「시음덕남사연명」施陰德南士延命(『청구야담』 상, 249면)을 변개한 작품이라면, 「대강입안성거부」는 『어우야담』 소재 작품을 수용한 것이다. 두 작품 모두에 저승 인간의 보답, 현몽의 실현 등 기이한 요소가 개입한다. 그러나 이원명은 이들 작품이 모두 남에게 은혜를 베풀면 보답을 받는다는 교훈적인 내용을 담고 있기 때문에 그것들까지 인정한다. 교훈적 내용이 비현실적 요소를 용납하게 한 것이다.

킬 일이 있으니 아침 일찍 오라고 당부한다. 그러나 염시도는 그날 밤 친구들과 과음하는 바람에 늦게 일어나 주인의 명령을 따르지 못했다. 염시도의 정직함과 청렴함을 널리 알린 은 보자기 습득 사건은 염시도의 과음 때문에 일어났다. 그만큼 염시도의 과음은 서사의 전개에서 중요한 위치에 있는 것이다. 그런데 『동야휘집』은 염시도가 과음한 이야기를 탈락시키고, 그 대신 염시도가 주인의 명대로 일찍 일어나 주인집으로 향한 것으로 바꿨다. 염시도는 주인의 명령을 충실히 잘 따랐기 때문에 새벽에 은 주머니를 발견하게 된 것이다. 『동야휘집』은 염시도를 주인의 명령에 충실한 빈틈없는 하인으로 형상화하였다. 그 결과 염시도는 하층 민중 군상들과 뒤엉켜 살아 움직이는 구체적 인물이 아니라, 계급 질서에 완벽하게 충실한 이념적 인간으로 분식되었다.

「사호수만만제악」射虎手滿彎除惡(『동야휘집』상, 711면)은 세속의 규범에 구애되지 않는 이일제라는 인물을 먼저 형상화했다. 이 부분은 「이일제」李逸濟(『계서야담』, 5면)와 「초옥각이병사고용」超屋角李兵使賈勇(『청구야담』하, 158면)의 내용과 거의 같다. 『동야휘집』은 거기에다 다른 남자와 정사를 벌이는 죽은 친구의 아내를 응징하는 일화를 덧붙였다. 그로 인해 이일제라는 호방한 인물이 여자의 재가 금지라는 유가적 이념을 수호하는 이념적 선전자로 바뀌었다.*

이러한 변개는 좋은 야담 작품이란 어떤 것이어야 하는지에 대한 편찬자의 소신과 관련될 것이다. 민간의 자유분방한 인간상을 그대로 제시하기만

---

* 친구의 아내를 응징하는 이야기는 「경성무사별업재밀성」京城武士別業在密城(『어우야담』, 38면)의 내용과 유사하다. 그렇다면 유가 이념을 선전하는 『어우야담』의 무사상武士像을 보다 구체화한 것이 『동야휘집』의 위 작품이라는 해석도 가능하다. 그런데 이일제의 자유분방한 모습을 형상화한 일화가 친구의 아내를 응징하는 일화와 조합되었을 때, 전자는 조합되기 전보다 그 지향이 위축되고 후자는 조합되기 전보다 더욱 구체적인 요소를 확보하게 된다. 『계서야담』과 『청구야담』에는 전자의 이야기만 있을 뿐, 후자의 내용은 없다. 그런 이유로 『동야휘집』은 전자에서 출발했다고 보아도 좋다(『동야휘집』은 『어우야담』보다는 『계서야담』, 『청구야담』 등과 더욱 긴밀한 관계를 가진다). 그런 점에서 『동야휘집』의 위 작품은 전자의 지향이 위축된 경우라 보아야 할 것이다.

하는 작품은 그 가치가 높지 않으며, 현실적 인간으로 하여금 유가 이념의 어떤 항목을 실현할 수 있도록 했을 때 비로소 그 가치를 인정받을 수 있다는 이념 우위적 발상의 소산이라고 해석할 수 있다.

맺는 말

『동야휘집』에는 낙관주의와 보수주의가 뒤섞여 있다. 이 같은 분석 결과가 야담집의 일반적 성향을 나타내는 것인지, 『동야휘집』만의 독특한 성향을 나타내는 것인지를 분명하게 판단하기는 어렵다.

『동야휘집』을 그 이전에 편찬된 야담집이나 잡록집들과 비교했을 때 발견되는 차이점은 『동야휘집』만의 독특한 성향을 나타내는 것이라고 볼 수 있다. 『동야휘집』의 변개 부분이 드러내는 세계관의 성향은 대체로 양반 의식의 표출, 민중 생활의 생동성 위축 등으로 요약할 수 있다.

『동야휘집』은 다른 야담집에 실려 있던 야담 작품들의 성향을 인정하고 수용하되, 민중의 세계관보다는 양반의 세계관을 기준으로 삼아 그것에 부합하도록 변개해 나갔다. 당대 현실을 반영할 때 하층민들과 관계되는 이야기는 사실주의적 서술 원리에 의해 낙관적 방향으로 마무리했지만, 양반과 관계되는 이야기일 경우 이념적 변형이나 과장을 도모했다고 하겠다.

『동야휘집』에는 자유분방한 서사 형식을 추구하려는 경향과 전통적 형식인 전(傳)의 규범을 지키려는 경향이 공존하면서 갈등하고 있다. 또 다양한 삶을 추구하며 세계를 낙관적으로 바라보려는 입장과, 삶을 기존 이념의 눈으로 바라보려는 입장 역시 공존하면서 갈등하고 있다. 이 두 짝의 공존과 갈등에서 『동야휘집』은 후자 쪽에 보다 큰 무게를 실어주었다고 볼 수 있다.

미주

1) 이원명의 행적에 대해서는 홍성남, 「동야휘집 연구」(단국대 석사학위논문, 1992), 19~42면 참조.
2) "固知見笑於大方"(『동야휘집』 상, 3면).
3) "第書中 人情物態 瞭如指掌 可以溯古摭實 驗謠俗而裨世敎"(『동야휘집』 상, 3면).
4) 서대석 편, 『조선조 문헌설화집요』 1(집문당, 1991), 682~688면. 『동야휘집』도 각 권에 소제목을 붙이고 있다. 그중 인물 형상에 해당하는 것들로는 '도학' 道學, '현재' 賢才, '현상' 賢相, '천장' 天將, '명장' 名將, '충절' 忠節, '효행' 孝行, '정렬' 貞烈, '충의' 忠義, '도인' 道人, '방사' 方士, '승도' 僧徒 등을 들 수 있다.(『동야휘집』 상, 6~7면 참조).
5) 서대석 편, 『조선조 문헌설화집요』 1(집문당, 1991), 682~688면 참조. 이 구분과 명명은 체계적인 것이라기보다는 자료를 분류하는 과정에서 귀납적으로 도출된 것이다. 그리하여 서로 중복되는 경우도 있으며, 또 한 작품이 둘 이상의 복잡한 사건을 내포한 경우 그 두드러지는 쪽으로 소속시켰다. 그 때문에 보다 체계적으로 분석한다면 분류 내용과 숫자에 있어 수정되어야 할 점들이 생길 것이다. 여기서는 『동야휘집』 소재 서사체들의 내용이 대체로 어떤 성향을 지니고 있는지를 살펴보려는 의도에서 이 책의 분류 결과를 그대로 받아들인다.
6) "若其俚 荒誕者 並不入錄"(『동야휘집』 상, 5면).
7) 서대석 편, 『조선조 문헌설화집요』 1(집문당, 1991), 688~693면.
8) 예를 들어 "先生未嘗語諸人 …… 吾先君 自京都往省于松都 先生乃備言之"(『오산설림초고』 五山說林草藁, 『대동야승』 2, 511면), "此言 余聞于南兵使申砬"(같은 책, 522면), "余久聞此事 一日與叔度同詣上黨宅 談話間 公自言其首末如此"(『청파극담』, 『대동야승』 2, 533면) 등에서 이 점을 확인할 수 있다. 이를 통틀어 '사대부 이야기판'이라 하겠는데, 이에 대해서는 이 책의 「이야기꾼과 이야기 문화」를 참조할 것.
9) '잘함-못함', '옳음-그름', '잘됨-못 됨'의 조합 양상에 대해서는 이강옥, 『조선시대 일화 연구』(태학사, 1998), 226~280면을 참조할 것.
10) "趙年已七十餘 謂其子與孫曰 …… 人而背恩忘德 天必殃之 吾自初留意而買置某處田畓"(『동야휘집』 하, 74면).
11) "尙州之人 至今有話其事"(『동야휘집』 하, 75면).
12) 「삼시계확취중보」三施計攫重寶(『동야휘집』 상, 675면), 「재략취감화군정」再掠財感化群情(『동야휘집』 상, 689면), 「취학경단산탈화」吹鶴脛丹山脫禍(『동야휘집』 상, 798면), 「육사각록림수공」鬻蛇角綠林修貢(『동야휘집』 상, 801면), 「책실신경벌포의」責失信警罰布衣(『동야휘집』 상, 812면), 「영만금부처치부」贏萬金夫妻致富(『동야휘집』 하, 622면), 「선감화논도귀량」善感化論盜歸良(『동야휘집』 하, 834면), 「오결교납적실재」誤結交納賊失財(『동야휘집』 하, 839면) 등이 그 예에 해당한다.
13) 평결에서도 이 점이 강조되었다("可謂智士而終使之革心改圖歸作良民 其牖迷導俗 亦可擬於冀遂治亂民之才也", 『동야휘집』 하, 698면).
14) 신생의 마지막 효유문曉諭文에 이런 성격이 압축되어 있다("人之異於禽獸 以其有五倫四端 而

汝輩以化外頑民 隱伏海島 嘯聚徒黨 游手衣食以劫掠爲能 剝奪爲業 離親去國 不知幾年 積惡作
孼 不知幾人 余之來此 非爲助爾爲惡 將欲化爾歸善 人雖有過改之爲貴 從今以往 革面革心 東西
南北 各歸故鄕 父母焉養之 墳墓焉守之 浴於聖人之化 歸於平民之域 生無盜賊之名 居有妻室之
樂 則其利害得失較孰多焉", 『동야휘집』 하, 838면).

15) "韓之背恩忘義 天必厭之 宜其覆敗 而綠林客之偸換金錢 使之暗裏報復 非但出於義氣 可見才智
手段 眞快活奇男子也"(『동야휘집』 하, 812면).

16) 그 외에 博川砲手→車殷軾, 兩班→尹斯文, 某台→趙顯命, 一士人→權尙基, 老宰相→愼希復
등의 사례들이 있다. 조희웅, 『조선후기 문헌설화의 연구』(형설출판사, 1980), 40~42면의 목
록을 참조할 것.

17) 가령 「수전은궁유서사」酬前恩窮儒筮仕(『동야휘집』 하, 67면)도 그러하다.

『동야휘집』의『해탁』수용 양상

『동야휘집』은『어우야담』於于野談,『기문총화』記聞叢話의 이야기들 중 거화鉅話 및 고실故實을 증명할 수 있는 것 등을 모으고 다른 책에서도 쓸 만한 이야기를 모아 고치고 윤색하여 수록했다. 또 민간에 유전되는 고담古談도 수록했다고 밝혔다.[1] 이는『동야휘집』이 문헌 소재 야담을 전재하고, 구연되던 이야기를 아울러 기록하여 형성된 것임을 분명히 밝힌 것이다.*

『동야휘집』이『어우야담』과『기문총화』등 이전 시대의 조선 야담집에 실려 있던 작품들을 어떤 방식으로 수용했는지에 대해서는 이미 논의된 바가 있다.[2] 선행 연구들은 대체로 첫째, 전대 야담집의 한 작품이『동야휘집』의

---

*『동야휘집』의 편찬자 이원명이 당시 떠돌던 이야기들을 직접 채집해 기록했다는 사실을 지나치게 과장하여 수용해서는 안 될 것 같다.『동야휘집』작품 끝에는 '누구로부터 들었다', '지금도 어디 사람들이 이 이야기를 한다' 등의 문구가 있으나, 그것을 다 믿을 수는 없기 때문이다. 가령,「반고처환혼지가」返故妻換魂持家(『동야휘집』하, 699면)는『해탁』諧鐸의「귀부지가」鬼婦持家(『해탁』, 5983면)를 베낀 것임에도 불구하고 평결에서 '姜(주인공 姜某의 후손)道此事 甚惡'이라며 이원명 자신이 직접 들은 것인 양 기술하고 있다.

한 작품으로 옮겨진 경우, 둘째, 전대 야담집의 한 작품이『동야휘집』의 다른 작품과 연결된 경우, 셋째, 전대 야담집에 수록된 한 작품의 일부가『동야휘집』의 한 작품의 일부로 옮겨진 경우, 넷째, 전대 야담집의 개별 작품들이『동야휘집』의 한 작품으로 통합된 경우[3]로 나누어 설명했다. 전 시대 문헌의 수용 과정에서 이렇게 다양한 변개가 이뤄진 것은『동야휘집』의 편찬자 이원명 李源命이 작품의 구조를 정확하게 인식했고, 또 이념적으로 분명한 입장을 갖추고 있었기 때문이다. 야담 작품들 중 구조적으로나 이념적으로 연관 지을 수 있다고 판단한 작품들은 병치·조합했고, 구조적으로 불합리하다고 판단한 경우는 분리하였던 것이다.[4]

그런데『동야휘집』의 전대 문헌 수용 양상을 살피는 데는 주로『어우야담』·『기문총화』·『계서야담』·『청구야담』, 그리고 박지원朴趾源, 허균許筠 등의 전傳, 박두세朴斗世의「요로원야화기」要路院夜話記, 장한철張漢喆의『표해록』漂海錄 등을 검토하였다.[5] 그러다가 김영화金榮華의 발표는 검토 대상의 폭을 넓히는 계기를 마련해주었다.[6] 김영화는『동야휘집』이 청나라 때 심기봉沈起鳳(1740~?)*이 지은『해탁』의 작품들을 수용하고 있다고 지적하며 네 가지 사례를 제시했다.

첫째,『해탁』의 한 작품 전편을 취용取用한 뒤, 인명과 지명을 개변한 경우
「기혼」奇婚 →「타환술전해기연」墮幻術轉諧奇緣
「악전」惡餞 →「피위기획탈악전」避危機獲脫惡餞
「색계」色戒 →「점몽경망계음보」店夢驚鋩戒淫報

---

* 심기봉은 건륭 5년(1740) 오현吳縣(지금의 소주蘇州)에서 태어나 29세 때 과거에 급제했으나 진사시에는 들지 못했기 때문에 일생 동안 가난하게 살았다. 그래서인지『해탁』에는 돈의 죄악을 풍자하거나 착취자의 추악함을 비판하는 작품이 실려 있다. 자세한 사항은 이병찬,「『동야휘집』의『해탁』수용 양상」(『야담문학연구의 현단계』3, 보고사, 2001), 203~204면을 참조할 것.

둘째, 『해탁』의 한 작품 전편을 이록移錄한 뒤 평결을 붙인 경우
「귀부지가」鬼婦持家 → 「반고처환혼지가」返故妻換魂持家
「혜고군」蟪蛄郡 → 「백년광음혜고군」百年光陰蟪蛄郡

셋째, 『해탁』의 고사故事를 중심으로 거기에 다른 고사를 덧붙인 경우
「소추촌둔수재」掃帚村鈍秀才 → 「탁제기문해둔조」擢第奇文解鈍嘲
「도귀부인」搗鬼夫人 → 「사주독과등금방」紗幮督課登金榜
「재계」財戒 → 「장희규전경재욕」場戲窺錢警財慾
「십이묘」十姨廟 → 「고란사십미수창」皐蘭寺十美酬唱
「명기고명」名妓沽名 ┐
「북리」北里 ────┴→ 「심창문언소고명」尋倡聞言笑沽名

넷째, 『해탁』의 고사에 다른 고사를 대등하게 합병合倂한 경우
「장중비희」掌中秘戲 → 「금아이영증숙연」琴娥詒影證宿緣
「빈아학첨」貧兒學諂 → 「빈아학첨탁중빈」貧兒學諂托衆賓
「비부훈세」鄙夫訓世 → 「부옹교술제오적」富翁教術除五賊

이런 분류에 있어 먼저 문제가 되는 것은 첫째와 둘째 경우가 구분될 수 없다는 점이다. 첫째 경우에 포함되는 『동야휘집』의 작품들에 평결이 없는 것은 전사되는 과정에서 생략된 것이지, 원래 평결이 없었던 것은 아니다. 원본에 가깝다고 할 수 있는 오사카 부립도서관大阪府立圖書館 소장 『동야휘집』에는 모든 작품에 평결이 붙어 있다. 셋째와 넷째 경우도 작품 해석에 따라 구분되지 않거나 그 소속 작품이 달라질 수 있다.

아울러 위 목록은 「촌희독설」村姬毒舌과 「절모사시잠」節母死時箴이 「수간서노부수계」授簡書老婦垂誡로, 「향분지옥」香粉地獄이 「우신부인몽성친」遇新婦因夢成親으로, 「몽리가원」夢裏家園이 「일생부귀호접향」一生富貴胡蝶鄉으로 수

용된 경우 등을 빠뜨리고 있다.

그렇지만 김영화의 이 논문은 『동야휘집』의 새로운 면을 밝히는 중요한 단서를 제공해주었다. 이 논문을 계기로 하여 이병찬[7]과 이강옥[8]이 『동야휘집』의 『해탁』 수용 양상을 나란히 밝혔다. 이 글에서는 먼저 『동야휘집』이 『해탁』 소재 작품을 선택하는 과정에서 어떤 경향을 보였는지, 그리고 선택한 『해탁』의 작품들을 어떻게 번개했으며 그 동기는 무엇이었는지를 검토해 보고자 한다. 이러한 검토의 결과를 토대로 『동야휘집』이 『해탁』을 수용한 사실의 야담사적 의의를 생각해보겠다.

『해탁』 작품 수용 과정에 나타난 『동야휘집』의 경향성

『해탁』은 122편의 작품을 싣고 있다.* 그 작품들의 갈래로는, '단편소설', '특사'特寫,[9] '풍자소품' 諷刺小品,[10] '우언' 寓言[11] 혹은 '소설', '우언고사' 寓言故事, '산문특사' 散文特寫[12] 등이 망라되어 있다. 편찬자 심기봉沈起鳳이 '입을 기쁘게 하고 마음을 두드리'[13]려는 의도에서 문헌에서 읽었거나 직접 견문한[14] 이야기를 망라한 것이다. 어느 쪽이든 작가의 필치와 작의作意가 섬세하고도 정교하게 가미되어 작품의 서술 체계가 잘 갖추어졌다. 각 작품은 나름대로 분명한 주제를 갖고 있으며 그 주제에 맞도록 서술되었기에 평결을 통해 편찬자가 자기주장을 다시 강조할 필요가 없는 경우도 있다.

소재나 인물, 배경 등도 무척 다양하다. 기생·광대·거지·하인·산촌 농부·과부 등 하층 천민들부터 포의布衣·현령·권귀權貴 등 사대부, 그리고 염라대왕·용·귀신·저승 차사 등 비현실의 존재, 여우·호랑이·고양이·쥐·수

---

* 『해탁』의 초각初刻은 1791년에 이루어졌으며, 12권본·4권본·1권본 등 세 종류가 있다. 본고가 참고한 것은 『筆記小說大觀』 3(新興書局有限公司)에 실린 것(12권본), 新文豊出版公司에서 펴낸 것(4권본), 上海進步書局에서 펴낸 것(12권본) 등이다.

달 등 동물까지 등장한다. 작품의 배경도 도심·산촌 가정집·도둑의 소굴·홍등가·관청·저승·용궁 등으로 다양하다.

『해탁』에는 「추령진효」雛伶盡孝(『해탁』, 5938면)와 같이 현실적 인물을 등장시켜 당대 사회가 공인하는 이념을 모범적으로 추구하는 과정을 보여주는 작품도 적지 않지만, 「호미」狐媚(『해탁』, 5883면)와 같이 동물을 등장시켜 봉건 사회의 타락과 추악상을 풍자하는 작품도 많다. 또 「향분지옥」香粉地獄(『해탁』, 5974면)처럼 산 사람이 저승을 비롯한 이계異界를 여행하면서 현실에 대해 문제를 제기하는 경우도 있다.

주제 면에서는 봉건 관료의 수뢰와 아부 근성, 과거제도의 문란, 재물과 여색에 대한 탐닉 등을 비판하고 풍자하는가 하면, 여성의 적극적 삶의 자세를 보여주거나 인생의 허망함이나 불교적 자비 등을 주장하기도 한다.

이상은 다음과 같이 요약할 수 있다.

작중인물 : ① 현실 인간 ② 귀신 ③ 동물
활동 공간 : ① 현실 공간 ② 저승 공간 ③ 이계異界
서사적 지향 : ① 이념을 실천함 ② 욕망을 성취함 ③ 세계를 풍자함
④ 세계에 대해 문제를 제기함 ⑤ 자아와 세계의 문제를 해결함

『동야휘집』은 이 중 귀신-현실 공간,[15] 동물-현실 공간,[16] 동물-저승 공간異界[17]의 짝을 거의 수용하지 않았다. '귀신-현실 공간'의 짝은 전대의 전설류를 수용하여 형성된 우리 야담에도 적지 않게 존재하기 때문에 구태여 『해탁』의 작품을 수용할 필요를 느끼지 않았을 것이다. 그리고 이 계통의 성향은 현실에서 인간의 의지를 관철시키는 것을 지향하는 야담 단계에서는 가능한 한 극복되어야 할 것이기에 수용할 이유가 없었을 것이다. 다만 「소추촌둔수재」掃帚村鈍秀才(『해탁』, 6051면)는 이미 죽은 둔수재가 주인공의 과거

선생 노릇을 하는 내용을 담고 있으므로 이 경우에 해당되지만 『동야휘집』의 「탁제기문해둔조」攉第奇文解鈍嘲(『동야휘집』 상, 301면)로 수용되었다. 그것은 「소추촌둔수재」의 인물과 배경 설정 자체가 이원명의 눈을 끌었기 때문이라 기보다는, 「탁제기문해둔조」의 주인공이 「소추촌둔수재」의 주인공과 같은 인물의 도움이 필요했기 때문이라고 보아야 할 것이다.

『해탁』에는 동물을 주인공으로 설정한 작품이 상당수 있는데, 『동야휘집』은 그것을 전혀 수용하지 않았다. 물론 『동야휘집』에도 「효자환소설명부」孝子還甦說冥府(『동야휘집』 상, 245면)나 「촌맹우현웅치요」村氓遇玄熊致饒(『동야휘집』 하, 738면) 등 동물이 등장하는 작품이 있다. 그러나 전자에는 호랑이가 한 장면에 잠시 등장하며, 후자는 사람이 곰과 성 관계를 맺었다는 괴이한 소문을 전하는 수준에 그칠 뿐이다. 그것은 동물을 직접 등장시켜 말하게 하고, 사람이 동물과 직접 관계를 맺으며 인간 사회에 대해 문제를 던지거나 인간의 특징을 풍자하는 『해탁』의 작품들과는 그 성격이 다르다. 『해탁』이 동물을 등장시켜 이야기를 꾸려가는 방식은 야담의 기대치 밖의 것이었는데, 『동야휘집』은 가능한 한 야담적 기대치를 벗어나지 않으려는 의도에서 이런 작품들을 수용하지 않은 것 같다.

『동야휘집』에 수용된 『해탁』의 작품은 주로 '현실 인물-현실 공간-문제 제기',[18] '현실 인물-저승 공간(이계異界)-문제 제기',[19] '현실 인물-현실 공간-문제 해결',[20] '현실 인물-저승 공간-문제 해결'[21] 등에 해당하는 것이다. 이원명은 『해탁』에서 현실적 인물이 현실적 방식으로 세계에 대해 문제를 던지는 작품을 가장 많이 선별했다고 하겠다. 그러나 이 경우에도 그 문제 제기나 비판이 지나치게 신랄한 작품은 제외했다. 가령 관직 추천의 불합리함과 허황함을 풍자하는 「설기생원」泄氣生員(『해탁』, 5952면), 과거에서 뇌물 수수가 일반화되었음을 비꼬는 「도요촌」桃夭村(『해탁』, 5942면), 사대부 가장의 허풍과 초라함을 풍자하는 「새제부」賽齊婦(『해탁』, 6014면), 간통한 자들의 사악함을 보여주는 「토잉」兎孕(『해탁』, 5891면) 등은 작품으로서의 가치가 뛰어난 데도 불구하고 선택되지 않았다. 비판과 풍자가 지나쳤다고 판단했기 때문일 것이다.

다음으로 현실의 인물이 저승이나 별세계를 여행하게 되는데, 거기서 견문하거나 겪은 사건을 통해 현실에 대해 문제를 제기하는 작품이 선택되었다. '저승 편력담' 혹은 '이계 여행담'이라 규정할 수 있는 이 부류는 『해탁』에서 대단히 큰 비중을 차지한다. 그런데 그중 『동야휘집』으로 수용된 작품들은 저승이나 이계가 반드시 현실 세계에 대한 규제력을 갖거나, 혹은 그곳에서의 경험이 현실 생활에 적지 않은 영향을 주는 경우들이다. 이런 현상은 『동야휘집』이 상상력에 대한 구속을 풀고 시·공간을 확장했다 하더라도 여전히 현실적 의미항을 만들려는 의지를 버리지는 않았음을 뜻한다. 이 부류는 조선의 다른 야담집에도 적지 않게 실려 있지만, 『해탁』의 작품들이 더 강한 이념적 문제의식을 깔고 있으며 또 인간의 현실적 존재 방식에 대한 깊은 성찰을 동반하고 있다는 점에서 문학적 가치가 크다. 이원명은 이 부분을 높이 평가했기 때문에 『해탁』의 작품들을 수용한 것으로 보인다.

아울러 『해탁』에는 자비심을 강조하거나 살생을 금지하고 윤회의 오묘함을 보여주는 불교적 작품들이 있는데,[22] 『동야휘집』은 그것들을 한 편도 선택하지 않았다. 유가 사대부인 이원명이 이념적으로 김열한 결과라고 볼 수 있다.

요컨대 『동야휘집』은 『해탁』에 실려 있는 작품들을 선별하는 데 있어서 나름의 기준을 가졌다고 하겠다. 조선의 야담 작품들과 비교했을 때 지나치게 이질적인 경우를 먼저 제외했으며, 그런 전제에서 야담의 미흡한 점을 보완하는 데 도움이 되는 작품들을 선별했다고 볼 수 있다. 이제 좀 더 적극적인 변개 양상을 살펴보자.

『동야휘집』의 『해탁』 수용 양상

『동야휘집』은 『해탁』의 작품들을 일정한 기준에 따라 선별했을 뿐만 아니라 선택한 작품에 새로운 평결을 덧붙이거나 작품의 일부를 변개하였다. 여기서는 『동야휘집』이 『해탁』 소재 작품을 수용하여 변개한 양상을 크게 세 경우로 나눈다. 첫째, 『해탁』의 한 작품 전체를 『동야휘집』 한 작품의 일부로 수용하는 경우, 둘째, 『해탁』의 한 작품 전체를 『동야휘집』의 한 작품으로 수용한 경우, 셋째, 『해탁』의 두 작품을 『동야휘집』의 한 작품으로 수용한 경우 등이다.* 해당 작품들을 열거하면 다음과 같다.

    첫째, 『해탁』의 한 작품 전체를 『동야휘집』 한 작품의 일부로 수용한 경우
    「소추촌둔수재」(『해탁』, 6051면) → 「탁제기문해둔조」(『동야휘집』 상, 301)
    「도귀부인」(『해탁』, 6067면) → 「사주독과등금방」(『동야휘집』 상, 311면)
    「장중비희」(『해탁』, 6023면) → 「금아이영증숙연」(『동야휘집』 상, 358면)
    「빈아학첨」(『해탁』, 6063면) → 「빈아학첨탁중빈」(『동야휘집』 상, 758면)
    「비부훈세」(『해탁』, 5986면) → 「부옹교술제오적」(『동야휘집』 상, 762면)
    「십이묘」(『해탁』, 6000면) → 「고란사십미수창」(『동야휘집』 하, 493면)

    둘째, 『해탁』의 한 작품 전체를 『동야휘집』의 한 작품으로 수용한 경우
    「기혼」(『해탁』, 5949면) → 「타환술전해기연」(『동야휘집』 상, 547면)
    「악전」(『해탁』, 5947면) → 「피위기획탈악전」(『동야휘집』 상, 553면)
    「색계」(『해탁』, 5932면) → 「점몽경망계음보」(『동야휘집』 하, 204면)
    「재계」(『해탁』, 5934면) → 「장희규전경재욕」(『동야휘집』 하, 208면)

---

* 이병찬은 수윤재록修潤載錄 양상을 크게 셋으로 나누었다. 이록移錄(전편 이록, 합성 이록), 차용借用(전편 차용, 부분 차용), 번안飜案이 그것이다. 이 글과 비교하면 좋은 참고가 될 것이다. 이병찬, 「『동야휘집』의 『해탁』 수용 양상」(『동야휘집 연구』, 보고사, 2005), 205~239면 참조.

「귀부지가」(『해탁』, 5983면) → 「반고처환혼지가」(『동야휘집』 하, 699면)
「향분지옥」(『해탁』, 5974면) → 「우신부인몽성친」(『동야휘집』 하, 705면)
「혜고군」(『해탁』, 6031면) → 「백년광음혜고군」(『동야휘집』 하, 862면)
「몽리가원」(『해탁』, 6038면) → 「일생부귀호접향」(『동야휘집』 하, 868면)

셋째, 『해탁』의 두 작품을 『동야휘집』의 한 작품으로 수용한 경우

「촌희독설」(『해탁』, 6016면) ┐
                              ├→ 「수간서노부수계」
「절모사시잠」(『해탁』, 6020면) ┘   (『동야휘집』 하, 330면)

「명기고명」(『해탁』, 5958면) ┐
                              ├→ 「심창문언소고명」
「북리」(『해탁』, 6062면)   ┘   (『동야휘집』 하, 819면)

1 『해탁』의 한 작품 전체를 『동야휘집』 한 작품의 일부로 수용한 경우

「소추촌둔수재」掃帚村鈍秀才 → 「탁제기문해둔조」擢第奇文解鈍嘲
「도귀부인」搗鬼夫人 → 「사주독과등금방」紗幮督課登金榜

『동야휘집』 권4에는 탁월한 글재주를 가졌던 역사직 인물에 대한 이야기들이 실려 있다. 이원명은 '기예부'技藝部의 '문장' 조를 설정하여 「진주대필진화예」陳奏大筆振華譽, 「탁제기문해둔조」擢第奇文解鈍嘲, 「하엽유시증보묵」荷葉留詩贈寶墨, 「사주독과등금방」紗幮督課登金榜, 「엄주석상완문사」弇州席上玩文辭, 「주사관중화시운」朱使舘中和詩韻 등 6편의 작품들을 포함시켰다. 이 작품들의 전개에서 관심을 끄는 부분은 주인공이 어떤 수준에서 시작해 어떤 방법으로 탁월한 글재주를 얻었는가 하는 점이다. 각 작품에서 주인공이 탁월한 글재주를 얻기 직전 모습은 다음과 같다.

「진주대필진화예」 어머니 김 씨가 공을 막 낳으려 하는데 호랑이 한 마리가 와

서 문밖에서 엎드리고 있다가 공이 태어나자 떠나갔다. 사람들은 공의 문장이 빼어날 징조라 했다. …… 말을 겨우 배우고 난 뒤 문득 글자를 알았고 여섯 살에 시를 지으니 …… 신동이라 칭찬했다.[23] ―이정구李廷龜

「탁제기문해둔조」 모부인의 …… 꿈에 큰 별이 품으로 들어왔는데, 그 다음 날 공을 낳았다. …… 나이 10여 세에 경사를 꿰뚫어 알았다. …… 공의 대인 모는 자애로써 부드럽게 가르치지 않아 일찍부터 과업을 공부하게 했으나 공령功令을 지을 여력이 없었다.[24] ―신흠申欽

「하엽유시증보묵」 어렸을 때 집이 지평 백아곡에 있었는데, 학업에 전념하려고 용문사로 들어가 『주역』을 읽었다. …… 급제하기 전에 재예가 출중하고 풍채가 빼어났다.[25] ―이식李植

「사주독과등금방」 태어날 때부터 남다른 바가 있었다. 어릴 때 큰형님이 배우는 것을 옆에서 듣고는 문득 외웠다. …… 다만 병이 많아 각고하며 독서하지는 못했다.[26] ―장유張維

「엄주석상완문사」 문명이 세상에 자자했다.[27] ―최립崔岦

「주사관중화시운」 문사文辭가 드넓고 시詩는 더욱 웅장하고 기이했다. 선 자리에서 만 언을 지었으니 도도하여 끝이 없었다. 그 신속함은 조조의 칠보시를 연상케 했다.[28] ―차천로車天輅

이정구, 이식, 최립, 차천로 등은 태어날 때부터 글재주가 뛰어나 신동이라 불렸거나 장차 탁월한 문장가가 될 것이라고 예측되었다. 그 타고난 재주를 더욱 빛나게 해줄 계기를 얻기도 했다. 이정구는 중국의 문호 왕세정王世

貞과 교유했고, 이식은 선녀를 만나 벼루를 선물 받았다. 최립도 왕세정과 만나 공부를 더 열심히 하라는 격려를 받는다. 차천로는 처음부터 뛰어났기에 더 이상 도움이 필요 없었다. 이 네 사람은 비범한 글재주를 타고 태어나 사람들의 큰 기대를 받았는데, 그 기대에 어긋나지 않게 되었다는 점에서 공통된다.

이에 비해 「탁제기문해둔조」의 신흠과 「사주독과등금방」의 장유는 네 사람과 달리 뛰어난 문장가의 길을 따라가지 못할 상황에 봉착한다. 신흠은 일찍이 과업科業을 익히려 했지만 공령功令에 익숙하지 못했다. 그래서 숙사塾師를 초빙해야 했다. 이 지점에 『해탁』의 「소추촌둔수재」가 삽입되었다. 장유는 어려서부터 기억력은 뛰어났지만 병이 많아 독서에 몰두할 수 없었다. 장유가 규방 근처에서 노닐며 마침내 독서를 포기하자 현명한 부인은 모종의 단안을 내릴 수밖에 없었다. 바로 이 지점에 『해탁』의 「도귀부인」이 삽입된 것이다.

이로 보건대 이원명은 탁월한 문장가를 형상화하는 야담식 패턴을 파악하고 가능한 한 그것을 지키려 했다. 그러나 신흠과 장유의 경우 그 패턴에서 벗어나는 영역이 발견되었기 때문에 그 부분을 보완하기 위해 『해탁』의 두 작품을 활용한 것이다.

그 점을 자세하게 살펴보자. 먼저 「소추촌둔수재」의 줄거리는 다음과 같다.

> 정도定陶의 부자 아무개는 아들의 과거 공부 선생을 얻으려 하고 있었는데, 꿈에 어떤 사람이 나타나 오군吳郡 소추촌掃帚村의 모 수재秀才로 정하라고 계시를 주어 그대로 따랐다. 과연 모 수재는 열심히 가르치고 자기 시문詩文을 주기도 하여 아무개의 아들을 급제시켰다. 아무개가 모 수재에게 그런 뛰어난 재주가 있음에도 불구하고 스스로 벼슬하지 않는 이유를 묻자, 모 수재는 자기가 과거 공부하다 급제하지 못하고 죽은 귀신으로 아무개의 집안을 통해 문장을 널리

알리려 했다고 말하고는 통곡하며 사라져버렸다. 아무개가 모 수재의 집을 물어서 찾아가 보니 혼자 집을 지키고 있던 노파가 남편이 죽은 지 3년이 되었다고 했다. 아무개가 모 수재의 장례를 치러주고 노파를 봉양했다.

『동야휘집』의 「탁제기문해둔조」는 이 줄거리를 중심에 놓고 앞뒤에 태몽, 신흠의 독서열, 결혼, 신흠의 뛰어난 글재주에 대한 정철의 감탄, 신흠의 은둔, 귀양살이, 신흠의 죽음에 대한 이항복의 애도 등을 덧붙였다.

변개 부분을 살펴보자. 『해탁』에서 아무개는 자식이 열네 살이 되자 과거 준비를 시키기 위해 다른 사람들이 그러하듯 자연스럽게 '거업사'擧業師를 얻으려 하는 데 비해, 『동야휘집』에는 신흠이 공령功令에 서툴다는 문제를 해결하기 위해 '숙사'塾師를 얻으려 한 것으로 되어 있다. 이 어려운 상황을 극복하려면 '특별한 선생'이 필요할 터인데, 그 선생은 '특별한 이야기' 속에 등장하는 인물이어야 할 것이다. 그리하여 특별한 이야기인 『해탁』의 작품이 수용되었다. 이때 수용되는 부분은 『동야휘집』 해당 작품의 전체 내용과 자연스럽게 연결되어야 하며, 아울러 『동야휘집』의 주인공이 당면한 문제를 가장 확실하게 해결하는 데 도움이 되어야 한다.

모 수재의 거주지는 『해탁』에서 '오군 소추촌'吳郡 掃帚村이었던 것이 『동야휘집』에서는 춘천 근방의 '수춘현 우두평'壽春縣 牛頭坪으로 변개되었다. 우리 이야기로 만들려고 했기에 당연한 변개라고 할 수 있다. 마지막 부분의 변개에서 이원명의 더 세심한 배려를 읽을 수 있다. 『해탁』은 후일담으로 "그 뒤 아들이 현령이 되어 늙은 부인을 모셔 와 봉양하여 여생을 마치게 하였다"[29]는 설명을 덧붙였다. 『동야휘집』은 이 부분을 "공의 문장은 그 노옹의 신조를 받아 무릇 어떤 글도 붓을 쥐자마자 완성할 정도로 민첩하고도 넉넉하고 넓고도 윤택했다"[30]라고 변개하여, 노옹의 신령스런 도움으로 신흠의 글이 '민섬호한'敏贍浩汗해졌음을 강조할 뿐 신흠이 과거에 급제한 것에 대해서는 언급하지 않는다. 『동야휘집』의 목표는 신흠이 과거에 급제하는 과정을 보여주는 것이 아니라 그로 하여금 탁월한 글재주를 갖추게 하고 그 사실을 부각시키는 것이기 때문에 이러한 변개는 적절하다. 『동야휘집』의 이러한 변개와 관심의 이동은 그 다음에 이어지는 정철鄭澈과 이항복李恒福 관련 일화들과 원만하게 연결시키려는 배려에서 비롯된 것이라 하겠다.

작품에 대한 평결에도 차이가 있다. 『해탁』이 덕행德行은 문장文章보다 선행해야 한다는 점을 주장하는 데 반해, 『동야휘집』은 능력을 적절히 인정받지 못한 채 한탄하며 일생을 보내는 노옹과 같은 사람이 적지 않고 수재秀才라 불리며 헛된 명성만을 누리는 사단詞壇의 사람들은 노옹에 대한 죄인이라며 사단의 풍토를 비판한다. 이러한 평결의 변개도 『동야휘집』이 『해탁』의 이야기를 신흠의 됨됨이와 문체의 특징 및 당대 문단의 경향 등을 보여주는 데 활용했기 때문에 이루어진 것이라 할 수 있다.

「사주독과등금방」도 「도귀부인」을 거의 그대로 수용하였다. 「도귀부인」에서 소생蕭生이 형 씨邢氏를 부인으로 맞이한 뒤 독서를 게을리 하자 부인은 미인을 그린 비단 족자를 구해 소생에게 준다. 소생은 그 그림을 보며 열심히 공부하는데, 하루는 병풍에서 미인이 나왔다. 미인은 자신이 비부시서秘府侍書란 벼슬을 하는 사람인데 상제가 소생의 공부를 독려하기 위해 보냈다고 말한다. 소생이 미인을 껴안고 동침하려 할 때마다 그녀는 한 단계 더 높은 시험에 합격하면 동침해주겠다고 한다. 과연 소생이 시험에 합격할 때마다 미인은 한 번씩 동침을 허락했다. 이렇게 하여 마침내 소생은 가장 높은 시험인 전시殿試에 급제한다. 소생이 집으로 돌아오니 형 씨邢氏가 맞이해주었는데 형 씨는 미인이 낳은 아이를 안고 있었다. 미인은 소생을 독려하기 위해 형 씨가 천금을 주고 데려온 여인이었다. 형 씨는 그때까지 있었던 일들이 모두 소생으로 하여금 열심히 공부하도록 만들기 위해 자신이 꾸민 것이라고 말해주었다.

「사주독과등금방」은 주인공이 장유張維로 바뀌었지만, 병풍 그림 속 여자와 닮은 실물 여인을 끌어들여 주인공으로 하여금 공부에 전념하도록 만든다는 내용은 동일하다.* 그런데 장유는 심기일전 열심히 공부하여 급제하기는 하지만, 그 과정에서 그의 문재文才가 비약적으로 발전하는 것은 아니다. 오히려 이 과거 관련 일화가 일단 마무리된 뒤 장유가 정치적 고난을 겪으면서 문장 수련에 힘써 일가를 이룬 것으로 되어 있다.[31] 그런 점이 「탁제기문해둔조」와 구분된다. 「사주독과등금방」은 「도귀부인」을 활용하여 주인공을 과거에 급제시킬 따름이다. 「도귀부인」의 일화는 장유 장모의 주도면밀함을 보여주고 마침내 장유를 과거에 급제시켜주는 역할을 하지만, 장유의 어떤 자질을 형성하는 계기로 작용하지는 않았다. 그 때문에 이 일화는 장유가 예언 능력을 갖게 된 점이나 그가 죽을 때 긴 무지개가 그 침실까지 이어지는 기이한 현상이 생겨난 사실에 대해서는 적절한 설명을 해주지 못하는 것이다. 그런 점에서 「사주독과등금방」은 『해탁』이 『동야휘집』에 수용되면서 기존의 다른 일화들과 적절한 관계를 완전하게 확보하는 단계에는 이르지 못한 경우라고 볼 수 있다.

「장중비희」掌中秘戱 → 「금아이영증숙연」琴娥詒影證宿緣

「장중비희」의 줄거리는 다음과 같다.

> 상구商邱 송생宋生은 장생술長生術을 추구했는데, 어떤 사람이 '채음보양지설'採陰補陽之說**을 소개하자 거기에 현혹되어 희첩姬妾을 여럿 두고 날마다 희롱했다. 어느 날 한 도인이 찾아와 손바닥 위의 요술을 보여주었다. 왼 손바닥 위에서 개미만 한 남녀가 음탕한 정사를 벌이다가 오른 손바닥에서 나온 악귀惡鬼에게 먹혔다. 도인은 그 남녀가 '남의 기를 얻어 장생을 추구하는 자'(以採戰求長生

---

* 세부적 변개 사항은 蕭生→張維, 邢氏→聘夫人某氏, 그리고 과거의 명칭과 지명을 우리 실정에 맞게 바꾼 것 등이다.
** 남자가 여자의 음기를 취하여 자신의 양기를 보강하는 것.

音)이고 악귀는 음마淫魔라고 했다. 그리고 "선가僊家에서는 청심과욕清心寡慾으로써 장수를 누리니, 만일 욕망의 바다에서 선僊을 구한다면 음마가 일어날 것이니 그것은 생명을 구하는 것이 아니라 생명을 상하게 하는 것이다"[32]라고 충고했다.

「장중비희」는 한 도인의 요술을 통해 음욕을 충족시켜 장생하고자 하는 소위 '이채전구장생자'以採戰求長生者들의 허황됨을 풍자했다. 도인의 손바닥에서 벌어지는 남녀 군상들의 음탕한 행위와 악귀들에게 잡아먹히는 그들의 비참한 최후는 현실 인간들의 음욕을 경계하기 위해 설정된 허구이다. 이것은 우언寓言의 일종이라 하겠는데, 도인의 입을 통해 작자가 주장하는 교훈은 "내 안의 불이 일어나지 않으면 바깥의 불도 일어나지 않으니, 물로써 물을 건너는 것이야말로 영원히 사는 길"[33]이라는 것이다.

「금아태영중숙연」은 동양위東陽尉 신익성申翊聖의 삶을 그렸다. 그는 상촌象村 신흠申欽의 아들로서 문장이 뛰어나고 재주가 훌륭했으나, 선조의 부마가 되는 바람에 벼슬을 하지 못하는 것을 항상 못마땅하게 여기고 한탄했다. 이런 불만에서 비롯된 신익성의 행동들을 몇 개의 일화로 포괄하였다.

그런데 편찬자 이원명은 이 작품을 '기예부'技藝部 '금기'琴棋 조에 포함시키고, 제목에서도 홍장紅粧이 거문고에 능했다는 점을 강조하고 있다. 이와 관련되는 부분은 다음과 같다.

공은 거문고를 잘 탔다. 꽃 핀 낮이나 달 밝은 저녁이면 거문고를 안고서 비장한 마음과 청월한 뜻을 드날렸으니 그 여음이 수풀 속으로 울려 퍼졌다. 그때 강릉부의 기생 홍장도 거문고로 이름을 날리고 있었는데 그녀는 이원에 소속되어 있었다. 공이 한 번 보고 그녀를 사랑하게 되었다. 그 자태와 재주가 빼어났으니 항상 협실에 있게 하여 사랑을 나누며 열흘이 되어도 나오지 않았다.[34]

거문고에 조예가 깊었던 신익성이었기에 거문고를 잘 탈 뿐 아니라 재색까지 겸비한 홍장에게 몰입하지 않을 수 없었을 것이다. 일상에서 보통 사대부처럼 살아갈 수 없었던 신익성은 그 답답함과 불만을 이렇게 낭만적으로 해소하고자 한 것이다. 그러나 그런 자세는 부마로서 바람직한 것은 아니었다. 이에 선조가 홍장을 강릉으로 돌려보내고 다시는 한양으로 오지 못하도록 한다. 홍장을 잊을 수 없었던 신익성은 강릉 태수에게 편지를 보내 홍장과의 재회를 간청했으나 강릉 태수는 홍장이 병들어 죽었다는 회답을 보낸다. 그 뒤의 이야기가 유명한 '홍장 고사'이다. 신익성은 이로써 소원을 이룬다.

여기에 이어지는 일화가 흥미롭다. 신익성은 만년에 도술을 좋아하게 되어 양생술을 추구하였는데, 그때 어떤 술사가 '채음보양지설'採陰補陽之說로 그를 인도했다. 신익성은 거기에 현혹되어 희첩姬妾을 여럿 두고 그 비술을 시험해보고자 한다. 하루는 '강호산인'江湖散人으로 자처하는 어느 객客이 찾아와 신익성에게 비술秘術을 보여준다. 이 장면부터가 『해탁』의 「장중비희」에 해당한다. 신익성은 객客의 손바닥 위에서 벌어지는 비술을 목격하고는 '채전'採戰으로써 장생을 추구하는 것이 얼마나 어리석은 짓인지를 깨닫는다. 그리고는 "희첩들을 쫓아내고 현묘한 바른 길을 찾는다".[35]

「장중비희」의 삽입 부분에서 신익성은 주동 인물이 아니다. 그는 다만 객이 만들어낸 요술의 세계를 구경할 따름이다. 그 요술 세계는 신익성에게 큰 충격을 주었고 그로 인해 신익성은 삶의 자세를 바꾸게 된다. 「장중비희」에서 일어난 사건은 객에 의해 대상화되었을 뿐만 아니라, 주인공인 신익성에 의해서도 일정한 거리가 유지된 채 대상화된 것이다. 요술 세계와 목격자와의 거리는 『동야휘집』에서 더욱 멀어졌다. 『동야휘집』의 서술자는 신익성이 요술 세계의 사건이나 인물들과 직접 관련을 맺지 않도록 만들기 위해 신익성의 태도를 달라지게 하였다.

『해탁』 온갖 교묘한 재주를 부리며 도인의 (왼) 손바닥 위에서 힘을 다하니 생은 똑바로 그 모습을 응시했다. 도인이 오른 손바닥을 펴자마자 한 8, 9촌 되는 악귀가 뛰어나왔다.[36]

『동야휘집』 온갖 교묘한 재주를 부리니 그 추악한 모습이 극에 달해 차마 똑바로 볼 수가 없었다. 공이 그 모습에 깜짝 놀라니 객이 오른 손바닥을 펴자마자 5, 6촌 되는 악귀가 뛰어나왔다.[37]

여기서 서술자는 서술 대상에 대해 부정적으로 평가하고 또 그것을 목격하는 신익성으로 하여금 경악하게 만듦으로써 신이성이 품위를 지킬 수 있게 만들었다.

또 사건의 귀결 부분에서, 「장중비희」의 "생은 그 뒤로 희첩을 멀리하고 도교의 정종正宗을 수련하다 어느 날 아침 집을 버리고 산으로 들어가니 그 종적을 알 수 없었다. 30년 뒤 영릉零陵 시장에서 경각화頃刻花*를 파는 사람이 있었는데 외모와 행동이 그를 방불했다 한다"[38]라는 결말을 "공은 그 뒤로 희첩을 멀리하고 현묘한 정문正門을 수련했다"[39]로 축약시켰다. 이런 변개는 신익성이 결국 평소 여색에 탐닉하던 태도를 고치기는 했지만, 그 삶의 방식을 완전히 바꾸어 세속적 삶을 포기하는 단계에까지는 나아가지 않게 만들기 위한 것이다.

요컨대 『동야휘집』은 기이하고도 외설적인 내용의 『해탁』 작품을 수용해야 할 경우에도 역사적 인물인 주인공이 그 내용과 일정한 거리를 유지하여 품위를 지킬 수 있도록 배려했음을 알 수 있다. 아울러 「장중비희」의 서두에는 "황제黃帝는 3,600명의 여자를 거느리다 신선이 되었다. 이 이야기는 도교 서적에 나오니 후대인들이 채전술探戰術의 시조로 보았다"[40]라는 교술적 구절이 들어 있는데, 「금아이영증숙연」은 그것을 평결 부분에 넣었다는 점에

---

* 갑자기 피어나는 신비한 꽃. 모란과 비슷한 모양임.

서 『동야휘집』이 서사 작품의 독자성을 강조하려는 경향이 강했음을 짐작할 수 있다.

「빈아학첨」貧兒學諂 → 「빈아학첨탁중빈」貧兒學諂托衆賓
「비부훈세」鄙夫訓世 → 「부옹교술제오적」富翁敎術除五賊

『동야휘집』의 위 두 작품은 권8의 '성행부'性行部 '권귀'權貴 조에 나란히 실려 있다. 두 작품은 윤원형尹元衡과 김안로金安老의 독특한 악행을 보여주기 위해 여러 일화들을 끌어들였는데, 그 속에 『해탁』의 두 작품을 삽입하였다. 그런데 『동야휘집』의 제목이나 평결을 볼 때, 이원명은 두 사람의 성행性行을 보여주는 데 있어 『해탁』의 두 작품에 해당하는 부분을 가장 중요한 것으로 간주했음을 알 수 있다.

먼저 「빈아학첨」을 「빈아학첨탁중빈」으로 변개한 경우를 살펴보자. 「빈아학첨」의 내용은 이러하다.

> 가정嘉靖 연간에 총재冢宰 엄공嚴公은 밤마다 내청內廳에 앉아 뭇 아첨꾼들이 아부하는 말을 듣고 그 기분에 따라 벼슬을 알선해주었다. 어느 날 천장에서 누더기 옷을 입은 사내가 아래로 굴러 떨어졌다. 장록張祿이라는 거지였다. 그는 같은 거지인 전독자錢禿子란 사람이 언제나 자기보다 더 많은 돈을 얻는 것을 보고 그 비결을 물었는데, 전독자는 그 비결이 '미골'媚骨과 '영설'佞舌이라고 대답했다. 때마침 밤마다 엄공의 집으로 몰려와 아첨하는 아첨꾼들의 미골과 영설이 전독자보다 열 배나 더하므로, 장록은 천장으로 숨어들어 석 달 동안 그것을 몰래 배워왔는데 그날 실수로 천장에서 떨어졌다는 것이었다. 그러자 엄공이 아첨꾼들을 향해 "거지들에게도 도가 있도다. 자네들의 미골과 영설은 정말 그들의 스승 노릇을 할 수 있겠구나"[41]라고 말하며 웃었다. 엄공 집에 모인 자들이 장록을 아침저녁으로 가르치니, 장록은 일 년이 되기도 전에 아첨하는 법을 완

전히 터득하고 돌아갔다. 이로부터 장록의 벌이가 전독자보다 훨씬 많아졌다.

이로 볼 때 「빈아학첨」은 아첨과 뇌물로 벼슬을 구걸하던 명나라 사대부 사회를 통렬하게 풍자하고 있는 작품이다. 심기봉의 평은 이런 점을 더 선명하게 부각시킨다.

장록이 엄 총재 문하 사람들을 스승으로 삼았다면 엄 총재 문하의 사람들은 과연 누구를 스승으로 삼았을까? 바로 엄 총재를 스승으로 삼았을 것이다. 명대의 「백관공경표」百官公卿表는 바로 걸아연원록乞兒淵源錄인 것이다.[42]

『동야휘집』의 「빈아학첨탁중빈」은 먼저 을사사화 이후 윤원형에게 뇌물이 많이 들어왔으며 윤원형이 본처를 내쫓고 기첩妓妾인 난정蘭貞을 정경부인貞敬夫人에 봉했다는 사실을 간략하게 언급하고, 이어서 뇌물 수수와 관련된 일화들을 소개한다.

① 윤원형이 병조판서였을 때 한 무인武人이 활을 쏠 줄 모르는 그에게 화살집을 갖다 바치자 화를 내었는데, 그 속에 담비 가죽이 들어 있는 것을 뒤늦게 알고 그 무인에게 좋은 벼슬을 주었다는 일화[43]
② 윤원형이 이조판서였을 때 어떤 사람이 누에고치 백 근을 주고 참봉 벼슬을 요구했는데, 윤원형은 벼슬을 결정해주는 순간 깜빡 졸았다. 낭관郎官이 천거할 사람의 이름을 불러줄 것을 재촉하니 잠결에 '고치, 고치'라고 대답하는 바람에 엉뚱하게도 고치高致란 이름을 가진 시골 선비가 대신 참봉 벼슬을 얻었다는 일화[44]

이 두 일화는 많은 잡록집에 거듭 등장하는 이야기들로서 예외 없이 나란히 실려, 권력을 농단하고 수뢰受賂에 혈안이 되었던 윤원형을 철저하게 조롱하고 있다.

③ 을축년에 문정 왕후가 죽자 윤원형은 실세하여 쫓겨났다. 윤원형의 전처 김 씨의 계모 강 씨가 난정이 김 씨를 독살했다고 고발했다. 형조가 강상대변綱常大變이라며 의금부에 이첩하니 난정이 그 소문을 듣고 음독자살했고 윤원형도 얼마 지나지 않아 죽었다.*

①, ②와 ③ 사이에 「빈아학첨」의 내용이 거의 그대로 옮겨졌다. 엄공이 윤원형으로 개명되었을 뿐, 장록과 전독자의 이름은 그대로이고 서술 내용도 거의 같다. 편찬자가 「빈아학첨」의 인물 설정이 윤원형과 그에 빌붙은 무리들의 탐욕과 아부 근성을 드러내는 데 적절하다고 판단했기 때문일 것이다. 그런데 이 부분에 대한 평에서는 다소의 시각 차이가 발견된다. 『해탁』의 심기봉이 평결을 통해 명대 사대부 사회의 총체적 타락을 지적한 데 비해, 이원명은 그 풍자의 범위를 훨씬 축소시킨 것이다.

> 장구령張九齡은 조사朝士들이 양국충楊國忠에게 빌붙어 벼슬을 구걸하는 것을 보고 사람들에게 말하기를, "이들은 모두 불을 향한 거지들이지. 하루아침에 불이 꺼지고 재가 식으면 살갗이 얼어 터져 도랑에 그 뼈가 뒹굴게 될 것이야"라고 했다. 예부터 권세가에 빌붙는 무리들은 어깨를 으쓱으쓱 쳐들고 아첨하는 웃음을 보내다가 고생 끝에 병들지 않는 경우가 드물었다. 윤원형은 권세의 불꽃을 타오르게 하다가 마침내 패망했으니 스스로 초래한 재앙은 피할 수 없는 법이다.[45]

---

* 이 내용은 많은 야사에 실려 있다. 가령 『석담일기』石潭日記(『대동야승』 4, 3면)에도 비슷한 내용이 실려 있다.

먼저 『동야휘집』은 장록과 관련된 일화를 사회적 차원이 아닌 인성의 차원에서 해석하는 성향을 보이고 있다. 다음으로 특수한 경우를 근거로 전체의 경우를 문제 삼지 않고, 일반적인 경우를 근거로 특수한 경우를 문제 삼았다. '권세가에 빌붙는 무리들은 마침내 패망한다'는 일반적 명제를 통해 특별한 경우 즉, 윤원형과 그의 권세에 아부한 자들이 패망한 사실을 해명하고자 한 것이다. 이로써 「빈아학첨」이 가졌던 폭넓은 풍자성은 축소되어 특정 개인의 인성을 나타내는 일화로서 작용하게 되었다고 하겠다.

다음으로 「비부훈세」를 「부옹교술제오적」으로 수용하는 과정을 살펴보자. 「비부훈세」의 내용은 다음과 같다.

> 신안新安의 모 옹某翁은 중개상인 노릇을 하여 거부가 되었다. 항상 말하기를 치부에는 특별한 기술이 있다며 100전錢을 주면 알려주겠다고 했다. 무리들이 돈을 가지고 오니 모 옹이 그 특별한 기술을 말해주는데 다음이 그 내용이다. 먼저 외적外賊을 다스려야 하는데, 눈·귀·코·혀·몸이 그것이라고 했다. 그리고는 눈·귀·코·혀·몸 등이 좋아하는 것을 충당해주는 데는 돈이 많이 드니, 응당 그 요구를 묵살해야 한다고 했다. 다음으로 내적內賊을 다스려 물리쳐야 하는데, 인의예지신仁義禮智信이 그것이라고 했다. 이 덕목들을 실천하는 데도 많은 비용이 들며, 또 그것을 지키면 돈을 모을 수 없다고 했다. 모 옹의 말을 다 들은 무리들은 사례로 지전紙錢의 재를 내놓았다. 모 옹이 화를 내며 힐문하니 무리들은 '노인의 가르침은 정말 아름답소. 다만 인간 세상에서 그것이 행해지는 것이 걱정되오. 마땅히 귀신에게 그것을 가르쳐야 하겠소'라고 말한 뒤 모두 귀신의 모습으로 변했다. 모 옹이 숨으려 했으나, 무리들은 '축생도畜生道 중의 사만 팔천 귀신들이 노인의 가르침을 기다리고 있으니 부디 함께 가시지' 하며 끌고 가려 하였다. 모 옹이 경악하며 애걸하자 무리들이 야유를 보내니 결국 모 옹은 졸도했다.

평결도 모 옹이 귀신들을 가르쳐 지옥을 황금의 집으로 만들 것이라는 식의 풍자적 입장을 나타냈다.

「부옹교술제오적」은 김안로를 흉악한 간신배로 형상화하기 위해 야사에 널리 퍼져 있던 일화들을 집성하고 있다. 남곤에 의해 축출당해 귀양 갔지만 인조의 부마였던 아들 희禧의 도움으로 풀려났다는 것, 회재晦齋 이언적李彦迪이 김안로야말로 나라를 그르칠 소인배라고 예언했던 것, 정광필鄭光弼을 귀양 보내고 마침내 나라의 목장을 차지했다는 것, 국모國母를 폐위시키려 했다는 죄목으로 김안로가 귀양 가게 되었다는 것 등을 나열하고 있다. 이런 일화들은 서로 긴밀한 관계를 갖고 있지는 않지만, 한결같이 김안로의 간악한 성품과 독단적 전횡을 보여준다.

바로 그 다음에 「비부훈세」의 이야기가 덧붙었다. 그런데 「비부훈세」의 상당 부분이 생략되고 중요한 부분이 변개되었다. 먼저 「비부훈세」의 내용 중 '치외적'治外賊 부분을 생략하고 '치내적'治內賊 부분만 남겼다. '치외적' 부분은 다소 과장되기는 했지만, 치부를 위해서는 물질적으로 검소하게 생활해야 한다는 뜻으로도 이해할 수 있기에 큰 문제가 되지 않는다. 이에 비해 '치내적'은 유가 사회의 가장 중심이 되는 덕목을 부정하는 것이다. 이원명은 먼저 김안로를 윤리적으로 비판하기 위해 이념적으로 문제가 되는 '치내적' 부분만을 선택하고 그것을 김안로와 관련시킨 것이다.

그런데 훈계를 하는 주체(모 옹某翁, 부옹富翁)와 훈계를 듣는 객체(무리, 안로安老) 사이의 관계를 다르게 만드는 큰 변개를 하였다. 「비부훈세」에서 '모옹'은 외적과 내적을 다스려 물리쳐야 부자가 될 수 있다는 말을 했다가 귀신의 모습으로 변한 무리로부터 축생도畜生道로 가서 귀신들을 가르쳐야 한다는 말을 듣고 졸도한다. 돈을 모으기 위해, 인간으로서 갖추어야 할 물질적 조건이나 윤리적 법도를 무너뜨리도록 설교한 모 옹이 귀신들에게 철저하게 응징당한 것이다. 그런데 「부옹교술제오적」에서 '부옹'은 '오적'五賊인 인의예지신을 무시해야 부자가 될 수 있다고 김안로에게 말해주고, 또 김안로는 그 말에 대해 감사한다. 김안로의 이런 태도는 「비부훈세」의 무리와는 정반대인 것이다. 그리고 이에 대해 서술자도 "부옹이 안로의 인간 됨됨이를 헤아리고서 이와 같이 조롱한 것이다"[46]라고 해설한다.

이처럼 「비부훈세」와 「부옹교술제오적」은 재산을 모으기 위해 오상五常을 저버리는 행위를 비난한다는 점에서 비슷하다. 하지만 「비부훈세」는 치부를 위해 윤리를 저버려야 한다고 가르치는 '모 옹'을 응징함으로써 그와 유사한 삶을 살아가는 현실의 인간들을 폭넓게 풍자하고 비판한 반면, 「부옹교술제오적」은 '부옹'의 그러한 말을 통해 오로지 김안로라는 한 인간의 됨됨이를 이념적으로 배척한 것이다. 「부옹교술제오적」에서는 비판의 대상이 한정되었다고 하겠는데, 바로 그 점에서 「빈아학첨탁중빈」의 서술 원리와 상통한다.

이 두 작품의 경우를 통해 『동야휘집』이 취한 풍자의 성향을 짐작할 수 있다. 어떤 부정적인 인성이나 부당한 행실 때문에 예외 없이 풍자되어야 할 경우에도 『동야휘집』은 특정인의 특별한 인성이나 행실만을 풍자하려 한 것이다. 이는 풍자를 구체화했다는 점에서 긍정적으로 평가될 수 있지만, 풍자의 대상을 축소시킴으로써 응당 풍자의 대상이 되어야 할 많은 인간 군상들의 결함을 묻어두게 된다는 점에서 부정적으로도 평가된다. 그만큼 사회에 대한 전면적 문제 제기를 주저한 셈이 되기 때문이다.

「십이묘」+姨廟 → 「고란사십미수창」皐蘭寺十美酬唱

「십이묘」의 개요는 이러하다.

> 상사생上舍生 모某는 두곡현杜曲縣 서쪽 십이묘에 있는 열 명의 여인상을 보고 돌아온 뒤 꿈에서 다시 그들을 만나 글재주를 겨룬다. 먼저 사서四書 중의 한 구절을 들고 그것을 옛사람의 이름과 관련시키고, 다음으로 옛사람의 시구를 모아 각기 율시를 짓는 것이다. 그 과정에서 모某는 무안을 당하고 열등감을 느끼

게 된다. 그때 두보杜甫가 나타나 그곳은 자신의 사당이 있던 곳인데 속인들이 '습유拾遺'를 '십이+姨'로 잘못 알고 십이+姨를 섬겼다는 사실을 지적한다. 십이+姨가 사죄하며 모某를 문밖으로 나가게 하니 모某는 도리어 "어디서 온 악객惡客이 시인을 몰아내는가!"라며 화를 낸다. 십이+姨는 그분이 '두소릉'杜少陵*이라고 알려주지만 모는 두소릉이 누구인지 도리어 묻는다. 모의 무식이 폭로된 것이다. 화가 난 두보가 마루에서 큰 소리를 치는 통에 모는 깨어난다. 모는 그 뒤로도 두소릉이 누구인지 깨닫지 못했다. 만나는 사람들에게 그 꿈 이야기를 해주었는데, 듣는 사람들마다 실소를 금치 못했다. 뒷사람들이 여인상을 철거하고 거기에서 두보를 제사 지냈다.

「고란사십미수창」은 백마강과 고란사를 배경으로 하고 있다. 먼저 호남아사湖南亞使인 여呂가 백마강에서 '강산여차호 무죄의자왕' 江山如此好 無罪義慈王이라는 시구를 읊어 사람들을 웃게 만드는 일화를 소개한다. 이어 그의 종제從弟인 모某가 홀로 낙화암에 올라 시를 읊조리다가 여섯 명의 여자들을 만나는 내용이 나온다. 그들은 낙화암에서 투신한 궁녀들의 혼이다. 여기서부터 「십이묘」의 내용이 전재된다. 그런데 「십이묘」에서는 열 명의 여자가 등장했기에 네 명이 모자란다. 이것은 이원명이 나머지 네 명을 다른 사람으로 채우고자 했기 때문이다. 여섯 여자들과 모는 시를 짓자고 해놓고는 서로 미루며 겸손해한다. 이때 제2희第二姬가 자기들은 작시에 서툴기에 허난설헌許蘭雪軒을 초대하자고 제안하자 다른 여인들이 계생桂生, 논개論介, 황진이黃眞伊 등을 추천한다. 네 미인이 합류하니 마침내 열 명이 되었다. 이들은 모某를 필두로 시를 짓는데, 모는 「십이묘」에서와는 달리 가끔 여인들로부터 칭찬을 듣기도 한다. 또 「십이묘」에서는 여인들이 서로 경쟁하고 조롱하는 데 반해 이 작품에서는 그 관계가 원만하다. 그녀들의 시 또한 백제의 멸망과 관

* 소릉은 두보의 호.

련된 내용이 많아, 「십이묘」의 시와는 전혀 다른 분위기를 보여준다. 「십이묘」의 시작詩作 놀이에다, 시 한 구와 당시 한 구를 합성해 약 이름을 만드는 등의 놀이 몇 개가 덧붙는다.

그런데 모某가 여인들에게 조롱당하고 두보의 혼령이 나타나는 마지막 부분은 크게 변개되었다. 「고란사십미수창」에서 모가 여인들의 조롱을 피하기 위해 시를 표절하자 갑자기 두보가 나타나 그를 질타한다. 두보 자신은 한 편의 시를 짓기 위해 몸이 수척해질 정도로 각고의 노력을 다했는데, 고통도 없이 자기 시 전편을 표절한 모의 행위는 자기를 모욕하는 것이라고 말했다. 아울러 글귀만 꾸미고 고인의 조잡한 글을 답습하기만 하는 시단의 풍토를 비판했다.[47] 두보의 이 같은 발언 내용은 「십이묘」의 그것과는 큰 차이가 있다. 「십이묘」에서는 다만 십이묘의 자리에서 자신을 배향해주지 않는 것에 대해 큰 불만을 토로할 따름이었다.

시단의 풍토를 비판한 두보는 그런 폐습을 그대로 물려받은 모某의 뺨을 세게 때렸는데, 이에 놀란 모는 잠에서 깨어났다. 그 뒤로 그는 시석詩席에 나가지 않고 시인이라 자처하지도 않았다. 그의 이러한 태도는 시를 짓는 데 자신감을 가졌던 서두의 태도[48]와는 상당히 다르다. 모는 꿈속의 경험을 계기로 자신의 사고방식을 고쳤다. 이 점이 「십이묘」와 대조된다. 「십이묘」에서 모는 깨어나서도 두보가 누구인지 깨닫지 못하고 만나는 사람마다 그 꿈 이야기를 해주었으며, 결국 사람들이 여인상을 없애고 그 대신 두보에게 제사를 지내게 되었다는 이야기가 이어질 따름이다. 『동야휘집』의 이러한 변개는 몽유록과 몽환 소설의 구조를 계승한 것이다. 몽유 세계가 몽유록의 그것을 연상케 한다면, 각몽 후 주인공의 태도 변화는 몽환 소설의 그것을 연상케 한다.

평결의 내용도 이런 차원에서 이해할 만하다. 먼저 이원명은 이 이야기가 패사稗史에 실려 있는, '길에서 전대의 여러 궁희宮姬들의 영혼을 만나 시를 주고받는 이야기'[49]와 흡사하다는 소감을 피력한다. 그러나 그 내용이 황당하고 괴이하여 믿을 수 없으며 여 사인呂士人이 시 때문에 욕을 당한다는 내용 역시 황당한 이야기라고 비판한다. 그럼에도 불구하고 이원명이 이 이야기에서 인정하는 부분이 있다. 바로 '수사만 번드레하게 만들어 의기양양 문단의 으뜸인 양하는 자들은 결국 망하게 마련이니 삼가라'는 가르침이다.

이원명은 「십이묘」를 변개하여, 자기 정신을 개성 있게 드러내지 않고 남의 글을 표절하며 글귀만 다듬는 문인들의 행위를 비판했다. 그러한 점은 「십이묘」에서는 단지 꿈속의 사건을 통해 희미하게 암시되었을 따름인데, 「고란사십미수창」에서는 보다 분명한 어투로 진술되었다. 이를 통해서도 『해탁』이 우언적 암시 경향이 강한 데 비해, 『동야휘집』은 그러한 경향을 계승하면서도 직설적 진술을 아울러 지향하고 있음을 확인할 수 있다. 후자는 야담의 일반적 경향에 이어지는 것이다.

요컨대 『동야휘집』은 『해탁』의 작품들을 그대로 옮기지 않고 그것들을 조선의 기존 일화와 적절하게 결합하여 새로운 작품을 만들어냈다. 물론 『해탁』에서 빌려온 작품이 기존 일화와 잘 어울리지 못하는 경우가 있긴 하지만, 전혀 이질적인 일화를 활용해 기존 일화들을 질적으로 비약시켰다는 점에서 야담 창작의 새로운 가능성을 보여주었다고 할 수 있다. 이제 야담은 구연 과정을 통해서만이 아니라 한문을 통한 기록 과정에서도 적극적인 창작이 가능하게 된 것이다. 이원명은 독특한 개성을 가진 역사 인물의 일대기를 그리고자 했지만 기존의 조선 일화들을 활용하는 것만으로는 그런 독특함을 충분하게 보여주지 못한다고 판단했을 것이다. 역사 인물의 '일탈' 부분을 충분히, 그리고 인상적으로 보여주기 위해 묘안을 모색하던 중 중국 필기 소설을 활용하는 방법을 고안해낸 것이다. 「빈아학첨」을 「빈아학첨탁중빈」의 일부로 수용한 경우처럼 원 작품의 속성이 왜곡되기도 한 것은, 조선의 일화들을 조합하여 만들어낸 조선적 맥락을 존중하는 선에서 중국 작품을 능숙하게 활용했다는 사실을 뜻하기도 한다. 그런 점에서 이원명은 야담 편찬의 독특한 경지를 새롭게 개척했다고 평가할 수 있다. 더욱이 소재의 범위를 중국으로까지 확장한 사실은 긍정적으로 인정할 수 있다.

2 『해탁』의 한 작품 전체를 『동야휘집』의 한 작품으로 수용한 경우

「기혼」奇婚 → 「타환술전해기연」墮幻術轉諧奇緣
「악전」惡錢 → 「피위기획탈악전」避危機獲脫惡錢

이 작품들은 각각 나란히 실려 있다. 『동야휘집』은 이들을 '도류부'道流部의 '좌도'左道 조에 포함시켰다.

먼저 「기혼」이 「타환술전해기연」으로 수용된 경우를 살펴보자.

「기혼」은 여인의 유혹에 빠져, 남의 재물을 강탈하고 목숨을 빼앗는 자의 집으로 유인당해 생명의 위협을 받게 된 주인공 문등文登이 그 여인의 여동생의 도움을 받아 함께 탈출한다는 내용이다. 집단의 성격이 명확하지 않고 사건 전개 과정에 둔갑술 등 환술이 개입하는 등 지나치게 신비화된 점이 우리 야담의 일반적인 분위기와는 자못 다름을 느낄 수 있다.* 여인의 아버지는 선仙을 배우려다 성공하지 못하고 좌도左道에 빠진 자로서, '비부둔갑제술'飛符遁甲諸術을 빌려 악독한 짓을 서슴지 않다가 체포되어 사형을 당한다. 그런데 이 이야기의 서두에는 '도자'道者가 등장해 주인공 문등文登에게 "네가 예쁜 부인을 얻고자 한다면 여기서 동남쪽으로 15리쯤 가서 구하면 얻을 수 있을 것이다"[50]라고 계시하는 장면이 나오며, 과연 그 계시대로 이루어지니 서술자는 "도자의 신령함을 더욱 믿게 되었다"[51]라고 감탄한다.

이 사건은 도자道者가 좌도左道에 빠져 악독한 짓을 함부로 저지르는 여인의 아버지를 응징하고 무고한 자매가 화를 입게 될 듯하자 문등文登을 그곳으로 보내 자매를 탈출하게 하는 과정이며, 그 모든 것을 도자道者가 예견하

---

* 한 남자가 딸을 가진 다른 남자에게 유인되어 생명의 위협을 받다 탈출하는 이야기는 우리 야담에도 적지 않다. 그런데 야담의 경우 그 집단의 성격이 분명하거나 반사회적 집단은 아닌 평범한 가정인 경우가 대부분이다. 「탈화망옥환천약」脫禍網玉環踐約(『동야휘집』하, 279면)을 살펴보면 이러한 차이가 분명하게 느껴진다.

고 조종한 것으로 만들고 있다. 그렇다면 『해탁』에서는 자매의 아버지이면서 도둑의 두목인 자가 '악보'惡報로 응징당하는 것에 초점을 맞추어, 그것을 통해 현실에 대한 어떤 주장을 하고자 한 것이라 하겠다.* 두목의 행위가 그 자체로서의 의미를 지니는지, 아니면 그것이 어떤 현실적 행위를 암시하는 것인지는 좀 더 두고 보아야 할 사항이다.

『동야휘집』은 이 작품을 수용하면서 주인공의 이름을 문유영文有英이라 하고 남원 사람이라고 소개했다. 물론 그는 허구적 인물이다. 주인공이 도인을 만나는 장면은 다음과 같이 변개되었다.

『해탁』 길에서 도자를 만났는데 (그가) 생이 어디서 왔느냐고 물었다. 생이 자기 뜻을 말하니 도자가 말하기를, "네가 예쁜 부인을 얻고자 한다면 여기서 동남쪽으로 15리 밖으로 가거라" 하였다.[52]

『동야휘집』 한 노인을 만났는데 (그는) 푸른 당나귀를 타고 다가와서는 술을 마시며 속마음을 논했다. 어디서 왔느냐고 물어 생이 자기 뜻을 말했다. 노인이 말하기를, "그대가 예쁜 부인을 얻고자 한다면 여기서 동남쪽으로 10리 밖으로 가시오"라고 하였다.[53]

『해탁』에서는 도자道者가 주인공의 의중을 이미 꿰뚫어보고 있음을 암시한다. 그리고 주인공을 '여'汝로 지칭하며 일방적으로 충고한다. 이에 비해 『동야휘집』에서는 '도자'를 '노인'으로 개칭하고 그가 도통했다는 사실을 처음에는 드러내 보이지 않는다. 그리고 그의 행색을 묘사하고 주인공을 만나 술을 마시는 행위를 소개함으로써 노인이 주인공에게 정보를 주기까지의 과

---

* 이와는 달리 여인 여동생의 동정심, 여인의 항려지정伉儷之情을 강조하는 것이라는 해석도 있다(朱捷, 『『諧鐸』的美學貢獻』, 蘭州大學學報 社科版, 1987, 4275면).

정을 그린다. '군'君이라는 주인공에 대한 호칭도 정보를 완곡하게 제공하기에 알맞은 설정이다. 그만큼 『동야휘집』에 들어와서는 정보 제공자의 역할을 축소하여 그에 대한 신비성을 약화시켰다고 할 수 있다.

　이러한 점은 마지막 서술 부분에서도 확인할 수 있다. 『해탁』에서 서술자는 사건의 귀결을 확인하고는 "도자의 신령함을 더욱 믿게 되었다"[54]라며 감탄한다. 이렇게 『해탁』이 '도자'를 신령하다고 감탄한 데 반해, 『동야휘집』은 "노인에게 도가 있음을 더욱 믿게 되었다"[55]라고 하여 노인에게 도가 있다는 사실에 대해서만 감탄한다. 『해탁』이 사건의 귀추를 통해 '도인'道人이었던 정보 제공자를 신인神人으로 격상시켰다면, 『동야휘집』은 평범했던 정보 제공자를 도인道人으로 격상시켰을 따름인 것이다. 『동야휘집』은 노인의 탁월한 형상보다는 노인에 의해 촉발된 사건 자체에 더 큰 관심을 가졌다고 하겠다.

　이원명은 「기혼」의 사건을 살피면서 그 흥미진진한 전개 방식에서 신선한 충격을 받았을 것이라 짐작된다. 다른 경우와는 달리 「기혼」과 「악전」에 대해서는 평결 외에 새로 덧붙인 부분이 없으며, 주인공도 유명 인물이 아닌 가상의 인물을 설정했다. 이원명이 「기혼」과 「악전」에서 일어난 사건 자체를 무엇보다 중시했음을 암시한다. 그런데 「기혼」에서는 아버지가 남의 물건을 탈취하려 할 때 일이 순조롭게 되기를 빌기 위해 사람을 죽여 신에게 제사를 지내려 한다. 그때 제물로 바칠 사람을 유인하기 위해 그 딸을 미끼로 이용했다는 부분이 이원명에게 부담스럽게 여겨진 듯하다. 아버지가 그 딸을 미끼로 이용하자 그 딸은 아버지를 배반하고 탈출한다. 이는 쌍방의 패륜이 자행되었음을 의미하는 것으로, 유가의 사고방식으로는 용납하기 어려운 설정이다. 이원명은 「기혼」에서 도둑 두목이 여인의 아버지로 설정되었던 것을 변개하여 여인의 오빠로 설정했다. 이원명이 『해탁』의 작품을 수용할 때에도 사대부의 이념을 어기지 않으려고 애썼음을 알 수 있다.

　이러한 변개를 전제로 하여 『동야휘집』은 사건 자체에 초점을 맞출 수 있었다. '타환술전해기연'墮幻術轉譜奇緣이라는 제목에서 드러나듯, 주인공이 생명의 위협을 받는 절박한 상황에서도 여인의 여동생 영저英姐의 동정심,[56] 부부간 인연의 소중함에 대한 여인의 각성 등에 힘입어 위기에서 탈출하여 마침내 부부의 인연을 완성하는 모습을 보여주고자 하였다.[57] 절박한 문제 상황의 발생과 그것의 독특한 해결 과정은 그 자체만으로도 흥미로울 뿐 아니라, 어떤 교훈을 추출할 수 있게 만든 것이다. 이원명은 교훈을 그 평결에서 요약했다.

> 좌도左道가 민중들을 현혹시킨 것은 황건黃巾과 백련白蓮에서 비롯되었는데, 그 뒤로 널리 창궐케 되었다. 그들의 말은 실체가 없음이 밝혀지지만 그 죄는 형벌을 피하기 어렵다. 두 여자는 좋은 배필을 만나 죽음을 면했으니 여협女俠 중 지혜로운 자라 하겠다. 노인은 문생文生을 이끌어서 거의 화망禍網에 빠뜨릴 뻔했다가 마침내 좋은 인연을 이루게 했으니 역시 도술이 탁월한 사람이라 할 것이다. 그러나 이 모든 것은 하늘이 정해준 기우奇遇이니 어찌 사람의 힘으로 가히 이룰 수 있는 일이겠는가.[58]

이원명은 세 가지 항목을 지적했다. 먼저 '좌도'의 폐해를 지적했다. 다음으로 두 여자가 죽음을 면하고 배필을 만난 사실을 언급한 뒤 그것을 두 여자가 지혜롭다는 증거로 삼았다. 마지막으로 문생을 지도한 노인의 도술에 대해 말했다. 그런데 두 여자의 지혜와 노인의 도술을 궁극적인 것으로 인정하지는 않았다. 사람의 힘은 '천정기우'天定奇遇에 비하면 하찮은 것이기 때문이다.

이렇게 볼 때『동야휘집』에서 정보 제공자나 계시자로서의 노인의 역할을 약화시킨 이유가 분명하게 이해된다. 삶과 죽음, 만남과 이별은 결국 하늘의 뜻으로 풀이해야만 한다는 생각의 반영인 것이다. 이원명은 기이하고 환상적인 내용을 야담으로 수용하면서, 그것이 구체적인 인간의 일과 관련되면 일단 의심하지만 추상적인 존재인 하늘과 관련되면 모든 것을 인정하고 받아들였다. 이러한 이중적 시각을 통해 기이나 환상에 가까운 내용까지 야담집으로 수용할 수 있었던 것이다.

『동야휘집』의 이러한 평결은 두 여인의 탈출을 고뇌로부터의 해탈이라고 본『해탁』의 불교적 입장과는 상당히 다르다.

다음으로「악전」이「피위기획탈악전」으로 수용된 경우를 살펴보자.「악전」은 사건의 골격이「기혼」과 비슷하다. 노생盧生은 염자髥者의 집으로 초대되어 그 딸과 혼인하는데, 얼마 뒤 그 집안이 사람을 죽이고 재물을 빼앗는 짓을 일삼는다는 비밀을 알게 된다. 노생이 그 사실을 추궁하자 염자의 딸은 노생의 조치를 따르겠다고 했다. 노생은 고향으로 돌아갈 결심을 한다. 다만 난관은 오랫동안 그 집안의 관습으로 내려오는 소위 '조전'祖餞을 통과해야 한다는 것이었다. '조전'은 일종의 전별식이다. 여자들이 무기를 들고 방房·실室·당堂·문門을 지키는데, 그들과의 격투에서 이겨야만 그곳을 빠져나갈 수 있다.

언니와 적모嫡母가 공격했지만 격퇴하였고 할머니는 그들을 그냥 보내주었으며, 생모는 전별식을 하는 체하며 돈과 명주를 주었다. 그래서 무사히 그곳을 벗어날 수 있었다. 그 뒤 염사髥者의 가족들은 대부분 체포되어 죽임을 당했다. 생모는 몰래 탈출해 중이 되었다가 여든 살에 숨을 거두었는데, 노생과 부인이 가서 장례를 치러주었다.

「악전」의 이러한 내용에 대해『해탁』의 작자는 평결에서 딸이 어머니를 사랑하고 어머니가 딸에 대해 자애로운 것이야말로 하늘이 내려주신 복이라 규정하지만, 다만 생모가 딸을 끔찍이 생각하면서도 그 남편을 따르지는 않은 것과 딸이 그 어머니의 죽음을 애달프게 여기면서도 아버지의 죽음에 대해서는 그렇게 느끼지 않은 점에 대해서는 문제를 제기한다. 그리고 이 같은 잘못된 행동을 한 것은 그들이 도둑이기 때문이라고 군자의 입을 빌려 답한다.[59] 염자髥者가 도둑이라 할지라도 그 딸은 그가 아버지이기 때문에 효도를 다해야 하고, 그 아내는 그가 지아비이기 때문에 받들어야 한다는 것이 『해탁』의 주장이다. 이 점은 「기혼」과는 달리 「악전」이 정보 제공자 혹은 계시자 역할을 하는 인물을 등장시키지 않은 점에서도 확인된다. 「악전」은 사건이 제기하는 사회적 문제보다는 사건이 전개되는 과정에서 가족 구성원들이 집안의 제도에 대해, 또 아버지에 대해 어떤 생각과 행동을 하는지에 초점을 맞춘 것이다.

「악전」이 가족 구성원들의 생각과 행동에 초점을 맞추는 서술 방식을 취하고 있기에 『동야휘집』의 서술 방침과 크게 어긋나지 않는다. 따라서 『동야휘집』은 「악전」을 거의 그대로 수용하고 있다. 「악전」의 아버지 염자髥者는 「피위기획탈악전」에서도 여전히 아버지 염자髥者로 등장한다. 「악전」의 아버지 역시 살인을 하고 재물을 탈취하는 등 악행을 저지르기는 하지만, 그 딸을 이용하지는 않는다는 점에서 「기혼」의 아버지와는 다르기 때문이다. 염자髥者는 적어도 부녀간의 인륜을 파괴하지는 않은 것이다. 그가 그 딸을 노관택盧瓘宅과 결혼시킨 것은 노관택을 이용하기 위해서가 아니다. 재주 있는 그가 딸의 좋은 배필이 될 수 있을 것이라는 아버지로서의 판단 때문이다.[60] 그리고 그 딸과 노관택이 결혼을 하고 난 뒤부터 염자는 등장하지 않는다. 그런 점에서 아버지 염자는 악질적인 '악전'惡餞의 책임도 없다. 악전惡餞은 어디까지나 '부인성'夫人城에서 일어난 집안 여자들의 행사일 따름인 것이다.

다만 『동야휘집』은 다음 두 가지 점에서 「악전」을 변개시켰다. 먼저 사건의 결말 부분을 변개시켰다. 「악전」은 딸의 생모를 묻어주고 3년의 여막廬幕살이를 한 뒤 돌아오는 것을 결말로 삼았다.[61] 이는 부부가 생모로부터 받은 금주金珠를 팔아 장사를 하며 생계를 꾸려갈 수 있게 된 데 만족했다는 것을 뜻한다.[62] 이에 비해 『동야휘집』에서는 「악전」의 결말에다 "노는 과거에 급제하여 벼슬이 부사에 이르렀다"[63]라는 구절을 덧붙였다. 이런 변개는 이원명을 포함한 조선 야담 향유층들의 기대를 반영한 것이다. 자신의 처지에 만족하는 데 머물 것이 아니라, 벼슬을 하여 남으로부터 자기 존재를 인정받는 단계에까지 이르러야 온전한 일생을 보내는 것이라 생각했기 때문이다. 그리고 생모의 장례를 치러주고 돌아갔다는 「악전」의 결말은 어딘지 비관적인 분위기를 암시하기에 야담의 낙관적인 분위기에는 걸맞지 않다고 판단했을 것 같기도 하다.

다음으로 『동야휘집』은 평결에서 「악전」을 다시 해석하고 있다.

> 억새와 부들 같은 무리들이 집안에 여자들을 키워서 그중 매서운 자들을 골라 패거리를 이루어 악을 서로 부추기게 하니 황건적의 명아적名娥賊과 같은 것이라. 그 그물에 걸려 빠져나오는 경우가 거의 없는데, 노盧는 그 처의 도움으로 다행스럽게도 탈출하여 화를 면했다. 그러나 처음부터 그가 자기 힘을 과시하지 않았더라면 어찌 그 무리 속으로 떨어졌겠는가? 『주역』에 "군자는 밀密에 퇴장退藏한다"[64] 했으니 성훈聖訓을 되새기지 않을 수 있겠는가.[65]

먼저 이원명은 황건적의 명아적을 끌어들여 작중인물들의 성격을 규정했다. 이 규정은 막연한 것이다. 그리하여 그것이 국가 체제나 사회에 어떤 영향을 끼치는지를 상세하게 설명하지 않았다. 나아가 염자髥者가 두목으로 활약하고 있는 이들 집단이 던지는 사회적 의미를 되묻지도 않는다. 이러한 태도는 염자가 이끄는 도둑 집단의 존재를 부정하는 데서 비롯되었을 것이다. 체제의 질서를 파괴하는 집단과 그 구성원은 전적으로 부정되어야 했다. 이원명은 그 대신 노盧가 왜 그 집단에 끌려갔으며, 마침내 어떻게 빠져나오게 되었는지를 설명하는 쪽으로 초점을 옮겼다. 이러한 시각은 「악전」의 평에 나타난 심기봉의 시각과는 큰 차이가 있는 것이다. 염자가 도둑의 두목이긴 하지만 남편과 아버지로서의 대접을 받아야 한다고 주장한 쪽이 심기봉이었다면, 도둑이기 때문에 남편과 아버지로서의 자격을 상실했다고 본 쪽은 이원명이었다. 이원명은 체제를 파괴한 자는 가장 근본적인 인륜을 파괴한 자라고 보았고, 그러한 자에게 가족 구성원이 도리를 다할 필요는 없다고 생각한 것이다. 이는 가족 관계의 윤리보다 체제 질서의 보존을 우선적인 것으로 생각할 때만 가능한 논리이다.

> 「색계」色戒 → 「점몽경망계음보」店夢驚鋩戒淫報
> 「재계」財戒 → 「장희규전경재욕」場戲窺錢警財慾

위 두 쌍의 작품들은 『해탁』과 『동야휘집』에 나란히 실려 있다. 『동야휘집』은 두 작품을 '인사부'人事部 '경계'警戒 조에 포함시켰다. 『해탁』의 두 작품은 꿈속에서 벌어진 기괴한 일이나 현실에서의 환술을 설정했다. 기이한 소재를 통해 삶의 자세에 대한 교훈을 제시하는 것이다.

먼저 「색계」가 「점몽경망계음보」로 수용된 경우를 살펴보자. 「색계」의 개요는 다음과 같다.

> 원포 사인袁浦士人 모某는 여색에 빠져 있었다. 과거에 낙방하고 고향으로 돌아오다 빼어나게 아름다운 여인을 발견하고는 유혹했으나 뜻을 이루지 못해 실망했다. 여관에서 잠시 잠이 들었는데, 황삼객黃衫客을 자처하는 자가 찾아와 그 소원을 들어주겠다고 하였다. 과연 얼마 뒤 낮에 본 그 여자를 데려다주어 모某는 그녀와 관계를 맺었다. 그런데 황삼객은 옆방에서 모의 아내를 희롱하고 있었다. 모가 그를 찔러 죽이려 하자 황삼객은 '자기가 원치 않는 바를 남에게 하지 말라'는 교훈을 환기시킨다. 이때 갑자기 또 한 남자가 뛰어 들어왔는데, 그는 모가 겁탈한 여인의 남편이었다. 남자는 모의 칼을 빼앗아 도리어 모를 찌르고자 했다. 모는 놀라 소리를 지르다가 꿈에서 깨어났다. 그리고는 "남의 처에게 음탕한 짓을 하는 자는 자기 처 역시 음탕한 자의 보복을 받는다"[66]며 자탄했다. 그 뒤 모는 처와 금실 좋게 지냈으며, 창루 출입을 하지 않았다.

이 작품은 여색에 대한 탐닉을 경계하기 위해 극단적인 상황을 보여준다. 비록 그 상황이 꿈속에서 이루어진다 할지라도, 자신의 아내가 다른 남자와 동침하는 장면을 목격할 때의 충격은 클 것이다. 이는 '자기가 남의 부인에게 한 짓을 남도 자기 부인에게 똑같이 한다'는 설정을 통해 '남의 여자에게 음탕한 짓을 하지 말라'는 교훈을 제시한 것이다. 평결에서도 이 점을 강조했다.

「점몽경망계음보」는 「색계」를 거의 그대로 옮겨놓고 있다. 다만 원포 사인袁浦士人 모某가 청주 사인淸州士人인 백 모白某로, 황삼객黃衫客이 청삼객靑衫客으로 바뀌었을 뿐이다. 백 모는 원포 사인 모와 비교할 때 성격 차이가 전혀 없다. 그런데 황삼객과 청삼객 사이에서는 다소의 차이를 발견할 수 있다. 황삼객은 '규염곤륜배'虯髥崑崙輩와 바다로 종적을 감추었다가 다시 재주를 드러내고 싶어 세상에 나왔다고 한 데 비해, 청삼객은 일찍이 협사狹邪 무리에 섞여 놀다가 가계를 탕진하고 초야에 묻히게 되었는데 근자에 다시 재주를 드러내고 싶어 경향 각지를 왕래하며 중매쟁이 노릇도 한다며 자신을 소개한다. 「점몽경망계음보」에서 청삼객은 「색계」의 황삼객보다 훨씬 세속적인 인물로 변개되었다고 하겠다.

황삼객, 청삼객은 주인공이 충격적인 경험을 하게 만드는 인물들로서, 사건의 귀추와 사선을 통해 만들어지는 교훈을 꿰뚫어보고 있는 존재이다. 그 존재가 『동야휘집』에서 세속화되었다는 것은 교훈 창출의 동기나 양상이 달라졌다는 사실을 의미한다.

그런 점은 평결의 차이에서도 확인된다. 「색계」의 평결은 남의 부인에 대한 음욕을 경계하였다. 반면 「점몽경망계음보」의 평결은 여색에 탐닉하는 것은 큰 악이기에 군자는 마땅히 색을 경계하고 예로써 음탕하게 되는 것을 방비해야 한다고 주장했다. 남녀 사이에는 항상 욕망이 생기게 마련이어서 엄격하게 막지 않으면 어느덧 거기에 빠진다는 것이다.[67] 이러한 주장은 남의 부인에 대한 음욕을 경계하기보다는 남녀 사이에 있을 수 있는 음욕 자체를 보편적으로 문제 삼은 것이다. 이로써 자기가 남의 부인과 음란한 짓을 하는 순간, 자신의 처 역시 다른 남자와 동침하고 있는 충격적인 장면을 보여줌으로써 생생하게 드러낸 「색계」의 교훈, 즉 자기가 당하고 싶지 않은 일은 남에게도 하지 말라는 교훈은 어느덧 인간의 음욕 자체를 경계하는 진부한 교훈으로 바뀌어버렸다. 유부녀가 남편이 보는 앞에서 외간 남자와 적극적으로 사랑을 나누는 장면을 통해서도 분명 큰 교훈을 이끌어낼 수 있겠지만, 이원명이 그런 장면에 대해 유가 사대부로서 어떤 당혹감 같은 것을 느꼈던 것이 아닐까 추측되기도 한다.

다음으로 「재계」가 「장희규전경재욕」으로 수용된 경우를 살펴보자. 「재계」의 내용은 다음과 같다.

> 성황묘城隍廟에 오악자五嶽子로 자칭하는 한 길손이 나타나 요술을 부렸다. 사람들이 다른 요술을 보여달라고 하자 돈을 꺼내, 손가락을 나란히 하여 부적 쓰는 시늉을 하니 돈이 수레바퀴만큼 커졌다. 그는 갑자기 볼일이 생겼다며 동전 안을 절대 들여다보지 말라고 당부하고는 사라졌다. 모某가 동전 구멍 안을 몰래 들여다보니 휘황찬란한 집이 있었는데, 미녀들이 그곳에서 놀고 있었다. 모는 점입가경으로 홀려 있다가 미녀들에게 들켰다. 미녀들이 욕을 하며 흩어지니 첩첩 누각들이 모두 사라졌다. 그리고 마침내 돈구멍이 작아져서 몸을 빼어 나갈 수 없게 되었다. 구해달라고 고함쳤지만 주위의 어떤 사람도 그를 구할 수 없었다. 다음 날 아침 길손이 돌아왔으나 심하게 꾸짖고 스스로 지은 재앙은 어쩔 수 없다며 빼내주지 않았다. 모가 간절히 호소하니 그제야 길손은 한 푼 돈을 위해 생명을 바치는 일이 없도록 하라고 훈계하며 구해주었다.

재물에 탐닉하다가는 죽을 수도 있다는 것을 보여주어 재물욕에 경종을 울린 것이다. 오악자五嶽子는 '모某의 엿보기'로 대변된 인간들의 재물욕을 꿰뚫어보고 충격적 환술을 부려 사람이 재물욕에서 해방되어야 한다는 사실을 계시하였다. 그런 점에서 오악자는 「색계」의 황삼객과 동일한 성격의 인물이라 할 수 있다.

「장희규전경재욕」은 「재계」의 본문을 거의 그대로 수용하면서 약간의 변개를 가했다. 「재계」가 오악자를 소개하는 내용으로 시작한 데 반해, 「장희규전경재욕」은 현 모女某에 대한 소개로 시작한다. 이 변개는 나란히 실린 「점몽경망계음보」가 원포 사인袁浦士人 모某를 먼저 소개한 것을 고려했기 때문일 뿐만 아니라, 요술을 부리는 길손의 존재를 지나치게 부각시키지 않으려 했기 때문이기도 하다. 아울러 현 모의 직업을 '상역인'象譯人으로 설정하고 있는데, 이는 상역인이 보통 사람보다 재물에 대해 더 큰 관심을 가졌다는 사실을 고려할 때 적절한 것이다. 그리고 그가 해마다 연경에 가서 싱행위를 하는 것으로 설정한 것도 사실적 인물 형상화를 위한 조치라고 평가할 수 있다.

「재계」의 본문을 거의 그대로 옮기고 있지만, '꽃나무의 사계절 요술' 부분은 부연하여 묘사했다.[68] 이것은 「교동반승적선도」敎童攀繩摘仙桃(『동야휘집』 상, 356면)에서 보이는 것[69]과 같은 야담적 상상력을 바탕으로 이루어진 것이다.

그런데 이원명은 평결에서 본문의 내용을 다소 엉뚱하게 해석했다. 본문이 분명 재물에 대한 욕심은 패가망신을 초래할 것이기에 경계해야 한다는 주장을 하고 있지만, 평결에서는 천녕天命에 대한 순응론을 폈다. 즉, "대개 사람은 돈과 재산을 타고나는 것이다. 일생 동안 오직 돈만을 추구하는 자 중에 부유하게 되는 경우도 있지만 그 때문에 몸을 망치고 이름을 욕되게 하는 자 역시 많으니, 어찌 사람의 힘으로 애써서 되는 것이겠는가?"[70]라며, 재물에 관한 한 분수가 정해져 있으니 돈을 모으려고 무리한 일을 저지르지 말라고 충고한 것이다. 이것은 이원명이 「재계」의 원문을 부분적으로나마 변개하여 그 분위기를 현실적인 것으로 만들기는 했지만, 그것까지도 결국은 인간에 대한 추상적 힘의 우위를 강조하는 데 활용했음을 뜻한다. 일상에 있어서의 인간의 노력을 폄하함으로써 주제를 추상화하려 한 것이다.

이상의 두 작품은 아주 특별한 상황에서 충격적인 경험을 하게 만듦으로써 주인공이 생각을 전환하게 만든다는 점에서 공통된다. 그리고 독자에게도 무거운 교훈을 제공하려는 서술 동기가 엿보인다.

야담 작품에서는 주로 긍정적인 결과를 초래할 어떤 사건이 현실적 맥락에서 일어나는 것이 일반적이다. 이것은 야담 향유자들이 현실에서 가지는 자신감이나 소망 성취에 대한 열망과 관련이 있다. 그런데 위에서 인용한 『해탁』의 두 작품은 비현실적인 공간에서 사건이 일어나 주인공의 처지가 극히 부정적인 쪽으로 나아가다가 사건이 마무리되며, 그 부정적 귀결을 통해 강렬한 교훈을 제시하고 있다. 그러한 과정과 귀결을 통해 작자는 더 진지하게 강렬한 교훈을 만들어낼 수 있고, 독자들은 긴장하여 그 교훈을 받아들일 수 있다. 그러나 이런 분위기와 서술 방식은 야담에서는 아주 낯선 것이다.

편찬자의 입장에서 보면 그런 점은 야담이 되기에 미흡한 점일 수 있다. 이원명은 야담에 부족한 교훈적인 면을 보완하기 위해 『해탁』의 이와 같은 작품들을 수용하려 했을 것이다. 그렇지만 여전히 야담의 분위기를 완전히 무시할 수는 없었다. 야담의 일반적인 분위기 때문에, 그리고 이원명의 세계관적 개입으로 인해 『해탁』 작품들이 함유하고 있던 교훈의 강도가 어느 정도 약화된 모습으로 나타난 것이다.

「귀부지가」鬼婦持家 → 「반고처환혼지가」返故妻換魂持家
「향분지옥」香粉地獄 → 「우신부인몽성친」遇新婦因夢成親

『동야휘집』은 「귀부지가」를 인명의 개칭과 사소한 부분의 변개*를 제외하고는 거의 그대로 수용하여 「반고처환혼지가」를 만들어냈다. 물론 평결은 다시 붙였다. 「향분지옥」을 「우신부인몽성친」으로 수용한 경우도 마찬가지

* 盧某→康某(남편), 冷氏→南氏(전처), 歐陽氏→呂氏(후처), '女適里中鄭秀才爲室 兒娶錢貢士女' → '男娶女嫁 皆得其宜'(남매의 결혼), '婦曰 撫兒女而來 事汝父母而去 若必有意攀留 於君卽爲不孝' → '婦曰 撫君兒女而來 事君父母而去 若或有意挽留 於君卽爲不孝'(전처가 떠날 때 한 말).

444

이다.*『동야휘집』은 이 두 작품을 모두 '술이부'述異部의 '명우'冥遇 조에 넣었다.

먼저「귀부지가」를「반고처환혼지가」로 수용한 경우를 살펴보자.「귀부지가」는 전처와 계모의 행실을 대조시켰다. 전처 냉 씨冷氏는 자상하고 지혜로워 남편 노 모盧某와 금실이 돈독했지만, 후처 구양 씨歐陽氏는 아름다웠으나 무척 사나워 전처소생을 학대한다. 후처의 행실에 분기를 억제하지 못한 노 모盧某는 집을 나가 숲 속을 헤매다 저승으로 떨어진다. 노 모는 저승에서 돌아가신 부모와 전처를 만나 집안의 상황을 고백한다. 집안의 대를 잇기 위해 부모는 전처를 후처의 몸으로 환생케 하고 후처의 혼을 잡아와 훈계한다. 후처의 몸으로 환생한 전처는 12년 동안 집안을 다시 추스르고 남매를 결혼시킨 뒤 저승으로 돌아가고, 후처는 저승에서 시부모로부터 교육을 받고는 새사람이 되어 이승으로 되돌아온다. 이에 가정이 다시 화목해지니, 친척들이 모두 후처를 착한 부인이라 칭찬했다.

심기봉은 이에 대해, 후처의 교만하고 사나운 품성을 부추겨 불효不孝와 인자하지 못한 행실不慈을 하게 한 노 모盧某의 행동을 비판한다.[71]

「반고처환혼지가」는「귀부지가」의 내용을 대부분 수용했다. 저승 여행과 혼령 환생이라는 모티프는 용납되기 어려운 것이지만, 그것을 통해 확보되는 '현부'賢婦의 이념이 더 가치 있는 것이라 판단했기 때문일 것이다.** 가정의 정상적인 질서를 회복하는 것은 사회질서를 회복하는 바탕이기에, 기존

---

* 河南 楊世綸→湖南 梁世綸(저승을 순례하는 남자), 舅氏→朴氏(혼인을 약속한 여자), 江南郡守→嶺南某邑 宰(여자 아버지의 벼슬), 殷仲琦→韓某(저승에서 만난 친구), 翠娟·賽奴→翠娟·愛蓮(향분지옥의 매춘부들), '豈似汝父山東販棗漢 買得根尖角翅 自將桂枝兒曲 向退衙時鳴鳴口授耶'→'豈似汝父日挾敎坊紅粉 偸得新翻歌曲 向退衙時鳴鳴口授耶'(취연이 애련의 집안을 비꼬는 말). 아울러「향분지옥」과는 달리「우신부인동성친」에서는 세륜이 초례를 치르기 전에 아버지의 초상을 당하는 것으로 설정되었다.

** 이러한 점은 이원명이『동야휘집』의 서문에서 이미 밝힌 바 있다. "雖或事涉神怪 聖門之所不語者 前人旣備述 而且一齊諧記 故亦歸撥拾聞 有善惡報應之理 捷如影響 因此而柯則鑑戒則書 豈無少補云乎"(『동야휘집』상, 3면)

의 사회질서를 고수하는 것이 가장 중요한 가치임을 야담을 통해 주장하던*
이원명이 가정의 질서 회복을 지향하는 이야기를 적극적으로 수용하고자 했
음은 당연한 일이라 하겠다.

그런데 이원명의 평결은 몇 가지 문제를 안고 있다.

> 내가 일찍이 상산象山**에 갔을 때 강康의 후손인 사인士人을 만나 매일 여러 가
> 지 이야기를 나누었다. 강 사인康士人이 이 같은 사연을 아주 자세하게 말해주었
> 는데, 유괴幽怪한 부분이 많아 믿지 않았다. 그러나 강 사인은 대대로 옛 고향 땅
> 을 지켜오고 있으며 그 사람됨이 순박하고 성실하니 결코 근거 없는 말을 하지
> 는 않았을 것이다. 아울러 선조의 사적으로 남을 속이려 하지도 않았을 것이다.
> 그러나 그 이야기가 이같이 황당하니 그것을 의아해할 따름이다.[72]

여기서 이원명은 이 이야기를 강康의 후손으로부터 직접 들었다고 했다.
그러나 『동야휘집』의 「반고처환혼지가」는 『해탁』의 「귀부지가」를 거의 그대
로 옮긴 것이 분명하다. 그럴진대 「반고처환혼지가」의 강 사인은 실존 인물
이 아니며, 이원명이 강 사인을 만나 이 이야기를 들었다는 것 또한 거짓말이
다. 이원명은 평결까지도 꾸며낸 것이다. 이원명이 실존하지 않는 인물을 실
존 인물인 양하고 또 자신이 그를 만나 이야기를 직접 들은 것으로 꾸민 것
은, 「반고처환혼지가」의 스토리가 평결의 그런 설정을 필요로 한다는 판단에
서 비롯되었다고 볼 수 있을 것이다.

이 평결에서 이원명은 두 가지 사실을 지적하고 있다. 첫째, 대대로 옛
고향 땅을 지켜오고 있는 순박하고 성실한 강 사인이 자신에게 이 이야기를
직접 해주었다는 것이다. 둘째, 그 이야기 내용이 유괴幽怪하고 황당荒唐하다

---

* 이와 관련해서는 이 책의 「『동야휘집』의 세계관 연구」를 참조할 것.
** 황해도 곡산谷山의 옛 이름(『신증동국여지승람』新增東國輿地勝覽 42, 황해도 곡산).

는 것이다.* 두 번째 판단은 이원명이 실제로 내린 것이지만, 첫 번째 주장은 거짓이다. 이렇게 볼 때 첫 번째 내용을 꾸민 것은 두 번째 주장과 긴밀한 관계가 있을 것 같다. 「반고처환혼지가」는 가정의 원만한 질서를 지켜야 한다는 유가적 덕목을 보여주기에 가치가 있는 작품이지만, 유괴하고 황당한 내용이 있어 문제가 된다. 이 '유괴함'과 '황당함'은 어떤 식으로든 변명되어야 한다. 이런 필요 때문에 이원명이 강康의 후손을 만나 그에게서 직접 이야기를 들었다고 꾸민 것이 아닐까 싶다. 강의 후손은 순박하고 성실하며, 또 후손이 남을 속이기 위해 선조의 사적을 꾸미지는 않을 것이라는 부연 설명이 「반고처환혼지가」의 내용이 근거 없는 허황한 이야기만은 아니라는 인상을 독자에게 줄 것이라 판단했을 것이다.

다음으로 「향분지옥」이 「우신부인몽성친」으로 수용된 경우를 살펴보자. 「향분지옥」의 줄거리는 대략 다음과 같다.

> 하남河南 양세륜楊世綸은 강남 군수江南郡守로 가 있는 구 씨舅氏의 딸과 결혼하기 위해 길을 떠났다가 도중에 여관에서 병이 들어 누워 있었다. 이때 저승사자가 실수로 그를 저승으로 잡아간다. 저승사자의 잘못이 판명되어 이승으로 되돌아오려 할 때 죽은 친구 은중기殷仲琦를 만난다. 그는 저승의 녹사錄事 노릇을 하고 있었다. 둘은 향분지옥을 구경하게 되는데, 그곳에는 이승에서 탐욕스런 짓을 한 벼슬아치들의 어린 딸과 부인들이 잡혀와 몸을 팔고 있었다. 이때 한 여자가 새로 왔는데, 알고 보니 양楊과 정혼한 구 씨의 딸이었다. 구 씨가 도금盜金 800냥을 뇌물로 받았기 때문에 그의 딸이 잡혀온 것이었다. 양楊과 은殷은 구

---

* 저승이나 신선계를 여행하는 이야기가 『동야휘집』에 적지 않음에도 불구하고 「반고처환혼지가」의 유괴하고 황당함이 특히 문제되는 것은 강생康生이 꿈이나 환상을 통하지 않고 현실의 공간에서 곧바로 저승으로 가며("某不堪憤激 出遊雨遇 竄入林谷 忽踏地陷穴 似墮人屋脊上 聞嘆呼 有賊一人 綑縛而下 視之家僕已故者也", 『동야휘집』하, 700면), 다시 죽은 전처를 데리고 직접 현실로 돌아온다〔"挈婦(전처의 혼령)循道而歸 甫及門 婦飄忽先入 兒女爭來訴夫曰阿爺出門後 繼母以杖擊我 言未畢 呂氏(몸은 후처 혼은 전처)徐步而出", 『동야휘집』하, 702면〕는 내용 때문이다.

씨의 딸이 구유전九幽殿 사인舍人에게 몸을 팔아야 하는 위기에 봉착하자 뇌물을 주어 그 상황을 모면케 했지만, 그 일로 양楊은 큰 충격을 받았다. 그곳의 배려로 양은 구 씨의 딸과 며칠 동침했다. 그런데 구 씨가 육문의학六門義學을 설립하는 데 금 800냥을 희사한다는 보고가 들어오자 염라대왕은 구 씨의 딸을 돌려보내라고 명령했다. 이에 양楊이 향분지옥을 떠나 30~40리를 걸어오니 여관이 나타났다. 돌아온 양楊은 마치 꿈에서 깨어난 듯 황망했다. 양이 자초지종을 이야기하니 구 씨가 놀라며 그 딸과 결혼을 시켰다. 그러나 구 씨의 딸은 그 말을 믿지 않았다.

이는 비현실적인 내용이지만 인간 세상의 탐관오리들에 대한 강렬한 적개심과 비판 정신을 보여준다. 탐관오리들이 현실에서 빼돌린 돈은 그 딸과 부인들이 향분지옥에서 몸을 팔아 보충하게 한다는 설정에서 그러한 정신이 분명하게 드러나 있다. 주인공이 저승사자의 착오로 저승으로 잡혀가고 거기서 결혼할 여자를 만나 우여곡절 끝에 함께 돌아온다는 이야기 골격은 흥미 본위의 지괴志怪에 가깝지만, 거기에다 현실에 대한 진지한 문제의식을 담은 것이다. 평결에서는 먼저 부녀자들을 관기官妓로 만든 명나라의 법률이 가혹하다고 말하고는, 그러나 탐관오리의 딸과 부인을 잡아오는 저승의 제도가 명나라 법률과 같은 것이 아님을 강조한다.[73] 그리고 벼슬에 있는 아버지가 돈을 부당하게 착복하는 것은 그 딸을 청루靑樓에 빠뜨리는 짓이니, 벼슬하는 중에 착복한 백만 냥이 모두 규방의 화대가 된다고 강조했다.[74] 아울러 하루라도 회심回心하면 절조를 보전할 수 있으니 저승의 율법이 비록 엄하기는 하지만 스스로 속죄하기만 하면 반드시 용서해준다고 하였다.[75]

「우신부인몽성친」은 「향분지옥」을 거의 그대로 옮긴 작품이다. 등장인물의 이름과 지엽적인 부분이 바뀌긴 했지만, 작품 해석을 달리하게 만들 정도는 아니다. 그러므로 평결을 통해 이원명의 해법을 살펴볼 필요가 있다.

저승에서 기구하게 만나는 것이 삼생의 인연과 관련되지만 양계陽界에서 인연을 맺지 못하고 장소를 옮겨 향분지옥에서 화촉을 밝히는 것은 무슨 이치인가? 무릇 장오贓汚의 무리들은 천벌을 초래한 것이어서 상형常刑을 내려야 하지만, 그 딸을 조사해 청루에 들게 하여 얼채孼債를 갚게 하는 것은 크게 잘못된 일이다. 벌은 대를 잇는 아들에게도 미치지 않게 하는 것이 옳은데, 하물며 어찌 딸에게 미치게 하겠는가. 역시 허황한 면이 없지 않다. 그러나 탐욕스런 아비를 경계하기에는 족할 것이다. 만약 한 번 되돌아보아 착해지면 보응報應이 그림자나 메아리처럼 금방 있으니 태상심덕太上心德은 이를 두고 하는 말이리라.[76]

이원명은 두 가지를 비판했고, 두 가지를 인정했다. 만남의 장소가 비현실적인 공간이라는 것과 아버지를 벌하는 데 딸을 끌어들인 점을 비판했다. 그리고 탐욕스런 벼슬아치들에게 경종을 울렸다는 점과 회개하여 착해진 사람에게는 보응이 있다는 사실을 보여준 점을 높이 평가했다. 두 가지 점을 인정한 것은 『해탁』과 같다. 반면 비판한 것은 『해탁』에서는 전혀 문제가 되지 않았던 내용이다. 이원명이 비현실적이고 기이한 것에 대해 관심을 가지고 있었고 그것을 옮기기까지 했지만, 여전히 현실 공간을 넘어서는 영역을 인정하기 힘든 유가 사대부로서의 입장을 나타낸 것이라 할 수 있다.*

다음으로 그는 인륜을 문제 삼았다. 돈을 착복한 아버지를 질타하고 그 돈을 보상하기 위해 딸을 청루에 파는 것은 아버지 때문에 딸을 희생시키는 것으로, 결국 아버지가 딸을 희생시킨 셈이 되어 '부자자효'父慈子孝의 윤리에 위배된다. 따라서 그러한 설정은 비판받아 마땅하다는 것이다. 이러한 문제의식은 「기혼」을 「타환술전해기연」으로 수용하는 과정에서 아버지와 딸의 관계를 오빠와 여동생의 관계로 변개시킨 취지와 연결된다.

* 현실의 인간이 지옥에 직접 갔다가 다시 돌아오는 것으로 설정되어 있기에 더욱더 문제가 된다. "梁奉母命 …… 中途遘疾 臥於旅店 病中怳惚 見鬼役持牒來句 至冥府"(저승으로 갈 때, 『동야휘집』, 하, 706면), "逢別媚家 送至三四十里 將及旅店而返 梁怳如夢醒"(현실로 돌아올 때, 『동야휘집』, 하, 710면).

『동야휘집』의 「반고처환혼지가」와 「우신부인몽성친」은 『해탁』에 실려 있는 작품을 큰 변개 없이 옮겨왔다. 그런데 『해탁』의 작품들이 저승의 모습을 구체적으로 묘사하고, 등장인물들이 꿈이나 환상 등 매개 장치 없이 직접 저승으로 갔다가 돌아온다는 점 등에서 문제가 되었다. 이 문제를 해결하기 위해 「반고처환혼지가」에서는 등장인물의 후손이 직접 이야기해주었다는 허구적 평결을 덧붙였고, 「우신부인몽성친」에서는 일단 그 허황한 부분을 스스로 부정한 뒤 다만 그 주제 면에서 인정할 수 있는 것은 인정한다는 논리를 취했다. 어느 경우든 현실성에 있어 심각한 문제가 있는 『해탁』의 작품을 이원명이 수용한 것은 두 작품 속에 가정과 사회의 윤리와 질서를 회복해야 한다는 강렬한 의지와 주장이 담겨 있기 때문이라 볼 수 있을 것이다.*

「혜고군」螇蛄郡 → 「백년광음혜고군」百年光陰螇蛄郡
「몽리가원」夢裏家園 → 「일생부귀호접향」一生富貴胡蝶鄉

『동야휘집』은 『해탁』의 「혜고군」과 「몽리가원」을 '습유부'拾遺部 '환몽'幻夢 조에 거의 그대로 옮겼다. 「혜고군」의 줄거리는 이렇다.

대립戴笠이란 사람이 『산해경』山海經을 비롯한 수신술이서搜神述異書 읽기를 좋아했는데, 하루는 잠이 들어 어떤 귀관의 초대를 받고 혜고군으로 간다. 그곳은 하루가 일 년인 곳으로 아침이 봄, 낮은 여름이고 저녁은 가을, 밤은 겨울이다.

---

* 『동야휘집』이, 허황한 내용임에도 불구하고 그 작품이 담고 있는 윤리적·이념적 주제 때문에 그 가치를 인정하여 수록한 경우는 『해탁』 소재 작품에 국한된 것은 아니다. 그러한 태도는 권15의 '술이부'述異部에 속해 있는 대부분의 작품에서도 발견된다. 가령, 「토충매병겸획재」吐虫賣病兼獲財(『동야휘집』 하, 741면. 이는 『청구야담』의 「득지보가호매기병」得至寶胡賈奇病과 같은 작품이다)는 용왕과 용의 아들이 등장하고 주인공이 용궁에까지 들어가는 내용임에도 불구하고 게재하고 있다. 평결에서 그 허황함을 문제 삼으면서도 그 허황함이 주인공의 지극한 효성에 의해 초래된 것임을 분명히 밝혔다("寶物而幻作人形以眩惑耶 且以龍之靈 豈不能攝取其子 而乃伊物易之耶 皆穿鑿不經之言也 沈孝子之獲貨 卽純誠格天之致 其可尙也已", 『동야휘집』 하, 745~746면).

대립은 군군郡君의 딸 군주郡主와 결혼하여 군마郡馬가 되고 아영阿英을 낳는다. 반달이 못 되어 아영의 관례를 올려주고 며칠이 지나 군군郡君이 죽자 대립이 나라를 다스리게 된다. 하루는 군주郡主의 얼굴에 주름살이 깊어지고 흰머리가 많은 것을 발견하고는 자기가 그곳에 온 지 며칠이나 되었느냐고 묻자 군주는 62년이 되었다고 대답한다. 갑자기 고향 생각이 나 잠시 함께 갔다 오자고 하니 군주는 혼자 다녀오라며 보내준다. 대립은 아영에게 조정을 맡기고 떠나 고향 집에 도착했다. 집안사람들은 대립이 두 달 동안 죽은 듯 누워 있었다고 했다. 석 달 뒤 꿈에 다시 혜고군으로 갔는데, 군주는 죽은 지 80년이 되었고 아영과 비첩들도 모두 죽어서 아는 사람이 없었다. 깨어나 '백년부귀 경각간' 百年富貴 頃刻間이라며 한탄했다. 여러 책들을 살펴보아도 이런 이야기는 없다고 하며 나에게 기록하기를 부탁했다.

심기봉은 평결에서 축년법縮年法이 가능하며 이미 마고麻姑, 노자, 제팽齊彭 등에서 그것을 확인할 수 있다고 했다.[77]

「백년광음혜고군」은 등장인물의 이름 외에는 「혜고군」의 내용을 거의 그대로 옮겼다.* 혜고군의 시간은 엄청나게 빨리 흘러 하루가 현실계의 일 년에 해당한다. 혜고군에서의 부귀영화가 얼마나 빨리 전개되는지를 보여준 것이다. 이때 혜고군에서의 부귀영화는 현실계에서의 부귀영화와 어떤 관계에 있는 것인지를 따져볼 필요가 있다. 비록 주인공이 꿈속에서 혜고군을 찾아가기 하지만 혜고군의 실체가 없는 것은 아니다. 혜고군의 시간은 현실계의 시간에 정확하게 대응되어 흐르기 때문이다.** 그렇다면 혜고군에서의 부귀영화는 현실계에서의 부귀영화를 암시하는 것이라기보다는 현실계에서

---

* 개칭 양상은 다음과 같다. 戴笠→黃一蕙(주인공), 中華→東國, 郡主→公主, 郡馬→駙馬.
** 그런 점에서 『삼국유사』에 실려 있는 「조신」의 시간 설정과는 구별된다. 「조신」에서는 시간 흐름의 차이를 통해 꿈속 삶의 허망함을 이야기하는 것이 아니라, 꿈속 세계의 시간 흐름 자체를 부정함으로써 그것의 허망함을 이야기한 것이다.

의 그것과 변별되고 비교되는 것이다. 혜고군은 현실의 알레고리가 아니다. 이 점이 독특한 것이다. 그러나 대립戴笠이 혜고군에서 경험한 부귀영화의 내용은 현실의 부귀영화와 다를 바 없으며, 또 그 경험을 한 뒤 그가 내뱉을 '백년부귀 경각간'百年富貴頃刻間이란 말 역시 혜고군에서의 부귀영화뿐 아니라 현실의 부귀영화도 염두에 둔 것이다. 이는 꿈속의 경험보다 더 분명한 경험을 함으로써 부귀영화의 덧없음을 느낀 것이라 할 수 있다.

『해탁』의 심기봉은 평결에서 이원적二元的 시간 설정의 가능성만을 타진했다. 시간의 흐름을 다르게 조정할 수 있는지를 따진 것이다. 이것은 「혜고군」의 성립 여부와 관련된다. 이에 비해 『동야휘집』의 이원명은 인생의 덧없음과 빠름을 읊은 「향산시」香山詩와 「당백호시」唐伯虎詩 구절을 인용했다. 백년 인생 환락이 순식간의 것인데 그것이 마치 영원히 지속될 것인 양 집착하는 어리석음을 지적했다.[78] 그런 점에서 황생黃生의 이야기가 황당하긴 하지만 세상을 경계하는 면이 없지 않다고 했다. 『동야휘집』은 혜고군의 삶이 현실의 삶을 암시하는 것으로 해석한 것이다. 그것은 「조신」류의 시간 설정법과 그 의도를 따른 것이다. 시간 설정 방식이 독특한 「혜고군」을 옮겨 적고서는 그에 대한 해석은 조선 몽유 설화의 시간 설정 방식에 의지했다고 하겠다.

다음으로 「몽리가원」을 「일생부귀호접향」으로 수용한 경우를 살펴보자. 「몽리가원」의 줄거리는 다음과 같다.

> 회남淮南의 완생阮生은 어려서 부모를 잃고 유모의 집에서 자랐다. 어느 날 꿈에 아버지의 친구가 찾아와, 아버지가 태산泰山 선칙사宣勅司에 집을 마련하고 완생으로 하여금 거기에 살도록 했다고 말했다. 함께 3리쯤 가니 아버지 친구의 집이 있었고 거기서 그의 딸을 만났다. 조금 더 가니 모든 것들을 다 갖춘 아버지의 은거지가 있었다. 아버지 친구의 딸과 혼인을 약속하고 잔치 준비를 하느라 피곤해 잠이 들어 뒤척이다 깨어보니 어느덧 유모의 초라한 집이었다.
> 다음 날 밤에 다시 그곳으로 가 혼례를 치르고 신부와 즐겼는데 새벽닭이 세 번

우니 그곳은 또 유모의 집으로 변했다. 그 뒤 날마다 꿈의 세계로 들어가 벼슬을 얻고 장사도 하여 재산을 모았다. 그래서 흑첨향黑甜鄕 제일의 부자가 되었다. 완생이 자신이 부자라는 것을 유모에게 자랑하니, 유모는 "아깝지만 그것은 꿈일 따름이다. 그렇지 않으면 부자 관인이 어찌 이 누추한 곳에서 밥을 먹을까?"[79] 라고 말했다. 완생이 웃으며 "나는 깨어 있는 것을 꿈을 꾸고 있다 생각하고 꿈을 꾸고 있는 것을 깨어 있는 것으로 생각하니, 반생半生 동안 마음껏 입고 먹어도 모자라지 않다오. 또한 천하에 부귀를 누리는 자가 꿈속의 인물이 아니라고 반드시 말할 수 있으리오?"[80]라 말하며 「술몽기」述夢記를 지었다. 서술자는 그 이야기를 문文으로 만들어 날마다 꿈속에 있는 자들에게 고한다고 했다.

이러한 설정은 보통의 몽유 설화나 몽환 소설과 다소 다르다. 꿈과 현실이 구분되기는 하지만 '현실-입몽入夢-꿈-각몽覺夢-현실'이 단계적으로 명확하게 이루어지지 않으며, 또 주인공이 현실로 돌아오는 방식을 꿈속에서 다시 꿈을 꾸는 것으로[81] 설정함으로써 현실이 꿈보다 오히려 더 '비현실적'임을 암시하고 있다. 이런 점은 완생의 말을 통해서도 확인된다. 꿈속에서 부자가 되었다는 완생의 이야기를 들은 유모가 그것이 모두 꿈의 일임을 주지시키자 완생이 자신은 현실을 꿈으로 꿈을 현실로 생각하며, 현실에서 부귀를 누리는 자들이 꿈속에 있다고 말하지 못할 것도 없다고 항변한 것이다. 완생의 이러한 문제 제기는 『장자』 호접몽의 사고법을 연상시킨다.

『동야휘집』의 「일생부귀호접향」은 이 이야기를 『장자』의 호접몽과 관련시키고자 하는 의도를 분명히 드러냈다. 먼저 제목부터 그러하다. 다음으로 주인공이 매일 밤 꿈에서 공사公事와 회계會計를 했다고 설명한 뒤, '나비가 장주인지 장주가 나비인지를 알지 못하더라'라는 구절을 덧붙였다.*

* "生日在夢中 出了公事入操會計 不知胡蝶是周 周是胡蝶 婦亦勤儉"(『동야휘집』 하, 872면). 밑줄 친 부분이 『동야휘집』에서 덧붙여졌다. 아울러 유모의 말 중 '惜是夢境'(『해탁』, 6039면)이 '惜是胡蝶鄕' (『동야휘집』 하, 872면)으로 바뀐 것 역시 이와 관련시킬 수 있다.

그러나 여기에는 간단치 않은 문제가 있다. 이 점을 더욱 분명히 하기 위해 「몽리가원」과 「일생부귀호접향」의 평결을 비교해보자.

『해탁』 나는 일찍이 부귀를 누리고 있는 사람이란 한바탕 좋은 꿈을 꾸고 있는 것에 불과하다고 생각했다. 그런즉 실제로 좋은 꿈을 꾸고 있는 자 역시 부귀를 누리고 있는 자라 할 수 있다. 유감스럽게도 좋은 꿈은 오래가지 않고 부귀도 얼마 가지 않는다. 완생과 같은 사람만이 부귀를 오래 누린다 하리라.[82]

『동야휘집』 꿈은 혼이 유영하는 것이다. 현실의 일에서 있을 수 없는 것을 꿈은 능히 있게 하고 뜻으로 설정하기 힘든 일도 혼은 능히 열어줄 수 있으니, 망망 우주에 그 어느 것이 몽혼夢魂의 소위所爲가 아니겠는가. 그러나 지인至人은 꿈을 꾸지 않는데, 그 정情을 잊고 그 혼魂을 적막하게 했기 때문이다. 하우下愚 역시 꿈을 꾸지 않으니 그 정情이 어리석고 혼魂이 메말랐기 때문이다. 상인常人만 꿈을 많이 꾸니 그 정情이 복잡하고 그 혼魂이 움직이기 때문이다. 바야흐로 그들이 꿈을 꿀 때 몽경夢境이 진眞인지 환幻인지를 분간하지 못한다. 꿈에서 깨어났을 때도 진경眞境이 환幻인지 몽夢인지 모른다. 아아, 사람으로 태어나 백 년 동안 화서華胥의 나라*를 돌아다니는 자는 비진非眞을 진眞이라 하고 몽夢을 비몽非夢이라 하니, 몽夢이 환幻인가 진眞이 몽夢인가. 내가 호접향胡蝶鄕의 이야기에 의심이 가는 바가 없지 않아 마침내 그 이야기를 글로 만들어 날마다 꿈속에 있는 세상의 사람들에게 고하노라.[83]

두 평결을 통해 볼 때, 『해탁』의 심기봉은 장자의 '호접지몽'을 직접 거론하지는 않았지만 그 상대주의적 세계관을 충분히 반영하고 있다. 즉 현실

---

* 『열자』列子에서, 황제皇帝가 낮잠을 자다가 꿈에서 화서씨華胥氏의 나라에 이르렀다. 그곳은 우두머리가 없는 데도 자연스럽게 다스려졌고 백성들은 욕심 없이 자연스럽게 살아갔다. 그 뒤 '화서'는 안락하고 평화로운 이상향을 지칭하게 되었다. 혹은 꿈나라를 지칭하기도 한다.

의 부귀영화를 꿈으로 본다면, 꿈속에서 부귀영화를 누리는 것도 인정할 수 있다는 사실을 강조한 것이다. 나아가 현실의 부귀영화도, 꿈의 부귀영화도 일시적인 것이기에 어느 한쪽에 집착하는 것을 넘어서야 함을 암시하고 있다. 이는 인간의 구체적 삶의 방식과 세계관에 대한 충고이기도 하다.

이에 비해『동야휘집』의 이원명은 꿈의 본질에 대해 장황하게 논지를 펴다가, 꿈속의 세계가 사실인가 환상인가, 현실의 세계가 환상인가 꿈인가라는 존재론적 질문을 던지는 쪽으로 나아감으로써 부귀공명과 관련된 인간의 구체적 삶의 방식 문제에서 비켜서고 있다.

요컨대『동야휘집』은 이 두 작품에서 부귀공명으로 대변된 현세적 삶의 가치와 의의에 대해 근본적으로 성찰하였다. 다만 그 성찰의 결과를 현세적 삶의 방식으로 구체화하는 단계에까지 나아가지는 않았다고 하겠다.

③『해탁』의 두 작품을『동야휘집』의 한 작품으로 수용한 경우

『동야휘집』의「수간서노부수계」는『해탁』의「촌희독설」과「절모사시잠」을 결합시킨 작품이다. 먼저「촌희독설」의 내용은 이러하다.

> 과거에 장원을 한 진영재陳永齋는 귀향 중 길을 잃고 헤매다가 노파와 그 딸만이 사는 집에 당도한다. 진영재는 자신이 장원급제자임을 과시하며 그 딸을 농락하려 한다. 그러자 딸은 진영재의 음흉함을 경계한다. 나아가 장원이라는 것이 천고千古의 제일이 아니라 삼 년마다 한 명씩 배출되는데 그것이 무슨 자랑거리냐며 무안을 준다. 진영재가 노파에게 황금을 주면서 딸과의 혼인을 청하지만 노파는 자기들에게는 그것이 아무 소용도 없으며, 재물의 힘으로써 사람을 억

박지르는 자는 도저히 좋게 볼 수 없다고 성을 내며 쫓아내고는 사립문을 닫고 들어가 버렸다.

궁벽한 곳에 숨어 사는 노파와 그 딸의 목소리를 통해 글재주와 벼슬, 재물 등으로써 으스대며 남들을 윽박지르는 세속의 인간들을 질타한 것이다. 「절모사시잠」의 내용은 다음과 같다.

형계荊溪의 모 씨某氏는 17세에 시집가 반년 만에 과부가 되었는데, 유복자를 낳아 수절하며 80여 세까지 산다. 죽음을 앞두고 자손들과 며느리들을 불러서는 부부가 백년해로하면 좋겠지만 불행하게 일찍 과부가 될 수도 있는데, 그때는 스스로를 잘 살펴 수절할 수 있을 것 같으면 수절하고 그럴 자신이 없으면 어른께 고한 뒤 재가하라고 충고한다. 여러 손자며느리들이 그 말에 놀라자 모 씨는 이런 생각을 하게 된 자신의 경험을 이야기해준다. 즉 과부가 된 어느 날, 시아버지의 생질이 방문했는데 그의 얼굴에 반해 시부모가 잠든 틈을 이용해 그의 방으로 가고자 하다가 그래서는 안 된다는 반성을 하기 여러 차례, 마지막으로 마음을 당차게 먹고 가려는데 부엌에서 여종의 이야기 소리가 들려 포기해야 했다. 자기 방으로 돌아와 잠시 가수假睡 상태에 빠졌다. 꿈속에서 시아버지의 생질이 있는 방으로 가 은근한 말을 나누고 손을 이끌어 휘장 속으로 들어갔는데, 그 안에서 한 사람이 앉아 얼굴에 피를 흘리며 통곡하고 있었다. 죽은 남편이었다. 놀라 깨니 등불은 아직 타고 있고 아이는 젖을 달라고 보채고 있었다. 크게 깨닫고는 마음을 바로잡아 절부節婦가 되었다고 했다. 그러나 그로 인해 과부로 수절하는 것이 힘들며 억지로 수절하기도 어렵다는 사실을 알게 되었다고 말했다. 과부는 아들에게 그 사실을 기록해 가법家法으로 삼게 하였다. 그 뒤 그 집안에서는 대대로 절부가 나오고 음란한 일이 일어나지 않았다.

청상과부로 일생을 보낸 노파가 임종 때 자신의 부끄럽고 은밀한 과거를 고백하면서 개가를 인정하라고 말하여 손자와 손자며느리들에게 충격을 준다. 노파의 고백은 여성의 정욕을 인정해야 한다는 취지서 여성을 억압하지 않지만 오히려 그 가문의 여성들을 더 정숙하게 만들었다는 것이다.

이 두 이야기는 주제가 전혀 다른 까닭에 연결시키기가 쉽지 않다. 그럼에도 불구하고 『동야휘집』은 두 작품을 연결해 「수간서노부수계」라는 한 작품으로 만들었다.

「수간서노부수계」는 먼저 「촌희독설」을 옮겼다. 주인공을 임 모任某로 바꾸고, 노파가 자기 딸의 나이를 밝히게 한 점 외에는 「촌희독설」을 거의 그대로 수용했다. 그리고는 결말 부분을 부연했다. 남자 주인공 임 모가 노파에게 무안을 당하고 돌아간다는 결말의 허전함을 보완한 것이다. 향시鄕試에서 장원을 한 임任은 그 길로 서울로 가서 과거에 응시한 뒤 귀향하는 길에 다시 그곳에 들렀는데, 노파는 병이 들었다며 만나주지 않았다. 이웃 사람에게 물어보니, 노파의 집안은 장씨張氏 사족士族으로 가난하여 삼촌 집 옆에서 살고 있다는 것이었다. 임任이 그 삼촌을 통해 청혼을 하니 노파는 그제야 의심을 풀고 청혼을 받아들였다. 임任에게 시집간 노파의 딸은 재혜才慧와 규범閨範을 갖추어서 임이 아주 사랑했으나, 임은 얼마 후 죽는다. 『동야휘집』은 이 지점에다 「절모사시잠」을 덧붙였다. 「절모사시잠」은 위에서 요약한 내용 그대로 수용되었다.

그렇다면 『동야휘집』은 무슨 이유에서 주제가 연결되기 어려울 것 같은 『해탁』의 두 작품을 결합시켰을까? 먼저 등장인물들의 성격 면에서 살펴보자. 두 작품을 연결해주는 인물은 '노파의 딸'(「촌희독설」)과 '수절 과부'(「절모사시잠」)이다. 「촌희독설」에서 노파의 딸은 과거제도를 비롯한 현실의 제도와 통념을 인정하지 않는다. 과거에서 장원한 사람의 능력을 하찮게 생각하고 황금의 가치도 부정한다. 노파 역시 그에 관한 한 큰 차이가 없다. 이에 비해 「절모사시잠」에서 형계荊溪의 모 씨某氏는 여자에게 수절을 강요하는 사회적 관습에 이의를 제기하지만, 그렇다고 그것을 완전하게 부정하는 것도 아니다. 수절의 가치를 인정하되, 여성의 성적 욕망을 무시해서는 안 된다고 주장하였다. 세속 인간의 처지를 충분히 이해하려는 입장을 가졌던 것이다. 그런 점에서 「촌희독설」의 딸과 「절모사시잠」의 노파는 인성이나 세계관 면에서 동일하지 않다. 이런 차이를 가진 두 작품을 잇기 위해 이원명은 「촌희독설」의 사건이 끝난 지점에서 노파의 집안이 사족士族이란 사실을 강조했다. 그러나 이것으로 노파 딸의 성격을 완전히 바꿀 수 있었던 것은 아니다.

서사 단락 면에서도 『동야휘집』이 『해탁』의 두 작품을 연결시킨 이유를 생각해볼 수 있겠다. 「촌희독설」이 노파와 그 딸로 하여금 현실에서 남자가 장원급제한 사실을 대단찮게 보고 금을 소용없는 것이라 말하게 하여 숨어 사는 그들에게 독자의 시선이 쏠리게 만드는 데는 성공했지만, 그 결말은 허전했다. 「절모사시잠」의 경우도 늙은 수절 과부의 말은 충격적일 정도로 문제적이었지만, 임종을 앞둔 수절 과부의 일방적인 진술로 일관되었기에 뭔가 미흡하게 느껴졌다. 가령 이런 생각을 하게 된 수절 과부의 처녀 시절은 어떠했는지가 시원하게 설명되지 않았다. 이와 같이 두 작품은 그 독특한 인물 설정과 참신한 주장 때문에 이원명의 눈을 끌었지만 필수 서사 단락을 갖추지 못하고 있었다. 그 때문에 이런 한계를 함께 넘어서도록 두 작품을 연결시켰을 것이라는 추정이 가능하다.

그러나 그렇다고 하더라도 두 작품은 자연스럽게 결합될 성질의 것은 아니었다. 이것을 의식한 이원명은 평결에서 어느 한쪽에 초점을 맞춤으로써 결합의 부자연스러움을 무마코자 한 것 같다. 「촌희독설」과 관련되는 남녀의 결연보다는 「절모사시잠」과 관련되는 여인의 수절 문제에 초점을 맞추어 자신의 생각을 개진한 것이다. 남녀 사이에는 욕정이 있게 마련이어서 성인聖人이 예로써 그것을 방비했지만, 청년 수절은 사람마다 지조를 가지고 예방禮防을 넘지 않는다고 해서 가능한 것만은 아니다. 속습俗習이 생기면 의외의 경우가 없지 않다. 고로 장 씨가 교훈을 내린 것이니 그녀는 진실로 지혜로운 여인이라는 것이다.[84] 이 평은 전적으로 「절모사시잠」에 대한 것이다. 하지만 그것도 「절모사시잠」의 여인이 주장하는 내용을 정확하게 해석한 것은 아니다. 여인은 수절과 개가를 선택의 대상으로 보아, 당사자가 스스로 그 선택을 결정해야 한다는 주장을 하고 있는 데 비해, 이원명은 여인이 온갖 어려움이 있더라도 자신을 추슬러 정절을 지키라고 훈계한 것으로 해석한 것이다. 이원명이 야담을 이해함에 있어 이념적 입장에 기울어 있음을 여기서 다시 확인할 수 있다.

요컨대 『동야휘집』은 『해탁』의 두 작품을 조합하되, 인물의 성격과 주제가 한 작품 속에서 일관되도록 주도면밀하게 변개하기보다는 두 작품의 연결 부위에 형식적 소치만을 취한 뒤 평결을 통해 둘 중 어느 한 작품에 초점을 맞추어 주제를 추출하고자 했다고 하겠다. 이 경우 『동야휘집』이 「촌희독설」이 아니라 「절모사시잠」에 초점을 맞춘 것은 적절하다고 판단된다. 「절모사시잠」에 비해 「촌희독설」은 일관된 주제를 담지 못하고 있을 뿐 아니라 배경 또한 모호하기 때문이다.

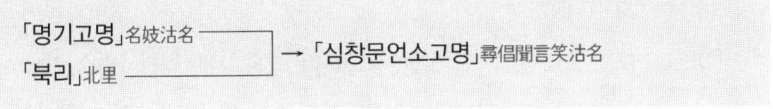

먼저 「명기고명」의 내용을 살펴보자.

> 황죽포黃竹浦란 사람이 오교현吳橋縣에 있는 친구를 방문했는데, 그 친구는 그곳에 축경랑祝慶娘이라는 명기名妓가 있으니 만나보자고 했다. 어렵사리 만나게 된 축경랑은 화장한 얼굴이 지저분하고 배가 불룩 나온 추녀였다. 실망한 이들에게 그녀는 명기名妓나 명사名士는 같은 성질이니, 명사가 명사다운 것은 그 외모보다는 내재內才 때문이듯 자신이 명기로 이름이 난 것은 화장한 거짓 얼굴 때문이 아니라 침실에서의 실공부實工夫 때문이라고 했다. 그 공부가 어떤 것인지를 묻자 그녀는 "열고 닫으며 느리게 하고 급하게 하며 잡았다 놓아주는 것"[85]

이 명사들의 작문 비법이자 명기들의 침실 비방이라고 말했다. 이에 황죽포는 축경랑에게 빠져 여비를 다 탕진하고 정시廷試에도 응시하지 못한 채 돌아갔다.

반면 「북리」에서는 뚜렷한 사건이 전개되지 않는다. 그 개요는 이러하다.

내가(작가 심기봉인 듯함) 정주鄭州에 갔을 때 「북지연지보」北地臙脂譜를 지었는데, 그 서문에는 그곳 여자들이 못생겼음을 말하는 구절이 들어 있다. 뒤에 진사進士 김매金梅에게 이야기하자 그는 북리北里에 고란옥高蘭玉이란 여자가 있는데, 얼굴이 단아하고 빼어나며 능히 시를 암송하니 인구에 회자되는 시를 지은 명기名妓 유채춘劉采春과 이수란李秀蘭의 풍도가 있다고 했다. 내가 남쪽으로 돌아올 때 그 여자를 찾아갔으나 이미 천금에 팔려가고 없었다. 그 누이 수정繡貞이 유별시留別詩를 보여주었다. 이에 나는 경국가인傾國佳人이 북지北地에 태어나 그 열악한 여건 때문에 파묻혀 드러나지 않았듯, 뛰어난 재주를 가졌음에도 때를 만나지 못해 초야에 묻힌 인재가 얼마나 많은지 모르겠다며 탄식했다.

「명기고명」은 화장한 거짓 얼굴이 아니라 잠자리에서의 비법으로 남자들을 사로잡는 명기名妓를 보여줌으로써, 겉과는 달리 속이 부실한 명사名士들을 풍자하고 초라한 겉과는 달리 글재주가 뛰어난 명사가 있을 수 있음을 암시하였다. 「북리」는 숨은 인재들이 때를 만나지 못해 이름 없이 사라지는 현실을 알려지지 않은 기생의 경우를 통해 지적했다고 하겠다.

「심창문언소고명」은 두 작품을 연결시키되 「명기고명」의 줄거리를 골격으로 삼았다.

영남 사람 김 모金某는 재산은 있었지만 글재주가 없었다. 회시會試에 응시하기 위해 대구大邱에 사는 친구의 집으로 가서 글재주 있는 사람을 소개해달라고 부탁했다. 친구가 영남 땅에서 문명을 날리는 사람을 소개해주었다. 행색이 초라

하고 용모가 추해 글재주가 전혀 없을 듯하여 김金이 거절하려 했으나, 친구는 "외모만을 보고는 그 내실을 알 수 없으니 한번 시험해보라"⁸⁶⁾고 했다. 과연 그 사람의 글이 뛰어났으니, 김은 마침내 그 사람이 지어준 글로 급제했다.

복시覆試를 기다리던 어느 날, 친구는 새로 온 이름난 기생이 있으니 보러 가자고 제안했다. 이에 김은 일찍이 「영남연지보」嶺南臙脂譜의 서문을 보았는데, 그 글이 누구의 것인지는 모르지만 영남의 여자가 못생겼음을 들추어내고 있었으니 어찌 명기가 있겠는가 하고 반문했다.

이 뒤에 「명기고명」의 본문 내용이 이어진다. 기생의 이름이 고란옥에서 초운楚雲으로 바뀌었을 뿐이다.

「명기고명」은 겉과는 달리 실속이 신통찮은 명사를 풍자하기 위해 특별한 명기의 잠자리 비법을 보여주었다. 「북리」는 숨은 인재가 많다는 사실과 지배층이 세속의 피상적 평가만을 듣고 인재를 발탁하는 것은 부당하다는 생각을 알리기 위해, 재주 있는 미인이 없다고 소문난 북리北里에 뛰어난 미인이 있음을 보여주었다. 표현된 내용과 지시된 의미가 일치하지 않는 기탁 비유寄托比喩의 서술 방식을 취하여, 지시된 의미(본체)를 드러내 보여주기보다는 서술된 표현 내용(비유체)을 제시한 뒤 시시 의미를 간략하게 진술한 것이다. 그런 점에서 『해탁』의 두 작품은 작중 사건을 통해 현실 사회의 어떤 면을 환기시키고, 작중인물의 말을 통해 현실 사회를 비판하고 풍자한 우언寓言이라 할 수 있다.

이에 비해 「심창문언소고명」은 두 작품을 교묘하게 연결하고 앞부분에 다른 일화를 덧붙임으로써 새로운 작품이 되었다. 우언적 성격이 강한 작품은 관념적으로 응축되어 있기에 보통 독자들이 해독하는 데 어려움을 느끼게 되므로 그 응축된 부분을 풀어주고 지시된 의미를 직서直敍하려 한 것이다. 이런 의도에서 서두 부분이 덧붙여졌다고 볼 수 있다. 즉 영남의 김생이 회시에 응시하기 위해 매문賣文할 사람을 구하는데, 용모로 보아 글재주가 가장 떨어질 듯한 사람이 실제로는 가장 뛰어난 글재주를 가진 사람이었다는 일화는 「명기고명」의 지시된 의미(본체)를 실사實事로 직서한 것이며, 대구의 이름난 기생을 만나러 가는 부분에 「북리」의 전반부를 수용한 것은 「북리」의 비유체를 「명기고명」의 비유체와 연관시켜 직서直敍한 것이라고 하겠다.

요컨대 『동야휘집』은 우언적 암시보다는 실사적實事的 직서直敍를 지향했다. 그러나 『동야휘집』의 그 '실사적 직서'는 다분히 우언성을 담고 있다. 그런 점에서 『계서야담』이나 『청구야담』의 실사적 직서와는 다르다. 『동야휘집』이 『해탁』 소재 작품을 수용한 동기 중의 하나가 바로 이러한 우언적 암시를 조금이나마 야담에 담고자 한 것이라고도 볼 수 있을 것이다.

아울러 「심창문언소고명」은 '외사씨왈' 外史氏曰이라는 평결 표시를 한 뒤 「명기고명」의 평결 내용을 그대로 옮겨놓고 있다. 남의 생각까지 자기 생각인 듯 옮겼다는 것은 이원명이 평결까지도 대상화했다는 사실을 말해준다. 또 『동야휘집』은 「북리」의 '내가 정주에 갔을 때 일찍이 「북지연지보」를 지었다'(予客鄭州時 曾作北地臙脂譜)는 문장을 '김이 말하기를, 내가 일찍이 「영남연지보」를 보았다'(金曰 吾嘗見嶺南臙脂譜)로 바꾸었다. 이로써 작가가 서사에 개입하지 않게 되었다. 이처럼 『동야휘집』이 원 자료를 대상화하여 활용한 것은 소설가가 소설을 쓰면서 자료를 활용하는 자세를 연상시킨다. 이원명은 아주 개성적인 야담집 편찬자이면서 소설가이기도 했다는 사실을 이 점을 통해 확인하게 된다. 특히 우리 서사 문학사에서 의미 지향이 상이한 두 일화의 '의미 전환'을 통해 야담계 소설이 형성되는 과정이 대단히 중요하다고 하겠는데, 『해탁』 소재 두 일화를 통합하여 새로운 작품을 만들려고 한 『동야휘집』의 이런 시도는 그러한 관점에서 볼 때 더 중요하게 평가할 만하다.

『해탁』 수용 과정의 특징과 그 의미

1 『해탁』의 한 작품 전체를 『동야휘집』 한 작품의 일부로 수용한 경우

『동야휘집』이 『해탁』의 작품을 수용한 방식은 다양했다. 먼저 역사적으로 실존한 인물의 특별한 품성이나 행실을 두드러지게 묘사하기 위해 조선의 기존 일화와 『해탁』의 작품들을 결합해 새로운 야담을 만들어냈다. 그중 조선의 역사에서 이름이 널리 알려진 실존 인물들의 경우, 그들에 대한 독자들의 기대가 이미 결정되어 있다는 점이 여러모로 고려되었던 것 같다. 전대 야담집이나 잡록에서 확보한 일화들을 통해서는 그 기대를 온전하게 충족시킬 수 없다고 판단했을 것이다. 그래서 『해탁』의 작품들을 차용해 독자들의 특별한 기대를 충족시키려 한 것이다.

이미 형성되어 있는 이미지를 살리면서도 특별한 인상을 새롭게 만든다는 것이 이원명이 의도한 바였다. 그러기 위해 조선의 기존 일화와 『해탁』의 작품들을 결합했다. 그런데 그 과정에서 『해탁』의 작품이 할 수 있는 역할의 한계를 분명하게 규정했다. 『해탁』의 작품들은 조선의 역사적 인물의 품성이나 행실의 부분적 특징을 보여주는 데 활용할 따름이라는 원칙을 이원명이 명확하게 의식했다는 것이다.

『해탁』 소재 작품 중 그 내용이 긍정적이거나 적어도 지나치게 부정적이지는 않다는 인상을 줄 때는 그것을 조선의 긍정적인 역사 인물과 직접 관련시켰지만,* 지나치게 부정적인 내용일 때는 조선의 역사 인물을 그 사건의 방관자 혹은 일방적 수혜자로 머물게 함으로써 그 인물이 품위를 유지하도록 배려했다.** 물론 윤원형이나 김안로처럼 부정적인 인물일 경우 그들이 『해탁』의 가장 부정적인 사건에 직접 연루되도록 설정하기도 하였다.***

---

* 「탁제기문해둔조」擢第奇文解鈍嘲, 「사주독과등금방」紗幬督課登金榜이 여기에 해당한다.
** 「금아이영증숙연」琴娥詒影證宿緣이 여기에 속한다.
*** 「빈아학첨탁중빈」貧兒學諂托衆賓, 「부옹교술제오적」富翁敎術除五賊이 이에 해당한다.

다음으로 사회에 대해 풍자적이고 비판적인 작품*의 경우를 살펴보자. 『해탁』이 풍자나 비판의 대상을 넓게 설정하여 총체적 풍자와 비판을 지향한 데 비해, 『동야휘집』은 그 범위를 훨씬 축소하였다. 『동야휘집』의 이런 변개는 풍자나 비판을 구체적인 것으로 만들기는 했지만, 그 대상을 축소시켜 응당 비판받아야 할 많은 부정적 인간 군상들의 결함을 묻어주었다고 할 수 있다. 이것은 이원명이 조선 사회를 풍자하거나 비판하는 데 철저하지 않았음을 뜻한다. 상층 사대부였던 이원명은 조선 사회 전체를 통틀어 비판하거나 풍자할 처지에 있지 않았다. 특히 풍자와 비판의 대상이 지배 질서와 관련된 것일 때, 『동야휘집』은 초점을 관념적인 쪽으로 돌려서 그 문제를 정면으로 다루지 않으려 했다.

이러한 현상은 야담의 일반적인 분위기와 관련된다고 할 수 있다. 야담은 풍자나 비판을 궁극적인 지향점으로 설정하기보다는 결국 어떤 낙관적 해결점을 제시하려는 성향을 보이기 때문이다.

② 『해탁』의 한 작품 전체를 『동야휘집』의 한 작품으로 수용한 경우

『동야휘집』은 『해탁』의 작품 중에서 그 작중인물의 사고나 행동이 독자적인 영역을 확보하면서 본받을 만한 교훈을 보여주는 것을 수용해 한 편의 독립된 작품으로 만들었다. 물론 작중인물의 성격과 배경, 그 지향이 앞에서 말한 바와 같이 극단적이지 않은 경우에 한하였다. 이때 조선의 역사적인 인물을 끌어들이지는 않았다. 『해탁』의 작중인물은 그 성격이 워낙 강하고 주장하는 바가 분명해 이미 그 성격이 정해졌기 때문에 널리 알려진 조선의 유명 인물과 연관시키기 어려웠을 것이라는 점을 고려하면 적절한 조치라고 할 수 있다. 그래서 주인공에게 조선식 이름을 붙여주었고, 사대부의 윤리 의식에서

---

* 그 풍자와 비판의 정도가 지나치게 신랄할 때는 먼저 배제되었다.

다소 벗어난 부분은 손질하였다. 그리고 거기에다 새로운 평결을 붙였다.

이럴 경우 다소 기이하고 비현실적인 내용이 문제가 되었다.* 그러나 그 주제가 권장할 만한 이념일 경우, 특히 가정과 사회, 나아가 국가의 질서를 회복하는 것일 때는 그 내용을 수용했다. 물론 그때에는 기이하고 비현실적인 면을 변명하는 장치들을 활용하였다.

이와 관련해『동야휘집』은, 환술을 보여주고 기이한 사건을 불러일으키는 초월적 인물을 세속적 인물에 가깝게 변개했다. 그로 인해 초월적 인물의 활약보다는 사건 자체의 귀추가 더욱 두드러지게 되었고, 그 결과 초월적 인물에 의해 제시된 강렬한 문제의식이 약화되고 사건이 유발하는 흥미가 너 중시되었다.『동야휘집』이『해탁』의 작품을 흥미 본위로만 변개했다고 할 수는 없지만, 흥미를 유발하는 데 관심을 가졌다는 사실은 분명하다. 그렇다고『동야휘집』에서 문제의식이 사라진 것도 아니다.『동야휘집』에서는 교훈과 흥미가 적절하게 공존할 가능성을 찾을 수 있다.

기이하고 비현실적인 내용이 인간의 의지가 아니라 천명天命과 관련된 것임을 주장할 때**는 그 기이하고 비현실적인 것을 변명하는 장치조차 설정하지 않고 그대로 수용했다. 천명을 최상의 기준으로 설정한 이러한 태도는 구체적이고 현실적인 주제를 추상화하고 관념화한『동야휘집』의 의식 성향과 관련되는 것이라 볼 수 있다.

---

* 이원명이 기이한 내용에 대해 아주 비판적이었다는 점을 분명하게 드러내고 있는 예로는「휴객등악환신장」携客登嶽喚神將(『동야휘집』, 상, 542면)의 평결을 들 수 있다. 여기서는 특히 사리事理를 들어 황당한 이야기를 부정하고 있다("外史氏曰 幻術之迷神眩睹 從古一套 又多不經之談 固無足取信 而郭思漢之呼見神將 古有是否 設使古昔名將之英靈 至今不泯 其肯爲偏邦術士 一呼而來臨乎 揆以事理 尤是荒唐之說也 萃其異術著於稗書 故人或以其然豈然盡信書 不如無書 先賢豈欺我哉",『동야휘집』, 상, 546~547면).

**『동야휘집』의 평결 중에는 본 이야기에 제시된 사건의 귀추가 인간의 의지로는 어찌할 수 없는 천명에 의한 것임을 강조한 경우가 상당히 많다.『동야휘집』이 구전 야담으로부터 멀어지게 된 것은, 천명을 강조하는 이원명이, 인간의 의지를 강조하고 인간이 우연적 행운을 스스로 확보했다고 보는 구전 야담의 세계를 자연스럽게 받아들일 수 없었다는 사실과도 관련된다고 하겠다.

또 『동야휘집』은 『해탁』 작품의 변개를 통해 사회질서를 파괴하거나 파괴할 잠재성이 있는 존재들을 단호히 배척하였다. 그들을 배척하는 것은 그들이 가진 어떠한 권리도 고려해주지 않을 정도로 철저했다.

작품의 전체가 『동야휘집』의 한 작품으로 수용된 『해탁』 작품은 대체로 우언寓言의 서술 양식을 취한 경우가 많았다. 이원명은 야담계 작품에 우언적 요소가 부족하다는 사실을 인식하고 그런 점을 보완하기 위해 『해탁』의 작품을 수용했을 가능성이 크다. 그렇지만 우언성이 야담계 작품에 익숙한 것이 아니라는 사실 역시 분명히 알았기 때문에 어느 정도 원만한 타협점을 마련하는 변개를 했다고 하겠다.

야담계 일화나 야담계 소설에서는 주로 긍정적인 결과를 초래하는 사건이 일어나는 것이 일반적이다. 그리고 주제는 직설적으로 진술되거나 제시된다. 이에 비해 『해탁』에 실려 있는 많은 작품들은 비현실적 공간인 저승이나 이계異界에서 비현실적이거나 허구적인 사건을 일으켜 상황을 부정적인 쪽으로 이끌어가다가 마무리하는 경우가 많다. 상황을 부정적인 쪽으로 이끌어가서 마무리하는 것은 강렬한 교훈을 암시하기 위함이다. 이러한 부정적 분위기나 우언적 암시라는 수사법은 야담계 일화나 야담계 소설에서는 낯선 것이다.

이원명은 그런 점이 야담계 일화나 야담계 소설에 부족하다는 사실을 포착하고는 그 점을 보완하려고 했다고 할 수 있다. '가볍고' '유쾌한' 야담에다 무거운 교훈과 풍자성을 부여하려 한 것이다.

이원명은 우언적인 성향을 도입하기 위해 『해탁』의 작품들을 독립된 한 편의 작품으로 수용했다. 그러나 그러한 분위기나 양식이 야담에 익숙한 것은 아니라는 사실을 고려하여, 평결의 직설적 진술을 통해 그런 분위기를 완화하거나 암시를 해설해주었다. 그리고 『해탁』의 원 작품을 변개했다. 익숙하지 않은 상황이나 인물을 익숙하게 느껴지도록 변개한 것이다. 인물의 생각과 행동이 사회적 규범에서 지나치게 벗어난 것일 때는 그것의 의미를 추상화하기도 했다. 이런 점은 『해탁』이 우언을 통해 현실 인간의 구체적인 삶의 방식을 암시하고 바람직한 삶의 태도를 제시한 것과는 다르다. 『동야휘집』이 주제를 추상화한 것은 주제의 외연을 확장하고 문제에 대한 보다 근본적인 철학적 접근을 이루어냈다는 점에서 긍정적으로 평가할 수 있지만, 구체적 삶의 자세를 모색하지 않았고 또 작품 내용이 현세적 삶과 긴밀한 관련을 맺지도 않는다는 점에서는 한계가 있다고 할 수 있다.

③ 『해탁』의 두 작품을 『동야휘집』의 한 작품으로 수용한 경우

『동야휘집』이 『해탁』의 두 작품을 한 작품으로 조합한 것은 대체로 『해탁』 소재 작품이 그 자체로 독특한 요소를 갖고 있어 시선을 끌기는 하지만 기본 서사 단락을 온전히 갖추지 못해 서사적으로 완결되지 못한 경우이다. 『동야휘집』은 불완전한 두 작품을 조합하여 완전한 작품으로 만들려고 한 것이다. 그 결과 등장인물의 성격과 주제가 하나로 일관되는 경우도 있고 그렇지 않은 경우도 있다. 완전한 조합이 이루어졌는지 그렇지 않았는지의 문제인 것이다.

완전한 조합이 이뤄지지 않은 경우는 선택된 『해탁』의 작품들이 자연스럽게 연결될 수 없는 경우이다. 이럴 때 『동야휘집』은 두 작품의 연결 부위에 최소한의 형식적인 장치만을 마련한 뒤 평결을 붙였다. 평결은 『해탁』의 두 작품 중 어느 하나에 초점을 맞춰 거기서 주제를 추출하고자 했다.

이에 반해 주도면밀하게 변개를 한 때는 『해탁』의 두 작품이 처음부터 원만하게 연결될 여지를 갖춘 경우이다. 『동야휘집』은 이때 두 작품의 우언성을 풀이하여 직서함으로써 두 작품을 변개하고 연결하였다. 『동야휘집』은 우언적 암시 그 자체보다는 우언적 암시를 어느 정도 수용하면서도 궁극적으로는 실사적 직서를 지향한 것이다.

특히 『동야휘집』이 『해탁』의 두 작품을 연결해 통일된 한 작품으로 만든 경우를 야담사적인 입장에서 소중하게 평가해야 할 것이다. 조선 후기 야담집 편찬자가 야담에 대한 나름의 서술 감각을 바탕으로 다른 성격의 일화들을 조합하고 통합하는 저력을 확보하게 되었음을 뜻하기 때문이다. 그런 점에서 이원명은 기존의 작품들을 소극적으로 나열했을 뿐만 아니라, 기존 작품들을 일정한 원리에 따라 조합하여 새로운 작품으로 승화시킨 작가로서 새롭게 조명되어야 한다.

『동야휘집』의 『해탁』 수용의 야담사적 의의

『동야휘집』이 중국의 필기 소설집인 『해탁』에 실려 있는 작품까지 수용했다는 사실을 통해 조선 후기 야담의 개방성을 인정할 수 있다. 그 개방성은 서사적 저력을 바탕으로 하였다. 『동야휘집』은 그 시대 사람들의 야담에 대한 기대를 충족시키면서도 그 한계를 넘어서려 하였다. 그러기 위해 일정한 기준과 방식에 따라 중국의 필기 소설인 『해탁』 소재 작품들을 활용한 것이다.

    이에 대한 평가는 양면적이다. 먼저 부정적인 면이 없지 않다. '경험자의 자기 경험 진술'이라는 서술 방식을 통해 현실에 튼튼한 뿌리를 내린 야담의 전통이 『동야휘집』에서 위축되었다는 점을 지적할 수 있다. 조선 말기에 가까워질수록 야담은 이야기꾼의 이야기를 기록하거나 편찬자가 직접 견문한 바를 기록하기보다는 다른 문헌의 작품을 소극적으로 옮겨 적기만 하는 경향이 강해졌다. 문헌 전재가 야담 형성의 원리가 되는 단계에 이른 것이다. 그런데 전재할 수 있는 문헌은 한정되어 있었고, 또 문헌 전재는 그 과정에서 창조적 재생산을 온전하게 보장하지 못했다.

    『동야휘집』은 이런 여건에서 전재의 대상을 중국 문헌으로까지 확장시켰다. 다만 중국의 필기 문학들을 옮겨올 때 우리 야담의 감각과 관습을 기준으로 먼저 작품을 선택하였고, 그것을 다시 편찬자의 편찬 기준이나 개인적 세계관에 맞게 변개하였다. 이원명은 이러한 편찬 과정에서 다른 야담집 편찬자보다 더 적극적인 역할을 하였다. 그의 적극적 개입은 야담의 구태의연한 재생산과 보수적 개악을 초래한 경우도 적지 않지만, 그에 못지않게 야담집 편찬에 편찬자의 창작 동기를 불어넣어 야담집 편찬이 새로운 작품 창작의 성격을 지니게 하였다. 그 점에서 야담집 편찬의 새로운 국면을 보여주었다고 평가할 수 있다.

『동야휘집』이 『해탁』의 작품을 수용함으로써 야담집에 새로운 소재와 주제가 나타났다는 점도 간과해서는 안 된다. 야담 세계의 시·공간적 영역도 크게 확장되었다. 무엇보다 중요한 것은 관념이 응축된 서사 문법을 야담이 확보하게 되었다는 사실일 것이다. 경험자가 자기 경험을 풀어놓고 진술하며 그것을 들은 기록자가 그대로 옮긴 뒤 설명하는 단계에서, 일정한 주제 의식을 가진 작가가 타인의 진술 내용을 대상화하고 거기에 자신의 관념을 곁들이는 단계로 나아간 것이다. 『동야휘집』이 작품마다 거의 예외 없이 평결을 붙인 것도 이러한 변화와 긴밀한 관계가 있다고 볼 수 있다. 야담집의 편찬에 편찬자의 작가 의식이 분명하게 개입했다는 점은 야담사에서 소중하게 평가해야 할 부분이다.

아울러 이런 현상은 경험과 사실을 선택함으로써 이념적인 면에서 멀어지려 했던 야담에 다시 이념적인 것을 불어넣으려는 흐름이 시작되었음을 암시하는 것이기도 하다.

『동야휘집』 이전과 이후의 야담집에도 이처럼 중국 문헌의 작품들을 옮겨서 활용한 경우가 있는지 좀 더 폭넓은 연구가 필요하다. 그리고 『동야휘집』이 또 다른 중국의 문헌을 수용한 경우가 있는지도 아울러 살펴 지금까지의 논의를 보완해야 할 것이다.

미주

1) "偶閱於于野談 紀聞叢話 …… 遂取兩書 撮其篇鉅話 長堪證故實者 傍及他書之可資該洽者 幷修潤載錄 又采閭巷古談之流傳者 綴文以間之"(『동야휘집』 상, 2면).
2) 조희웅, 『조선후기 문헌설화의 연구』(형설출판사, 1980) ; 두정님, 「『동야휘집』 연구」(서울대 석사학위논문, 1990) ; 윤세순, 「『동야휘집』의 성격 고찰-『어우야담』의 수용양상을 통해서」(성균관대 석사학위논문, 1991) ; 홍성남, 「『동야휘집』연구-『기문총화』 수용을 중심으로」(단국대 석사학위논문, 1992) ; 임완혁, 「문헌전승에 의한 야담의 변모양상-『동패락송』과 『계서야담』, 『청구야담』, 『동야휘집』의 관계를 중심으로」(성균관대 박사학위논문, 1997) ; 이병찬, 『동야휘집 연구』(보고사, 2005).
3) 조희웅, 『조선후기 문헌설화의 연구』(형설출판사, 1980), 34~37면 ; 윤세순, 「『동야휘집』의 성격 고찰-『어우야담』의 수용양상을 통해서」(성균관대 석사학위논문, 1991), 10~17면 ; 홍성남, 「『동야휘집』연구-『기문총화』 수용을 중심으로」(단국대 석사학위논문, 1992), 87면.
4) 이강옥, 「조선후기 야담집 연구」(서울대 석사학위논문, 1982), 157~164면.
5) 두정님, 「『동야휘집』 연구」(서울대 석사학위논문, 1990), 43~45면.
6) 1993년 10월, 모산학술연구소 주최로 열린 '韓·中·日 小說文學比較硏究 國際學術發表大會'의 발표를 가리킨다. 이 내용을 정리한 논문이 김영화, 「『諧鐸』與『東野彙輯』」(『모산학보』 6, 모산학술연구소, 1994)이다. 필자는 이 발표의 지정 토론자로 참여하여 김영화의 방법론의 문제점을 지적한 바 있다.
7) 이병찬, 「『동야휘집』연구-청대 문언소설집 『해탁』의 수윤修潤을 중심으로」(성균관대 박사학위논문, 1994).
8) 이강옥, 「『동야휘집』의 『해탁』 수용 양상」(『구비문학연구』, 한국구비문학회, 1995).
9) "這謬作品大都用來歌訟 褒贊某些人物 某種思想 …… 作者 …… 很注意剪裁 力求突出某一側面 以還到勸勉的目的 …… 他所歌訟的人物常是些封建倫理的化身"(冀華, 「『諧鐸』漫評」, 中國人民大學書報資料中心 復印攝刊資料, 1988, 251면).
10) "具有較强的社會意義 其特点是諷刺性强 …… 這類作品情節較爲單純 人物也不多 寫時盡量突出所批判對象的矛盾可笑性 以期取得冷嘲熱諷的效果"(冀華, 「『諧鐸』漫評」, 中國人民大學書報資料中心 復印攝刊資料, 1988, 251면).
11) "作者爲了批判 當時社會上存在的變態心理和不合理現象 就虛構出一些拔人深思的小故事 予以針砭或勸戒"(冀華, 「『諧鐸』漫評」, 中國人民大學書報資料中心 復印攝刊資料, 1988, 251면).
12) 侯忠義·劉世林, 『中國文言小說史稿』 下冊(北京大學出版社, 1993), 230면.
13) "諧其口 而鐸其心"(심청시, 「『해탁』 발跋」).
14) 『해탁』에는 심기봉의 고향 오강吳江을 배경으로 하거나 그곳의 인물을 등장시킨 이야기가 적지 않다(「황태수사안몽」況太守祠贗夢, 『해탁』, 6065면 ; 「삼라전점귀」森羅殿點鬼, 『해탁』, 5964면 ; 「상청궁제요」上清宮除妖, 『해탁』, 5963면 ; 「차안신」遮眼神, 『해탁』, 5922면 ; 「계담」鷄談, 『해탁』, 5886면 등). 그리고 '여'余나 '오'吾가 본문에 노출되어 작자가 이야기를 듣는 과정이나 작

중인물을 만나는 순간이 소개되는 작품도 있다(「술사구승」術士驅蠅, 『해탁』, 6010면 ; 「식자견」 識字犬, 『해탁』, 5979면 ; 「삼라전점귀」森羅殿點鬼, 『해탁』, 5964면 ; 「노면귀」老面鬼, 『해탁』, 5922면 ; 「상아」祥鴉, 『해탁』, 6042면 ; 「규원진상」奎垣眞像, 『해탁』, 6071면 등). 여기에 해당되는 작품들은 심기봉이 직접 견문한 바를 소재로 한 것일 가능성이 크다.

15) 「노패축부귀」老牌逐腐鬼(『해탁』, 5910면), 「차안신」遮眼神(『해탁』, 5922면), 「니괴뢰」泥傀儡(『해탁』, 5960면), 「관중귀수」棺中鬼手(『해탁』, 5997면) 등이 여기에 해당한다.
16) 「호미」狐媚(『해탁』, 5883면), 「호치」虎癡(『해탁』, 5884면), 「계담」鷄談(『해탁』, 5886면), 「달제」獺祭(『해탁』, 5887면), 「토묘격」討猫檄(『해탁』, 5904면), 「식자견」識字犬(『해탁』, 5979면), 「교노」鮫奴(『해탁』, 5993면), 「악객제음」惡客除淫(『해탁』, 6048면), 「소추촌둔수재」掃帚村鈍秀才(『해탁』, 6051면) 등이 이 경우에 해당한다.
17) 「치매」雉媒(『해탁』, 5893면) 등이 이에 해당한다.
18) 「색계」色戒(『해탁』, 5932면), 「명기고명」名妓沽名(『해탁』, 5958면), 「북리」北里(『해탁』, 6062면), 「빈아학첨」貧兒學諂(『해탁』, 6063면), 「비부훈세」鄙夫訓世(『해탁』, 5986면), 「촌희독설」村姬毒舌(『해탁』, 6016면), 「절모사시잠」(『해탁』, 6020면) 등이 여기에 해당한다.
19) 「귀부지가」鬼婦持家(『해탁』, 5983면), 「혜고군」螇蛄郡(『해탁』, 6031면), 「재계」財戒(『해탁』, 5934면), 「십이묘」十姨廟(『해탁』, 6000면), 「장중비희」掌中秘戲(『해탁』, 6023면), 「향분지옥」香粉地獄(『해탁』, 5974면), 「몽리가원」夢裏家園(『해탁』, 6038면) 등이 이에 해당하는 작품이다.
20) 「기혼」奇婚(『해탁』, 5949면), 「악전」惡錢(『해탁』, 5947면), 「도귀부인」搗鬼夫人(『해탁』, 6067면) 등이 여기에 속한다.
21) 「귀부지가」鬼婦持家. 이 작품의 경우, 죽은 처의 입장에서 보면 '귀신—현실 공간—문제 해결'일 수도 있다.
22) 「정상원광」頂上圓光(『해탁』, 6021면), 「안전살보」眼前殺報(『해탁』, 6025면), 「악객제음」惡客除淫(『해탁』, 6048면), 「교왜귀불」嬌娃歸佛(『해탁』, 5915면), 「면목윤회」面目輪廻(『해탁』, 5976면) 등이 여기에 해당한다.
23) "母金氏 娠公當娩 有虎來伏戶外 旣娩乃去 人謂文章炳蔚之徵 …… 自學語便識字 六歲能綴句 …… 稱爲神童"(『동야휘집』 상, 296면).
24) "母夫人 …… 夢大星入懷 翌日生公 …… 年十餘歲 淹貫經史 …… 公大人某 不以慈愛而弛敎訓 嘗使肄擧業 而未嫺功令"(『동야휘집』 상, 301~302면).
25) "少時 家在砥平白鴉谷 專意學業 負笈龍門寺 讀周易 …… 未第時 才藝出羣 風彩映人"(『동야휘집』 상, 307~308면).
26) "生而秀異 幼從伯兄 旁聽其所學 輒記之 …… 但苦多病 不耐刻苦 讀書"(『동야휘집』 상, 311~312면).
27) "文名藉世"(『동야휘집』 상, 316면).
28) "文辭浩汗 詩尤雄奇 立就萬言 滔滔不窮 其神速如古之七步"(『동야휘집』 상, 322면).
29) "後子謁選得縣令 迎養老婦 以終老焉"(『해탁』, 6053면).
30) "公之文章 多藉老翁之神助 故凡有製作操筆立成 敏贍浩汗"(『동야휘집』 상, 304면).
31) "壬子之禍 公坐婚家 累罷官屛處安山 遂肆力於文章 爲文頗得韓歐之法"(『동야휘집』 상, 315면).
32) "儒家以淸心寡欲 得臻上壽 若於慾海中求僊 淫魔一起 非以求生 實以喪生"(『해탁』, 6025면).
33) "內火不生 外火不煎 以水濟水 是以永年"(『해탁』, 6025면).
34) "公善鼓琴 每於花朝月夕 援琴 鼓一再行 悲壯淸越 餘響振林樾 是時江陵府妓紅嬌 亦以琴名 屬

籍梨園 公一眄 甚嬖之 以其姿色才色 俱絶世也 常密置夾室 對弄淫徹 浹旬不出"(『동야휘집』상, 359면).
35) "擯去姬妾 究心玄妙正門"(『동야휘집』상, 367면).
36) "廻巧獻技 盡力道人掌上 生正凝眸諦視 道人瞥開右掌 一惡鬼 約八九寸 騰躍而出"(『해탁』, 6024면).
37) "廻巧獻技 備極醜態 不忍正視 公方凝眸駭愕 客瞥開右掌 一惡鬼 約五六寸 騰躍而出"(『동야휘집』상, 365면).
38) "生自此擯去姬妾 究心元門正宗 一旦棄家入山 莫知蹤蹟 後三十年 零陵市上 有賣頃刻花者 儀容擧止 髣髴似之"(『해탁』, 6025면).
39) "生自此擯去姬妾 究心玄妙正門"(『동야휘집』상, 366면).
40) "黃帝 御三千六百女而成仙 此說見於道書 後人祖爲採戰之術"(『해탁』, 6023면 및 『동야휘집』상, 367면).
41) "公愕然 繼而顧衆笑曰 丐亦有道 汝等媚骨佞舌 眞若輩之師也"(『해탁』, 6063면).
42) "張祿師嚴冡宰門下 若嚴冡宰門下又何師 日師嚴宰 前明一部百官公卿表 卽乞兒淵源錄也"(『해탁』, 6063면).
43) 『어우야담』, 187면 ; 『송천필담』松泉筆譚(정명기 편, 『한국야담자료집성』19, 계명문화사, 1987), 108면 ; 『동화』東話(『한국야담자료집성』13), 456~457면 ; 『계산담수』鷄山談籔(『한국야담자료집성』9), 166~167면.
44) 『어우야담』, 187면 ; 『송천필담』松泉筆譚(정명기 편, 『한국야담자료집성』19, 계명문화사, 1987), 109면 ; 『동화』東話(『한국야담자료집성』13), 457면 ; 『계산담수』鷄山談籔(『한국야담자료집성』9), 167면.
45) "張九齡 見朝士趨附楊國忠以求官 語人曰 此曹皆向火乞兒 一朝火盡灰冷 當凍裂肌膚暴骨于溝中矣 盖自古趨權附勢之徒 其不脅肩諂笑病于夏畦者 或希矣 尹之勢焰薰灼 終底顚沛 亦自作孽不可道者也"(『동야휘집』상, 762면).
46) "盖富翁 揣安老之爲人 故如是嘲謔耳"(『동야휘집』상, 766면).
47) "且吾看夫世之凡有雕虫之技者 踏襲古人之精粕操腐毫而窺陳編 釣虛名而欺一世 心常痛恨"(『동야휘집』하, 509면).
48) "呂本不能詩 …… 聞者莫不捧腹 時呂之從弟某 頗有詞藻 隨至皐蘭寺 慨其兄詩之太拙 獨登落花巖 詠一詩"(『동야휘집』하, 493~494면).
49) "路遇前代諸宮姬靈魂 與之酬唱 一事"(『동야휘집』하, 510면).
50) "汝欲得佳婦 此去東南十五里外 往求之必有所遇"(『해탁』, 5949~5950면).
51) "益信道者之神也"(『해탁』, 5952면).
52) "遇道者於塗 詰其所自 生告以意 道者曰 汝欲得佳婦 此去東南十五里外"(『해탁』, 5949면).
53) "遇一老人 騎靑驢而至 對酒論心 詰其所自 生告以意 老人曰 君欲得佳婦 此去東南十里外"(『동야휘집』상, 547면).
54) "益信道者之神也"(『해탁』, 5952면).
55) "益信老人之有道也"(『동야휘집』상, 553면).
56) "英姐失聲一歎 生疑之 再三叩問 英姐曰吾憐君靑年秀士 死期已迫"(『동야휘집』상, 549면).
57) "女意似覺 曰婢子多言 敗我家事 雖然天意也 縱體投懷 竟成歡會 事訖 跪坐床頭 乞其援手 女曰 百年伉儷 萬死相隨"(『동야휘집』상, 550면).

58) "左道惑衆 自黃巾白蓮而肆行猖獗 辭雖徵於捕影 罪難逭於麗刑 二女之從良耦而免俱焚 卽女俠中智者也 老人之指導文生 幾陷禍網 而竟諧佳緣 亦道術之異者也 雖然 斯皆天定奇遇 豈人力之所可營哉"(『동야휘집』상, 553면).

59) "天之所福 慈孝爲先 女知愛母 故不作覆巢之卵 母知愛女 故不作斷頸之鳧 獨是溺於女者 何以不從厥夫 哀其母者 何以不及其父 君子曰 此其所以爲盜也 嗟乎世之不爲盜者多矣 而盜且然乎"(『해탁』, 5949면).

60) "髥者曰 僕有拙女 與足下 頗稱良匹 未識肯俯納否 …… 髥者喜挈之 轉入山村一家屋"(『해탁』, 555면).

61) "女與盧皆大哭 瘞其柩於東山之陽 廬墓三年 然後同反"(『해탁』, 5949면).

62) "女隨盧歸里 鬻其金珠 小作負販 頗能自給"(『해탁』, 5949면).

63) "盧登科 官至府使"(『동야휘집』상, 559면).

64) "是故蓍之德 圓而神 卦之德 方以知 六爻之義易以貢 聖人以此洗心 吉凶與民同患 退藏於密"(韓註: 言其道深微 萬物日用 而不能知其原 故曰退藏於密 猶藏諸用,『주역』周易「계사」繫辭 상).

65) "苴蒲之徒 家蓄婦女 亦有蜂蠆之拔萃 爲淵藪 同惡相濟 便是黃巾之名娥賊也 或墮其網 鮮能脫出 而盧賴其妻之手援 幸得超劫而免禍 然始也不誇示其力 則豈至於誤投網中耶 易曰君子退藏於密 旨哉 聖訓可不戒乎"(『동야휘집』상, 559면).

66) "淫人妻者 妻亦得淫人報"(『해탁』, 5933면).

67) "漁色縱淫 惡之大者 故君子戒之在色 禮以防淫 然男女之際 大慾存焉 苟未能强制而嚴防則 易至於迷溺"(『동야휘집』하, 207~208면).

68) "自袖中 覓四時花卉之種 播之雪上 卽看萌芽茁長 蓓蕾吐蘂 頃刻之間 千紅萬紫 遍滿街衢 衆大哄稱奇 少頃客擧扇簸之 花皆紛紛墮地 渾一雪色"(『동야휘집』하, 208면).

69) "禹治 …… 遂取筇杖 耕于船中 耕訖而種 種訖而生 生而蔓 蔓而花 花而實 實而長 長而熟 須臾之間 滿船離離蒲鴿之色 甘香撲鼻"(『동야휘집』상, 540면).

70) "大抵 人於錢財 皆有分定 而彼一生營營 惟錢是趁者 雖或富饒 因此而僇辱身名者 亦多 是豈可以力取也哉"(『동야휘집』하, 211면).

71) "鐸曰 老夫得其女妻 一味承顏順志 養成驕悍 不至毀巢 取子不止 於父母爲不孝 於兒女爲不慈 九原可作 地孔向何處入也 噫"(『해탁』, 5986면).

72) "余嘗遊象山 遇康之後裔士人 日與會晤 無言不到 康道此事甚悉 事涉幽怪 吾未之信 然康世守塗莘舊墟 其人恂愨 必不做無根之言 且不當擧先蹟詿人 聽而其說 如此荒唐 是可訝也"(『동야휘집』하, 705면).

73) "婦女入官爲妓 前明酷政 不謂陰司中猶沿是律也"(『해탁』, 5976면).

74) "父貪白鏹 女墮靑樓 是宦囊百萬 皆閻閭中纏頭錦耳"(『해탁』, 5976면).

75) "然一日回心 千秋保節 陰司律例雖嚴 未嘗不許人自贖"(『해탁』, 5976면).

76) "冥途奇遇 亦係三生緣業 胡不於陽界成親 而乃移洞房花燭於香粉地獄 此司理也 凡贓汚之類 明致天罰 自有常刑 而錄其女 入靑樓以償孼債 殊乖 罰不及嗣之義 而況女乎 冞涉荒誕 然猶足以懲貪夫耶 至若一念之善 而報應捷如影響 太上心德 卽此之謂也"(『동야휘집』하, 710~711면).

77) "鐸曰 僕家有縮地法 不聞縮年法也 然麻姑雙鬢 一半成霜 靑牛老子 已頹然曳杖矣 壺中日月雖長 一彈指頃耳 齊彭殤之論 洵非妄作"(『해탁』, 6034면).

78) "百年歡樂 卽瞬息間事 而彼一生營營役役 若將汎球已時者 抑何心哉"(『동야휘집』하, 868면).

79) "惜是夢境 不然 官人大富貴 當不向此間作噉飯處"(『해탁』, 6039~6040면).

80) "吾以醒爲夢 以夢爲醒 半生衣食 吃著不盡衣 且天下享富貴者 何必非夢中之人哉"(『해탁』, 6040면).
81) "德極就寢 一轉側間 依然乳媼家"(『해탁』, 6039면).
82) "吾嘗謂富貴中人 不過做得一場好夢 然則做好夢者 亦當以富貴中人目之 惜乎好夢不長 富貴無幾時耳 若阮生者 可以長富貴矣"(『해탁』, 6040면).
83) "夢者魂之游也 事所未有 夢能造之 意所未設 魂能開之 茫茫宇宙 孰非夢魂所爲 而至人無夢其情忘其魂寂 下愚亦無夢 其情蠢其魂枯 常人多夢 其情雜其魂蕩 方其夢也 不知夢境之是眞是幻 及其覺也 又不知眞境之是幻是夢 嗚呼人生百歲 遊於華胥之國者 以非眞謂眞以夢喩非夢 夢是幻耶 眞是夢耶 余於胡蝶鄕之說 不能無疑 遂文其說 以告世之日在夢中者"(『동야휘집』 하, 872~873면).
84) "男女之際 大慾存焉 故聖人制禮以之防 …… 但靑年守節 非緣人人之皆有志操 而禮防莫越 便成俗習 則不無意外之慮 故張氏能以一言規諷簡書垂訓世守閨範 誠智婦也"(『동야휘집』 하, 335면).
85) "有開合 有緩急 有擒縱"(『해탁』, 5959면).
86) "觀其外 未必知其內 可一試之"(『동야휘집』 하, 820면).

『금계필담』과 『육미당기』의 비교

서유영徐有英(1801~1874)은 조선 후기의 사대부 문인으로서, 한시 선집인 『운고시선』雲皐詩選과 장편 한문소설인 『육미당기』六美堂記, 야담집인 『금계필담』錦溪筆談을 남겼다. 조선 후기 사대부로서는 특이하게도 장편소설과 야담집을 저술했다는 점이 관심을 끈다. 『육미당기』는 63세 되던 1863년에 지었고, 『금계필담』은 충청도 금계錦溪에서 은둔 생활을 할 무렵인 1873년에 지었다. 그의 경우를 통해 조선 후기 사대부들이 서사 갈래를 선택한 동기와 배경을 살펴볼 수 있으며, 갈래 고유의 특질과 상호 관계를 검토할 수도 있을 것이다.

『금계필담』과 『육미당기』가 작가의 이념이나 감정을 어느 정도 반영했을 것은 분명하지만 그 양상이 동일하지는 않다. 이들이 허구화되는 과정에서는 작품 밖 요소들이 크게 변형된 반면, 『운고시선』에 실려 있는 그의 한시들에는 작가의 이념이나 감정이 변형되지 않고 거의 그대로 담겨 있다. 대부분의 한시는 친구들과의 모임에서 운을 맞춰 작성한 것이거나 승지를 유람하면서 느낀 소회를 솔직하게 드러낸 것이다. 그런 까닭에 한시는 야담집과 장편소설을 분석하는 기준을 마련해준다.

서유영은 낙산시사駱山詩社, 남사南社, 죽사竹社, 낙사洛社 등으로 일컬어지는 시사의 동인 활동을 했다. 동인 중에서 홍길주洪吉周, 홍한주洪翰周, 홍현주洪顯周, 홍우건洪祐健, 홍우길洪祐吉, 박승휘朴承輝, 김영작金永爵 등과 절친한 관계를 유지했다고 한다.

지금까지 야담과 소설의 관계에 대해 말할 때는 주로 야담이 소설 속으로 수용되는 양상에 초점을 맞추었다. 소설과의 관계에서 야담은 독립적 존재로 인정받지 못한 것이다. 또 야담, 설화의 개념이 분명하지 못했다는 문제도 있었다. 소설의 경우도 장편인가 단편인가, 국문 통속소설인가 한문 사대부 소설인가 등을 구분하지 않은 채 검토한 경우가 많았다.

『육미당기』는 장편 한문소설이고, 『금계필담』은 신화·전설·민담·사대부 일화·야담계 일화·야담계 소설 등이 섞여 있는 야담집이다. 둘은 직접 비교하기 어려울 정도로 갈래 성격의 차이가 크다. 다만 같은 사람에 의해 저술되었다는 점에서 긴밀한 관계를 갖고 있을 것이라는 추정을 하게 한다.

이 글에서는 『육미당기』와 『금계필담』의 형성이 서유영의 어떤 의식적 특징과 관련되는지, 두 작품이 서로 관련된다면 『금계필담』에 실려 있는 어떤 유형, 어떤 하위 갈래가 『육미당기』의 어떤 부분과 친연성이 있는지 등에 대해 살펴보겠다.

낙산시사 동인의 낭만적 공감대

서유영은 그 생애의 각 시기에 가졌던 소회를 주로 한시를 통해 피력했다. 그의 한시에는 그 생각과 심정이 비교적 핍진하게 담겨 있다. 「우중여이승선청사방필」雨中與李承宣靑士放筆[1]에서는, 현실적 영달이 자기 삶의 목표였지만 그것이 뜻대로 되지 않아 자소自笑하고 있다고 털어놓았다. 「정월초오야여해사 규정소집고심서실」正月初五夜與海士圭庭小集古心書室,「설후한심야좌우음」雪後寒甚夜坐偶吟 등도 이와 구조가 유사하다. 시의 전반부에서 인생의 초창기 때 가졌던 영달에 대한 강렬한 소망에 대해 진술하고, 후반부에서는 소망 충족이 좌절된 현재의 궁핍함과 불우함을 토로하는 것이다. 그런데 현실 영달에 대한 소망의 내용이 유가 이념과 잘 부합하지 않는 경우가 있다. 사대부들이 자기 일생을 유가 이념의 출처관出處觀에 바탕을 두고 진술하는 일반적 경향과 비교할 때 이 점은 특별하다.

서유영은 홍석주洪奭周, 김매순金邁淳 등과 함께 관각 문학館閣文學 범주에 속하는 문인이면서, 박규수·서유구·정약언·정약유 등 실학자들과도 교유했으며 도교나 불교 등에 경도되기도 했다고 한다.[2] 그런데 관각 문학적 성격이 강하지는 않았던 것 같다. 특히 그는 홍석주, 홍길주, 홍현주 삼형제 중 현달하지 못하고 벼슬을 마다한 홍길주, 홍현주와는 시사 동인으로서 일생 동안 돈독한 관계를 유지했지만, 풍양 조씨 독재하에 막강한 권력을 누렸던 홍석주와는 친교가 없었다.* 김매순과의 교유는 「춘일억대산김시랑장」春日憶臺山金侍郞丈에 암시되어 있다. 박규수와의 교우를 보여주는 시는 여러 편인데, 대부분 실학사상과 관련되기보다는 시작詩作과 관련된 내용이다. 「송환재부행입열하함풍황제분문지행」送桓齋副行入熱河咸豊皇帝奔問之行에서 연암의 『열하일기』를 즐겨 읽었다고도 했지만, 그 기이한 문체와 핍진한 묘사에 감탄했을 뿐 그 속의 실학사상을 찬미하지는 않았다.

절친했던 시사 동인들**과 화답한 시들도 이념을 드러내지 않은 경물시

---

* 『금계필담』에는 이와 관련된 작품이 있다. 이들의 어머니 영수각靈壽閣 서 씨徐氏는 예견력이 있었다. 먼저 홍석주가 현달하리라는 사실은 태몽을 통해 알았다. 반면 홍길주가 현달하지 못할 것을 안 서 씨는 그가 대과大科에 응시하는 것을 막았다고 한다. 홍길주는 22세 때 생원시와 진사시에 동시 합격한 후, 26세 때부터 과거 시험장에 발을 끊음으로써 영달의 꿈을 접었다(정민 외 역, 『19세기 조선 지식인의 생각 창고』, 돌베개, 2006, 639~648면 참조).
** 시사의 동인 중에는 지방 수령들도 있었으나, 서유영과 가까운 관계를 가졌던 이들은 벼슬을 하지 못하고 궁핍한 생활을 계속한 부류였다(『운고시선』「검발사」檢跋辭 및 『거사시문집』居士詩文集 참조).

이거나 일상의 감회를 읊은 서정시이다. 그 외에는 도교나 불교와 관련된 것이 많다. 예를 들어「대흥사」大興寺에서는 절이 퇴락해가는 것을 안타까워하면서 중수가 급선무라고 역설했고,「제승벽」題僧壁에서는 유리왕 4년에 33불이 천축국으로부터 고성 땅에 이른 것을 역사적 사실로 소개한 뒤[3] 고려시대에는 불교 신앙이 융성했지만 조선에 들어와 천대받는 것을 한탄했다.[4] 석가모니의 탄생과 성불, 중생 구원에 대해서도 언급했다.[5] 거기다 관세음보살에의 귀의와 해탈에 대한 염원을 나타내기도 했다.[6] 관세음보살의 제자가 되기를 간절히 기원하는 데서는 자신이 유가 사대부라는 사실을 의식하지 않았다.

불교에 대한 이런 적극적인 자세를 바탕으로,「불지암」佛地菴,「유점사증별화은당」楡岾寺贈別華隱堂,「황학루팔경」黃鶴樓八景 등에서는 절에서의 생활을 미화했다. 서유영은 신흥사에 거처하며 책을 읽고 불승들과 교유했는데, 특히 금강산 도승 퇴운頹雲과 가장 친밀하였다. 세 번 금강산을 방문해, 30년간 면벽참선을 하고 있는 퇴운을 만나 정담을 나누고 화답시도 남겼다.[7]

이와 같은 불교에 대한 관심과 공감은 시사의 다른 동인들에게서도 찾을 수 있다. 가령 홍우건은 계부인 홍현주를 대신하여「완호대사삼여탑명」玩虎大師三如塔銘과「운길산수종사중수모연문」雲吉山水鍾寺重修募緣文을 지었는데, 특히 후자에서는 부처의 자비를 강조하고『법화경』설법 일화를 소개하며 불사를 창건한 역대 왕들의 공덕을 서술했다.[8]

서유영을 비롯한 시사 동인들은 불교 못지않게 도선道仙에 대해서도 깊은 관심과 공감을 가졌다.[9]「권진인연단처」權眞人鍊丹處에서는 하루아침에 선거仙去한 권 진인權眞人과 티끌세상에 남아 초라해진 자신을 대비시킴으로써 인간의 유한성과 세상사의 부질없음을 부각시켰다.[10]「야좌동료수의득오고잡제십일수」夜坐東寮隨意得五古雜題十一首에서는 소싯적에 방외의 서적을 탐독하고『참동계』參同契를 읽으면서 정精을 단련하여 청허淸虛를 꿈꾸었는데, 중년이 되어 세속에 얽매이면서 단술丹術과 멀어졌다고 한탄했다.[11]

이상에서 살펴본 바와 같이 서유영이 불교나 도선에 가까이 간 것은 유가 이념을 포기했기 때문이라기보다는 유가 이념이 그의 감성 세계를 포괄해 주지 못했기 때문일 것이다. 유가 이념에 의해 꾸려지는 불만족스런 현실로부터 막연히 멀어지고자 할 때 대안으로 다가간 것이 불교요 도선이었다. 그래서 사찰에서의 생활을 흠모했고 부처의 가르침에 침잠했으며, 단학을 배워 시해尸解하려고도 하였다. 이념적 지향을 바꾸지 않고서 심정적 일탈을 시도한 것이다. 이런 자세는 벼슬에서 소외된 사대부의 위기감이나 박탈감과 관련되어 있을 것이다.

이런 의식 경향을 '낭만적 신비주의'[12]라 규정할 수 있겠다. 유가석 합리주의를 표방한 조선 사회에서 유가 사대부가 비유가적인 요소들에 관심을 가졌다는 것이 낭만적 신비주의로 다가가는 출발점이 된다. 불교나 도선에 대한 관심이 전형적이다. 양쪽 다 세속을 벗어난 세계에 대한 관심을 고조시킨다. 대부분의 조선 사대부들에게는 이런 경향이 없지 않았다. 관심의 온건한 표명이기에 유가 이념과 대립하지 않았기 때문이다. 그러다가 때로 불교나 도선에 깊이 침잠하게 되면 관심이 신념으로 변한다. 또 꿈이나 상상의 세계를 현실의 대안 세계로 제시하려 할 때에는 상황이 매우 달라진다. 상식의 수준을 넘어서는 초월적 세계나 인물을 상정하는 것이다.

서유영을 중심으로 한 시사 동인들이 이 일련의 과정에서 어느 단계까지 나아갔는지는 확실하지 않다. 다만 홍우건의 「신루부」蜃樓賦[13]를 통해 낭만적 신비주의가 상당히 진척되었음을 짐작할 수 있다. 이 작품에서 홍우건은 일찍이 바다의 큰 이무기가 기氣를 토해내어 궁궐을 짓는다는 이야기를 듣고는 그것을 꼭 한 번 보고자 하는 소망을 가져왔다고 한 뒤, 계부인 홍현주가 갖고 있던 부채에 신루蜃樓의 그림이 선명하게 그려져 있었기에 그것을 보고 글을 짓는다고 했다. 신루의 모습은 환상적으로 신비화되어 있다.

환상적인 모습을 부채에 그려 가까이 두고 항상 바라보며 현실에서 존재하기 어려운 형상을 간절히 그리워하고, 환상적인 그림을 보고도 실물을 본듯 감동하는 이들의 태도에서 신비로운 세계에 대한 낭만적 지향이 강렬했음을 확인할 수 있다.

이들의 신비주의적 의식 경향은 현실로부터 일정한 거리를 두는 데서 시작해 현실을 환상적으로 재구성하는 데로 귀결되었다고 하겠다. 이런 경향이 『육미당기』와 『금계필담』에서는 어떻게 반영되고 또 변형되는지를 앞으로 살펴본다.

『육미당기』의 형성 과정과 서술의 특징

서유영은 1863년에 『육미당기』[14]를 지었다. 『육미당기』의 소서小序에는 창작 동기와 형성 과정이 밝혀져 있다. 서유영은 밤잠이 오지 않자 옆집에서 국문소설을 빌려 와 다른 사람으로 하여금 읽게 했다. 사대부도 국문소설의 독자층에 포함되었음을 말해준다. 또 그는 그 소설들이 모두 '가허착공'架虛鑿空했다고 하여 소설의 허구성을 분명하게 인식했다. 내용을 보면 대부분 남녀의 혼담에서 시작해 규방의 행적을 지루하게 이끌어가기에 그리 취할 바는 없지만, 인정물태人情物態를 묘사하는 데 탁월하여 비환득실悲歡得失의 순간과 현우선악賢愚善惡의 분별이 사람을 감동케 하는 바가 있다고 말했다.[15] 그리고 바로 그것 때문에 여항의 부녀자들이 소설을 탐독하게 되었을 것이라고 판단하였다.

이러한 진술은 소설 독자로서의 감상을 말한 것이면서, 작가로서 소설을 창작할 때 삼은 지침을 말한 것이기도 하다. 서유영은 이웃집에서 빌려 온 국문소설 중에서 취사선택하여 자기 소설의 골격을 만들고 거기에 '신화'新話를 덧붙여 새로운 소설을 만든 것이다.[16]

『육미당기』에는 김소선金簫仙이라는 남자 주인공과 백운영이라는 여자 주인공이 등장한다. 줄거리를 구분하여 요약하면 다음과 같다.

우선 김소선을 기준으로 줄거리를 살펴보자.

① 소선이 부왕의 병을 치료할 영순靈筍을 구하러 남해 보타산으로 향한다.
② 돌아오는 도중 형 세징이 영순을 빼앗고 소선의 두 눈에 독약을 발라 앞을 못 보게 한 뒤 유기한다.
③ 유구국에 사신으로 갔다 오던 승상 백문현에 의해 소선이 구원된다.
④ 소선은 피리를 잘 불어 궁실 후원에 머물게 된다.
⑤ 모친이 기러기 편으로 소선에게 편지를 보내는데, 그 편지를 낭독하는 소리를 듣고 소선이 개안한다.
⑥ 장원급제 하여 한림학사가 되고, 옥성 공주와 결혼해 낙랑왕이 된다.
⑦ 소선이 3처 3첩을 거느리고 신라로 귀국한다.
⑧ 도중에 세징이 보낸 자객을 만나지만 백운영이 그를 물리친다.
⑨ 소선이 옥에 갇힌 세징을 용서해주도록 한다. 풀려난 세징은 크게 반성하여 착한 사람이 된다.
⑩ 소선이 신라 왕위를 계승하니 세상이 태평해진다.
⑪ 소선이 3처 3첩을 거느리고 남해 보타산으로 간다.

백운영을 기준으로 하면 다음과 같이 요약할 수 있다.

① 백운영이 소선을 만나 혼인하기로 약속한다.
② 승상 배연령이 권력을 남용하여 백운영을 자기 아들 배득량과 강제로 혼인시키려 한다.
③ 백운영의 아버지 백 승상이 배연령의 무고로 귀양 간다.
④ 백운영과 어머니 석 부인 및 하녀 추향이 배득량의 위협을 피해 도망간다.
⑤ 백운영이 위기 상황에서 강물로 뛰어들어 목숨을 잃을 처지에 놓이지

만 수월암 중에 의해 구원된다.

⑥ 백운영과 추향이 남장을 하고 강주로 가는 도중 산적을 만난다.
⑦ 백운영이 전임 병부상서 설현에 의해 구원된다.
⑧ 남장을 한 백운영과 설현의 딸 설 소저가 혼인을 약속한다.
⑨ 백운영이 부친을 찾아 나섰다가 표류하여 남해 보타산에 이른다.
⑩ 도사가 백운영의 앞날을 예언해준다. 백운영이 천서를 얻어 신이한 능력을 갖게 된다.
⑪ 백운영이 장원급제 하여 한림학사가 된다.
⑫ 소선이 옥성 공주와 결혼해 낙랑왕에 등극한다.
⑬ 소선이 토번 정벌에 나섰다가 포로가 된다.
⑭ 백운영이 토번을 정벌하고 소선을 구출해준다.
⑮ 백운영이 부모와 상봉한다.
⑯ 소선이 치명적인 병에 걸린다.
⑰ 백운영이 모함에 빠진 황후를 구출하고 소선을 낫게 해준다.
⑱ 백운영이 금성 공주가 되어 소선과 결혼한다.
⑲ 설 소저가 옥천암에서 소선을 만나 그의 셋째 부인이 된다.
⑳ 신라를 침입한 왜국을 격퇴한다.

부모의 병을 고치기 위해 약수나 약초를 구하러 먼 길을 떠났다가 고난을 겪고 마침내 돌아와 부모를 구하는 이야기는 「바리데기」를 비롯한 서사무가나 민담에서 그 기원을 찾을 수 있지만, 『육미당기』의 이런 서사 골격은 국문소설인 「적성의전」이나 불교 경전인 『현우경』賢愚經의 「선사태자입해품」善事太子入海品과 직접 연결되어 있다. 『육미당기』는 「선사태자입해품」→「적성의전」에서 형성된 서사 골격에 영웅소설의 기본 골격을 덧붙였다.[17]

먼저 소선을 중심으로 살펴보면 「선사태자입해품」, 「적성의전」과 이어지는 서사적 맥을 찾을 수 있다. 「선사태자입해품」이 「적성의전」으로 나아가면서 앞뒤의 설법 현장이 탈락되고 '본생담'만이 남았다. 설법 현장이 종교적 교훈을 강조한다면 본생담은 서사적 흥미를 내세운다. 「적성의전」은 일단 대중의 흥미를 불러일으키는 쪽으로 나아간 것이다. 「선사태자입해품」에서 선사善事는 자신의 눈을 찌르고 치명적인 고난에 빠뜨린 악사惡事를 용서해주는 자비심을 보인다. 반면 「적성의전」은 성의成義를 해치려 했던 항의抗義가 피살당하게 만들어 악을 철저히 응징한다.

『육미당기』는 자비심의 실현이란 점에서 「선사태자입해품」에 더 가깝다. 『육미당기』의 소선은 자신을 고통스럽게 만든 세징을 아무 조건도 없이 용서해준다. 결국 세징도 이에 감동해 선량한 사람으로 변했다.

그런데 『육미당기』는 구조나 세부 묘사에서는 「적성의전」과 더 가깝다. 서유영이 「적성의전」을 모델 삼아 『육미당기』를 구안했을 가능성이 크다. 서유영이 이웃집에서 빌려 와 읽은 소설 중에 「적성의전」이 포함되었을 것이다. 그럼에도 불구하고 악한 행동을 한 상대 인물에 대한 관용의 태도는 「선사태자입해품」에 더 가깝다. 그것은 서유영이 불교의 가르침에 큰 관심을 가졌고, 심지어 관세음보살을 스승으로 삼고 수행 정진하겠다고 말할 정도였다는 점을 환기하면 쉽게 이해할 수 있다. 반면 「적성의전」은 그 어투나 삽입 시*를 살펴볼 때 작자가 한문에 정통하지 못했고 독자층 역시 그러했다는 사실을 알 수 있다. 또 불교에 대한 통속적인 관심을 바탕으로 하고 있기는 하지만 자비심보다는 선악에 대한 응징이 철저하게 이루어지도록 이야기를 끌어갔다는 점에서도 『육미당기』와 차이가 있다.

『육미당기』를 백운영의 입장에서 보면 여성 영웅소설의 골격에 가깝다. 서유영이 이웃집에서 빌려 와 읽은 소설 속에 영웅소설 또한 포함되었다고 짐작할 수 있다. 백운영과 설 소저의 여정을 따라가면 「이대봉전」의 여주인

---

* "표일신허여 유락말이외로다 고향사허여 빅일면이로다. …… 이글 쓰션 일신니 픠뢰하여 말이 밧가 흘러져지고 고향을 싱각ᄒ야 힌날 아리 조우도다"(김동욱 편, 『고소설판각본전집』 3, 연세대 인문과학연구소, 1973, 26면).

공 장애황을 만나는 느낌이 들 정도이다.

「선사태자입해품」이나「적성의전」에서 주인공은 곤경에 빠졌다가 구조되어 낯선 나라로 들어가고 그곳에서 공주와 사랑을 맺는데,『육미당기』는 이 부분 이후부터 특히 영웅소설의 색채가 강해지게 하였다. 이것은 불교적 초월주의를 영웅소설의 세속주의와 결합시킨 것이라 할 수 있다.

소선이 보타산 해운암*에 도착했을 때 도사는 영순靈筍을 주며 소선의 운명을 예언한다. 작품 서두에 제시된 도사의 이 예언은 그대로 실현된다. 이를 염두에 둔다면『육미당기』는 서두의 예언이 실현되는 과정을 보여주는 것이라고도 할 수 있다. 조선시대 소설에서 초월적 존재나 천상계가 개입하는 것은 일반적인 현상이지만『육미당기』는 좀 더 특별한 모습을 보인다.『육미당기』에서는 도사의 예언이 분명한 언사로 제시되고, 그 뒤의 사건은 사사건건 거기에 종속되어 전개된다는 인상을 강하게 주는 것이다. 모든 사건의 결과가 이미 정해져 있기 때문에 인간의 의지가 개입할 여지는 좁다. 작중인물은 다만 그 예언에 따라 행동하기만 하면 된다.

김소선과 백운영의 만남은「적성의전」과 영웅소설의 서술 골격이 결합하는 지점이라 했는데, 이때도 도사는 김소선에게 앞날을 예언해주고 백운영에게는 전생과 앞날을 밝혀준다. 두 사람의 만남의 의미도 이렇게 풀이한다.

> 너의 부친은 일찍이 수년간의 액운을 당할 운명이었지만, 이번 일만 잘 넘기면 길상吉祥이 거듭 찾아올 것이다. …… 소선은 본디 신라국의 태자인데 전신은 선인인 왕자王子 진晋이다. 너와는 숙세宿世의 인연이 있어서 인간세계로 내려

---

* 이곳은 불교적 성격도 있고 도교적 성격도 있는 곳이다. 서유영은 「제승벽」에서 "我聞觀世音 白衣號大士 普陀紫竹林 迺在南海沚"라 하여 이곳을 관세음보살과 연관시킨 바 있다. 더 자세한 사항은 장효현, 『서유영 문학의 연구』(아세아문화사, 1988), 64~65면을 참조할 것. 한편 소선이 해운암에서 발견한 책들은 모두 도가 수련서("簫仙試抽而觀覽 皆道家修鍊之書也",『육미당기』, 234면)였으며, 백운영도 도사가 준 세 권의 책을 공부하여 선가仙家 수련법을 터득하고서 세속 부귀에 대한 마음을 버리게 되었다(『육미당기』, 307면)며 도선적 성격을 강조하기도 했다.

왔다. …… 소선이 만일 어릴 적 액운을 경험하지 않았으면 어찌 능히 너와 더불어 만리타국에서 결연을 맺을 수 있겠느냐?[18]

여기서 운명의 실현은 불교의 인연설을 바탕으로 하고 있다. 인간 세상에서의 고난과 영달은 인연의 힘에 이끌려가며 결정된다. 그런 점에서 고난을 피할 수 없을 것 같지만 언제나 그런 것은 아니다. 피난처가 있기 때문이다. 고난을 겪을 단계가 되면 절이나 섬으로 피신하여 액운이 다하기를 기다리면 된다. 그렇기 때문에 『육미당기』의 주인공들은 극단적인 고난을 겪지 않을 수 있었고, 그 결과 다른 영웅소설과 분위기가 좀 달라졌다.

신비주의는 세속의 고난을 모면할 초월적 공간과 주인공을 그곳으로 인도해주는 초월적 인물을 인정한다.* 그래서 신비주의로 세상을 바라보면 운명을 예언하는 것도, 그렇게 예언된 고난을 회피할 수 있는 방법도 인정하게 된다. 가령 백운영이 해운암으로 가자 도사는 "네가 이곳으로 왔기에 중국에는 또 일들이 많이 일어났다"[19]며 현실에 문제가 발생한 것에 대해 우려를 나타낸다. 백운영은 신비로운 요소를 현실로 끌어들이는 역할을 한다. 그런 백운영이 현실을 떠나자 복잡한 사건들이 벌어져 현실에 혼란이 초래된다. 『육미당기』에서 신비주의는 현실에서 초래되는 갖가지 부질서를 극복하게 해주는 역할을 하는 것이다. 그 귀결점은 현실에서 우주의 질서와 조화를 실현시키고 그 정점에다 왕과 그 주위 인물을 포진시키는 것이다. 소선이 예겸에게 왕위를 물려주고 3처 3첩과 더불어 보타산으로 떠나는 작품의 결말은 그런 질서와 조화가 현실에서 초현실로 옮겨가는 것을 뜻한다.

---

* 해운암 도사는 백운영이 액운을 피하게 하기 위해 자신이 백운영을 해운암으로 불러왔다("吾欲留汝住此 差過一二年 俟汝厄運盡消 始出人世 做出一大事業 故中洋飄風泊於此地者 卽吾之所使也", 『육미당기』, 306면)고 했다.

『금계필담』의 갈래 체계 및 서술 시각 유형

야담집은 편찬자가 견문한 것을 기록한 것과 전대 문헌에 실려 있는 야담 작품들을 전사한 것으로 나눌 수 있다. 물론 이 두 가지 성격을 다 갖춘 야담집이 더 많다. 그에 비해『금계필담』[20]은 약간 특별한 요소를 갖고 있다.

> 내가 금계의 깊은 산골짜기에 거처하고 난 뒤로는 찾아오는 손이 없어 적막하였다. 하루 종일 문을 닫고 있으니 일이라곤 오직 병들어 누워 있는 것이었다. 책을 저술하면서 시간을 보내려는 마음이 생겼지만 내 벌써 나이가 들어 소싯적 기억했던 것조차 모두 잊어버렸다. 옆에는 책도 없으니 참고하고 옮겨올 수도 없었다. 마침내 옛날에 들은 바를 겨우 되살려 생각나는 대로 문득 기록한다.[21]

『금계필담』이 다른 야담집이나 문헌의 기록을 그대로 옮긴 것이 아니라 편찬자가 오래전에 들었던 이야기들을 복원한 것임을 밝히고 있다. 그런 까닭에 이야기를 들었던 시점과 기록한 시점 사이의 간격이 크다는 점이『금계필담』의 특징이다. 그 사이에 망각과 기억의 복구, 보완과 변개가 이루어졌고, 그 과정에 서유영의 취향이나 세계관이 깊이 개입했을 것이다. 취향과 세계관에 맞지 않는 것은 대부분 잊혀지고 무시되었을 가능성이 크다. 결국『금계필담』의 작품으로 남은 이야기들은 서유영에 의해 의식적으로든 무의식적으로든 걸러진 것이다.

『금계필담』은 1873년에 편찬되었기에 말기 야담집에 속한다. 구성 갈래들을 살펴보면, 실사實事를 선별하고 압축하여 제시하는 사대부 일화와 세계의 기이를 함축하는 전설이 중심을 이룬다.

사대부 일화 중에서는 임금 주변의 이야기와 지방 관아의 이야기가 비슷한 비중을 차지한다. 전자는 임금의 성덕을 강조하는 것으로 귀결되지만,[22] 후자는 기존 사회에 문제가 되지 않는 한도 안에서 웃음을 유발하는 경우가

많아 소화에 가깝다.[23]

　전설은 민간에 떠돌던 이야기로서, 기이함을 인정하고 자아의 능력이 세계의 그것에 비해 매우 열등한 상황을 전제한다. 가령 「밀양영남루」密陽嶺南樓(『금계필담』, 267면)나 「여재의령시」余宰宜寧時(『금계필담』, 201면) 등에서 편찬자는 증거물이나 역사적 인물을 끌어와 기이함에서 벗어나려 하나, 그것들은 도리어 기이한 분위기를 그럴듯하게 장식해주는 역할을 하기도 한다.

　갈래 구성에서 발견되는 『금계필담』의 이 같은 특징은 두 가지 사실을 암시한다. 첫째, 실화 중심의 사대부 일화와 비현실적 기이 중심의 전설이라는 두 극단이 있을 뿐, 실화와 허구를 적절하게 소화시켜 당대의 현실 경험을 작품으로 승화시키는 갈래가 많지 않다는 점이다. 『금계필담』에는 야담계 일화나 야담계 소설이 많은 편이 아니다. 둘째, 전설적 기이는 불교나 도선 취향 등으로 나타난 신비주의적 경향과 상통하면서도 구분된다는 점이다. 신비주의적 경향이 세계에 대해 일정한 거리를 설정하고서 주체적으로 세계를 바라본 결과인 데 반해, 전설적 기이는 세계를 대상화하지 못하고 기이한 요소들을 일방적으로 수용한 결과이다. 『금계필담』에서 전설적 기이가 큰 비중을 차지한다는 사실은 『육미당기』가 신비주의적 경향을 띤다는 사실과 관련되면서도 구분된다고 하겠다.

　서술 시각 측면에서 볼 때, 「고참판경」高參判庚(『금계필담』, 221면)과 같이 '욕망의 성취'를 서술 시각으로 한 작품이 드물다는 점도 『금계필담』의 특징 중 하나이다. 그런데 「고참판경」조차도 박 좌수의 딸이 실천하는 보시로 귀결되어 '이념의 구현'으로 전환된다. 『금계필담』의 주된 서술 시각은 '이념의 구현'과 '운명의 실현'이다.

　이념의 구현은 먼저 충을 강조한다. 특히 단종 폐위 및 사육신 사건과 관련된 작품이 많은데, 「매죽헌성공삼문」梅竹軒成公三問(『금계필담』, 22면), 「단묘손우영월」端廟遜于寧越(『금계필담』, 25면), 「현덕왕비권씨」顯德王妃權氏(『금계필담』, 28면), 「정순왕비송씨」定順王妃宋氏(『금계필담』, 30면), 「광묘유일공주」光廟

有一公主(『금계필담』, 34면) 등이 여기에 해당한다. 이 작품들은 사육신과 생육신의 행적, 단종의 어머니 현덕 왕비의 세조 응징, 단종의 비 정순 왕후의 충절, 정실 왕후 딸의 은둔 등을 통해 세조의 왕위 찬탈의 부당함과 그에 저항한 충직한 사람들의 정당함을 부각시켰다. 서유영은 60세 때인 1860년에 사릉思陵 참봉參奉 벼슬을 하였는데, 사릉은 단종의 비 정순 왕후의 능이다. 이때 단종과 관련된 사적과 전설을 두루 접하며 그 사건의 참뜻을 두루 새겼을 것이다.*

그 외에 「김노연처이씨」金魯連妻李氏(『금계필담』, 240면)에서 여주인공 이 씨는 시집이 몰락하고 남편이 귀양 가자 혼자 시어머니를 극진히 봉양한다. 그러다 결국 남편이 죽자 그 탈상 날 자결한다. 이 씨는 효와 절節이란 이념을 완전하게 구현한 것이다.

「정순대비김씨」貞純大妃金氏(『금계필담』, 78면)에서 도깨비들은 어린 김 씨를 보고 중전이 될 것이라고 예언한다. 그리고 그 예언이 실현되는 과정에서 김 씨의 탁월한 이념적 행동이 형상화된다. 김 씨의 이념적 탁월성은 그녀를 신비롭게 만드는 역할도 한다.

이념의 강조는 서사체가 현실을 인식하는 방식에도 영향을 끼쳤다. 가령 「양파정상국태화」陽坡鄭相國太和(『금계필담』, 95면)에는 역관의 딸로서, 계모에게 재산을 빼앗기고 쫓겨나 거지로 떠도는 처녀가 등장한다. 그런데 처녀의 기구한 처지가 그 자체로는 주목받지 못한다. 다만 처녀는 정태화가 베푸는 음덕의 수혜자로서만 부각된다. 정태화는 어릴 때부터 용모가 준수하고 단정해 보는 사람마다 장차 큰 인물이 될 것이라고 칭찬했지만, 유독 그 아버지만은 그가 못마땅하여 눈살을 찌푸렸다. 어느 날 정태화가 전라도 관찰사로 있는 아버지를 만나러 가다가 여관에 들러 하룻밤을 보내고 있었는데 그 여관

---

* 장효현은 서유영의 사릉 참봉 체험을 『금계필담』에 이런 작품들을 수록한 사실뿐 아니라 『육미당기』가 신라 소성왕昭聖王의 아들을 주인공으로 설정한 것과도 관련시켰다. 즉, 13세에 즉위하여 숙부에게 왕위를 찬탈당하고 죽은 소성왕의 아들 청명 태자淸明太子(애장왕哀莊王)의 사연이 단종의 비극과 흡사하다고 보았다(장효현, 『서유영 문학의 연구』, 아세아문화사, 1988, 23면 참조).

에 거지 차림의 처녀가 들어왔다. 처녀는 추위를 이기지 못해 여관의 부뚜막에서 몸을 녹이려 했지만 주인은 냉정하게 내쫓아버렸다. 정태화는 처녀를 측은히 여겨 자기 방으로 불러들여 자게 했다. 그러나 처녀가 여자인 것을 알게 된 그는 자신도 모르게 처녀를 범하고 말았다. 그 뒤 전주 본영에 도착하니 정태화의 아버지는 전과는 완전히 다른 태도로 그를 맞이하였다. 정태화의 아버지는 부인에게 이렇게 말했다.

> 이 아이는 귀하게 되어 마땅히 재상이 될 만했으나, 얼굴에 푸른 기색이 있어서 끝이 안 좋을 것이었소. 내 그게 심히 못마땅해 평소 아이의 얼굴을 보지 않으려 했소. 그런데 오늘 보니 홀연 그 푸른 기운이 다 없어지고 황색 빛이 얼굴에 가득 차 있소. 진실로 큰 음덕이 없었다면 어찌 이렇게 되었겠소?[24]

그러고는 아들에게 그동안 무슨 큰 음덕을 베풀었느냐고 물었다. 정태화는 처녀를 하룻밤 재워준 것을 음덕이라 여기지는 않았지만 그것 외에는 생각나는 것이 없어 그 일을 아버지에게 말했다. 그러자 아버지는 큰 음덕을 베풀었다고 칭찬하고 그 처녀를 데려와 소실로 삼게 했다. 과연 정태화는 이른 나이에 최고 벼슬인 재상의 자리에 올랐다.

아버지로부터 외면당하는 정태화의 처지도 문제적이지만, 계모에게 모든 것을 빼앗기고 쫓겨나 떠도는 처녀의 처지는 그보다 더 문제적이다. 그러나 어느 쪽도 서술의 초점 대상이 되지 못한다. 초점 대상은 정태화의 얼굴에 나타난 '푸른 기운'의 극복 과정이다. 그 과정에서 정태화가 처녀에게 베푼 '음덕'이 특별하게 다뤄진 것이다. 서술자는 처녀의 고통스런 삶을 그 자체로 바라보지 않는다. 처녀의 삶은 정태화가 '푸른 기운'을 없애고 얼굴에 황금빛이 가득 차게 되는 계기, 즉 그가 음덕을 베푸는 대상이 되는 데에서만 의의를 가지는 것이다. 음덕 베푸는 것을 실천적 유가 이념의 구현이라고 본다면, 이 작품에서 이념의 구현은 처녀의 심각한 현실 문제를 그 자체로 직시하지 못하게 만드는 역할을 한다.

『금계필담』에서 가장 큰 비중을 차지하는 서술 시각은 '운명의 실현'이다. 「이토정지함」李土亭之菡(『금계필담』, 155면), 「우복당정공경세」愚伏堂鄭公經世(『금계필담』, 161면), 「광해시」光海時(『금계필담』, 50면), 「인조조」仁祖朝(『금계필담』, 63면), 「박진구」朴震龜(『금계필담』, 173면), 「효종조」孝宗朝(『금계필담』, 174면), 「이참판이장」李參判彛章(『금계필담』, 176면), 「숙종조일명사」肅宗朝一名士(『금계필담』, 181면), 「이판서정보」李判書鼎輔(『금계필담』, 188면), 「영종조일재유독자」英宗朝一宰有獨子(『금계필담』, 192면), 「여재의령시」余宰宜寧時(『금계필담』, 201면), 「명종조일재」明宗朝一宰(『금계필담』, 201면) 등이 여기에 속한다.

이들 작품에서는 예언 능력이 있는 사람이 다른 사람의 앞날을 예언하는데, 그것이 그대로 실현된다. 이때 서술자가 취하는 태도는 몇 가지로 나눌 수 있다. 먼저 사람의 운명은 이미 정해져 있으므로 그것을 결코 피할 수 없다는 운명론을 강조하는 경우이다. 다음으로 앞날을 예언하는 사람의 탁월한 능력을 강조하는 경우도 있다. 어떤 사람이 겉으로 보기에는 초라하지만 실제로는 모든 사람의 앞날을 꿰뚫어보는 비범한 사람이라는 것이다. 마지막으로 사람의 앞날이 예정되어 있기는 하지만, 예견력을 갖춘 사람과 당사자의 노력에 의해 정해진 운명을 수정하고 예견된 불행도 모면할 수 있다는 점을 강조하는 경우도 있다. 운명을 극복한다는 점에서는 사람의 능력을 어느 정도 인정하지만, 운명을 관장하는 초월적 존재에게 간청하거나 초월적 존재의 눈을 피하는 방식을 사용한다는 점에서 사람의 주체성을 전적으로 신뢰하는 것은 아니다.

「이토정지함」에는 기이한 존재인 흑인黑人과 예견력을 갖춘 이지함이 등장한다. 과천의 교생校生은 목격자이다.

① 선조 때 가난한 교생이 태백산에 들어갔다가 절벽 아래 초가집에 사는 여인을 만났다. 그녀는 여염집 처녀인데 흑인에게 잡혀왔다고 했다.

② 흑인이 짐승 수십 마리를 잡아서 돌아왔는데, 온몸에 털이 나 있어 사람 같지 않았다.
③ 흑인은 선비에게 자기 앞에서 여인과 관계를 가지라고 강요했다.
④ 밤마다 관계한 지 49일 만에 여자가 커다란 알 하나를 낳았다. 흑인이 몹시 기뻐했다.
⑤ 흑인은 온갖 귀한 물건들을 선물로 주고 교생과 여인을 등에 업어서 교생의 마을로 데려다주었다. 흑인은 다음 해 모화관 앞길에서 자기를 기다려달라는 말을 남기고 떠나갔다.
⑥ 그날에 교생이 모화관으로 가서 기다렸지만 흑인은 오지 않고 당나귀 탄 노인이 나타났는데 그가 토정 이지함이었다. 이지함은 흑인의 정체를 설명해주었다.
⑦ 이지함이 전쟁을 예언했는데 과연 임진왜란이 일어났다.

여기서 흑인은 이상하고 신비스런 존재이다. 이지함이 설명해준 흑인의 정체는 이러하다.

> 그것은 을(乙)이라는 것으로, 바다 건너 넓디넓은 물가에 사는데 수컷만 있고 암컷은 없다네. 남녀가 교합할 때 뚫어질듯 바라보고 그 정기를 모아 잉태시키고 알을 낳게 하여 제 자식으로 삼지. 이것은 나나니벌이 나방의 유충을 길러서 (새끼를 만드는 것과 같은 이치라네.) 이것이 나타나는 나라는 반드시 전쟁의 환란을 겪으니 우리나라도 10년 후 반드시 전쟁의 고통에 시달릴 걸세.[25]

흑인은 그 사는 곳이 아득하고 알을 낳게 하는 방식 또한 기이하다. 그가 왜 특정한 나라에 나타나는지도 알 수 없다. 분명한 것은 그가 나타나는 나라에 전쟁이 일어난다는 사실이다. 흑인은 이지함이 등장할 조건을 마련했고, 이지함은 흑인의 정체에 대해 설명하면서 임진왜란을 예언했다. 온통 신비스럽기만 한 존재들에 의해 임진왜란이 예언되었고, 그 예언은 그대로 실현되었다. 운명의 실현과 신비주의가 완전하게 결합된 셈이다. 이런 이야기에 사람의 의지가 개입할 여지는 없다.

「효종조」,「우복당정공경세」 등도 예언을 잘하는 인물을 소개하고 있다. 송시열이 만난 노인과 정경세가 만난 노인은 자신의 존재를 세상에 알리지 않고 숨어 사는 인물이다. 이들은 크게 현달할 사대부의 앞날을 정확하게 예언해준다. 그런 점에서 두 노인은 송시열이나 정경세보다 더 높은 존재이다. 세속 사람들이 최고로 추앙하는 인물보다 더 높은 존재가 이름도 없이 살고 있으니 사람들이 겸양하지 않을 수 없는 것이다.*

요컨대 『금계필담』에서는 운명의 실현이란 서술 시각이 가장 큰 비중을 차지하며, 갈래 면에서는 전설과 사대부 일화가 큰 비중을 차지한다. 특히 전설은 전설적 기이를 집요하게 보여준다. 운명의 실현이 주 서술 시각으로 자리 잡은 것은 서유영의 낭만적 신비주의와 말기 야담집의 일반적 성향이 상호 작용한 결과라 할 수 있다. 전설 중심의 갈래 구성은 신비주의와 세부적인 면에서 일치하는 것은 아니지만, 현실에 대한 태도에서 막연한 친연성이 있다고 하겠다.

『육미당기』와 『금계필담』의 상호 관계 양상과 그 의미

『육미당기』와 『금계필담』은 운명의 실현이라는 서술 시각을 중심으로 한다는 점에서 상통한다. 그러나 『육미당기』가 시사 동인들의 낭만적 신비주의

---

* 「이병식」李秉軾(『금계필담』, 290면),「우사하형」禹使夏亨(『금계필담』, 286면)은 운명의 실현 과정을 보여주지는 않지만 사람의 겸양을 가르친다는 점에서 이들 작품과 상통한다. 이들 작품에서는 용력과 힘이 뛰어난 사람에 대한 이야기를 이끌어가다가 후반부에서 그보다 더 뛰어난 인물을 등장시켜 전자의 자만과 상대적 열등함을 폭로한다. '겸양'이라는 유가적 덕목은 어떤 분야에서도 소중한 것이라는 주장을 하고 있는 것이다.

의식 성향과 연결되는 반면, 『금계필담』은 전설적 기이와 관련된다는 점에서 다르다. 운명이 현실에 개입하여 구현하는 결과에서도 구분된다. 『육미당기』가 운명의 개입으로 인해 초래되는 질서와 행복에 중점을 둔다면, 『금계필담』은 오히려 혼란과 불행에 중점을 두고 있다.*

한편 『금계필담』은 운명을 실현하는 과정을 보여주는 작품들뿐만 아니라 기타 기이소를 담은 작품들도 많이 수록했다. 가령 「여재의령시」余宰宜寧時(『금계필담』, 201면), 「조신선자」曺神仙者(『금계필담』, 182면), 「상원오생중눌」祥原吳生仲訥(『금계필담』, 204면) 등에서 작중인물들과 세계는 신비의 베일에 가려져 있다. 「여재의령시」에서는 정체불명의 서생이 자신에게 밥 한 그릇을 대접해준 강생을 구해준다. 서생은 강생이 타려는 배가 곧 뒤집어질 것을 예견하고 배를 타려는 강생의 옷자락을 잡고 놓아주지 않는다. 죽을 뻔했다가 살아났다는 사실을 알게 된 강생이 감격해 절을 했지만 서생은 받아주지도 않고 사라져버린다. 「조신선자」에서 조신선은 실제 나이로는 수백 살이 되지만 마흔 살쯤밖에 되어 보이지 않는다. 이에 대해 서술자는 "세상에 신선이 없다고 말하는 것은 진정 거짓말이라 하겠다"[26]라며 신선의 존재를 인정해야 한다고 주장한다. 「상원오생중눌」에서는 거지 차림의 이인異人이 환술을 써서 중국의 소상강과 악양루의 환상적인 풍경을 유생들과 기생들에게 구경시켜준다.

---

* 『금계필담』의 「영종조일재유독자」英宗朝一宰有獨子(『금계필담』, 192면)에는 신수를 잘 보는 재상의 친구가 등장한다. 그는 재상 외아들의 신수를 보고 20세쯤 되면 죽게 되어 있다고 예언한다. 재상은 친구에게 아들의 불행한 운명을 피할 방법을 알려달라고 간청한다. 재상의 친구가 알려준 방법은 재상이 관직에서 물러나 강변에 정자를 짓고 아이를 내버려두었다가 10세가 지난 뒤에 비로소 글을 가르치고 혼례를 올리게 하라는 것이었다. 재상은 그 말에 따랐다. 재상의 아들은 과거에 급제하여 옥당에 제수되었다. 그러다가 세조의 능인 광릉의 제사를 담당하는 대축관이 되어 뗏목을 타고 강을 건너게 되었다. 그런데 갑자기 불어난 물에 뗏목이 뒤집혀 사람들 모두가 행방불명이 되었다. 그날 저녁 오직 재상의 아들만이 살아서 돌아왔다. 어린 시절 강가에서 놀며 익힌 수영 솜씨 덕분이었다. 이렇듯 운명의 예언이 불행의 실현이 아니라 타고난 불행의 극복으로 귀결된 점은 『육미당기』에서 백운영이 해운암으로 피신해 액운을 피하는 것과 유사하다. 다만 이런 설정이 『육미당기』에서는 일반적인 것이지만 『금계필담』에서는 특별한 것이다.

기생이 거지에게 희롱 삼아 말하기를,
"당신이 신술을 가졌다니 우리들에게 악양루를 구경시켜줄 수 있나요?"
거지가 말했다.
"그것은 어렵지 않수다. 당신들도 그걸 보고 싶수?"
모두들 한 번 보는 게 소원이라 하니 거지가 말했다.
"그럼, 물 한 동이 가져와 보슈."
기생이 즉시 물 한 동이를 가져와 자리에 놓았다.
"어디 한번 물동이 속을 내려다보시오."
여러 사람들이 그 말에 따라 물동이를 내려다보니 자그마한 물동이가 점차 커지기 시작하더니 어느덧 넓은 바다가 되어 끝이 보이지 않았다. 모두들 어쩔 줄 모르고 있다가 바다 가운데 있는 바위로 피신했다. 그때 동자 두 명이 작은 배를 저어 왔다. 거지가 말했다.
"모두들 이 배에 타시오."
모두 배에 올라타니 한 동자는 노를 젓고 한 동자는 뱃머리에 앉아 퉁소를 부는데 그 소리가 하늘 끝까지 울리는 듯하였다. 배 안에 마련되어 있는 상에는 맛있는 안주와 좋은 술이 가지런히 놓여 있었다. 배는 번개처럼 순식간에 천 리를 달리다가 갑자기 푸른 절벽 아래에 닿았다. 그 위에는 층층 누각이 높이 솟아 있었고 아래에는 배들의 돛이 수풀처럼 서 있었다. 거지가 말했다.
"여기가 악양루요."[27]

이렇게 거지는 초라한 현실에다 환상의 세계를 펼쳐주었다. 그 환상의 세계는 사람들이 꼭 한 번 가보고 싶어 하던 곳이다. 거지는 환상을 통해 변변찮은 현실에서 살아가던 초라한 사람들에게 잠시나마 환희를 경험하게 해준다. 그러나 거지가 사라지자마자 혼란과 공포가 조성된다. 정신을 차려보니 기생들은 유생들과 함께 궤짝 위에 올라앉아 서로 붙들고 통곡하고 있을 따름이었다. 그만큼 거지의 존재는 더 신비화되었다. 서술자도 "이것이 비록 환술에 가깝기는 하지만 그 거지는 남들과는 다르지 않겠는가?"[28]라며 남다른 능력을 가진 거지의 탁월함을 인정했다. 탁월한 거지가 만든 환상의 결과는 환멸과 무질서였다. 이렇듯 『금계필담』의 신비주의는 질서나 행복보다는 환멸과 무질서를 초래한다.

『육미당기』와 『금계필담』은 불교에 대해 긍정적인 입장을 보인다는 점에서도 공통된다. 가령 「유일재자아시」有一宰自兒時(『금계필담』, 196면)는 평안감사가 되겠다는 소망을 가졌지만 낮은 신분 때문에 그것이 불가능하다는 사실을 알고는 시름시름 앓다 죽은 아이가 양반가의 자식으로 다시 태어나 결국 평안 감사가 된다는 내용이다. 줄거리가 환생을 보여줄 뿐 아니라, 평결에서도 불교의 윤회설과 환생을 인정했다.[29] 불교에 깊은 관심을 가졌던 서유영은 이 이야기를 기억하고 있다가 『금계필담』에 수록했을 것이다. 이는 『육미당기』를 창작하는 과정에서 많은 소설 중 「적성의전」이란 불교 소설을 이야기의 기본 골격 가운데 하나로 선택한 태도와 상통한다.

그러나 같은 소재가 『육미당기』와 『금계필담』에 공통적으로 나타나는 경우는 옥보고玉寶高 이야기뿐이다. 『육미당기』에서 김소선은 만파식적萬波息笛 이야기, 백결百結과 옥보고 이야기 등 신라의 이야기들을 부인들에게 소개하는데,[30] 이것들은 『삼국유사』와 『삼국사기』에 실려 있는 것이다. 그중 옥보고 이야기만이 『금계필담』에 실려 있다. 『육미당기』가 『금계필담』보다 먼저 지어졌으므로 옥보고 이야기가 『금계필담』에서 『육미당기』로 옮겨졌다고 볼 수 없다. 서유영은 『삼국유사』나 『삼국사기』를 읽고 이런 이야기들을 기억해두었을 것이고, 그것을 『육미당기』와 『금계필담』에 옮긴 것이다.

『육미당기』와 『금계필담』이 동일인에 의해 창작되었기에 여러 면에서 상통하는 점이 많으리라 기대됨에도 불구하고 공통되는 소재가 하나뿐이라는 사실은 무엇을 뜻하는 것일까? 『육미당기』와 『금계필담』의 관련성이 약한 원인을 설명하는 데는 여러 가지 관점이 필요할 것이다. 무엇보다 형성 과정의 차이를 고려해야 하고, 또 장편 한문소설과 야담이라는 갈래의 관계도 살펴보아야 한다.

　우선『육미당기』와『금계필담』소재 작품들은 갈등의 성격이 다르다.『육미당기』의 갈등은 상층 신분 사이의 갈등이다. 반면『금계필담』의 작품들에서는 여러 계층 사이의 갈등이 나타난다. 갈래를 살펴보면,『금계필담』은 일부 야담계 일화를 제외한다면 사대부 일화와 전설로 이원화되어 있다. 서유영은 사대부 일화를 통해 자신에게 익숙한 세계를 확인했고, 전설을 통해서는 낯선 세계를 경험했다.『육미당기』에서 백운영을 중심으로 일어나는 사건들에는 상실한 권력을 회복하려는 상층의 입장이 시종 개입한다. 반면『금계필담』소재 「이상국장곤」李相國長坤(『금계필담』, 84면), 「김상국우항」金相國宇杭(『금계필담』, 121면), 「광해시춘천부」光海時春川府(『금계필담』, 171면) 등에서는 실세 회복을 갈망하는 양반의 입장과 함께 신분 상승의 욕망을 가진 평민의 입장도 개입한다.『금계필담』의 이런 현상은 평민들 사이에서 전승되던 이야기가 양반에 의해 구연·기록되었거나, 양반 사회에서 일어난 사건이 양반들에 의해 구연되다가 평민들에게까지 전승되었기 때문에 나타났을 것이다.

　작가·편찬자의 갈래 선택 동기에도 차이가 있다. 서유영은 50세 때인 1850년에 사마시司馬試에 합격했지만, 65세 때인 1865년에야 음보蔭補로 경상도 의령 현감이 되었다.[31] 서유영이『육미당기』를 지은 때는 63세 때인 1863년이다. 이 시기는 그가 시사를 결성해 쟁쟁한 문인들과 교우 관계를 유지했지만, 새원璽院의 생관牲官이라는 미미한 벼슬을 하며 세상일에 실망하고 있던 때였다. 사대부로서 포부와 경륜을 갖추고서도 변변한 벼슬을 얻지 못하여 망연자실해 있을 때 그는 낙산시사 동인들과 함께 현실 세상과는 다소 다른 신비로운 어떤 곳을 지향하기도 했다. 신비주의 경향을 보인 것이다. 그리고 이런 지향을 단편적으로 담을 수밖에 없는 한시에 만족하지 못하게 되었다.『육미당기』라는 장편소설을 지은 것은 이러한 한시의 한계를 넘어서서 현실의 결락 부분을 메우고자 했기 때문이다. 낙산시사 동인 중 한 사람인 소정邵亭 김영작金永爵이 쓴『육미당기』의 「비평」批評 중에는 이런 구절이 있다.

> 예부터 패관의 무리들은 모두가 문인들이었는데, 글자를 끼적거려 그 불평의 기분을 드러내었다.[32]

여기서 '패관'이란 소설 작가도 포함하는 것일 텐데, 소설의 창작 이유를 현실의 불만과 그에 대한 보상과 관련시킨 것이다. 김영작의 이런 소설관에 서유영도 공감했을 것이다.

『육미당기』의 창작 동기 및 그 현실적 의미를 해석하는 데 결정적 단서를 제공하는 것이 있다. 그것은 바로 서유영이 30세였던 1830년에 지은 「감우시」感遇詩이다. 「감우시」는 『운고시선』雲皐詩選에 실려 있다. 서유영은 익종翼宗(1809~1830)의 초상을 치른 다음 날 밤 꿈속에서 입시入侍해 응제應製하였는데, 깨어난 뒤 느낀 바가 있어 시를 짓는다고 했다. 그가 꿈속에서 입시 응제한 시기는 익종이 대리 청정을 하던 때라고 하였다.[33]

순조는 말년에 유칠재柳七在·홍찬모洪燦謨 등의 모반 사건이 거듭되고 안동 김씨의 세도가 극심해지자, 조만영趙萬永의 딸을 세자빈으로 삼아 풍양 조씨를 중용한 뒤 1827년(순조 27) 세자인 익종으로 하여금 대리 청정하게 하였다. 익종은 순조의 뜻을 잘 헤아려 선정에 힘썼으나 대리 청정 4년 만에 세상을 뜨고 말았다. 익종의 새로운 통치에 기대를 걸었던 많은 사대부들에게는 너무나 충격적인 사건이었다. 서유영도 그중 한 사람이었다. 특히 서유영은 익종의 장례 무렵 그 장지인 양주楊州에 살고 있었으므로 장례 행렬을 목격했을 것이다. 그러므로 서유영의 꿈속에 익종이 나타났다는 것은 우연한 일이 아니다. 그리고 자신이 입시 응제한 때가 익종이 대리 청정할 무렵이었다는 점을 부각시킨 것도 의미심장하다.

「감우시」는 총 9수인데, 그중 기이其二는 현포玄圃와 옥잠玉岑이라는 초월적 이상 공간과 초라한 현실을 대조시킨다. 기삼其三과 기오其五는 현실의 여인이 임을 잃고 절망하는 모습을 그린다. 기사其四는 왕자 진晉이 대낮에 신선이 되어 피리를 불며 푸른 하늘로 날아갔다고 한 뒤, 그의 사당이 있는 구씨산緱氏山의 선경을 묘사한다. 기육其六에서는 편지를 전해줄 여안旅雁과 쌍리雙鯉가 없어 소식을 전할 길 없음을 안타까워한다. 이상을 연결시켜 보면, 「감우시」는 신선 세계로 떠난 왕자 진과 그를 그리워하는 여인을 소개하고 양자를 매개할 수 있는 여안과 쌍리가 없음을 지적함으로써 익종 서거 후 서유영의 심정을 암시했다고 해석할 수 있다. 기칠其七은 임을 떠나보낸 여인의 처지가 익종을 사별하고 망연자실해 있는 서유영과 대응된다는 사실을 분명하게 짐작하게 한다.[34] '왕자 진과 여인'은 곧 '익종과 서유영'이라는 대응이 성립하는 것이다.

이렇게 익종을 사별한 서유영의 처지와 긴밀한 관계가 있는 「감우시」는 『육미당기』와도 연결된다. 먼저, 『육미당기』에서 주인공 김소선이 왕자 진의 후신이라 했으므로 「감우시」에서 익종을 왕자 진에 비견한 것과 대응된다. 둘째, 「감우시」에서 미인을 묘사하면서 마음씨 나쁜 중매쟁이는 따를 수 없으며 미인이 자신의 아름다운 모습을 보아줄 사람이 없어 안타까워한다고 했는데,[35] 이 부분은 『육미당기』에서 백운영이 김소선과의 약속을 지키려고 배득량의 구혼을 받아들이지 않고 고난을 겪는 점과 대응된다. 셋째, 「감우시」의 "기러기는 남쪽 상수 쪽으로 날아갔다네"[36]라는 구절은 『육미당기』에서 기러기가 제 할 일을 다하고 남쪽으로 날아가는 결말과 대응된다. 마지막으로 두 작품은 전체의 분위기도 흡사하다.

이상과 같은 점에서 「감우시」와 『육미당기』는 긴밀하게 관련된다. 그렇지만 다음과 같이 그 차이도 지적할 수 있다.

「감우시」   : 왕자 진→왕위 포기→단독 선계향仙界向 암시
『육미당기』: 김소선→왕위 계승→백운영과 함께 선계향

「감우시」에서 왕자 진은 미인의 사랑을 거절하고 왕위도 포기하는 반면, 『육미당기』에서 김소선은 백운영과의 사랑을 성취하고 왕위에도 오른다는 점에서 큰 차이가 있다. 이 차이는 먼저 서정과 서사가 삶을 담는 방식이 다른 데서 비롯되었을 것이다. 서정과 달리 서사는 허구를 통해 현실의 결핍 부분을 보상한다. 서유영은 『육미당기』의 허구 세계를 만들면서, 사대부 문화의 상식인 왕자 진의 행적을 참조하고 「적성의전」의 구조를 수용함으로써 신비주의적 세계관을 추구하는 한편, 영웅소설의 구조를 수용해 현실적 결락 부분, 즉 익종의 '왕위 계승'을 실현시켰다. 후자는 서정 양식인 「감우시」에서는 구현할 수 없는 부분인 것이다. 「감우시」는 입시 응제하는 꿈을 소재로 지어졌지만, 꿈속의 영광보다는 꿈을 깬 뒤의 허탈감을 더 강하게 나타냈다. 꿈속에서 경험한 입시 응제의 영광은 『육미당기』라는 장편소설의 허구적 세계를 통해서만 되살릴 수 있었다. 김소선에 비해 백운영의 능력을 월등하게 설정했으며, 특히 김소선을 적진으로부터 구해내 왕위에 오를 수 있게 한 것도 백운영의 공이었다는 사실을 고려한다면 서유영의 현실적 욕구가 주로 백운영을 통해 구현되었다고 볼 수 있다.

이에 비해 『금계필담』은 서유영이 73세 되던 해에 편찬하였다. 그는 암행어사로부터 억울한 탄핵을 받고 1868년 삼등三登으로 귀양 갔다가 1870년에 풀려나 금계錦溪로 귀향하였다. 여기서 『금계필담』을 편찬했는데, 이보다 1년 전에 지은 「회인시」懷人詩에서는 지난 5, 6년 사이 낙산시사 동인들이 거의 다 죽거나 흩어져 시사 활동이 중단되었음을 안타까워한 바 있다.

암행어사의 탄핵은 그로 하여금 벼슬에서 물러나게 했을 뿐만 아니라, 벼슬살이 자체에 대한 근본적인 회의에 빠지게 하였다. 「자견시」自遣詩, 「귀가」歸家에서는 노년의 생계를 나무하기와 고기잡이에 의존한다고 했다. 금계에서의 생활은 가난한 농민이나 어부의 그것과 다름없었다. 그는 유일한 소원이 민생에서 부역이 줄어드는 것이라고 토로하기도 하였다.

서유영은 이와 같이 평민과 다를 바 없는 생활을 하면서 민간에서 구연

전승되던 이야기들을 기록하고, 또 기억에 남아 있던 이야기들 중에서 그에 부합하는 것들을 되살렸을 것이다. 『금계필담』 소재 작품 중 전설이나 평민 일화들이 여기에 해당한다.

그런가 하면 "변변찮은 밭뙈기로 생계를 꾸리며 배불리 취하여 노래 홍얼대는 것도 임금의 은혜로세"[37]라고 노래한 대목에서는 사대부 의식의 편린을 내비치기도 한다. 사대부 일화는 이런 의식의 연장선에서 수록되었다고 할 수 있겠다.

요컨대 『금계필담』은 말년의 편찬자가 현실에 대한 집착을 떨쳐버리고 이념적으로 비교적 자유로워진 처지에서 편찬한 것이라 할 수 있다. 서유영이 평민과 다를 바 없는 생활 터전에서 평민 일화나 전설, 일부 야담을 적극 수용할 수 있었다면, 이완되기는 했지만 여전히 사대부 의식에서 완전히 벗어날 수 없었기에 사대부 일화를 옮기고 평민 일화나 전설 등을 변개했다고 할 수 있겠다.

논의의 확장

『금계필담』은 서유영이 일생 동안 견문했던 이야기들을 말년에 망라한 것이다. 비록 『육미당기』 창작 이후에 『금계필담』이 편찬되었다 하더라도 『금계필담』에 실려 있는 이야기들 중 상당수는 서유영이 『육미당기』를 창작할 때도 기억하고 있던 내용들일 가능성이 크다. 그럼에도 불구하고 두 작품 사이에는 정신적 지향의 유사성만 있을 뿐, 소재나 모티프의 친연성은 아주 약하다.

한편 『금오신화』와 명혼 전설, 「배비장전」과 발치拔齒 설화·미궤米櫃 설화, 「낙성비룡」洛城飛龍·「신유복전」·「소대성전」과 가난한 사위 박대 설화 등에서 확인할 수 있듯, 많은 고전소설들이 전승되던 설화를 적극 수용했다는 것은 널리 알려진 사실이다. 『금오신화』는 명혼 전설의 기이함에 매몰되지 않고 그것을 대상화하여 거기에 철학적인 의미를 투영하고 있지만, 전설을 소재로 삼았다는 점에서 전설과 긴밀하게 연결되어 있다. 국문소설인 「금원전」金圓傳, 「금령전」金鈴傳 등은 소위 지하국 대적 퇴치 민담을 바탕으로 하였다. 정황 상승에 대한 민중들의 염원과 민담의 욕망 성취 구조가 자연스레 연결된 것이다. 「배비장전」, 「오유란전」 등은 「쇄음낭서백농구우」鎖陰囊西伯弄舊友(『청구야담』 상, 9면), 「차관출궤수나정」差官出櫃羞裸程(『동야휘집』 하, 171면) 등의 골격을 거의 그대로 활용했다. 그런데 소설로 나아간 이런 작품들은 소화나 사대부 일화에 가깝다. 좀 더 복잡해진 현실의 문제를 다루는 소설로 나아간 것은 야담계 소설이다. 「소대성전」, 「장풍운전」, 「닉성미룡」 등이 「이동고위겸택가랑」李東皐爲僚擇佳郎(『청구야담』 상, 240면), 「성훈업불망조강」成勳業不忘糟糠(『청구야담』 하, 39면) 등을 수용한 것이 그 사례가 된다.[38] 이들 야담계 소설들은 작중인물이 당면한 심각한 문제를 해결해가는 과정을 통해 당대 현실의 진면목을 두루 보여준다. 야담계 소설의 이런 면이 「소대성전」이나 「장풍운전」의 현실 반영적 성격[39]과 연결될 것이다.

「옥단춘전」은 「김승상궁도우의기」金丞相窮道遇義妓(『청구야담』 상, 304면), 「노옥계선부봉가기」盧玉溪宣府逢佳妓(『청구야담』 하, 128면), 「니암봉낭문등과」尼菴逢郞問登科(『동야휘집』 하, 396면) 등과 관련되며, 「춘향진」은 「소설정획규고성」掃雪庭獲窺故情(『동야휘집』 하, 366면) 등과 대응된다. 이들 야담계 소설들은 양반의 '문제 해결'과 여인의 신분 상승이라는 '욕망 성취'를 함께 실현하고 있다.*

그런데 이 시기 국문소설의 또 다른 흐름은 독자층의 통속적 요구와 필사본·방각본의 발전에 부응해 유형화되는 쪽으로 나아갔다. 유형화는 같은

---

* 「월아선전」月娥仙傳(고려대본)은 「소설정획규고정」을 바탕으로 하여 「춘향전」에 필적하는 국문소설을 만들려고 시도된 것이라고 한다(이강용은 이 소설의 작자를 관기나 소실로 추정했다. 이강용, 「월아선전 연구」, 『배달말』 10, 배달말학회, 1986). 이것은 「소설정획규고정」이라는 야담계 소설과 「춘향전」의 관계가 긴밀했음을 간접적으로 알려준다. 그렇지만 「월아선전」이 「소설정획규고정」의 번역에 머물 뿐 국문소설의 체제와 구성을 온전히 갖추지 못했다는 사실은, 이 시기에 이르러 야담계 소설과 판소리계 소설이 각각 갈래로서 독자적 영역을 구축하게 되었음을 암시한다.

갈래에 속하는 작품들 사이의 영향 관계를 원동력으로 삼는다.* 또한 유형화는 같은 유형에 속하는 작품들의 양산을 가능하게 한다. 야담계 소설이나 야담계 일화도 서술 시각의 유형화를 통해 독자적인 세계를 만들고 수많은 작품들을 생산했다.

『금계필담』은 서술 시각의 유형화에 힘입어 형성된 야담집이지만, 앞에서 살핀 것처럼 '욕망의 성취'라는 서술 시각은 거의 배제되어 있다. 『금계필담』과 『육미당기』의 비非친연성은 이런 맥락에서 설명할 수 있다. 즉 『육미당기』는 현실적 욕망을 허구 세계를 통해 보상한다는 창작 동기가 대단히 강했던 데 비해, 말기 야담집인 『금계필담』은 욕망의 실현에 대해 무덤덤했다. 『육미당기』와 『금계필담』은 이처럼 욕망과 관련된 궁극적 지향점이 상반되기 때문에 그 관계가 소원할 수밖에 없었을 것이다.

아울러 『육미당기』는 특정 소설 유형의 결정적인 영향권 아래에서 형성되었는데, 그것은 서사 단락 수준에까지 영향을 받았다는 사실을 뜻한다.** 『금계필담』도 자기 경험의 진술이라는 야담의 새로운 서술 방식을 거의 상실하고 전대 문헌으로부터 단편 서사를 그대로 전사하거나 구전 서사를 수동적으로 수용하여 이뤄졌다. 이와 같이 동일 갈래에 속하는 이전 작품들에 대한 고착이 강했기 때문에, 설사 동일인에 의해 창작되고 편찬되더라도 갈래의 경계를 넘어서서 교섭하는 것은 쉽지 않았을 것이라고 본다.

* 『임하필기』林下筆記에는 이원교李圓嶠 남매가 소설을 지었고 형제 숙질들도 도왔다는 언급이 있다 ("李圓嶠之子男妹 做諺書古談 爲蘇氏名行錄 …… 兄弟叔侄同坐贊助", 『임하필기』 29, 성균관대 대동문화연구원 영인본, 715면). 이는 소설이 다양한 층에 의해 창작될 수 있었음을 보여준다. 기존 소설이 선명하게 제공해주는 유형에 따라 소설을 창작할 수 있었기에 유년층조차 소설을 짓는 것이 가능했음을 알려주는 것이다.
** 이와 관련해 『삼한습유』의 구조적 특징을 생각해볼 수도 있다. 『삼한습유』는 전반부의 향랑 설화香娘說話와 후반부의 군담으로 확연하게 구분될 뿐 아니라, 양쪽이 원만하게 연결되지도 않는다. 이러한 현상은 먼저 설화 속에 반영된 세계관과 설화를 매개로 표출하려 한 작가의 세계관이 근본적으로 괴리되기 때문일 것이다. 또 야담과 영웅소설은 각각 자기 갈래의 유형에 대한 종속성이 강했기에 양쪽을 대변하는 이야기가 한 작품 속으로 들어가서도 여전히 그 유형의 영향권에서 벗어날 수 없었을 것이다. 『삼한습유』가 일관된 구조를 갖춘 소설이 되지 못한 궁극적인 이유는 여기에 있었다고 할 수 있다.

미주

1) 한시는 한국학중앙연구원 장서각본 『운고시선』雲皐詩選에서 인용한다.
2) 장효현, 『서유영 문학의 연구』(아세아문화사, 1988), 50~69면. 김종철도 서유영이 당대의 벌열 집단의 테두리에 속하는 상층 사대부 문인 그룹에 포함된다고 보았다(김종철, 「19세기 중반기 장편 영웅소설의 한 양상」, 『한국학보』 40, 일지사, 1985 가을).
3) "儒理王四年 三十三佛 自天竺國泛石鍾而來 泊高城 居楡岾寺"(『운고시선』). 원문에는 '岾'이 '站'으로 표기되어 있다.
4) "普濟施慈航 道場隨處開 善惡示報應 墮落證輪回 貧者致其誠 富人薦以財 麗朝最興旺 叢林遍海隅 于公盡祈福 供養眞盛哉 卽今斥佛敎 沙門同劫灰 緇徒賤如蓬 凌蔑等輿儓 興替係時代 嘆息一徘回"(『운고시선』).
5) "西方有聖人 昔在周時作 修道入雪山 法身超纏縛 慧燈見眞性 惡魔俱息跡 放此大圓鏡 覺彼諸顚錯 願施無上力 普土同歡樂"(『운고시선』).
6) "我聞觀世音 白衣號大士 普陀紫竹林 酒在南海沚 慈茂渡衆生 念念恒如是 我生逢不辰 憂惱無時已 欲往路難越 滄波渺萬里 遠望涕沾胸 天寒海風起 那得超迷津 快活送餘齒 信心願歸飯 稽首作弟子"(『운고시선』).
7) 「석퇴운당」釋頹雲堂(『운고시선』). 서유영은 퇴운과의 만남을 여기서 이렇게 소개했다. "余嘗三入金剛 與頹雲最親 盖面壁三十年 未嘗下席." 시는 다음과 같다. "一洞白雲三宿客 萬山紅葉獨栖僧 惟師此句參禪偈 長向晨昏禮佛燈."
8) 조선 왕조 초기부터 정도전에 의해 배불 정책이 공언되었고 또 유가 이념 자체가 불교적 세계관을 인정하기 어려웠기 때문에, 조선시대 사대부는 공식적으로 불교를 부정해야 했다. 가령 서유영과 교유한 홍석주는 『홍씨독서록』洪氏讀書錄에서 다음과 같이 불교를 배척했다. "釋氏之道 棄大倫絶人道 不可以一日 群於生民 然自東漢以後 與孔氏之道 鼎立而爲三敎 天下之人 無賢愚翕然嚮之 千有餘年矣 今之君子欲辭而闢之 固亦不能不求觀其書也." 즉, 홍석주는 당시 사대부들이 불교 서적을 읽고 있다는 사실은 부인하지 않았으나 그 동기를 막연하게 설명했으며, 불타의 무리들이 대륜大倫을 버리고 인도人道를 끊었다고 단정했다. 이 같은 홍석주의 불교에 대한 배타적 태도와 대비해볼 때, 서유영과 그 시사 동인들의 불교에 대한 태도는 매우 긍정적인 쪽이라 할 수 있다. 이는 불교에 대한 특별한 이해와 공감을 전제로 하고 있는 것이다.
9) 이에 대해 장효현은 "도선에 대한 관심은 대체로 낭만적·신비주의적 경향이 짙은 반면, 불교에 대해서는 유가 이념을 대체할 이상적인 이념으로까지 인식했던 것을 볼 수 있다"(장효현, 『서유영 문학의 연구』, 아세아문화사, 1988, 55면)라고 평가했다.
10) "從學十載餘 一朝俱仙去 荒落但遺據 疊嶂鬱嵯峨 白雲時捲舒 役役塵世間 光陰隙駒如 吾衰不復少 鶴髮已滿梳 人事酒如此 搔首獨躊躇"(「권진인연단처」權眞人鍊丹處, 『운고시선』).
11) 이에 반해 홍석주는 『홍씨독서록』에서 노가老家는 '인의를 저버리고 예악을 끊으며 군신과 부자의 윤리를 어지럽힌다'("提棄仁義 滅絶禮樂 大亂其君臣父子倫")라고 비판했다.
12) '낭만적 신비주의' 개념은 한국 문학의 한 흐름을 이해하는 데 유용하게 활용될 수 있다고 본

다. 이상택은 '유가 지상주의'儒家至上主義와 대립된 '초월적 신비주의'를 개념화한 바 있다(이 상택, 「『명주보월빙』의 작품구조와 그 존재론적 관심에 관한 연구」, 서울대 박사학위논문, 1980, 119~124면).
13) 홍우건, 『거사시문집』居士詩文集(규장각본).
14) 『육미당기』의 이본으로는 '육미당기'라는 표제로 된 6종, '김태자전'이란 표제로 된 5종이 있다. '육미당기'는 한문 필사본인 서울대도서관 가람문고본, 양재언 소장본이 있고 한글 필사본인 김동욱 소장본 A·B·C, 유구상 소장본 등이 있다(이본에 대한 자세한 사항은 장효현, 『서유영 문학의 연구』, 아세아문화사, 1988, 228~238면 참조). 후대에 활자화된 것으로는 임명덕 편, 『한국한문소설전집』권5(중국문화학원, 1980)와 장효현 편, 『육미당기』(고려대 민족문화연구소, 1995) 등이 있다. 이 책에서 『육미당기』의 원문 검토와 인용은 한문본인 서울대도서관 가람문고본을 바탕으로 하였다. 이것은 '육미당기'란 제목으로 고려서림에서 영인한 3책 중 제1책에 실려 있다.
15) "余寓城南直廬 長夜無寐 聞隣家多藏稗官諺書 借來數三種 使人讀而聽之 盖一篇宗旨 始於男女婚媾而歷敍閨房行蹟 互有異同 皆架虛鑿空 支離煩瑣 固無足取 然至若人情物態 善於模寫 凡悲歡得失之際 賢愚善惡之分 往往有令人觀感處 此所以街巷婦孺之耽讀不厭 而轉相謄傳 遂致稗官諺書之盛行於世者也"(『육미당기』1, 225면).
16) "余迺折衷諸家 祛其支離煩瑣 間或補之以新語 合爲一篇傳奇"(『육미당기』1, 225면).
17) 이에 대해서는 이강옥, 「불경계설화의 소설화 과정에 대한 고찰」(『고전문학연구』 4, 한국고전문학연구회, 1988) ; 이강옥, 「『육미당기』」(『한국고전소설작품론』, 완암 김진세 선생 회갑 기념 논문집, 집문당, 1990)를 참조할 것.
18) "汝之大人 尙有數年之厄 過此以往 吉祥重疊 …… 金簫仙 本是新羅國太子 前身卽仙人王子晋也 與汝有宿世因緣 謫降人間 …… 簫仙若不於穉少時 備經禍厄 何能與汝結緣於万里他國乎"(『육미당기』, 305~306면).
19) "因汝來此 中國又有多事矣"(『육미당기』, 409면).
20) 『금계필담』의 이본으로는 서울대 상백문고본, 국립중앙도서관본, 한국학중앙연구원본, 고려대 도서관본, 유인본 등이 있다. 그중 국립중앙도서관본이 최선본인데, 139화가 수록되어 있다. 이 본에 대한 검토는 장효현, 『서유영 문학의 연구』(아세아문화사, 1988), 189~194면을 참조할 것.
21) "自余家錦溪深山窮峽 寂無來客 終日閉門 惟事病懶而已 窃欲著書 聊以自遣 然年迫桑楡 少日記誦 皆已遺忘 又傍無書籍 無所考據 乃摭拾舊聞 隨思輒錄"(『금계필담』 서문).
22) 「인종자충령」仁宗自沖齡(『금계필담』, 45면), 「숙종조」肅宗朝(『금계필담』, 64면) 등이 이 경우에 해당한다.
23) 「영성군박문수」靈城君朴文秀(『금계필담』, 300면), 「황진송경명기야」黃眞松京名妓也(『금계필담』, 251면)가 여기에 속한다.
24) "此兒貴當入相 而但面帶靑氣 不得令終 故深惡之 平日不欲對面 今忽靑氣消盡 黃色滿面 苟無大陰德 何能至此"(『금계필담』, 96면).
25) "此名鼂 處於海外曠漠之濱 雄居無雌 必於男女交合之際 注目視之 凝精成胎 産下一卵 育爲己子 猶螺嬴之於螟蛉也 盖此物所見之國 必有兵革之患 我國當十年後 且苦兵矣"(『금계필담』, 156면).
26) "世無神仙云者 眞虛言也"(『금계필담』, 183면).
27) "妓戲謂丐者曰 君有神術 能使吾輩 見岳陽樓乎 丐者曰 是不難矣 諸君亦欲見之乎 皆曰 願一見 之 丐者曰 盛一盆水來 妓卽捧置一盆水於座 丐者曰 試俯觀盆水 諸人從其言 俯觀水盆 初小漸大

俄而成大海 渺漫无際 皆倉黃 避坐於海中一小岩 忽童子二人 棹小舟而來 泊於岩邊 丐者曰 諸君 可登此舟矣 諸人遂登舟 一童子棹舟而行 一童子坐船頭 吹簫 響入雲霄 舟中設床卓 嘉肴美酒 排置齊整 舟行如電 瞬息千里 俄而泊於蒼壁之下 上有層閣高聳 下列舟楫如林 丐者曰 此是岳陽樓也"(『금계필담』, 204면).

28) "此雖近於幻術 丐者豈非異於人賊"(『금계필담』, 205면).
29) "由此論之 佛家所謂輪回與還生之說 信不誣矣"(『금계필담』, 196면).
30) 『육미당기』, 504면.
31) 서유영의 자세한 행적에 대해서는 장효현, 『서유영 문학의 연구』(아세아문화사, 1988), 9~35면을 참조할 것.
32) "自古稗官者流類 皆文人 遊戱籍以洩佗儻不平之氣"(『육미당기』, 530면).
33) "庚寅八月 翼宗葬禮隔日 夜夢入侍應製 得淸風素月之句 覺而有感 足成感遇詩十首 時 翼宗在春宮代聽時也"(「감우시」간주, 『운고시선』).
34) "撫劍坐長歎 中心安得平"(「감우시」기칠其七, 『운고시선』).
35) "有女顔如玉 匪媒不得從 …… 脈脈當牕坐 盈盈攬鏡慵 所嗟無悅己 膏沐爲誰容"(「감우시」기오其五, 『운고시선』).
36) "旅雁度南湘"(「감우시」기육其六, 『운고시선』).
37) "賴有薄田 堪自養 歌呼醉飽 是君恩"(「자견시」自遣詩, 『운고시선』).
38) 이 수용 양상에 대해서는 서대석, 『군담소설의 구조와 배경』(이화여대 출판부, 1985), 77~84면을 참조할 것.
39) 서대석, 『군담소설의 구조와 배경』(이화여대 출판부, 1985), 85~92면 ; 박일용, 「영웅소설의 유형변이와 그 소설사적 의의」(서울대 석사학위논문, 1983), 42~65면 참조.

19세기 말 야담집 『차산필담』의 새로움

 야담은 조선 후기에 이르러 집중적으로 구연되고 전사되면서 유형화되었다. 각각의 유형은 특정 집단이 현실에 대응한 방식에서 비롯되었다. 그런 점에서 야담의 유형은 야담 작품들이 현실과 긴밀한 관계를 가지며 활발히 만들어지는 데 큰 역할을 하였다.
 특히 조선 후기에는 돈이든 이성異性이든 벼슬이든 마음먹은 대로 소유하려는 집단이 형성되었는데, 그 집단에 속한 사람들은 온갖 수단을 다 써서 결국 그 뜻한 바를 이루었다. 그리고 그런 경험을 이야기하며 자랑했다. 이처럼 조선 후기 야담은 현실에서 자신의 욕망을 마음껏 충족시킨 사람들의 자기 경험 진술을 근간으로 하여 형성되었기 때문에 그 분위기는 밝고 힘차다.
 다른 한편, 실패하고 절망한 집단도 생겨났다. 그 집단에 속한 사람들 역시 자신의 비참한 현실 경험을 진술했고, 그것을 전승시켰다. 물론 그 진술은 자랑하기 위한 것이 아니라 하소연하기 위한 것이었다.
 조선 말기에 나온 야담집이 어떤 모습을 보이는지는 그 앞 시기 야담들

중에서 어떤 것을 주로 선택하여 변형했는지에 달려 있다. 그리고 갈피를 잡기 어려울 정도로 다양해진 당대 현실을 담는 방식과도 관련이 있을 것이다. 이런 점을 살피는 것은 조선 말기 야담집의 성격을 이해하는 관건이 된다.

『차산필담』此山筆談도 조선 말기에 나온 야담집이기에 이 두 측면을 염두에 두면서 검토해야 할 것이다. 『차산필담』은 김해 출신의 배전裵㙉(1843~1899)[1]이 편찬한 야담집으로, 여기에는 총 16편의 작품이 실려 있다.[2] 그 작품들은 전대 야담집 소재 작품을 변개한 것과 당대의 새로운 이야기를 수록한 것으로 나눌 수 있다. 대부분 야담계 소설이라 볼 수 있지만, 「김대섭전」金大涉傳(『차산필담』, 431면), 「호중포사전」湖中砲士傳(『차산필담』, 433면), 「이효녀전」李孝女傳(『차산필담』, 435면) 등은 '전'이다.

이 글에서는 말기 야담집을 대표하는 『차산필담』의 성격을 해명하고자 한다. 『차산필담』이 전대 야담집에 실린 야담 작품들을 변개시킨 부분에 초점을 맞춰 그 변개 양상과 의미 등을 생각해보고, 당대 현실의 여러 요소들을 새롭게 포착한 작품들도 이와 관련시켜 살펴보겠다.

『차산필담』에 대한 선행 연구로는 이강옥,[3] 김종철,[4] 하미경,[5] 이성혜[6] 등의 논문이 있다. 이강옥은 이념과 욕망의 관계에 초점을 맞춰 『차산필담』의 성격을 규정하고, 중인층의 동향과 『차산필담』의 경향을 연관시켜 논리를 발전시켰다. 김종철은 배전의 생애와 사상을 살폈다. 배전의 신분이 아전으로 추정된 것을 수정하여 향반으로 조심스럽게 비정批正하였다. 하미경은 과거 회고적이고 전망 부재의 경향을 보인 다른 말기 야담집과는 달리 『차산필담』은 분명한 현실 인식을 바탕으로 한 미래 지향적인 태도를 보여준다는 점에서 독자적 의의가 있으며, 이러한 사실주의적 성취가 근대 사실주의적 단편소설이 형성될 수 있는 기반이 되었다고 평가했다. 이성혜는 『차산필담』이 당대 사회를 비판적 시각에서 묘사한 리얼리즘을 획득했다고 보았다.

이강옥이 『차산필담』의 이중성을 가능성과 한계로 보았다면, 하미경과 이성혜는 그런 관점을 극복하려는 동기가 강해 다른 각도에서 『차산필담』의 긍정적인 면을 부각시켰다. 세 논문은 『차산필담』 소재 개별 작품에 대한 해석을 바탕으로 그 문학사적 위상을 점검한 것임에도 불구하고 해석의 방식과 결과가 다르다. 각각 일정한 편향성을 보이고 있다고 하겠는데, 이 글에서는 그 점을 따지면서 『차산필담』에 대해 좀 더 균형 있는 평가를 내려보고자 한다. 이것은 근대적 서사 문학이 형성되기 직전 시기 야담의 변모 양상을 밝히는 일이기 때문에, 그 과정에서 『차산필담』이 가진 서사 문학사적인 위치도 드러낼 수 있을 것이다.

계몽 의식의 과잉

『차산필담』을 읽을 때 먼저 느껴지는 점은 작품들이 어떤 주장을 강하게 전하려 한다는 것이다. 이런 경향은 특히 전대 야담집 소재 작품들을 변개한 데서 뚜렷하다. 가령 「영가김씨부부적음설」永嘉金氏夫婦積陰說(『차산필담』, 323면)은 『청구야담』의 「과금강급난고의」過錦江急難高義(『청구야담』, 하, 323면), 『동야휘집』의 「구사명점산발복」救四命占山發福(『동야휘집』, 하, 20면) 등을 변개한 것이다. 『청구야담』과 『동야휘집』의 두 작품이 시혜자施惠者인 김개조가 낭면한 문제를 해결해가는 과정에 서술의 초점을 맞추었다면, 『차산필담』의 「영가김씨부부적음설」은 김 씨 부부의 '적음덕'積陰德에 서술의 초점을 맞추었다.

특히 『차산필담』은 『청구야담』이나 『동야휘집』에는 없던 일화를 덧붙였다. 즉 김 씨 부인이 삯바느질로 근근이 모아둔 돈을 모두 들여 독이 든 푸줏간 고기를 사서 연못에 던져버림으로써 다른 사람들의 희생을 막는다는 일화를 서두에 넣었다. 서술자가 그녀의 인덕仁德을 과장하고자 했기 때문일 것이다.

또 '포흠'逋欠 때문에 강물에 투신자살하려는 사람들을 살리기 위해 가진 돈을 모두 주고 돌아온 남편 김 씨가 보이는 행동에도 큰 차이가 있다. 『청구야담』이나 『동야휘집』에서는 모친이 돈의 행방을 묻자 강가에서 있었던 일을 그대로 이야기해주고, 또 자신이 돈을 주어 그들을 구했다는 사실 역시 숨기지 않는다. 이에 반해 『차산필담』의 김 씨는 강변에서 목격한 세 사람의 딱한 사정은 부인에게 이야기해주지만, 가진 돈을 주어 그들을 구했다는 사실은 이야기하지 않는다. 부인은 남편이 돈을 가지고 있었음에도 불구하고 죽어가는 사람들을 외면했다고 생각하고는 큰 충격을 받는다. 부인은 남편의 부덕不德을 확인하고 자살을 기도한다. 이 사건에서도 적선하여 음덕을 쌓으려 한 부인의 마음가짐이 과장되게 나타났다. 독자들은 이 두 일화를 통해 부인의 적선 행위나 적선하고자 하는 마음가짐이 상식 수준을 훨씬 넘는다는 사실을 알게 된다.

  자살을 기도했다가 소생한 부인이 한 말을 살펴보면 그녀가 적선을 강조하고 실천한 것은 남을 위하는 마음을 가졌기 때문이기도 하지만, 부덕 행위가 초래할 곤궁이 두려웠기 때문이기도 하다. 부부의 감동적인 적선 행위는 경제적으로 자립할 수 없었던 사람들이 미래에 대해 가졌던 막연한 불안감을 바탕으로 한 현실 대응 방식과 관련이 있음을 알 수 있다.*

  서술자는 문제를 당면한 사람이 스스로 그것을 해결하게 하지 않고, 그의 적선 행위를 과장하고 그 음덕을 부각시키기만 하였다. 문제를 해결하려는 현실적 행동을 하지 않아도 적선에 대한 보답을 받아 문제가 신비롭게, 그리고 당당하게 해결되기를 바랐던 것이다.

  또한 이 작품에서는 「구사명점산발복」(『동야휘집』하, 20면)의 경우와는 달리 은혜를 입은 사람이 새로운 문제에 부딪힌 시혜자에게 직접 보답하지 않는다. 「구사명점산발복」에서 김의 은혜를 입었던 세 사람이 직접 보답을 하여 김이 당면한 문제를 해결해주는 데 비해, 「영가김씨부부적음설」에서는 김 씨 부부의 음덕을 높이 평가한 임금이 김 씨에게 벼슬과 재물을 내려 그의 문

---

* 야담집에 두루 나오는 '허생 이야기'의 허생이나 『계서야담』, 『청구야담』, 『동야휘집』에 나오는 '독서인'은 비록 책만 읽는 존재였지만 사회와 경제의 추세를 통찰하고 있었다. 그에 반해 『차산필담』의 이 작품에 등장하는 김 씨는 독서인이지만 사회 경제적인 면에 대해 거의 백치에 가까운 인물로 나타난다.

제를 해결해준다. 간접적인 문제 해결인 것이다. 이때 임금은 덕과 선에 대한 보상자인 동시에 덕과 선 그 자체이기도 하다.* 임금은 현실의 인물이지만 영웅소설의 초월자와 비슷하다. 요컨대 『청구야담』과 『동야휘집』의 경우 문제의 해결이 이념의 구현을 이끌어가는 역할을 하는 데 반해, 『차산필담』의 경우는 과장된 이념의 구현이 문제의 해결 과정을 은폐시키는 역할을 한다고 하겠다.[7]

작중 주인공이 결핍감을 느끼지 않거나 현실 타개 능력이 떨어질 때 욕망의 성취라는 의미 지향은 뚜렷해지기 어렵다. 또 주인공이 결핍감을 느낀다 하더라도 다른 의미 지향, 특히 이념이나 도덕을 강조하는 분위기가 조성되면 욕망의 성취는 위축된다.

이렇게 판단할 수 있는 또 다른 단서가 배전이 평을 붙인 『근세조선정감』에 나타나는 대원군 당시의 '포흠'逋欠에 대한 기사이다.

> 대원군이 8도 감사에게 엄하게 영을 내리니, 먼저 창고의 실수實數를 점검하고 다시 포흠逋欠된 액수를 조사하여 천 석千石 이상을 포흠한 자는 목을 베고 천 석 이하인 자는 해도海島에 귀양 보냈다. 영을 내린 후 연이어 암행어사를 보내니, 정탐하는 자들의 목과 등이 서로 보일 정도였다. 군현에서는 감히 숨기지 못하고 모두 사실대로 기록하여 올리고 포흠한 아전은 가두어서 조정의 명령을 기다렸다. 그중 포흠한 양이 995석 내지 990석인 자가 있어, 유사有司가 사형을 면해주고자 하니 대원군이 말하기를 …… 드디어 다 베어 죽이도록 명하니 여러 군현에서 크게 놀랐다. 포흠한 아전의 친척과 친구들이 이 소문을 듣고는 모두들 그릇을 팔고, 비녀·패물·옷가지 따위를 팔아 다투어 관에 바치며 (포흠한 아전의) 목숨만은 살려달라고 울부짖었다.[8]

* 『차산필담』과 함께 말기 야담집에 속하는 『계압만록』鷄鴨漫錄에도 사건 전개와는 직접적인 관계가 없음에도 불구하고 임금의 은덕을 칭송하는 것으로 끝맺는 작품이 있다. 「서산일서생」瑞山一書生(『계압만록』 건乾), 「영조시유일서생」英祖時有一書生(『계압만록』 건乾) 등이 그 예이다.

『차산필담』의 「영가김씨부부적음설」에서 중요한 모티프 역할을 하는 임진강 자살 시도 사건은 『근세조선정감』이 묘사한 '포흠' 관련 실재 사건을 적극 수용한 것이라고 볼 수 있다. 그런데 『근세조선정감』에서 묘사하고 있는 상황은 『차산필담』보다는 오히려 『청구야담』의 상황에 더 가깝다. 『근세조선정감』과 『청구야담』은 아전의 포흠만을 다루었지만, 『차산필담』은 상납전을 빌려 소금 장사를 하다가 망하는 내용까지 덧붙였기에 이들과 다소 차이가 있다.[9] 『차산필담』은 '포흠' 상황을 소극적으로 수용하는 데 머물지 않고 좀 더 근대적인 상행위의 모험 요소까지도 수용한 것이다.

　이렇게 주인공을 둘러싼 현실과 주변 인물들은 근대적 욕망의 세계에 더 가깝게 변개되었지만, 주인공만은 욕망에 대해 더더욱 초연한 태도를 보인다. 욕망으로 점철된 세계와 욕망으로부터 초연한 주인공을 대조함으로써 주인공의 초연함을 부각시킨 것이다.

　『차산필담』의 이러한 변개 경향은 주인공의 가난을 과장해 설정한 점과도 관련이 있다. 『차산필담』은 주인공의 큰아이를 굶어 죽게 만들었다.[10] 그런 절박한 굶주림을 해결하려고 남편이 돈을 구해 왔는데도 불구하고 부인은 다른 사람을 위해 그 돈을 주지 않았다고 목을 매는 자살 소동을 벌였다. 상식적으로 보면 오히려 남편이 그들에게 돈을 주었다고 자살 소동을 벌여야 옳았다. 그럼에도 불구하고 『차산필담』은 상식을 벗어나는 과도한 상황을 설정하고, 또 부인의 지나친 반응을 보여주었다.

　이런 과장은 배전이 독자들에게 전하고자 하는 메시지가 지나치게 강렬했던 데서 비롯되었다고 볼 수 있다. 가족 구성원이나 친지 등 "자신과 가까운 사람보다는 남을 먼저 배려해야 한다"[11]는 새로운 사회 윤리를 독자들에게 전하려는 동기가 지나치게 강했던 것이다. 이런 의식은 가까운 사람을 먼저 배려한 다음, 여력이 있을 때 남에게 베푼다는 유가적 인간 관계론과는 큰 차이가 있다. 그것은 구한말 지식인들이 갖게 된 일종의 계몽 의식이라고도 하겠는데, 그런 계몽 의식의 과잉이 기존 야담을 어색하게 변개시킨 원인이라고 할 수 있다.

계몽 의식은 「노노수뢰」老老受賂(『차산필담』, 390면), 「수은식화」受恩殖貨(『차산필담』, 398면), 「구상수보」救喪受報(『차산필담』, 408면) 등에서 거듭 나타난다. 「노노수뢰」에서는, 젊은이가 늙은이를 자기 부모처럼 공경하고 받들어야 한다고 강조했다. 「수은식화」와 「구상수보」에서는 남이 곤경에 처하면 그와 가깝든 멀든 아낌없이 도와주어야 한다는 사실을 도덕적 당위로 설정해 강조하였다.

특이한 점은 이런 교훈적 주장이 대체로 작중인물의 행동이나 발언을 통해 드러난다는 사실이다. 작중인물들은 스스로 어떤 욕망을 충족시켰다는 사실을 자랑하지 않는다. 그 대신 윤리나 교훈을 강력하게 외쳐대는 것이다. 그리고 그런 작중인물을 바라보거나 소개하는 서술자는 작중인물의 행동이나 발언에 선뜻 가까이 가지 못하는 양상을 보인다. 이런 현상을 다음 절에서 좀 더 자세하게 살펴본다.

진취적 작중인물과 움츠린 서술자

『차산필담』 소재 작품에는 대단히 진취적인 생각과 행동을 하는 인물들이 등장한다. 「홍녀가천치귀록」洪女嫁賤致貴錄(『차산필담』, 333면)에 등장하는 홍장이의 딸, 「수은식화」受恩殖貨의 여인, 「구상수보」救喪受報의 이 씨, 「반츤속약」返櫬贖約(『차산필담』, 420면)의 하생 부인, 「축명석한」祝螟釋恨(『차산필담』, 426면)의 기생 등이 그들이다. 그런데 그런 진취적인 작중인물에 대해 서술자가 보이는 태도가 색다르다.

『차산필담』에 두 번째로 실려 있는 「홍녀가천치귀록」은 「채삼전수기기화」採蔘田售其奇貨(『동야휘집』 하, 34면), 「획중보혜부택부」獲重寶慧婦擇夫(『청구야담』 상, 296면), 「택부서혜비식인」擇夫婿慧婢識人(『청구야담』 상, 609면) 등의 유화

類話이다. 이들 작품이 『차산필담』에서 어떻게 변개되는지를 살펴보면 진취적 작중인물과 서술자의 관계가 좀 더 명료하게 드러날 것이다.

「홍녀가천치귀록」의 줄거리는 다음과 같다.

① 강릉 홍장이는 재산이 있었는데, 그 딸의 혼처로 벌열 가문을 구하려 했지만 여의치 못해 걱정을 하였다.
② 딸은 스스로 눈여겨보아 둔 점좌店鬢를 신랑으로 삼겠다고 고집했다. 그는 떠돌이 총각으로, 천한 잡역을 하면서 남의 집에 붙어살고 있었다.
③ 홍장이가 딸의 고집을 꺾을 수 없어 혼인을 허락했다.
④ 딸은 남편과 함께 열심히 농사지을 계획을 세우고 그대로 실천하여 마침내 거부가 되었다.
⑤ 딸은 다시 10년을 기한으로, 남편이 문장 공부를 하여 진사가 되게 했다.
⑥ 남편에게 붙은 '점좌'店鬢라는 모멸적 호칭을 벗어버리기 위해 상경하여 이이첨의 집 옆에 집을 얻었다.
⑦ 딸은 아주 맛있는 포脯를 만들어 이이첨 부부에게 맛보게 하고는 포를 더 맛보기 위해 자신과 친해질 수밖에 없도록 만들었다.
⑧ 이이첨이 남편에게 벼슬을 추천하자, 남편으로 하여금 이이첨의 불의를 비판하는 상소를 올리고 낙향하도록 했다.
⑨ 인조반정으로 그 상소가 수론首論으로 평가되면서 남편은 이름을 드날렸다. 자연히 '점좌'의 호칭도 사라졌다.

이 작품은 부유한 양반의 딸이 스스로 남편을 선택해 뜻한 바를 이루는 과정을 보여준다. 그녀는 가게 심부름꾼인 점좌店鬢를 익히 보아두었기에 그와 혼인하겠다고 했고, 결국 부모도 그 고집을 꺾지 못했다. 부부가 된 그들은 계획적으로 근면하게 농사를 지어 마을 최고의 부자가 된다.

그런데 그녀가 왜 점좌를 남편감으로 선택했는지 그 이유와 목표가 분명하지 않다. 그녀의 집안은 경제적으로 여유가 있었고, 신분에 대한 열등감도 없었다. 이처럼 그녀가 점좌를 남편감으로 선택한 절실한 이유나 목표가 없었고,* 점좌 스스로도 자신의 처지를 극복하려는 강렬한 염원을 드러내지 않았다. 그 결과 서술의 긴장감이 약해졌다.

물론 주어진 여러 번의 벼슬 기회를 포기하고 귀향하게 만든 것이 남편으로 하여금 공명功名을 얻어 점좌의 호칭을 면하게 한다는 목표를 실현하는 데 적절한 것이었다는 사실은 인정할 수 있다. 그리고 이이점李爾瞻 같은 간신을 응징함으로써 정치적 비판 의식을 드러낸 점도 평가할 만하다. 그러나 이런 설정은 주인공으로 하여금 사회 경제적 욕망을 성취하기 위해 일도매진하게 한 「채삼전수기기화」, 「획중보혜부택부」, 「택부서혜비식인」 등과는 큰 차이가 있다. 이들 작품에서 천한 신분의 여인들은 온갖 수단을 동원해 스스로 신분 상승을 이루어간다. 이에 비해 「홍녀가천치귀록」에서 홍장이의 딸은 일이 진척되어가는 과정·결과·미래를 훤히 꿰뚫어보고서 자신이 택한 남자를 위해 마음대로 사태를 조정해가는 비범한 존재이다. 그녀는 개인적 욕망에 구애되지 않고 자신의 생각을 거침없이 실현시켜간다는 점에서 진취적이다. 그런데 생각만 진취적일 뿐, 그 생각이 현실에 뿌리를 내리지 못했기에 설득력이 약하다. "그녀의 처음 생각과 기도의 끝이 보통에 비길 바가 아니었다"[12]는 서술자의 소감도 이를 인정한 것이다.[13]

「노노수뢰」(『차산필담』, 390면)의 김생은 부모에게 극진히 효행을 다할 뿐만 아니라 여관에서 만난 초면의 노인도 부모와 다름없이 대접한다. 그런데 김생의 지극한 대접을 받은 노인은 절박한 문제에 당면하지 않았다. 그럼에

---

* 여기에 해당하는 구절은, "前村店寄穩髼髼是吾郞也 髼盖無根脈 流丐而爲店薜秭 朝朝收村內蓳其 而番 到于家也 女習見而知之者"(『차산필담』, 333면)이다. 딸은 다만 점좌를 아침마다 보아서 알게 되었을 뿐, 그를 동정하거나 사랑하게 되었다는 내용은 없다.

도 불구하고 노인이 등장한 이유는 김생의 갸륵한 효행에 대해 보상을 해주기 위해서이다. 노인이 높은 벼슬을 역임했으며 그 사위도 영남 순찰사라는 높은 자리에 있는 것으로 설정한 것은 김생의 효행에 대한 가치 판단과 보상을 두드러지게 하는 데 필요했기 때문이다.

노인은 김생의 정성 어린 대접에 감동하여 원하는 것이 있으면 뭐든지 말하라고 한다. 그러자 김생은 재물을 모으고자 하는 욕심이 전혀 없으며, 다만 근검하게 살아가면서 '봉친교아'奉親敎兒를 잘하는 것이 유일한 소망이라고 대답한다.

그 같은 '무욕無慾 선언'에도 불구하고 김생은 천석꾼이 되었다. 재물에 대한 욕망이 없다고 했지만, 결말을 통해 유추하면 욕망이 잠재되어 있었다고 볼 수 있다. 부에 대한 무욕 선언과 의존적인 치부가 공존하고 있는 형국이니, '욕망의 성취'라는 의미 지향을 '이념의 구현'으로 은폐했다고 하겠다. 어떤 의미 지향이 현실에서 실현될 가능성이 적을 때, 의식에 의해 구성되는 서사체에서는 다른 의미 지향에 의해 은폐되는 법이다.[14]

「수은식화」受恩殖貨(『차산필담』, 398면), 「구상수보」救喪受報(『차산필담』, 408면) 등도 이와 비슷한 경우이다. 「수은식화」에서 김기연金基淵은 벼슬을 얻으려는 욕망을 성취하지 못하고 가산만 탕진한다. 벼슬을 얻을 가능성이 사라진 그 순간, 김기연은 기진맥진해 있는 여인에게 은혜를 베푼다. 이런 행동에는 분명 어려움에 처한 타인을 아무 조건 없이 도와주어야 한다는 윤리 의식이 개입되어 있다. 이 점을 새롭게 인정해야 한다. 그렇지만 그의 이런 시혜 행위는 애초에 가졌던 욕망의 성취라는 의미 지향의 연장선상에 있다는 사실도 무시해서는 안 될 것이다. 그런 점에서 욕망 성취가 좌절되자 이념의 구현으로 의미 지향을 전환했다고 볼 수 있다. 여인은 김기연이 준 돈으로 당장의 위기를 극복하고 장사를 잘해 거부가 된다. 여인과 김기연은 상봉하여 혼인한다. 이로써 김기연은 욕망을 성취하게 되고, 여인은 은혜를 갚는다는 점에서 이념을 구현하게 된다. 결국 김기연은 욕망을 스스로 성취하지 못하고 실현된 이념을 매개로 간접적으로 그 욕망을 성취한 것이다.

「구상수보」에서 한 진사는 너무나 가난하여, 마지막 타개책으로 숙부에게 돈을 빌려 소 장사를 하러 길을 떠난다. 그러나 도중에 아버지의 장례를 치르지 못해 울부짖고 있는 이 씨를 만나 돈을 모두 준다. 빈손으로 돌아온 한 진사는 도둑을 만났다고 거짓말을 한다. 그 뒤 한 진사는 더욱 가난해지고, 신을 삼아 팔아서 겨우 입에 풀칠을 한다. 10여 년이 지난 어느 날, 부자가 된 이 씨가 한 진사를 찾아온다. 이 씨는 한 진사에게 많은 돈을 주고 또 대신 과거에 응시하여 급제하게 해준다. 이로써 한 진사는 욕망을 성취하게 되고, 이 씨는 은혜를 갚는다는 점에서 이념을 구현하게 된다. "이것이 은혜를 알고 은덕에 보답하는 길이 되었을까요?"[15]라는 이 씨의 마지막 말은 이런 의미 지향을 단적으로 보여준다. 이상 두 작품의 귀추를 '의미 지향의 간접화 현상'이라고 명명할 수 있을 것이다.[16]

이들 작품에는 분명 '혈연을 기초로 한 이념과 윤리가 더 이상 현실 속에서 권위를 가지지 못한 상황에서 한 공동체의 성원들이 어떠한 윤리를 가지고 살아가야 하는가를 탐구'[17]한 결과가 포괄되어 있지만, 그런 결과가 작중인물들의 행동 수준에 머물 뿐, 서술자는 여전히 '시혜'와 '보은'의 전통적인 틀로써 작중인물들의 행동을 이해하고 설명해간 것이다.

「반츤속약」返櫬贖約(『차산필담』, 420면)과 「축명석한」祝螟釋恨(『차산필담』, 426면)은 더욱 진취적인 작중인물의 의미 지향을 보여준다는 점에서 한 발 더 나아간 작품으로 볼 수 있다. 두 작품의 끝에는 "이 일은 동치同治 병인丙寅(1866년) 가을 무렵에 있었다고 한다",[18] "아아, 어찌 우리 시대의 기특한 여자가 아니겠는가?"[19]라는 구절이 붙어 있어, 이 작품들이 편찬자 생존 당시의 실화를 바탕으로 한 것임을 알 수 있다.

「반츤속약」에서 이생 부부와 하생 부부는 깊은 산골에 들어가 함께 산다. 이들은 전란의 걱정이 없는 깊은 산골에서 난세에도 생명을 보전하고자 한 것이니, 일종의 이상향을 추구한 셈이다.[20] 그러다 이생 부인과 하생이 죽는다. 남은 이생과 하생 부인은 자신들의 처지를 냉철하게 따져본 뒤, 깊은 산골 마을에 둘만 남아 남남으로 살아가는 것이 가능하지도 바람직하지도 않으니 장례가 끝나면 함께 살자고 서로 제안한다. 이생은 하생 부인과 함께 하생의 시신을 짊어지고 하생의 본가로 가서 장례를 치르게 한다. 하생 부인은 시가 사람들에게 이생과 자신의 관계를 솔직하게 말하고 자신의 개가에 대한 의견을 묻는다. 이때 하생 부인의 태도는 어느 쪽에도 기울지 않았다. 시가 사람들이 개가를 허락하면 기꺼이 개가할 것이고, 허락하지 않으면 수절하겠다는 것이다.[21] 시가 사람들이 개가를 반대하자 하생 부인은 아무 미련도 없이 이렇게 말한다.

> 진정 그러하다면 돈 300꾸러미를 내어주십시오. 손님께서 이미 나와 함께 살기를 희망했는데 이렇게 되었으니 실망이 크겠습니다. 또 가난하여 살림 밑천이 없습니다. (그동안) 남의 집에 날품을 팔았더라도 이 정도 돈은 벌어 부인을 얻고 생계를 꾸려갈 수 있었을 것입니다. 제가 이미 그와 (함께 살) 약속을 했으니 돈이 아니면 속죄할 길이 없지요. 나를 머물게 하여 가문을 온전하게 하려 하신다면 이 300꾸러미가 아깝겠습니까?[22]

하생 부인에게 수절이나 개가는 어느 쪽도 삶의 굴레가 아니다. 어느 쪽이든 기꺼이 스스로 선택할 수 있는 삶의 여건일 따름이다. 그녀에게 중요한 것은 약속이다. 그래서 함께 살겠다는 이생과의 약속을 지키지 못하게 된 것이 미안하다. 그런데 속죄의 뜻으로 돈을 지불하겠다는 것이 아주 새로운 발상이다. 그 돈은 이생이 새 부인을 얻고 살림 밑천으로 삼기에 충분한 액수이다. 이런 하생 부인의 일 처리에 대해 시가 어른들도 '현명'하다고 감탄하며 기꺼이 돈을 내어준다. 떠나는 이생에게 하생 부인은 자신이 산중에 남겨두고 온 집과 물건들, 개간한 논밭들을 모두 주며, "돈이 있으면 집을 이루게 될 것이에요. 이걸 가지고 가서 배필을 얻어 잘 살아가세요"[23]라고 앞으로 살아갈 길도 제시해준다. 이렇듯 하생 부인이 보여주는 삶의 방식은 새롭고도 진취적인 것이다. 또 구체적인 현실에 뿌리를 내리고 있다. 서술자는 이런 하생 부인의 의미 지향을 따라간다. 작중인물인 하생 부인의 의미 지향이 서술자의 서술 시각을 압도한 형국이다.

「축명석한」에서 여인은 원래 기생이었는데 위원渭源 원의 눈에 띄어 그 첩이 되었다. 위원 원은 임기를 끝내고 돌아온 지 4년 만에 죽는다. 그가 대이을 자식을 남기지 못했으므로 여인은 그를 위해 양자를 얻어주기로 결심한다. 여인은 원의 친척 중 아들 셋을 둔 집을 찾아내 한 명을 양자로 줄 것을 간청한다. 그 친척이 거절하자 여인은 무려 16일간이나 단식을 하여 결국 양사를 얻는다.

이에 대해 위원 원의 집안사람들은 그 사실을 관가에 알려 그녀에게 열녀 표창을 내리려 한다. 그러자 여인이 말한다.

> 이게 무슨 말씀이십니까? …… 소첩은 본디 기녀이기에 정숙한 자태라고는 조금도 없습니다. 위원에서 살 때 영감님 수청을 들다가 지우知遇를 얻게 되어 오늘날에 이르렀습니다. 만약 영감님께서 천수를 누리셨다면 오랫동안 함께 살 수 있었겠죠. 그러나 영감님께서 후사도 없이 세상을 버리셨습니다. 4년간 소첩을 사랑해주신 은덕을 잊을 수 없었기에 보은의 뜻으로 한 가지 일을 해드렸을 따름입니다. 이를 어찌 열이라 하겠습니까? 어찌 열이라 하겠습니까?[24]

여인은 자신의 행위가 열행烈行이 아니라 자신을 알아준 위원 원에 대한 보은 행위일 따름이라고 하였다. 여인은 열녀로 칭찬받고 일생을 수절하기보다는 여자로서의 자유를 택했다. 그래서 삼년상이 끝나자 화려한 옷을 입고 화장을 하고는 새 남자를 만나러 떠난다. 여인은 자신의 나이와 처지에 대해 아주 합리적인 계산을 해두었다. 그런 그녀에게 열烈이라는 전통적 덕목은 어떠한 구속도 매력도 되지 못했다. 그녀가 이렇게 당당하게 살아갈 수 있는 원동력은 젊음이다. 젊기에 또 다른 남자를 만날 수 있고 또 그 관계에서 아들을 낳을 수도 있는 것이다. 이런 그녀에 대해 서술자도 "이 어찌 현세의 기특한 여자가 아니겠는가?"라고 감탄한다. 여기서 가장 당당하게 자기 목소리를 내는 존재는 서술자가 아니라 여인이다. 그런 점에서 이 작품 역시 작중인물의 의미 지향이 서술자의 서술 시각을 압도했다고 볼 수 있다.

이로 보건대 『차산필담』에도 적극적이고 진취적인 의식이 깃들어 있음을 알 수 있다. 다만 배전이 이런 의식에 완전히 공감하여 그것을 서술 시각으로 적극 수용한 서술자를 설정했다고 보기는 어렵다. 서술자가 삶을 적극적으로 개척해가는 인물(「수은식화」의 여인, 「구상수보」의 이생)의 의미 지향보다는 남의 힘에 의존해 궁색한 자신의 삶을 전환시키는 인물(「수은식화」의 김기연, 「구상수보」의 한 진사)의 의미 지향을 주도적 서술 시각으로 선택한 것을 보아도 서술자의 의식적 기반이 어디에 놓여 있는지 알 수 있다. 배전은 진취적 인물의 말과 행동을 그대로 보여주면서도 서술자로 하여금 그들과 일정한 거리를 유지하게 하였다.

이렇듯 말기 야담이 새로운 세상과 새로운 의식을 기민하게 담아서 살아남는가, 아니면 옛 형식과 내용에 집착해 달라진 세상으로부터 외면받는가 하는 기로에서 나름의 길을 모색했던 야담집이 『차산필담』이라고 볼 수 있을 것이다.

새로운 당대 현실의 반영과 비판

'원납이문'願納異聞이라는 큰 제목 아래에 수록되어 있는 「흥선대원군살이재후사」興宣大院君殺李在屋事(『차산필담』, 440면)와 「경상감사백징언양동자가산사」慶尙監司白徵彦陽童子家産事(『차산필담』, 446면)는 말기 야담이 당대 현실과 긴밀한 관계를 가짐으로써 얻게 된 야담의 새로운 가능성과 한계를 동시에 보여주는 작품이다. 두 작품은 모두 배전의 생존 시기인 대원군 시절에 일어났을 법한 이야기이다.

「흥선대원군살이재후사」의 줄거리는 이러하다.

① 장흥에 박생이 살고 있었다.
② 한 노인이 십여 세 된 손자를 데리고 찾아왔다. 같은 박씨인데 가난하여 떠돌고 있다고 했다.
③ 박생은 노인으로 하여금 자기 아이를 가르치며 함께 살도록 했을 뿐이니라, 노인의 손자도 보살펴주고 혼인까지 시켜주었다.
④ 노인은 죽기 전, 자기 손자가 자기 집안을 망하게 할 것이고 또 자기가 죽으면 손자가 가출할 것이니 말리지 말라고 했다. 과연 손자는 집을 나갔고 그 뒤로 소식이 끊겼다.
⑤ 무진년(1868)에 운현궁에서 온 사람이 원납전 3만 관을 내라고 했다. 박생은 재산을 처분하여 1만 관을 마련했지만 3만 관을 마련하기는 불가능했다. 대원군이 3만 관을 채우지 못하면 법으로 엄히 다스리겠다고 협박했다.
⑥ 박생이 어려움을 하소연하기 위해 평소 알고 지내던 재상 김병기金炳冀를 찾아갔다. 그때 한 조관朝官이 찾아왔는데, 자세히 보니 노인의 손자였다. 노인의 손자는 대원군의 삼종질 이재후李在垕로 행세하며 호남 지방의 원납전 징수를 주관하고 있었다.
⑦ 박생이 반갑게 아는 체하자 노인의 손자는 박생을 미친 사람 취급하고 포졸을 보내 잡아가려 하였다.
⑧ 박생은 도망쳐서 대원군에게 그간의 사연을 직접 알렸다. 진실을 알게 된 대원군이 이재후 행세를 하던 노인의 손자를 불러와 크게 꾸짖고 죽였다.

노인의 손자는 원래 떠돌이 신세였다. 박생이 그를 거두어 혼인까지 시켜주었기에 그럭저럭 생계를 꾸려갈 수 있었다. 그러나 그는 거기에 만족하지 않았다. 가출하여 새로운 인생을 시작하려 한 것이다. 결국 그는 가계와 고향을 속이고 대원군의 삼종질 행세를 하며 신분과 권력을 얻는다. 욕망을 최고로 성취한 것이다. 대부분의 야담 작품은 이런 욕망의 성취 단계에서 끝난다. 그러나 이 작품은 정체가 탄로 난 노인의 손자가 죽임을 당하는 비극으로 귀결된다. 반윤리적·반이념적 사유와 행위를 응징한 것이다.

특이한 점은 서술자가 노인의 손자에 대해 서술하는 태도이다. 서술자는 노인 손자의 정체를 분명하게 묘사해주지 않는다. 그가 어떻게 되는가에 대한 호기심을 부추기기는 하지만, 그의 행동이나 모습에 초점을 맞추어 서술하지 않고 박생이나 대원군, 김병기의 말을 통해 그를 소개하고 있는 것이다. 서술의 주된 목표는 노인의 손자가 결국 어떻게 되는지를 보여주는 것이지만 노인의 손자가 전면에 나서는 것은 허락하지 않았다. 그것은 노인의 손자에 대한 서술자의 부정적 선입견과 관련된다. 서술자가 노인의 손자를 당당한 인격체로 인정하지 않는다는 뜻이다. "아버지와 할아버지를 갈아치우고 성명까지 바꾸고서 공명을 얻는 것이 가능한 일인가? 처자를 버리고 은혜와 의리를 배반하여 공명을 얻는 것이 가능한 일인가? 임금을 속인 죄야말로 더없이 크나큰 것이로다"[25)]라는 대원군의 호통에 노인의 손자에 대한 부정적 평가가 압축되어 있다.

이 작품이 실화를 어느 정도 바탕으로 하고 있는지 분명하지 않다. 당시 기록들을 살펴보아도 대원군과 관련된 이재후라는 인물을 찾기가 어렵다. 그렇다면 설사 이 작품이 실화를 바탕으로 했다 하더라도 실제 사건을 상당 정도 변형했을 가능성이 크다. 어떤 쪽으로 변형했을까?

노인의 손자는 자신의 욕망을 거침없이 충족시킨 야담의 전형적인 주인공이 될 수 있었다. 그가 가출해 종적을 감춘다는 설정에서 특히 그런 유사성이 보인다.

그러나 다른 야담의 주인공들이 세계의 장애를 극복하고 마침내 욕망을 실현하는 데 반해, 노인의 손자는 세계의 견제를 이겨내지 못하고 처단당한다. 서술자를 비롯한 다른 작중인물들도 그를 지지하지 않는다. 노인의 손자가 보인 비윤리성을 세계가 묵인하지 않는 것이다. 그래서 노인의 손자는 잠정적으로 욕망을 성취하지만 궁극적으로는 모든 것을 잃게 된다. 그를 응징하는 근거가 된 윤리는 유가 사회에서 이념화된 충·효·의義이다. 그것은 달라진 세상에 맞도록 새롭게 정립된 것이 아니라 전통 사회로부터 이월된 것이다.[26]

이 작품은 자아의 일방적 우위를 보여주는 진대 야담과는 다르게, 새로운 세상의 단면을 보여주면서 독특한 모양의 갈등 구조를 만들어냈다는 점에서 주목할 만한 가치를 가진다. 그렇지만 이 작품이 부각시키는 윤리는 여전히 전통적인 것이다. 전통 유가 사회에 부합했던 윤리가 그 사회가 해체 단계에 이르렀는데도 여전히 똑같은 모습으로 개입하였다. 이 경우 이미 시효가 지난 윤리는 보수적인 계층의 향수를 충족시키는 관념일 뿐 아니라, 당대 현실의 본모습이 드러나는 것을 가리는 장애물이 될 수도 있다.

대원군에 의해 충과 효가 엄격하게 재확인되는 이 작품의 의미 지향은 배전이 당대 현실에 대해 가졌던 생각과도 차이가 크다. 배전은 『근세조선정감』에서 민권 사상을 분명하게 피력하였다.

> 나라에 임금을 세우고 정승을 두는 것은 백성을 다스리기 위함이다. 각기 권리를 보호해서 서로 침범하지 말도록 하는 것이다. 어리석은 자는 지혜로써 이끌고, 가난한 자는 부유하게 해줌으로써 가르치며, 인仁하지 못하고 의롭지 못한 자를 없애 양민을 편안하게 할 따름이다. 백성이 많아도 나의 노예가 아니며, 땅에서 생산되는 물건 모두가 내 창고에 저장할 물건은 아니다. 그런데 탐욕스런 임금은 백성의 살림을 수탈하여 제 사치한 욕심을 부리며, 포악한 임금은 백성의 목숨을 해치면서 나라를 키워가기만 하는 것이다. …… 대개 임금은 백성

을 위해 세우는 존재이지 백성이 임금을 위해 사는 것이 아니다. 비유하면 하나의 사회에서는 반드시 지혜와 의기 있는 자를 택해 회장으로 삼는데, 나라도 또한 이와 같다. …… 미리견합중국美利堅合衆國에서 대통령을 선거하는 것은 만고에 지극히 공정한 제도이다. 임금이 그 위位를 사유私有로 하고 천하를 가문의 세업世業으로 전하고자 하니 문득 혜아릴 수도 없는 폐단이 생기는 것이다.[27]

지혜와 의기를 가진 사람을 뽑아 우두머리로 정해야 하며, 세습은 여러 가지 폐단을 초래하므로 바람직하지 않은 제도라고 하여 민권과 민본 사상을 분명히 드러냈다. 이런 입장에서는 전통적인 충忠 사상도 인정하기 어려운 이념이 된다.

배전의 이런 생각은 당시 개화파의 정부 형태 구상과 상통하는[28] 혁신적인 것이다. 『근세조선정감』에 나타난 배전의 주장과 비교할 때 대원군을 내세워 충忠을 강조한 「흥선대원군살이재후사」의 보수성은 더욱 뚜렷해진다. 이 작품은 주인공의 부정적 행위를 통해 기존 '이념의 구현'을 추구했다고 할 수 있다.[29]

덧붙여 생각할 사항은, 노인이 자기 손자의 앞날을 예언했는데 그것이 그대로 실현된다는 점이다. 노인은, "내 손자는 반드시 우리 집안을 망하게 할 것이오. 내가 죽고 나서는 이곳에 머무르려고 하지 않을 것이지요. 가도록 내버려두지, 괜히 머물게 하여 후환이 되도록 하지 말기 바라오"[30]라는 유언을 남겼는데 그대로 되었다. 이것은 '운명의 실현'에 해당한다. 운명의 힘이 사람의 앞날을 좌우하는 상황을 인정하는 서술 태도는 앞에서 욕망을 실현하려는 사람을 이념으로써 응징했던 서술 태도와 상통한다. 야담의 핵심 서술 시각 중 하나인 '욕망의 성취'가 위축되면서 그 예비항인 '운명의 실현'과 '이념의 구현'이 부각되는 것을 확인할 수 있다.

이에 대해 서술자는, "아, 세상에는 일어나지 못할 일이 없구나"[31]라며 탄식하였다. 이는 노인 손자의 사기 행각에서 받은 충격을 나타낸 것이다. 이런 충격에서 빠져나오지 못한 서술자가 당장 떠올린 것이 기존 이념이었고, 또 초월적 힘으로서의 운명이었던 셈이다.

「경상감사백징언양동자가산사」慶尙監司白徵彥陽童子家産事도 대원군 시절 원납전을 둘러싸고 일어난 사건을 다룬다. 이 작품에서 영남 관찰사는 원납전 징수를 핑계로 백성들의 재산을 갈취한다.

① 언양에 할머니와 손자가 살고 있었는데, 재산이 10만 금은 되었다.
② 영남백 오취선吳就善이 운현궁 건립을 위한 원납전으로 7만 금을 바치라고 요구했다. 과부의 재산은 3만 금이면 충분하다는 근거에서였다.
③ 관리들은 할머니의 재산을 처분하기 위해 그 집에 6, 7개월 동안이나 상주하였다.
④ 7만 금을 채우기 위해 수저나 그릇까지도 처분하니 할머니와 손자는 마침내 남의 집 곁방살이를 하게 되었다.
⑤ 손자가 직접 원납전을 바치기 위해 소 350마리에다 돈을 싣고 상경했다.
⑥ 대원군의 형님인 홍인군興仁君을 찾아가서 딱한 사정을 하소연하니, 그는 대원군에게 직접 호소하라고 소개해주었다.
⑦ 대원군이 언양 지방의 원납전 관련 서류를 살펴보니 명단에 손자의 이름이 없었다. 대원군은 가져온 돈을 일단 받아들이고는 할머니의 수의를 마련해주고 여비 400꿰미를 주었다.
⑧ 대원군이 영남백에게 편지를 보내 그 탐학을 꾸짖고 손자로부터 빼앗은 재물을 모두 돌려주라고 명했다.
⑨ 영남백은 그 뒤 소환되었고, 빼앗은 재물을 돌려주느라 빈털터리가 되었다.

이 작품 역시 대원군 시절 원납전을 무리하게 징수하는 데서 사건이 비롯되었다. 원납전을 핑계 삼아 백성의 재물을 착복하려는 영남백과 생존권을 지키기 위해 안간힘을 쓰는 손자의 대결이 돋보인다. 손자의 불굴의 투쟁은 언양이라는 시골에서 벌어진 관리의 부정 사건에 홍인군과 대원군이라는 당대 최고의 권력층까지 개입하게 만든다. 돈을 실은 소 350마리를 이끌고 영남에서 서울로 올라가는 것은 백성을 착취하는 지방 관리들의 부당함과 그에 굴하지 않는 백성의 당당함을 알리는 일종의 시위인 셈이다.

여기서도 대원군은 문제 해결자 역할을 한다. 홍인군의 목소리를 통해 원납전 징수의 폐해가 지적되기는 하지만,[32] 손자의 이름이 원납전 상납 장부에 올라 있지 않음을 확인함으로써 대원군은 책임을 모면하고 모든 비난은 영남백에게 돌아간다. 오히려 대원군은 손자의 재산을 모두 되돌려주게 할 뿐만 아니라, 할머니의 수의를 마련해주고 여비까지 챙겨주는 관용을 보인다.

다만 대원군이나 원납전에 대해 곱지 않은 시선이 나타나 있는 것은 분명하다. 「흥선대원군살이재후사」에서 대원군은 박생이 원납전 배당금 3만 관에 모자라는 1만 관만 갖고 왔다고 노여워하며, 박생이 1만 관도 집안 재산을 다 팔아 마련한 것이라고 호소하자 하루 안에 3만 관을 다 채우지 못하면 법에 따라 처단하겠다고 엄포를 놓는다. 이때 대원군은 민생을 유린하는 폭군에 가깝다. 「경상감사백징언양동자가산사」에서 대원군은 자신이 고안한 원납전 때문에 민생이 짓밟히고 있다는 사실을 알지 못한다. 그는 원납전 징수 자체는 문제가 없고 지방 관리들의 수탈에 문제가 있다며 책임을 전가한다. 그리고 손자가 실어온 돈이 잘못 들어온 것이라는 사실을 인정했음에도 불구하고, "나는 돈을 좋아하기 때문에 들어온 것은 되돌리지 않지"[33] 하며 받는다. 대원군의 명으로 영남백은 자신이 빼앗은 돈을 손자에게 모두 돌려주어야 했으니, 결과적으로 보면 영남백의 돈이 대원군에게로 들어간 셈이다. 이런 일련의 돈과 관련된 대원군의 거취는 그리 떳떳하게 형상화된 것이라 보기 어렵다. 은근히 대원군을 풍자한 것이다.

이상 두 작품은 '원납이문'願納異聞이란 표제처럼 원납전 징수와 관련된 사건을 다루었다. 서사의 전개 방식이 비슷한데, 다음과 같이 요약할 수 있다.

① 지방 백성에게 과도한 원납전을 요구한다.
② 지방 백성은 재산을 거의 다 처분해 돈을 마련하지만 배당된 액수를 채우지 못한다.
③ 딱한 사정을 하소연하기 위해 상경하여 대원군을 만난다.
④ 지방 백성과 대원군의 대화 과정에서 아주 심각한 비리가 밝혀진다.

①과 ②는 원납전 제도의 부당함을 드러낸다. 당대의 가장 심각한 현실 문제를 야담이 담은 것이다. ③은 불굴의 의지와 직접적 소통에 대한 갈망을 보여준다. 지방과 서울, 백성과 지배사가 연결되었다. ④는 소통의 위력을 보여준다. 지방 백성의 고발이 당대 현실의 가장 중요한 문제나 비리를 드러내어 사건 해결의 실마리를 제공한 것이다.

이와 같은 두 작품의 서술 구조는 대원군 시대에 배전이 가졌던 현실관과 대응된다고 볼 수 있다. 배전은 「경상감사백징언양동자가산사」의 평결을 통해 다음과 같은 소감을 피력한다.

> 인물이 태어날 때는 귀천이나 경향의 차별이 없었으니, 어찌하여 먼 시골 사람이라 하여 함부로 다룬단 말인가? 이 열세 살 아이가 능히 7만 관을 갖고 올라와 왕공의 문 앞에서도 기죽지 않고 도리어 한 도의 수령을 궁지로 몰아넣었으니 잘 가르치면 어른이 되어서 세상에 쓸 만한 인물이 되겠다. 영남백인 오가 같은 자는 스스로 만족할 줄 모르고 권력의 힘을 빌려 과부와 고아를 속이고 욕심을 드러내어 마침내 겁쟁이가 되었으니, 소위 이로움을 구하다가 도리어 자신을 해친 자가 아닌가?[34]

지방 천한 백성의 권리가 중앙 권력자의 권리 못지않게 소중하다는 민권 사상이 드러나 있다. 열세 살 아이가 당대 최고 권력자 앞에서도 기죽지 않고 자신의 의사를 표현하여 마침내 부당한 벼슬아치를 응징하게 했다는 사실을 칭찬한 데에서도 민권 사상의 한 면을 확인할 수 있다. 이 점은 배전이 『근세조선정감』에서 피력했던 사상과 일치한다.

이렇게 당대 현실을 담은 두 작품에서 배전은 다소 상충되고 모순된 의식을 드러내었다. 그렇지만 야담 갈래 속에 당대의 소재를 수용했으며, 당대의 현실 의식을 잘 드러낼 수 있는 서술 구조를 고안하고 당대의 정신을 실현하는 인물들을 부각시켰다는 점에서 야담의 새로운 가능성을 보여주었다고 평가할 수 있다. 야담의 유형화는 처음에는 현실의 흐름과 집단의 의식 성향을 사실적으로 담을 수 있도록 해주었지만, 조선 말기에 이르러 현실이 또다시 꿈틀거리며 급속하게 변하자 굳어진 유형은 새로운 현실을 담기에 부적절해졌다. 이렇게 딱딱해진 유형은 조정될 필요가 있었다. 이런 상황에서 배전은 구연 단계를 기다리지 않고 붓으로 직접 이야기하는 '필담'의 장점과 가능성을 한껏 살려 기민하게 당대 현실의 핵심을 담고 비판했던 것이다.

허구적 서술자의 존재 의의

『차산필담』에 실려 있는 야담 작품들의 주제적 지향은 다음과 같이 요약할 수 있다.

> ① 충, 효, 열이란 전통 유가 이념을 과장하여 보여준 작품 : 「김대섭전」金大涉傳, 「호중포사전」湖中砲士傳, 「이효녀전」李孝女傳, 「노노수뢰」老老受賂
> ② 기존 이념을 확인하면서도 현실의 새로운 모습을 보여준 작품 : 「시각습장」試椎慴將, 「홍녀가천치귀록」洪女嫁賤致貴錄, 「삼난금옥」三難金玉, 「영가김씨부부적음설」永嘉金氏夫婦積陰說, 「구상수보」救喪受報
> ③ 달라진 세상에 적절한 새로운 생활 이념을 제시한 작품 : 「중염행매」

拯艶行媒」,「수은식화」受恩殖貨,「반츤속약」返櫬贖約,「축명석한」祝螟釋恨

④ 욕망의 성취를 그 자체로 보여준 작품 :「하미감승」哧美酣僧
⑤ 19세기 말 당대 상황을 사실적으로 보여주고 비판한 작품 :「홍선대원군살이재후사」興善大院君殺李在垕事,「경상감사백징언양동자가산사」慶尙監司白徵彦陽童子家産事

단순히 기존의 유가 이념을 확인하기 위해서라면 다른 야담집의 작품을 옮겨와도 괜찮았을 것이다. ①과 ②의 작품들이 여기에 해당한다.「호중포사전」,「김대섭전」등은 장지완의『비연상초』斐然箱抄에서 옮겨온 것이고,「시각습장」,「홍녀가천치귀록」,「삼난금옥」,「영가김씨부부적음설」등은『열하일기』,『청구야담』,『동야휘집』등에서 옮겨온 것이다. 기존의 야담 작품들을 선별해 변개하는 방식으로 편찬자의 서술 의식을 개입시켰다.

이들 작품들이 기존의 야담을 주제 면에서 변개시킨 양상에 대해서는 앞에서 분석했지만,「시각습장」試榷惜將(『차산필담』, 344면)의 변개 양상에 대해 덧붙여 생각해볼 필요가 있다.「시각습장」은 박지원의「허생전」許生傳을 수용한 작품이다. 허생이 무인도에서 돌아오다가 대마도, 동래, 강진, 해남 등지의 민중들에게 재산을 나눠 주는 부분이 새롭게 덧붙여져 있다.[35] 민권과 민생을 배려해야 한다는 배전의 평소 주장이 이 대목을 통해 구체화되었다.

『차산필담』은 주제뿐만 아니라 서술 방식에서도 기존의 야담을 변개시켰다. 가령「삼난금옥」三難金玉(『차산필담』, 362면)은「치산업허중자성부」治産業許仲子成富(『청구야담』하, 177면)를 수용한 것인데, 주인공이 욕망을 적극적으로 추구해가는 과정을 단선적으로 그리지 않았다. 주인공이 새로운 가치관을 선택하고 실천하는 과정에서 타인과의 관계에서나 자신의 내면에서 갈등하는 모습까지 기술했다는 점에서 새로운 단계에 이르렀다고 할 수 있다.

「영가김씨부부적음설」永嘉金氏夫婦積陰說(『차산필담』, 323면)에서는 더욱 의미심장한 서술 방식의 변개가 발견된다.

하루는 평소 잘 아는 한 손님이 그 집을 찾았다. 그때 그 집 종이 소 한 마리의 고기를 짊어지고 집 안으로 들어갔다. 손님은 종을 따라 들어가서는 주인과 인사를 나누었다. 아침 밥상이 나왔는데, 고기는 한 점도 없었고 나물뿐이었다. 손님이 이상하게 여겨 주인에게 물었다. "주인댁에 무슨 일이 있기에 소 한 마리를 통째로 사 왔소? 그리고 주안상에는 어찌 고기가 한 점도 없습니까?" 주인이 눈이 동그래져서, "저도 알지 못하는 일입니다" 하고는 안쪽으로 난 창을 열어젖히고 물었다. …… 손님도 그 이야기를 듣고는 주인에게 두 번 절하고 말했다.[36]

이 장면은 이 계열의 이전 야담 작품에는 없던 것이다. 서술자는 '손님'이 주인공 김 씨의 집을 방문하는 데서 이야기를 시작해 그 손님의 시선을 통해 김 씨 부부의 음덕 행위를 관찰하게 한다. 손님의 시선은 호기심을 가진 독자의 시선으로 전환된다. 그만큼 독자의 관심을 집중시킨다.

이보다 더 박진감 있게 시작되는 작품이 「하미감승」味美酣僧(『차산필담』, 370면)이다. 벼슬을 구하러 상경한 이선락은 벼슬도 얻지 못하고 돈만 탕진하여 진퇴유곡의 처지에 놓이게 된다. 그러다 종루 근방에서 천 냥의 화대를 내건 기생집으로 불쑥 들어간다. 그 기생집은 개성의 큰 상인 백유성白惟星이 만금을 들여 열흘 전 문을 열었는데, 호사가들조차도 비싼 화대 때문에 들어갈 엄두를 내지 못하고 있었다. 이선락은 기생에게 자신이 전주에서 올라온 갑부이며 매일 천 꾸러미의 돈을 쓰지만 그것은 구우일모에 지나지 않는다고 허풍을 떤다. 쉽게 만나기 어려운 호남자라 감탄한 기생이 기꺼이 옷을 벗고 잠자리에 들자, 이선락은 차고 있던 칼을 꺼내들고는 기생의 배 위에 올라탄다. 그리고는 이렇게 위협한다.

너는 죽어 마땅하다. 어찌 이 조선 땅에 천 냥짜리 방을 붙일 수 있단 말이냐? 옛날 효종, 숙종 연간에 청루를 설치하여 왕래하는 인재들의 호기를 몰래 살폈으니 북벌의 계획을 위해서였다. 그래도 풍류가 지나쳐 많은 권귀 자제들을 그릇되게 했던 고로 마침내 문을 닫았다. 이제 너는 장사치 백가의 말을 그대로 믿고 만금을 낭비하여 이 방을 걸어 장안의 몇만 금 재산을 낚아채려 했으니 큰 도적이 아닐 수 없도다. 너는 장차 들인 돈을 되찾지도 못하고 포도청에 잡혀가 죽을 목숨이지만, 내 오늘 밤 너를 먼저 죽여 한양을 구하고 내일 고변을 하여 좋은 벼슬자리를 얻으리라.[37]

궁지에 몰린 이선락이 다짜고짜 기생집으로 들어가 갑부 행세를 하며 기생의 환심을 사고는 갑자기 강도로 돌변하는 과정이 생생하고도 충격적으로 묘사되었다. 독자들은 전혀 예상하지 못한 쪽으로 스토리가 전환되는 이런 장면에서 눈을 떼기 어렵다.

이선락과 기생은 이렇게 만나 마침내 금강산으로 들어가 술장사를 하여 유점사·장안사·정양사 중들의 재물을 모두 뜯어냈다. 중들의 재물을 완전히 뜯어내는 데는 성공했지만 그 미끼 노릇을 한 기생을 빼내는 것은 쉽지 않았다. 그래서 '인정' 印正이라는 중의 환속 충동을 역이용하는데, 그 방식은 철저히 전략적이다.

이 작품은 시작부터 끝까지 이선락의 계획에 의해 꾸려졌다. 기생을 위협하여 금강산으로 탈주하는 것이 그렇고, 금강산에서 중들의 재물을 갉아먹는 것이 그러하며, 마침내 재물과 여인을 빼내는 것이 그러하다. 이 과정에는 어떤 윤리 의식이나 이념도 개입하지 않는다. 오직 재물을 모으는 것만이 목표일 따름이다.

비슷한 설정인 「이절도궁도우가인」李節度窮途遇佳人(『청구야담』 상, 271면), 「실청동획첩횡재」失靑銅獲妾橫財(『동야휘집』 하, 252면) 등을 살펴보자. 이들 작품의 주인공도 벼슬을 얻기 위해 가산을 모두 팔아 상경하지만 벼슬은 얻지 못하고 돈만 탕진한다. 절망한 주인공은 죽으려고 자살을 시도하지만 자살이 쉽지 않자 타살을 당하려고 한다. 그러나 그것도 여의치 않다. 죽으려고 애쓰는 와중에 살길을 발견하게 되는 것이다. 살고자 애쓰면 죽을 수밖에 없는 절망적인 상황이 되고, 그래서 죽으려 하면 뜻밖에도 살 수밖에 없는 우연을 맞게 된다. 바로 이러한 우연 혹은 아이러니가 서사를 이끌어가는 동력이다. 그 과정에 주인공의 의지는 개입되지 않으므로 주인공이 비윤리적이라고 보기는 어렵다. 이와 비교할 때 『차산필담』의 이 작품은 철저히 계산적이고 전략적이다. 주인공의 의지와 계산이 서사의 동력이 된 것이다. 주인공은 오직 목표를 성취하기 위해 온갖 방법을 다 동원한다. 그리고 그 과정에서 비윤리적인 요인이 개입하지만 주인공은 전혀 개의치 않는다. 또 앞의 두 작품과 달리 주인공은 거부가 될 뿐 다시는 벼슬을 추구하지 않는다.

　서술자는 주인공의 떳떳하지 않은 삶의 궤적을 윤리적·이념적 부담을 느끼지 않고 서술한다. 서술자가 주인공으로부터 멀어져 충분한 서사적 거리를 만들었다는 증거이다. 「중염행매」, 「수은식화」, 「구상수보」, 「반츤속약」, 「축명석한」 등의 주인공들도, 「하미감승」의 주인공처럼 비윤리적이지는 않지만 서술자가 쉽게 받아들이기 어려운 진취성을 지녔다. 이들 작품의 서술자 역시 그런 진취적 주인공으로부터 서사적 거리를 유지함으로써 주인공들의 삶의 궤적을 기꺼이 서술할 수 있었다.

　기존 야담 작품에서 자기 경험을 과시하려 한 존재는 작중인물이었다. 특별한 경험을 한 작중인물은 그 경험을 자랑하기 위해 아주 급박한 속도로 자기 경험을 진술해 나갔다. 그래서 작중인물의 목소리는 그대로 서술자의 목소리가 되었다. 그런데 이와 달리 『차산필담』에서는 경험의 주체인 작중인물이 직접 나서지 않는다. 경험에서 비롯된 흥분이 가라앉은 것이다. 그 대신 서술자가 나선다. 이미 흥분을 가라앉힌 주인공을 독자에게 소개해야 했던 서술자는 작중인물의 행동이나 말이 독자에게 강렬한 인상을 주도록 다양한 조치를 새롭게 취해야 했던 것이다. 그만큼 서술자가 독자의 반응에 민감해졌다.

　『차산필담』에서 서술자의 역할이 부각된 데는 또 다른 이유가 있다고 추정된다. 조선시대 문인들에게 있어 대필代筆은 빈번한 글쓰기 방식 중의 하나였다. 특히 배전은 남의 이름을 도용해 상소문을 올렸다가 유배를 당하기까지 했다.* 배전이 자신의 개인적인 원한을 풀기 위해 빌려 온 '이두영'이란 인물은 상소문 속의 서술자인 셈이다. 남의 이름을 빌려 와 상소문을 기술한 배전의 태도는 현실로부터 독립된 작품에서 서술자를 부각시킨 태도와 이어진다고 볼 수 있다.

이런 이유로 『차산필담』에서는 허구적 서술자의 역할이 두드러졌다. 서술자는 작품 밖의 배전이 작품 속에서 자신을 대신하도록 설정한 존재이다. 현실의 입장에서 보면 작품 속의 서술자는 허구적 존재인 것이다. 이처럼 서사를 이끌어가는 서술자의 존재가 부가되었다는 점이 『차신필담』의 가장 큰 특징이자 새로운 면모이다.

『차산필담』에서 서술자의 역할이 두드러진 것은 서사 세계가 현실을 수용하면서도 현실로부터 독립되는 조건을 만들어주었다. 서사 세계가 현실로부터 독립하는 것은 『천예록』과 같은 초기 야담집 소재 작품들이 형성되는 원동력이 되기도 했다. 그러나 그것은 편찬자가 작품과 현실을 구분하여 보았다는 것일 뿐, 허구적 서술자의 설정에 의한 것은 아니었다. 『차산필담』에서처럼 허구적 서술자에 의해 야담 세계가 현실과 관련되면서도 현실로부터

---

* 배전의 상소문 도용 사건을 이와 관련하여 이해할 수 있다고 본다. 배전은 남의 이름으로 상소문을 올렸다가 문제가 되어 고금도로 유배되었다. 사건의 전말이 『고종순종실록』(『고종순종실록』 CD, 동방미디어, 고종 19년 11월 6일)에 실려 있다(형조刑曹에서 아뢰었다. "죄인 배전裵婰을 잡아다가 엄하게 신문하니 공술하기를, '저는 김해金海에 사는 백성으로서 전前 별선 군관別選軍官 상직현尙稷鉉이나 이시우李時宇와는 애초에 은혜를 입었다거나 원망을 품은 것이 없습니다. 그런데 사람들이 혹 추천하여 등용되기만 하면 그때마다 희롱하면서 못난 사람으로 취급하였으므로 스스로 자기의 신세를 돌이켜보노라면 원망을 금할 수 없었습니다. 그래서 이두영李斗永의 이름을 빌려 상소문을 지어 올렸으니 남의 이름을 도용한 죄에 대해서는 더 할 말이 없습니다'라고 하였습니다. 이 공술을 놓고 보면 감정을 품은 것으로 하여 자기의 음흉한 계책을 실현하려고 하였으니 벌써 교활하며, 게다가 남의 이름을 도용하여 상소문을 올렸으니 더구나 몹시 증오스럽습니다. 응당 법조문에 따라 처단하여야 하겠으나 이미 엄하게 신문하라는 하교를 받았으므로 삼가 공술을 받아 보고합니다" 하였다. 하교하기를, "남의 이름을 도용하여 상소문을 올리고, 감정을 산 것 때문에 남을 함정에 몰아넣었으니 이와 같이 법을 무시하는 무리들은 일반적으로 처리해서는 안 된다. 한 차례 엄하게 고문을 가하고 멀고 험악한 섬 속에 귀양을 보낼 것이다"라고 하였다).

독립하는 것은 근대적 서사로 나아가는 중요한 조건이라 하겠다.

『차산필담』은 다른 야담집에 실려 있던 야담들을 매우 적극적으로 변개하였다. 그 변개의 방향은 배전이 당대 현실에 대해 가졌던 사상과 긴밀하게 연관되어 있다. 배전은 여러 문헌에서 흥미를 끄는 작품들을 단순히 전재하는 소극적인 편찬자가 아니라 적극적인 작가로서의 역할을 했다. 작가로서 독자들에게 강렬한 메시지를 전하려 했기 때문에 계몽 정신이 과잉되어 작품을 어색하게 만든 경우도 있지만, 이런 자세는 야담집 편찬자로서의 새로운 모습이라 할 수 있다.

그러나 『차산필담』에 다양한 작품들을 수용했음에도 불구하고 배전은 비윤리적이거나 지나치게 진취적인 주인공에 대해 완전히 공감한 것은 아니었다. 작품 속 서술자도 작중인물의 의미 지향을 자신의 그것과 완전히 동일시할 수 없었다. 이런 서술자의 태도는 한편으로는 작중인물과 작품 세계를 대상화할 수 있게 했지만, 다른 한편으로는 새로운 세상과 의식에 대해 어정쩡한 입장을 견지하여 분명한 비전을 제시하는 단계로 나아가지 못하게 했다고 할 수 있다. 그런 점에서 주인공과 분리된 서술자를 부각시킨 것은 주인공들의 진취적 의식을 고스란히 인정하기 어려웠던 배전의 서술 전략이라고도 볼 수 있다.

또 「구상수보」, 「반츤속약」, 「축명석한」, 「홍선대원군살이재후사」, 「경상감사백징언양동자가산사」 등에서는 사실에 대한 보고의 형식을 통해 야담이 당대 현실과 긴밀한 관계를 확보하는 길을 개척하였다. 그 결과 전대 야담의 소재를 빌려 와 현실을 암시한 경우보다 더 적극적이고 직접적으로 현실을 거론할 수 있게 되었다. 『차산필담』은 이런 점에서 필담筆談의 한 전형을 이루었다고 평가할 만하다. 붓으로 이야기하는 글쓰기가 과거에 고착된 다른 글을 옮겨 적는 것이 아니라 현실의 제 양상을 직접 기록하는 수단이 되었다는 사실을 중시해야 한다.

그리고 이런 경향은 풍속 개량의 방향을 기록적 가치에서 찾으려고 한 신소설의 경향과 이어질 수 있을 것이다. 신소설은 당대의 사실을 있는 그대로 기록함으로써 풍속 개량의 효과를 거두고자 했다고 볼 수 있다.[38] 말기 야담집 『차산필담』은 강렬한 계몽 정신을 바탕으로 사실에 충실하려는 또 하나의 경향성을 보였는데, 그런 점이 사실을 기록하려는 경향이 강했던 신소설의 창작 원리와 연관될 수 있겠다.

맺는 말

이상의 논의를 통해, 근대 서사 문학 형성 직전에 나온 조선 말기 야담집 『차산필담』이 중세 서사 문학의 변화, 근대 서사 문학의 형성과 관련되는 갖가지 새로운 면모를 보였음을 확인하였다.

『차산필담』에 실린 작품들은 윤리적 주장을 강하게 드러내거나 암시하였다. 특히 '자신보다는 남을 먼저 배려해야 한다'는 새로운 사회 윤리를 독자들에게 전하려는 의도가 매우 강했다. 일종의 계몽 의식의 과잉이라 하겠는데, 그 때문에 기존 야담이 어색하게 변개되기도 하였다. 또 백성의 권리가 중앙 권력자의 권리 못지않게 소중하다는 민권 사상을 드러냈다. 이 점은 『근세조선정감』에서 배전이 피력했던 사상과 통한다. 이처럼 『차산필담』은 새로운 시대에 부합하는 삶의 방식을 제시함으로써 야담의 새로운 가능성을 보여주었다.

『차산필담』의 작중인물들은 대단히 진취적인 생각과 행동을 보여준다. 그 인물들은 배전이 풍문으로 들었던 당대의 실존 인물일 것이다. 「반촌속약」, 「축명석한」의 주인공들이 특히 그러하다. 이들은 자신의 삶의 방식에 대해 떳떳하고 당당했다. 그에 비해 서술자는 움츠려 있다. 작중인물의 의미 지향이 서술자의 서술 시각을 압도한 것이다.

작중인물의 이 같은 진취성에 대해 편찬자 배전은 다소 상충되고 모순된 입장을 보였지만, 야담 갈래 속에 당대 현실의 소재를 수용하려 했다는 점은 높이 평가할 수 있다. 또 그는 당대의 현실 의식을 잘 드러낼 수 있는 서술 구조를 고안하고, 당대의 정신을 실현하는 인물들을 부각시킴으로써 자신이 몸담고 있는 현실에 대한 생각을 진지하게 피력하였다.

『차산필담』은 주제 면뿐 아니라 서술 방식에서도 기존의 야담을 변개시켰다. 주인공이 욕망을 적극적으로 추구해가는 과정을 서술하면서도 그 과정을 단선적으로 그리지 않았다. 주인공이 새로운 가치관을 선택하고 실천하는 과정에서, 타인과의 관계에서나 자신의 내면에서 갈등하는 모습까지 기술했다는 점에서 새롭다고 할 수 있다. 또 독자의 호기심을 집중시키기 위해 내용을 박진감 있게 서술했다는 점도 특징으로 꼽을 수 있다. 강렬한 인상을 가진 장면을 서두에 배치한 것도 독자들의 관심을 끌기 위한 서술적 전략이다. 이로써 배전은 야담집 편찬자이면서 동시에 '필담' 작가가 되었다.

『차산필담』에서는 경험의 주체인 작중인물이 스스로 자기 경험을 이야기하는 경우가 줄어들었다. 경험에서 비롯된 흥분이 가라앉은 것이다. 작중인물은 자기 경험에 대해 일정한 거리를 설정했다. 그런 까닭에 작중인물 대신 서술자가 나서야 했다. 서술자의 목소리와 주인공의 목소리가 분명하게 구분된 것이다.

서사를 이끌어가는 서술자의 존재를 부각시켰다는 점이 『차산필담』의 가장 큰 특징이자 새로운 면모이다. 서술자는 작품 밖의 작가 배전이 작품 속에서 자신을 대신하도록 설정한 존재이다. 현실의 입장에서 보면 작품 속의 서술자는 허구적인 존재인 것이다. 서술자의 역할이 두드러지면서, 서사 세계가 현실을 수용하면서도 현실로부터 독립되는 조건이 만들어졌다. 이처럼 허구적 서술자에 의해 야담 세계가 현실과 관련되면서도 현실로부터 독립하는 것은 근대적 서사로 나아가는 중요한 조건이라고 하겠다.

『차산필담』은 다른 야담집에 실려 있던 야담들을 매우 적극적으로 변개하였다. 그 변개의 방향은 배전이 당대 현실에 대해 가졌던 사상과 긴밀하게 연관되어 있다. 배전은 여러 문헌에서 흥미를 끄는 작품들을 단순히 전재하는 소극적인 편찬자가 아니라, 적극적인 작가로서의 역할을 한 것이다. 작가로서 독자들에게 강렬한 메시지를 전하려다 보니 계몽 정신이 지나쳐 작품을 우스꽝스럽게 만들기도 했지만, 이는 야담집 편찬자의 새로운 경지를 보인 것이라고 평가할 수 있다.

그러나 배전은 비윤리적이거나 지나치게 진취적인 작중인물에 대해 완전히 공감한 것은 아니었다. 작품 속 서술자도 작중인물의 의미 지향을 자신의 그것과 완전히 동일시할 수 없었다. 이런 서술자의 태도는 한편으로는 작중인물과 작품 세계를 대상화할 수 있게 했지만, 다른 한편으로는 새로운 세상과 의식에 대한 어정쩡한 입장을 견지하게 해 분명한 비전을 제시하는 단계로 나아가지 못하게 했다고 할 수 있다.

『차산필담』은 허구가 아닌 사실에 대한 보고의 형식을 통해 당대 현실과 긴밀한 관계를 확보하는 길을 개척하였다. 그 결과 전대 야담에서 소재를 빌려 와 현실의 문제를 암시한 경우보다 더 적극적이고 직접적으로 현실을 거론할 수 있게 되었다. 이런 점에서 필담筆談의 기동력을 높였다고 할 수 있다. 여기서 좀 더 나아가면 야담집 편찬자가 근대적 작가의 풍모를 지닐 수 있게 될 것이다.

이런 경향은 풍속 개량의 방향을 기록적 가치에서 찾으려고 한 신소설의 경향과 관련시킬 수 있다. 신소설은 당대의 사실을 있는 그대로 기록함으로써 풍속 개량의 효과를 거두려 하였다. 말기 야담집『차산필담』은 강렬한 계몽 정신을 바탕으로 사실에 충실하려는 또 하나의 경향성을 보였는데, 그런 점이 사실을 기록하려는 경향이 강했던 신소설의 창작 원리와 연결될 수 있을 것이다. 앞으로 이런 점에 착안하여 근대 서사 문학의 형성을 살피면 충분히 의미 있는 결과를 얻을 수 있으리라 판단한다.

미주

1) 배전의 신분을 아전이라 보았는데(이우성·임형택 역편, 『이조한문단편집』 하, 일조각, 1978, 441면 및 이강옥, 「차산필담과 이율배반적 중인의식」, 『한국문학의 현단계』 2, 창작과비평사, 1983, 284면), 김종철이 향반층이라고 수정했다(김종철, 「차산 배전 연구」 1, 『한국학보』 47, 일지사, 1987 여름, 27~30면). 김종철의 고증에 의하면 배전의 가계를 검토할 수 있는 자료로는 세 가지가 있다. ① 1882년에 작성된 「호적단자」戶籍單子, ② 1977년에 간행된 『분성배씨세보』盆城裵氏世譜(全), ③ 1983년에 간행된 『분성배씨대동보』盆城裵氏大同譜(上) 등이다. ①과 ③에서 배전의 가계가 향반층임을 확인할 수 있으나, ②에 따르면 배전은 대대로 아전을 배출한 김해金海 노상파路上派에 속한다. 김종철은 ②가 후손들의 착오에 의해 잘못 만들어진 것으로 보고 있지만, 그 점을 확증할 단서 역시 없는 실정이다. 배전의 출신을 향반으로 보는 쪽이 더 설득력을 얻기는 하지만, 배전이 중인의 시사詩社인 '육교시사'六橋詩社 활동을 했으며 그들과 교유를 지속했다는 점에서 볼 때 중인들과 공감대를 가졌다는 것은 분명하다. 배전의 생애와 교유에 대한 좀 더 자세한 내용은 이성혜, 「차산 배전의 시세계」(『동양한문학연구』 15, 동양한문학회, 2001), 182~188면을 참조할 것.
2) 『차산필담』 끝에 붙어 있는 '원납이문' 願納異聞이라는 표제 아래의 두 작품을 포함한 수이다.
3) 이강옥, 「차산필담과 이율배반적 중인의식」(『한국문학의 현단계』 2, 창작과비평사, 1983).
4) 김종철, 「차산 배전 연구」 1(『한국학보』 47, 일지사, 1987 여름).
5) 하미경, 「차산필담의 현실인식과 야담문학사적 위상」(『야담문학연구의 현단계』 3, 보고사, 2001).
6) 이성혜, 「차산필담의 구조와 배전의 사회인식」(『동양한문학연구』 16, 동양한문학회, 2002).
7) 이상 「영가김씨부부적음설」의 변개와 그 의미에 대해서는 이강옥, 「차산필담과 이율배반적 중인의식」(『한국문학의 현단계』 2, 창작과비평사, 1983), 285~287면을 참조할 것. 『차산필담』이 '분명한 현실 인식을 바탕으로 한 미래 지향적인 태도를 보여준다'고 본 하미경은 어떤 이유에서인지 이 작품은 언급하지 않았다. 또 이성혜는 필자의 논문에 대해 비판적인 견해를 제출했다. 이성혜는 부인의 자살 기도는 소설적 긴장을 높이기 위한 장치이고, 독이 든 고기 사건을 앞서 배치한 것은 자살 사건을 읽고 당혹해할 독자들을 위한 차산의 배려에서 비롯된 것이라고 했다. 궁극적으로 이 작품에는 조상의 음덕으로 세도가를 이룬 안동 김씨 세도 정권의 탄생을 말하려는 배전의 치밀한 의도가 깔려 있다고 보았다(이성혜, 「차산필담의 구조와 배전의 사회인식」, 『동양한문학연구』 16, 동양한문학회, 2002, 185~186면). 일리 있는 견해지만, 편찬자 배전의 사회 인식을 부각시키려는 동기가 지나쳤다. 이런 해석은 자살을 기도했다가 깨어난 부인의 솔직한 고백을 무시했고, 배전이 '독자를 의식했다'는 점을 과장했으며, 안동 김씨 세도 정권에 대한 배전의 비판적 입장을 고려하지 않았다는 점에서 설득력이 약하다. 더욱이 이성혜는 배전이 「노노수뢰」老老受賂를 통해 권세가 안동 김씨의 위압과 아전의 전횡을 고발했다고 해석했는데(같은 책, 187면), 이렇게 되면 안동 김씨에 대한 배전의 태도는 모순이라는 결론으로 귀결된다.
8) "大院君嚴飭八道監司 先點檢倉庫之實 復査逋欠之額 有逋千石以上者 斬其首 千石以內者 竄配海島 令旣下 重疊遣暗使 偵者項背相望 郡縣不敢隱 皆錄實數 以上之 囚逋吏 以待命 其中有逋九

百九十五石以至九十石者 有司欲免之 大院君曰 …… 遂命盡斬之 諸郡大驚 逋吏之親戚故舊 聞是令 皆賣器具 鬻釵細衣飾 爭輸於官 而號泣請綬其死"(『근세조선정감』 상, 탐구당, 1975, 197~198면).

9) 『청구야담』 「과금강급난고의」의 해당 대목은 다음과 같다. "사인이 괴상하게 여겨 물으니 노옹이 대답하기를 '저에게는 외동아들이 있는데 감영에서 아전 노릇을 하고 있었지요. 그런데 포흠한 재물이 만석에 이르러 옥에 갇힌 지 여러 달이 되었습죠. 집안 재물을 다 팔고 집안사람들과 이웃 사람들에게까지 추징했지만 여전히 못 갚은 돈이 많습니다. 감영에서는 다시 내일을 기한으로 했습니다. 만일 내일을 어기면 매를 맞아 죽은 혼이 되겠지만, 돈 한 푼 곡식 한 톨도 내어올 곳이 없습니다. 그래서 외동아들이 형을 받고 죽는 걸 차마 볼 수 없어 제가 먼저 물에 빠져 죽으려는 것이지요.'"("士人怪問之 老翁曰 吾有獨子 吏役於錦營 以逋欠 近萬石 滯囚屢朔 盡賣家庄 徵族徵隣 而尙多餘數 更以明日定限 若過明日 則當爲杖下之魂 而分錢粒米無可辦出 不忍見獨子之被刑 吾欲投水而死", 『청구야담』 하, 324~325면). 여기에 비해 『차산필담』 「영가김씨부부적음설」의 해당 대목은 다음과 같다. "그 사람이 말하기를, '저에게 동생이 있는데 제대로 가르치지 못했습죠. 소금 무역을 하여 돈을 벌겠다고 재작년에 몇천 관이나 되는 개성 상납전을 끌어다 쓰더니 모두 잃고 말았죠. 작년에도 다시 몇천 관을 빌려서 또 다 잃어버렸습니다. 그는 이미 죽었지만 전후 7,000관 빚은 고스란히 저에게 남았으니 이런 큰돈을 어디서 마련한단 말입니까? 제 쓰러져가는 세간을 모두 다 판다 한들 십분의 일도 감당할 수 없으니 어찌 온전하게 살아남기를 바라겠습니까? 이 몸은 내일이면 잡혀가서 곧 칼머리의 혼이 됩니다. 형벌을 받고 죽기보다는 차라리 스스로 물에 빠져 죽는 게 더 낫겠지요." ("其人日 有弟不敎 稱以貿塩殖貨 去年引用開城上納錢 幾千貫沒數和水 昨年又引幾千貫 又沒數和水 見方身死物故 而債前後凡七千貫 若此鉅財 四無可辦 而獨我徵之 自顧傾敗之産 若盡放而了刷 不能當一仂 安敢望生全乎 此身將明日被拿 則不幾爲劍頭魂 與其見殺於刑 不若自投於水", 『차산필담』, 328면).

10) "一日其夫人出而告之日 長兒累日飢餓而竟至不救"(『차산필담』, 325면).

11) 『차산필담』에는 자기와 친인척 관계에 있는 사람이나 계급적 종속 관계에 있는 사람들 사이의 베풂과 보은을 다루기보다는 전혀 그런 관계가 아닌 남을 돕는 것을 강조하는 작품들이 많다. 「노노수뢰」, 「수은식화」, 「了상수보」 등에서 베풀고, 은혜를 입고, 보은하는 사람들은 사전의 친분 관계를 전혀 갖지 않은 존재들이다. 하미경은 이를 '극한 상황에서의 이타정신과 새로운 삶의 시작'이라 명명하였다.(하미경, 「차산필담의 현실인식과 야담문학사적 위상」, 『야담문학연구의 현단계』 3, 보고사, 2001, 476~482면).

12) "其女也之慮始圖終 不凡比也"(『차산필담』, 343면).

13) 하미경과 이성혜는 이와 다르게 해석했다. 하미경은 "주인공 홍녀는 부모와 남편에게 자신의 인생을 떠맡겨 그 힘으로 인생을 편히 살려는 것이 아니라 다소 힘들더라도 자기 힘으로 자신의 운명을 개척하려는 의지를 보"(하미경, 「차산필담의 현실인식과 야담문학사적 위상」, 『야담문학연구의 현단계』 3, 보고사, 2001, 465면)였다고 해석했다. 그리고 "홍녀는 지인지감의 소유자라는 면에서 '이기축 이야기'의 여주인공과 상통하면서도 그 행동이 더욱 치밀하고 계획적이라는 점에서 …… 전대의 이기축 이야기를 발전적으로 계승한 것"(같은 면)이라고 보았다. 이런 해석은 홍녀가 심각하게 당면한 '운명'이 무엇인지 설명할 수 있어야 설득력을 얻을 것이다. 한편 이성혜는 홍녀가 "가난 극복이라는 문제와 반대한 결혼에 대하여 긍정적 시각을 끌어내기 위해 치열한 노력을 한다. …… 부를 향한 욕망 성취와 작중 자아의 강한 의지가 엿보인다. …… 이는 욕망 충족과 신분 상승을 위한 홍녀의 치밀하고 강한 의지의 실현이다"(이성혜,

「차산필담의 구조와 배전의 사회인식」, 『동양한문학연구』 16, 동양한문학회, 2002, 186~187면)라고 먼저 해석했다. 그러나 홍녀는 가난하지 않다. 작품 서두에서 분명 그 아버지 홍장이가 '축저초요'蓄儲稍饒하다고 밝혔으며, 거기다 홍녀는 예쁘고 영리하기까지 하다. 그런 점에서 홍녀의 작중 의지는 가난을 극복하고 부를 축적하려는 것이 아니다. 또 이성혜는 "홍녀와 그 신랑이 벼슬을 구하는 모습이 단지 벼슬만을 얻기 위한 것임을 부각시킨 점은 역시 당대 사회의 부패한 모습을 고발하는 작가 차산의 의도다"(같은 책, 187면)라고 주장했다. 그러나 홍녀와 그 남편은 벼슬을 추구하기보다는 오히려 벼슬을 끝까지 거부했다. 또 아마도 표현이 잘못된 듯하지만, 이 문면만 따진다면 홍녀와 그 남편은 부패한 사회를 대변하는 인물이 되어 작가 배전에 의해 비판받는 존재가 되어버렸다.
14) 하미경은 이 작품에 대해 언급하지 않았다. 이성혜는 "권세가의 위압과 아전의 전횡과 수탈을 고발한 것이다"(이성혜, 「차산필담의 구조와 배전의 사회인식」, 『동양한문학 연구』 16, 동양한문학회, 2002, 187면)라고 해석했다. 그리고 "상층부와 결탁한 아전들의 수탈이 어느 정도인가를 잘 보여준다"(같은 면)고도 했다. 그러나 작품을 거듭 읽어보아도 이렇게 해석할 여지를 찾기는 어렵다. 이 작품의 서술자나 작가는 '노인'을 결코 부정적으로 보지 않았다. 또 노인으로 하여금 아전의 집 내실로 무작정 쳐들어가게 만든 것은 아전을 비판하기 위해서가 아니라 아전의 재물을 뜯어내어 김생을 부유하게 만들어주기 위해서였다.
15) "此可爲知恩報德之一道乎"(『차산필담』, 418면).
16) 하미경은 「수은식화」를 「구상수보」와 동일한 구조를 지닌 작품으로 보고, "혈연을 기초로 한 이념과 윤리가 더 이상 현실 속에서 권위를 가지고 있지 못한 상황 속에서 한 공동체의 성원들이 어떠한 윤리를 가지고 살아가야 하는가를 탐구하는 이야기이자, 절망 속에서 다시금 앞으로 나아가는 미래에의 전망을 제시한 이야기"(하미경, 「차산필담의 현실인식과 야담문학사적 위상」, 『야담문학연구의 현단계』 3, 보고사, 2001, 482면)로 해석했다. 이들 작품만 독립하여 보면 설득력 있는 해석일 수 있다. 이에 반해 이성혜는 "당대 사회의 도덕적 혼란과 가치의 전도에 대한 불감증을 형상화한 것이다"(이성혜, 「차산필담의 구조와 배전의 사회인식」, 『동양한문학 연구』 16, 동양한문학회, 2002, 187면)라고 하거나, 매문매필이 자행되는 "당대 사회에 대한 …… 부정적 인식을 드러냈다"(같은 책, 202면)고 설명했다. 이런 해석은 서사 세계와 현실 세계를 구분하지 않고, 또 작중인물의 말과 행동, 서술자의 서술 어투를 고려하지 않은 것이란 점에서 설득력이 약하다.
17) 하미경, 「차산필담의 현실인식과 야담문학사적 위상」(『야담문학연구의 현단계』 3, 보고사, 2001), 482면.
18) "事在同治丙寅秋間"(『차산필담』, 426면).
19) "嗚呼 此豈非現世奇女子乎"(『차산필담』, 430면).
20) "因告舅姑會其諸叔曰 妾新嫁之日 夫君夜夜夢之曰 吾不欲居此土 願負戴逃去小白山中 以爲全軀命於亂世 保子姓於明時"(『차산필담』, 424면).
21) "李旣喪耦妾且崩城 其敍倖之節 非客手則難治 故遂許葬後結親而假手治喪 亦思亡夫 不宜遠曆客土 待其肌敗 骨餘返葬故山 敢此稟白 若許改適 當從客李去 不許亦當守也"(『차산필담』, 424~425면).
22) "固如是 願出三百緡錢 客旣希我同産 今乃失望 且貧無爲資 爲人傭賃 有錢此數 可以娶婦謀生 妾亦旣與成言矣 非錢難贖 若留我爲家門之全 肯惜此三百也"(『차산필담』, 425면).
23) "餞客曰 有錢亦有室 持此而歸 擇配而爲産"(『차산필담』, 426면).

24) "是何言也 …… 本以妓女 少無貞姿 居在渭衙 等等守廳 幸得先令知遇 至有今日 若先令享壽 永爲抱衾與裯 今先令棄世而身后無嗣 故妾不忘四年鍾愛之恩 有此知報之一事 是何烈也 是何烈也"(『차산필담』, 429면).
25) "換父祖 易姓名 而致功名 可乎 棄妻子 背恩義 而致功名 可乎 欺罔君父罪莫大焉"(『차산필담』, 446면).
26) 『비연상초』斐然箱抄에서 옮겨온 「호중포사전」湖中砲士傳, 「김대섭전」金大涉傳, 「이효녀전」李孝女傳 등도 여기에 해당한다.
27) "國之立君立相 所以治民事 俾其各保權利 無相侵奪 而愚者導之以智 貧者敎之以富 不仁不義者袪之 以安良民 如斯而已 黔首之衆 非我奴隸 土地之産 非我帑藏 而貪君剝削民産 以逞己奢侈之慾 暴君殘害民命 以成其好大之功 …… 盖君爲民而立 非民爲君而生 譬一社之會 必擇智而義者爲會長 國家亦如之 …… 美利堅合衆國大統領撰擧 乃萬古至公之法 人主私其位 以天下爲傳家之業 便生出無數弊端"(『근세조선정감』 상, 탐구당, 1975, 138~139면).
28) 김종철, 「차산 배전 연구」 1(『한국학보』 47, 일지사, 1987 여름), 41면.
29) 이에 대해 하미경은 "단순히 대원군 개인의 탐욕스러운 성품을 비판하는 데만 머무르지 않고, 원납전 수취 제도의 구조적 모순과 그로 인한 지배층 전체의 비리에 대한 비판"(하미경, 「차산필담의 현실인식과 야담문학사적 위상」, 『야담문학연구의 현단계』 3, 보고사, 2001, 463면)이라 해석했다. 해석의 폭을 넓힌 점을 인정한다. 반면 이성혜는 "원납전을 빙자하여 공명과 부를 이루려는 모리배를 징치한 대원군을 옹호하는 글이다. 이것이 바로 차산이 제시하는 부패구조의 해결 방안이다"(이성혜, 「차산필담의 구조와 배전의 사회인식」, 『동양한문학 연구』 16, 동양한문학회, 2002, 199면)라고 하여 반대로 해석했다. 이런 해석은 설득력이 약하다. 왜냐하면 박생을 만난 대원군이 한 말에는 돈에 대한 탐욕이 담겨 있을 뿐 모리배를 징치하려는 의지는 없기 때문이다. 또 대원군이 응징한 것은 조상을 갈아치우고 이름을 바꾸어 공명을 훔치려 한 이재후일 따름이다.
30) "孫必亡吾家 吾死後 櫬必不欲着在此土 願子任其所之 勿留爲后患也"(『차산필담』, 441면).
31) "嗚呼 所謂世上事 無不有者也"(『차산필담』, 446면).
32) "哺然而告曰 了乎願納矣 避鄕之溫業仍于蕩盡者凡幾人 彼童乃彦陽之孤兒也 亦輸七万貫 覆巢破産而來 是豈成說乎"(『차산필담』, 449면).
33) "我旣好錢 來不可退"(『차산필담』, 450면).
34) "人物之生 無貴賤無京鄕 庸詎以遐方之人而易之哉 此十三歲童 能纒七万貫 不挫王公之門 反欲一道之伯 若善敎而成人 可以需用於世也 若嶺伯吳者 不知自足 假虎威而欺孤寡 露蟄慾而成恸懦 所謂求利未得 而害己隨之者 非耶"(『차산필담』, 451면).
35) "乃發至薩摩對馬 皆散賑歉困之民 歷釜山多大如之及登萊府 計其餘財 分與初逢雲從丐者及康海隨從船子"(『차산필담』, 351면).
36) "一日有素善客 平朝至其門 其家僮僕背負全牛肉 入內 客隨入見主人 禮畢 朝供 主客案出來 而無一點肉 只有菜葉而已 客怪而問曰 主家有何事故 買全牛肉來 薪一點於朝供饌也 主人瞠然曰 吾不知 仍拓內窓以客言問于婢子 …… 客聞之 又再拜主人曰"(『차산필담』, 323~325면).
37) "汝可殺 朝鮮豈有千兩傍乎 昔者 孝肅年間 甞設靑樓 陰伺往來人才氣者 以有北伐之計也 此亦風流駘蕩 多誤權貴子弟 故遂乃廢閣 今汝任聽白賈 費京金而此隣 欲釣長安累鉅萬財 所謂大盜賊者也 汝將不立所費而爲捕廳落花矣 吾今夜殺汝以救京洛 明日告變 得一臘仕"(『차산필담』, 372면).
38) 권보드래, 『한국 근대 소설의 기원』(소명출판, 2000), 123면.

장지연의 의식 변화와 서사 문학의 전개
―『이국부인젼』·『녀ᅎ독본』·『일사유사』를 중심으로

위암韋庵 장지연張志淵(1864~1921)은 한말과 애국 계몽기, 그리고 일제 강점기라는 민족사의 격변기를 살았던 지식인이다. 그는 1905년 을사조약이 체결되자 『황성신문』에 「시일야방성대곡」是日也放聲大哭을 발표하여 일본의 부당한 행태를 고발한 애국지사였다. 그러나 그 뒤 그의 삶에는 큰 굴곡이 있었다. 특히 그는 한일병합 이후 『매일신보』 지면을 통해 일본 제국주의의 한반도 통치를 미화하는 일련의 글들을 발표한 것으로 드러났다. 그의 이러한 변화는 그 자체로 상세하게 분석되어야 할 뿐 아니라, 그의 사상적 체계나 근대사의 전개와 관련하여 해명되어야 할 과제다.

장지연에 대한 기존 연구의 대부분은 한일병합 이후 그의 행적들을 변별적으로 문제 삼지 않았다.[1] 이에 비해 강명관은 장지연의 변절 부분까지도 포괄하여 설명함으로써 장지연 연구의 한 전기를 마련하였다.[2] 강명관은 위암이 친일로 나아갈 수밖에 없었던 사정을 왕정·봉건사회 체제의 부활을 전제로 하는 유학 사상 체계에서 찾았다. 핵심에 다가간 해석이라 할 수 있다. 그러나 장지연의 유학 사상 체계는 그가 친일로 나아간 필요조건은 될 수 있겠지만 결정적인 요인이라고 하기는 어렵다. 최익현과 같은 이항로 문하의 주리主理 성리학자들이 항일의 기치를 들고 의병장으로까지 발신한 빛나는 사례를 찾을 수 있기 때문이다. 유교 자체를 문제 삼기보다는 장지연의 사상 체계가 어떤 고유한 의식구조로 나아갔는지를 살피는 것이 사태 해명의 관건이 될 것이라고 본다.

장지연은 많은 논설을 썼고 그에 못지않게 서사 작품들도 많이 남겼다. 그가 남긴 서사 작품들은 그의 의식의 궤적을 살피는 데 중요하게 활용될 수 있을 것이다. 그리고 우리나라 근대문학의 형성 과정에서 단형 서사 문학이 어떻게 변형되는지를 해명하는 데도 중요한 계시를 줄 것이라 판단한다. 그럼에도 불구하고 그의 서사 문학은 본격적으로 다뤄지지 않았다.

이 글에서는 먼저 『매일신보』에 발표한 장지연의 논설을 통해 한일병합 전후에 이루어진 그의 의식 변화 양상을 살펴보고, 그것을 사상 체계의 특수성과 관련시켜 해명하고자 한다. 그리고 그 결과를 근거로 장지연의 서사 문학을 검토하겠다. 마지막으로는 그 서사 문학의 문학사적 위치를 비정하고자 한다.

장지연은 1907년에 『이국부인전』을, 1908년에는 『녀ᄌ독본』을 간행했고, 1916년 1월 11일부터 1916년 9월 5일까지 『매일신보』에 『일사유사』를 연재했다. 그 연재분은 1922년 회동서관에서 단행본으로 출간하였다. 그 외 집필 연대 미상의 『진휘속고』震彙續攷와 「이준전」李儁傳, 「신열부전」申烈婦傳, 「운연자전」雲淵子傳 등 세 편의 전傳을 남겼다.

『녀ᄌ독본』이나 『일사유사』에 실린 짧은 서사 작품들은 장지연에 의해 창작된 것이 아니라 구전되거나 다른 문헌에 실려 있던 것들이다. 장지연은 다양한 속성을 지닌 서사 작품 가운데 몇 유형에 포함될 것들을 선별하여 옮기고 소감을 덧붙이기도 했다. 그렇다면 그가 남긴 서사 작품들을 통해 그가 어떤 서술 의식을 가지고 특정 서사 유형을 선별하여 기록했으며, 또 그 과정에서 어떻게 변개시켰는지를 살펴볼 수 있을 것이다. 서사 작품의 선별과 변개 과정에 개입된 의식을 해명하는 것은 항일 애국지사에서 친일 인사로 변해갔던 장지연의 의식구조의 특징을 검증하는 단서가 되기도 할 것이다.

야담집 편찬자로서 장지연이 가졌던 서술 의식은 이 무렵 서사 갈래들이 보였던 경향성과도 관련이 있다고 보아야 한다. 장지연 서사 문학의 본질을 해명하기 위해 편찬자로서의 의식 변화를 살피는 일과 이 시기 갈래들이 일반적으로 당면했던 여건을 연관시켜 고려하겠다. 여기에 실린 서사 작품들은 대부분 일화이며, 전傳과 전설, 민담, 소설에 해당하는 작품들도 있다. 이러한 다양한 갈래들이 이 시기에 어떤 상태로 존재했으며, 상호 관계는 어떠했는지 등도 간략하게 검토하겠다.

장지연의 사상 체계와 그 의식의 변화

평범한 지방 선비에 지나지 않았던 장지연은 1897년 서울로 올라와 고종의 환궁還宮을 요청하는 만인소萬人疏 운동에 참여함으로써 사회적 활동을 시작하게 된다. 1898년 시사총보사時事叢報社의 주필, 같은 해 9월에는 황성신문사皇城新聞社의 주필이 되어 언론인으로서 두각을 나타나게 되며, 그 이후 한일병합이 되는 때까지 항일 우국의 입장을 견지하게 된다.[3] 그는 「시일야방성대곡」을 통해 일본 제국주의의 책략과 음모를 드러내고, 그에 대한 반대 의사를 거침없고도 비장한 문체로써 표명하였다. 1906년 대한자강회大韓自强會가 창립되자 『대한자강회보』大韓自强會報에 논설을 실어 애국 계몽운동을 선도했다. 그의 논조는 1909년 『대한협회회보』大韓協會會報에 실은 「교과서 검정에 관한 충고」에까지 이어진다. 그는 이 글을 통해, 교과서에서 '애국'愛國이라는 어휘를 삭제하게 한 검정 방침을 비판하고 있다. 설사 서적에서 '애국'이란 말을 삭제하는 것이 가능하다 해도 애국을 주창하는 교사의 입은 금치 못할 것이라고 강변하였다. 그런데 이 글에서는 이전의 글에서 발견되던 단호하고도 자신감 있는 어조를 느끼기 어렵다. 그는 "금한일양국今韓日兩國의 형편形便은 의기인민宜其人民으로 ᄒᆞ야곰 불평不平의 감정感情을 융화融化ᄒᆞ며 전일前日의 의점疑点을 해석解釋ᄒᆞ야 국가공동國家共同의 복리福利를 증진增進케 홈"⁴⁾이 가장 긴요한 일이라고 말한다. 이렇게 되면 일본 제국주의의 한반도 강점 행위는 그것이 조선의 복리를 증진해주기만 한다면 인정할 수도 있다는 논리가 성립된다. 그것은 국권 회복을 주장하던 이전의 논조와는 상당한 차이가 있는 것이다.

애국 계몽기 동안 장지연이 도도한 반일의 논리를 만들어낼 수 있었던 원동력은 유교 이념이었다고 할 수 있다. 그는 유교 이념에 근거해 상常과 변變 두 개념을 부각시키고, 그것으로써 세계 및 인간의 본질과 존재 양식을 설명하고자 했다.

> 천지 만물의 이理에는 상常이 있고 변變이 있다. 일월, 상로霜露, 한서寒暑, 주야晝夜 등이 이理의 상常이라면 맹풍盲風, 괴우怪雨, 음예淫霓, 박식薄蝕 등은 이理의 변變이다. …… 오직 상常에 의거하여 변變에 통하여야 경經, 권權의 도道에 통달할 것이며 시조時措의 마땅함에 부합할 것이다. 무릇 나라에는 군신, 부자, 부부, 형제, 장유長幼 등이 있는데, 이 오상五常은 천지와 고금古今이 다하도록 변하지 않을 상경常經이다. 또 저 예악禮樂, 형정刑政, 전장典章, 법도法度 등은 때에 따라 변통變通하는 것이다. 옛날부터 지금에 이르기까지 천하 국가를 다스림에 있어 윤상倫常이 뒤집어지고도 능히 그 국가를 유지, 보존한 자가 어찌 있었겠는가.⁵⁾

여기서 상常이란 만물의 존재와 운행에 필요한 가장 중요하고도 자연스런 질서 혹은 원칙이다. 이에 비해 변變은 그것의 현실적 응용 형태이거나 상황에 따라 변하는 속성이다. 변變은 근본적으로 상常을 전제로 하는 것이다.

그런데 장지연은 당대를 변혁기로 파악하고, 그런 변혁기를 대면하는 유가적 방식을 '변통론'變通論으로 설명했다. '인시이변'因時而變이라 했듯이 시대 상황에 대한 인식을 강조하는 변통론은 '위로부터의 제도적 개혁'으로 요약할 수 있다. 대한제국 황실의 의례儀禮를 정비해 황실의 권위를 높이는 것, 황정책荒政策의 시행, 화폐제도의 개선, 군사 제도의 개혁, 신학新學을 배운 인재의 합리적 등용 등을 대한제국 정부가 주체가 되어 시행해야 한다는 것이다.[6]

변통을 중시하는 장지연의 태도는 국권이 침탈된 뒤에는 더 과격해진다. 1915년 2월 10일자 『매일신보』에서 "천하지사天下之事이 수시이변隨時而變은 이지상야理之常也라 …… 구불능수시이변苟不能隨時而變이면 기족왈豈足曰 지역지도자知易之道者哉"[7]라고 하여, 변變하는 성향 자체가 이理의 상常이라고까지 주장했다. 변통을 강조하면 할수록 역설적으로 상常이 중시되는 것이다. 또 "수연雖然이나 천하지사天下之事이 유불가변자有不可變者 존언存焉하니 즉천도지사시卽天道之四時롤 역가변호亦可變乎며 인이지오륜人彛之五倫을 역가변호亦可變乎아"[8]라고 하여, 자연의 순행과 오륜이라는 인간 사회의 윤리는 절대 불변의 것이라고 강변한다. 이 논설은 음력과 양력 중 어느 것을 사용할 것인지에 대한 견해를 밝힌 것으로서, 결국 그는 양력을 쓰는 쪽으로 결론을 내린다. 이것은 변變을 중시하는 입장이라고 하겠지만, 사실은 상常을 중시하는 것이기도 하다. 양력이야말로 태양이 일 년에 한 빈 하늘을 돈다는 자연 운행의 질서를 가장 정확하게 반영하는 것이기 때문에, 변을 추구하는 것은 그 자체가 상에 가장 충실하기 위한 것이라는 논리이다. 아울러 이 논설에서 장지연은 양력이 해를 중심으로 하고 음력은 달을 중심으로 하기에 그 실은 동일하다고 하여 앞의 주장과는 다소 상치된 견해를 나타낸다. 유럽과 통상을 시작한 뒤 다만 교섭의 편의를 위해 음력을 폐지하고 양력을 사용할 따름이지, 음력이 정확하지 못하거나 부당해서 양력을 따르는 것은 아니라고 하였다.

여기서 장지연이 사용하고 있는 변變 혹은 변통變通의 개념이 상이한 내포를 가지고 있음을 알 수 있다. 첫째, 변變은 상常의 한 속성이다. 이때 변變

은 상常의 원형을 가장 완벽하게 보존하기 위해, 그리고 상常에 가장 가깝게 나아가기 위해 변통變通한다. 둘째, 변變은 상常을 직접적으로 의식하지 않는, 상과는 변별되는 실체이다. 이때 변變은 다만 현실적인 필요에 의해 변통變通한다.

장지연의 개념 사용에서 완벽한 일관성을 찾아내기는 힘들지만, 대체로 속성을 지칭하는 개념으로서의 변을 강조하면 할수록 변과 대별되는 상을 그만큼 강조한다고 볼 수 있다. 변혁기에 있어 시대 상황의 변화에 대한 부응을 강조하면 할수록 그것은 결국 결코 변할 수 없는 상(오륜五倫)의 중요성을 과장하게 된다. 상常이 변變의 속성을 갖고 있다고 했지만, 실은 상常과 변變이 엄격하게 구분되어 있으며(속성으로서의 변→실체로서의 변), 움직이는 쪽은 변變일 뿐 상常은 결코 스스로 변통變通하거나 변變에 의해 그 고유성을 침해당하지 않는다.

역사적 변혁기에 변과 구별되는 상을 고집하는 것은 극단적 수구주의가 될 수 있고, 저항주의도 될 수 있다. 그것은 속성으로서의 변이나 실체로서의 변이 상을 유지하게 하는 것인가 아니면 상을 부정하는 것인가에 대한 판단에 따라 달라진다. 장지연은 초기 일본 제국주의를 상을 철저히 파괴하는 변變으로 인식했다. 따라서 상을 부정하는 존재인 일본 제국주의를 부정할 수밖에 없었다. 장지연은 상변론常變論의 체계로써 한말 및 애국 계몽기 일본 제국주의의 본질을 정확하게 포착한 셈이다. 두드러진 사례를 명성 황후 시해에 대한 생각을 피력한 다음 구절에서 찾을 수 있다.

> 시역弑逆의 참람함이 옛날에도 있긴 했지만 어찌 오늘날의 저 적배賊輩의 손과 같았겠습니까. …… 아, 오늘날의 천하가 비록 일변一變의 국면으로 뒤섞여 들어갔지만 저 천지를 지탱하고 우주의 끝까지 미치는, 고칠 수도 없고 바꿀 수도 없는 삼강오상三綱五常까지도 바꿀 수야 있겠습니까. …… 가령 여기 한 사람이 있어 강도, 반역자와 같이 반역의 뜻을 음흉하게 품고 어둠을 틈타 돌입하여 무

고한 그 주모主母를 죽인다면 그 아들 되는 자가 …… 복수의 길을 어찌 생각하지 않을 수가 있겠습니까.[9]

여기서 장지연은 일본 제국주의를 우리의 국모를 살해하여 인륜을 파괴한 존재로 인식하였다. 일본 제국주의는, 그것이 안겨주는 변혁이 아무리 긍정적이고 발전적인 것이라 하더라도, 가장 중요한 상常을 명백하게 파괴한 존재이기 때문에 거부될 수밖에 없다. 장지연은 이런 인식을 바탕으로 일본 제국주의에 대항하는 의병 항쟁을 촉구하였다. 그는 대한제국의 외교권을 박탈해 황제와 종시宗社를 부정한 을사조약이 체결되었을 때에도 이와 유사한 단호한 태도를 나타냈다.

그러나 1915년을 전후하여 태도는 달라진다. 가령 원세개袁世凱가 청나라 황제를 몰아내고 대총통이 된 사건에 대한 그의 생각을 살펴보자. 장지연은 만조 황족滿朝皇族과 청실 구신淸室舊臣 등의 자세에 깊은 관심을 보였다. 만조 황족과 청실 구신들이 당장에는 원세개의 위세에 눌려 그에게 복종하나 앞으로 어떻게 보복할지 모르며, 또 해외로 망명한 혁명당들이 기회가 오면 폭력적으로 항거할 수 있을 것이라는 생각을 가졌다. 그리고 그러한 일련의 시태가 조선에 적지 않은 영향을 미칠까 걱정된다는 점을 강조하였다.[10] 이런 태도는 일본 제국주의에 대한 조선의 항일 무장투쟁을 우려하는 입장에 섰기 때문에 나타난 것이다.

이와 같이 장지연의 인식이 극단적으로 달라진 것은 어떤 의식구조에서 비롯된 것일까? 이 무렵 일본 제국주의는 조선의 '상'常에 해당하는 것들을 두 부류로 나누었다. 부자, 부부, 형제, 장유의 상은 그대로 인정한 반면, 군신의 상은 변형시켰다. 군신 관계의 기본 구조(상하 관계, 예禮와 의義의 상호 관계 등)는 보존하되, 신하의 짝이 되는 다른 한쪽을 조선 임금이 아닌 '신인神人으로서의 일본 천황'으로 은밀하게 대체한 것이다. 군이 조선 임금인지 일본 천황인지는 해석하기 나름이기에, 이런 대체는 조선인의 봉건 이념이나 감정을 자극하지 않을 수 있었다. 일본 제국주의가 은연중 봉건적 신분 관계나 수취 관계를 조장한 것[11]은 조선인의 봉건 이념에 부합하려는 일본 제국주의의 계산에서 비롯했으리라 판단한다.

그런데 변變이 요청되는 시대에 변을 강조하면서 결과적으로 고정적 실체로서의 상常도 강조하게 되었기에, 그 상에 대해서는 적절한 점검이나 반성을 할 수 없게 되었다. 상이 변혁의 시대에 잘 어울릴 수 있는 것인지에 대한 반성이 어려워졌고, 상이 당대 현실에서 구체적으로 어떤 의미를 가질 수 있는지에 대한 엄정한 검정도 할 수 없었다. 관념적인 수준에서 상이 추앙된 것이다. 예를 들어 군신 관계의 경우 군君과 신臣이 예와 의로써 관계를 맺어야 한다는 원칙만이 중시되었다. 그 결과 관계를 맺는 군과 신이 각각 어떤 속성을 지닌 존재여야 하는지에 대한 성찰은 이루어지지 않았다. 군신 관계를 통해 만들어지는 체제는 어떤 성격을 가져야 하는가에 대해서도 검토되지 않았다. 또 군신 관계라는 형식이 어떤 사회적 맥락 속에서 존재할 수 있을지도 문제되지 않았다. 상常의 구체적 내용이 점검되지 않은 것이다.

요컨대 시대에 부응하는 변變을 강조하여 그 변의 세계와 거리를 유지하고 있는 상常의 영역을 강조하면 할수록 상은 신성시되어갔다. 상은 이제 그 내용을 문제 삼아서는 안 되는 관념화된 형상으로 오롯이 모셔지게 된 것이다.* 그런 까닭에 일본 제국주의가 고도로 관념화된 형식 속에서 제국주의 통치에 편리하도록 상의 내용물을 바꿔치기 했을 때 장지연의 상변론常變論 체계는 그것을 정확하게 포착할 수도 비판할 수도 없었다.

* 장지연은 황제皇帝의 칭호야말로 무상無上의 존귀한 위명位名이니 무조건적 충성을 다해야 한다고 역설하였다. 황제-신하(백성) 간의 관계라는 '형식'만을 내세운 것이다("皇帝之稱號는 無上尊貴之位名이니 與玉皇上帝로 同等地位라 以故로 自古英雄豪傑이 莫不沸血熱中ᄒᆞ며 磨頂放踵ᄒᆞ야 亡身不顧ᄒᆞ고 不奪不厭者는 只是個皇帝二字而已라"(「황제皇帝의 명호권리名號權利」, 『매일신보』, 1915. 12. 29). 이것을 다른 각도에서 읽으면, 힘을 가진 자가 황제가 될 수 있다는 뜻이 된다. 사실 장지연은 원세개가 통치권을 장악했기에 총통이면서 황제라는 사실을 인정했다. 그렇다면 군신 관계(상常)에 있어 어떤 사람이 군이 되고 어떤 사람이 신이 되어야 하는가의 문제, 즉 형식을 메우는 내용의 면에 대해 장지연은 이념적 엄정성을 갖고 검정하지 않고 힘이 지배하는 현실 논리를 그대로 따르고 있는 셈이다.

550

총독부總督府에서 신정新政을 시설施設 훈 이래以來로는 간간看看히 구폐舊弊를 개혁학고 신화新化를 선시宣施홈에 제제際학야 조선 구습舊習의 풍속도 점차 개량되야 변천학는 경우에 진奏학얏도다. …… 기일其一二를 시술試述학건디 조선 습관상 벌열 계급閥閱階級의 풍습을 타파학야 평등의 사상을 유치誘致학고 기차其次 양반 부녀兩班婦女의 규방 중閨房中에 쇄폐鎖閉홈을 개방학야 자유로 문외門外에 행동케 학며 …… 묘지령墓地令을 발포發布학야 윤매람점倫埋濫占의 악폐惡弊를 제거학며 …… 기타 혼인상제婚姻喪祭의 일체의 번문복례繁文複禮도 점차 변개變改학야 간이簡易의 역역에 지至케 학니 공자孔子ㅣ 소위所謂 '예여사야녕검禮與奢也寧儉 싱여기이야녕애喪與其易也寧哀'라 훈심이 차此가 징正히 신징新政에 상부相符홈이로다. 부지불언 간에서 자연히 풍속의 변천홈을 각오覺悟혼즉 정화政化의 신첩迅捷홈이 부고桴鼓의 향향響과 풍초風草의 언偃으로 동同홈을 차此에서 징徵학야 신信홀지니 연然혼즉 종금從今으로는 전 조선全朝鮮 풍속을 통일학야 민족의 관념도 일단一團에 치致홀 줄노 추상推想학노라.[12]

이 글은 조선총독부가 신정新政을 베풀어주어 변變에 해당되는 조선의 풍속이 개선되었음을 찬양하고 있다. 장지연에게 일본 제국주의는 더 이상 조선의 상常을 훼손시키는 존재가 아니다. '수시이변隨時而變'을 강조한 장지연이 애국 계몽기에 변變이라고 거론한 것은 예악禮樂, 형정刑政, 전장典章, 법도法度 등이었다. 그런데 위의 글을 쓴 시기인 한일병합 이후에는 국가의 통치나 지속의 근간이 되는 사항은 변變에서 제외시키고 사소한 풍속 부류만을 언급하고 있다. 그리고 조선총독부가 이 풍속의 폐단을 바로잡아 준 것으로 판단하였다. 이 판단의 전제는 '풍속이 여사如斯훈 고故로* 조선의 민족도 각기 분열各其分裂학야 단체력團體力이 항상恒常 박약薄弱'하다는 것이다. 이는 민족성의 열등을 인정하는 것으로, 민족 개량주의자들의 민족성에 대한 논의

* 조선의 풍속이 중국, 인도, 몽고 등의 영향으로 형성되었다는 의미이다.

를 연상시킨다. 장지연은 조선총독부의 방침과 실천이 공자의 원칙에도 오히려 부합하는 것이라고 보아, 조선총독부의 변통變通에 이념적 정당성을 부여해주었다. 마침내 이념적 정당성을 얻은 '변통'이 분열된 민족의 관념까지 단일화시켜준다는 결론에 이르렀다.

여기서 말하는 '민족의 관념'이란 상常인가, 아니면 변變인가? 「시일야방성대곡」에서 장지연이 통분한 이유는 국권이 상실되고 '국민정신'이 멸망했다는 데 있다. 이때 '국민정신'이란 부자, 부부, 군신, 형제, 장유의 질서까지도 포함하는 폭넓은 개념이다. 그렇다면 '국민정신'은 민족과 동일시될 수 있다. 여기서 '국민정신'이나 민족은 파괴되거나 변질될 수 없는 최상위의 상常이다.

그러나 1915년에 쓴 「조선풍속의 변천」에서는 민족 개념이 풍속에 의해 결정되는 것으로 이해된다. 조선총독부가 벌열 계급의 풍습을 타파함으로써 평등의 사상을 유치했다고도 하였다. 이것은 풍습이라는 변變의 변통을 통해 조선의 유가적 상常의 기본 전제가 되는 차별적 인간관을 혁파했다는 뜻이다. 나아가 '민족의 관념'까지 변화시켰다. 그렇다면 이 시기의 '민족 관념'은 변變에 해당하거나 최소한 변變을 기본 속성으로 하는 상常이라고 하겠다.

이상을 통해 보건대, 장지연의 글에 나타난 상의 개념은 이중적이다. 특히 민족 개념을 설명할 때 그러하다. 민족 관념이나 정신은 어떤 상황에서도 변경되거나 파괴되지 않는 최상의 상常으로 규정될 때가 있는가 하면, 주어진 여건에 따라 발전하거나 퇴보하는 변變으로 규정될 때도 있다. 민족 관념이 최상의 상常으로 규정되면 그에 대한 점검이나 비판은 금지된다. 반면 민족 관념이 변으로 규정되면 민족은 특별한 존재에 의해 변화될 수 있다. 한일병합 이후 장지연은 두 개념을 뒤섞어 쓰고 있다. 그리하여 상으로서의 민족 관념은, '특별한 존재'가 민족의 관념을 변질시키는 과정을 볼 수 없게 하는 일종의 커튼 역할을 한 것이다.

위 논설을 다시 살펴보자. 조선총독부는 풍속의 개량을 통해 아무런 반대나 혐의를 받지 않고 민족 관념을 변경시켰다. 마침내 조선총독부는 최상의 상常이었던 민족 관념보다 더 상위에 있는 존재로 떠올라 조선에서 인륜과 도덕이 유지되도록 해주는 가장 윤리적인 존재가 된 것이다.*

요컨대 장지연의 상변론常變論은 1900년대부터 1920년대에 이르기까지 다음과 같은 현실 논리를 조장하고 방조했다. 일본 천황 혹은 조선총독부는 군신 관계라는 '상常'의 한 축으로 은밀히 자리 잡음으로써 식민지 현실에서 최고의 자리를 차지하게 되었다. 또 변통을 완성함으로써 새로운 세상에 부합하는 새로운 윤리를 만들어내었다.

지금부터 이런 장지연의 사상적 변화를 장지연의 서사 문학은 어떻게 담았는지 살펴보기로 한다.

애국 계몽기 서사 문학(『이국부인젼』, 『녀ᄌ독본』)의 분석

『이국부인젼』과 『녀ᄌ독본』은 각각 1907년과 1908년에 순 한글로 간행되었다. 장지연은 「국문관계론」에서 교육을 발달시키고 독립을 만회하기 위해서는 오직 '국문'을 확장해야 한다고 역설한 바 있다.[15] 그는 국권 회복을 목표로 하는 애국 계몽운동을 위한 교과서로서 이 두 권의 책을 국문으로 간행한 것이다.

---

* 이러한 입장은 장지연이 말년에 많은 글을 발표했던 『매일신보』 3면 기사들의 의식구조와 대응된다고 볼 수 있다. 가령 1916년 2월 4일자의 「시모媤母를 작도斫刀로」라는 기사는 시어머니에게 앙심을 품은 며느리가 작도로 시어머니를 살해하려다 연안 헌병 분대에 체포되어 취조당하고 있다는 내용이다. 1916년 3월 24일자의 「유아乳兒를 살살殺훈 과부寡婦」라는 기사는 이웃 남자와 간통한 과부가 여자 아이를 낳아 살해했다가 발각되어 경성 지방법원 일본인 검사의 취조를 받아 징역 2년을 선고받았다는 내용이다. 두 기사는 패륜적 사건을 저지른 조선인이 조선총독부 예하 기관인 헌병대나 검사의 취조를 받고 응징된다는 내용을 다루고 있다. 조선인의 패륜을 과장하고 그를 응징하는 조선총독부 예하 기관의 당당함을 부각시킴으로써 조선총독부야말로 도덕과 인륜을 수호하는 최고 관청임을 은근히 암시하고 있는 것이다. 이와 유사한 사건과 그 취조 및 판결에 대한 기사가 거의 매일 보도되었다.

그런데 이 책들에 등장하는 주인공은 모두 여성들이다. 독자를 주로 여성으로 생각했기 때문이라고 추정할 수 있다. 장지연이 여성의 사회적 활동을 강조하려 했다 할지라도 남성들의 사회적 활동을 도외시하지는 않았을 것이다. 그럼에도 그는 남성들을 위한 국문 교과서나 계몽 서적을 간행하지는 않았다. 그는 이 시기에도 여러 편의 논설과 한시를 발표했는데, 그것들은 대부분 한문이나 현토로 표기되어 있다. 한문으로 표기된 한시나 논설은 남성을 독자로 생각한 듯하다.[14] 탁월한 능력을 지니고 있으면서도 사회적 제약으로 세상에 쓰이지 못한 남자의 이야기를 주로 싣고 있는 『일사유사』도 한문에 현토한 것이다. 결국 장지연은 국문의 체계성과 효용성을 강조했지만, 여전히 국문은 여성용이라는 선입견에서 벗어나지 못했다고 짐작할 수 있다.

『이국부인젼』은 잔 다르크의 영웅적 활약상을 보여주고, 『녀ᄌ독본』은 애국 계몽기의 여성들에게 모범이 될 만한 여러 인물들의 언행을 보여준다. 여성 독자층을 각성시키려는 동기가 분명하다.

> 녀ᄌ는 나라 빅셩된 쟈의 어머니 될 사롬이라 녀ᄌ의 교육이 발달된 후에 그 ᄌ녀로 ᄒ여곰 착ᄒ 사롬을 일을지라 그런고로 녀ᄌ를 ᄀᄅ침이 곳 가뎡교육을 발달ᄒ야 국민의 지식을 인도ᄒᄂ 모범이 되ᄂᄂ니라 어머니 된 쟈ㅣ 누가 그 ᄌ식으로 ᄒ여곰 착ᄒ 사롬이 됨을 원치 아니ᄒ리오마는 미양 이정에 ᄲᅢ져 그 ᄌ식의 악ᄒ 힝실을 기르ᄂ니 아바지 된 쟈ㅣ 그 ᄌ식으로 멀니 학교에 보내고져 ᄒ여도 그 어머니나 혹 조모가 이정에 못 니져 반디ᄒᄂ 쟈ㅣ 만흐니 이거슨 다 녀ᄌ의 학문이 업서 그러홈이니라.[15]

여자를 교육하는 것이 중요한 이유는 그 여자들이 장차 한 가정의 어머니가 되어 가정교육을 담당하게 되기 때문이다. 여자들이 애정에 빠져 자식을 그르치지 않으려면 자식을 먼 곳의 학교로 보내 교육시키는 것도 반대하지 말아야 한다는 주장이다. 여기서는 여성의 다양한 역할 중 어머니로서의 역할만을 지적하였다.* 그런데 『녀즈독본』에 실려 있는 작품들의 주인공이 가정 안에서 어머니의 역할만 하는 것은 아니다. 애정에 연연하지 않고 자식을 밖으로 보낼 뿐 아니라, 사회나 국가가 위기에 처할 때 스스로 나서기도 하는 것이다. 그런 점에서 볼 때, 총론의 내용은 『녀즈독본』에 등장하는 여성들의 의식과 행동의 출발점으로서 먼저 제시된 것으로 이해할 수 있다.

1 가정 안에서 전통 규범을 충실히 따르는 여성

자식을 모범적으로 교육시키는 어머니를 형상화한 작품은 「김유신 모친」, 「정일두 모친」, 「리오성의 모친」, 「김유신 부인」 등이다. 이 작품들에 등장하는 여성들은 처음부터 과부였거나 중요한 사건 뒤에 과부가 된다. 이런 설정은 여성의 역할이 부각되는 과정에서 초래될지 모르는 남편과의 갈등을 피하기 위한 것이라고도 볼 수 있다. 가령, 여성의 활약이 두드러지는 여성 영웅 소설 『홍계월전』에서 여성 영웅 계월과 그 남편 보국은 사사건건 불편한 관계를 이룬다. 그와 비교할 때 『녀즈독본』이 여성으로 하여금 혼자 살아가게 설정한 것은 주장을 한 곳으로 모으기 위한 적절한 서사 장치라고 할 수 있다. 살아 있는 남편을 무시한다면 강상綱常을 파괴하게 될 것이고, 무시하지 않는다면 여자의 존재가 부각될 수 없다.

  이들 작품의 여자 주인공들은 유가의 원칙에 따라 자식들을 교육하며 자식의 잘못을 엄격하게 따져 처리하기에, 모자간의 지극한 정을 발견하기 어렵다. 모자 관계는 철저히 합리적이다. 유가적 상常이 과장되어 피력된 것이다.

  아버지에게 효성을 다하는 여성을 그린 작품으로는 「양향과 동팔나」,

---

* 동양 여성 전기의 모범이라 할 『열녀전』列女傳은 여성에 관한 전傳의 유형을 '모의전'母儀傳, '현명전'賢明傳, '인지전'仁智傳, '정순전'貞順傳, '절의전'節義傳, '변통전'辯通傳, '얼폐전'孼嬖傳 등으로 나누고 있는데, 『녀즈독본』의 이 총론은 가정 내 여성의 역할을 강조한다는 점에서 '모의전'의 취지와 상통한다. 그러나 실제 수록 작품들은 오히려 현명전, 인지전, 변통전 등이 보여주는 적극적인 여성상과 더 긴밀히 관련된다.

「방아 가녀」, 「목란」, 「데영」 등이 있는데, 모두 중국 여성들을 내세웠다. 「양향과 동팔나」에서 양향은 아버지를 물고 가는 호랑이의 목을 끝까지 껴안고 늘어져 결국 호랑이가 아버지를 버리고 도망가게 만든다. 「방아 가녀」에서 방아는 아버지의 원수를 10년 만에 찾아내 찔러 죽이고, 가녀는 아버지를 죽인 사람을 죽여 그 간을 아버지 무덤에 바친다. 이에 대해 장지연은 '두 사룸이 다 효순으로써 사룸을 감동ㅎ야'라 하여 효순孝順을 강조했다.

「목란」에서 목란은 병든 아버지 대신 출정해 10여 년 동안 싸우다 승리를 거두고 귀향한다. 목란이 남장을 하고 출정한 것은 아버지를 위한 것이었지, 국가의 위기를 해결하고자 한 것은 아니었다. 「데영」에서 제영은 아버지 대신 형벌을 받겠다는 상소를 올려 황제를 감동시켰고, 그것은 결국 육형六刑을 없애는 계기가 되었다.

아버지에게 효성을 다하는 이상의 여성들은 아버지가 당면한 위기를 해결해주기 위해, 또는 억울하게 죽은 아버지의 원한을 풀어주기 위해 혼신의 힘을 다하고 결국 그 뜻을 이룬다. 그 과정에는 조선의 국문소설에서 으레 나타났던 초월적 존재가 개입하지도 않으며, 기적도 일어나지 않는다. 여성 주인공의 활약만이 부각될 뿐이다.

남편과의 관계에서 뛰어난 행실을 보이는 여성은, 남편의 문제를 해결해주는 경우와 어려운 상황에서도 남편과의 약속을 지키는 경우로 나눌 수 있다.

「송열부」에서 송 열부는 상인 고준실의 아내이다. 남편이 재물욕에 미친 박춘건이란 사람에게 살해당하자 실상을 파악하기 위해 남복을 하고 의주로 간다. 그녀는 박춘건이 자기 남편을 살해했다는 증거물들을 입수, 의주 부윤에게 제시하고 진실을 밝힌다. 그리고 사형당한 범인 박춘건의 간을 꺼내 남편의 혼에게 바친다. 「안동김시」에서 김 씨는 남편 유천계가 호랑이에게 물려가자 뒤쫓아가서 호랑이를 가격해 남편을 버리고 가게 만든다. 장지연은 이에 대해 김 씨의 정성이 지극하여 호랑이를 감화시켰기 때문이라 이해하고는, 유사한 경우로 단성의 '연이', 정산의 '옥배'라는 두 처녀의 일화를 소개한다.

　이상의 여성들은 위기에 봉착했거나 스스로 문제를 해결할 능력이 없는 남편 대신 주체적 행동으로써 위기를 극복하게 하고 문제를 해결해준다는 점에서 공통된다. 「송열부」처럼 다소 기이한 요소가 개입하는 경우도 있으나, 대부분의 작품은 철저하게 여성의 현실적인 행동만을 부각하였다. 「송열부」에 포함된 기이한 모티프도 송 열부의 강렬한 의지가 위대하다는 사실을 드러내는 역할을 할 뿐, 등장인물들이 기이한 요소에 매몰되게 하지는 않는다.

　부부 관계에서 가장 중시된 것은 정절이다. 「정부인」, 「약가」, 「야은비석기」, 「군위서시」, 「설시」 등이 여인의 정질 문제를 다룬 작품이다. 「정부인」에서 남편 조지서는 갑자사화에 연루되어 잡혀가면서 조상의 신주를 정 부인에게 부탁한다. 가산까지 몰수당한 정 부인은 그 신주를 친정으로 안고 가서 3년 동안 아침저녁으로 울며 극진히 참배한다. 정 부인의 이런 지극한 행동은 남편과의 약속에서 비롯된 것이다. 그런 점에서 상식을 초월한 정절이나 효성과는 성격이 다르다. 「설시」의 설 씨 역시 가실과의 언약을 중시한다. 「약가」의 약가는 남편 조을생이 왜적에게 잡혀가 생사를 알 수 없게 되었는데, 그 뒤로 고기를 먹지 않았고 옷도 벗지 않은 채 잠을 잤다. 친정 부모가 개가시키려 했으나 죽기를 맹세하고 거절하다 마침내 8년 만에 조을생이 돌아오게 되어 상봉하였다. 「야은비석기」의 석개는 길재 선생의 여종이다. 그 남편이 장삿길을 떠나 소식이 끊겼다가 10년 만에 돌아왔다. 석개는 문밖 남자의 목소리가 꿈에도 그리던 남편의 것이라는 사실을 알았지만, 깊은 밤이라 옆에 사람이 없으므로 경솔하게 문을 열어줄 수 없었다. 아침이 되어 가족들이 모이자 비로소 남편을 맞이하였다.

　장지연은 석개가 길재 선생의 충절을 사모하고 본받으려 했기에 미천한 신분이었지만 절개를 지켰고, 남편과 상봉할 때도 법도를 어기지 않았다고 해석하였다. 그러나 석개가 남편을 저버리지 않았던 것은 마음에서 우러났기 때문이지, 어떤 가르침을 받았기 때문은 아니다. 그리고 그 때문에 큰 희생을 감내한 것도 아니었다. 결말도 행복한 것이다. 행복한 결말은 석개가 추구한 절개가 신비화된 것도, 관념적인 것도 아니었기에 가능했다. 이 점에서 같은 지역을 배경으로 한 「향랑」의 비장하고 비극적인 분위기와 대조된다. 향랑은 친정 식구들이 개가를 강요하자 결국 낙동강에 투신해 자살하였다. 향랑 이야기가 사대부들에 의해 한시나 전의 형식으로 거듭 언급된 것은 비극적 결말을 가진 여자의 정절 이야기가 양반 사대부들의 충절 이념과 유착될 수 있었음을 암시한다. 이에 반해 석개의 행동은 정절이라는 유가 이념에 의해 장식된 바가 있기는 하지만, 평범한 여성이 남편에 대해 가졌던 신뢰가 행복한 분위기를 만들었다고 할 수 있다.

　「윤부인」은 가정 안 여성을 형상화한 작품 중 가장 문제적인 경우이다. 윤 부인은 성삼문 등과 함께 충절을 지키며 목숨을 바치지 못한 남편 신숙주를 비판한다. 남편보다 아내가 이념적으로 더 떳떳한 것이다. '부위부강'夫爲婦綱이란 상常이 파괴된 셈이다. 단종 복위 사건의 충격으로 가정 질서가 파괴된 사연을 부각시킨 것은 가정에 국한되어 살아가던 여성들로 하여금 정치적 감각을 터득하도록 하기 위한 것이라 볼 수 있다. 여성들도 이제 정치적으로 각성해야 한다고 주장하는 것은 '수시이변'隨時而變을 강조한 것이다. 문제는 그 '수시이변'이 '부위부강'이란 상常을 파괴했다는 사실이다. 상보다 변을 중시했으며, 또 '변을 기본 속성으로 하는 상'을 그렸다고 하겠다.

　이상에서 여성들은 격변의 시대를 살아가면서 자신들에게 주어진 생활 윤리를 적극 실천한다. 상을 지키기 위해 변을 수단으로 활용한 것이다. 「윤부인」을 제외하면 모든 작품에서 상과 변이 조화를 이루었다.

2 사회와 국가에서 활약하는 여성

국가와 사회가 위기에 봉착했을 때 여성들이 기꺼이 가정에서 뛰쳐나가 국가나 사회를 구하는 경우도 있다. 애국 계몽을 염두에 두고 있었던 장지연이 가장 큰 의미를 부여한 작품 계열일 것이다.

「셕우로쳐」에서는 우로가 왜인倭人에게 살해되자 그 처가 왜의 사신에게 술을 먹여 취하게 한 뒤 그를 태워 죽임으로써 남편의 원수를 갚는다. 우로 처의 복수는 남편의 원수를 갚는다는 의미를 가질 뿐 아니라, 민족의 원수를 갚는다는 의미까지 포함하고 있다. 「령산신시」에서 신 씨는 왜적이 아버지 신사천을 죽이고 자기마저 잡아가려 하자 왜적을 물어뜯으려다가 칼에 찔려 죽는다. 여기서 장지연은 고려 말 왜적들의 폐해를 지적하면서 그들에게 절개를 굽히지 않고 항거한 열부 효녀烈婦孝女들을 열거한다. 「의기논기」, 「계화월」, 「금섬이향」 등도 신분은 미천하지만 생명을 바쳐 왜석에 항서한 여성들을 다뤘다. 항거의 대상이 대부분 왜적이라는 것은 『녀ᄌ독본』이 편찬된 애국 계몽기의 대일본 투쟁 의식을 반영한 결과이기도 할 것이다.

외국 여성을 주인공으로 한 하권에는 해당 사례가 더 많다. 「셰부인」, 「진량옥」, 「황슝가」, 「부인셩」, 「슌관」, 「안공인」, 「사로탈」, 「마리타」, 「예안」, 「로이미쌩ᄋ」 등이다. 「셰부인」의 세 씨洗氏는 고랑 태수 풍보의 아내로, 후경 등이 반란을 일으켜 남편 풍보를 유인하자 계교를 짜내 반란을 진압한다. 또 아들 복이 양주의 원일 때 광주 자사 구양흘이 반란을 일으키고 아들 복을 유혹하자 아들에게 나라에 충성을 다할 것을 종용하고 마침내 구양흘을 죽인다. 세 씨는 반란군을 진압하는 과정에서 총지휘를 맡았는데, 그 계략과 전술은 어떤 남자도 당해낼 수 없을 정도로 탁월하였다. 이에 비해 「사로탈」, 「예안」 등에서 여성 주인공들은 폭군과 침략군을 제거하지만, 행복한 결말에 이르지 못하고 역부족으로 죽임을 당한다. 「마리타」에서 마리타는 가리파(가리발디)의 아내로서, 이탈리아를 침략한 외세를 남편과 함께 격퇴하고자 한다. 마리타는 그 뜻을 이루지 못하고 죽지만, 그 과정에서 남편 가리파 못지않은 활약을 한다.

「마리타」는 여자 주인공 마리타의 영웅적 활약을 부각시킨 작품인데, 「의티리국 아마치젼」(『대한매일신보』, 1905년)과 비교된다. 두 작품은 같은 역사적 인물을 대상으로 하고 있지만 서사의 결과가 많이 다르다. 「의퇴리국아마치젼」은 부인을 남편 아마치에게 종속된 존재로 그렸다.* 이 비교를 통해서도 『녀ᄌ독본』이 여성의 존재와 능력을 부각시키려 한 경향이 있었음을 짐작할 수 있다.

그런데 이 여성들은 자신이 왜 애국 투쟁을 해야 하는지에 대해 분명한 설명을 하지 않는다. 그렇게 해야 하는 필연성을 부각시키지 않은 채 탁월한 애국심이나 애향심만으로 위기에 처한 국가와 고향을 지킨다. 이에 반해 「안공인」은 소박하나마 애국하는 이유를 제시하고 있으며, 또 안 씨의 사사로운 처지를 소개함으로써 가정 내 여성이 국가적 행동을 하게 되는 과정을 설득력 있게 보여준다고 할 수 있다. 안 씨는 과부로서 재혼을 마다하고 어린 아기를 키우고 있었다. 원병元兵이 침략하자 관원과 군사들까지 모두 도망갔는데 안 씨만은 성을 지켰다. 도적들의 반격이 더 거세지자 안 씨는 가산을 모두 팔아 밭 가는 장정들에게 주면서 "타족의게 륜망淪亡홈보다 출하리 나의 동종同宗 건짐만 ᄀᆺ지 못ᄒᆞ다"16)라며 민족의식을 고무한다. 열烈에 충실한 가정적 여성의 삶과 국가 위난을 적극적으로 극복하는 전사로서의 삶이 자연스레 연결되었다. 상대적으로 보면 가정보다 국가에 더 큰 비중을 두었다.

『이국부인젼』은 잔 다르크의 일생을 소재로 한 작품의 번안이면서도, 역사 군담소설의 전통을 이어받고 개화기를 이민족 침략에 직면한 민족적 위기

---

* 이 점은 여성이 죽는 순간을 묘사한 부분에서 확연하게 드러난다. "필경 중과가 뎍디지 못ᄒᆞ야 가리파는 간신이 면ᄒᆞ고 열심과 장지壯志가 잇고 공명이 셰상에 진동ᄒᆞ던 니장부內丈夫는 맛츰 엄엄히 죽으니"(『녀ᄌ독본』 하, 76면)라는 대목에서 알 수 있듯, 마리타는 끝까지 싸우다 장렬하게 전사하는 것으로 묘사된다. 그에 비해 아마치의 부인은 "아마치가 배를 버리고 육지에 올라 산곡을 넘어 달아나니, 침식을 폐한 지 수삼 일에 추병은 더욱 급한지라. 그 부인이 주리고 곤핍하여 촌보를 행하기 어려운지라. 흐르는 물을 움키어 마시다가 아마치더러 일러 가로되 '첩이 나라와 백성을 위하여 죽어도 한이 없거니와 오직 장부의 성공을 보지 못하고 죽는 것이 한이라, 장부는 마땅히 뜻을 조금도 굴치 말고 다른 날에 큰 공을 이루어 아름다운 이름을 천지와 같다 하라' 하고 한 번 웃고 죽으니 슬픈지라"(「이태리국 아마치전」, 이재선, 『한말의 신문소설』, 한국학술정보, 2003, 107면)라는 서술처럼 남편을 따라다니다가 기력이 다해 자살하는 것으로 그려진다.

로 파악한 장지연의 시국관을 기초로 한 작품이다.[17] 프랑스의 아리안(오를레앙) 성이 영국군에 포위당한 상황을 묘사하면서 장지연은 고구려의 양만춘·을지문덕, 고려의 강감찬 장군 등을 환기한다.* 영국군에 의해 포위당한 프랑스의 아리안 성은 영국과 같은 섬나라인 일본에 의해 식민지로 전락해가는 애국 계몽기의 조선과 대응된다. 프랑스에는 기적같이 나타나 나라를 구해준 잔 다르크라는 여성 영웅이 있었다. 양만춘, 을지문덕, 강감찬 등 남성 영웅을 가진 우리나라이니 더욱 그런 여성 영웅이 탄생할 가능성이 크지만, 그러하지 못하니 안타깝다는 뜻을 내비쳤다.**

이상과 같은 짐을 통해 장지연이 『이국부인젼』과 『녀주독본』을 국문으로 편찬한 목적을 짐작할 수 있다. 장지연은 국문 해독자인 여성들이 애국 독립 투쟁에 동참하도록 계몽하고자 한 것이다.

3 의식을 혁신한 여성

「황숭가」에서 당나라의 황숭가는 여자로 태어난 것을 못마땅하게 여겨 항상 남장을 하고 다녔다. 시사 관련 책문을 올려 조정을 놀라게 했고, 벼슬을 얻어서는 뛰어난 행정 능력을 보였다. 남자 행세를 하면서 관직 일을 능숙하게 처리하는 황숭가의 삶은 가정에서 일생을 보내는 여성의 삶의 방식에 대한

---

* "이찌 아리안성은 노마우에 살요 가마 안에 고기라 엇지 위티ᄒ지 안이리오. 옛적 우리나라 고구려 찌에 당 태종의 빅만 군병을 안시성 태수 양만춘이 능히 항거ᄒ여 빅여 일을 굿게 직히다가 맛춤니 당병을 물리치고 평양성을 보젼ᄒ엿스며 슈양뎨의 빅만 병은 을지문덕의 한 계칙으로 젼군이 함몰케 ᄒ엿스며 고려 강감찬은 슈쳔 병으로 걸안 소손녕의 삼십만 병을 물리치고 송경을 보젼ᄒ엿스니 아지 못커라 법국은 이찌에 양만춘, 을지문덕, 강감찬 ᄀ튼 충의 영웅이 뉘잇는고"(『이국부인젼』, 8면).
** "다시 회복ᄒ여 비록 주긔이 몸은ᄒ 바가 되엿스나 일로부터 인심이 일층이나 더욱 분불격동ᄒ여 맛춤내 강호 영국을 물리치고 나라를 중흥ᄒ여 민권을 크게 불분ᄒ고 지금 디구상 뎨일등에 가는 강국이 되엿스니 그 공이 다 약안의 공이라 오륙빅 년을 젼리ᄒ면서 법국 사람이 남녀 업시 약안의 거룩ᄒ 공업을 그림ᄒ며 흠앙ᄒ는 것이 엇지 그러치 은ᄒ리오 슬프다 우리나라도 약ᄒ ᄀ튼 영웅호걸과 이국 충의의 녀주가 혹 잇는가"(『이국부인젼』, 39면).

비판적 대안이다. 동시에 여성의 사회 활동을 보장해주기를 요구하는 뜻도 들어 있다.

「소나쳐」에서 소나의 처는 신라 가림군 사람이다. 남편이 전장에서 전사해 이웃 사람들이 조문하러 오자, 자기 남편은 항상 대장부가 왕사王事에 죽지 처자의 품에서 죽지 않는다고 다짐했는데 드디어 그 뜻을 이루었으니 슬퍼할 이유가 없다며 담담해한다. 소나의 처는 의식 면에서 죽은 남편과 다르지 않다.

「리부인」에서 이 부인은 판서 이세좌의 아내로, 지인지감知人之鑑이 있었다. 자기 남편이 연산군의 친모인 윤 씨에게 사약을 전했다는 이야기를 듣고는 집안 자손의 대가 끊길 것이라고 태연하게 예언한다. 당대 정치판에 대한 정확한 감각을 바탕으로 한 예언이었다. 과연 그 예언대로 갑자사화 때 이세좌와 아들 수정이 사형을 당했다. 이 부인은 자기 집안의 장래 불행을 훤히 꿰뚫어보았지만 당황하지도, 그 불행을 남에게 전가하려 하지도 않았다.

「무녀일금」의 일금은 용한 무녀로 소문이 났다. 소문을 믿은 궁인들이 숙종의 병을 고치기 위해 일금을 불렀다. 일금에게는 부귀영달을 보장받을 수 있는 귀한 기회였다. 그러나 그때 일금은 양심을 무시할 수 없었다.

> 내 거츳 신령을 빙쟈ᄒ고 사ᄅᆞᆷ을 속여 혼자 뵈와 혼되 쌀을 취ᄒᆞ야써 조뢰資賴ᄒ나 ᄒᆡᆼ샹 황텬이 벌을 ᄂᆞ릴가 두려워ᄒᆞ거든 엇지 대닉大內를 긔만ᄒᆞ리잇가[18]

이렇듯 일금의 고민은 심각했다. 결국 양심의 가책을 이기지 못해 자신의 정체를 실토하고 영달의 길을 포기하였다. 나아가 "불의로 부귀홈은 지화의 미쟉이라 내가 본즉 ᄉᆞ대부들이 챵졸의 부귀혼 쟈ㅣ 혼 사ᄅᆞᆷ도 뒤싯치 됴치 못ᄒᆞ니"[19]라고 하여, 타락한 사대부들을 당당하게 비판하기에 이른다. 여성이 자신의 내면을 성찰하여 양심적 고민을 하고, 그 양심의 가르침을 따른다는 것이야말로 새로운 여성 의식을 보여주는 부분이다.

「홍학곡모친」에서 학곡 홍서봉의 모친 유 부인은 지극히 가난하게 살아가고 있었지만, 어느 날 시장에서 산 고기에 독이 들어 있다는 사실을 알아내고는 수식首飾을 팔아 독이 든 고기를 모두 사 와서 담 아래에 묻는다. 다른 사람이 먹고 피해를 당할 것을 걱정했기 때문이다. 아무리 어려운 형편에 있더라도 남을 먼저 생각해주는 측은지심을 보인 것이다.

이상을 통해 보건대, 장지연은 『이국부인전』과 『녀ᄌ독본』을 국문으로 간행해 국권을 박탈당하게 된 민족적 위기 상황에서 여성들이 나설 것을 촉구하였다. 여성들이 의식의 전환을 이루어, 사회와 국가의 문제를 가정이나 계급의 문세보다 먼저 생각하고 또 그 문제를 해결하기 위해 적극적으로 활동해야 한다고 계몽한 것이다. 특히 왜에 항거한 우리나라 여성과 섬나라 영국에 대항한 프랑스 여성들의 활약을 두드러지게 부각시켰다는 점에서 일본 제국주의에 대항하는 애국 계몽기의 시대정신을 명료하게 나타냈다고 볼 수 있다.

일제 강점기 서사 문학(『일사유사』)의 분석

『일사유사』는 1922년에 간행되었지만, 이미 그 이전인 1916년 1월 11일부터 1916년 9월 5일까지 『매일신보』에 연재되었다. 그 편찬 동기를 짐작할 수 있는 글도 몇 편 있는데, 연재를 시작할 때 쓴 「서술」敍述(『매일신보』, 1916. 1. 11), 연재를 끝내면서 쓴 「일사유사설」逸士遺事說(『매일신보』, 1916. 9. 5), 그리고 단행본으로 간행할 때 서문으로 붙인 「일사유사서」逸士遺事序(『매일신보』, 1918. 3) 등이 그것이다.

「서술」에서는 문헌의 인멸 등으로 인해 뛰어난 인물들의 행적이 전해지지 않는 것을 애석하게 여겨, 여항閭巷의 '전문'傳聞과 야승野乘의 '기술'記述을 채록해 '고사일민'高士逸民의 '유적'遺蹟과 '이행'異行을 세상에 드러내고자 한다고 밝혔다.[20] 이는 뛰어난 인재에 대한 기록이 전해지지 않는다는 사실을 안타까워한 것으로, 그 뛰어난 인재가 등용되지 못한 문제를 분명하게 문제 삼은 것은 아니다. 그리고 연재될 각 인물들의 유형을 '충·효·의·절의 탁월한 행적'(忠孝義節之卓行奇蹟), '독실하고 빼어난 덕행'(篤行佚德), '문학 서화'(文學風騷書畵家), '의약 복서 기술'醫藥卜筮技術, '방외 선불도가'〔方外禪釋道家〕 등으로 나누었다.

「일사유사설」에서는 조선의 적서 차별, 서북 지방 출신의 등용 제한, 당쟁 등에 의해 충신과 의사義士, 박학지인博學之人이 그 뜻을 펴지 못하고 곤핍하게 살다가 자취 없이 사라지니, 그것이 안타까워 그들의 행적을 기록해 후세에 전하고자 한다고 말했다.[21] 인재 등용의 문제를 지적한 셈이다. 인물들의 유형은 '영재 준덕'英才俊德, '충신 의사'忠臣義士, '효자 열부'孝子烈婦, '시인 묵객'詩人墨客, '방기술수'方技術數 등으로 나누었다.

「일사유사서」에서는 조선시대 인재 등용의 불합리성을 더 강한 어조로 비판하면서 그 때문에 나라가 망하였다고 단정했다.[22] 그리고 '유언일사'遺彦逸士의 행적이 매몰되지 않고 세상에 전해질 수 있도록 『일사유사』를 편찬한다고 했다. 책을 편찬하면서 참고한 자료들을 열거하고 있는데,[23] 개인 문집, 잡록집, 야담집 등을 두루 참고했음을 알 수 있다. 그런데 「일사유사서」에는 인물 유형에 대한 언급은 없고, 그 대신 본문 속에 '충용'忠勇, '의협'義俠, '시인'詩人, '서화가'書畵家, '의사'醫士, '기객'棋客, '가객'歌客, '잡기'雜技, '기재'奇才, '기절'氣節, '선술'仙術 등의 지적이 나타난다.

세 글에 언급된 유형 구분을 바탕으로 정리해보면, 『일사유사』는 다양한 인물을 다루었지만 당시 통념상 천시되던 인물에 대한 이야기를 더 많이 다루었다고 할 수 있다. 그 인물들이 환기하는 이념은 유가의 핵심 이념인 충, 효, 열, 의義 등이다. 또한 이러한 이념의 테두리에서 벗어난 삶을 추구하는 인물도 적지 않다.

그런데 『일사유사』는 신문을 통해 먼저 발표되었다. 그렇다면 서문에서 밝힌 것처럼 다만 일사들의 행적을 기록해 후대에 전하는 것만이 편찬 목적은 아니었을 것이다. 신문에 연재하려면 당장 독자들에게 끼치는 영향을 고려하지 않을 수 없고, 따라서 편찬자는 독자들을 의식해 서사체를 선별하고 변개했을 것이다.

뛰어난 인물의 행적이 전해지지 않는 점을 안타까워하는 태도는 민족이 어떤 상황에 처해 있더라도 문제가 되지 않는다. 그러나 그런 안타까움을 드러내는 과정에서 조선 왕조의 인재 등용 방식을 비판하는 쪽으로 나아갔을 때 사정은 달라진다. 장지연이 조선 역사의 시비를 따지는 역사가의 입장에 섰다는 점을 인정한다 하더라도, 분석과 판단의 결과가 대중매체에 발표될 때 그것은 당시의 민족적 상황에 민감한 영향을 끼칠 수 있었다. 인재들을 공평하게 등용하지 못한 것이 조선 패망의 한 이유였다 하더라도, 적어도 그것이 조선 패망의 유일한 이유가 아닌 한 그것을 지속적으로 과장하는 것은 당시의 민족적 상황에서 예기치 못한 역할을 할 수 있다. 조선이 일본 제국주의의 침략에 의해 패망한 것이 엄연한 사실임에도 불구하고, 조선의 인재 등용의 불공평함을 과장하고 일본 제국주의의 침략 행위에 대해 함구하는 것은 결국 일본 제국주의의 침략 행위를 변명해주는 역할을 하게 되는 것이다.

이러한 관점에서 『일사유사』를 검토할 필요가 있다. 특히 『녀ᄌ독본』에 실린 작품이 『일사유사』에 다시 실리기도 했는데, 양자 사이에 의미심장한 차이가 있다. 같은 작품이 『녀ᄌ독본』에서 『일사유사』로 옮겨지면서 나타난 차이는 편찬자가 편찬 당시의 민족적 상황에 대해 가졌던 총체적 인식의 소산일 수도 있고, 또 『일사유사』를 편찬할 때 편찬자가 신문의 독자를 의식한 결과일 수도 있다.

1 일사 逸士의 행적

종종 상식을 넘어선 행동을 하여 세인의 입에 오르내리는 사람이 있다. 그의 일탈된 행동과 그에 의해 야기된 특이한 사건들은 당대 사회에 대해 문제적이라 할 수 있다. 「한순계」韓舜繼(『매일신보』, 1916. 6. 1)*에서 한순계는 대장장이 노릇을 하는 천한 신분이었지만, 사람이 착해 그를 찾는 고객들이 줄을 이었다. 하지만 그는 이익을 독차지하지 않으려고 남보다 일찍 문을 닫았고, 모은 돈도 모두 처지가 딱한 친척들에게 나누어 주었다. 그의 목표는 모친을 봉양하는 것과 도를 닦는 것일 따름이었다. 뭇 사대부들이 그의 인품을 흠모하여 '시은 선생'市隱先生이라 부르고 벼슬을 천거했으나 거절하였다. 한순계는 미천한 신분의 인물이면서도 가장 높은 도를 실천하여 당대의 명유들로부터 추앙을 받았지만 세속적 출세를 거절한다는 점에서 은사의 전형을 보여준다.

「이몽리 고두표 소시만」(『매일신보』, 1916. 5. 3)의 이몽리는 한양의 여항인이다. 역관인 형 몽표가 그에게 통역법을 가르치고자 했지만 단호히 거절하고 유가 경전을 공부했다. 이몽리는 일반적인 사대부가 도저히 따라가기 어려울 정도로 철저히 유가적 예의범절을 실천했다. 평결에서 장지연은 이몽리의 이러한 뜻을 찬양하였다. 사대부가 아닌 사람이 유가 이념을 과장된 방법으로 실천했다는 점에서 이러한 일화는 충분히 화젯거리가 될 수 있다. 양반이 아닌 사람을 궁극적으로 양반이 중심이 된 체제 속으로 편입시킨다는 의미를 지니는 것이라 해석할 수 있다. 「염시도」(『매일신보』, 1916. 6. 16)에서 염시도는 하인의 신분이지만 길에서 주운 은 뭉치를 주인에게 돌려줌으로써 그것을 잃어버려 사형을 당할 뻔한 그 집 종의 생명을 구해준다. 자신이 노력해서 얻은 재물이 아니기에 은 뭉치에 조금도 연연하지 않은 염시도의 행위는 의롭지 못한 재물은 뜬구름과 같이 여긴다는 유가적 강령을 충실히 실천한 경우라 할 수 있다. 나아가 염시도는 경신대출척 때 살해된 주인 허적許積과 그의 서자인 허견許堅을 신원해주려고 노력한다. 염시도의 행동은 기존의 유

---

* 『매일신보』 「송재만필」에 연재된 작품의 수는 그 뒤 『일사유사』로 간행된 작품의 수보다 훨씬 많다. 『일사유사』가 『매일신보』에 연재되었던 작품들 중에서 전재 작품을 골라낸 기준이 분명한 것 같지는 않다. 여기서 출전을 『매일신보』로 밝힌 것은, 신문에는 연재되었으나 단행본에는 실리지 않은 경우에 해당한다.

가 이념을 넘어서는 것이 아니라, 오히려 더 과장되게 기존 이념인 충忠을 실천한 의미를 지니는 것이라 하겠다.

이에 반해 「정수동」鄭壽銅(『일사유사』, 22면)은 정수동이라는 일사를 둘러싸고 일어난 일화들을 나열하고 있다. 그중에는 단순히 상식적 기대를 넘어선 이야기도 있지만, 몇몇은 기존의 체제를 직접적으로 비난하거나 풍자하는 내용을 담고 있다. 이 세상에서 호랑이가 무섭기는 하지만 가장 무서운 것은 '호랑이를 탄 양반 도둑'이라고 답변한 일화나, 동전을 삼킨 어린아이의 어미가 걱정을 하자 '돈 7만 냥을 삼키고도 배만 문지르는 자가 있거늘 어찌 동전 한 푼이 배를 아프게 하겠는가'라고 말하며 위로했다는 일화가 그 대표적인 사례라 할 수 있다. 장지연은 이에 대해, "애석하도다, 영락한 처지에서 일생을 마쳐 일신이 매몰되었으니 옛날의 소위 계완박혁稽阮博奕의 무리에 해당되는 것이 아닐까"[24]라고 평하였다. 정수동이 양반계급을 비판하고 풍자한 사실을 부각시키기보다는, 그가 발탁되지 못하고 또 그의 행적이 잊혀지는 것에 대해서 안타까워한 것이다.

작품의 중심 주제보다는 부수적 주제를 더 중시했다는 점에서 「이황중김광석」李黃中 金光錫(『일사유사』, 132면)도 마찬가지이다. 이 작품에서 김광석은 재상을 지목하면서, '니희 무리들이 다 죽고 난 뒤에야 나라가 비로소 잘 다스려질 것'이라고 호통을 친다. 양반계급을 노골적으로 비판하고 있는데, 장지연은 오히려 김광석의 성당풍盛唐風 시가 전해지지 않는 점만을 애석해 하고 있다.

「의협박장각」義俠朴長脚(『일사유사』, 7면), 「갈처사」葛處士(『일사유사』, 7면), 「일지매」(『매일신보』, 1916. 5. 21) 등은 도둑 두목에 대한 이야기이다. 뛰어난 능력을 지닌 양반이 도둑들에게 납치되어 본의 아니게 두목 노릇을 하다가 결국 그들을 귀순시키고 돌아온다는 이야기는 이전의 야담에서도 자주 나타난다. 「의협박장각」의 박장각도 도둑들의 강권에 못 이겨 도둑 소굴로 들어간다는 점에서는 일반적인 야담과 다를 바 없지만, 소굴로 들어가기 직전 그의 처지는 야담의 경우와 많이 다르다. 박장각은 미천한 신분이며, 총각 때 살인을 저질러 산속에서 숨어 지내고 있었다. 그의 처지는 도둑들의 처지와 다를 바가 없는 셈이다. 그는 도둑들의 강요에 의해 도둑 두목이 되었지만, 실질적으로는 다른 도둑과 다를 바 없이 현실적으로 궁핍했기 때문에 도둑이 되었다. 도둑 두목으로서 박장각이 한 행동은 빈민 구제라는 사회적 정의의 실천이란 의미까지 획득한다. 박장각은 결국 도둑들을 귀순시키지만, 스스로는 기존 체제에 완전히 편입되지 않았다. 신 삼기를 생업으로 하다가 갑자기 종적을 감추었다는 사실은 그가 계속 당대의 체제를 거부했음을 뜻한다.

이에 대해 장지연은 여전히 인재 등용이란 관점에서 견해를 피력한다. 문벌로써 인재를 등용하므로 미천한 신분 중에 비록 영재英才나 준걸俊傑이 있다 하더라도 세상에 쓰이지 않는다고 하였다. 그래서 이러한 자들이 왕왕 녹림객이 된다고 말했다.[25] 민중들의 비참한 처지를 걱정하거나 열악한 처지에서 도둑질을 할 수밖에 없는 민중의 현실을 연민하기보다는, 민중 중에서 특출한 인물을 국가가 등용해주지 않기에 결국 그가 도둑이 되어 국가적인 문제를 일으키는 점을 염려한 것이다. 또한 도둑 무리들이 귀순한 것을 다행스러운 일이라고 평가하였다. 그런데 장지연은 도둑들이 병사兵使 이관상李觀祥의 설득에 의해 귀순한 것으로 보았으나, 사실은 박장각이 먼저 이관상을 찾아가 그에게 충고를 했다. 장지연은 박장각이 종적을 감춘 것에 대해서도 세상에 쓰이지 않는 것에 불만을 품었기 때문으로만 해석했지, 그가 스스로 종적을 감춤으로써 사회를 향해 문제를 던진 점에 대해서는 적극적인 의미를 부여하지 않았다. 장지연은 박장각이란 인간 형상과 그 행동이 가지는 사회적 맥락을 무시하고, 개인의 등용과 영달이라는 차원에서 작품을 해석했다고 하겠다.

이야기 자체의 서술 관점과 평결자인 장지연의 관점 사이의 괴리는 「갈처사」에서도 나타난다. 갈처사는 정체가 분명하지 않은 인물이다. 춥거나 덥거나 갈포 옷 한 벌만 입고 다녀 도둑들의 동정을 받을 정도로 초라한 그는 결국 도둑의 두목이 되어 활약한다. 그러다 스스로 관가로 나아가, 조정의 대관, 감사, 병사, 수령, 토호 심지어 산림 학자들조차도 도둑질을 하고 있는데 유독 자기들만 강도라 지목하고 토벌하고자 하는 것은 불공평하다고 따진다. 갈처사의 이 발언에 따르자면 지배자들은 대도大盜요, 갈처사 자신은 의적義賊이 된다.

갈처사는 마침내 종적을 감추는데, 그 뒤 호남 일대에는 도둑의 소문이 끊기게 되었다고 한다. 갈처사는 기존 체제와 지배 집단을 노골적으로 비판하고, 나아가 도둑 두목으로서 도둑들을 관가에 귀순시키지 않고 종적을 감추어버린다는 점에서 이 유형에 속하는 작품의 주인공 중 가장 반체제적이라 하겠다. 장지연은 평결에서 자신의 생각을 피력할 뿐만 아니라, 서술의 중간에 직접 개입하기도 했다. 그는 당쟁 때문에 뛰어난 능력을 지닌 인재들이 등용되지 못하고 낙망하여 초야에서 일생을 보냈는데, 갈처사도 여기에 속한다고 단정 짓는다.[26] 평결에서도, 갈처사와 박장각 같은 이가 조정에 설 수 있었다면 빛나는 업적을 세웠을 터인데 그렇지 못하고 매몰된 것이 슬프다고 말했다.[27]

요컨대 장지연은 이 유형의 작품들을 조선 왕조가 인재 등용을 잘못한 사례로서만 읽었다. 이런 독법은 체제에 대해 비판적인 경우와 그렇지 않은 경우, 도둑 두목으로 활약하던 주인공이 귀순한 뒤 종적을 감추는 경우와 바로 종적을 감추는 경우가 가지는 사회적 의미의 차이를 고려하지 않은 것이다. 이들 주인공은 체제를 벗어나는 인물인 '일사'의 범주에 가장 잘 부합한다 하겠는데, 장지연은 그런 주인공을 통해 오히려 체제 유지적인 입장을 드러냈다.*

---

* 앞에서, 대총통에 오른 원세개에 반대하는 세력들이 역공격을 할 가능성에 대해 장지연이 우려를 나타내면서 그런 상황이 조선에 영향을 끼칠까 걱정하였다고 언급한 바 있다. 그것은 일제에 의해 강점된 한반도의 체제가 외부적 충격을 받지 않고 유지되어야 한다는 생각으로 이어질 수 있다. 일사逸士나 도둑에 대한 장지연의 평결 내용은 이와 같은 그의 일제 강점기 조선에 대한 체제 유지적 시국관과 무관하지 않다.

물론 이런 편찬 태도와는 달리 현실로부터 스스로 멀어진 인물의 행동을 그 자체로 인정한 경우도 있다.「문김생원」文金生員(『매일신보』, 1916. 5. 7)과 「피장 강령전부」皮匠康翎田夫(『매일신보』, 1916. 9. 2) 등이 그 예가 된다. 「문김생원」에서 문 생원은 조카딸이 궁녀로 뽑혔다가 숙원이 되었기에 세인의 주목을 받는다. 그러나 육상궁毓祥宮 소감少監이 된 조카 성국이 온갖 방탕한 짓을 저지르자 화가 자신에게 미칠 것을 예상하고 집을 나와 김 생원이라 자칭한다. 결국 숙원이 죽고 성국도 부관참시당하여 문씨 가문이 멸망했으나, 오직 문 생원의 집안만은 살아남았다. 문 생원은 자기 분수를 알고 미래를 예견했다는 점에서 현명했다. 장지연은 문 생원이 세속으로부터 멀어짐으로써 화를 모면할 수 있었던 점을 긍정적으로 평가했다. 그리고 문 생원과 유사한 사례로 이자현, 임억령 등의 경우를 거론하면서, 특히 문 생원은 신분이 낮은 사람으로서 그러한 경지에 이르렀기에 더욱 높이 평가할 만하다고 했다.「피장 강령전부」의 피장皮匠도 미천한 신분이지만 정치적 혜안을 갖고 있다. 조광조가 그에게 앞날을 묻기까지 했지만, 그는 다만 조용히 은거하였다. 그런데 지금까지 다른 작품의 평결에서 장지연이 보여준 태도를 고려하면, 피장은 등용되어 그 경륜을 실현해야 할 인물로 평가되어야 한다. 그러나 피장에 대해서만은 등용되지 않고 세속에서 멀어진 것을 오히려 바람직하게 평가하였다. 급변하는 정치판에서 멀어져 살아남는 것을 최선이라고 미화할 뿐, 일사가 체제로부터 이탈할 수밖에 없는 현실 상황은 고려하지 않은 것이다. 이런 점은, 뛰어난 능력을 가진 인재가 초야에 묻혔다가 종적을 감추는 행위에서 사회적 의미를 찾지 않았던 입장과 상통한다.

2 충忠의 실현

국가의 질서가 파괴되었을 때, 충을 실현하는 인물은 세인의 관심을 끌 수 있다. 국가의 질서가 파괴되는 경우로 가장 두드러지는 것은 전쟁 상황이다.

『일사유사』에서는 병자호란, 임진왜란, 그리고 몇 번의 반란이 배경이 된다.

먼저 반란을 배경으로 하는 「부랑」夫娘(『일사유사』, 209면), 「황택후 홍림 최로」黃宅厚 洪霖 崔老(『매일신보』, 1916. 6. 11), 「이술원 이유련 이정필」李述源 李裕鍊 李廷弼(『매일신보』, 1916. 6. 14), 「백경한 한호운 임지환」白慶翰 韓浩運 林之煥(『매일신보』, 1916. 1. 26), 「허항 김견신 ……」許沆 金見臣 ……(『매일신보』, 1916. 1. 27), 「송지렴 현인복 ……」宋之濂 玄仁福 ……(『매일신보』, 1916. 1. 28) 등을 검토해본다.

「부랑」에서 부랑은 목축과 수렵을 생업으로 하는 평민의 딸로, 어릴 적부터 전쟁놀이를 좋아해 장차 아비 대신 종군하리라 공언하기도 한다. 남사옷을 입고 이괄李适의 진영에 들어갔으나 이괄이 반란을 일으키자 안주 목사인 정충신을 찾아가 반란을 진압할 방법을 알려준다. 그녀의 활약으로 이괄의 난은 진압되고, 그녀는 정충신의 첩이 된다. 청의 침입을 예상한 부랑은 뛰어난 외교 감각을 바탕으로, 대국의 감정을 상하게 하면 봉변을 당할 것이라 판단하여 정충신으로 하여금 그에 알맞은 조치를 택하게 한다. 하지만 조정에서는 이를 받아주지 않고, 그 일로 정충신은 죽게 된다. 예상대로 병자호란이 일어나자 부랑은 정충신의 삼년상을 마친 뒤 묘향산으로 들어가 버린다. 이 작품에서 부랑과 이괄을 대조하여 부랑을 일방적으로 부각시킨 것은 기존 체제에 대한 항거는 그 이유가 어디에 있든 용납될 수 없다는 생각을 바탕으로 한다. 병자호란도 부랑이 종적을 감추는 계기가 될 따름이다. 부랑의 재치와 혜안으로 청을 물리칠 수 있었으나 조정 대신들이 그 제안을 받아들이지 않아 부랑이 종적을 감추는 것은 조정 대신들의 부당한 고집을 꺾을 가능성이 없음을 암시하는 것이다. 그렇다면 그 뒤에 아무리 뛰어난 영웅이 나타난다 하더라도 외적을 물리칠 수 없다는 결론이 만들어진다. 여기서 민족 장래에 대한 비관적 의식이 나타난다.[28] 이 같은 자세는 『녀ᄌ독본』이나 『이국부인젼』의 낙관적이고도 투쟁적인 자세와 대조된다.

「황택후 홍림 최로」에 등장하는 세 주인공은 모두 미천한 신분으로, 이인좌의 난을 진압하는 데 큰 공을 세운다. 국가에 충성을 다한 인물들인 것이다. 그러나 이 작품에서는 이인좌 난의 성격을 설명해주지는 않는다. 「이술원 이유련 이정필」은 정희량의 난을 배경으로 한다. 이술원은 당시 거창 좌수로서 정희량의 포로가 되는데, 그의 제안을 받아들이지 않다가 결국 살해당한다. 그러나 그 아들 이우방이 군사를 일으켜 정희량을 생포하고 그 간을 꺼내 아버지 산소에 바침으로써 복수를 완수한다.

「백경한 한호운 임지환」, 「허항 김견신 ……」, 「송지렴 현인복 ……」 등에서는 편찬자의 평결이 강조된다. 여기에 등장하는 인물들은 홍경래에 저항한 의병들이다. 평결에서 장지연은 서북인에 대한 차별 대우에 관해 조목조목 문제를 제기한 홍경래의 격문[29]을 인용한다. 홍경래의 주장은 장지연이 『일사유사』의 평을 통해 일관되게 주장하고 있는 '공평한 인재 등용론'에 부합한다.[30] 그럼에도 불구하고 그는 이 격문의 취지를 폄하한다.[31] 기존 체제에 반항하는 어떠한 행동도 용납할 수 없다는 입장에서 홍경래의 난을 평가했기에 홍경래 격문의 정당한 명분까지도 무시했던 것이다. 그 대신 홍경래의 난을 진압하려고 일어난 의병들의 공적을 평가해주지 않는 조정의 태도를 비판함으로써 '공평한 인재 등용'이라는 자신의 주장을 관철시켰다.[32] 이는 자기모순이다. 논리 전개에서 가장 중심적인 자리를 차지해야 할 '서북인 차별' 문제를 '서북인 의병의 공적 인정'이라는 지엽적인 문제로 바꿔 본말을 전도시켰다.

일본(왜)에 저항한 인물을 그린 작품은 많지 않다. 「안용복」安龍福(『일사유사』, 126면), 「연홍 계월향 논개 ……」蓮紅 桂月香 論介 ……(『일사유사』, 31면), 「양부인」梁夫人(『일사유사』, 216면) 등이다. 「안용복」은 울릉도를 침범하던 왜인들에 맞서 울릉도를 지킨 안용복을 그렸다. 이 작품이 1916년 3월 11일에서 12일까지 『매일신보』에 연재되었다는 사실은 얼핏 『매일신보』의 친일적 논조와 모순되는 듯하다. 예를 들어 같은 해 3월 10일자에는 '육군기념일'陸軍記念日이란 제하에서 일본의 동북아시아 침략 행위를 찬양하는 사설을 신고 있다.[33] 『매일신보』의 이 같은 친일적 성향을 고려할 때, 왜에 대항했던 안용복을 그린 작품을 수록한 것은 뜻밖이라 할 수 있다. 그러나 이 작품은 일본을 노골적으로 비난하는 것은 아니다. 울릉도를 노략질한 주역이 일본 막부가 아니라 대마도주對馬島主였음을 구태여 밝히고 있기 때문이다.[34] 대마도주의 그러한 행동은 일본 막부의 선린정책에 위배된다고 하였다. 안용복의 위국충절을 드러내면서 일본 당국의 위신도 세워준 것이다. 장지연은 평결에서, 일본의 침략 행위를 문제 삼기보다는 당리당략에 얽매여 국경을 지키는 일을 등한시하면서 안용복의 공적조차 인정해주지 않았던 당대 조선 조정을 비판했다.[35] 조선의 조정 신하들에 대한 비판은 궁극적으로 대마도주의 죄과를 묻어준 셈이 되었다.

이처럼 모든 부정적 사태를 조선 조정의 '불공평한 인재 등용' 탓으로 돌린 『일사유사』의 논리는 사건이 일어난 당대의 왜를 두둔할 뿐만 아니라, 알게 모르게 『일사유사』가 편찬된 당대 일본의 조선 침략 행위를 불문에 부치는 역할을 했다고 볼 수 있다. 사건이 일어나던 당대에 조선 조정의 실정失政이 거듭되면서 조선은 체제를 스스로 유지하기 어려운 지경에 이르렀다고 보아야 하기 때문이다. 조선의 멸망은 일본의 침략에 의한 것이라기보다는 조선 조정의 자체 모순에 의한 것이라는 게 이 논리의 귀결점이다. 나아가 조선총독부는 신정新政을 베풀어줌으로써 변變에 해당되는 제반 제도와 풍습들을 발전적으로 고쳐준 존재로 부각되었다.[36]

「연홍 계월향 논개 ……」는 왜장을 죽인 계월향과 논개의 행동을 보여준다. 그런데 두 기생과 왜장들 사이에는 김응서金應瑞와 황진黃進이라는 남자가 있다. 그중 김응서는 직접 왜장을 죽일 뿐 아니라 계월향까지도 죽인다. 김응서가 계월향을 죽인다는 기이한 모티프는 왜장을 죽이는 행위의 충격을 감소시킨다. 또 논개가 왜장을 죽이는 사건을 제시하기 전에 그 애인 황진黃進이 순절했다는 사실을 언급함으로써, 논개가 왜장을 죽인 것이 애인의 죽음에 대한 복수인 듯한 인상을 만들기도 한다. 두 경우 모두 왜장에 대한 적개심이 직접적으로 드러나지 않고 간접적으로 표현된다. 이에 반해 「양부인」

은 왜에 구체적으로 항거하는 여인을 형상화했다는 점에서 이 두 작품과 구분된다.

청淸에 항거하는 인물을 그린 작품은 왜에 항거한 인물을 묘사한 작품보다 훨씬 많다. 「최효일 차예량 등 칠의사」崔孝一 車禮亮 等 七義士(『일사유사』, 54면), 「육대진」陸大鎭(『매일신보』, 1916. 5. 6), 「충용김장사여준」忠勇金壯士汝峻(『일사유사』, 1면), 「부랑」夫娘(『일사유사』, 209면), 「이원 이위국」李源 李緯國(『매일신보』, 1916. 2. 1), 「권을 윤치언 장문익」權乙 尹致彦 蔣文益(『매일신보』, 1916. 6. 29) 등이다. 「최효일 차예량 등 칠의사」에서 최효일은 친구 차예량과 병자호란의 국치國恥를 설원雪寃하기 위해 거사를 도모하다 탄로 나 사형을 당한다. 북벌론 이데올로기를 추종하는 이야기이다. 「육대진」의 육대진은 기골이 장대해, 항상 자신이 효종 시절에 태어났다면 요동 벌판에서 싸웠을 것이며 그러다 죽어도 후회하지 않았을 것이라 말하며 통탄한다. 그런데 그가 청에 대한 적개심을 가지게 된 이유가 분명하지 않다. 구태여 내세운다면 그 기질의 호방함 정도를 거론할 수 있지만, 그 호방함을 드러내는 대상이 왜 하필 청이 되었는지는 설득력 있게 제시되지 않았다. 이런 어색함은 청에 대한 적개심이 그리 강하지 않았던 원작을 적개심이 드러나는 쪽으로 개작하는 과정에서 생겨났을 가능성이 크다.* 「충용김장사여준」은 『일사유사』의 첫 작품으로, 호

---

* 「권을 윤치언 장문익」은 세 사람의 효자에 대한 이야기이다. 권을은 아버지가 바다에 빠져 죽은 사실을 성인이 되어 알고는 바다에서 나는 음식을 먹지 않았으며, 초혼제를 올려 아버지의 머리털과 옷을 찾아 장례를 치른다. 윤치언은 효성이 지극해, 기르던 개들조차 감화되어 부친의 사고 소식을 전한다. 윤치언은 천둥 번개가 아버지의 방을 내리쳐도 아버지를 구출해낸다. 장문익은 밀양 사람으로, 부모와 형을 극진히 봉양하다가 병자호란이 일어나자 근왕병을 일으켰다. 그런데 이 세 사람의 효자에 대한 이야기 중 장문익에 대한 이야기가 체계성이나 소재의 흥미성 면에서 가장 뒤떨어진다. 그럼에도 불구하고 장지연은 장문익의 경우만을 평에서 언급했다. 창원과 밀양 사이에서 인재가 많이 배출되었는데, 특히 밀양에서 명공거유名公鉅儒와 충신효우忠臣孝友가 많이 나왔으며 장문익도 그중 한 사람이라고 하였다. 이 지적은 장문익이 밀양의 유일한 인재가 아니라는 사실을 강조하는 것이면서, 동시에 장문익이 그중 특히 기억되는 인물임을 은연중 드러내는 것이기도 하다. 장문익을 위 두 인물과 비교했을 때 두드러지는 차이점은 그가 병자호란 때 근왕병을 일으켰다는 사실이다. 장지연은 이 점을 특히 중시했기 때문에 그에 대해서만 따로 평을 단 것이다. 그런 점에서도 장지연이 청에 대한 부정적 이야기를 의도적으로 드러냈다고 볼 수 있다.

방한 무인 김여준은 술을 강권하는 청의 추장으로부터 술에 취한 뒤의 발언이나 행동은 문제 삼지 않겠다는 확언을 받은 뒤, 술기운을 빌려 청이 조선을 능멸한 것을 꾸짖는다.[37]

그런데 『일사유사』가 편찬된 일제 강점기에 청淸은 두 가지 성격을 지녔다고 할 수 있다. 첫째, 한반도를 침입한 외세라는 점에서 일본 제국주의와 같은 존재였다. 둘째, 청일전쟁에서 노골화되었듯 일본과 대립하고 경쟁하는 나라였다. 이러한 점을 고려할 때 청의 침략 행위를 비난하는 이상의 작품들 역시 두 가지로 해석될 수 있다. 먼저 청을 비난함으로써 한반도를 침입한 외세 전체를 비난했다고 할 수 있다. 그러나 『일사유사』 편찬 당시 우리나라 사람들에게 청은 청일전쟁에서 일본과 싸운 나라라는 이미지가 강하게 남아 있었다. 그렇다면 청을 극단적으로 비난하는 발언은 결과적으로 일본의 입지와 명분을 강화시켜주는 역할을 하게 된다. 그런 까닭에 조선총독부도 이런 작품들이 식민지 경략에 불리하지는 않다고 판단했을 것이다. 장지연은 이런 작품들을 통해 간접적이고 암시적으로 일본 제국주의를 두둔하게 된 것이다. 왜에 대한 항전을 보여주는 작품보다 청에 대한 항전을 보여주는 작품이 압도적으로 많은 것도 이와 무관하지 않다고 볼 수 있다.

'민족이 위난에 처했을 때 일어나서 외적에 항거하며 자신을 희생한다'는 것이 위 작품들에 두루 관철되는 정신이다. 그런데 그에 가장 잘 부합하는 것은 한말이나 일제 강점기의 항일 의병 이야기이다. 그럼에도 불구하고 『일사유사』에는 항일 의병 이야기가 전혀 없다. 이런 현상 역시 장지연의 성향을 재확인하게 한다.

이상의 작품들에서 구현된 충忠은 그 자체로는 변할 수 없는 상常에 해당한다. 일상적인 질서가 파괴되고 기존 체제가 동요되는 변혁기에 상常이 실현되기 때문에 상이 더 중요한 것으로 과장되었다.

3 효의 실현

맹자는 효도를 양생養生과 송사送死로 나누고, 송사送死야말로 대사大事라 하여 부모가 죽은 뒤의 상례와 제례를 더욱 중시했다.[38] 또 양생養生을 양구체養口體, 양지養志, 대효大孝 등 세 수준으로 나누었다. 양구체養口體는 부모의 의식주와 육신만을 편안하게 보살피는 것으로, 증원曾元이 증자曾子를 봉양한 태도에서 그 전형을 찾을 수 있다. 양지養志는 부모의 뜻을 받들고 마음을 편하게 해드리는 것으로, 증자曾子가 증석曾晳을 봉양한 태도에서 그 전형을 찾을 수 있다. 마지막으로 대효大孝는 부모님을 기쁘게 하는 것이 자기 일신이나 집안의 테두리에 머물지 않고 나아가 천하의 부모와 자식 된 자들에게까지 이르게 하는 것으로, 순舜임금이 완악한 아버지 고수瞽瞍를 봉양한 태도에서 그 전형을 찾을 수 있다. 이 중 대효大孝가 가장 바람직하다 하겠으나 보통 사람은 그것을 실천하기가 무척 어려우며, 그러하기에 최소한 양지養志 정도는 실천해야 그럭저럭 효도를 했다고 할 수 있다는 것이다.[39] 『일사유사』는 대체로 양생과 송사를 구분하고 송사를 중시하는 맹자의 입장을 충실히 따랐다. 여막廬幕을 지어 삼년상을 극진하게 치르는 효자의 이야기가 가장 많이 등장하는 점에서 그러하다. 그러나 양생에 있어서는 대효나 양지보다는 양구체에 해당되는 이야기가 더 많다.

먼저 양생養生은 부모가 정상적인 상태에 있을 때와 치명적인 병에 걸렸을 때로 나눌 수 있다. 전자에 해당되는 작품으로는 「송도 김려택 김상침」宋滔 金麗澤 金尙琛(『매일신보』, 1916. 6. 27)의 송도에 대한 이야기, 「권을 윤치언 장문익」權乙 尹致彦 蔣文益(『매일신보』, 1916. 6. 29)의 윤치언에 대한 이야기, 「김대섭」金大渉(『일사유사』, 12면) 등을 들 수 있으며, 후자에 해당되는 것으로는 「한주악 안거집」韓柱岳 安巨楫(『일사유사』, 99면)의 안거집에 대한 이야기, 「강효자휘지」姜孝子徽之(『매일신보』, 1916. 8. 30), 「강천년 임응정 권용견」姜千年 林應井 權龍見(『매일신보』, 1916. 6. 28)의 권용견에 대한 이야기, 「송도 김려택 김상침」의 김상침에 대한 이야기 등을 들 수 있다.

송사送死는 천수를 누리지 못한 부모나 남편의 억울함을 풀어주는 경우와 삼년상을 극진하게 치러주는 경우로 나눌 수 있다. 전자에 해당하는 작품에는 「한주악 안거집」의 한주악에 대한 이야기, 「이술원 이유련 이정필」李述源 李裕鍊 李廷弼(『매일신보』, 1916. 6. 14)의 이술원의 아들 이우방에 대한 이야기, 「장석규」張錫奎(『일사유사』, 112면), 「홍차기」洪次奇(『매일신보』, 1916. 6. 20) 등이 있으며, 후자에 해당되는 것으로는 「한룡 호귀복」韓龍 胡貴福(『일사유사』, 122면)의 한룡 이야기, 「정옥량 양욱……」鄭玉良 梁郁……(『매일신보』, 1916. 6. 25)의 정옥량에 대한 이야기, 「박효자태성 박수천」朴孝子泰星 朴受天(『일사유사』, 148면)의 박수천에 대한 이야기, 「송도 김려택 김상침」의 김려택에 대한 이야기, 「강천년 임응정 권용견」의 임응정에 대한 이야기, 「권을 윤치언 장문익」의 권을에 대한 이야기 등을 들 수 있다.

다른 한편 「송도 김려택 김상침」에서 송도는 모친을 지성으로 봉양했으며, 맹인인 모친의 눈을 뜨게 한다. 맹인의 개안이라는 기이한 모티프는 송도의 효성을 두드러지게 만든다. 「김대섭」의 김대섭은 지인知印이라는 하층 관리로서 과대망상증이 있다고 할 정도이지만, 부친의 말이라면 무슨 일이든지 다 한다. 관찰사를 모시는 예로써 부친을 모신 것도 아들로서 부친을 최대한 정성을 다해 봉양하고자 했기 때문이다. 이에 대해 장지연은, 그가 부친을 존중한 것은 좋으나 예禮에서 벗어난 것은 잘못되었다고 비판한다. 김대섭이 본능과 생활 감각에 따라 효를 실천했다면, 장지연은 그것을 유가 이념으로 해석하였다. 장지연의 효 관념은 "임금을 섬기되 충성스럽지 못하면 효가 아니며, 벼슬자리에 있으면서 공경스럽지 못하면 효가 아니며, 친구를 사귀되 믿음이 없어도 역시 효가 아니며, 전쟁에 나아가되 용감하지 않으면 효가 아니다. 고로 군자가 자기 몸을 다스림에 효보다 앞서는 것이 없다"[40]는 『예기』禮記의 가르침을 기초로 하고 있다. 효가 단지 가정에서 자식이 부모를 대하는 태도만을 규정하는 것이 아니라, 임금·친구·국가에 대한 태도까지 규정한 것으로 본 것이다. 이 경우 부모에 대한 효를 강조하는 것은 곧 임금과 국가에 대한 충성을 강요하는 역할까지 하게 된다. 효가 체제 수호의 이데올로기로 작용하게 되는 것이다. 김대섭이 본능적으로 효를 실천했다면, 장지연은 이데올로기화될 가능성이 큰 효를 강조했다. 후자는 충忠·경敬·신信 등 유가의 중심 이념과 연결된다 하겠는데, 그런 점에서 효를 강조하는 것은 유가적 '상'常을 포괄적으로 강조하는 것이라 할 수 있다.

　효가 특히 과장되는 경우는 부모가 치명적인 병에 걸렸을 때, 부모가 사망하여 장례를 치르거나 여막을 지킬 때이다. 주로 기이한 요소를 개입시켜 주인공의 효를 특별한 것으로 만든다. 「한주악 안거집」에서 안거집은 모친이 괴상한 병에 걸려 사경을 헤매자 자신의 손가락을 자르고 그 피를 받아 마시게 해 모친을 소생시킨다. 모친이 가뭄철에 산 물고기가 먹고 싶다고 하여 개울로 가 통곡하자 잉어가 튀어나오기도 한다. 이는 왕상王祥의 고사와 연관된 상투화된 이야기이다.41) 「강천년 임응정 권용견」에서는 권용견이 병든 부친에게 황어黃魚를 잡아 드리기 위해 바닷가에서 울부짖으니 황어가 바다에서 튀어나온다. 또 그는 부친이 위독해지자 단지혈斷脂血로 부친을 소생시킨다. 그 외에 「송도 김려택 김상침」의 김상침, 「강천년 임응정 권용견」의 강천년·임응정 등도 부모를 살리기 위해 단지를 한다. 강천년은 병든 모친을 뵈러 가다 호랑이를 만나는데, 호랑이에게 일단 모친을 뵌 뒤 잡아먹히겠다고 하자 호랑이가 그 효성에 감동해 절을 하고는 떠나간다. 강천년은 모친에게 때 아닌 오이를 구해 드리기도 한다. 이상이 병든 부모께 극진한 효성을 다하는 자식에게 일어난 기이한 일들이다.

　부모의 장례를 치르고 여막을 지킬 때도 유사한 기적들이 일어난다. 「정옥량 양욱……」의 정옥량은 하양 현감 자리에 있다가 물러나 모친을 봉양한다. 모친이 죽자 3년 동안 부모의 신위에 아침저녁으로 음식을 바치다 세상을 하직하니 사당 뒤에서 흰 대추나무 일곱 그루가 솟아올랐다.42) 「박효자태성 박수천」의 박태성은 세 살 때 부친이 죽어 그 얼굴조차 모르는 것을 일생

동안 한스러워했다. 그 뒤 모친까지 세상을 떠나자 부친 묘소에 가서 막을 치고 통곡했는데, 그가 통곡하면 까치들까지 따라 울었다. 「송도 김려택 김상침」의 김려택은 부모가 죽자 6년 동안 여막 생활을 했는데, 근방에 물이 없어 언제나 먼 곳에서 물을 길어다 먹었다. 하루는 그 옆에 호랑이가 꿇어앉았는데 그 자리에서 물이 솟아 나왔다. 정체불명의 흰 개가 옆에서 시중을 들고 편지를 전해주었으며, 장마에 곡식이 떨어지자 쥐들이 먹을 것을 물어다 주었다. 또 타 들어오는 들불을 피하지 못할 것 같아 통곡하니 바람이 일어나 불길이 다른 쪽으로 나게 해주었다. 「강천년 임응정 권용견」에서 임응정 역시 부친이 죽자 여막 생활을 하게 되었는데, 모친에게 문안하기 위해 산골길을 오갈 때마다 호랑이가 따라다녔다.

　죽은 부친의 억울함을 해명하기 위해 최선을 다하는 효자에 대한 이야기에도 기이소가 개입한다. 「한주악 안거집」에서 한주악은 역무逆誣에 연루되어 사형당한 부친의 억울함을 풀기 위해 상경하여 밤낮 눈비를 가리지 않고 읍소한다. 신문고를 만들자 맨 처음으로 그것을 쳐서 결국 신원에 성공한다. 이 이야기는 역무逆誣와 관련된다는 점에서 현실적 요소를 갖추었다. 그러나 이야기의 전개 과정에서 한주악의 부친이 어떻게 역무에 연루되었는지, 그 죽음이 왜 억울하며 그를 신원해주는 관가의 명분이 어떤 것인지는 분명하게 드러나지 않는다. 다만 한주악의 지극한 정성이 위정자들을 감동시켰기 때문에 그 부친이 신원되었다는 인상을 줄 따름이다. 그래서 현실과 동떨어졌다는 느낌을 준다. 「이술원 이유련 이정필」에서 이술원은, 정희량이 무신란戊申亂을 일으켜 거창을 함락시키고 좌수인 자신에게도 난에 동참하라고 강요했으나 끝까지 거부하다 살해당한다. 그 아들 이우방은 아버지의 원수를 갚기 위해 기병起兵하여 정희량을 붙잡고, 그의 간을 꺼내 아버지 무덤에 바친다. 이우방의 기병에는 국가의 위난을 극복한다든지 역적을 응징한다든지 하는 명분이 뒤따르지 않는다. 이우방은 오로지 아버지의 복수를 한다는 일념만 가진 것이다.

「장석규」에서 장석규의 아버지는 고을 원이 예의를 지키지 못한다고 비판하다가 무고로 죽게 되고 집안은 풍비박산된다. 장석규 아버지의 문제 제기는 유가 이념에 입각한 것이다. 그러나 아버지의 억울함을 신원하기 위해 발버둥 치는 장석규의 행동은 그러한 이념을 근거로 한 것이 아니다. 어떠한 수단으로든 아버지의 억울함만 풀어주면 된다는 식이다. 그의 유일한 소망이자 최고의 목표는 아버지의 신원이다. 그러므로 아버지의 신원이 이뤄졌을 때 그는 기꺼이 죽음을 맞이한다. 아버지의 신원을 위해 자신의 일생과 가문을 모두 희생시킨 것이다. 「홍차기」의 주인공 홍차기도 살인에 연루되어 투옥된 아버지 홍인보를 신원하려 한다. 그 과정에서 지친 모친이 세상을 떠난다. 홍차기는 상경하여 신문고를 울리고 거리에서 고관들에게 호소해 마침내 신원에 성공하지만, 그 역시 무리를 하였기에 열네 살이라는 어린 나이에 죽는다.

　　기적이나 비상식적인 일을 중심에 놓은 이와 같은 기이한 이야기는 지극한 효도를 다하는 효자에게 초월적 존재가 감응함을 보여주려 한 것이다. 그럼으로써 효행은 절대시된다. 효라는 최상의 가치를 위해서라면 어떠한 현실 질서도 무시되고 희생될 수 있다. 효는 등장인물과 독자들이 처한 역사와 현실을 초월한다. 효는 변變의 요인이 전혀 개입할 수 없고, 어떠한 합리적 검증도 용인하지 않는 절대화된 상常인 셈이다.

　　이 이야기들은 부모와 자식 간의 관계만을 부각시키고, 스스로를 희생하는 자식을 찬양한다. 이렇게 신비화된 자식의 효는 단순히 가정 내에서의 효에 머물지 않는다. 군신 간, 붕우 간의 관계도 부자간의 효에서 비롯된다는 『예기』의 원칙이 환기되기 때문이다. 자식이 부모에게 바치는 효행을 신비화하는 서술 태도는 군신이나 붕우 간의 이념적 관계까지 신비화하게 된다. 그리고 상호 관계에 대한 합리적 검증을 불가능하게 만든다.

4 새로운 의식과 생활 방식의 제시

먼저, 합리적 의식에 입각해 일을 처리하는 능력을 지닌 인물을 형상화한 작품들이 있다. 「김수팽 유세통」金壽彭 庾世通(『일사유사』, 62면)의 김수팽은 탁지아문度支衙門*의 서리로서, 합리적이고 공평하게 행정을 처리하는 인물이다. 상서尙書가 서명은 해주지 않고 바둑만 두자, 관리는 자기 직무에 충실해야 한다며 바둑판을 뒤집어버린다. 임금이 탁지아문의 돈을 요구해도 상서의 서명을 받은 뒤 대출해줄 정도로 절차와 원칙을 충실히 따른다. 그의 이러한 공인으로서의 철저함은 개인적 삶에 그 뿌리를 두고 있다. 그의 모친은 우연히 땅속에서 발견한 돈꿰미를 다시 묻었다. '갑작스레 부자가 되는 것은 상서롭지 못하다'(暴富不祥)는 생활 신념을 지키려 했기 때문이다. 김수팽은 염색업을 하는 제수에게, 자기 형제들이 모두 많은 봉급을 받고 있는데 제수마저 돈을 번다면 가난한 사람들이 먹고살 수 없게 된다며 호통을 치고는 그 일을 못하도록 한다. 이 작품은 이처럼 개인적인 생활 이념이 사회적 차원으로 확장되어 실현되는 모습을 형상화했다는 점에서 새롭다.

「박사정 남처사하생」朴思正 南處士夏行(『일사유사』, 102면)은 양반 사대부 계급의 실무 능력을 보여준다. 박사정은 문예와 수학에 뛰어났으나 과거에 뜻을 두지는 않았다. 부친이 지평持平** 벼슬을 하다가 죽자 자기가 대신 아전들과 함께 각 방의 문서들을 검열한다. 아전들은 그가 어리다고 깔보고 일을 소홀히 하지만, 박사정은 그들의 잘못을 정확히 지적해 그들을 깜짝 놀라게 한다. 실무 행성에서는 양반이 아전을 따라갈 수 없다는 것이 상식이다. 그런데 박사정은 양반임에도 불구하고 아전을 능가하는 실무 능력을 보여주었다. 박사정이 과거에 뜻을 두지 않았다는 점도 이와 연결된다. 그는 양반으

---

* 호조戶曹의 후신으로, 조선 말기에 만들어졌다. 대한제국 때 다시 탁지부度支部로 바뀌었다.
** 사헌부의 정5품 벼슬.

로서의 전형적인 삶의 방식을 포기하는 대신 구체적인 일상의 일에 큰 관심을 가지고 뛰어난 능력을 발휘함으로써 양반의 관념적 삶의 자세를 극복했다고 하겠다.

이상의 인물들이 보여준 새로운 생활 의식과 행동 방식은 변화된 현실을 존중해 그에 맞는 이념과 행동을 모색한 것이라 할 수 있다. 그것은 '변'變의 강조에 해당한다.

밖에서 주입된 유가 이념과 구체적 현실 체험에서 우러난 생활 이념은 다르다. 『일사유사』에는 후자를 드러낸 작품들도 적지 않게 실려 있는데, 그 생활 이념은 주로 개인이나 가족의 범위를 넘어서서 은혜를 베푸는 행위로 나타난다. 「최순성」崔舜星(『일사유사』, 117면)에서 최순성은 개성의 부호로서, 부친이 죽자 재산을 모을 이유가 없어졌다며 '급인전'急人錢을 마련해 가난한 사람들을 도와준다. 부친을 위해 돈을 모으고, 부친이 죽자 돈이 더 이상 필요하지 않다고 생각하는 것 등은 일상의 가치를 부모 봉양에 종속시키는 효孝에 해당한다. 그에 비해 급인전을 마련해 어려운 이웃에게 돈을 나누어 주는 것은 그와는 다른 의식에서 비롯된 것이다. 「한순계」(『매일신보』, 1916. 6. 1)에서 한순계는 비천한 대장장이지만, 이익을 독차지하지 않으려고 가게 문을 일찍 닫는다. 이익이 많이 생기면 친척에게 나누어 주고, 모친이 죽자 그 장사도 그만둔다. 이 작품은 궁극적으로는 효에 귀결되지만, 신의와 이익 공유라는 시장의 생활 이념을 보여주기도 한다. 「박윤묵」朴允默(『일사유사』, 150면)에서 박윤묵은 벼슬을 하면서 받은 봉록을 형제들에게 모두 나누어 주고 사사로이 쓰지 않는다. 헌종 때는 첨사가 되어, 굶어 죽어가는 백성들을 진휼해 살린다. 또 한 친구를 도와주었는데, 친구가 죽어 그 첩이 자기 몸을 바쳐 보은하려고 하자 정색을 하며 물리친다. 박윤묵의 행동에는 '경재호시'輕財好施라는 유가 이념의 흔적이 있기는 하다. 그러나 보은을 전제하지 않은 일방적 시혜는 유가 이념과는 다소 달라진 것이라 하겠다. 더욱이 궁핍한 상황을 모면하기 위해 과거의 시혜를 떠올리고 거기에 대한 보은을 끌어들이는 몰락 양반들의 현실 문제 해결 자세와는 상당한 거리가 있다.*

　새로운 사회의식이 가장 두드러지게 나타나는 사례는 「백광현 안찬」白光炫 安瓚(『일사유사』, 44면), 「이익성 이동」李益成 李同(『일사유사』, 47면), 「오창렬 조광일」吳昌烈 趙光一(『일사유사』, 49면) 등에서 형상화된 '의로운 의사' 인물형이다. 「백광현 안찬」에서 백광현은 태의太醫로서, 탁월한 의술을 지녀 신의神醫라 불린다. 숙종 초에 의술의 공으로 관직이 현감에 이르렀으나 자만하지 않고 병자가 생기면 신분의 높고 낮음이나 거리의 멀고 가까움을 가리지 않고 가서 성심을 다해 치료한다. 백광현은 의사로서의 사회적 의무를 자득했다고 할 수 있다. 편찬자 장지연은 이에 대해, 백광현이 수술법을 창시했는데 그것을 발전시키지 못해 우리의 의술이 서양에 뒤진 것을 안타깝게 여긴다는 평을 달았다. 이 평은 백광현이 의사로서 보여준 행동의 사회적 의미는 차치하고 다른 면을 부각시킨 것이다. 「이익성 이동」의 이익성 역시 가난하고 미천한 사람에게 널리 의술을 베풀지만, 예의를 갖추지 않으면 재상의 초빙이라도 거절한다. 그의 행동은 사람을 사람으로 동등하게 대해야 한다는 생각을 근간으로 한 것이다. 「오창렬 조광일」은 의사의 참된 자세를 말과 행동으로써 명료하게 종합한다. 조광일은 가난하여 방랑 생활을 하다가 그 침술 능력이 알려지면서 의료 행위를 하게 된다. 그러나 고관대족들과는 절대 관계를 맺지 않고 오로지 여항인들과 노닐 따름이다. 어느 날 새벽, 남루한 옷을 입은 노파가 찾아와 자기 아들을 살려달라고 간청하자 따라가 치료해주고, 효험이 없다는 연락이 오자 진흙 길을 무릅쓰고 몇 번이나 왕진한다. 하층민에게 봉사하는 그의 자세는 자못 감동적이다. 그는 고관대족을 외면하고 하층민들에게만 정성을 베푸는 것을 의아하게 여기는 친구에게 의사의 진정한 자세와 사명이 무엇인지에 대해 체계적으로 설명해준다. 세상의 소인배 의사

---

* 『일사유사』의 이런 경향을 『차산필담』의 경향과도 연관하여 생각해볼 필요가 있다. 이에 대해서는 이 책의 「19세기 말 야담집 『차산필담』의 새로움」의 '계몽 의식의 과잉'을 참조할 것.

들은 그 의술을 과시하며 교만해져서 귀하고 현달한 자들과만 교제하고 여항의 백성들은 거들떠보지도 않는다는 것이다. 자신이 불쌍한 궁민窮民들을 치료해주는 것은 그들을 거두어주는 자가 없기 때문이요, 또 소인배 의사들을 간접적으로나마 응징하기 위함이라고 말한다.[43]

이상에서 형상화된 의사는 영험한 의술만을 보여주는 전설 속 의사와는 다르다. 의사의 직업윤리를 사회적 차원에서 제시한 것이다. 이것은 변화된 사회에 적극 부응하는 전망을 제시한 것이기도 하다. 그런 점에서 '변'變을 전제로 한 '상'常, 혹은 변을 그 자체 속에 포함하는 상을 강조한 경우라 하겠다.

5 효열孝烈을 실천하는 여성

애국 계몽기 장지연의 서사 문학에서는 여성들의 다양한 의식과 행동 양식들이 형상화되었지만, 『일사유사』에서는 여성들의 생각과 활동의 공간이 가정 안으로 축소되는 경향을 발견할 수 있다.

다만 「김학성모 최술모」金鶴聲母 崔成母(『일사유사』, 185면), 「허부인 정씨」許夫人 鄭氏(『일사유사』, 222면) 등의 관심권은 확장되어 있다. 「김학성모 최술모」에서 김학성의 모친은 홀로 되어 바느질로 생계를 꾸린다. 우연히 돈꿰미를 발견했으나 다시 묻는다. 아들들이 일찍 편안함을 알게 되면 재물의 소중함을 모르고 과업을 게을리 할 것이라 판단했기 때문이다. 넓은 안목으로 자식들을 당당하게 교육하는 어머니상이 형상화되었다. 「허부인 정씨」에서 허부인은 연산군의 생모 윤 씨를 폐하는 왕지王旨를 전달하게 된 두 동생 허종과 허침으로 하여금 일부러 말에서 떨어지도록 하여 연산군의 앙갚음을 모면하게 한다. 허 부인은 왕권의 추이와 죽은 어미에 대한 자식의 심리 변화를 꿰뚫어보았던 것이다. 정 씨 역시 스스로 이기축을 남편으로 택해, 그가 인조반정에서 공을 세워 출세하도록 만든다.

이러한 여성들은 그 의식의 범위나 행동의 영향이 가정의 범위를 넘어서 있으며, 어떤 사태에 당면했을 때 가장 적극적인 역할을 해 해결의 실마리를 제공한다. 그러나 이 외에 여성들을 주인공으로 하는 대부분의 작품들은 한 가정 내에서 여성들이 보여주는 효열孝烈 행위에 주목한다.

「영동의부 매분구성가」嶺東義婦 賣粉嫗聖哥(『일사유사』, 188면)의 영동 의부는 개가하여 경성 양반집에서 고용살이를 하고 있다가 주인 아들의 숙사로부터 '열녀불경이부'烈女不更二夫란 말에 대한 설명을 듣고는 자신도 그 가르침을 따르기 위해 남편에게 이혼을 요구한다. 매분구는 경성에서 분을 파는 노파이다. 젊었을 때 이웃 총각이 그녀를 사모했는데, 총각은 그녀의 부모로부터 혼인 허락을 받지 못해 결국 상사병으로 죽는다. 그녀는 잠시였지만 그에게 마음을 허락했기에 다른 남자에게 시집갈 수 없다며 혼인을 포기하고 분을 팔며 홀로 여생을 보낸다. 이것은 유가 이념이 사대부 여성에게 요구한 개가 금지라는 덕목을 평민층 이하의 여성들이 더 철저하게 실천한 경우이다. 그런 점에서 이 작품은 평민층 이하 여성들에게 은연중 열을 강요한 것이기도 하다. 평민층 이하의 여성이 개가하지 않고 홀로 사는 것은 엄청난 고통을 감내할 수밖에 없는 일이었다. 영동 의부는 종노릇을 했기에 겨우 정착 생활을 꾸려갔지만, 매분구는 행상을 하며 떠돌이 생활을 할 수밖에 없었다. 연암 박지원은 이러한 사정을 감안할 때 평민층 이하 여성에게 수절을 강요하는 것은 지나친 처사임을 분명하게 지적했다.[44] 이에 비해 장지연은 하층 여성들의 과도한 수절을 찬양했다. 이는 일상생활의 형편을 고려하지 않고 유가의 관념적 질서를 맹종하고자 한 의식과 관련된다고 할 수 있다.

이에 비해 「관북열녀」關北烈女(『일사유사』, 195면)는 열이라는 이념을 노골적으로 드러내지는 않지만 다소 부담스러운 분위기를 만들어낸다. 여인은 죽은 남편을 고향에 묻기 위해 시체가 썩어가도 매장하지 않는다. 또 그 고약한 냄새를 풍김으로써 외간 남자들이 자신에게 접근하지 못하게 한다. 장지연은 이처럼 상식적으로 쉽게 이해하기 힘든 특별한 상황을 만들어 남편에 대한 충실을 강조했다. 이러한 점이 더욱 극대화되면 기이한 일까지 수용하게 된다. 「허씨 윤씨 ……」(『매일신보』, 1916. 8. 22)의 허 열부는 열일곱 살에 혼자가 된다. 이를 안쓰럽게 여기던 친정 부모가 강제로 개가시키려 하나, 그녀는 유복자를 업고 친정을 탈출해 시가로 간다. 그런데 도중에 호랑이를 만나게 된다. 그녀가 대를 이을 아이는 살려주고 자신만 잡아먹어 달라고 간청하자 감복한 호랑이는 태도를 바꾸어 시가로 가는 길을 안내한다. 사람을 잡아먹으려던 호랑이가 사람의 말을 알아듣고 마침내 길을 안내해준다는 기이한 모티프는 그녀의 개가 거부 행동을 신비한 방식으로 미화하는 것이다. 「영루정랑 정읍원녀」嶺樓貞娘 井邑冤女(『일사유사』, 186)의 영루 정랑에 대한 이야기는 유명한 영남루 전설을 압축해 전재한 것이다.

> 시時에 유온乳媼은 탁변선이피지托便旋而避之호고 독랑獨娘이 창졸부지소위倉卒不知所爲라 포랑욕겁지抱娘欲劫之어놀 낭娘이 저사불청抵死不聽혼디 피지사불해彼知事不諧호고 인랑비刃娘臂호야 비락臂落이되 유일수猶一手로 거항拒抗호니 어시於是에 수인기경폐지遂刃其頸斃之호고 투시죽림중投屍竹林中호니[45]

지인知印은 일이 쉽게 이뤄지지 않을 것을 알고 정랑의 한쪽 팔을 베어버리는데, 정랑은 다른 팔로 계속 저항하다 결국 목이 찔려 죽는다. 지인에 대한 정랑의 저항 행위를 이렇게 강조하여 괴이한 분위기를 자아낸 것은 여성의 정조 수호를 과장하고 신비화하려는 의도와 관련된다. 여성의 운명에 대한 한의 표출도 열烈이란 관념이 도출되는 계기로만 작용했다. 「염열부」廉烈婦(『일사유사』, 200면)에서 염 씨는 억울하게 정절을 빼앗기고 옥리들에게 추행까지 당하자 자결한다. 그리고 그 억울함을 풀기 위해 귀신으로 나타나 임금을 만난다. 결국 임금으로 하여금 자신의 정절을 빼앗아간 윤 씨를 처형하게 하는데, 윤 씨의 가문은 그 뒤로 괴기한 일들을 겪으며 몰락한다. 기이한 일은 멈추지 않고 계속해서 일어난다. 염 씨를 위해 세운 정려 비각에 오줌을 누고 비각을 훼손한 자들조차 응징당하는 것이다. 「박효부 최열부 주절부 서절부 황열부 ……」朴孝婦 崔烈婦 朱節婦 徐節婦 黃烈婦 ……(『일사유사』, 180면)의 최 열부는 임신 중 남편과 함께 배를 타고 가다가 남편이 강에 빠지자 따라 뛰어내린다. 사람들이 시체를 건져보니 부부가 끌어안고 있었다. 6, 7시간이 지나자 기적같이 부부가 소생하였다. 뱃속의 태아도 건강했다. 서 절부는 남편이 죽자 집 뒤 대나무 숲에서 매일 호곡했는데, 어느 날 흰 대나무 가지 세 개가 솟아났고, 몇 년 뒤에는 여덟 개가 되었다. 임금이 흰 대나무 그림을 그려 바치게 하고 정려문을 내렸다. 황 열부는 김광식의 처로, 광식이 사경을 헤매자 자신이 대신 죽게 해달라고 기도했다. 마침내 광식이 죽자 따라 죽으려 했지만 일단 남편의 장례를 치르기로 했다. 광식의 관을 몇 리쯤 옮겼는데, 갑자기 관 속에서 소리가 날 뿐 아니라 관이 땅에 붙어 움직이지 않았다. 사람을 집으로 보내보니 황 열부가 이미 자결해 있어 부부를 합장하였다. 그 뒤 심한 가뭄이 들었는데, 푸른 무지개가 그 무덤에서 일어나 그 집까지 이어졌다. 마을 사람들이 그들을 위해 정성껏 제사를 지내자 곧 비가 쏟아졌다.

 이상에서 등장한 기이한 모티프들은 모두 여성의 일방적인 희생을 조장하는 열烈을 신비화하는 데 이용되었다고 할 수 있다.

 「엄열부 고절부」嚴烈婦 高節婦(『일사유사』, 176면)에서 엄 열부는 자신에게 살이 끼어 있기 때문에 남편 엄재희에게 병이 생겼고 자신이 죽어야만 남편이 살 수 있다는 점괘가 나오자, 친정으로 가서 음독자살한다. 그러자 결국 남편의 병이 나았다. 이것은 여성의 극단적인 희생을 상정하고 그것조차 합리화함으로써 남성을 위해 여성이 희생하는 것을 당연시하려 한 것이다. 혹은 그러한 의식의 발현이라고 하겠다. 이에 대해 장지연은 "요망한 술자의 말을 믿고, 병이 들면 약을 쓰는 대신 무당에게 도움을 청하니 특히 탄식할 일이로다. 아, 박 씨(엄 열부)는 의리상 어쩔 수 없이 자기 몸을 죽여 남편의 명을 대신한 것이로되, 과연 그것 때문에 그 남편의 생명이 연장된 것인지는 내가 감히 믿을 수 없도다"[46]라는 평결을 덧붙였다. 여기서 장지연은 병이 들었을 때 좀 더 과학적인 방식으로 대처해야 한다고 역설했지만, 정작 남편의 병을 고치기 위해 아내가 자기 몸을 바치는 '의리'에 대해서는 의문을 제기하지 않았다. 아내는 남편을 위해 모든 것을 희생해야 한다는 열의 논리를 조금도 부정하지 않은 것이다.

혼인한 여성이 남편을 위해 절개를 지키고 희생하는 것을 찬양하는 열烈 이념은 나아가 시부모를 위한 며느리의 희생도 미화한다. 「임효부 박효부 안협효부」에서 박 효부는 가난한 시가를 위해 힘써 일하며 시부모를 봉양한다. 남편이 먼저 죽자 개가하지 않고 시부모를 더욱 극진히 모신다. 안협 효부는 혼인한 지 몇 달 만에 남편을 잃지만, 방적과 품팔이 일을 하여 눈먼 시어머니를 봉양하며 친정 부모의 개가 강권을 일축한다. 물론 인정상 늙고 병든 시부모를 내팽개칠 수 없었겠지만, 시부모 봉양이 남편의 사망 이후에 두드러진다는 사실은 남편을 위한 수절이 효孝의 이름으로 한 번 더 정당화되고 있음을 암시한다. 친정 부모의 개가 권유를 마다하고 돌아올 때 호랑이가 안협 효부를 태워준다는 기이한 모티프 역시 열과 효의 어색한 결합을 설화적으로 미화한다.

이상이 상常으로서의 열烈을 중시한 작품이라고 할 수 있다. 상으로서의 열은 그 어떤 문제 제기도 허용하지 않는 위대한 것이다. 그런 까닭에 신비화되는 지경에까지 이르렀다.

이에 비해 변變으로서의 열을 중시하는 작품도 있다. 「허씨 윤씨 ……」(『매일신보』, 1916. 8. 22)의 허 씨 이야기, 「김열부 황열부 송열부」(『일사유사』, 174면) 등이 여기에 해당한다. 「허씨 윤씨 ……」의 허 씨는 사형당할 처지에 놓인 남편을 계교로써 탈옥시킨다. 「김열부 황열부 송열부」의 김 열부는 장사하러 나갔다가 도둑에게 살해당한 남편의 원수를 동생과 함께 갚고 자결한다. 황 열부 역시 남편을 살해한 도둑을 아들과 함께 색출해 관가에 이송하고 그 간을 꺼내 남편에게 바친다. 송 열부도 남편의 원수를 갚는다. 이들은 모두 평민 여성들이다. 평민들이기에 사대부 여성들이 차마 할 수 없었던 행동까지 할 수 있었다. 정상적이지 못한 상황에서 여성이 권도權道나 임기응변으로써 남편의 억울함을 풀어주어 남편에 대한 충실을 완성하는 것이다. 이들 작품에서 여성들이 보여주는 행동은 전형적인 것이 아니며, 오히려 남성의 행동에 가깝다. 김 열부와 송 열부가 남편의 원수를 갚기 위해 남장을 하는 데서 그런 점을 확인할 수 있다.

이에 대해 장지연은 "여자로서 대장부조차 하기 어려운 일을 능히 행하였으니 어찌 장하지 않으며 어찌 열녀라 아니할 수 있으랴"[47]라는 의견을 피력했다. 여자가 남자보다 더 남자다운 일을 했지만 결국 열녀로 규정한 것이다.*

요컨대 장지연은 봉건적 여성관을 토대로 이상의 작품들을 선별·수록하였고, 평결을 덧붙였다고 하겠다. 그것은 여성의 개가 문제를 근본적으로 다시 성찰한 박지원이나 여성적 정조를 바탕으로 문학을 추구한 이옥, 김려 등 문인들에 의해 형성된 일련의 진보적인 여성관에 맥이 이어지지 않는다. 『일사유사』에 등장하는 대부분의 여성들은 가정의 테두리 안에서 과장된 방식으로 남편과 시부모를 위해 자신의 존재를 송두리째 희생한다. 달라져가는 현실에 적극적으로 대응하거나 새로운 의식을 행동으로 옮기는 여성들과 차이가 있다. 이것은 『일사유사』가 『녀ᄌ독본』과 구분되는 특징이기도 하다.

장지연의 의식 변화와 서사 문학 작품의 변개

『녀ᄌ독본』은 민족 해방이라는 당위를 앞세워 인물의 행동이나 사건의 전개를 도식적으로 간략히 제시했나. 『일사유사』도 그런 도식성에서 완전히 벗어났다고 할 수는 없지만, 도식성에서 상당히 벗어난 경우를 보여주기도 한다.

* 그 외에 「양부인」(『일사유사』, 216면), 「연홍 계월향 논개 ……」(『일사유사』, 31면) 등에 등장하는 여인들은 침입한 외적들을 물리치는 데 기여한다는 점에서 집안일에 국한해 행동한 위의 여성들과는 구분된다. 그러나 「양부인」에서 양 부인은 여러 가지 준비를 해 왜군들을 물리치지만 남편인 김천일을 통해 생각과 행동을 실천한다는 점에서, 「연홍 계월향 논개 ……」에 등장하는 기생들의 애국적 행동에도 반드시 매개 인물로서 남자가 개입한다는 점에서는 가정에 국한된 여인들과 상통한다고 하겠다.

가령 「각저소년」角觝少年(『매일신보』, 1916. 8. 25~26)은 민간의 다채로운 삶의 모습을 생생하게 묘사할 뿐만 아니라 곽운이란 관찰자의 의식 변화까지 보여준다. 서사가 체계성을 지니고 있다는 점도 돋보인다. 「일지매」(『매일신보』, 1916. 5. 21)도 흥미진진한 체계를 갖추었다는 점에서 일화 수준을 넘어선 단계를 보여준다.

서사적인 면에서의 이러한 발전은 서사체에 대한 장지연의 인식 변화에 부분적으로 힘입었다고도 볼 수 있다. 예를 들어 「강남덕모 정생처홍도」江南德母 鄭生妻紅桃(『일사유사』, 190면)의 정생과 홍도 이야기는 『어우야담』의 홍도 이야기, 『최척전』崔陟傳의 내용과 유사한데, 부부가 헤어졌다가 다시 상봉하기까지의 파란만장한 과정을 그리고 있다. 그런데 이 내용에 대해 장지연은, "정생과 홍도의 일은 진정 기연奇緣이어서 소설의 한 아름다운 이야기가 되기에 족하다"[48]라고 평했다. 이런 태도는 대부분의 등장인물을 충, 효, 열이라는 유가 이념을 기준으로 판단하던 지금까지의 태도와는 상당히 다르다. 기이한 이별과 만남이라는 사건 자체의 의의를 인정하고, 남녀가 서로에 대해 그리운 감정을 표현하고 그것을 행동으로 옮기는 것을 중시한 것이다.

또 「강천년 임응정 권용견」(『매일신보』, 1916. 6. 28)의 평결에서는, 효행담의 주인공들이 넓적다리 살을 베고 손가락을 자르는 '할고단지' 割股斷脂 행위나 호랑이가 주인공을 보호해주고 물고기가 물에서 뛰쳐나오는 '호호어출' 虎護魚出 현상을 일방적으로 부정하지도 정당화하지도 않는다. 주자朱子의 말을 인용해 그것을 원칙적으로는 인정하지 않지만, 그런 효자에 대한 표창 사례가 조선에 있고 그것이 민중을 교화하는 데 도움이 되기 때문에 현실적으로 인정하는 유연한 입장을 취했다.[49]

이와 같이 『일사유사』에서 장지연은 이전의 전傳과 일화들의 내용이나 서술 형식을 발전시키기도 했지만, 고의로 혹은 자신도 모르게 기존 서사체들을 왜곡 변개한 경우도 있다.

가장 두드러진 경우는 애국 계몽기에 반왜反倭를 주장한 서사 작품들을 수록하지 않거나, 수록했다 하더라도 왜에 대한 비판의 어조를 약화시킨 것이다. 그 결과 상대적으로 반청反淸 작품들을 더 많이 수용하거나 반청의 정도를 강화하였다. 가령,「안용복」,「연홍 계월향 논개 ……」,「양부인」등은 왜에 직접 대항하는 내용을 담은 특별한 경우이고, 나머지 대부분의 경우에서는 반왜의 과정이나 방식이 변질되었다. 이에 비해 반청反淸 작품들은 대거 수록하였다.『녀ᄌ독본』에는「령산신시」,「의기논기」,「계화월」,「금섬이향」등 반왜 작품은 있지만 반청 작품은 거의 없다는 점을 고려할 때 이와 같은『일사유사』의 현상은 특별한 의미를 갖는 것이라 할 수 있다.

앞서 언급했듯, 먼서 애국 계몽기에 청을 비판하는 것은 조선을 침략한 이민족을 배척한다는 의미를 갖는다. 또 청이 일본과 대립하고 있었기 때문에 청을 비판하는 것은 간접적으로 일본을 편드는 의미를 가지기도 한다.『일사유사』에 실린 반왜 작품들이『녀ᄌ독본』에 실린 반왜 작품들보다 그 어조가 훨씬 약화되었다는 사실을 고려할 때,『일사유사』의 반청 작품들은 후자의 맥락에서 해명될 여지가 더 많다.

『일사유사』에는 조선의 지배 체제를 비판하는 작품들이 새롭게 수용되었다.[50] 이 점에 대해서는 먼저 장지연이 반봉건 사상을 실천했다는 면에서 일단 긍정적으로 평가해야 할 것이다. 그러나 조선이 멸망한 뒤에 조선의 체제를 비판하는 내용을 조선총독부의 기관지인 신문에 연재했다는 사실이 의혹을 불러일으킨다. 더욱이 이 무렵『매일신보』는 조선총독부의 한반도 지배를 찬양하고 미화하는 논설들을 계속 싣고 있었다.*

이런 점을 고려할 때 다음과 같은 해석이 가능하다. '일본 제국주의가 조선을 강점하기 직전까지 조선의 지배 체제는 갖가지 모순으로 흔들리고 있었다. 조선은 그 모순들을 스스로 극복하지 못했으며, 그런 점에서 왕조가 멸망한 것은 당연하다.' 관련 작품들에 의해 암시된 것은 여기까지이다.

---

* 그 대표적인 사례가 바로 장지연이 직접 쓴「조선풍속의 변천」(『매일신보』, 1915. 1. 1)이다.

이런 암시가 조선총독부의 지배를 합리화하는 논설과 연결되면 그 이상으로 비약될 수 있다. 조선의 지배 체제가 조장했던 모순과 거기서 유발된 사회문제들을 조선총독부가 어느 정도 해결해주었다고 인식하게 하는 것이다.

여성상의 형상화에 나타난 변개 정도도 상당히 크다. 『녀ᄌ독본』은 가정 내의 여성보다는 가정 밖에서 활약하는 여성을 부각시켰다. 이에 반해 『일사유사』는 가정에서 남편과 시부모, 자식들을 위해 희생하는 여성을 부각시켰다. 『녀ᄌ독본』이 여성에게 효열孝烈보다 충忠을 강조했다면, 『일사유사』는 충보다 효열을 더 강조한 것이다. 그런데 『일사유사』에서 충은 효열에서 암시된다. 특정 대상에 대한 충이 아니라 효열에 의해 막연히 유추된 충이 존재할 따름이다. 상常인 충이 은연중 강조된 것이다. 그런 점에서 구체적 내용이 문제 될 수 없는 상常이 강조되었다고 하겠다.

『녀ᄌ독본』에 나타난 사회적 차원의 관심이 『일사유사』에서 가문의 테두리 안으로 위축되는 경향은 「리부인」(『녀ᄌ독본』, 상, 39면)과 「허부인 정씨」(『일사유사』, 222면)를 비교할 때 분명해진다. 두 작품은 연산군의 생모 윤 씨에게 사약을 내린 역사적 사건을 소재로 삼고 있다. 「리부인」에서 판서 이세좌의 부인 이 씨는 덕행과 지감知鑑이 있었다. 이세좌가 윤 씨에게 내릴 사약을 전달하게 되었다는 이야기를 듣고는, "내 ᄌ손이 죵ᄎ 씨가 업스리로다 텬ᄒ에 그 어머니를 무죄히 죽이고 ᄌ식된 쟈ㅣ 엇지 보복이 업스리오"[51]라며 한탄했다. 과연 연산군이 즉위한 뒤 남편 이세좌와 아들 수정守貞은 처형당한다. 이 부인의 정치적 통찰력이 돋보인다. 그런데 이 부인은 자기 남편의 신상과 가문에 치명적인 피해가 초래될 것임을 분명히 예견했음에도 별다른 방안을 강구하지 않는다. 만일 자기 남편이 사약을 전달하지 않으면 다른 사람이 대신 전달해야 할 터이고, 그렇게 되면 결국 자기 남편 대신 다른 사람이 희생되는 셈이기 때문이다. 이에 비해 「허부인 정씨」에서 허 부인은 허종許琮과 허침許琛의 누이로서, 두 동생이 윤 씨에게 사약을 내린다는 전지傳旨를 전달하게 되었다는 말을 듣고는 그들로 하여금 일부러 말에서 떨어지도록 한다. 그래서 그들 대신 이극균李克均과 이세좌李世佐가 그 일을 맡게 되어 연산군 즉위 후 처형당했다. 허 씨 일가에는 아무 탈도 없었다.

이러한 「허부인 정씨」의 변개 부분에서 험난한 세상에서 살아남을 수 있는 방법을 찾을 수 있다. 어쩌면 일제 강점기라는 살벌한 시대에 이러한 생존의 방법이 세속의 관심거리가 될 수 있었을 것이고, 그래서 그것이 편찬 과정에서 고려되었을 수도 있다. 그러나 이 작품에는 가족 이기주의라는 부정적 의식 성향이 깔려 있다. 「허부인 정씨」의 허 부인은 정치적 통찰력을 지녔다는 점에서는 「리부인」의 이세좌 부인과 다를 바 없지만, 자기 가족 구성원이 입어야 했던 피해를 남에게 전가시키는 꾀를 부렸다는 점에서 가족 이기주의에 젖어 있다고 할 수 있다. 허 부인의 이러한 삶의 자세에서 여성들의 생각과 행동을 가족의 테두리 안으로 국한시키고자 한 『일사유사』의 경향을 확인할 수 있는 것이다.*

또한 『일사유사』는 여성을 주체적 존재로 형상화하는 데 있어서도 소극적이다. 논개의 경우를 예로 들어보자.

> 『녀ᄌ독본』 우리나라는 츙의를 슝상홈으로 창기 즁에도 능히 졀힝 잇난 쟈ㅣ 만ᄒ니 론기는 진쥬 기싱이라 션묘 계시 심월에 일본 군수가 신쥬를 함성ᄒ고 흔 쟝슈가 론기의 얼골을 깃버ᄒ야 심히 ᄉ랑ᄒ더니 일일은 촉셕루에 잔치를 비셜ᄒ고 질탕이 놀 즈음에 론기가 그 쟝슈의 술이 취홈을 기ᄃ려 허리를 안고 바회 우에서 ᄯ러지니 그 아래는 남강 물이라 지금 그 바회 일홈을 의기암이라 ᄒ고 츙신렬ᄉ와 ᄀᆞ치 히마다 졔ᄉᄒ니 그 별호는 롱월당이러라[52]

---

* 이러한 경향은 「최순성」(『일사유사』, 117면), 「한순계」(『매일신보』, 1916. 6. 1), 「박윤묵」(『일사유사』, 150면) 등 남자 주인공들이 아무 대가 없이 가난한 이웃들에게 재물을 나눠 주는 작품들의 '사회적 시혜施惠' 경향과 상반된다. 다만 단순히 전재한 경우와 변개하여 전재한 경우를 비교할 때 후자 쪽에 편찬자의 의식과 더 깊이 개입되었다고 한다면, 「허부인 정씨」의 변개된 부분에서 찾을 수 있는 의식 성향이 편찬자의 의식과 더욱 긴밀하게 관련되는 것으로 보아야 할 것 같다. 특히 여성관에 대해서는 더욱 그러하다.

『일사유사』 논개論介는 본본 장수현長水縣 양가녀良家女니 재모절륜才貌絶倫ᄒᆞ고 유실부모幼失父母ᄒᆞ고 가빈무의家貧無依ᄒᆞ야 수락적위기遂落籍爲妓라가 위현감황진爲縣監黃進의 소애所愛러니 급진양지역及晉陽之役에 황공黃公이 순난殉難이라 논개욕부수사論介欲赴水死ᄒᆞ야 독응장정복獨凝粧靚服으로 입암석상立岩石上이러니 일장日將모某ㅣ 견이열지見而悅之ᄒᆞ야 장유이인지將誘而引之러니 주감酒酣에 논개홀포기요論介忽抱其腰ᄒᆞ고 투암하投岩下 구사俱死 고故로 명기암名其岩왈曰 의암義岩이라 ᄒᆞ고 입비암상立碑岩上 이정지而旌之ᄒᆞ고 주인州人이 우입사우촉석루서又立祠于矗石樓西ᄒᆞ야 매세每歲 유월이십구일六月二十九日에 필제지必祭之ᄒᆞ니 개계사순의일야盖癸巳殉義日也러라[53]

『녀ᄌᆞ독본』에 실려 있는 위의 작품은 논개의 행동을 충의忠義라는 각도에서 보고 있다. 논개는 왜장이 술에 취하기를 기다려 함께 투신했다. 처음부터 왜장을 죽이고자 하는 계획을 세우고 있었던 것이다. 이에 반해『일사유사』에 실려 있는 아래의 작품은 논개와 황진黃進의 관계에서 출발한다. 논개는 자신에게 사랑을 베풀어주었던 황진이 순절하자 그를 따라 자살하려고 바위 위에 섰다. 그때 왜장을 만난다. 왜장은 논개를 유혹한다. 논개가 왜장을 계획적으로 유인한『녀ᄌᆞ독본』과는 정반대다.『일사유사』에서는 논개가 왜장의 허리를 안고 뛰어내린 행동이 우발적인 것인 양 묘사하고 있는 것이다. 이 작품에서 논개는 남자 없이 홀로 살아갈 수 있는 주체적인 여성이 아니며, 분명한 반왜反倭 의식을 가지고 왜장을 죽인 애국적 여성도 아니다. 다른 열녀처럼 사랑하는 남자를 따라 죽으려 한 여자일 뿐이다.

『일사유사』의 이러한 변개는 여자의 행동반경을 가능한 한 좁혀서, 그 나름의 주체적이고 고유한 생각을 갖기보다는 다른 인물에 부수되는 존재로 만들고자 하는 의식과 관련될 것이다.[54] 또 왜에 대해 노골적으로 저항하는 장면은 가급적 회피하고자 하는 동기에서 비롯된 것이라고도 볼 수 있다. 후자의 경향은 남자의 충忠을 주제로 한 서사체들에서도 나타난다는 점은 이미 밝혔다.

　이러한 경향은 개별 서사체들을 서술하는 형식에서도 나타난다. 가령, 「계화월」(『녀ᄌ독본』 상, 96면)과 「연홍 계월향 논개 ……」(『일사유사』, 31면)는 김응서와 함께 왜장을 살해한 뒤 죽는 계화월(계월향)의 행동을 그린다. 계화월은 친척을 찾는다는 핑계를 대고 성 위로 올라가 의병장 김응서에게 신호를 보낸다. 김응서는 계화월의 친형제라 속이고 성안으로 들어와 술에 취해 있는 왜장을 살해한다. 그러나 계화월을 탈출시킬 가능성이 거의 없다는 사실을 깨닫고는 그녀를 죽인다. 이에 반해 「연홍 계월향 논개 ……」에서 계월향은 다만 김응서와 '밀통'했을 뿐, 그 이상의 행동을 보여주지는 못한다. 김응서의 활약만이 압축적으로 제시된다. 더욱이 계월향의 이야기는 독립된 것이 아니라 연홍蓮紅의 이야기에 부수되어 있다. 연홍이 천한 기생의 신분으로 대의大義를 실천했기에 그 초상화를 평양 기생 계월향의 신령을 모신 의열사義烈祠에 배향했다는 언급55)에 이어, 그 의열사의 사연을 설명하기 위해 계월향의 이야기를 덧붙인 것이다. 여기서 토적土賊에 저항한 연홍의 행동을 왜적에 저항한 계월향의 행동보다 더 드러내려고 했던 서술 태도를 읽을 수 있다.

　아울러 「부랑」(『일사유사』, 209면)에서 부랑은 재치와 통찰력으로 청淸과 화해할 상황을 만들었으니, 조정 대신들의 부당한 고집이 청의 분노를 불러일으켜 침략을 초래하자 결국 종적을 감추었다. 이는 영웅의 능력이 아무리 뛰어나도 조정 대신이 있는 한 외적을 물리칠 수 없다는 패배주의를 드러내는 것으로, 『녀ᄌ독본』의 전투적이며 낙관적인 자세와는 크게 다르다고 하겠다.

　장지연은 애국 계몽기에, 일본 제국주의의 책략과 음모를 직시하며 국권을 수호하기 위해 비장하게 투쟁할 것을 주창하였다. 그러나 일제 강점기에 접어들자 일제의 조선 침략과 조선총독부의 통치를 정당화하기에 이르렀다. 이런 의식의 변화가 다양한 양태로 서사 문학 작품들의 선택과 변개에 영향을 끼쳤음을 확인할 수 있다.

　장지연이 『일사유사』를 편찬하게 된 공공연한 동기는 앞에서 밝힌 바와 같다. 그러나 이 시대에 장지연이 '일탈된 과거 역사'逸事에 관심을 가질 수밖에 없었던 것은 자기 시대의 인물이나 사건들에 대해서는 관심을 가지거나 그 관심을 표방할 수 없었기 때문일 것이다. 『일사유사』 소재 작품들의 내용을 기준으로 볼 때, 당대에 일어난 사건들 중 장지연의 관심을 끌 만한 것은 신문 사회면에 실렸던 사건들이나 혹은 의병들의 투쟁담 등일 것이다. 그런데 당시 사회면 기사들 중에는 이식된 초기자본주의 체제에서 유발된 전대미문의 패륜적 범죄에 해당되는 것이 많다. 이런 것들이 장지연을 감동시킬 수는 없었을 것이다. 그리고 의병들의 항일 투쟁담은 설사 장지연의 관심을 끌고 그를 감동시켰다 하더라도 그의 입장에서 수용하기 어려웠다.* 이런 형편에서 장지연은 당대의 상황과 시간으로부터 먼 거리에 있는 사람과 사건으로 관심을 돌릴 수밖에 없었을 것이다.

　장지연은 『일사유사』를 신문에 연재하면서 식민지 체제 질서에 충격을 줄 수 있는 요소들은 배제했다. 사회와 국가 차원의 주장이 강한 사람의 행동은 그 사회와 국가 체제에 의해 규제된 개인 차원의 행동으로 변개했고, 민중들의 처지를 문제 삼는 이야기는 일사 개인의 특이한 이야기로 변개했다. 또 전쟁 이야기일 경우 주로 반청反淸 투쟁 쪽으로 유도함으로써 청과 대립했던 왜의 입장을 두둔하고자 했다. 나아가 조선의 지배 체제로부터 벗어났던 일사를 부각하여 궁극적으로 조선 체제의 한계를 강조하고, 결국 조선이 멸망한 것은 일본 제국주의의 침략에 의해서가 아니라 조선 자체의 한계와 모순 때문이라는 결론에 이르게 하였다.

　이와 같은 변개는 장지연이 의도한 것일 수도, 무의식적으로 이루어진 것일 수도 있다. 그것을 명백하게 구분하는 것은 불가능하지만, 작품의 끝에 붙인 평결을 살펴보면 그런 변개의 상당 부분이 장지연의 의도에 의해 이루어졌다는 사실을 짐작할 수 있다.

* 「이준전」李儁傳은 장지연이 일정 시기까지는 자기 시대의 의사義士나 의병義兵의 이야기에 관심을 가지고 있었음을 알려준다.

갈래 구성의 문학사적 의미

『이국부인전』은 잔 다르크의 일생을 소재로 한 전기물이지만, 그 구성 방식이나 작품 구조는 우리나라 여성 영웅소설에 가깝다고 할 수 있다.[56] 서두를 시작하는 방식,[57] 주인공이 스스로 전쟁에 뛰어드는 동기와 방식,[58] 전쟁 장면의 상투적 형상화 양상, 묘사가 아닌 설명 위주의 서술 방식 등에서 그러하다. 『이국부인전』은 여성들이 애국 활동에 관심을 가지고 스스로 헌신하도록 계몽하기 위해 잔 다르크라는 외국 인물의 경우를 소재로 수용하되, 그 형식에서는 조선 영웅소설의 서술 방식과 갈래적 특징들을 이용했다. 그리하여 작자의 이념이 일방적으로 피력되지 않고 역사적 사건과 소설적 형식을 매개로 드러나게 하였다. 이념이 작품 서술을 압도하지 않고 사건 자체가 의미를 형성해가는 데 주도적인 역할을 했다. 이 작품이 이러했던 것은 영웅소설이란 갈래가 여전히 이 시기에도 읽혔고, 장지연도 그 갈래 전통을 적극적으로 받아들였기 때문이라 할 수 있을 것이다.

또한 장지연은 「이준전」李儁傳, 「신열부전」申烈夫傳, 「운연자전」雲淵子傳 등 세 편의 전을 남겼다. 전傳이 유가 이념을 가장 모범적으로 실천한 사람의 일생에 대한 압축적 진술(서序와 본本)이며 그에 대한 이념적 평가(결結)를 지향하는 것이라면, 「이준전」은 그런 전형적인 전과는 상당히 다른 면을 보여준다. 특히 본本 부분은 이준의 행동과 발언을 상세하게 제시, 묘사하고 있다. 이것은 이준과 장지연이 동시대인이어서 이준의 행동과 그 문제성이 장지연에게 생생하게 느껴졌기 때문이기도 하겠지만, 아울러 이준의 행동을 둘러싼 정치적 맥락이 복잡하고 미묘해 압축 진술이 불가능해졌기 때문이라고도 보아야 할 것이다. 그리하여 이념에 집착해야 하는 전의 내용적 한계와 압축적으로 진술해야 하는 형식적 한계를 뛰어넘어 소설에 다가갔다고 할 수 있다. 그 점은 「신열부전」과 비교할 때 더 분명해진다. 「신열부전」의 열부 신 씨는 혼인한 지 한 달도 못 되어 시어머니를 여의고 잇달아 남편까지 잃자 살아갈 의욕을 상실한다. 이에 시집 사람들이 신 씨를 친정에 보내 쉬게 한다. 친정 사람들은 신 씨의 행동이 심상치 않음을 알고 감시하지만 신 씨는 결국 친정 식구들을 따돌리고 자살한다. 이것은 열녀의 상투적 형상화로서, 신 씨가 열녀라는 사실을 압축적이고 충격적으로 드러낼 따름이다. 세계의 다양한 모습이나 그 세계와 입전 대상 인물 간의 간단치 않은 관계는 전혀 묘사하지 않은 것이다. 이 점이 「이준전」과 다르다.

「운연자전」은 전의 형식을 거의 지키지 않은 작품이다. 서두에서 소개되는 운연자는 장차 소개될 사건의 목격자이면서 서술자이고, 또 입전 대상 인물이기도 하다. 그는 입전자인 장지연과 동일 인물일 수도 있고 아닐 수도 있다. 입전자가 스스로를 가탁한 허구적 인물이라고 보는 것이 좀 더 무난할 것 같기도 하다. 그런 점에서 이 작품은 인물 우언人物寓言에 가깝다. 운연자가 소개한 이야기도 허구적 희담戱談이다.

> 한 늙은이가 약초를 캐러 산속에 들어갔다가 나무에 깔려 있는 호랑이와 맞닥뜨린다. 늙은이는 호랑이에게 먹히지 않기 위해 그 꼬리를 잡아당기고서 위기에서 벗어날 방법을 생각한다. 그때 중이 나타난다. 늙은이는 자기가 호랑이 꼬리를 단단하게 잡고 있을 터이니 호랑이를 때려죽여 달라고 중에게 부탁한다. 중은 살생을 할 수 없다는 이유로 부탁을 들어주지 않는다. 그러자 늙은이는 중이 꼬리를 대신 잡아주면 자기가 호랑이를 때려죽이겠다고 한다. 어리석은 중은 그 말을 곧이듣고 호랑이의 꼬리를 잡는다. 위기에서 벗어난 늙은이는 웃으며 말한다. "잠시만 기다려보시오. 당신이 선교禪敎를 숭상한다면 나 역시 성현의 학문을 귀하게 여기기에 살생을 좋아하지 않는 것은 매한가지요."[59]

이에 대해 장지연은, 남을 함정에 몰아넣어 자신이 봉착한 위기를 모면하는 늙은이의 교활함과 남의 감언甘言을 믿고 죽을 지경에 빠지는 중의 어리석음을 동시에 비판한다. 운연자란 인물을 만들어내고 또 민담을 끌어들인 것은 이 같은 생각을 나타내기 위한 것이라 하겠다. 그런 점에서 이 작품은 운연자란 입전 대상 인물의 일대기를 압축적으로 제시하는 것이 아니라, 그가 기록한 이야기를 옮겨 적어 그가 어떤 인물인지를 규정한 것이다. 이 작품의 실질적 귀결점은 그 인물의 인간됨이 아니라 그 인물이 기록한 이야기의 의미이다. 그 의미는 보통의 전傳에서 상투적으로 거론되었던 충이나 효, 열이 아니다. 이런 점을 감안할 때 이 작품은 내용과 형식 면에서 전통적인 전의 테두리를 넘어섰다고 할 수 있다.

그런데 「운연자전」에 삽입된 이야기는 야담집에 흔히 실려 있는 내용이다. 「운연지전」은 전의 형식에 야담을 수용하여 전의 형식과 세계관을 해체시켰다. 이런 양상은 「여시관 육」如是觀 六[60]에서도 나타난다. 장지연은 '여시관'如是觀이란 제목의 글을 여섯 편 남기고 있는데, 그것들은 제목이 암시하는 바와 같이 당대의 사회와 문화, 정치 등 여러 분야에 대한 자신의 생각을 자유로운 형식으로 개진한 것이다. 「여시관 육」은 세속적 재물에 구애받지 않고 유유자적하는 삶이 비록 힘겹지만 참으로 가치 있는 것임을 밝힌 글로, 중간에 세 편의 짧은 이야기를 삽입하고 있다. 첫 번째와 두 번째 이야기에는 각각 염라대왕과 상제가 등장한다. 재물에 얽매이지 않고 산수 간에서 소요지적히는 삶을 엄라대왕과 상제에게 요구하사 그들은 그것이 가능하다면 오히려 자신들이 그렇게 살겠다고 말한다. 세 번째 이야기는 주인공으로 하여금 꿈속에서 부귀영달을 누리다가 궁지에 빠져 고통받는 순간 깨어나게 하여, 세속의 욕망에 얽매여 사는 것이 무상하다는 사실을 보여준다. 요컨대 이 세 편의 이야기는 장지연이 미리 갖고 있던 생각을 간접적으로 피력하기 위해 활용된 것이다. 그런 점에서 이 이야기들은 우언寓言이라 할 수 있다.

『녀ᄌ독본』과 『일사유사』에 실려 있는 이야기들도 근본적으로 이와 다를 바 없다. 『일사유사』는 『매일신보』의 「송재만필」松齋漫筆이라는 수필란을 통해 발표되었다. 「송재만필」 연재는 1915년 1월 16일에 시작되었지만, 『일사유사』는 1916년 1월 11일 「송재만필」 17회부터 연재되기 시작했다. 『일사유사』가 연재되기 전인 1916년 1월 9일의 「송재만필」(16회)에는 「과농리담」 瓜濃俚談이라는 이야기가 실려 있다.[61] 이 작품은 이야기꾼으로 유명한 김중신金仲眞이란 사람의 호의 유래를 설명한 뒤, 그의 레퍼토리 중 하나인 「삼사발원설」三士發願說의 줄거리를 소개한다. 그것은 상술한 「여시관 육」에 삽입된 첫 번째 이야기와 동일하다.

그런데 장지연은 「과농리담」을 『일사유사』에 포함시키지 않고 그것을 『일사유사』에 실린 다른 서사 작품들과 구별했다. 「과농리담」 이야기에는 이야기꾼 김중신의 생각과 감정이 일방적으로 관철되어 있어 편찬자 장지연이 개입할 여지가 거의 없다고 할 수 있다. 『일사유사』 소재 서사체들은 장지연에 의해 선택되었다는 점, 평결 부분은 물론 서사체의 중간중간에 장지연의 생각이 농후하게 피력된다는 점 등에서 「과농리담」과 구분된다.

이로 볼 때 장지연은 당대까지 전해지던 단형 서사 작품들을 『일사유사』와 『녀ᄌ독본』 속에 수용하고, 그것들을 자신의 이념이나 생각을 피력하고 구체화하는 수단으로 활용했다고 할 수 있다. 그리고 그런 편찬 행위를 통해 독자들에게 어떤 영향을 주는 것을 목표로 삼았던 것이다.*

『일사유사』와 『녀ᄌ독본』에는 전, 일화, 전설, 민담, 소화, 우언, 야사 등 여러 단형 서사 갈래들이 실려 있다. 그러나 전재된 작품들은 형식적 정형성을 잃고 소재의 나열 수준에 머문 경우가 많아 각각을 갈래 면에서 하위 구분하기는 힘들다. 서사체로서 완전한 구조와 체계를 갖추면서도 당대의 현실을 반영한 작품은 더욱 드물다. 이는 두 가지 사정을 말해준다. 첫째, 이 시기에는 경험자의 자기 경험 진술에 의해 이야기가 형성될 만한 여건이 유지되지 못했다는 점이다.** 허구적 지향을 갖지 않은 집단들에 의해 생산되는 서사

---

* 「강남덕모 정생처홍도」江南德母 鄭生妻紅桃(『일사유사』, 190면)에서 소설의 존재를 인정한 것도 장지연 자신이 소설을 창작하고 있거나 장차 창작하고자 하는 생각을 전제로 한 것이 아니라, 오히려 자신이 전재하고 있는 이야기를 '소설'과 변별한다는 점을 전제로 하고 있다는 사실을 유념해야 한다.
**이와 관련된 내용은 이 책의 「야담의 속 이야기와 작중인물의 자기 경험 진술」을 참조할 것.

체가 구조적 완결성을 획득하기 위해서는 최소한의 구연 상황이 뒷받침되어야 하는데, 그것이 확보되지 않았던 『녀ᄌ독본』, 『일사유사』 소재 서사체들은 소재의 나열 수준에 머물 수밖에 없었다. 둘째, 이 시기의 서사 갈래에서는 현실 대응 능력이 위축되었다는 것이다.* 이것은 단형 서사 갈래가 현실을 반영해야 한다는 생각을 하지 않은 담당층의 서사 의식과도 관련이 있을 것이다.[64] 다만 서사 작품이 독자들에게 어떤 영향을 주어야 한다는 분명한 의도에 따라 수집, 기술된 점은 전대 야담집에서 한층 더 나아간 긍정적인 점이라고 평가할 수 있다.

요컨대 『이국부인전』에서 장지연은 영웅소설이라는 전통 서사 형식을 당대의 문제의식을 피력하는 데 이용했다. 잔 다르크의 일생이 영웅소설의 전개 과정과 부합하는 부분이 많았고, 그녀의 일생을 존중하는 입장에서 이야기를 꾸려갔기에 영웅소설의 형식을 유지할 수 있었을 것이다.

이에 비해 『녀ᄌ독본』과 『일사유사』에 실린 서사 작품들은 장지연이 가졌던 문제의식이나 이념의 틀에 부합된 것만이 선별되어 변개되었다. 이 과정은 결국 서사의 교술화라고 할 수 있다. 특히 『일사유사』에 이르러 전대의 단형 서사 갈래들이 갖고 있었던 서사 형식이 무시되고, 구조적 체계를 만들어주던 구연 상황이 파괴되면서 서사체들이 소재의 수준으로 해체되는 양상이 드러난다. 이것은 편찬자 장지연이 미리 갖고 있던 이념을 기존 서사체들을 편찬하는 과정에 지나치게 개입시킨 결과라 할 수 있다. 이념에 의해 서사 형식이 변개되고 해체되기에 이른 것이다.

그렇다면 장지연은 기존의 서사 작품들이 서사와 교술 두 방향으로 분기되는 새로운 계기를 마련했다고 볼 수 있다. 서사 지향이 전통적 형식에 기댄 결과라면, 교술 지향은 전통적 소재에 기댄 결과라 하겠다.

---

* 배전이 편찬한 『차산필담』은 당대의 현실을 야담의 구조 속으로 담는 새로운 면을 보여준다는 점에서 주목된다. 이 점에 대해서는 「19세기 말 야담집 『차산필담』의 새로움」을 참조할 것.

맺는 말

지금까지 위암韋庵 장지연張志淵의 시국관 변화 과정을 추적하고 그것을 의식 구조의 특수성이란 면에서 해명했다. 그리고 그 내용을 장지연이 편찬한 서사 문학 작품들과 연관시켜 살펴보았다. 아울러 그 서사 작품들이 문학사적으로 어떤 성격을 지니는지도 검토했다.

장지연은 유교 이념에 바탕을 둔 상常과 변變의 두 개념으로써 세계 및 인간의 본질과 존재 방식을 설명했다. 상常은 만물의 존재 방식과 운행에서 가장 중요하고도 자연스런 원칙이다. 변變은 상의 현실적 응용 형태 자체이거나 상황에 따라 변하고자 하는 속성이다.

장지연은 역사적 변혁기에 변의 역할을 중시하며 '변통론'變通論으로 세상을 설명하였다. 그런데 그가 사용하는 변의 개념은 두 가지 내포를 지닌다. 첫째, 상常의 한 속성인 변이다. 이때 변은 상의 원형을 가장 완벽하게 유지시키기 위해 변통變通한다. 둘째, 상과 변별되는 실체로서의 변이다. 이때 변은 현실의 필요에 의해 변통한다. 첫째의 경우 상과 변이 연결된다면, 둘째의 경우 상과 변은 엄격하게 구분된다.

장지연이 변혁기의 시대 상황에 부응할 것을 강조할수록 절대 변할 수 없는 상을 더 중시하게 되었다. 상은 변의 속성을 갖고 있다고도 했지만, 실제로는 상을 변과 엄격하게 구분했다. 상은 스스로 변통하지 않을 뿐 아니라 변에 의해 침해받지도 않는다.

한말과 애국 계몽기에 장지연은 상변론常變論 체계를 통해 일본 제국주의의 본질을 명료하게 포착하였다. 일본 제국주의가 상을 가장 명시적으로 파괴했기 때문이다. 장지연은 상을 파괴하는 일본 제국주의의 본질을 정확히 인식하고 국권 회복을 주창했으며, 항일 의병 투쟁을 인정하고 촉구했다.

그러나 그 뒤 장지연의 상변론은 변통變通을 중시할수록 불변하는 상을 강조하였고, 마침내 상을 신성시하기에 이르렀다. 신성시된 상에 대해서는 합리적 검증이나 비판이 불가능하다. 상 중에서도 특히 충忠은 그 구체적인 내용을 문제 삼아서는 안 되는 추상화된 형식으로 변했다. 그리하여 일본 제국주의가 그 추상화된 형식 속에 식민 통치에 편리한 내용(신인神人으로서의 천황)을 은연중에 집어넣었을 때, 장지연의 상변론 체계는 그것을 정확하게 인식하지 못했으며 그 결과 합리적인 비판도 할 수 없었다. 마침내 그는 변통의 이름으로 일본 제국주의를 인정하게 되었다. 장지연이 말년에 친일적 입장을 취하며 조선총독부의 한반도 통치를 찬양하기에 이른 것은 이 같은 사상 체계의 한계에서 배태되었다고 하겠다.

장지연은 애국 계몽기 때 『이국부인전』, 『녀ᄌ독본』 등을 창삭하고 편찬해, 국권 박탈이라는 민족의 위기 상황에서 여성들이 나서야 한다고 역설했다. 여성들이 가정이나 계급의 문제보다는 사회와 국가의 문제를 우선 해결하기 위해 적극 나서야 한다고 계몽한 것이다. 특히 우리나라 여성의 경우 왜에 항거한 경우를 부각시켰고, 외국 여성의 경우 섬나라 영국에 대항한 프랑스 여성의 활약을 중시했다는 점에서 항일의 성격을 포함하고 있었다고 할 수 있다.

상변론을 적용시켜 설명하자면, 상을 강조할 때에도 상을 과장하지는 않았으며 상에 대한 합리적 판단을 허용하였다. 많은 경우 상보나 변을 중시했으며, 아울러 변을 기본 속성으로 내포하는 상을 그렸다.

하지만 일제 강점기에 편찬된 『일사유사』는 이와는 상당히 다른 면모를 보여준다. 먼저 일사逸士들의 행적을 형상화한 경우, 일사들의 반체제적 성격을 나난 조선 조정의 인재 등용 문제로만 해석하려는 경향이 강했다.

충을 실현한 인물들에 대한 이야기에서도 비슷한 현상이 나타난다. 반란을 일으킨 자에게는 체제 유지의 차원에서 응징을 가하게 하였다. 왜와 청에 항거한 인물들에 대한 이야기의 경우 전자가 후자에 비해 훨씬 적었다. 청에 대해 노골적으로 비난하고 항거한 인물을 적극적으로 형상화한 데 반해, 왜에 대해서는 간접적으로 저항한 인물들을 주로 보여주었다. 일제 강점기에 청은 두 가지 의미를 가지는 나라이다. 첫째, 조선을 침입한 외세라는 점에서 일본 제국주의와 동일한 존재였다. 둘째, 청일전쟁 때 일본과 싸운 나라였다. 일제 강점기의 우리나라 사람들에게는 청일전쟁에 대한 기억이 더 생생했다. 따라서 청을 비난하는 것은 상대적으로 왜의 입지를 비호하는 셈이 된다. 이런 점이 장지연의 친일적 성향과 연결된다. 이 작품들에서 실현된 충은 그 자체로는 결코 변할 수 없는 것이다. 일상적 질서가 파괴된 변혁의 시기라 변통이 강조되는 상황이라 하겠는데, 결과적으로는 오히려 상常이 더욱 신성시된 것이다.

효를 실현하기 위해 상식을 넘어선 행동을 하고 기적에 가까운 일을 일으키는 이야기도 큰 비중을 차지한다. 이런 작품들은 부모와 자식의 관계를 부각시키고 자식의 일방적인 헌신을 강조한다. 모든 현실 가치는 효를 위해 희생될 수 있다. 효는 군신과 붕우 관계로까지 확대된다. 자식이 부모에게 바치는 과장되고 신비화된 효가 군신과 붕우 간의 이념적 관계까지 신비화하는 것이다. 이것은 합리적이고 단계적인 점검이나 비판을 허용치 않는 상을 강조하는 경우에 대응된다.

이에 비해 새로운 생활 의식을 보여주는 이야기들도 수록되어 있다. 주로 합리적으로 행정을 잘 처리하는 관리나, 불우한 하층민들을 무료로 성심껏 치료해주는 의의義醫에 대한 일화들이다. 직업윤리를 사회적으로 인식하고 실천한 인물을 보여주는 것이다. 그것은 변화된 사회에 대해 발전적 전망을 제시하는 것이기도 하다. 그런 점에서 변을 전제로 한 상을 강조했다고 볼 수 있다. 또 변을 그 자체 속에 포함하는 상을 부각시킨 경우라고도 이해할 수 있다.

효열孝烈을 실천하는 여성을 다룬 경우, 그 의식 범위나 활동 공간을 가정 내로 축소시켰다. 홀로 된 여자가 개가 강권을 거절하고 절개를 지키는 과정에서 온갖 기이한 일이 벌어진다. 절개는 곧잘 시부모에 대한 헌신으로 이어지는데, 그 과정에서도 기적이 일어난다. 그로써 효와 열이 신비화된다. 시부모에 대한 헌신이 주로 남편의 사망 이후에 두드러진다는 사실은 여자에 대한 수절 강요가 효라는 명분으로 정당화되어 조장되었음을 암시한다.

장지연은 이런 이야기에 붙인 평결을 통해 봉건적 여성관을 피력했다. 이는 박지원을 비롯한 조선 후기 진보적 지식인들에 의해 형성된 새로운 여성관보다 훨씬 보수적인 것이다. 『일사유사』에 등장하는 여성들은 대부분 가정에서 과장된 방식으로 시부모와 남편을 위해 희생하는데, 이는 새로운 의식을 가지고 현실에 적극적으로 대응하고 사회적 실천을 마다하지 않았던 『녀즈독본』의 여성들과는 상당히 다른 것이다. 『녀즈독본』이 여성에게 효열孝烈보다 충忠을 강조했다면, 『일사유사』는 충보다 효열을 더 강조했다. 『일사유사』에는 특정 대상에 대한 충보다는 효열에 의해 막연하게 유추된 충이 존재할 따름이다. 즉 구체적 내용이 문제 될 수 없는 상이 강조된 것이다.

장지연은 현재의 상황으로부터 동떨어져 있는 사람과 사건에 큰 관심을 가졌다. 그러나 서사 작품들을 편찬하는 과정에서 식민지 현실 질서에 충격을 줄 수 있는 요소들은 배제했다. 사회와 국가 차원의 주장이 강한 사람의 행동은 그 사회와 국가 체제에 의해 규제된 개인 차원의 행동으로 변개했고, 민중들의 처지를 문제 삼은 이야기는 일사 개인의 특이한 이야기로 변개했다. 전쟁 이야기일 경우 주로 반청反淸 투쟁 쪽으로 유도함으로써 청과 대립했던 일본의 입장을 두둔하게 되었다. 나아가 조선의 지배 체제에서 벗어났던 일사를 부각시킴으로써 조선 체제의 한계를 강조하고, 결국 조선이 멸망한 것은 일본 제국주의의 침략에 의해서가 아니라 조선 자체의 한계와 모순 때문이라는 생각을 유도하였다.

『이국부인전』에서 장지연은 영웅소설이라는 전통 서사 형식을 당대의 문제의식을 피력하는 데 이용했다. 잔 다르크의 일생이 영웅소설의 전개 과정과 부합하는 부분이 많았고, 그녀의 일생을 존중하는 입장에서 이야기를 꾸려갔기에 영웅소설의 형식을 유지할 수 있었을 것이다.

이에 비해 『녀즈독본』과 『일사유사』에 실린 서사 작품들은 장지연이 가졌던 이념의 틀에 의해 선별되고 변개된 것이다. 이 과정은 서사의 교술화라고 하겠다. 특히 『일사유사』에서는 전대의 단형 서사 갈래들이 갖고 있던 서사 형식이 무시되고, 구조적 체계를 만들어주던 구연 상황이 파괴되면서 서사체들이 소재의 수준으로 해체되는 양상도 나타난다. 그것은 장지연이 기존 서사체들을 편찬하는 과정에서 미리 갖고 있던 이념을 지나치게 개입시킨 결과라 할 수 있다. 이념에 의해 서사 형식이 변개되고 해체되기에 이른 것이다.

그렇다면 장지연은 기존의 서사 작품들이 서사와 교술 두 방향으로 분기되는 새로운 계기를 마련했다고 볼 수 있다. 서사 지향이 전통적 형식에 기댄 결과라면, 교술 지향은 전통적 소재에 기댄 결과라 하겠다.

그 이후의 추이를 해명하는 것은 우리 전통 서사 문학의 근대적 전환을 밝히는 데 중요한 기여를 할 수 있으리라 본다.

미주

1) 대표적인 성과로는 천관우, 「장지연과 그 사상」(『백산학보』 3, 백산학회, 1967) ; 권영민, 「개화기의 문학사상연구(1)-위암 장지연의 문학사상」(『진단학보』 55, 진단학회, 1983) 등을 꼽을 수 있다. 1993년 장지연이 '이달(11월)의 문화인물'로 선정된 것을 계기로 여러 가지 기념사업이 추진되었다. 특히 '위암 장지연 선생 기념사업회'가 만들어져 그때까지 장지연과 관련된 주요 논문들을 모아 『위암 장지연의 사상과 활동』(민음사, 1993)을 간행했다. 편집 방침에는 필자의 논문(「장지연의 의식변화와 서사문학의 전개」, 『한국학보』 60·61, 일지사, 1990)과 강명관의 논문(「장지연의 시세계의 변모와 사상」, 『한국한문학연구』 9·10, 한국한문학회, 1987)을 싣기로 되어 있었으나, 장지연의 후기 행적에 대한 비판적 진술 때문에 배제되었다.
2) "위암이 유학을 여전히 '제세경국濟世經國의 도道'로 생각하고, 오륜을 불변의 '상'常으로 규정한 상태에서 신·구학의 참호변통을 주장한다면, 여기서 최후로 연역될 수 있는 것은 왕정·봉건사회 체제의 부활이 될 수밖에 없다. 왕정·봉건사회 체제의 유지를 전제로 한 투쟁이 현실성이 없음은 한일합방이란 비극이 이미 입증했으니, 국왕을 정점으로 하는 구체제는 저항의 구심점이 아니라 '매국'賣國에 앞장섰던 것이다. …… 위암 사상이 유학 자체의 옹호에 매달려 있는 이상, 민족 해방이란 절대적 목표가 도출될 수 없었던 것이다"(강명관, 「장지연의 시세계의 변모와 사상」, 『한국한문학연구』 9·10, 한국한문학회, 1987, 416~417면).
3) 「연보」年譜(『위암문고』韋庵文稿, 국사편찬위원회, 1956), 471~481면.
4) 「敎科書 檢定에 關ᄒ 忠告」(『대한협회보』 10, 대한협회, 1909), 6면.
5) "天地萬物之理 有常有變 日月霜露寒暑晝夜 理之常也 盲風怪雨淫霓逆蝕 理之變也 …… 惟執常而通乎變 爲能達乎經權之道 而合乎時措之宜者也 夫國有君臣父子夫婦長幼 此五常也 窮天地古今不易之常經也 若夫禮樂刑政典章法度 因時以通變者也 自古及今 爲天下國家 安有偏常頤 而能扶持保存者乎"(『위암문고』, 국사편찬위원회, 1956, 104면).
6) 강명관, 「장지연의 시세계의 변모와 사상」(『한국한문학연구』 9·10, 한국한문학회, 1987), 404~405면.
7) 「여시관」如是觀(「고재만필」古齋漫筆, 『매일신보』, 1915. 2. 10).
8) 「여시관」如是觀(「고재만필」古齋漫筆, 『매일신보』, 1915. 2. 10).
9) "弑逆之慘 古或有之 豈有如今時諸輩之毒手也 …… 噫 今天下 雖混入於一變之局 而寧幷與其撐天地窮宇宙不改不易之三綱五常 而變之也哉 …… 假令有人於斯 强盜逆奴 陰懷反意 乘昏突入 無故而殺害其主母 則爲其子者 …… 不思所以報復之道乎"(「상정부서」上政府書, 『위암문고』, 국사편찬위원회, 1956, 105~106면).
10) 「원총통袁總統의 황제존호皇帝尊號」(「송재만필」松齋漫筆 10, 『매일신보』, 1915. 1).
11) 이에 대한 대표적인 연구로는 권순긍, 「1910년대 활자본 고소설연구」(성균관대 박사학위논문, 1990) 및 김교봉, 「구활자본 고소설의 출현과 그 소설사적 의의」(『고소설사의 제 문제』, 집문당, 1993) 등이 있다.
12) 「조선풍속의 변천」(『매일신보』, 1915. 1. 1).

13) 「국문관계론」,(『위암문고』, 국사편찬위원회, 1956), 229~230면.
14) 여기에 해당되는 대표적인 논문이 학교 생도들을 대상으로 한 「면청년학생」勉靑年學生(『위암문고』, 국사편찬위원회, 1956), 362~363면 및 「재면청년학생」再勉靑年學生(같은 책), 364~355면 등이다.
15) 『녀ᄌ독본』 총론.
16) 『녀ᄌ독본』 하, 36면.
17) 강영주,「박은식·장지연·신채호의 역사, 전기문학」(『한국현대소설사연구』, 민음사, 1984), 114면
18) 『녀ᄌ독본』 상, 115면.
19) 『녀ᄌ독본』 상, 115~116면.
20) 이 글이 『일사유사』에서는 자구가 약간 수정되어 다음과 같이 실려 있다. "我朝鮮이 自檀君以來로 至於三韓之際히 上下數千年之間에 文獻이 闕逸ᄒᆞ야 …… 當時魁奇英傑之人이 非貴族近戚이면 多泯沒草野ᄒᆞ야 廖廖無傳ᄒᆞ고 高麗以後는 文風이 稍振ᄒᆞ야 國史野乘이 記述頻繁이로되 閭巷之間에 奇聞之蹟埋沒兔園者를 不可勝數矣니 可勝惜哉아"(『일사유사』, 1면).
21) "我鮮은 自立國以來로 苛嚴於嫡庶之分ᄒᆞ며 防限於西北之別ᄒᆞ야 懷奇抱英者ㅣ 皆廢枳而不得顯ᄒᆞ더니 中葉之後는 又起朋黨之論ᄒᆞ야 曰東曰西曰南曰北 …… 由是로 偏黨之習痼筋病骨ᄒᆞ야 雖有忠臣義士高才博學之人이라도 非趨附於權門勢待이면 無由得展其材ᄒᆞ고 而卒之埋歿於窮途커던 …… 嗚呼라 通千古環萬國ᄒᆞ고 用人之偏狹이 無如我鮮者矣라 …… 余嘗慨然乎斯ᄒᆞ야 每欲廣搜博採於遺逸之士ᄒᆞ야 完成一書ᄒᆞ야 以爲傳諸後人者ㅣ 久矣러니"(『매일신보』, 1916. 9. 5).
22) "李朝承麗季之弊 用人之路極狹 …… 嗚呼 使冤氣干和 衆恨澈穹 如是垂四百餘年 而國遂亡矣"(『일사유사』, 3면).
23) 『희조일사』熙朝逸事,『침우담초』枕雨談草,『추재기이』秋齋記異,『위항쇄문』委巷瑣聞,『어우야담』於于野談,『진조속기』震朝續記,『호산외기』壺山外記,『앙엽기』盎葉記,『겸산필기』兼山筆記,『숭양지』崧陽志,(『일사유사』, 3면) 등이다.
24) "惜乎其終於落魄ᄒᆞ야 中身而奄沒ᄒᆞ니 抑古之所謂稽阮博奕之流歟아"(『일사유사』, 27면). 원문에는 博이 傳으로 잘못 인쇄되어 있다.
25) "外史氏曰 嗟夫라 一自門閥用人之後로 閭巷寒賤은 雖有英才俊傑이라도 無以發用於世故로 自前奇偉斥弛之夫ㅣ 往往落草於綠林梁山之中ᄒᆞ야 以洩其壹慰타가 幸而遇時則爲王常李勣之垂像凌煙ᄒᆞ고 不然이면 終於埋沒而已라 如朴長脚者는 可謂江湖好漢而不幸誤墮水滸ᄒᆞ야 取快一時ᄒᆞ다가 幸遇李公ᄒᆞ야 翩然改圖언마는 亦無用於世矣라 乃至托身深居ᄒᆞ야 了此一生ᄒᆞ니 悲夫로다"(『일사유사』, 10면).
26) "距今數年前에 當李朝昇平之際ᄒᆞ야 黨爭이 愈熾일시 抱奇才酒鬱於時ᄒᆞ고 悲歌落魄者ㅣ 畏出駭機ᄒᆞ며 亡命逃世ᄒᆞ야 往往流落草澤ᄒᆞ야 以終一生者多ᄒᆞ니 如葛處士之類ㅣ 是也라"(『일사유사』, 14면).
27) "外史氏曰 南方山澤之間에 自古多奇男子ᄒᆞ야 往往伏氣節以自快一時ᄒᆞ다가 輒折節爲良善人을 如朴長脚葛處士之流ㅣ 是己라 苟其陶鑄作成而立於朝런덜 必彬彬有可觀者어늘 竟落魄泯沒於草莽ᄒᆞ니 悲夫惜哉로다"(『일사유사』, 16면).
28) 이러한 현상이 장지연의 한시漢詩에서는 이미 1911년경에 나타나는 것으로 확인되었다(강명관,「장지연의 시세계의 변모와 사상」,『한국한문학연구』9·10, 한국한문학회, 1987, 393면).

608

29) "文不過持平掌令 武不過僉使万戶 洧如遯庵之學月沛之才 産於西土 而朝廷之等棄西土 無異糞土"(『매일신보』, 1916. 1. 28).
30) "我鮮은 自立國以來로 …… 防限於西北之別호야 懷奇抱英者ㅣ 皆廢枳而不得顯호더니"(『매일신보』, 1916. 9. 5).
31) "盖其起亂口實이 則惟是已오"(『매일신보』, 1916. 1. 28).
32) "其亂起之初에 高官世祿之臣이 棄城投降者紛紛이로딕 獨忠義敵愾之士는 多出於寒駿微賤之中호야 猝能致恢復之功이나 然而朝廷之待西人은 不過虛文而止호니 嗚乎라 權勢之禍人家國이 自古何限也리오 余嘗過定州之域호다가 登北臺호야 俯瞰古戰場호고 吊其表節祠忠義壇之英魂毅魄而未嘗不彷徨太息호야 慷慨不能去者久也로다"(『매일신보』, 1916. 1. 28).
33) "今日은 卽明治三十八年三月十日奉天大戰捷의 陸軍記念日이라 實로 世界歷史를 耀호 光輝가 有호 戰捷記念日이니 此記念日은 다만 軍人뿐만 아니라 國民全體의 祝홀 記念日이오 我朝鮮人이 新政의 恩澤에 涵沐호야 幸福의 生活을 享有케된 遠因도 卽此大戰捷에 基홈이니 我朝鮮人의 此記念日을 祝홈도 決코 人後에 落코져호지 안이 홀지로다"(『매일신보』, 1916. 3. 10).
34) "然이나 此는 惟對馬島主之擅自欺弄이오 實非日幕府之與知라"(『일사유사』, 126면). 『일사유사』가 참고한 『희조일사』(『석재고』碩齋稿를 전재한 것)도 이 점을 지적하고 있지만 『일사유사』만큼 강조되지는 않았다("時對馬島主 欲占鬱陵 與邊臣爭不已 而倭酋實不知也"). 또 『희조일사』에서 '왜추'倭酋라 지칭한 것을 『일사유사』는 '일막부' 日幕府라 높이고 있다.
35) "當時朝廷汲汲於眉睫勢利之爭而已오 疆土之事는 付之等閑故로 至欲鬱島割讓而不知龍福之奇功호고 及加刑配호야 以彌縫責而已호니 勝慨哉아 爾後龍福之事泯沒無聞호 久矣라"(『일사유사』, 130면).
36) 「조선풍속의 변천」(『매일신보』, 1915. 1. 1).
37) "公이 乃痛飮數斗호고 擲盃乃喝曰 朝鮮은 是禮義之邦이라 我國이 無負於汝어늘 朕羯奴가 焉敢凌蔑乃爾오 吾恨不啖汝肉이라호고"(『일사유사』, 1면).
38) 『맹자』 권8, 「이루장구」 離婁章句 하下.
39) 『맹자』 권7, 「이루장구」 상上.
40) "禮云 事君不忠 非孝也며 莅官不敬이 非孝也며 朋友不信이 非孝也며 戰陳無勇이 非孝也라호 니 故로 日君子治身이 莫先於孝라호라"(「송도 김려택 김상침」, 『매일신보』, 1916. 6. 27).
41) 이와 유사한 모티프의 일화들은 역대 효자들의 이야기를 모아놓은 『동국삼강행실효자도』東國三綱行實孝子圖, 『동국속삼강행실효자도』東國續三綱行實孝子圖, 『동국신속삼강효자도』東國新續三綱孝子圖 등에서 무수히 찾을 수 있다. 개별적 사례는 『동국신속삼강행실』東國新續三綱行實(고려인쇄주식회사, 1958)을 참조할 것.
42) 정옥량을 주인공으로 한 같은 이야기가 『속삼강효자도』續三綱孝子圖에도 실려 있다. 『동국신속삼강행실』(고려인쇄주식회사, 1958), 18면을 참조할 것.
43) "或이 問 以子之能으로 何不交貴顯取聲名호고 乃從閭巷小民遊아 光一이 笑曰吾疾世之醫ㅣ 挾其術以驕於人호야 門外에 車騎相屬호고 家設酒肉以待호딕 率三四請然後에 肯往호며 又所往이 非貴勢家則富豪라 是豈仁人之情哉아 若貧而無勢者는 或拒以疾호며 或諱以不在호야 百請而不一起故로 吾所以專遊民間호야 而不干於貴勢者는 懲此輩야니 彼貴顯者야 寧少醫生哉리오 所哀者는 獨閭巷窮民이라"(『일사유사』, 50면).
44) "改嫁子孫 勿敍正職 此豈爲庶姓黎氓而設哉 乃國朝四百年來 百姓 旣沐久道之化則 女無貴賤 族無微顯 莫不守寡 遂以成俗 古之所稱烈女 今之所在寡婦也 至若田舍少婦 委巷青孀 非有父母不

諒之逼 非有子孫勿敍之恥 而守寡不足以爲節則 往往自滅畫燭 祈殉夜臺 水火鳩纓 如蹈樂地 烈則烈矣 豈非過歟"(「열녀함양박씨전」烈女咸陽朴氏傳, 이우성·임형택 역편, 『이조한문단편집』하, 일조각, 1978, 422면).

45) 『일사유사』, 187면.
46) "好妄信術者妖誕ᄒᆞ고 病不試藥而求之巫祝ᄒᆞ니 殊可歎也로다 噫라 朴氏ᄂᆞᆫ 抱義에 不得不捐身而贖夫命也로되 未知果因此而延其夫命耶아 吾未敢信也로다"(『일사유사』, 177면).
47) "以女子而能行丈夫之所難能ᄒᆞ니 豈不壯哉며 豈不烈哉아"(『일사유사』, 176면).
48) "鄭生紅桃事 果奇緣 足以備小說家一美談"(『일사유사』, 195면).
49) "外史氏曰 宋朱熹氏有言 人子割股斷脂 雖迫於情切이나 苟當於理면 聖人이 必爲之라ᄒᆞ니 盖不許也라 至於虎護魚出等事도 古或有之로되 若日孝必有之면 不亦太多乎아 然이나 旣蒙褒旌則自朝廷而認之矣라 孝理之化ㅣ 豈不猗歟아"(『매일신보』, 1916. 6. 28).
50) 「의협박장각」,「갈처사」,「일지매」,「정수동」등이 여기에 해당한다.
51) 『녀ᄌᆞ독본』, 상, 40면.
52) 『녀ᄌᆞ독본』, 상, 94~96면.
53) 『일사유사』, 32~33면.
54) 이러한 점은 여성들을 가정 밖의 사회적, 국가적 문제를 해결하는 과정에 참여하도록 이끈 『이국부인젼』, 『녀ᄌᆞ독본』의 여성관과 상반된다. 예를 들어 『이국부인젼』은 다음과 같이 역설한다. "사람들이 약안의 총민홈을 칭찬 안이 홀이 업서 특별히 일홈을 정덕이라 부르며 가로디 앗갑도다 정덕이 만약 남ᄌᆞ로 싱겻ᄃᆞ면 반듯이 나라를 위ᄒᆞ여 큰 ᄉᆞ업을 일울 것이어늘 불힝이 녀ᄌᆞ가 되엿다 ᄒᆞ매 약안이 이럿툿이 칭찬홈을 듯고 마음에 불평이 역여 ᄒᆞᄂᆞᆫ 말이 엇지 남ᄌᆞ만 나라를 위ᄒᆞ여 ᄉᆞ업ᄒᆞ고 녀ᄌᆞᄂᆞᆫ 능히 나라를 위ᄒᆞ여 ᄉᆞ업ᄒᆞ지 못ᄒᆞᆯ가 하늘이 남녀를 내시매 이목구비와 ᄉᆞ지빅톄는 다 일반이니 남녀가 평등이어늘 엇지 이ㄱ티 등분이 다를진ᄃᆡ 녀ᄌᆞ는 무엇ᄒᆞ려 내시리오"(『이국부인젼』, 1~2면). 여기서 남녀는 평등하기에 나라를 위해 사업을 하는 데 구분이 있을 수 없다고 하였다. 『일사유사』는 이 같은 『이국부인젼』의 여성관과는 상반되는 관점을 보여준 것이다. 『일사유사』의 여성관은 『매일신보』및 조선총독부 관리들 사이에서 통용된 봉건적 여성관에 더 가깝다. 가령 1916년 경성 여자 고등보통학교 졸업식에서 그 당시 교장과 조선 총독이 피력한 여성관을 발취하면 다음과 같다. "뎨ᄌᆞ의 금일 잇슴은 우로는 텬황폐하 총독각하 아리로는 션싱의 은혜임을 잇지 마라. …… 지금의 학문은 …… 이후 남의 션싱 혹은 가뎡의 쥬부나 모친이 되면 부ᄌᆡᆨ홀지니 …… 또 엇더호 경우를 물론ᄒᆞ고 녀ᄌᆞ답게 지니기를 잇지 마라." "이후 더욱더욱 면려ᄒᆞ야 부덕의 완셩을 힘쓰라. 싱각건디 녀ᄌᆞ의 본무ᄂᆞᆫ 쥬부가 되야 한 집을 다스리며……."(전자는 교장, 후자는 총독의 말이다. 이상 「총독쯤이 여자본무女子本務를 교教」, 『매일신보』, 1916. 3. 26 참조). 이 당시 경성 여자 고등보통학교를 졸업한 여성들은 선별된 여성이며, 사회 국가적 차원에서 어떤 식으로든 활동을 해야 할 처지에 있었다고 보아도 좋다. 그런데 사회 진출의 출발을 의미하는 졸업식장에서 여성들의 본분이 가정주부가 되는 것임을 강조하는 것은 상식에서 벗어난다. 이러한 보수적·봉건적 여성관이 식민 지배를 책임지고 있던 자들에게 팽만해 있었음을 이 예를 통해 짐작할 수 있다. 장지연의 여성관이 어느덧 이와 근접하게 된 것이다.
55) "以賤妓로 能辦大義ᄒᆞ니 宜加褒異라ᄒᆞ야 圖像配享于義烈祠ᄒᆞ니 祠ᄂᆞᆫ 卽平壤府妓桂月香妥靈之所也라"(『일사유사』, 32면).
56) 이재선은 『이국부인젼』이 실러의 『오를레앙의 소녀』란 작품을 번안한 것이라 규정했다가(이재

선, 「개화기의 우국소설」, 『개화기의 우국문학』, 신구문화사, 1979, 154~162면), 그 뒤 장지연의 창작으로 보았다(이재선, 『한국현대소설사』, 홍성사, 1979, 184면). 강영주는 이 작품을 원본은 알 수 없으나 번안작으로 보아야 한다고 주장했다(강영주, 『한국근대역사소설연구』, 서울대 대학원, 1986, 16면). 필자도 번안이라는 입장을 취하나, 그 과정에 이루어진 변개 부분을 더 중시해 해석해야 한다고 본다.

57) "화셜 오빅여 년 전에 구라파쥬 법란서국 아리안셩 디방에 한 마을이 잇스니 일홈은 동이미라 그 싸이 궁벽ᄒ여 인가가 드물고 농ᄉ만 힘쓰는 집쑨이라 그중에 한 농부가 잇스니 다만 부쳐 두 식구가 일간 쵸옥에 잇서 가셰가 빈한홈으로 양을 쳐서 싱업ᄒ더니 셔력 일쳔ᄉ빅십이년 졍월에 맛ᄎᆷ 한 ᄯᅡᆯ을 나흐니 용모가 단아ᄒ고 텬셩이 춍명ᄒ여 영민홈이 비홀디 업스니 부모가 사랑ᄒ여 일홈을 약안아이격이라 ᄒ더니 약안이 졈졈 자라매 부모게 효슌ᄒ며 한 번 가르치면 모를 것이 업스며"(『이국부인젼』, 1면). 이것은 잔 다르크의 일생을 그린 서사물의 일반적인 서두와는 상당히 다른 것이다. 예를 들어 앙드레 보슈아Andre Bossuat가 지은 『잔 다르크』Jeanne d'Arc는 1428년 전후 프랑스와 영국, 부르고뉴 등의 관계에 대한 설명으로부터 시작한다. 또 그 출생이 정확하지 못한 잔 다르크의 유년기를 다음과 같이 간략하게 처리한다. "잔은 17, 18세의 소녀로, 1412년경에 태어났다고 알려져 있었다. 양친 잭 다르크와 이자벨 로메는 비록 농민이었지만 동르미에서 꽤 유복한 편이었다. 동르미는 필립 로베르 이래 프랑스에 예속된 바르와 지방 보크루르에 있는 마을이다. 잔 다르크가 샹파뉴 출신이냐, 로랜스 출신이냐는 갖가지 설 …… 이 있지만 그다지 중요한 문제가 아니다. 그녀를 알고 있는 사람들은 이구동성으로 모범적인 신앙심을 지닌 품행이 바른 아가씨라고 단언했다"(지방훈 역, 『잔 다르크』, 범우사, 1985, 43~44면). 즉 잔 다르크의 신상을 밝히는 경우에도 입증될 부분만을 사실대로 기록하고자 했다. 그런 까닭에 부모의 이름은 제시하지만 잔 다르크의 출생 과정, 유년기의 성품 등에 대해서는 언급을 회피하거나 전해지는 것이라는 전제하에서 간략하게 소개한 것이다. 그 어느 경우이든 잔 다르크가 영웅소설의 여주인공에 알맞도록 형상화되지는 않았다. 이에 비해 『이국부인젼』은 '어려서의 시련'을 부각시키기 위해 그 집안을 가난하게 설정한 것 등에서 짐작할 수 있듯이 영웅소설의 영웅 일대기를 의식하고 있다고 볼 수 있다.

58) 『이국부인젼』에서 약안은 어릴 때부터 부모에게 효순하고, 총명하여 학문에 능통했으며, 신심이 있었다. 그녀는 남녀가 능력이나 활동 영역 면에서 동등하다는 의식을 갖고 있었다. 특히 나라를 위하는 데는 남녀의 구분이 없다고 확신하였다. 그런 주체적 인식과 의지에 의해 전쟁에 뛰어든다. 영웅소설에서도 여자 영웅은 위난에 처한 나라를 구하기 위해 출전한다는 분명한 의식을 가진다. 물론 영웅소설의 경우 여자 영웅이 출전한 결과 나라가 평정될 뿐 아니라 영웅의 가정과 가족들이 평안해지고 영달을 누리게 되는 데 반해, 『이국부인젼』의 경우는 나라가 평정되기는 하지만 영웅과 그 가족이 현실적 영달을 누리지는 못한다. 그 점이 다르기는 하지만, 여자 영웅의 형상 자체는 유사한 점이 더 많다. 그에 비해 앙드레 보슈아의 『잔 다르크』에서는 잔 다르크가 다만 하느님의 계시에 의해 출전한다.

59) "老人笑曰 姑俟之 爾旣宗禪敎 吾亦尊聖賢之學 不喜殺生一也"(「운연자전」雲淵子傳, 『위암문고』, 국사편찬위원회, 1956, 282면).

60) 『위암문고』(국사편찬위원회, 1956), 419~420면.

61) 「김중신」金仲眞(『이향견문록·호산외사』里鄕見聞錄·壺山外史, 아세아문화사, 1974), 176면.

62) 이러한 한계는 1927년 무렵부터 주창된 야담 부흥 운동에서 다소 극복된다. 그러나 이 운동을 주도한 김진구金振九가, 야담 운동이란 곧 역사적 사실을 이야기함으로써 민중을 교화하는 것

이라고 규정한 이상 당대 현실의 반영이란 면은 위축될 수밖에 없다. 김진구,「야담출현의 필연성」(『동아일보』, 1928. 2. 1~6) 및 신재성,「1920~1930년대 한국역사소설연구」(서울대 석사학위논문, 1986)를 참조할 것.

찾아보기

ㄱ

가간 사적家間事蹟 262
가난한 사위 박대 설화 500
가문 이야기家門 253~255, 257~259, 261~264, 268, 274~276, 369
「가절마전화매영」假竊馬轉禍媒榮 175
가허착공架虛鑿空 480
「각저소년」角觝少年 590
간접 진술 225
간접화법 227
갈래 14~17, 19, 22, 46, 66, 97, 475, 476, 486, 487, 492, 496, 528, 536, 597, 600
「갈처사」葛處士 567, 568, 610
「감구은묵쉬등포」感舊恩墨倅登褒 195, 383
「감신몽독점외과」感辰夢獨點嵬科 193
「감우시」感遇詩 497~499, 505
「감재상궁변거흉」憾宰相窮弁據胸 238, 242
「강남덕모 정생처홍도」江南德母 鄭生妻紅桃 590, 600
강독사 274
「강릉김씨」江陵金氏 166, 167
강명관 543, 607, 608
「강방성문변순국」降房星文弁殉國 137
강상綱常 555
「강생유산방도원」姜生遊山訪桃源 120
강성숙 32
강영순 371
강익주 357, 360
「강적임꺽정」强賊林巨正 255
강진옥 277
「강하황빈연」江夏黃彬然 36
「거강폭규중정렬」拒强暴閨中貞烈 177
거업사 418
「건비서유시대의」建碑書喩示大義 160
「건성감신획타린」虔誠感神獲墮鱗 393
「걸부명충비완삼절」乞父命忠婢完三節 145
「검암시필부해원」檢巖屍匹婦解寃 25, 195

「겁병재궁변무사」劫病宰窮弁臕仕 105
겉 이야기 202, 211, 213~215, 217, 223, 228, 230, 236, 239, 240
게일Gale 329
결락 218, 219, 230, 231, 237, 352, 353, 355, 362, 496, 499
결말의 정황 90, 106, 378
「결방연이팔낭자」結芳緣二八娘子 198
「경상감사백징언양동자가산사」慶尙監司白徵彥陽童子家産事 520, 525~527, 529, 534
『경세재언록』 262
경신대출척 305, 566
경영형 부농 110
「경이몽경성기혼」驚異夢竟成奇婚 131, 184
경험담 61, 155, 181, 203, 227, 260, 265, 360, 363, 365
경험자의 자기 경험 진술 87, 215, 226, 336, 354, 355, 357, 358, 468, 600
계몽 정신 534, 535, 537
계몽 의식의 과잉 509, 512, 535, 583
『계서록』 274
『계서야담』溪西野談 16, 20, 41, 44, 70, 193, 282, 283, 377, 392~396, 398, 400, 402, 408, 462, 470, 510
『계서잡록』溪西雜錄 41, 193, 262, 274, 368
『계압만록』鷄鴨漫錄 20, 511
계층 분화 63, 91, 94, 151
계해반정癸亥反正 37
「계화월」 559, 591, 595
고담古談 18, 19, 181, 208, 227, 233, 274, 407
「고란사십미수창」皐蘭寺十美酬唱 409, 414, 429, 430~432
「고령부원군」高灵府院君 290
고미영 193
「고상재사혼작화」故相第蛇魂作禍 333
「고성인」固城人 295, 296, 317
「고성향수병화어」高城鄕叟病化魚 332, 340, 342, 343, 352, 353, 362, 363

찾아보기 615

『고종순종실록』 533
「고황제」 66
공평한 인재 등용 572, 573
「과금강급난고의」過錦江急難高義 233, 234, 236, 509, 539
「과남한예산로병」過南漢預算虜兵 197
「과농리담」瓜濃俚談 600
「과동교백납인부」過東郊白納認父 130, 145, 146, 233, 236
『과정록』 261, 262, 274, 279, 277
관각 문학 477
「관동도조우등선」關東道遭雨登仙 344, 363
「관동접황룡현이」官童接黃龍現異 26
「관북열녀」關北烈女 585
「광평대군」廣平大君 197
「광한루영무혹쉬」廣寒樓靈巫惑倅 332
광해군 117, 295, 299, 301
「광해시」光海時 299~301, 308, 309, 490
「광해시춘천부」光海時春川府 496
광해조 37, 139
괴력난신怪力亂神 45, 284, 285
「교동반승적선도」敎童攀繩摘仙桃 26, 443
교술 35, 40, 281, 601, 606
「교아동해인승위사」敎衙童海印僧爲師 395, 397
교훈(성) 66, 138, 232, 256~259, 264, 275, 373, 374, 394, 401, 421, 436, 440~442, 444, 458, 464~466, 483, 513
「구노추검설분의」舊奴抽劍說分義 130
『구비문학개설』 20, 21, 32, 65, 66
「구사명점산발복」救四命占山發福 143, 144, 195, 382, 509, 510
「구상수보」救喪受報 166, 513, 516, 517, 528, 532, 534, 539, 540
구연 단계 204
『구운몽』 76
국문소설 317, 480, 482, 501, 556
「굴은옹노과성가」掘銀翁老寡成家 231
「궁유행리역득재」窮儒行吏役得才 194

「권감사징재임진군중」權監司徵在臨津軍中 266
「권두신이생종덕」勸痘神李生種德 164, 165, 244
「권문순공홍」權文順公弘 25
권보드래 541
「권사문피우봉기연」權斯文避雨逢奇緣 145
권상하 136
「권섭」權燮 291
권순긍 607
권영민 607
「권진인연단처」權眞人鍊丹處 478, 503
권태을 72, 193
「궤반탁견곤귀매」饋飯卓見困鬼魅 286
「귀부지가」鬼婦持家 407, 409, 415, 444~446, 471
귀신관 286, 287
「귀아몽피도액운」貴兒蒙皮度厄運 93
「규암송선생」圭庵宋先生 263
「극염행매」極艷行媒 100, 101
근대 서사 문학 535, 537
근대적 전환 606
『근세조선정감』 511, 512, 523, 524, 528, 535, 539, 541
『금계필담』錦溪筆談 45, 46, 475~477, 480, 487, 488, 490, 492, 493, 495, 496, 499, 500, 502, 504
「금령전」金鈴傳 501
「금섬이향」 559, 591
「금아이영중숙연」琴娥詒影證宿緣 409, 414, 420, 423, 463
『금오신화』 500
「금원전」金圓傳 501
급박한 상승형 89
급인전急人錢 582
「긍박동영성주혼」矜朴童靈城主婚 396
기대된 정황 106
기득권 91, 97, 98, 100, 101, 107, 154, 162, 380, 386, 388
기록 단계 63

『기문총화』記聞叢話 193, 195, 281, 283, 407, 408, 470
「기미동아선세문집」己未冬我先世文集 281, 294, 319
「기미동아선세문집방간」己未冬我先世文集方刊 294, 319
「기신회수섭폐의」忌辰會羞攝弊衣 290, 344
「기은박문수」耆隱朴文秀 151, 153, 396
기이 그 자체 23, 45
기이의 현실화 282, 332, 334, 368, 369
기이한 것 23, 26, 45, 46, 92, 284~287, 313, 318, 322, 334, 335, 449
『기재사초』 266
『기재잡기』 254, 256, 258, 259, 261
기존 질서 50, 80, 90, 91, 95, 98, 375, 386
「기혼」奇婚 408, 414, 433, 435, 437, 438, 449, 471
「길정녀」吉貞女 178, 179, 310, 320
「김감사치」金監司緻 129, 130
「김공생취자수공업」金貢生聚子授工業 85, 194
김교봉 607
김근태 66
「김남창」金南窓 143, 144
「김대섭」金大涉 576, 577
「김대섭전」金大涉傳 510, 528, 529, 541
김덕령 387, 388
김동욱 114, 329, 368, 371, 483, 504
김동호 72, 193
김매순 477
김명호 326
김문희 294
「김부정허」金副正虛 257
「김상국」金相國 25
「김상국우항」金相國宇杭 496
김상조 18, 65, 193, 283, 298, 324, 325
「김생호시수후보」金生好施受後報 394
김성우 83
「김세휴」金世庥 299, 300

김소선 480, 481, 484, 495, 498, 499
「김수」金銖 95
「김수재모졸절옥」金秀才謀拙折玉 351
김수팽 581
「김승상궁도우의기」金丞相窮道遇義妓 208, 501
김시습 324
김안로 293, 424, 428, 429, 463
김약항 256, 257
김영작 476, 496, 497
김영준 66
김영진 278, 358
김영호 89, 110
김영화 408, 410, 470
김윤수 325, 326
김응서 573, 595
김자점 132, 133
「김재해」金載海 303, 308
김재환 65
김정석 17, 65, 73, 193
김정숙 18, 65
김종철 503, 508, 538, 541
김준석 195, 198
김준오 15
김준형 18, 65, 67, 193, 277, 346, 348, 370
김중신 600, 611
김진구 611, 612
김창흡 298, 325
「김처사성침」金處士聖沈 298
「김판서시양」金判書時讓 37
김하서 238, 272
김헌순 188, 189
김현주 203, 250
김화경 18, 65

ㄴ

낙관적 세계관 73, 89

낙관주의 26, 378, 380, 381, 386, 387, 403
낙사 476
낙산시사 476, 496, 499
「낙성비룡」洛城飛龍 500, 501
「낙소도포장획화」落小島砲匠獲貨 193
「남루거주기소원」南樓擧朱旗訴寃 92, 154, 155, 385, 398
「남백월이성 노힐부득 달달박박」南白月二聖 努肹夫得 怛怛朴朴 247
남사고 133
「남사문윤묵」南斯文允默 25
남양 홍씨 255
「남염부주지」南炎浮洲志 324
「남주」南趎 299, 300
낭만적 신비주의 479, 492, 503
낯선 공간 207, 237, 248
내수외양 136
내포 작가 71
『녀주독본』 544, 553~555, 559~561, 563, 565, 571, 589, 591~595, 599~601, 603, 605, 608, 610
노궁 273
「노노수뢰」老老受賂 188, 513, 515, 528, 538, 539
노론 41, 136, 374
노명흠 273, 358, 365
「노옥계선부봉가기」盧玉溪宣府逢佳妓 501
「노학구차태생남」老學究借胎生男 350
녹림객 390, 391, 568
논개 430, 573, 593, 594
『논어』 264
「농우수활서편재」弄愚守猾胥騙財 106, 107
「니암봉낭문등과」尼菴逢郎問登科 501

ㄷ

단도직입적 서술 60, 192

단도직입의 서술 방식 344
단옹 61, 271
단종 복위 161, 558
단종 폐위 487
단지斷脂 578
『단학지남』丹學指南 298
닫힌 구조 217
담당층 15, 16, 47, 96, 97, 601
담론 265
「당백호시」唐伯虎詩 452
「당헌청희피곤욕」棠軒請戲被困辱 45, 397
「대강입안성거부」大江立案成鉅富 29, 379, 383, 401
「대극서봉표입증」對棘婿捧票立證 95
「대금」大金 42
대상화 21, 44~46, 205, 359, 361, 392, 422, 462, 469, 487, 501, 534, 537
대안적 이야기 193
대원군 189~191, 511, 521~527, 541
「대은요수발주초」貸銀要酬拔柱礎 92
「대인도상객도잔명」大人島商客逃殘命 214
대필대필 532
『대한자강회보』 545
『대한협회회보』 545, 607
대효大孝 576
더 고양된 질서eine hohere Ordnung 91
『데카메론』 217
『도가직지독조경』道家直指獨照鏡 298
「도귀부인」搗鬼夫人 409, 414, 415, 417, 420, 471
「도대액박엽수신방」度大厄朴曄授神方 93
도둑 집단 111, 118, 119, 122, 124, 159, 388, 389, 439
도보 여행 238
「도산이상국」 290
도선道仙 478, 479, 487, 503
도연명 111, 302
「도요촌」桃夭村 412

「도화원기」桃花源記 111, 122, 302
독자 22, 28, 30, 31, 38, 53, 58, 59, 71, 93, 95, 100, 109, 127, 130, 155, 166, 167, 179, 182, 186, 190, 211, 218, 220~223, 225, 227, 235~237, 240, 337, 342, 343, 345, 346, 350, 353~356, 360~362, 395, 444, 447, 458, 461, 463, 480, 510, 512, 530~532, 534~538, 554, 565, 580, 600, 601
『동각잡기』東閣雜記 337
동래 정씨 257, 258
「동악이공」東岳李公 199
『동야휘집』東野彙輯 16, 20, 44, 50, 58, 63, 70, 72, 77, 92, 124, 166, 259, 282, 283, 336, 348, 358, 363, 366, 373~474, 509~511, 529
동음이의 39
동지공 208, 224~228
『동패락송』 177, 262, 273, 278, 354~358, 363, 365, 370, 470
두보 312, 430, 431
두정남 470
「득거산제주백양병」得巨産濟州伯佯病 194
「득음분수리천금」得陰粉售利千金 193
「득이첩권상사복연」得二妾權上舍福緣 221
「득지보고호매기병」得至寶胡買奇病 222

ㄹ

레오 로웬탈 Leo Lowenthal 194
「령산신시」 559, 591
「리부인」 562, 592, 593

ㅁ

「마리타」 559
「마의대좌설천운」麻衣對坐說天運 133, 197

만남의 계기 233~235
만인소萬人疏 운동 545
만하임 Mannheim 70
말대꾸 201
말의 일탈 267, 275
말의 재치 201, 360
『매일신보』 543, 544, 547, 553, 563, 566, 572, 591, 599, 610
「매화」梅花 400
「맹감사주서」孟監司冑瑞 298, 299
『맹자』 142, 312, 364, 609
머뭇거림 230, 237, 344
「명기고명」名妓沽名 409, 415, 459~462, 471
명성 황후 시해 548
명혼 전설 500
「명화적」明火賊 122
모의전모의傳 555
「목란」 556
몰락 양반 95, 97, 101~104, 106, 143, 152, 158, 169, 205, 225, 246, 381, 384, 396, 582
「몽리가원」夢裏家園 409, 415, 450, 452, 454, 471
「무녀일금」 562
무신란戊申亂 579
「무인가망요화자」武人家蟒妖化子 333
「문동지사」聞冬至使 313
「문소인삼대효행」聞韶人三代孝行 140
문유영 434
「문유채」文有采 299
문제 해결 36, 51, 91~93, 97, 100~103, 105~107, 109, 152, 154, 157, 159, 162, 163, 166, 171, 207, 228, 232~235, 292, 303, 321, 323, 353, 382, 383, 385, 386, 398, 399, 412, 471, 501, 511, 583
문제 해결자 91~94, 101, 103, 109, 110, 158, 171, 181, 380, 385~387, 389, 398, 400, 526
문제의 발생 161, 170, 291, 386

찾아보기 619

문제의 제기 22
문제의 해결 22, 50~52, 72, 73, 75, 90, 92, 96, 98, 101, 104~106, 108, 126, 133, 136, 138, 142, 146, 150, 152~155, 157, 158, 160~164, 166, 169, 170, 173, 174, 178, 180, 182, 184~186, 231, 288, 291~293, 297, 306, 310, 311, 323, 364, 367, 381, 382, 386, 511
「문청공」文淸公 36
물고기가 된 사람 340, 343
미궤米櫃 설화 500
민담 13, 14, 17, 18, 20, 21, 26~30, 32, 43, 79
민중 17, 76, 90, 95, 110, 111, 118, 119, 121, 122, 126, 127, 148, 169, 172, 187, 195, 202, 242, 253, 271, 272, 384~386, 388, 399, 401~403, 436, 501, 529, 568, 590, 593, 605, 611
「밀양영남루」密陽嶺南樓 487

ㅂ

「바리데기」 482
박경신 66
박규수 477
「박남해강개수공」朴南海慷慨樹功 137
박동량 254~261, 266, 267
박두세 408
박상 54, 55
「박성원공무자여지처형야」朴盛源公茂者余之妻兄也 278
박소 256, 260
『박소촌화』樸素村話 135, 197
「박엽」 93
박영신 195
박웅천 259, 260
박장각 567~569
박종채 261, 274, 277

박지원 261, 270, 274, 359, 408, 529, 585, 589, 605
박진원 132, 133
「박참판이창」朴參判以昌 39
박혜숙 202, 250
박희병 17, 19, 65, 67, 139, 277, 324, 370
밖으로의 일탈 267, 354
「반고처환혼지가」返故妻換魂持家 407, 409, 415, 444~447, 450
반남 박씨 261
「반동도당고초중」班童倒撞藁草中 102
반왜反倭 590, 591, 594
반청反淸 591, 596, 605
「반츤속약」返櫬贖約 513, 517, 529, 532, 534, 535
발견자 110, 117, 118, 120~122, 126
발치拔齒 설화說話 500
발화자 202, 227, 237, 239, 241, 244~246
발화자·수화자 203, 240
방각본 501
「방도원권생심진」訪桃源權生尋眞 52, 117, 221
「방아 가녀」 556
방외인 270
「방우견거계결교」訪友見拒戒結交 137, 138
「방호점혈상수혜」放虎占穴相酬惠 145
『배비장전』 500, 501
배시욱 41
배전 20, 508, 511, 512, 520, 521, 523, 524, 527~529, 533~538, 540, 541, 601
「백년광음혜고군」百年光陰蟪蛄郡 409, 415, 450, 451
「백두옹지수일서생」白頭翁指數一書生 115
백운영 480~485, 493, 496, 498, 499
벌열가 142, 186, 274
「범뇌위직언거직」犯雷威直言擧職 37
벽곡법 299
변變 546~548, 550~552, 558, 573, 580, 588, 602~604

620

변사행 61, 271, 272
「변사행왈유궁사추반노」邊士行日有窮士推叛奴 169, 170
「변사행왈평양성중유전장복」邊士行日平壤城中有田長福 185, 278
변통 223, 546~548, 552, 553, 602~604, 607
변통론 546, 547, 602
변혁기 546, 548, 575, 602
「별해진권축삼귀」別害鎭拳逐三鬼 335
병자호란 132, 133, 139, 344, 571, 574
「보살불방관유옥」菩薩佛放觀幽獄 334, 335
보수주의 386, 387, 389, 390, 403
보은 25, 103, 104, 107, 110, 142, 143, 166, 167, 174, 176, 186, 226, 228, 234, 236, 293, 382~386, 391, 394, 517, 519, 539, 582
보은담 166, 174, 246, 293, 377, 379, 382~387, 391
보은자 380, 382
보타산 481, 482, 484, 485
「복주수충비탁금호」復主讎忠婢托錦湖 232
「복화가휘추제악」覆畵舸揮椎除惡 387
봉건 이념 549, 550
「봉기연빈사득이랑」逢奇緣貧士得二娘 219
『부계기문』 340, 342, 360
「부랑」夫娘 571, 574, 595
「부옹교술제오적」富翁教術除五賊 409, 414, 424, 427~429, 463
「부옹달리신과유」富翁達理贐科儒 175
부위부강 夫爲婦綱 558
「북리」北里 409, 415, 459~462, 471
북벌 40, 41, 531, 574
「북사우신승논상」北寺遇神僧論相 112, 134, 135
불교 111, 369, 477~479, 482, 483, 485, 487, 495, 503
불완전한 의사소통 방식 243
「비부훈세」鄙夫訓世 409, 414, 424, 427~429, 471

『비연상초』斐然箱抄 529, 541
비윤리성 80, 523
비정통 역사 서사체 40
비현실 지향 282~284, 287, 288, 292, 293, 312, 320~323
비환득실비환득실 480
「빈아학첨」貧兒學諂 409, 414, 424~427, 432, 471
「빈아학첨탁중빈」貧兒學諂托衆賓 409, 414, 424, 425, 429, 432, 463

ㅅ

사건담 73, 375, 377
사기꾼 80, 82, 156, 157, 316, 399
사대부 가문 117, 145, 253, 254, 259, 264, 274~276
사대부 관료 이야기판 253, 268, 271
사대부 사회 33, 35, 37~43, 61, 94, 96, 97, 132, 135, 136, 139, 149, 151, 253, 254, 258, 264, 268, 271, 272, 275, 276, 373, 425, 426
사대부 일화 14, 17, 35~43, 45~51, 59, 68, 109, 112, 126, 137, 152, 246, 248, 269, 270, 330, 354, 368, 475, 486, 487, 492, 496, 500, 501
「사로탈」 559
사상성 66
사실성 48, 332, 360
사육신 사건 487
「사주독과등금방」紗幬督課登金榜 409, 414~417, 419, 420, 463
「사호수만만제악」射虎手滿彎除惡 402
사회 윤리 149, 512, 535
산도원 122
『삼강행실도』 140
『삼국사기』 495

찾아보기 621

『삼국유사』 24, 77, 247, 451, 495
「삼난금옥」三難金玉 528, 529
삼대 야담집 70, 282
「삼사발원설」三士發願說 600
「삼상최가」蔘商崔家 193
「삼시계확취중보」三施計攫取重寶 196, 388, 389, 404
『삽교만록』橋漫錄 20, 61, 325, 352
『삽교집』 116, 271, 272, 278
상 常 546~553, 558, 575, 580, 584, 588, 592, 602~605
「상견학산신선생잡록」嘗見鶴山辛先生襍錄 41
상변론 548, 550, 553, 602, 603
「상사민석」上舍閔釋 66, 139
「상산이루세충절」商山吏屢世忠節 139
상생 188, 192
상승 계층 78, 89, 106, 186, 191
「상어손곡지심심당」嘗於蓀谷之深深堂 238, 272, 352
「상원오생중눌」祥原吳生仲訥 493
『상촌잡록』象村雜錄 194
상호부조 98
「새제부」賽齊婦 412
「색계」色戒 408, 414, 440~442, 471
「생일임요구기장」生日臨要救飢腸 332
생활공간 113, 116~118, 122, 124, 125, 221, 301, 312
생활공동체 126, 159
「서경덕」徐敬德 93
서경회 65
「서고자강익주이사」書瞽者姜翊周異事 357, 360
서대석 16, 65, 73, 193, 404, 505
서민 부자 83
서사 세계 50, 110, 140, 144, 361, 386, 533, 536, 540
서사적 야사 40
서술 시각 14, 22, 29, 35, 49, 50~54, 58~60, 62~64, 70~79, 83, 88~91, 94, 95, 101,
104, 106, 108, 110, 121, 126~128, 131~133, 135~138, 149, 150, 154, 155, 157, 162, 173, 175, 177~180, 182~184, 192, 193, 258, 272, 283, 288, 292, 306, 308, 310, 311, 320, 322, 323, 364, 367, 487, 490, 492, 502, 519, 520, 524, 535
서술 시각 유형 48, 49, 72, 74, 112, 486
서술법 83, 129, 217, 219, 230, 237, 247, 336, 348, 351
서술자 14, 21~25, 30~32, 34, 35, 40, 41, 44, 45, 53, 57~64, 70~72, 74, 77, 82, 83, 85, 89, 93, 96, 100, 118, 121, 122, 127, 129, 131, 138, 146, 203~205, 211, 213, 214, 217~219, 222, 223, 225, 227, 230, 234, 237, 239, 266, 336, 337, 342, 344, 355, 356, 362, 366, 367, 379, 382, 383, 387~390, 422, 423, 429, 433, 435, 453, 489, 490, 493, 494, 509, 510, 513~515, 517, 519~522, 524, 525, 528, 530, 532~537, 540, 598
서술자-청자 203, 204, 211
「서약봉성」徐藥峰渻 290
서얼 차별 54
서유영 46, 475~480, 483, 484, 486, 488, 492, 495~500, 503~505
「서평향어점만명」西平鄕於點萬名 335, 352, 363, 362
「서화담경덕」徐花潭敬德 291, 314
『석담일기』石潭日記 426
「석신주인」昔信州人 295, 297
「선감화논도귀량」善感化論盜歸良 118, 389, 404
선계향仙界向 498
「선군상왈」先君嘗曰 278
「선기편활리농치쉬」善欺騙猾吏弄癡倅 238
「선률환생」善律還生 247
「선묘어경연」宣廟御經筵 36
「선방훈서경미동」禪房訓書警迷童 395, 398
「선사태자입해품」善事太子入海品 482~484

「선원 신드바드의 세 번째 항해」 215
「선조조」宣祖朝 288
선행 29, 104, 105, 109, 383, 399
「설기생원」泄氣生員 412
「설루강신서정화」雪樓降神敍情話 397, 400
「설백장피병획안」設白帳避兵獲安 385
「설신원완산윤검옥」雪神冤完山尹檢獄 195, 206, 215
「설유원부인식주기」雪幽冤夫人識朱旗 92, 206, 215, 216, 241, 398
「설풍정권읍강무」說風情權揖降巫 250, 281
설화 16, 19~21, 75, 288, 307, 331, 361, 368, 369, 452, 453, 476, 500, 502, 588
실화 삼분법 20, 21
「섭남국삼상각리」涉南國蔘商權利 170, 195
「성묘시호남흥덕현」成廟時湖南興德縣 25, 67
「성묘조시」成廟朝時 67, 288
성삼문 160, 161, 558
성욕 85, 86
성의 131, 294, 483
성임 261, 262
「성주문관정석유」星州文官鄭錫儒 291, 292, 319, 326
성진 76
성현 256~258, 261, 262, 265, 266, 268, 269, 293, 314, 360, 598
「성훈업불망조강」成勳業不忘糟糠 501
세계의 횡포 26, 28
세르반테스 194
「세전」世傳 38
「석우로처」 559
「설시」 557
「셰부인」 559
「소기양광부방약」少妓佯狂赴芳約 55, 56, 400
「소나처」 562, 619
「소대성전」 500, 501
『소문쇄록』 340, 341
「소설인규옥소선」掃雪因窺玉簫仙 346, 348, 371

소설적 전환 63, 150
「소설정희규고정」掃雪庭獲窺故情 348, 501
소성왕昭聖王 488
「소양정실주이회」昭陽亭失珠貽悔 27
소원성 150, 192
소인호 324
소작농 89
「소추촌둔수재」掃帚村鈍秀才 409, 411, 412, 414, 415, 417, 471
소통 209, 210, 226, 230, 241, 243, 244, 246, 247, 318, 319, 323, 363, 366, 527
『소학집주』 198
소화笑話 17, 21, 22, 30~35, 38, 42, 66, 67, 195, 265, 268, 269, 487, 501, 600
소화집 34, 66
속 이야기 202, 211, 213, 217, 223, 228, 230, 232, 236, 239, 240, 342
『송도기이』松都記異 47, 269
「송반궁도우구복」宋班窮途遇舊僕 65, 98
송번 65
「송부원금성녀격고」訟夫冤錦城女擊鼓 241
송사 576, 577
송시열 136, 286, 289, 290, 492
「송열부」 556, 557
송인수 263, 264, 289
『송자대전』宋子大全 289, 324, 325
「송재만필」 566, 599, 600
「송첨지응개」宋僉知應溉 263
「쇄음낭서백농구우」鎖陰囊西伯弄舊友 501
「수간서노부수계」授簡書老婦垂誡 409, 415, 455, 457
수급비水汲婢 87, 88
수렵 14, 69, 70, 72, 74
「수로조천시」水路朝天時 306~308
수시이변隨時而變 547, 551, 558
「수은식화」受恩殖貨 166, 513, 516, 529, 532, 539, 540
「수의태방다모가」繡衣紿訪茶母家 154, 182, 208

찾아보기 623

「수전은궁유서사」酬前恩窮儒筮仕 382, 394, 405
「수전혜궁유서사」酬前惠窮儒筮仕 195
수절 27, 147, 456~459, 518, 519, 585, 588, 605
「수정절최효부감호」守貞節崔孝婦感虎 245
『수촌집』 365, 371
수혜자 226, 227, 246, 384, 463, 488
수화자 203, 207, 231~234, 236, 237, 239~248
숙종 208, 329, 530, 562, 583
「순흥구유만석군」順興舊有萬石君 89, 177
「습교객치동시술」慴驕客痴童施術 54
「시각습장」試権慴將 528, 529
『시경』 179
시국관 561, 569, 602
「시일야방성대곡」 543, 545, 552
시장 공간 157
시혜施惠 103, 107, 109, 110, 169, 186, 188, 234, 382~384, 516, 517, 582, 593
시혜施惠-보은報恩 234, 236, 379, 385, 394
시혜자 226, 227, 246, 382, 384, 509, 510
시화詩話 13
「식단구유랑표해」識丹邱劉郎漂海 196
「식사기신주촌지음」識死期申舟村知音 197
「신노담이득랑재」薪奴擔李得郎材 386
신돈복 20, 41, 179, 213, 281, 283~287, 290, 292, 293, 298, 299, 308, 311~322, 325, 369, 397
신동흔 203, 250
「신라소지왕」新羅紹智王 24
「신루부」蜃樓賦 479
신분 상승 54, 83, 151, 155, 385, 496, 501, 515, 539
신비주의 128, 480, 485, 487, 492, 495, 496, 499, 503
신비화 79, 96, 132, 136, 137, 298, 433, 479, 494, 558, 580, 586~588, 604
신선 82, 112, 115, 120, 134, 221, 269, 270, 298, 300, 324, 348, 423, 493, 498
신선전 326
신성성 21
신소설 535, 537
신숙주 558
「신열부전」申烈婦傳 544, 597
「신유복전」 500
신익성 421~423
신재성 612
신천희 137, 138
신치복 213
「신평사경연」辛評事慶衍 292, 319
신해진 65, 150
신흠 194, 416~419, 421
신흥 상승층 78, 79, 83, 85, 89, 90, 104~106, 152
실사實事 462, 486
실사적 직서 462, 467
실재성 22, 33, 34, 287, 322
실재-허구 20
「실청동획첩횡재」失青銅獲妾橫財 80, 104, 105, 531
실체 15, 317, 318, 436, 451, 548, 550, 602
심기봉 408, 410, 425, 426, 439, 445, 451, 452, 454, 460, 470, 471
심능숙 274, 368
「심숙맹삼부동실」尋宿盟三婦同室 79, 379
심심당한화深深堂閑話 352
「심진사행괴사화」沈進士行怪辭花 348
「심창문언소고명」尋倡聞言笑沽名 409, 415, 459~462
심희수 354~356, 363
「십이묘」十姨廟 409, 414, 429~432, 471

ㅇ

「아국비경복지」我國秘境福地 300, 301

아놀드 하우저 Arnold Hauser 198
아랑 전설 92, 385, 386
아마치 560
아이러니 58, 80~83, 103~105, 194, 234, 309, 532
「악전」惡錢 408, 414, 433, 435, 437~439, 471
안경창 269, 270, 278
「안공인」 559, 560
「안동김시」 556
안분자족 150
「안빈궁십년독서」安貧窮十年讀書 121
안석경 20, 41, 116, 117, 163, 271, 272, 278, 325, 352
「안승지규」安承旨圭 288
「안용복」安龍福 572, 591
「암수혜모수귀노」暗酬惠謀帥歸老 126, 155, 156, 194, 384
암시된 운명 126
「애겸축재상덕혜」愛傔畜財償德惠 384
애국 계몽기 543, 546, 548, 551, 553, 554, 559, 561, 563, 584, 590, 591, 595, 602, 603
애욕 50, 75, 400
액자 구조 202, 284
야담계 단편소설 17
야담계 소설 13, 17, 20, 23, 30, 48, 53, 58, 60, 64, 76, 89, 90, 109, 110, 126, 137, 138, 149 ~153, 201, 202, 230, 270, 281, 284, 310, 336, 348, 366, 368, 462, 466, 476, 487, 501, 502, 508
야담계 일화 17, 20, 30, 35, 47~49, 51~53, 68, 76, 89, 90, 109, 110, 126, 137, 138, 152, 201, 202, 206, 270, 336, 366, 368, 466, 476, 487, 496, 502
야담의 개방성 468
야담집 편찬자 63, 70, 72, 136, 270, 462, 468, 469, 534, 536, 537, 545
야래자 전설 27, 28
「야은비석기」 557

「약가」 557
양구체養口體 576
「양랑혼유어사모」兩郞婚由御史媒 396
양반 자작농 89
「양봉래사언지부」楊蓬萊士彦之父 53
양산박 125
양생養生 576
양식 mode 15
양유성 193
양지養志 576
「양파정상국태화」陽坡鄭相國太和 488
「양향과 동팔나」 555, 556
「어소장투아설부개」語消長偸兒說富丐 197
『어우야담』於于野談 19, 77, 114, 196, 215, 293, 330, 340, 341, 354, 392~394, 401, 402, 407, 408, 470, 472, 590, 608
「엄부취노금낭아」嚴父醉怒錦囊兒 105~107, 198
「에요무전구피화」妖巫潲仇避禍 155, 156
「여상문지어계화왈」余嘗問之於李華日 278
여성 영웅소설 483, 555, 597
여성상 555, 592
「여소시여방옹」余少時與放翁 265
「여시관 육」如是觀 六 599, 600
「여여변용인」余與邊龍仁 290
「여역유일이사」余亦有一異事 293
「여장영입화성상」蔡杖迎入話星象 197
「여재의령시」余宰宜寧時 487, 490, 493
「여주지고유허성유생」驪州地古有許姓儒生 151
「여피란유우어진안」余避亂流寓於鎭安 269
역동적 분위기 85
역사 지향 67
「연귀취부」宴鬼取富 193
「연부명성근동천신」延父命誠勤動天神 148
「연산조사화」燕山朝士禍 150
「연양군」延陽君 317
「연홍 계월향 논개」 572, 573, 589, 591, 595
『열녀전』列女傳 555

찾아보기　625

『열자』列子 454
열전列傳 70, 135, 139
열전계 소설 17
『열하일기』 61, 238, 271, 477, 529
「염」鹽 194
「염라왕탁구신포」閻羅王托求新袍 334, 365
「염시도」廉時道 304, 320, 566
「염의사풍악봉신승」廉義士楓岳逢神僧 401
「영가김씨부부적음설」永嘉金氏夫婦積陰說 144, 165~167, 169, 509, 510, 512, 528, 529, 538, 539
「영만금부처치부」贏萬金夫妻致富 389, 404
「영산업부부이방」營産業夫婦異房 51, 194
영웅소설 133, 368, 482~485, 499, 502, 511, 597, 601, 605, 611
「영월암수해해원」映月菴收骸解寃 25, 394
영조 37, 78
「영호기인상략전」逞豪氣因商掠錢 155, 156, 399
「예안」 559
「예장옹인인성친」曳杖翁引人成親 121
예정된 운명 127, 321
「오결교납적실재」誤結交納賊失財 124, 404
오락성 264, 275
오륜五倫 118, 547, 548, 607
오물음 274
「오성」鰲城 46
「오안사영호봉설생」吳按使永湖逢薛生 117
「오우노옹하천사」烏牛老翁嚇天師 67
「오유란전」 501
오준 25, 44
「옥갑야화」玉匣夜話 61, 238, 271, 359
「옥단춘전」 501
옥보고 495
옥소선 346, 347, 355
와이먼Weimann 71
「왕남경정상행화」往南京鄭商行貨 107, 170, 399
왕상王祥 578
왕자 진 498, 499

「외엄구한부출시언」畏嚴舅悍婦出矢言 233
「요로원야화기」要路院夜話記 408
요호부민饒戶富民 83, 89
욕망(의) 성취 27, 28, 50, 51, 54, 76, 78, 79, 83, 85, 87~90, 104~106, 108, 110, 112, 126, 127, 136, 146, 149, 150~155, 157, 158, 171, 174, 175, 177, 178, 180, 185, 186, 188~192, 288, 294, 297, 306, 310, 323, 364, 367, 368, 384, 487, 501, 502, 511, 516, 522, 524, 529, 539
욕망의 충족 56, 57, 190, 231, 323
「용산강신사감자」龍山江神祀感子 332
『용재총화』 247, 256~258, 261, 265, 267~269, 293, 360
『용천담적기』 333
「우신부인몽성친」遇新婦因夢成親 409, 415, 444, 445, 447, 448, 450
「우암동시」尤菴童時 289, 317
우언(성) 66, 138, 232, 410, 421, 461, 462, 466, 467, 599, 600
「우하형」禹夏亨 87
『운고시선』雲皐詩選 475, 497, 503
운명의 실현 50, 51, 72, 73, 75, 79, 101, 126~128, 132~135, 155, 174, 175, 177, 178, 180, 182~185, 222, 288, 305, 306, 310, 311, 323, 485, 487, 491, 492, 524
「운봉진사」雲峰進士 298
「운연자전」雲淵子傳 544, 597~599
운현궁 189, 521, 525
원납이문願納異聞 520, 526, 538
원납전願納錢 189, 191, 521, 525~527, 541
「원섭해방재주석」遠涉海邦載酒石 159
원세개 549, 550, 569
원유한 76
「원주삼상유최가」原州蔘商有崔哥 66
「원주주리신천희」原州主吏申天希 197
「원주지법천」原州之法泉 138
「월아선전」月娥仙傳 501

월터 벤저민 Walter Benjamin 251
위기감 96, 98, 134, 135, 479
위로의 일탈 36, 303, 304
유가 이념 13, 36, 70, 95~97, 100, 111, 135, 139, 144, 148, 149, 192, 397~399, 402, 403, 477, 479, 489, 503, 528, 529, 558, 566, 577, 580, 582, 585, 590, 597
유가적 합리주의 479
유기옥 65
유동지 119, 120, 159
「유랑표해도단구」劉郞漂海到丹邱 158, 159, 196
유만주 215
「유명강철」有名江鐵 295, 297, 318
「유분익공척기」兪文翼公拓基 38
「유민김성인」有民金姓人 306~308, 314
유산기 遊山記 346
유산록 遊山錄 346
「유상사선빈후부」柳上舍先貧後富 218
「유성」有成 47
「유성룡」柳成龍 43
「유소년사인독서우북한산사」有少年四人讀書于北漢山寺 196
「유위이상국완」有謂李相國浣 116
「유의리군도화양민」諭義理群盜化良民 196
「유이사자동치교환」有二士自童稚交驩 195
「유일공자」有一公子 114
「유일재」有一宰 46
「유일재상지녀」有一宰相之女 146
「유일재자아시」有一宰自兒時 495
「유패영풍류성사」遊浿營風流盛事 204, 401
「유패영풍류승흥」遊浿營風流乘興 401
유형화 14, 49~51, 62, 69, 70, 72, 74, 75, 91, 110, 135, 136, 149, 193, 329, 501, 502, 507, 528
유화 類話 94, 171, 177, 215, 343, 348, 360, 371, 373, 513
「유희춘」柳希春 39
『육미당기』六美堂記 475, 476, 480, 482~485, 487, 488, 492, 493, 495~500, 502, 504, 505
「육사각녹림수공」霧蛇角綠林修貢 68
육상궁 毓祥宮 37, 570
『육조단경』六祖壇經 76
「윤공변」尹公忭 293
윤군평 338, 339
윤기헌 263, 264
윤두수 266, 267
「윤부인」 558
윤세순 470
「윤세평요곡매상」尹世平遙哭妹喪 337~339
윤영 61, 271
윤원형 424~427, 463
윤창세 54
「윤판서유」尹判書游 38
윤회 46, 286, 287, 324, 333, 413
을사사화 259, 289, 337, 425
『을사전문록』乙巳傳聞錄 337
「의기논기」 559, 591
의미 전환 41, 54, 59~61, 64, 152, 462
의미 지향 14, 27, 53, 56~60, 62~64, 70~72, 74, 76, 87, 88, 90, 96, 97, 101, 104~106, 110~112, 121, 122, 126, 128, 131, 138, 143, 146, 149~152, 154, 155, 157~159, 162, 170, 174, 175, 187, 189, 191, 462, 511, 516, 517, 519, 520, 523, 534, 535, 537
의미 지향의 전환 53, 56~58, 61, 63, 64, 128, 151, 152, 170
의사 醫師 171~173, 583, 584
의사소통 241~246, 248, 336
「의유읍재상구은」擬腴邑宰相償舊恩 394
의지 47, 50~52, 73, 75, 78~80, 82, 89~91, 100, 103, 105, 109, 110, 112, 117, 122, 123, 126~128, 131, 132, 135, 141, 146, 150, 152, 156, 169, 170, 174, 175, 178~181, 183, 185, 201, 271, 288, 297, 309, 311, 318, 320, 321, 379~381, 385, 411,

413, 450, 452, 465, 484, 492, 527, 532, 539
~541, 557, 611
「의협박장각」義俠朴長脚 567, 610
「의터리국 아마치전」 559, 560
이강옥 17, 36, 47, 65, 66, 72, 193, 197, 250,
267, 277, 284, 285, 324, 326, 368, 369,
370, 395, 404, 410, 470, 504, 508, 538
이강용 501
이검국 324
이경류 262, 263
이경수 325
이경우 16, 65
이계異界 여행담 413
이극균 593
「이극배」李克培 137
「이기축참록운대」李起築參錄雲臺 68, 194, 379
이념의 구현 50, 51, 57, 72, 73, 75, 79, 95,
101, 131, 135~138, 146, 149, 162~164,
166, 169~171, 173, 174, 177, 178, 185~
191, 288, 295, 302, 303, 305, 306, 310,
311, 321~323, 487, 489, 511, 516, 524
이덕형 269, 270
「이동고위겸택가랑」李東皐爲傔擇佳郎 117, 501
「이동악」 94
이동윤 135, 136
이두영 533
이래종 18, 65
이류 265, 269
「이문청병태」李文淸秉泰 36
「이발소자종희」李撥小字宗禧 288
이병직 197
이병찬 408, 410, 414, 470
이병태 36, 262
이상 공간 112, 114, 119, 121, 497
「이상국원익」李相國元翼 196
「이상국유」李相國濡 293, 318
「이상국장곤」李相國長坤 496
「이상서원소결방연」李尙書元宵結芳緣 199

「이상성원」李相性源 197
이상우 329
이상향 건설 115, 121, 122, 126, 159
이상향의 목격자 120
이상향의 추구 50, 51, 72, 73, 75, 110, 112,
117, 136, 158~162, 223, 288, 300
이색 262
이선락 530, 531
이성혜 508, 538~541
이세좌 562, 592, 593
이수자 277
이숙도 265
「이술원 이유련 이정필」 571, 572, 577, 579
이식 416, 417
이신성 65, 368, 370, 371
이야기 문화 253, 268
이야기 치료 193
이야기꾼 49, 61~64, 69~72, 80, 203, 204,
237, 239, 254, 255, 258, 259, 264, 265, 268
~275, 354, 360, 365, 468, 600
이야기하기 34, 89, 237, 239, 253, 264, 295,
319, 341, 357, 362, 364, 365
이언적 428
이업복 274
「이왜전」李娃傳 399
이우성 65, 193, 196, 197, 238, 278, 538, 610
「이원」李源 108
이원교 502
이원명 20, 374, 376, 377, 386, 391, 393, 396,
398, 400, 401, 404, 407, 408, 412, 413,
415, 417, 418, 421, 424, 426, 428, 430~
432, 435, 436, 438, 439, 442~450, 452,
455, 458, 459, 462~466, 468, 469
이원익 68, 113
이원적 시간 설정 120
이의녕 103, 104, 383
이인異人 96, 298~300, 339, 376, 493
「이인전」異人傳 299

「이인좌」李麟佐 137
「이일제」李逸濟 402
이장곤 150, 151
이재선 560, 610, 611
『이재선생유고속』頤齋先生遺稿續 196
이재후 190, 521, 522, 541
「이절도궁도우가인」李節度窮途遇佳人 58, 80, 531
「이절부」李節婦 145
이정구 416
「이정익공완」李貞翼公浣 40
『이조한문단편집』 17, 65, 193, 196, 197, 238, 278, 538, 610
이종묵 278, 370
「이준전」李儁傳 544, 596~598
이중환 121
이지무 132
「이지봉수광위안변부사」李芝峰晬光爲安邊府使 125
「이지사백견」李知事白堅 39
이지함 262, 490, 491
이진경 131, 184
이차적 구연자 89
「이토정지함」李土亭之菡 490
이항로 544
「이항복」李恒福 93
「이해고」李海皐 36
이향 방문담 異鄕訪問譚 346
이현택 193
「이효녀전」李孝女傳 508, 528, 541
이희평 41, 193, 262, 274
익종 374, 497~499
「인묘말」仁廟末 295, 296
「인묘조유일사족」仁廟朝有一士族 289, 317
「인묘조유일승」仁廟朝有一僧 300
인물 우언 598
인물담 73, 375, 377
인정물태 人情物態 480

「인조조해서봉산지」仁祖朝海西鳳山地 316, 320
「인차태오노삼가」因借胎娛老三家 381
일본 제국주의 543, 545, 546, 548~551, 563, 565, 575, 591, 595, 596, 602~605
일본 천황 549, 553
일사 逸士 564, 565, 567, 569, 570, 596, 603, 605
『일사유사』逸士遺事 20, 544, 554, 563~567, 571~576, 582~584, 589~596, 599~601, 603, 605, 606, 608~610
「일사인」一士人 291
「일생부귀호접향」一生富貴胡蝶鄕 409, 415, 450, 452~454
일원적 세계 인식 113
일제 강점기 543, 563, 569, 575, 593, 595, 603, 604
「일지매」 567, 590, 610
일타홍 284, 354~358, 371
임구령 259
임걱정 259, 260, 389
임매 359
임방 20, 285, 291, 319, 329, 330, 345, 346, 357~360, 365, 369
임백령 259
「임실사인령이졸」任實士人領二卒 335
임완혁 470
임의백 365
「임장군산중우녹림」林將軍山中遇綠林 114
『임진록』 388
임진왜란 43, 67, 117, 139, 266, 291, 491, 492, 571
「임진잡사」壬辰雜事 266
임철호 65
『임하필기』林下筆記 502
임형택 17, 18, 65, 67, 193, 196, 197, 202, 238, 250, 274, 278, 370, 538, 610
「입리적궁유성가업」入吏籍窮儒成家業 194
입시 응제 497, 499

ㅈ

자기 경험 진술 87, 89, 203, 209, 215, 223, 226, 227, 232, 234, 236, 237, 241, 242, 247, 248, 265, 336, 354~358, 363, 364, 366, 367, 468, 507, 600
자기 진술자 206~208, 210, 211, 214~217, 234~236, 238~240, 243, 246, 248
자기 진술자-그 진술을 듣는 상대 인물 203, 209, 211
자로 285
자아의 가능성 27
자의식 121, 134, 153
작위성 21, 22, 31
잔 다르크 554, 560, 561, 597, 601, 605, 611
「잠계봉중일타홍」簪桂逢重一朶紅 34, 35, 357, 358, 363
「잠곡김상국」潛谷金相國 295, 297
잠재적 욕망 79
『잡기고담』 195, 359
잡록집 19, 126, 143, 253, 264, 267, 331, 337, 338, 350, 360, 368, 376, 387, 403, 425, 564
잡화雜話 73
장덕순 32, 65, 66
「장무숙공」張武肅公 39
『장빈거사호찬』 263, 264
「장사문중인」張斯文仲仁 39
「장삼시호무음덕」葬三屍湖武陰德 195, 208, 223, 235, 236, 396
「장석규」張錫奎 577, 580
「장여헌현광」張旅軒顯光 35
장유 416, 417, 419, 420, 546, 549, 552
「장중비희」掌中秘戲 409, 414, 420~423, 471
장지연 20, 543~612
장편소설 475, 496, 499
「장풍운전」 501
장한철 381, 408
장효현 484, 488, 503~505

「장희규전경재욕」場戲窺錢警財慾 409, 414, 440, 442, 443
「재계」財戒 409, 414, 440, 442, 443, 471
「재략재감화군정」再掠財感化群情 159, 388, 389
「재자낙향부저경」才子落鄕富抵京 142, 186
재진술 204, 216, 223, 230, 231
저승 편력담 413
적선누인積善累仁 167, 169
「적성의전」 482, 484, 495, 499
적음덕積陰德 509
전계傳系 한문소설 19
전관수 17, 65
전기계傳奇系 소설 17
전기계 한문소설 19
전기수傳奇叟 274
전대형 76, 77, 90, 91, 93, 94, 113~115, 119, 126, 128, 132, 136
전별식 437
전설 13, 14, 17, 18, 20, 21, 23~28, 32, 43~46, 48, 109, 126, 140, 206, 207, 230, 281, 282, 330, 332~334, 336, 353, 359, 363, 366, 388, 476, 486~488, 492, 493, 496, 500, 501, 545, 584, 586, 600
전설의 일화화 282, 332
전설적 경이 333
「전오연홍금기신」轉誤緣紅錦寄信 94, 134, 183
전장복 185, 186, 272
전환점 53, 54, 58~61, 63, 88, 91
「절모사시잠」節母死時箴 409, 415, 455~459, 471
「점몽경망계음보」店夢驚鋥戒淫報 408, 414, 440, 441, 443
「점천성심산봉이인」覘天星深山逢異人 121
「접서모회심방실」接墭貌回心訪室 100, 195
「정가성지사청치동」定佳成地師聽癡僮 209
「정겸재선」鄭謙齋敾 300~302
정광필 428
정규복 76

「이인좌」李麟佐 137
「이일제」李逸濟 402
이장곤 150, 151
이재선 560, 610, 611
『이재선생유고속』頤齋先生遺稿續 196
이재후 190, 521, 522, 541
「이절도궁도우가인」李節度窮途遇佳人 58, 80, 531
「이절부」李節婦 145
이정구 416
「이정익공완」李貞翼公浣 40
『이조한문단편집』 17, 65, 193, 196, 197, 238, 278, 538, 610
이종묵 278, 370
「이준전」李儁傳 544, 596~598
이중환 121
이지무 132
「이지봉수광위안변부사」李芝峰晬光爲安邊府使 125
「이지사백견」李知事白堅 39
이지함 262, 490, 491
이진경 131, 184
이차적 구연자 89
「이토정지힘」李土亭之菡 490
이항로 544
「이항복」李恒福 93
「이해고」李海臯 36
이향 방문담 異鄕訪問譚 346
이현택 193
「이효녀전」李孝女傳 508, 528, 541
이희평 41, 193, 262, 274
익종 374, 497~499
「인묘말」仁廟末 295, 296
「인묘조유일사족」仁廟朝有一士族 289, 317
「인묘조유일승」仁廟朝有一僧 300
인물 우언 598
인물담 73, 375, 377
인정물태 人情物態 480

「인조조해서봉산지」仁祖朝海西鳳山地 316, 320
「인차태오노삼가」因借胎娛老三家 381
일본 제국주의 543, 545, 546, 548~551, 563, 565, 575, 591, 595, 596, 602~605
일본 천황 549, 553
일사 逸士 564, 565, 567, 569, 570, 596, 603, 605
『일사유사』逸士遺事 20, 544, 554, 563~567, 571~576, 582~584, 589~596, 599~601, 603, 605, 606, 608~610
「일사인」一士人 291
「일생부귀호접향」一生富貴胡蝶鄕 409, 415, 450, 452~454
일원적 세계 인식 113
일제 강점기 543, 563, 569, 575, 593, 595, 603, 604
「일지매」 567, 590, 610
일타홍 284, 354~358, 371
임구령 259
임꺽정 259, 260, 389
임매 359
임방 20, 285, 291, 319, 329, 330, 345, 346, 357~360, 365, 369
임백령 259
「임실사인령이졸」任實士人領二卒 335
임완혁 470
임의백 365
「임장군산중우녹림」林將軍山中遇綠林 114
『임진록』 388
임진왜란 43, 67, 117, 139, 266, 291, 491, 492, 571
「임진잡사」壬辰雜事 266
임철호 65
『임하필기』林下筆記 502
임형택 17, 18, 65, 67, 193, 196, 197, 202, 238, 250, 274, 278, 370, 538, 610
「입리적궁유성가업」入吏籍窮儒成家業 194
입시 응제 497, 499

ㅈ

자기 경험 진술 87, 89, 203, 209, 215, 223, 226, 227, 232, 234, 236, 237, 241, 242, 247, 248, 265, 336, 354~358, 363, 364, 366, 367, 468, 507, 600
자기 진술자 206~208, 210, 211, 214~217, 234~236, 238~240, 243, 246, 248
자기 진술자-그 진술을 듣는 상대 인물 203, 209, 211
자로 285
자아의 가능성 27
자의식 121, 134, 153
작위성 21, 22, 31
잔 다르크 554, 560, 561, 597, 601, 605, 611
「잠계봉중일타홍」簪桂逢重一朶紅 34, 35, 357, 358, 363
「잠곡김상국」潛谷金相國 295, 297
잠재적 욕망 79
『잡기고담』 195, 359
잡록집 19, 126, 143, 253, 264, 267, 331, 337, 338, 350, 360, 368, 376, 387, 403, 425, 564
잡화雜話 73
장덕순 32, 65, 66
「장무숙공」張武肅公 39
『장빈거사호찬』 263, 264
「장사문중인」張斯文仲仁 39
「장삼시호무음덕」葬三屍湖武陰德 195, 208, 223, 235, 236, 396
「장석규」張錫奎 577, 580
「장여헌현광」張旅軒顯光 35
장유 416, 417, 419, 420, 546, 549, 552
「장중비희」掌中秘戲 409, 414, 420~423, 471
장지연 20, 543~612
장편소설 475, 496, 499
「장풍운전」 501
장한철 381, 408
장효현 484, 488, 503~505

「장희규전경재욕」場戲窺錢警財慾 409, 414, 440, 442, 443
「재계」財戒 409, 414, 440, 442, 443, 471
「재략재감화군정」再掠財感化群情 159, 388, 389
「재자낙향부저경」才子落鄉富抵京 142, 186
재진술 204, 216, 223, 230, 231
저승 편력담 413
적선누인積善累仁 167, 169
「적성의전」 482, 484, 495, 499
적음덕積陰德 509
전계傳系 한문소설 19
전관수 17, 65
전기계傳奇系 소설 17
전기계 한문소설 19
전기수傳奇叟 274
전대형 76, 77, 90, 91, 93, 94, 113~115, 119, 126, 128, 132, 136
전별식 437
전설 13, 14, 17, 18, 20, 21, 23~28, 32, 43~46, 48, 109, 126, 140, 206, 207, 230, 281, 282, 330, 332~334, 336, 353, 359, 363, 366, 388, 476, 486~488, 492, 493, 496, 500, 501, 545, 584, 586, 600
전설의 일화화 282, 332
전설적 경이 333
「전오연홍금기신」轉誤緣紅錦寄信 94, 134, 183
전장복 185, 186, 272
전환점 53, 54, 58~61, 63, 88, 91
「절모사시잠」節母死時箴 409, 415, 455~459, 471
「점몽경망계음보」店夢驚筳戒淫報 408, 414, 440, 441, 443
「점천성심산봉이인」覘天星深山逢異人 121
「접서모회심방실」接壻貌回心訪室 100, 195
「정가성지사청치동」定佳成地師聽癡僮 209
「정겸재선」鄭謙齋敾 300~302
정광필 428
정규복 76

「정기룡」鄭起龍 194
정명기 114, 195, 215, 281, 283, 324, 472
정민 477
「정북창렴」鄭北窓磏 299
「정북창원견노면」鄭北窓遠見奴面 336, 337, 340
「정상태화」鄭相太和 129
「정수동」 567, 610
정신적 외상 72
정언각 263
정용수 329, 368
정출헌 195
정치적 불안 127
정태화 129, 488, 489
정환국 369
정황의 상승 26~29, 90, 152, 377
정효준 131, 184
「정희량」鄭希亮 137
제2의 의미 지향 59
제보자 262, 263, 357, 359, 361, 365
「정부인」 557
조동일 27, 28, 64~66, 73, 193, 388
『조선시대 일화 연구』 20, 47, 65, 66, 197, 250, 368, 369, 404
『조선조 문헌설화집요』 65, 193, 375, 404
조선총독부 551~553, 573, 575, 591, 592, 595, 603, 610
「조선풍속의 변천」 552, 591, 607, 609
「조신선자」曺神仙者 493
조위 99, 100
조전 437
「조좌객빙변득관」嘲座客騁辯得官 34
조중회 37
조태억 52, 97, 98
「조태억위영남백」趙泰億爲嶺南伯 52, 195
「조풍원시문방구우」趙豊原柴門訪舊友 239
「조현명」趙顯命 195
조희웅 16, 65, 283, 323, 405, 470
존명배청尊明排清 136

존화양이尊華攘夷 135
「좌초당삼노양성」坐草堂三老禳星 197
주변형 76, 78~90, 94, 95, 115, 119, 126, 129, 130, 133, 136
『주역』周易 121, 416, 439, 473
「주행여리시낭침」周行閭里試囊針 171
『죽창한화』 126, 143, 269
「죽천」竹泉 59
중심형 76, 79, 80, 83, 90, 94~97, 117~119, 122, 126, 132, 133, 136, 152, 159, 175, 177, 180
『중용』 287
쥬네트G.Genette 74
「증염행매」拯艷行媒 528, 532
「증재광해시」曾在光海時 295
지배 질서 88, 112, 389, 464
지배적 이야기 193
『지봉유설』芝峯類說 77, 338, 339
지상선地上仙 298~300, 320~323
「지쉬령계권도화」智倅涅計權島貨 194
지연遲延 61, 343, 344, 346~348, 350, 351, 353, 362, 363
지연의 서술 방식 344, 350, 353, 362, 366
지인지감知人之鑑 68, 100, 101, 117, 303, 317, 539, 562
지주 부농 110
직서直敍 461, 462, 467
직접화법 227
진경환 67
「진로봉인간이형」津路逢人間異形 77
「진사이광호」進士李光浩 286
진재교 195, 330, 359, 368, 371
진주웅 269, 270
「진학구지굴피화」陳學究指窟避禍 114
『진휘속고』震彙續攷 544

찾아보기 631

ㅊ

「차관출궤수나정」差官出櫃羞裸程 501
『차산필담』此山筆談 20, 144, 188, 191, 198, 508
　～514, 520, 528, 529, 532～539, 583, 601
차천로 416, 417
「차태」借胎 350
찬연燦淵 325
『참동계』參同契 478
「창원각사」創圓覺寺 66
「채교거랑책귀자」採轎據廊責貴子 100, 101
「채삼전수기기화」採蔘田售其奇貨 30, 186, 189,
　385, 513, 515
채수 265
채음보양지설 420, 422
「책실신경벌포의」責失信警罰布衣 112, 134,
　135, 391, 404
「책형처청사화린민」責荊妻淸士化隣民 209
「척사문명험서계」斥邪問命驗棲鷄 24
천관우 607
「천안객사」天安客舍 24
『천예록』天倪錄 20, 26, 45, 282, 284, 285, 290,
　319, 329～332, 334, 336～340, 342～346,
　348, 350, 352～355, 358～371, 533
천우신조 105
『천일야화』 215, 217, 241, 244
천정天定 176, 184
청淸 549, 571, 574, 575, 591, 595, 596, 603,
　604
「청가어유의득명」聽街語柳醫得名 95
「청강쇄어」淸江瑣語 263, 264, 338, 339
『청구야담』靑邱野談 16, 17, 20, 44, 70, 73, 77,
　92, 114, 124, 213, 215, 281～283, 358, 363,
　366, 377, 393～399, 401, 402, 408, 450,
　462, 470, 509～512, 529, 539
「청기어패자등제」聽妓語悖子登第 211
청명 태자淸明太子 488
청일전쟁 575, 604

「청축어재상기왕사」聽祝語宰相記往事 164, 165
「청취우약상득자」聽驟雨藥商得子 145, 146,
　206, 235, 236
『청파극담』 340
「청파유심류양생」靑坡有沈柳兩生 247
청화淸華 76
「초옥각이병사고용」超屋角李兵使賈勇 402
초월적 존재 75, 127, 484, 490, 556, 580
초점화focalization 74
초현실적 세계관 21
「촌맹우현옹치요」村氓遇玄熊致饒 154, 155,
　195, 394, 400, 412
「촌중비어서」村中鄙語序 265
「촌희독설」村姬毒舌 409, 415, 455, 457～459,
　471
최규서 92, 293, 319
최립 277, 416, 417
「최봉조」崔奉朝 195, 292, 293, 319
최부 99, 100
최세원 265, 269
최신 286
『최신록』崔愼錄 286, 324, 325
「최신화양견문록왈」崔愼華陽見聞錄日 286
「최신화양견문록유왈」崔愼華陽見聞錄有日 286
최익현 544
『최척전』崔陟傳 590
「추기임로설고사」秋妓臨老說故事 213
추노推奴 52, 97, 98, 133, 143, 145, 153, 156,
　160, 161, 170, 181, 205, 210, 272, 303,
　382, 383, 387, 388
추노담推奴談 382, 387
「추령진효」雛伶盡孝 411
「추옹침장계입방」搥翁寢將計入房 101, 393
「축명석한」祝螟釋恨 147, 513, 517, 519, 529,
　531, 534, 535
「춘향전」 501
「출찬대끽활소아」出饌對喫活小兒 332
출처관 477

충忠 135, 137, 139, 140, 145, 303, 308, 309, 393, 398, 487, 523, 524, 564, 567, 570, 575, 578, 590, 592, 594, 599, 603~605
「충주목계사인」忠州木溪士人 319
「충주지가홍유황희숙」忠州之可興有黃希淑 163, 278
「취학경단산탈화」吹鶴脛丹山脫禍 259, 389, 404
「치산업허중자성부」治産業許仲子成富 529
친연성 150, 192, 336, 476, 492, 500, 502
친일적 성향 572, 604

ㅌ

「타환술전해기연」墮幻術轉諧奇緣 408, 414, 433, 449
탁월한 능력자 109
「탁제기문해둔조」擢第奇文解鈍嘈 409, 412, 414 ~418, 420, 463
탐관오리 111, 123, 383, 448
「태출어남해자」苔出於南海者 266
『태평광기』 284, 285, 320
『태평한화골계전』 66
「택겸서보가길지」擇傔婿保家吉地 68, 112, 117
『택리지』 121
「택부서혜비식인」擇夫婿慧婢識人 30, 513, 515
「토잉」兎孕 412
「토충매병겸획재」吐虫賣病兼獲財 193, 450
「통배은투환금전」痛背恩偸換金錢 390, 391
「퇴완죽우맹천선」退椀粥愚氓遷善 140~142, 165, 169
「투검술이비장참승」鬪劒術李裨將斬僧 108

ㅍ

「파산촌장여노수화」坡山村庄與老叟話 269
파울러Alastair Fowler 15

패관 497
패관문학 268
패설稗說 18, 42, 67
편지 쓰기 228, 230
평민 부자 89
평민 일화 14, 17, 33, 34, 42, 43, 45~51, 90, 109, 112, 126, 245, 246, 248, 270, 330, 368, 388, 500
「평양기연추양불망」平壤妓姸醜兩不忘 213
「폐관정의구보주」吠官政義狗報主 245
폐모론廢母論 117, 139, 299
포흠逋欠 509, 511, 512, 539
「표만리십인전환」漂萬里十人全還 380, 381
『표해록』漂海錄 381, 408
「풍최몽고총득전」馮崔夢古塚得全 195
프리츠 로커만Fritz Lockemann 91
「피실적로진재절간」被室適露眞齋折簡 228
「피위기획탈악전」避危機獲脫惡餞 408, 414, 433, 437, 438
피터 브룩스Peter Brooks 231
필기筆記 18, 35, 432, 468
필담 534, 537
필사본 501, 504
『필원잡기』 264, 360

ㅎ

하늘의 감응 105
「하미감승」哈美酣僧 529, 530, 532
하미경 508, 538~541
『학산한언』鶴山閒言 20, 26, 41, 44, 45, 77, 166, 178, 179, 213, 250, 281~291, 295, 298, 302~304, 308, 310, 312, 314, 318, 320, 322, 323, 336, 344, 366, 368, 369, 397
『한국소설의 이론』 20, 21, 28, 64~66
「한귀졸연우수명」捍鬼卒延友壽命 68, 93
한글본『청구야담』 114

한말 543, 548, 575, 602
한문 단편 13, 17, 18
한반도 통치 543, 603
「한송재충」韓松齋忠 197
「한안동」韓安東 170
한원진 136
한유자 83
한일병합 543~545, 551, 552
한준겸 289, 290, 319, 352
할고단지割股斷脂 590
함북간 268, 269
「합옥환봉처득윤」合玉環逢妻得胤 99
「합천가야산해인사승지성자」陜川伽倻山海印寺僧
　至誠者 29
「합천수」陜川守 395, 398
항의 483
『해동이적』海東異蹟 338, 339
『해동잡록』海東雜錄 337
『해동전도록』海東傳道錄 300, 325, 326
『해탁』諧鐸 407~474
「해풍군정효준」海豊君鄭孝俊 184
행동의 일탈 267
행위의 아이러니 80
「향랑」 558
「향변자수통사후」鄕弁自隨統使後 194
「향분지옥」香粉地獄 409, 411, 415, 444, 445,
　447~449, 471
「향산시」香山詩 452
허구성 18, 21, 22, 31, 48, 150, 480
허구적 서술자 528, 533, 536
허구적 지향 600
허균 278, 408
「허생전」許生傳 270, 359, 529
「허성유생」許姓儒生 105, 106
허위화 143, 145
허종 584, 592
「허찰방정」許察訪侹 166, 304, 305
허침 584, 592

허홍 106, 151, 152
현길언 16, 65
「현부지납채교녀」賢婦智納彩較女 133, 181, 191
현실 저항 112
현실 지향 67, 282~284, 287, 288, 293, 302,
　312, 320~323, 336
현실 초월 112
현실-비(초)현실 20
현실성 14, 21, 22, 62, 115, 275, 276, 450, 607
현실의 기이화 369
현실주의 29, 97, 308
『현우경』賢愚經 482
현우선악賢愚善惡 480
「현위계감음쳬서」賢尉揭鑑飮贅婚 395
「혜고군」蟪蛄郡 409, 415, 450~452, 471
호기심 26, 45, 47, 61, 88, 90, 93, 130, 180,
　206~208, 218~222, 231, 235, 237, 241,
　248, 291, 296, 313, 346, 353, 362, 522,
　530, 536
호기심의 충족 113, 219, 220
「호미」狐媚 411, 471
호접지몽 454
「호정하륜」浩亭河崙 131
「호중일사인」湖中一士人 43
「호중포사전」湖中砲士傳 508, 528, 529, 541
호호어출虎護魚出 590
혼란Chaos 91
홍경래 101, 572
『홍계월전』 555
홍길주 476, 477
「홍녀가천치귀록」洪女嫁賤致貴錄 513~515,
　528, 529
홍봉한 274, 358, 365
「홍상서수달피흉」洪尙書受獺避凶 55, 58, 394
홍상훈 40
홍석주 477, 503
홍성남 404, 470
홍우건 476, 478~481, 504

634